STAATLICHE INTERVENTION
UND GESELLSCHAFTLICHE FREIHEIT

D1693958

KASSELER FORSCHUNGEN ZUR ZEITGESCHICHTE

HERAUSGEGEBEN VON
HORST LADEMACHER UND WALTER MÜHLHAUSEN

5

STAATLICHE INTERVENTION UND GESELLSCHAFTLICHE FREIHEIT

STAAT UND GESELLSCHAFT IN DEN NIEDERLANDEN UND DEUTSCHLAND IM 20. JAHRHUNDERT

HERAUSGEGEBEN VON
J. P. NAUTZ
UND
J. F. E. BLÄSING

VERLAG
KASSELER FORSCHUNGEN ZUR ZEITGESCHICHTE

CIP-Titelaufnahme der Deutschen Bibliothek

Staatliche Intervention und gesellschaftliche Freiheit : Staat u.
Gesellschaft in d. Niederlanden u. Deutschland im 20. Jh. ; [d.
Bd. enth. d. Beitr., d. auf d. 2. Dt.-Niederländ. Historiker-
Konferenz (Utrecht 1986) vorgelegt u. diskutiert wurden, u.
vermittelt wichtige Aufschlüsse zu d. Unterschieden d. polit.
Kultur beider Länder] / hrsg. von J. P. Nautz u. J. F. E.
Bläsing. - Melsungen : Verl. Kasseler Forschungen zur
Zeitgeschichte, 1988
(Kasseler Forschungen zur Zeitgeschichte ; 5)
    ISBN 3-925523-02-2
NE: Nautz, Jürgen P. [Hrsg.]; Deutsch-Niederländische Historiker-
    Konferenzt <02, 1986, Utrecht >; GT

ISBN 3-925523-02-2
© Verlag Kasseler Forschungen zur Zeitgeschichte
Melsungen 1987
Alle Rechte vorbehalten
Satz: Focus Verlag GmbH, Gießen
Druck: KM Druck, Groß-Umstadt   Bindung: KFB, Groß-Umstadt

INHALT

Einleitung

Die Beiträge dieses Bandes beschäftigen sich mit unterschiedlichen Aspekten der Entwicklung des Verhältnisses von gesellschaftlicher Freiheit und staatlicher Intervention in den Niederlanden und in Deutschland während des 20. Jahrhunderts. Aus ihnen wird deutlich, daß die beiden Nachbarstaaten trotz gemeinsamer historischer Erfahrungen unterschiedliche Wege bei der Gestaltung von Staat und Gesellschaft gegangen sind.

Die »Republiek der Verenigde Nederlanden« war bis zur Besetzung des Territoriums durch Napoleon eine Föderation von sieben Republiken, die durch ein hohes Maß provinzialer und auch lokaler Autonomie gekennzeichnet war. Diese, trotz aller an sie herangetragenen Kritik, durchaus tragfähige Konstruktion wurde unter der französischen Besatzung in einen Einheitsstaat umgeformt. Danach wurde durch die Verfassungen von 1814 und 1815 das Einheitsstaatsprinzip gemildert. Den Provinzen wurde wieder das Recht auf Autonomie und Selbstverwaltung eingeräumt. 1848 wurden diese Rechte – auch für die Kommunen – erweitert. Die Zentralgewalt im Haag erhielt ihre Legitimation von den Provinzen und Städten. In dem 1815 geschaffenen Zweikammersystem erhielten die Provinciale Staten das Recht, die Staten Generaal, also die Tweede Kamer, aus ihren Reihen zu besetzen; die Mitglieder der Eerste Kamer wurden vom König ernannt. Die Abgeordneten zur Zweiten Kammer waren nicht weisungsgebunden. Mit der Verfassung von 1848 verloren die Provinzialparlamente ihr Recht, die Mitglieder der Staten Generaal aus ihren Reihen zu wählen. Die Abgeordneten zu den Staten Generaal und zu den Provinciale Staten wurden jetzt durch direkte Wahlen ermittelt. Mit den »organischen Gesetzen« des J. R. Thorbecke wurde 1850/51 das Verhältnis der Teile zum Ganzen geregelt,[1] und es ist deutlich, daß die niederländischen Provinzen in einem ganz entscheidenden Punkt schwächer waren als die deutschen Länder. Sie verfügen nicht wie im deutschen Fall über eine eigene Finanzhoheit, so daß sie trotz ihrer Autonomierechte von der Zentralregierung weitgehend abhängig sind. Somit ergibt sich auf den zweiten Blick doch eine große Differenz zwischen der Organisation des niederländischen Staates und der föderativen Ordnung in Deutschland.

Obwohl in den Niederlanden seit der napoleonischen Besatzungszeit eine Tendenz zum Einheitsstaat unverkennbar ist, verfügt sie doch bis in die neuere Zeit hinein über eine starke und dauerhafte antizentralistische Tradition. Mit zwei Phänomenen des Antizentralismus, dem limburgischen Separatismus und dem friesischen Regionalismus, hat sich *G. Zondergeld* beschäftigt: Limburg, das in seiner heutigen Form seit dem Friedensschluß von 1839 besteht, hatte kaum eine historische oder kulturelle Bindung an das dominierende Holland. Weite Teile der limburgischen Bevölkerung sprachen einen deutschen Dialekt, die Elite sprach Französisch. Das limburgische Parlament bediente sich ebenfalls des Französischen als Amtssprache. Hinzu kam eine tiefgehende Differenz zwischen dem geschlossenen katholischen Süden und dem protestantischen Norden. Im 19. Jahrhundert gab es verschiedene ernstzunehmende Versuche, Limburg aus dem niederländischen Staatsverband herauszulösen und an Belgien oder den Deutschen Bund anzuschließen. Gegen Ende des Jahrhunderts setzte ein allmählicher Integrationsprozeß in das niederländische Königreich ein. Nicht zuletzt der wirtschaftliche Aufschwung in dieser Region und die Emanzipation der katholischen Bevölkerung festigten die Bindung an die Niederlande. So konnten die Nationalsozialisten in der Provinz Limburg nur einen vorübergehenden Erfolg verbuchen. Nach dem Zweiten Weltkrieg setzte sich die niederländische Kultur über die neuen Massenmedien Rundfunk und Fernsehen weitgehend durch.

Die Friesische Bewegung entstand in der Zeit der napoleonischen Besatzung; erste Ansätze dazu bereits im 17. Jahrhundert. Sie wurde zunächst vorwiegend von einer aristokratischen Elite getragen. Danach trat Mitte des 19. Jahrhunderts Systras Selskip, die dem Liberalismus verbunden war, in den Vordergrund. Er wurde kurz nach der Jahrhundertwende von den radikal-nationalistischen Calvinisten in seiner Führungsrolle innerhalb der Friesischen Bewegung abgelöst. Unter dem Eindruck des nationalsozialistischen Deutschlands schloß sich ein Teil der Aktiven den Nationalsozialisten an, andere orientierten sich nach links. Trotzdem konnte die nationalsozialistische Politik während der Besatzungszeit nur kurzfristige Erfolge für sich verbuchen. In der Friesischen Bewegung hatte man kaum an eine Abspaltung gedacht. Kleinere Gruppierungen, die solcherlei Ansinnen in ihr Programm schrieben, blieben mehr oder weniger isoliert. Die Forderungen lagen eher auf kulturellem Gebiet: die Aktivierung der friesischen Sprache, ihre Aufwertung zur Umgangs- und Amtssprache bei Gericht, in der Verwaltung und beim Provinzialparlament und die Pflege friesischer Kultur. Ein Teil dieser Forderungen konnte nach dem Zweiten Weltkrieg realisiert werden.

Der föderativen Ordnung in der Weimarer Republik und in der Bundesrepublik und ihrer Stellung im staatlichen Machtgefüge geht K. Düwell in seinem Beitrag nach. Er zeigt, daß sich durch die Weimarer Verfassung, unterstützt durch die »Erzbergersche Finanzreform«, das Machtverhältnis zwischen Reich und Ländern zugunsten der ersteren verlagert hat. Allerdings habe sich dieser »unitarische Föderalismus« bis 1928 in praxi nicht durchsetzen können. Die Diskussion um die verschiedenen Reformansätze habe in der zweiten Hälfte der zwanziger Jahre ständig zugenommen. Hauptstreitpunkt sei immer Preußen gewesen, dessen Übergewicht sich trotz entsprechender Verfassungsbestimmungen nicht habe beseitigen lassen. Die Nationalsozialisten hätten ein wesentliches Ziel der Reformbestrebungen der Weimarer Republik für ihre Interessen ausgenutzt, als sie nach der Machtübernahme die Länder gleichschalteten. Sie brauchten mit ihrer Politik nur an den »Preußenschlag« v. Papens anzuknüpfen. Das Grundgesetz der Bundesrepublik habe die Länder mit noch weitergehenden Rechten ausgestattet, als dies unter der Weimarer Reichsverfassung der Fall war und habe dem wiedererstandenen Föderalismus zudem eine Bestandsgarantie gegeben. Allerdings habe sich, so Düwell, durch den immer stärker werdenden Zwang, eine immer größer werdende Zahl von Aufgaben einheitlich zu lösen, ein Verfall des Einflusses der Länderparlamente zugunsten der Landesregierungen, ihrer Bürokratien und des Bundesrates ergeben. Trotzdem habe sich der Föderalismus in der Bundesrepublik als ein flexibles Instrumentarium erwiesen, das zur Stabilisierung der politischen Ordnung und zu einem höheren Maß an Kooperation zwischen den Regierungsparteien im Bund und in den Ländern geführt habe.

Mißt man dem Föderalismus eine systemstabilisierende Funktion zu, so hat er diese in der Weimarer Republik nicht erfüllt. Allerdings bezweifelt Düwell in Übereinstimmung mit Thomas Nipperdey, daß eine Stärkung der Weimarer föderalistischen Ordnung die nationalsozialistische Herrschaft verhindert hätte.

II

Konnte der Weimarer Föderalismus keine politische Stabilisierung der Republik gewährleisten, so wurde gerade dies in den Niederlanden durch die Versäulung erreicht.

Die Rolle des Staates auf wirtschafltichem und sozialem Gebiet ist in den Niederlanden bis in die dreißiger Jahre hinein durch eine Praxis des Nichteingreifens geprägt worden. Das kriegswirtschaftliche Instrumentarium des Ersten Weltkrieges, das ohnedies mehr ein Provisorium war, als daß es langfristigen Planungen entsprang, wurde gleich nach Kriegsende wieder abgebaut. Die staatliche Ordnungspolitik wurde auf ihre traditionellen, im Liberalismus des 19. Jahrhunderts verhafteten Rahmenfunktionen reduziert. Diese umfaßten außenpolitisch die Sicherung des Freihandels vor allem durch den Abschluß von Handelsverträgen und die Wiederherstellung des Goldstandards. Im Inneren betrieb die niederländische Regierung eine deflatorische Anpassungspolitik, indem sie vor allem auf Löhne, Zinsen usw. Druck ausübte, um die Inlandspreise zu senken. Vom Aufbau einer sozialstaatlichen Versorgungsstruktur kann in dieser Zeit kaum die Rede sein. Die Sozialpolitik stand unter dem Zeichen der freiwilligen Leistungen. Gerade auch der politische Protestantismus hat mit der Betonung der Freiwilligkeit und Privatverantwortlichkeit für die kollektivvertragliche Regelung der industriellen Beziehungen die staatliche Intervention im Bereich der Sozialbeziehungen bekämpft. Die bis 1939 in den Niederlanden führenden politischen Kräfte vertraten bis Mitte der dreißiger Jahre die Grundsätze des klassischen Liberalismus. Erst seit der Regierungsbeteiligung der Sozialdemokraten im Herbst 1939 – die erste in ihrer Geschichte – konnte eine aktive Rolle des Staates im Bereich der Wirtschaft ernsthaft in Betracht gezogen werden. Die Sociaal-Demokratische Arbeiders-Partij (SDAP) hatte sich bereits 1935 mit ihrem »Plan der Arbeit« die programmatischen Grundlagen für eine solche Politik geschaffen. Realisierbar waren ihre Vorschläge trotz gewisser programmatischer Nähe zu ihrem Koalitionspartner, der RKSP, jedoch noch nicht. Die Interventionsrechte, die der Regierung vor dem Zweiten Weltkrieg zur Verfügung standen, blieben auf der formalen Ebene. Die Gesetze waren so formuliert, daß der Staat nur auf Initiative der Wirtschaft hin tätig werden konnte.[2] Trotz einiger Modifikationen dauerhafter oder temporärer Natur blieb der Staat in seiner reaktiven Rolle in der Wirtschafts- und Sozialpolitik verhaftet. Daher kommt *J.F.E. Bläsing* anders etwa als Fortuyn zu dem Schluß, daß in den Niederlanden derjenige Faktorenkomplex die historische Konstante bildet, »der dem strukturellen Wachstum des Staatseinflusses dort seit jeher kräftig entgegenwirkte und bis heute die wirtschaftspolitische Linie des Landes ganz entscheidend mitbestimmte.« Allerdings gewann der Staat nach dem Zweiten Weltkrieg durch die ihm übertragenen Aufgaben auf den Gebieten der Wirtschafts- und Sozialpolitik immens an Einfluß. Der Wiederaufbau der niederländischen Volkswirtschaft, die unter der deutschen Besatzung enormen Schaden genommen hatte, erfolgte anders als nach dem Ersten Weltkrieg unter der Ägide umfassender staatlicher Kontrollen, die die Bereiche der Lohn- und Preispolitik, der Produktions- und Verteilungssteuerung und Bewirtschaftungsmaßnahmen bei Ein- und Ausfuhr und der Devisen umfaßte. Der wirtschaftliche Wiederaufbau der Niederlande kann um 1950 als abgeschlossen angesehen werden. Allerdings erfolgte auch jetzt keine Rückkehr zum Wirtschaftsliberalismus der Vorkriegszeit; der Staat widmete sich nun verstärkt den Problemen der sozialen Sicherung. Die Sozialgesetzgebung wurde erheblich ausgeweitet. Bereits 1945 war mit dem

Centraal Planbureau eine Planungsbehörde für die staatliche Wirtschaftspolitik geschaffen worden. Die ab 1950 verfolgte Absicht, den Arbeitsmarkt gesetzlich zu regeln, scheiterte mit Ausnahme des Bereiches der Landwirtschaft. *Bläsing* spricht in diesem Zusammenhang von einem ungezügelten Wachstum des Sozialsektors. Der »beängstigende Anteil des Staates am Volkseinkommen«, so *Bläsing*, habe den »niederländischen Weg« diskreditiert.

Anders als die Niederlande der Zwischenkriegszeit war die Weimarer Republik explizit mit dem Anspruch der Sozialstaatlichkeit angetreten. Ausmaß und Qualität staatlicher Interventionen im Bereich der Sozialpolitik und der industriellen Beziehungen wuchs sich denn auch zu einem Streit über die parlamentarisch-demokratische Republik überhaupt aus.

Konnte die Weimarer Republik im Bereich der Sozialversicherung an die Gesetzgebung des Kaiserreiches anknüpfen, so gehört es zu den originären Leistungen der jungen Republik, daß der Tarifvertrag zu einer institutionalisierten, staatlich sanktionierten Form des Interessenausgleichs wurde. Der Tarifvertrag wurde zum »sozialpolitischen Paradigma« (*Hentschel*) der Republik. So konzentrierte sich denn die Kritik an der staatlichen Sozialpolitik vor allem auf den Bereich des Tarifwesens, zumal sich der Staat in diesem Bereich mit dem Instrumentarium der Zwangsschlichtung eine dominierende Rolle geschaffen hatte. *J. Nautz* zeigt in seinem Beitrag, daß der Kampf gegen die Zwangsschlichtung in ihrer Zielsetzung weit über diesen Bereich hinausging, Teil einer Strategie zur Beseitigung der parlamentarisch-demokratischen Ordnung der Republik war. Dennoch, so das Fazit *Hentschels*, verdanke die soziale Sicherung der Weimarer Republik mehr Innovationen als der Bonner, nur konnte es sich die Republik von Weimar weder wirtschaftlich noch politisch leisten. Mit der Machtübernahme der Nationalsozialisten wurde das bereits stark geschwächte Kollektivvertragssystem endgültig beseitigt. Eine der ersten Gesetzesinitiativen des Wirtschaftsrates des Vereinigten Wirtschaftsgebietes galt der Wiederherstellung der Tarifautonomie. Pläne, dem Staat wieder eine Interventionsmöglichkeit über die Zwangsschlichtung einzuräumen, waren politisch nicht durchsetzbar. Die Tarifparteien konnten erstmals – und dies bis heute – frei von staatlichen Interventionsmöglichkeiten die industriellen Beziehungen autonom gestalten.

Den Grundlagen konfessioneller Politik in den Niederlanden und deren Folgen geht *P. Luykx* nach: Den Hintergrund für die umfassenden Bemühungen der Kirchen, die Welt zu rechristianisieren, in den Niederlanden den Einfluß auf Staat und Gesellschaft wiederzuerlangen, bildet der Modernisierungsprozeß, der in den Niederlanden erst gegen 1890 einsetzte. Aus Sicht sowohl der Katholiken wie der Protestanten sollte sich der Staat an Religion und Kirche orientieren. Der Staat, der seine Souveränität von Gott empfange, habe Kirche und Religion zu schützen. Die Protestanten beriefen sich auf Kuypers Lehre von der »Souveränität des eigenen Kreises«, die von einem Nebeneinander von Gesellschaft und Staat ausging. Danach durfte der Staat nur dort eingreifen, wo eine Gefahr für die gesamte gesellschaftliche Ordnung bestand. Er durfte sich dagegen nicht in die als souverän angesehenen Bereiche nichtstaatlicher Gemeinschaften (in erster Linie die Familie, daneben Berufsverbände und Vereine) einmischen. Basierend auf der Lehre von der »Souveränität des eigenen Kreises« bildete sich die Versäulung als dominierende gesellschaftliche Organisationsstruktur heraus. Bis etwa 1960 konnte sich dieses umfassende Gestaltungsprinzip erhalten. Durch die zunehmende

Intensität des staatlichen Engagements im kulturellen, sozialen und wirtschaftspolitischen Bereich wurde das Versäulungsprinzip zusehends geschwächt.
Zwar wurden die Niederlande bis in das 20. Jahrhundert hinein von einer protestantischen Elite beherrscht, dennoch war die Verbindung zwischen der dominanten calvinistischen Kirche und dem Staat nie so tiefgreifend wie die Verbindung
von Landeskirche und Landesfürst durch das Summepiskopat in Deutschland bis
1918. Der Sturz der Monarchie im Jahre 1918 habe daher, so *V. Wittmütz*, den bis
dahin tiefsten Bruch in der institutionellen Entwicklung des deutschen Protestantismus bedeutet. In der Folge habe die Evangelische Kirche als Ganzes ihre ablehnende Haltung gegenüber der Republik nicht überwinden können, obwohl, entgegen der im Verlauf der Revolution geforderten Trennung von Staat und Kirche,
der evangelischen Kirche ihre Privilegien erhalten geblieben seien. Nur ein Teil
der kirchlichen Amtsträger habe sich mit der Zeit mit der Republik arrangieren
können, viele Theologen und Amtsträger hätten dagegen »eine bedenkliche Nähe
zu antiaufklärerischen und antidemokratischen Ideologien völkischer Gruppen«
entwickelt. Es sei diesen Ideen dann auch gelungen, sich zunehmend an der Basis
der evangelischen Kirchen zu etablieren.

Die Dominanz einer protestantischen Oberschicht führte in beiden Staaten, in
Deutschland in erster Linie in Preußen, zur Gründung einer katholischen Partei,
mit dem Ziel, den Katholizismus in eine gleichwertige Position zu heben. Für das
Staatverständnis des Katholizismus war seit der Enzyklika Papst Pius XI. das Subsidiaritätsprinzip von grundlegender Bedeutung. Darauf bezugnehmend gehörten die Dezentralisierung staatlicher Macht und die kooperative Ordnung zu den
Kerngedanken des Programms der Roomsch-Katholieke Staats-Partij in den Niederlanden. Das korporative System sollte zahlreiche Aufgaben vom Staat wegneh-
men, daher wurde das korporative System des italienischen Faschismus auch
abgelehnt (siehe den Beitrag von *Luykx*). Anders als im Kuyperschen Modell
stand hier der Staat nicht neben der Gesellschaft, sondern bildete seine höchste
Instanz. Vom deutschen Katholizismus[3] unterschied sich der niederländische wohl
durch eine größere Geschlossenheit, da der Gegensatz zwischen dominierendem
Calvinismus und Katholizismus erheblich schärfer war als zwischen der Evangelischen und der Katholischen Kirche.

J. Bank behandelt in seinem Aufsatz das Verhältnis der niederländischen Sozialdemokratie zum Staat. Er konzentriert sich dabei auf die wichtigsten Organisationen des linken Parteienspektrums, die SDAP und ihre Nachfolgeorganisation, die
Partij van de Arbeid (PvdA). Die SDAP ging aus einer Spaltung des Sociaal-
Demokratische Bond (SDB) hervor. Sie wurde 1894 nach dem Muster der Sozialdemokratischen Partei Deutschlands gegründet. Sie bekannte sich voll zur Mitarbeit in den parlamentarischen Gremien auf allen Ebenen. Dabei habe sie, so
Bank, die Fixierung auf eine reformerische Mitarbeit im Staat mit einer revolutionären Ideologie verbunden. Auch nach dem Ersten Weltkrieg verfolgte sie die
Strategie, ihre Ziele, d. h. in erster Linie eine Demokratisierung der Wirtschaft,
im Rahmen der bestehenden staatlichen Ordnung durchzusetzen. Ein Vorhaben,
das ihr nicht gelang. 1935 veröffentlichte die SDAP gemeinsam mit dem Gewerkschaftsverband NVV den »Plan der Arbeit«, der von der belgischen Sozialdemokratie, namentlich von Henrik de Man, inspiriert war. Danach hatte der Staat mit
seinem haushaltspolitischen Instrumentarium für einen ausgeglichenen Konjunk-
turverlauf zu sorgen, um so die soziale Sicherheit breiter Bevölkerungsschichten

zu gewährleisten. Die privaten Investitionen sollten durch Kreditkontrolle, die Steuerung des Rationalisierungsprozesses und durch staatliche oder kooperative Wirtschaftsaufsicht gelenkt werden. Erst nach dem Zweiten Weltkrieg versuchten die Sozialdemokraten, solcherlei Planungspolitik politisch durchzusetzen. Dabei konnten sie sich zusätzlich auf Überlegungen stützen, die seit 1942 von der Nederlandse Volksbeweging entwickelt worden waren. Nach 1945 stellte sich die PvdA als »Durchbruch«-Partei dar. Sie einigte sich, so *Bank*, auf praktisch-politische Programmpunkte und nicht auf eine Weltanschauung. Daher habe sie auch das Prinzip der Versäulung abgelehnt. Mit dem Wachstumspakt entschied sich die niederländische Sozialdemokratie gegen eine grundlegende Änderung der ordnungspolitischen Rahmenbedingungen. So habe sich 1951 auch der programmatische Schwerpunkt der Partei weg von der Betonung der Sozialisierung als Weg zum Sozialismus hin zu einer konjunkturpolitischen Begründung möglicher Sozialisierungen bewegt. Wie *Bank* feststellt, hat die Partei eine Politik der gerechten Einkommensverteilung, der Umverteilung des gesellschaftlichen Vermögens und der Verwirklichung der Chancengleichheit verfolgt. Dies sollte vor allem durch eine systematische Erhöhung der Staatsausgaben erreicht werden.

Wie die niederländischen standen auch die deutschen Sozialdemokraten während des Kaiserreiches außerhalb der Gesellschaft. Beide sind erst nach dieser Periode zu Ordnungsfaktoren in ihrer Gesellschaft geworden. *A. Sywottek* stellt in seinem Beitrag heraus, daß man im deutschen Falle von einer »theoriegeleiteten Steuerung sozialdemokratischen Verhaltens« nicht sprechen könne. Es habe keine intensiven Bemühungen gegeben, der Marxschen Lehre die fehlende Staatstheorie einzufügen; das Staatsdenken erscheine als Reflex politischer Zweckmäßigkeit. In den Anfangsjahren der Weimarer Republik habe die politische Programmatik der sozialdemokratischen Arbeiterbewegung das Spektrum sozialistischer Vorstellungen, wie sie von der Sozialdemokratie vor dem Ersten Weltkrieg erörtert worden seien, abgedeckt. Zentral für Differenzen sei weniger die Staatsorganisation als die Vorstellung von den notwendigen Schritten zur Änderung der Eigentumsordnung gewesen. Es habe zwar zur Zeit der Weimarer Republik einige Bemühungen um die theoretische Durchdringung und Formulierung des problematischen Verhältnisses zwischen sozialistischen Zielprojektionen und dem »Staat« gegeben (Hans Kelsen, Hermann Heller), diese Erörterungen seien für die Politik und Programmatik der SPD jedoch nicht relevant geworden. Ansätze einer pluralistischen Staatstheorie hätten erst in den 1960er Jahren eine breitere Rezeption – und dies in erster Linie in der sozialdemokratisch beeinflußten Politikwissenschaft – gefunden. Mehr Resonanz, aber weniger Verständnis, hätten Initiativen zur Demokratisierung der Wirtschaft gehabt. Beim Aufbau der staatlichen Ordnung im Nachkriegs-Deutschland habe sich die Sozialdemokratie eher reaktiv verhalten, als daß sie mit eigenen Vorstellungen aktiv geworden wäre. Dispositionen für einen verfassungsmäßigen und praktischen Förderalismus hätten, so *Sywottek*, neben solchen für einen dezentralen Einheitsstaat gestanden.

L. Albertin und *S. Stuurmann* befassen sich mit der Rolle des Liberalismus in Staat und Gesellschaft. Der Liberalismus verfügte nicht über Stoßkraft einer starken Organisation. Er hat im 20. Jahrhundert gegenüber dem Konservatismus und den sozialistischen Strömungen und in den Niederlanden vor allem auch gegenüber den konfessionellen Parteien an Boden verloren.

In Deutschland war der Liberalismus durch seine Doppelrolle als nationale und demokratische Bewegung belastet. Bis in den Ersten Weltkrieg hinein hielten die Nationalliberalen an ihrer positiven Haltung gegenüber der konstitutionellen Monarchie fest. Sie sahen – wohl aus ihrer Rolle als staatstragende Kraft neben den Konservativen – in ihr die adäquate Regierungsform für den wirtschaftlich und kulturell expandierenden nationalen Machtstaat. Auch die Linksliberalen waren keine grundsätzlichen Gegner der konstitutionellen Monarchie, aber sie wollten eine Weiterentwicklung in parlamentarischer oder »bonapartistischer« Richtung. Beide Richtungen hatten erhebliche Vorbehalte gegenüber dem Grundsatz der Volkssouveränität, wohl auch in Abgrenzung zur Programmatik der Sozialdemokratie. Im linksliberalen Lager konnte sich aber zusehends die Auffassung durchsetzen, daß ein moderner Industriestaat sinnvoll nur über die Form einer repräsentativen Demokratie regiert werden könne. In der Weimarer Republik wurde, wie *Albertin* zeigt, die politische Schwäche des Liberalismus nach anfänglichen Wahlerfolgen wieder deutlich. Das Ende der niederländischen Liberalen als politische Kraft stellte sich mit dem Ende des Schulkampfes und der Einführung des allgemeinen Wahlrechtes im Jahre 1917 ein. Es begann eine Phase konfessioneller Koalitionsregierungen. Während in den Niederlanden die konfessionellen Parteien unter Führung der Protestanten die dominierenden politischen Kräfte wurden, waren es in Deutschland die Sozialdemokraten und der politische Katholizismus und später der Konservatismus. Dies lag u. a. daran, daß liberale Ziele, soweit sie die staatliche Ordnung betrafen, in beiden Staaten zunehmend von anderen Parteien vertreten wurden.

Mit dem Verhältnis von Innen- und Außenpolitik in der deutschen Geschichte beschäftigt sich der Aufsatz von *E. Forndran*: Nachdem die deutsche Außenpolitik bis 1918 expansive Absichten vertreten habe, sei sie ab 1919 aus einer Defensivposition heraus um die Wiederherstellung der deutschen Großmachtstellung bemüht gewesen. In beiden Fällen sei es um die Systemerhaltung gegangen, während die nationalsozialistische Außenpolitik sowohl innen- wie auch außenpolitisch eine Systemveränderung verfolgt habe. Die Niederlage Deutschlands im Zweiten Weltkrieg habe nicht nur das Ende nationalsozialistischer Außenpolitik bedeutet, sondern auch frühere deutsche Großmachtpolitik unmöglich gemacht. Die Innenpolitik habe für die Bundesregierung zusehends an Bedeutung gegenüber der Außenpolitik gewonnen, da keine expansiven außenpolitischen Ziele mehr verfolgt worden seien. Umgekehrt sei die deutsche Innenpolitik zusehends unter den Einfluß der internationalen Politik geraten, bedingt durch die Abtretung von Souveränitätsrechten an die Europäische Gemeinschaft und die Nato. Die Niederlande verfolgten seit 1839 eine Politik der außenpolitischen Neutralität, die sie auch bei Ausbruch des Ersten Weltkrieges bis hin zum Jahre 1940 konsequent durchhielten. Die Auffassung, die Neutralität würde die Niederlande vom Zweiten Weltkrieg verschont lassen, erwies sich 1940 als tragische Fehleinschätzung. Neben der realistischen Einschätzung der außenpolitischen Möglichkeiten eines Kleinstaates, die eine wesentliche Begründung für die Neutralitätspolitik gewesen sein dürfte, war die niederländische Außenpolitik im 20. Jahrhundert durch eine »moralisierende Prinzipienhaftigkeit« gekennzeichnet.[4] Für das Verhältnis von Innen- und Außenpolitik bedeuteten die Neutralitätskurse und ihre moralische Ausrichtung einen Primat der Innenpolitik. Nach dem Zweiten Weltkrieg gaben die Niederlande ihre Neutralität zugunsten einer Sicherheitspolitik auf, die ihre Basis in der transatlantischen Allianz, der westeuropäischen Wirtschaftsintegration und in der Mitarbeit in der UNO hatte. *Ph. P. Everts* weist darauf hin, daß die entscheidenden Elemente der traditionellen Neutralitätspolitik dennoch auch nach 1945 erhalten blieben. Auf die Probleme der Westintegration der Bundesrepublik geht *E. Richter* in seinem Beitrag ein.

Kassel im November 1987   Jürgen P. Nautz

Anmerkungen

1. Vgl. H. Lademacher, Geschichte der Niederlande, Darmstadt 1983, S. 279 f.
2. Vgl. E. Zimmermann, Neokorporative Politikformen in den Niederlanden. Industriepolitik, kollektive Arbeitsbeziehungen und internationale Strukturen seit 1918, Frankfurt a.M. 1986, S. 57 ff.
3. Der Beitrag über die Katholische Kirche in Deutschland wie auch der über den Staat in der Wirtschafts- und Sozialpolitik der Niederlande mußten entfallen.
4. Begriff bei H. Lademacher, Geschichte der Niederlande, S. 364.

G. R. Zondergeld

Separatismus und Regionalismus in den Niederlanden seit 1814

1. Von der Föderation zum Einheitsstaat

In seinem Vortrag auf dem Kongreß englischer und niederländischer Historiker von 1969 verwies E. H. Kossmann darauf, daß die föderalistische »Republiek der Verenigde Nederlanden« in weniger als 20 Jahren in einen Einheitsstaat in Form einer konstitutionellen Monarchie überführt wurde, der inzwischen zwar demokratisiert ist, dessen staatsrechtliche Basis aber nie mehr korrigiert wurde.[1] Dies geschah während der Zeit der französischen Besatzung zwischen 1795 und 1813. Die alte Republik tendierte in bestimmten Bereichen zu einer Föderation, während es sich in den meisten Bereichen um ein Bündnis von sieben Republiken unter ständiger Hegemonie der Republik Holland handelte. Von einer kontinuierlichen Entwicklung zu größerer Einheit, von der das traditionelle Geschichtsbild stets ausging, kann nach Wansinks Auffassung keine Rede sein.[2] Sicher, es gab einige Faktoren, die vereinheitlichend wirkten, wie die Statthalterschaft (seit 1747), die reformierte Staatsreligion mit ihrer niederländischen Bibelübersetzung, der »Statenbijbel«, der gemeinsame Kampf gegen Spanien, England und Frankreich, die weitgehend gemeinschaftliche Kolonialpolitik und die überprovinziellen Verwandtschaftsbeziehungen der herrschenden Regentengeschlechter. Nach 1600 kann man auch von einer gemeinsamen Amtssprache, dem Holländischen, sprechen: Seither wurden keine Urkunden mehr auf Friesisch, Groningisch oder auf Ostniederländisch (Niedersächsisch) abgefaßt. Es ist deshalb kurios, daß ausgerechnet im 17. Jahrhundert das Friesische erstmals als literarische Sprache gebraucht wird und gleichzeitig die wissenschaftliche Auseinandersetzung mit dieser Sprache beginnt. Von einer gemeinsamen niederländischen Volkssprache kann vor dieser Periode sicher nicht gesprochen werden.

Auf dem Papier lassen die Verfassungen von 1814 und 1815 (welche durch den Anschluß Belgiens nach dem Wiener Kongreß notwendig wurden) noch einen Kompromiß zwischen alter föderaler Struktur und französischem Einheitsstaat erkennen, durch die Art der Amtsführung von Willem I. und seiner Beamten blieb dies aber reine Makulatur.[3] Die Provinzen erhielten zwar das Recht auf Autonomie und Selbstverwaltung, da die Provinzialorgane aber über keine eigenen Finanzen verfügten und keine eigenen Steuern erheben durften, außer zur Anlage und Instandhaltung von Provinzstraßen, waren sie völlig von der Zentralregierung abhängig.[4] Nur ihre Namen und Grenzen erinnerten an die Zeit der alten Republik. Zu Beginn der französischen Zeit hatten radikale Revolutionäre die Grenzen und Namen der Provinzen drastisch geändert, aber das war nach drei Jahren wieder rückgängig gemacht worden.

In einem wesentlichen Aspekt bedeutete die Verfassung von 1814 eine auffällige Anknüpfung an die alte Republik: Die *Provinciale Staten* (Provinzialparlamente) erhielten das Recht, die Mitglieder des *Staten Generaal* (Nationales Parlament) zu wählen. Sie waren gemäß der alten Form gebildet aus den drei

Ständen, dem Adel, den Städten und dem platten Land. Mit der Verfassung von 1815 wurde ein Zweikammersystem installiert, wobei die »Eerste Kamer« vom König ernannt und die »Tweede Kamer« von den Provinciale Staten gewählt wurde.

Die wichtigsten Verfassungsänderungen von 1848, formuliert vom Führer der Liberalen, Thorbecke, brachten zwar eine gewisse Ausweitung der Verwaltungskompetenzen für Provinzen und Kommunen, der Charakter eines modernen – an Frankreich orientierten – Einheitsstaats blieb aber vollständig erhalten. Die Provinciale Staten verloren das Recht, die Tweede Kamer zu wählen, erhielten aber statt dessen die Aufgabe, die Mitglieder der viel unwichtigeren Eerste Kamer zu bestimmen. Das ist heute noch so. 1848 wurden die drei Stände abgeschafft. Die Provinciale Staten wurden seither durch freie Wahlen konstitutiert. Sie gleichen in dieser Hinsicht den deutschen Bundesländern.

Dennoch kann man die Provinzen nicht mit den Bundesländern und noch weniger mit den Staaten des Deutschen Bundes vergleichen, weil die provinzialen Verwaltungen über viel weniger Kompetenzen verfügen.

2. Limburg: Provinz wider Willen

Der Sozialgeschichtler Th. van Tijn hat neuerdings auf den auffallend starken Anteil gerade der Randprovinzen an der Entstehung der liberalen Partei in den Niederlanden hingewiesen.[5] Auch W. Verkade tut dies in seiner Studie über den Führer der Liberalen, Thorbecke.[6] Van Tijn schlägt darüber hinaus einen Bogen von seiner These eines regionalen nichtholländischen Hintergrundes der politischen Erneuerungsbewegung Liberalismus zur darauffolgenden progressiven Strömung, dem Sozialismus, der gerade in Friesland sein erstes parlamentarisches Mandat eroberte (1886).

Dies alles könnte auf eine Beziehung zwischen politischem Radikalismus und Provinzial-Nationalismus oder Föderalismus hindeuten. Davon kann allerdings keine Rede sein, wie Van Tijn selbst feststellt.[7] Schließlich handelte es sich bei Liberalismus und Sozialismus um landesweite Strömungen, die auch in Holland, vor allem in Amsterdam, Anhänger besaßen. Man kann allerdings behaupten, daß die Rolle vieler Nicht-Holländer in beiden Strömungen mit dem in den Randprovinzen verbreiteten Gefühl der Benachteiligung durch den Haag (den Regierungssitz) oder den »Westen« zu erklären ist. Die neuen politischen Tendenzen wurden gleichzeitig – bewußt oder unbewußt – als Vehikel zum Erwerb privater politischer Macht durch Polit-Karrieristen aus den nicht-holländischen Provinzen gebraucht. Im zwanzigsten Jahrhundert gilt dies auch für die sich emanzipierenden Brabanter und Limburger. Einflußreiche Liberale wie Thorbecke und Van Houten kamen nicht aus Holland. Ebenso Sozialisten wie Troelstra, Schaper und Vliegen oder katholische Politiker wie Nolens und Ruys de Beerenbrouck sowie nach 1945 De Quay und Van Agt.

Lediglich Limburg befand sich im vorigen Jahrhundert in einer völlig anderen Situation.[8] Die führende Elite war hier nicht nur gleichzeitig politisch liberal und konfessionell katholisch, sondern auch weithin für die Abspaltung der eigenen Provinz aus dem niederländischen Staat, der als Unterdrücker erlebt wurde. In der Periode zwischen 1830 und 1845 kämpften die Limburger Separatisten für den Anschluß an Belgien. Um 1848 wurden sie Verfechter eines Anschlusses an den noch zu schaffenden revolutionären deutschen Bundesstaat, der in Frankfurt Gestalt anzunehmen schien. Limburg war ein Sonderfall. Während der republikanischen Zeit hatte nur ein sehr kleiner Teil der heutigen Provinz Limburg zum niederländischen Territorium gehört: Die größeren Städte Maastricht (die heutige Hauptstadt) und Venlo sowie einige kleinere Orte wie Valkenburg und etliche Dörfer, die heute teilweise zu Belgien gehören. Für Maastricht selbst gab es eine weitere Besonderheit. Hier mußten die Staten Generaal ihre Hoheitsrechte noch mit dem Prinz-Bischof von Lüttich teilen. Die meisten dieser Orte hatten darüber hinaus auch nie zu dem früheren Herzogtum Limburg gehört. Die anderen heute zu Niederländisch-Limburg gehörenden Gebiete zählten zu Kleve, Jülich oder Preußen bzw. bildeten eigene selbständige Kleinstaaten innerhalb des deutschen Kaiserreichs. Von einem Limburger Gemeinschaftsgefühl kann daher auch keine Rede sein. Die Dialekte vieler Orte unterschieden sich stark untereinander, stärker aber noch von der in der Republik üblichen niederländischen Staatssprache. Dies gilt übrigens auch heute noch. Es gab also fast keine kulturelle oder historische Bindung an Holland. Auch in religiöser Hinsicht bestand eine tiefe Kluft zu den nördlichen Provinzen, denn die Limburger Gebiete waren noch geschlossen katholisch. Die Dialekte von Venlo, der Mittel-Limburger Dörfern und des westlichen Süd-Limburg lassen sich dem niederländischen Sprachraum zuordnen. Diejenigen im Osten Süd-Limburgs (Kerkrade, Vaals) gehören bis heute zum deutschen Sprachgebiet, konkret zum Kölner Dialekt. In Maastricht wurde im Laufe des 18. Jahrhunderts, ebenso wie in den belgischen Provinzen, Französisch zur wichtigsten Sprache. Die gesamte französische Zeit über gehörten all diese Gebiete mit dem bis dahin unabhängigen Bischoftum Lüttich zu Frankreich, den Departements Unter-Maas, Ruhr und Ourthe. Unter König Willem I. wurde aus dem Departement Unter-Maas und Teilen des Departements Ruhr die neue Provinz Limburg gebildet, die aber letztlich mit dem mittelalterlichen Herzogtum Limburg wenig zu tun hatte. Beim belgischen »Aufstand« schloß sich diese Limburger Provinz geschlossen und fast einhellig den belgischen Revolutionären an. Limburg lieferte sogar einige der wichtigsten Führer. Gerade weil die gesamte Elite französisch orientiert war, war dies selbstverständlich. Schließlich war selbst die Amtssprache des Limburger Parlaments immer französisch gewesen. Im Kampf mit den Aufständischen gelang es den Niederländern nur, die Kontrolle über Maastricht zu behalten, sehr zum Unwillen der Stadtbevölkerung. Beim Friedensschluß, 1839, wurde Limburg aber – entgegen belgischen Erwartungen – aufgeteilt. Die Niederlande erhielten die heutige Provinz Limburg (d. h. Maastricht, Roermond, Venlo und Weert), während Belgien aus dem westlichen Teil, der früher zum Bischoftum Lüttich gehört (und davor die Grafschaft Loon gebildet) hatte, eine eigene Provinz Limburg mit der Hauptstadt Hasselt bildete. Dies alles war eine enorme Enttäuschung für Belgier und Limburger, die sie erst nach dem Ersten Weltkrieg überwanden. Während der Periode zwischen 1830 und 1839 hatte der größte Teil von Niederländisch-Limburg schon zu Belgien gehört; es war also logisch, daß die Limburger – auch aus wirtschaftlichen und geographischen Gründen – weiter den Anschluß an Belgien verfochten. Daneben gab es auch Befürworter eines eigenen unabhängigen

Staates oder einer umfassenden Ausweitung der provinzialen Autonomie. Dies war weniger abwegig als es uns heute scheint. De facto hatten sich die sogenannten Limburger fast alle an eine wesentlich eingeschränktere Selbstbestimmung gewöhnen müssen. Außerdem spielte eine wichtige Rolle, daß Limburg nicht den gleichen Status wie die anderen niederländischen Provinzen erhalten hatte, sondern zu einem gesonderten Herzogtum erklärt worden war, das selbständiges Mitglied des Deutschen Bundes wurde. Dies geschah als Kompensation für den Verlust von mehr als der Hälfte des Großherzogtums Luxemburg, das unter König Willem I. als Großherzog 1815 Mitglied des Deutschen Bundes geworden war. Der überwiegend französischsprachige Westen Luxemburgs, der übrigens ebenfalls fast geschlossen am belgischen »Aufstand« teilgenommen hatte, fiel 1839 an Belgien; der deutschsprachige Teil blieb selbständiges Großherzogtum mit männlicher Erbfolge unter den niederländischen Oraniern. 1890 kam deshalb eine Seitenlinie an die Macht, als Königin Wilhelmina in den Niederlanden die Regierung übernahm. Die Beziehungen zwischen Luxemburg und den Niederlanden blieben lange sehr eng. Verteidigung und Außenpolitik fielen sogar bis 1867 in die Zuständigkeit der niederländischen Regierung. Die luxemburgische Fahne ist bis heute die gleiche wie die niederländische.

Das Herzogtum Limburg besaß einen noch seltsameren Status, der eher an die Zeiten des Ancien Régime als an einen modernen Einheitsstaat des 19. Jahrhunderts erinnerte. Einerseits ähnelte er dem einer normalen niederländischen Provinz, andererseits aber auch dem eines eigenständigen Staates. Limburg besaß eine eigene kleine Armee, die gleichzeitig dem niederländischen Militär wie dem Heer des Deutschen Bundes angehörte. Nach der niederländischen Verfassung von 1840 war Limburg niederländisches Territorium und doch gleichzeitig einem deutschen Staatenbund angeschlossen, dem die Niederlande nicht angehörten. Leiter der Provinzregierung war nicht einfach ein »Commissaris van de Koning« wie in den anderen Provinzen, sondern ein Gouverneur. Besonders kompliziert wurde der Limburger Status darüber hinaus noch dadurch, daß die beiden größten Städte, Maastricht und Venlo, zwar dem Herzogtum Limburg, dessen Hauptstadt obendrein Maastricht war, nicht aber dem Deutschen Bund angehörten. Dieser seltsamen, wieder typisch an das Ancien Régime erinnernde Situation verdankten die beiden Städte dem Umstand, daß sie vor der französischen Zeit zur Republik und damit nicht zum deutschen Kaiserreich gehört hatten. Wenn wir weiter berücksichtigen, daß sich Maastricht während des gesamten vorigen Jahrhunderts weiterhin an Lüttich orientierte und erst allmählich seinen französischen Charakter verlor, können wir uns vorstellen, daß sich zumindest die Süd-Limburger absolut nicht als Niederländer betrachteten. Unter dieser Perspektive war es nur logisch, daß in Limburg eine separatistische Bewegung entstand. In seiner umfangreichen Dissertation von 1955 hat J. C. Boogman die besondere Position Limburgs und das Auftreten der Limburger Separatisten untersucht.[9] In einer 1978 erschienenen Studie *Rondom 1848. Die politieke ontwikkeling van Nederland (1840 – 1858)* hat er diese Episode vor dem Hintergrund der niederländischen Geschichte insgesamt erneut zusammengefaßt.[10] Weniger tiefschürfend bleibt W. Jappe Alberts in seiner *Geschiedenis van de beide Limburgen* (1974), in der er die Geschichte sowohl des niederländischen wie des belgischen Limburg einschließlich des Ersten Weltkriegs möglichst integriert behandelt.[11] Beide betonen, daß der anti-niederländische Widerstand von einigen Aristokraten und reichen Bürgern, meist Großgrundbesitzern ausging. Unter ihnen finden wir mehrere Grafen und Barone, um nur die wichtigsten zu nennen, den Grafen van Hoensbroeck, die beiden Grafen De Marchant et d'Ansembourg (eine Familie, die auch heute noch mehrere große Schlösser besitzt) und den Baron Van Scherpenzeel-Heusch, den wichtigsten Wortführer der Separatisten. Einer der Grafen d'Ansembourg versuchte 1843 vergeblich in einer Audienz beim belgischen König Leopold I. Gehör für einen Plan zu finden, den niederländischen König zu bestechen.[12] Ein kurioses – und nicht ganz zufälliges – Detail verdient, hier erwähnt zu werden: Während der deutschen Besatzungszeit im Zweiten Weltkrieg fungierte ein Graf d'Ansembourg als nationalsozialistischer Kommissar für die Provinz Limburg. Wichtigstes Motiv der kulturell entschieden französisch orientierten Großgrundbesitzer war ihre Ablehnung der nach ihrer Meinung hohen und ungerechtfertigten Steuern, die eine Agrar-Provinz wie Limburg wesentlich härter trafen, als die typischen holländischen Handels-Provinzen (Holland war 1840 in die Provinzen Noord- und Zuid-Holland aufgeteilt worden). Als die niederländische Regierung 1844 eine zusätzliche staatliche Zwangsanleihe einführen wollte, platzte die Bombe. Die d'Ansembourgs propagierten nun die Bildung eines unabhängigen Limburg unter einem Oranier-Prinzen. König Willem II. wurde als Person nicht angegriffen, da er gerade für Brabant und Limburg großes Interesse zeigte und dem Katholizismus nicht unwohlwollend gegenüberstand. Man hegte darum ihm gegenüber bestimmte Erwartungen, zumal der belgische König enttäuscht hatte. In ganz Limburg wurden Unterschriften für eine Abspaltung gesammelt, gab es Demonstrationen und Krawalle. Eine große Mehrheit des Provinzial-Parlaments sprach sich für die Abtrennung aus und die Limburger Tweede-Kamer-Abgeordneten schlossen sich an. Eine vorsichtige Reaktion der Zentralregierung und die Umwandlung der Zwangsanleihe in eine freiwillige (für das gesamte Land) ließen die Unruhe abflauen.[13] Es fällt auf, daß sich 1844 sowohl in Limburg wie auch in Friesland der Widerstand gegen die Zentralregierung formierte. Dabei spielte auch in Friesland die Staatsanleihe eine Rolle. In beiden Provinzen bildeten die Liberalen den Kern des Widerstandes. Damit aber sind die Gemeinsamkeiten auch schon zu Ende. Welten lagen zwischen dem intellektuellen Dorflehrer Sytstra und den reichen Limburger Adligen. Darüber hinaus fanden die friesischen Nationalisten – im Unterschied zu den Limburgern – keine Unterstützung in der Bevölkerung. Die Anhängerschaft der Limburger Aristokraten rekrutierte sich übrigens zu einem nicht unwesentlichen Teil aus ihren eigenen Pächtern. Es muß uns nicht überraschen, daß Katholizismus und Liberalismus in Limburg Hand in Hand gingen. Dies war in Belgien während der Regierung von Willem I. und der gegen ihn gerichteten Revolution nicht anders, wenn man auch damals von einem Präzedenzfall sprach. Willem I. hatte durch sein autoritäres Verhalten schließlich die Liberalen ebenso gegen sich aufgebracht wie die klerikale Partei. Im Limburger Widerstand machte sich noch eine gute Portion Ablehnung des protestantischen Nordens bemerkbar. Die Liberalen kämpften gerade zu dieser Zeit für eine Wiederherstellung der uneingeschränkten Religionsfreiheit, die 1813 erneut aufgehoben worden war. Im Zuge der liberalen Verfassungsänderung von 1848 wurde diese wieder eingeführt und ermöglichte endlich die anschließende katholische Emanzipation mit der Neuformierung der bischöflichen Hierarchie. Als Thorbecke, der übrigens als erster Regierungschef einen Limburger in die Regierung aufnahm, infolge einer Reaktion konservativer Protestanten auf die Einführung der bischöflichen Hierarchie gestürzt wurde, belohnte ihn Limburg sofort durch seine Wahl zum Abgeordneten für den Distrikt Maastricht (1853). Thorbecke, der Führer der Liberalen, war aufrichtig an Limburg interessiert, was nicht für alle liberalen Politiker aus den nördlichen Niederlanden galt. Es gab viele, die diese lästige und gefährliche Provinz lieber losgeworden wären. Wirtschaftlich war sie uninteressant und politisch konnte sie Konflikte mit Belgien und dem Deutschen Bund stiften. Dies zeigte sich 1848, als sich vor allem in Süd-Limburg die separatistische Bewegung infolge der Märzrevolution in Deutschland wieder regte. Diesmal trat der Baron Van Scherpenzeel-Heusch als wichtigster Führer auf; nach Boogman ein romantisch beeinflußter Idealist mit großen demagogischen Talenten. Der Baron war sicher kein alldeutscher Nationalist, er sprach nicht einmal deutsch. Dennoch entdeckte dieser liberale Landadlige nun plötzlich Chancen im neuen revolutionären Deutschland.[14] Er kandidierte bei den Wahlen zur Frankfurter Nationalversammlung und wurde mit großer Mehrheit (rund 90 %) gewählt. Die niederländische Regierung hatte diese Wahlen anstandslos organisiert. Außer ihm wurde als zweiter Delegierter ebenfalls ein Separatist gewählt. Boogman weist allerdings darauf hin, daß sich nur die Hälfte der Stimmberechtigten an der Wahl beteiligt hatte. Damit stand längst nicht jeder auf seiten der Separatisten. Das vermögende städtische Bürgertum hatte mit Separatismus nicht viel im Sinn, weil es bei Anschluß an den Deutschen Zollverband Nachteile befürchtete. Die Separatisten fanden ihren Anhang, wie schon gesagt, auf dem Land (durch Zollschranken sowohl von Belgien wie Preußen getrennt) im Kleinbürgertum und den unteren Volksschichten. Die öffentliche Meinung im übrigen Land sympathisierte überwiegend mit den Separatisten. Einflußreiche Tageszeitungen, wie der *Nieuwe Rotterdamsche Courant*, schlugen sich mit der Argumentation, so werde man Limburg endlich ehrenvoll los, auf ihre Seite. Hierin äußerte sich die Frustration über die jahrelange geldverschlingende Belgische Frage, deren Lösung sich ohne Sinn und Erfolg von 1830 bis 1839 hingezogen hatte; außerdem auch die typisch holländische Auffassung, wonach man sich schon zu republikanischer Zeit meist am liebsten allein auf Holland beschränkt hätte, denn dies entsprach dem Ideal einer handelstreibenden und politisch-neutralen Kaufmannsnation. Die liberalen Geschäftsleute betrachteten den limburger Widerstand sowohl als berechtigten Ausdruck des Volkswillens als auch als Möglichkeit zur Erlangung deutscher Handelsvorteile. Kaum zehn Jahre nach der Abtrennung Belgiens waren damit viele Niederländer bereit, noch mehr Grundgebiet aufzugeben.Schließlich handelte es sich doch um ein Gebiet, in dem die Bevölkerungsmehrheit Niederländisch als Schriftsprache gebrauchte. Die Zeit für einen radikalen niederländischen Nationalismus und Kolonial-Imperialismus war jetzt auch noch lange nicht angebrochen. Dieser sollte erst am Ende des Jahrhunderts als Reaktion auf die englische Expansion in Südafrika und die eigenen Kolonialkriege in Atjeh und Lombok (Indonesien) entstehen. Es ist ausschließlich dem Scheitern der deutschen Revolution von 1848 zu verdanken, daß Limburg den Niederlanden und dem Niederländischen erhalten blieb.[15] Die Frankfurter Nationalversammlung hatte sich schließlich für die Herauslösung Limburgs aus dem niederländischen Staatsverband ausgesprochen. In Süd-Limburg waren die Feiern aus diesem Anlaß schon in vollem Gange. Nun erst trat die niederländische Regierung in Aktion: Eine Abteilung Militär machte den Festlichkeiten ein Ende; die deutschen Fahnen verschwanden wieder von den limburgischen Kirchtürmen und Rathäusern. Die Nationalversammlung konnte hiergegen wenig tun, da sie nicht über eigene

Machtmittel verfügte und selbst von den konservativen Großmächten Preußen und Österreich abhängig war. Im Mai 1849, als das Ende der Nationalversammlung schon nahe war, legte Van Scherpenzeel-Heusch sein Mandat mit einer Erklärung, in der er sich unumwunden gegen weitere Vereinigungsbemühungen zwischen Limburg und Deutschland aussprach, nieder. Er war nun sogar für die Auflösung der bestehenden Zugehörigkeit zum Deutschen Bund. Der »Zwitterzustand« sollte definitiv beendet werden. Diese Situation – mit all ihren Gefahren für die Niederlande – bestand trotzdem noch viele Jahre weiter. 1867 gerieten die Niederlande fast in einen Krieg mit Preußen, da König Willem III. versucht hatte, Luxemburg an Napoleon III. zu verkaufen, und Bismarck nun den Beitritt Limburgs zum Norddeutschen Bund forderte. Die Internationale Konferenz in London beendete den Konflikt um die Luxemburger Frage. Der Verkauf an Frankreich scheiterte und Bismarck erklärte, daß Limburg von nun an keine weiteren Bindungen an Deutschland besitze und als normale niederländische Provinz zu betrachten sei.[16]

Zu diesem Zeitpunkt begann die allmähliche Eingliederung Limburgs in das niederländische Königreich. Für die Erhaltung der niederländischen Sprache in dieser Provinz besaß diese Entwicklung große Bedeutung. Der französischen Orientierung Maastrichts und Roermonds und der deutschen Ausrichtung Heerlens und Umgebung wurde Einhalt geboten. Die niederländische Regierung betrachtete Limburg aber noch lange als besonderes Gebiet: bis 1906 wurde die Provinz in offiziellen Texten als »Herzogtum« bezeichnet. Und erst zu Beginn dieses Jahrhunderts begann die maastrichter Elite ganz allmählich, Französisch durch Niederländisch zu ersetzen. Unterdessen war in Maastricht im Laufe des vorigen Jahrhunderts eine blühende Dialektliteratur entstanden. Einmal erhielten separatistische Tendenzen noch eine Chance: Am Ende des Ersten Weltkrieges begannen in Belgien französischsprachige Radikal-Nationalisten eine Kampagne für den Anschluß des südlichen und mittleren Limburgs (ab Venlo) an Belgien. Darüber hinaus forderte dieses Comité de Politique Nationale die Annexion der angrenzenden deutschen Gebiete um Aachen, Eupen, Malmedy und Sankt Vith sowie des neutralen Gebiets Moresnet und des seeländischen Flandern. Als Argument diente natürlich die Stärkung der belgischen Grenzen gegen eine erneute deutsche Gefährdung. Diese Kampagne blieb erfolglos. Vor allem, weil die Alliierten nicht an diesen weitreichenden Forderungen interessiert waren. Zwar erhielt Belgien die sogenannten »Oostkantons« Eupen, Malmedy, Sankt Vith und Moresnet, aber auf der Rechtsgrundlage, daß diese Gebiete bis zum Wiener Kongreß zum belgischen Territorium gehört hatten. Für Limburg und seeländisch Flandern traf das nicht zu. Darüber hinaus blieben die Niederlande während des Ersten Weltkriegs neutral. In beiden Gebieten wurde im Herbst 1918 und Anfang 1919 heftig gegen den Anschluß an Belgien demonstriert und protestiert. Der Umstand, daß beide Gebiete durch die niederländische Neutralität vor dem Krieg bewahrt worden waren, hat nicht gerade wenig zu diesem Ausbruch der Solidarität mit den restlichen Niederlanden beigetragen.

In wirtschaftlicher Hinsicht begann Limburg aufzublühen. Die Nationalisierung des limburger Bergbaus im Jahre 1902 hatte den Wohlstand gehoben, während man die Handelsverbindungen mit den nördlichen Niederlanden und den Nachbarstaaten durch ein verbessertes Straßen- und Kanalnetz entscheidend verbessert hatte. Dennoch wurde 1918 auch in Süd-Limburg selbst noch eine Kampagne für den Anschluß an Belgien eingeleitet, diesmal jedoch ohne breitere Wirkung. Der katholische »Tweede-Kamer«-Abgeordnete H. van Groenendael, ein reicher Industrieller aus Sittard, trat als wichtigster Wortführer auf. Er stieß aber auf solche Gegenreaktionen von Limburgern selbst, die allesamt auch noch der gleichen Partei und Konfession angehörten, daß seine Aktion schnell im Sande verlief. Im Parlament wurde er völlig isoliert. Die Emanzipation Limburgs und des katholischen Bevölkerungsteils erschien zu diesem Zeitpunkt auch abgeschlossen: Der katholische Limburger »Commissaris van de Koningin«, Freiherr Ch. Ruys de Beerenbrouck, wurde nach seinem Triumphzug mit Königin Wilhelmina durch das bedrohte Limburg zum Premierminister berufen; bis 1933 leitete er drei Kabinette. Er war damit gleichzeitig der erste katholische und der erste Limburger Regierungschef der Niederlande.

Während des Zweiten Weltkriegs spekulierten die Deutschen auf eventuelle prodeutsche Gefühle in Limburg. Bei den Wahlen zum Provinzial-Parlament von 1935 hatte sich gezeigt, daß die wichtigste niederländische Nazi-Partei, die *Nationaal-Socialistische Beweging (NSB)*, in Süd-Limburg über eine beachtliche Anhängerschaft verfügte. Während die Partei im gesamten Land 8 % der Stimmen gewann (was übrigens für eine neue Partei auch schon völlig ungewöhnlich war), hatte Limburg mit 11,7 % den höchsten Stimmenanteil aller Provinzen: in der noch völlig deutschsprachigen Stadt Kerkrade sogar 24,2 %! Daneben erhielt die noch radikalere *Nationaal-Socialistische Nederlandse Arbeiderspartij (NSNAP)*, die völlig nach Deutschland ausgerichtet war, in Kerkrade weitere 5,6 %. Vellenga erklärt in seinem Buch Katholiek Zuid-Limburg en het Fascisme (1975) diesen politischen Erdrutsch durch die starken Beziehungen zu Deutschland, die im Bergbaurevier bestanden, daneben aber auch durch noch immer bestehende Gefühle der Fremdheit gegenüber den Niederlanden. Anfang der dreißiger Jahre hatte die *Limburgse Federatie*, eine Partei, die vor allem auf dem Land vertreten war, schon viele unzufriedene Wähler von der großen *Rooms-Katholieke Staatspartij* abgezogen. Diese landesweite Partei betrachteten die meisten Limburger noch als Angelegenheit der Nord-Provinzen. Der Erfolg der Faschisten war nur vorübergehend. Bei den zwei Jahre später stattfindenden Parlamentswahlen sank der NSB-Anteil schon wieder auf 4 % für das ganze Land und 5,3 % in der Provinz Limburg; die NSNAP verschwand völlig. Diese Niederlage war großteils die Folge der harten antifaschistischen Maßnahmen der katholischen Kirche in Süd-Limburg, wie Vellenga eindeutig nachweist. Daher gelang es den Deutschen auch nicht, während der Besatzung viele Limburger auf ihre Seite zu ziehen – trotz des Auftretens von De Marchant et d'Ansembourg. Aus Kreisen der NSNAP und der niederländischen SS wurde 1941 eine limburgisch-brabantische Organisation gebildet, die *Frankische Werkgemeenschap De Spade*, die mit einer heimatkundlich ausgerichteten Zeitschrift *Frankenland* versuchte, Limburger und Brabanter von den Niederlanden abzulösen. Sie fanden kaum 500 Leser, natürlich allesamt entschieden pro-deutsch eingestellt. Von seiten der deutschen SS vertraute man dieser Gruppierung kaum, weil man fürchtete, daß der Führer H. Bindels, ein Bergarbeiter aus Kerkrade, durch seine Kontakte in Aachen möglicherweise einen eigenen »fränkischen« Separatismus auslösen könnte.[17]

Nach dem Krieg beginnt diese unniederländischste Provinz entsprechend immer mehr Züge der allgemein-niederländischen Kultur zu übernehmen, wenn der eigene Charakter auch in vielen Dingen bewahrt bleibt. Die Wahlergebnisse zeigen, daß typisch nord-niederländische Parteien, wie PvdA (Sozialdemokraten) und VVD (Liberale) sich auch in Limburg (und Brabant) etablieren konnten. Die Limburger Dialekte werden immer stärker durch das niederländische Fernsehen und Radio zurückgedrängt, was in den sechziger Jahren die Entstehung einer eigenen Kerkrader Sprachbewegung ausgelöst hat. Heute hat sich der Dialektunterricht in diesem kleinen, noch immer deutschsprachigen Gebiet einen festen Platz in den Schulen erobert.

Juristisch wurde dies möglich, weil die friesische Sprachbewegung schon 1937 im Bereich des Regionalsprachunterrichts erste Möglichkeiten eines fakultativen Unterrichts erzwungen hatte.

3. Die Entstehung der Friesischen Bewegung[18]

Unter den Gegnern des Einheitsstaats im Jahre 1814 begegnen wir auch einigen friesischen Regenten, die am Anfang der Friesischen Bewegung stehen. Die Friesische Bewegung ist ein im Laufe des 19. Jahrhunderts analog zur flämischen Bewegung entstandener Sammelbegriff für das Konglomerat von Vereinigungen, Organisationen, Autoren und Sprachwissenschaftlern, die sich für Erhaltung und Stärkung der eigenen, friesischen Sprache und Kultur eingesetzt haben. Ebenso wie die anderen Sprachbewegungen aus der ersten Hälfte des 19. Jahrhunderts ist die friesische Bewegung ein typisches Produkt der Romantik. Von politischen Forderungen nach Einführung irgendeiner Form regionaler Autonomie ist bei der frühen friesischen Bewegung keine Rede, viel weniger noch von der Forderung nach Abspaltung und Gründung eines eigenen Staats. Allerdings hielt sich zu dieser Zeit bei einer kleinen Gruppe von Intellektuellen das Bewußtsein der Existenz eines eigenen friesischen Volks, das sich vom niederländischen Volk oder den Holländern unterschied. 1827 kam es zur ersten Organisation in der Geschichte der friesischen Bewegung, der *Fries Genootschap van Geschied-, Oudheid- en Taalkunde*. Die Beschäftigung mit dem Friesischen blieb eine elitäre Angelegenheit von meist aristokratischen Regenten und romantischen Gelehrten.

Auch in der ersten friesischen Vereinigung, die das Friesische prinzipiell zur Umgangssprache erhob, der *Selskip foar Fryske Tael- en Skriftekennisse* von 1844 (abgekürzt Selskip, die Gesellschaft) wurden keine Forderungen nach Abspaltung oder Bildung eines autonomen friesischen Staates innerhalb des niederländischen Königreichs erhoben. Allerdings setzte einer der Gründer, der Lehrer Harmen Sytstra, den Kampf um die Erhaltung des Friesischen in Bezug zu der während dieser Zeit immer weiter zunehmenden ökonomischen Rückständigkeit der Provinz Friesland, die durch Emigration nach Holland und Amerika zu veröden drohte.[19] Anlaß zur Gründung der Selskip war 1841 die Auflösung der Überreste der bereits zu französischer Zeit geschlossenen friesischen Universität in Franeker. Die Ausrichtung ihrer Gesellschaft, die in den ersten Jahren ihres Bestehens nur über eine sehr kleine Anhängerschaft verfügte, läßt sich als bürgerlich-liberal charakterisieren, während die Genootschap entsprechend als aristokratisch und konservativ zu bezeichnen ist. Eine weitere Ursache der Gründung war die zunehmende Unzufriedenheit einiger Jüngerer mit dem elitären und unfriesischen Charakter der Genootschap. Daher rührte auch die Wahl des Friesischen als Umgangssprache. Die eigene Orthographie der Selskip, von Sytstra konzipiert, war stark romantisch geprägt. Sytstra hatte sich nicht an der bestehenden friesischen Literatur orientiert, sondern seine Schreibweise so weit wie möglich derjenigen der mittelalterlichen Gesetze angepaßt. Mit dieser sogenannten »Iduna-Schreibweise« (nach der Selskip-Zeitschrift *Iduna* benannt) war das normale Publikum, soweit dieses lesen konnte, nicht zu erreichen. Es dauerte daher auch über ein Vierteljahrhundert, bevor die Gesellschaft über eine nennenswerte Mitgliederzahl verfügte. Dazu hatte man die eigene Orthographie erst wieder aufgeben müssen. Sytstra war ein typischer romantischer Nationalist. Er träumte – wie sein nordfriesischer Zeitgenosse Harro Haring – ohne jede Aussicht auf Verwirklichung von einer großen gemeinsamen friesisch-skandinavischen Kultur rund um die Nordsee. Für Sytstra und seine Mitkämpfer bedeutete ihr Kampf für die Emanzipation des friesischen Volkes gleichzeitig die Befreiung aus der eigenen einfachen sozialen Umwelt. Sytstra arbeitete sich vom Bäckergesellen von sehr niedriger Herkunft zum Lehrer einer Grundschule hinauf. Seine Mitkämpfer Gerben Colmjon und Waling Dykstra begannen gleichfalls als Bäckergesellen; der erste wurde Archivar und Bibliothekar der Provinz Friesland, der zweite Verleger, Buchhändler und Schauspieler. Politisch waren sie radikale Liberale. Zu Beginn dieses Jahrhunderts setzten die ersten bescheidenen Versuche ein, dem Friesischen an den Grund- und Hauptschulen einen Platz zu sichern, gleichzeitig war man bestrebt, Friesisch als Aussagesprache für Verdächtige und Zeugen bei Gericht durchzusetzen. Auch im Provinzial-Parlament und einem Stadtrat versuchte man schon vor 1914, Friesisch als zweite Sprache neben dem Niederländischen anerkennen zu lassen; ohne irgendein Ergebnis. Bei Ausbruch des Ersten Weltkrieges hatte man nur erreicht, daß die Provinz alljährlich einen kleineren Haushaltstitel für fakultativen Unterricht außerhalb der Schulzeit in Friesisch an Elementarschulen bereitstellte. 1914 wurde diese Möglichkeit an etwa zehn Schulen genutzt. Den Anlaß zu dieser Unterrichtsaktion bildete die Einführung der Schulpflicht für die Grundschule im Jahre 1901: Durch das allmähliche Anwachsen des weiterführenden Unterrichts würde um 1914 eine neue Generation bereitstehen, um den Kampf für das Friesische auf höherem Niveau weiterzuführen. Gerade die Konfrontation mit der niederländischen Kultur würde viele friesische Schüler zur Entdeckung ihres eigenen kulturellen Hintergrundes führen.

Ein anderer Antrieb für das Anwachsen der friesischen Bewegung und das Entstehen der regionalistischen Bewegung in den östlichen und südlichen Provinzen war die Erweiterung des Wahlrechts von 1896 und letztendlich die Einführung des allgemeinen Wahlrechts im Jahre 1917.

4. Friesischer Nationalismus und Faschismus

Neben der Selskip und der Fries Genootschap waren inzwischen andere friesische Sprachvereine entstanden. Der wichtigste hiervon war zweifellos die *Kristlik Selskip foar Fryske Tael en Skriftekennisse* (Christliche Gesellschaft für friesische Sprache und Literatur), gegründet zu Pfingsten 1908. Diese am orthodoxen Calvinismus orientierte Organisation gab den ersten Anstoß zum modernen friesischen Nationalismus. Bei dem Initiator, dem reformierten Prediger Sipke Huismans, kann man tatsächlich von einem entschieden anti-holländischen Nationalismus sprechen.

Gerade als Student von Abraham Kuyper, dem Kopf der modernen Reformierten, Gründer der *Anti-Revolutionaire Partij*, der Vrije Universiteit und der ›Gereformeerde Kerk‹, hatte Huismans gelernt, daß ein Volk und eine Sprache nie dem Evangelium geopfert werden müßten, sondern durch dieses geheiligt werden konnten, um so zur Verbreitung des Evangeliums beizutragen. Dies war sogar notwendig, da jede Sprache eine Schöpfung Gottes war, die nie verlorengehen durfte. Gott sprach schließlich zu den Menschen in deren eigener Sprache: das war die Botschaft des Pfingstwunders. Ein Staat war Menschenwerk, Gott hatte Völker und Sprachen geschaffen. Durch diese Vorstellung erhielt die friesische Bewegung eine neue grundsätzliche Dimension, die ihr die romantischen Liberalen des 19. Jahrhunderts nicht hatten verleihen können. Gerade Kuypers Konzept einer pluralistischen Gesellschaft innerhalb einer starken nationalen Einheit, die sogenannte »souvereiniteit in eigen kring« (Souveränität im eigenen Kreis), diente Huismans zur Entwicklung seiner friesischen Sprachideologie. Huismans war kein Befürworter eines einsprachig friesischsprachigen Frieslands. Auch Niederländisch hatte inzwischen seine von Gott verliehenen historischen Rechte. Friesisch sollte deshalb nach und nach häufiger in Kirche und Schule gebraucht werden. Dann würden schließlich Gläubige und Eltern nach vorrangigem Gebrauch des Friesischen verlangen. Die Kristlik Selskip setzte sich deshalb zum Ziel, die Bibel, die seit dem 17. Jahrhundert in Friesland ausschließlich in der offiziellen niederländischen Übersetzung des Staten-Generaal gelesen wurde, endlich vollständig ins Friesische zu übersetzen. Erst 1943, mitten in der deutschen Besatzungszeit, erreichte man dieses Ziel. Die ersten Predigten auf Friesisch wurden übrigens schon 1914 gehalten, stießen aber auf starken Widerspruch bei den Gläubigen selbst, die Niederländisch mit der Zeit als eine Art Sakralsprache schätzen gelernt hatten. Durch den Ausbruch des Ersten Weltkrieges erlebte der gerade erst entstandene friesische Nationalismus einen zusätzlichen Aufschwung. Huismans polemisierte ungewöhnlich heftig gegen die Holländer, die er als »kleine Imperialisten« bezeichnete. Friesland sollte die holländische Vorherrschaft abschütteln. In Verwaltung und Provinzial-Parlament sollte Friesisch zur Amtssprache werden. Die Provinciale Staten sollten darüber hinaus mehr Rechte erhalten. Schließlich mußten die Friesen wieder Herren im eigenen Land werden. Die Konsequenz wäre dann die Bildung eines selbständigen friesischen Staates. Er sagte dies im Frühjahr 1918: Es war offensichtlich, daß sich der reformierte Pastor durch die internationalen Ereignisse mitreißen ließ. Seine eigenen Anhänger folgten ihm in diesem radikalen Nationalismus nur zu einem kleinen Teil. Inzwischen waren auch außerhalb der Kristlik Selskip radikale Vorstellungen entwickelt worden. 1915 gründete der Studienanfänger Douwe Kalma mit einer kleinen Gruppe befreundeter Dichter die *Jongfryske Mienskip* (Jungfriesische Gemeinschaft). Ihr Ziel war vor allem die in ihren Augen verstaubte friesische Volksliteratur durch eigene – von der niederländischen Dichtergruppe »Tachtigers« und britischen Romantikern inspirierte – Texte zu ersetzen. Sie wollten mit der Erneuerung der friesischen Literatur auch neue radikal-nationalistische Ideale verbreiten. Kalma wollte Friesisch wieder als Sprache des gesamten kulturellen und öffentlichen Lebens etablieren. Rechtssprechung, Unterricht, Verwaltung und Kirche, überall sollte in absehbarer Zeit friesisch gesprochen werden. Niederländisch sollte nur die Zweitsprache sein. Die Bindung an die Niederlande wollte Kalma aufrechterhalten, allerdings nur unter der Bedingung, daß die niederländische Regierung alle Forderungen akzeptierte. Falls dies nicht geschah, war die Abspaltung unvermeidlich. Kurzfristig wollte er sich mit einer beträchtlichen Ausweitung der Provinzial-Autonomie zufrieden geben. In der wichtigen Pro-Entente-Tageszeitung *De Telegraaf* publizierte Kalma 1916 mehrere Artikel, in denen er die bestehende Position Frieslands als normaler Provinz innerhalb des niederländischen Staatsverbandes ablehnte. Die Friesen bildeten seiner Meinung nach ein eigenes Volk und hatten deshalb das Recht auf Selbstbestimmung. Sie fühlten sich viel stärker ihren Stammbrüdern auf den nordfriesischen Inseln, den Skandinaviern und Engländern verwandt als Niederländern und Deutschen. Das Gegenteil stimmte natürlich, zumindest soweit es ersteres betraf: die meisten niederländischen Friesen wußten überhaupt nicht, daß auf den deutschen Inseln Sylt, Föhr, Amrum und Helgoland friesische Dialekte gesprochen wurden. Im vorigen Jahrhundert hatten Sytstra und seine Nachfolger in der Selskip auf die sprachlichen Beziehungen zu Nord- und Ostfriesen (nicht denjenigen aus Ostfriesland, sondern aus Sagelterland in Oldenburg) hingewiesen. Sie hatten bereits Kontakte zu nordfriesischen Autoren und Sprachkämpfern wie Knut Jungbohn Clement geknüpft.[20] Auch die Beziehungen zu England hatte man begreiflicherweise schon früher betont, da Friesisch aus sprachwissenschaftlicher Perspektive zweifellos dem Englischen näher steht als dem Niederländischen oder dem Deutschen. Während des Ersten Weltkrieges hatte ein Plädoyer für England aber immer auch gleichzeitig einen gefährlichen politischen Beigeschmack. Kalma wollte mit englischer Hilfe die Nordfriesen von der deutschen Vorherrschaft befreien. Deutsche und Holländer waren Mischvölker, die ihre germanische Seele schon lange verraten hatten. Nur die Engländer, die Skandinavier und die Friesen waren noch echte Germanen. Während des Zweiten Weltkrieges entschied Kalma sich – inzwischen Englischlehrer und mit einer Übersetzung von Shakespeares Gesamtwerk beschäftigt – gegen die Engländer und für die Deutschen; er war nun von der germanischen Auferstehung im deutschen Volk fasziniert und betrachtete die Verwandtschaft mit den Nordfriesen jetzt als zusätzliche Bindung an die Deutschen. Sein Leben lang blieb er Opportunist: Sein wichtigstes Ziel blieb dabei, Friesland über seinen untergeordneten Status als einfache niederländische Provinz zu erheben.

Im Sommer 1916 publizierten die Jungfriesen ihr Grundsatzprogramm *Fryslân foar de Friesen* (Friesland den Friesen). Friesland sollte danach zwar ein integrierter Bestandteil der Niederlande bleiben, aber das Recht zur Abspaltung erhalten. Im Parlament sollte Friesland von friesischen Parteien vertreten werden. Die landwirtschaftlichen Nutzflächen sollten soweit wie möglich in friesische Hände gebracht werden. Fremdes, d. h. holländisches, Kapital sollte in Friesland gemieden werden. Nicht-friesische Betriebe wollte man durch Boykott zwingen, Friesland zu verlassen. Insgesamt handelte es sich um wesentlich radikalere Forderungen als sie die Selskip von 1844 erhoben hatte. Die Führung der Selskip hielt daher auch nichts von dem jungfriesischen Grundsatzprogramm. Ein heftiger Konflikt zwischen den Organisationen begann, der die gesamte friesische Bewegung bis in die dreißiger Jahre spaltete.

Die Mienskip wuchs in den ersten Jahren nach dem Ersten Weltkrieg von etwa zwanzig Mitgliedern auf fast 800; die Selskip und die Kristlik Selskip besaßen meist zwischen 1000 und 1500 feste Anhänger. Im Laufe der zwanziger Jahre sank die Mitgliederzahl nach Spaltung durch interne Auseinandersetzungen wieder unter 100. Dennoch haben die Jungfriesen auf literarischem, pädagogischem und wissenschaftlichem Gebiet große Bedeutung gehabt. Douwe Kalma bewies später, daß er mehr konnte, als unpräzise und völlig unrealistische Forderungen zu formulieren: So gelang es ihm, die erste friesischsprachige Dissertation in der Literaturwissenschaft vorzulegen und mit Theaterarbeit und zahlreichen Unterrichtsaktivitäten viele Menschen über das Friesische zum ersten Mal mit den wichtigsten Autoren der Weltliteratur bekannt zu machen.

Mitte der zwanziger Jahre übernahm eine nun stark radikalisierte Kristlik Selskip unter Leitung eines von Kalmas Jungfriesen, Eeltsje Folkertsma, innerhalb der friesischen Bewegung die Führung, um sie erst nach dem Zweiten Weltkrieg wieder an modernere Organisationen zu verlieren. Folkertsma formulierte 1930 in der Broschüre *Selsbistjûr for Fryslân* (Selbstverwaltung für Friesland) das Hauptziel des friesischen Kampfes: Die Durchsetzung größerer Selbstbestimmung für Friesland innerhalb des niederländischen Staates. Friesland war unfrei, auf politischem, geistigem und ökonomischem Gebiet. Das friesische Volk wurde durch den zentralistischen Staat in seinem tiefsten Kern verletzt und gekränkt. Friesland sollte wie in der republikanischen Zeit wieder seine eigenen Gesetze aufstellen. Es sollte eigene friesischsprachige Beamte anstellen und seine eigene Regierung wählen dürfen. In antirevolutionären Kreisen wurde dazu viel Kritik laut: Friesland sei doch in allen von Folkertsma genannten Angelegenheiten frei; Friesland könne seine eigene Provinz-Regierung wählen und auf Provinzebene seine eigenen Verordnungen erlassen. Formal hatten diese Kritiker recht, aber auch Folkertsma war nicht im Unrecht. Die Kompetenz der Provinz-Regierung erstreckte sich tatsächlich nicht viel weiter als auf die Verwaltung eines Teils des Straßen- und Kanalnetzes sowie der Polder- und Wassergenossenschaften. Nun lag dies aber auch an den Provinzial-Parlamenten selbst. Im Kultur- und Erziehungsbereich hatten sie mehr Möglichkeiten als sie nutzten. Die Entwicklung nach dem Krieg zeigte dies eindeutig. In der Sprachfrage war die Provinz-Regierung freier als sie vor dem Krieg gemeint hatte. Die finanziellen Mittel blieben allerdings äußerst beschränkt und engten den Entscheidungsspielraum immer ein. Bei der Verfassungsreform von 1887 hatte man die diesbezüglichen Regelungen gegenüber 1848 etwas erweitert. Der sogenannte doppelte Etat, getrennt nach Provinz- und Reichsausgaben, wurde in einen Gesamtetat umgewandelt, während darüber hinaus eine allgemeingültige Neufassung des Provinzial-Steuerrechts das System gesonderter Reichsgesetze für jede vorgesehene Provinzial-Steuer aufhob. Für provinziale Steuererlasse blieb natürlich die Zustimmung der Krone (d.h. der Zentralregierung) verbindlich. Das in der Verfassung von 1887 verankerte System der Steuererhebung auf Provinzebene wurde übrigens erst 1905 gesetzlich geregelt und blieb bis 1948 unverändert in Kraft. Die Gesetzesänderung schuf das heute noch geltende System des Provinzfonds, dementsprechend die Einnahmen aus einer Reihe von Reichssteuern mittels jährlicher Etats von der Reichsregierung auf die Provinzen verteilt werden.[21] Die Abhängigkeit von der Zentralregierung blieb auf diese Weise sehr groß. Darüber hinaus ernannte (und ernennt noch heute) die Regierung den Leiter der Provinz-Verwaltung, den »Commissaris van de Koningin«, vor allem als Repräsentanten des Reiches zur Aufsicht im Interesse der Zentralregierung über die Provinz. Außerdem soll er auch bestimmend an der Provinz-Verwaltung beteiligt sein und besitzt so auf Provinzebene eine ähnliche Position wie ein Bürgermeister in der Kommune. In der Frage des Friesisch-Unterrichts hatte das Provinz-Parlament schon 1928 mit der Einsetzung eines provinzialen Unterrichtsbeirats einen wichtigen Beschluß zur Erhaltung und Stärkung des friesischen Traditions- und Sprachbesitzes getroffen. Dieser Beirat, der aus prominenten Angehörigen der Friesischen Bewegung bestand, hatte die Aufgabe, fördernd und beratend aktiv zu werden und die Mittel für den Friesisch-Unterricht, die gleichzeitig erhöht wurden, zu verteilen. Er hat bedeutsame Initiativen entwickelt: Die Ausweitung des Unterrichts in Friesisch an Haupt- und Mittelschulen, die Einrichtung eigener Lehrstühle für Friesisch an den Universitäten Leiden, Utrecht, Amsterdam und der Vrije Universiteit und die Gründung der *Fryske Akademy*, eines wissenschaftlichen Instituts, das sich vor allem mit Geschichte und Sprache beschäftigt und der Friesischen Bewegung außerhalb Frieslands zu wissenschaftlichem Ansehen verhalf. Dennoch fanden Folkertsma und seine Anhänger dies vor dem Krieg noch lange nicht ausreichend, obwohl sie keineswegs den Bruch mit den Niederlanden anstrebten. 150 Jahre Einheitsstaat waren auch nach Folkertsmas Meinung nicht mehr rückgängig zu machen. Die historisch gewachsene Bindung hatte nicht nur negative Konsequenzen, sondern auch viele Vorteile, sowohl im kulturellen wie im ökonomischen Bereich. Nur innerhalb des niederländischen Staates konnte sich das friesische Volk seiner Meinung nach voll entwickeln, dazu aber mußte dieser Staat so verändert werden, daß er den Rechten und Freiheiten, die dem friesischen Volk nach göttlichem Recht zustanden, auch wirklich Freiraum bot. Damit meinte er den Gebrauch der eigenen Sprache als erste und offizielle Sprache, die Erhebung eigener Steuern und die Bildung einer eigenen Provinzregierung. Für Außenpolitik, Verteidigung und Kolonien sollte ausschließlich die Zentralregierung zuständig sein, wenn er auch im Bereich der Verteidigung für Friesland weitgehendes Mitspracherecht verlangte. In den noch einzudeichenden Ijsselmeerpoldern sollte Friesland als angrenzende Provinz an der Verwaltung beteiligt werden. Selbst diese letztgenannte, doch keineswegs unangemessene Forderung blieb folgenlos. Die weitgehende Dezentralisierung forderte Folkertsma übrigens nicht nur für Friesland, sondern für alle Provinzen, die daran interessiert waren. Er dachte dabei vor allem an Limburg, Noord-Brabant und Groningen. Als konkrete Beispiele schwebten ihm die Vereinigten Staaten und die Schweiz vor. Er war sich darüber klar, daß eine solche Regierung nur dann Realisierungschancen besaß, wenn die Friesen sie auch selbst wollten, was keineswegs sicher war. Zwischen Erstem und Zweitem Weltkrieg und noch viele Jahre nach dem Krieg sollte die Mehrheit der Friesen nur spöttisch und gleichgültig auf die Forderungen der Friesischen

Bewegung reagieren. Von den reformierten Kirchen und der Anti-Revolutionaire Partij wurde die Kristlik Selskip scharf angegriffen, da sie die gottgewollte Bindung an die Niederlande gefährdete. Die wichtigste protestantische Tageszeitung Frieslands, das *Friesch Dagblad*, boykottierte die Kristlik Selskip jahrelang, was dazu beitrug, daß sich Folkertsma und seine Anhänger von der Anti-Revolutionaire Partij abwandten, um sich einer neuen links-protestantischen Partei, der *Christelijke Democratische Unie* (CDU), die sich für die Forderungen der friesischen Bewegung einsetzte, anzuschließen. Auch Douwe Kalma war einige Zeit in dieser Partei aktiv. Im Parlament plädierte der CDU-Abgeordnete H. van Houten für die Einführung des Friesischen als Gerichtssprache und als Fach an den Hauptschulen. Er wurde dabei von Abgeordneten der ARP, die weiter der Kristlik Selskip angehörten, der *Christelijk-Historische Unie* (CHU), der großen reformierten Partei, und den Sozialdemokraten unterstützt.

Im Parlament stand die friesische Frage seit den zwanziger Jahren immer wieder auf der Tagesordnung, was die zunehmende Bedeutung der Friesischen Bewegung belegt. Vor allem die Liberalen fürchteten eine Separatistenbewegung wie in Flandern und im Sudetenland. Über eine Anzahl friesischer Einzelprobleme konnte man sich schließlich einigen. Als erstes kam die Einrichtung eines Lehrstuhls für Friesisch an der Universität Groningen: 1930 wurde P. Sipma als Lektor für modernes Friesisch angestellt. Die zweite wichtige Maßnahme war die Einführung des Friesischen als Unterrichtsfach an Grund- und Hauptschulen. Nach jahrelangen Kampagnen, Petitionen und Demonstrationen wurde 1937 schließlich ein Gesetz verabschiedet, das fakultativen Unterricht während der Schulzeit für alle lebenden Regionalsprachen in den Niederlanden zuließ. Vor dem Krieg wurde hier und dort, in Limburg, Groningen und Drente, auch Unterricht in anderen Regionalsprachen erteilt, jedoch nur unsystematisch und in sehr bescheidenem, jeweils lokal beschränktem Umfang. Seit dem Ersten Weltkrieg gibt es auch eine *Groninger Bewegung*, die aber bezüglich Größe und Bedeutung nicht mit der friesischen vergleichbar ist. Erst in den dreißiger Jahren bildeten sich in Drente, Overijssel und Gelderland kleinere Bewegungen, die sich für Gebrauch und Erhaltung niedersächsischer Regionalsprachen einsetzten. Nach dem Krieg führte dies zur Einrichtung eines Lehrstuhls für modernes Niedersächsisch an der Universität Groningen. Vor allem die Erfolge des Faschismus in Vlaanderen gaben für die protestantisch-katholische Regierungskoalition 1937 bei der Diskussion über das Friesische den Ausschlag. Hierbei spielte natürlich die Furcht vor einer ähnlichen Entwicklung in Friesland und den Grenzgebieten zu Deutschland eine Rolle. Wir haben schon gesehen, daß die Nationalsozialisten 1935 in Süd-Limburg sehr viele Stimmen gewannen. Das galt auch für die meisten anderen Regionen an der deutschen Grenze: Süd-Ost-Groningen (Westerwolde), Drente (mit vielen von der Wirtschaftskrise geschädigten Bauern), Twente in der Provinz Overijssel und der Achterhoek in der Provinz Gelderland. Viele Bewohner dieser Gebiete arbeiteten in Deutschland oder hatten Familienbeziehungen über die Grenze. Vor allem in Twente spielte der Katholizismus eine ähnliche Rolle wie in Süd-Limburg. In Friesland konnte aber von einer großen faschistischen Bewegung kaum die Rede sein. Die NSB erhielt hier besonders wenige Stimmen (3,2 %, nur in Noord-Brabant waren es mit 2,9 % noch weniger), weil in dieser Provinz die sogenannte »Verzuiling« (Versäulung, d. h. die starke Bindung der Wähler an kirchliche oder sozialistische Parteien) sehr ausgeprägt war.[22] Die friesischen Nationalisten fühlten sich bei den protestantischen Parteien und den Sozialdemokraten gut aufgehoben. Dennoch übte der Faschismus auf manche von ihnen eine große Anziehungskraft aus. Sogar die allerersten friesischsprachigen Parteien waren kleine faschistische Gruppierungen: die *Frysk Faksiste Front* von 1933, aus der 1938 die *Fryske Folkspartij* (FFP) hervorging, die *Fryske Front* von 1933 (unter Leitung von Douwe Kalma) und die *Frysk Nasjonael Front*, eine Abspaltung der FFP von 1939. Keine dieser Gruppen beteiligte sich an den Wahlen, so daß sich über Anhängerzahlen wenig Genaues sagen läßt. Sie erregten aber viel Aufsehen, und das erzeugte die nötige Beunruhigung. Als wichtigster faschistischer Ideologe Frieslands muß Jan Melles van der Goot erwähnt werden. In einer Reihe schwergewichtiger, aber unorigineller Bücher predigte er reinen Rassismus und Antisemitismus, den er unter der Bezeichnung »National-Naturismus« vorgeblich als eigene Lehre an den Mann zu bringen versuchte. Er wandte sich besonders heftig gegen den Protestantismus, da dieser die germanische Kultur fast vernichtet habe. Er versprach sich darum alles von einem erstarkenden »neuen Heidentum«. Kalma schloß sich zwar dem Faschismus an, verwarf aber als Protestant dieses Neu-Heidentum, das ihm offenbar schon zu germanisch erschien. Nach dem deutschen Einmarsch schloß er sich der Fryske Folkspartij von Van der Goot an.

Auch Folkertsma erlag der Anziehungskraft des Faschismus. Er kritisierte in zahlreichen Artikeln die parlamentarische Demokratie. Nach der Kristallnacht – als vielen anderen gerade die Augen aufgingen – hielt er sogar ein Plädoyer für eine »gemäßigte« antisemitische Politik in den Niederlanden.

Die Auseinandersetzung um Friesisch als Gerichtssprache führte in den dreißiger Jahren zu einer Anzahl aufsehenerregender Prozesse. Auch die anti-faschistischen Friesisch-Aktivisten ergriffen 1933 für den faschistischen Studenten Haring Piebenga Partei, als sich dieser vor dem Gericht in Leeuwarden weigerte, etwas anderes als Friesisch zu sprechen. Die Frage wurde auch im Parlament debattiert, führte dort aber noch nicht zur Zulassung des Friesischen bei Gericht.

5. Brabantia Nostra

Insgesamt waren die Erfolge der Friesischen Bewegung bei Ausbruch des Zweiten Weltkrieges recht bescheiden. Als sogleich während der ersten Tage der Besatzung einige deutsche SSler und Wehrmachtsoffiziere ostfriesischer bzw. nordfriesischer Abstammung versuchten, prominente friesische Führer zur Kollaboration zu überreden, stießen sie längst nicht überall auf taube Ohren. Die meisten kannten sich obendrein von den »großfriesischen« Kongressen, die seit 1925 regelmäßig in einer der friesischen Regionen organisiert wurden. Nicht nur die Niederlande, ganz Westeuropa schien sich der Macht der deutschen Armeen beugen zu müssen. Davon profitierten diverse faschistische Parteien wie die NSB und die Fryske Folkspartij. Es entstanden auch neue politische Organisationen wie die Massenbewegung *Nederlandse Unie*, die eine Art Vichy-Regierung etablieren wollte. Und ebenso wie in Belgien und Frankreich nutzten auch in den Niederlanden verschiedene regionalistische Organisationen die Beseitigung der Zentralregierung in Den Haag, indem sie ihre Forderungen den Deutschen antrugen oder versuchten, erstmals an die Öffentlichkeit zu gehen. So gab es bei dem katholischen und semifaschistischen Verein *Brabantia Nostra*, der vor allem für Intellektuelle einige Anziehungskraft besaß, Äußerungen, die in Richtung eines engen kulturellen Anschlusses des niederländischen an das belgische Brabant gingen. In ihrer gleichnamigen Zeitschrift wetterten diese Brabanter Regionalisten gegen die politische, ökonomische und kulturelle Vorherrschaft des protestantischen Nordens. Ein wichtiger und sozial engagierter Historiker wie L.G.J. Verberne verhalf dieser Kritik zu einer historischen Basis, indem er auf die Benachteiligung Brabants im vorigen Jahrhundert hinwies.[23]

Brabantia Nostra war entstanden aus zwei brabantischen katholischen Studentenvereinen, die besonders an einer katholischen Anstalt für Hochschulunterricht in Tilburg viele Anhänger hatten.[24] 1935 gründeten die Studenten unter Anleitung des Altphilologen P.C. De Brouwer die Zeitschrift *Brabantia Nostra* und Ende 1938 die gleichnamige Vereinigung. Ebenso wie die friesischen Nationalisten reagierten sie auf die Erschließung ihrer Provinz durch die Entwicklung der Industrie und den Bau neuer Verkehrswege. Hierdurch drohte das Heimateigene beschädigt zu werden, und damit konnte vielleicht auch der katholische Charakter von Brabant verschwinden. Die schon lange lebendigen Frustrationen über die Zurücksetzung von Noord-Brabant wurden verstärkt durch die Tatsache, daß die Führung der Industrie oft aus Fremden und zuweilen aus Juden bestand. Der Antisemitismus, der in dem katholischen Noord-Brabant immer schon vorhanden war, konnte also neue Antriebe bekommen. Schon die brabantische Bauernbewegung, der *Noordbrabantse Christelijke Boerenbond*, die am Ende des 19. Jahrhunderts als Reaktion auf die Agrarkrise entstanden war, kannte antisemitische, antisozialistische und antikapitalistische Züge.[25] In den zwanziger Jahren waren radikale, katholische junge Schriftsteller in Noord-Brabant in faschistischen Organisationen aktiv.[26] Sie ließen sich besonders leiten durch den großniederländischen Traum von einer Wiedervereinigung der Niederlande mit Flandern. Noord-Brabant würde hierbei eine Schlüsselrolle spielen: vereinigt mit dem belgischen Brabant würde es den Kern der Niederlande bilden, ebenso wie im Mittelalter.

Ein Teil von Brabantia Nostra schloß sich der *Nationaal Front*, einer vornehmlich katholischen, an Italien und der Action Française orientierten faschistischen Partei an, die ihre Anhänger vornehmlich aus Noord-Brabant und Limburg rekrutierte. Gegenüber dem sehr viel stärkeren NSB konnte sich diese Partei, der die Deutschen schon bald ihre Unterstützung entzogen, nicht durchsetzen.[27] Ende 1941 wurde der NSB zur einzigen politischen Partei erklärt, und die Nationaal Front wurde verboten. Ein anderer Teil von Brabantia Nostra spielte eine wichtige Rolle in der Nederlandse Unie, wo auffällig viel Verständnis für regionale Anliegen bestand. Ein Mitglied des dreiköpfigen Führungsgremiums, der katholische Hochschuldozent J.E. de Quay, der Premier von 1959–1963, stammte aus Noord-Brabant. Der wichtigste Gründungsinitiator, J. Linthorst Homan, hatte ebenfalls eine regionalistische Vergangenheit. Er war »Commissaris van de Koningin« in Groningen und hatte kurz vor dem Krieg mehrere regionale Kongresse organisiert, aus denen die *Groninger Gemeenschap* hervorging. Diese

Stiftung beabsichtigte, die Gegensätze im lebensanschaulichen, sozialen, wirtschaftlichen und politischen Bereich zu lindern. Hierbei wurde eng zusammengearbeitet mit der Volkshochschulbewegung, die von Dänemark und Deutschland herübergekommen war. 1938 wurden Kontakte mit der Friesischen Bewegung geknüpft, ebenso wie mit den drentischen regionalen Vereinen und mit Brabantia Nostra. Daraus resultierte die Gründung der Monatsschrift *Het Gemeenebest*, die sich vor allem eine neue Volkseinheit auf der Basis der Erkennung der eigenen Werte von Heimat, Kirche und Kultur zum Ziel gesetzt hatte.[28] Verschiedene Mitglieder der Brabantia Nostra, arbeiteten daran mit, u.a. der Chefredakteur von *Brabantia Nostra*, Geert Ruygers, der im Sommer 1940 auch Chefredakteur von *De Unie*, dem Organ der Nederlandse Unie, wurde. Er war ausgesprochen deutschfreundlich und propagierte für die Niederlande eine faschistische Revolution. Nach dem Kriege sollte er in der Partij van de Arbeid als einer der Wortführer der katholischen Mitglieder eine wichtige Rolle spielen.[29] Auch von seiten der Friesischen Bewegung wurde mit *Het Gemeenebest* kooperiert. Es war nicht verwunderlich, daß man in der Wochenschrift *De Unie*, die bis 1941 – als sie von den Deutschen verboten wurde – erscheinen konnte, regionalen Problemen und Forderungen große Aufmerksamkeit schenkte. Der Nationalsozialismus schien Lokalem und Regionalem mehr Freiraum zu gewähren. Heimatkunde, Dialekte und Folklore gelangten während der Besatzungszeit in den Mittelpunkt des Interesses – zumindest im Kollaborateursmilieu. Die ganze nostalgisch romantisierende Tendenz zum alten vertrauten Leben auf dem Lande und in der Kleinstadt war ein dankbares Objekt für die Nazi-Propaganda. Der Antisemitismus wurde hiermit geschickt vermischt, indem man fortwährend auf den sogenannten »verjudeten« Charakter Amsterdams und Hollands hinwies. Ziel der Besatzer war dabei letztlich natürlich nicht die Zersplitterung der in ihren Augen doch schon viel zu kleinen Niederlande in mehr oder weniger selbständige Regionen, sondern vielmehr die Vorbereitung eines Anschlusses an Deutschland. Im großen Deutschen Reich gab es schließlich auch viele Landstriche mit eigenen Dialekten und eigenem Heimatgefühl! Indem man Volkskundler wie den Friesen S. J. van der Molen oder D. J. van der Ven aus Overijssel auf Gemeinsamkeiten friesischer und sächsischer Bauernhöfe mit denen in Westfalen und Ostfriesland hinweisen ließ, war man in der Lage, einen gemeinsamen Kulturraum zu postulieren, in dem Menschen gleicher »Rasse« gut zusammenleben konnten.

Nach dem Kriege erhob sich der Verein Brabantia Nostra wieder, aber das stellte sich schon bald als ein Strohfeuer heraus. Gerade durch die stürmische Industrialisierung und Urbanisierung von Noord-Brabant verschwand der Nährboden für den romantischen Regionalismus Brabantia Nostras. 1952 fusionierte der Verein mit dem früheren Konkurrenten, der nüchternen und elitären *Provinciaal Genootschap*. In den Bereichen von Wirtschaft, Unterricht, Kunst und Wissenschaft gewann Noord-Brabant immer mehr an Bedeutung. Momentan ist Noord-Brabant die Provinz mit der geringsten Anzahl von Arbeitslosen. Diese wirtschaftliche Blüte hat nach Meinung von L. J. Rogier zu einer Verstärkung des provinzialen Bewußtseins geführt.[30]

6. Die Friesische Bewegung während der deutschen Besatzung

Von einem friesischen Separatismus durfte natürlich keine Rede sein. Die Deutschen gingen zwar hierauf ein – ebenso wie in Flandern oder in der Bretagne –, jedoch nur, um so möglichst viele Menschen für den Nationalsozialismus zu gewinnen. Den friesischen Nationalisten wurde suggeriert, sie bräuchten nur zuzugreifen, und alle ihre Wünsche würden erfüllt. In der Frage des Gebrauchs des Friesischen machte man Versprechungen, die aber in der Praxis folgenlos blieben. Für viele naive Träumer war das während des Sommers 1940 aber noch nicht abzusehen. Es konnte daher auch kaum überraschen, daß sich im Sommer fast die ganze Friesische Bewegung wie bei der Nederlandse Unie unter einem dreiköpfigen Gremium, dem sogenannten *Trijemanskip*, zusammenschloß, das Kontakt zu den deutschen Behörden halten sollte, um die friesischen Wünsche vorzutragen. In diesem Gremium waren die drei Hauptströmungen der Friesischen Bewegung vereinigt. Folkertsma war darin Repräsentant der Kristlik Selskip. Der liberal-reformierte (vrijzinnig-hervormde) und sozialistische Pastor Jaap Kalma vertrat die Selskip. Der Tierarzt und jungfriesische Dichter Rintsje Sybesma war für die Faschisten dabei, obwohl er bei diesen als Ex-Mitglied der FFP umstritten war. Er war jetzt in der radikalen NSNAP aktiv, die zu diesem Zeitpunkt schon für den sofortigen Anschluß kämpfte, und führte mit dem obengenannten Van der Molen eine eigene extreme Splitterpartei, den *Frysk Nasjonael Forboun op Folkske Grounslag* (Friesischer Nationalverband auf völkischer Grundlage). In der FFP herrschte Verwirrung, da der Führer Van der Goot überraschend verstorben war. Ein Versuch des immer ehrgeizigen Douwe Kalma, die Macht zu übernehmen, stieß auf starken Widerstand, was Sybesma die Möglichkeit gab, sich an die Spitze zu stellen. Er erwies sich aber als völlig ungeeignet für die Rolle, die er sich ausersehen hatte. Innerhalb eines halben Jahres fiel das Trijemanskip durch sein taktisch ungeschicktes Auftreten auseinander. Jaap Kalma und Folkertsma brachen danach zur Erleichterung vieler friesischer Nationalisten alle Kontakte zu den Besatzern ab. Man hatte in diesem ersten Jahr der Besatzung auch noch nicht besonders viel für das Friesische erreicht. Der sozialistische Dichter Jelle Brouwer wurde 1941 zum ersten Professor für Friesisch ernannt. Den wichtigsten zeitgenössischen Romancier Frieslands, Reinder Brolsma, erfreute man seitens der NSB mit dem ersten offiziellen friesischen Literaturpreis. Eine auffällige Entscheidung war die Zuweisung der zwei nord-holländischen Inseln Vlieland und Terschelling an die Provinz Friesland. Diese Grenzkorrektur war eine freundliche Geste der Deutschen gegenüber den friesischen Nationalisten. Beide Inseln hatten im Mittelalter zu Friesland gehört, und auf Terschelling wurde noch immer Friesisch gesprochen. Nach dem Krieg wurde diese Maßnahme trotz heftiger Proteste der Inselbewohner nicht wieder rückgängig gemacht.

Irgendeinen wesentlichen Effekt hatte dies natürlich nicht. Gerade in Friesland formierte sich der anti-deutsche Widerstand früh und ab April 1943 in breitem Umfang. Auch aus der Friesischen Bewegung waren viele in irgendeiner Weise am Widerstand beteiligt, darunter auch Jaap Kalma, der erwähnte sozialistische »Trijeman«. Neben seinen Aktivitäten im friesischen Dreier-

Gremium spielte er auch in der friesischen Abteilung der Nederlandse Unie eine wichtige Rolle. Insgesamt besaß diese größte Partei der niederländischen Geschichte in Friesland nur relativ wenige Anhänger. Darum fällt um so mehr auf, daß so viele Aktivisten der Friesischen Bewegung in der »Unie« leitende Funktionen bekleideten, der regionalistische Charakter der Unie wird dadurch um so mehr betont.

Die friesischen Kollaborateure hatten sich nach der Auflösung des Trijemanskip in einem *Fryske Rie* (Friesischen Rat) zusammengeschlossen, einem Organ der Regional-Organisation *Saxo-Frisia*, die der SS-Abteilung Ahnenerbe unterstand. Aufgabe dieser auf heimatkundlichem Gebiet tätigen Vereinigung war gerade die Blockierung all zu weitgehender Forderungen der friesischen Nazis. In der den gesamten Norden und Osten abdeckenden Organisation (mit 600 Mitgliedern) sollten Friesen und Sachsen ihr gemeinsames germanisches Erbe wiederentdecken und verstärken. Natürlich mußte man die gemeinsamen Bindungen zu den sächsischen Gebieten im angrenzenden Deutschland berücksichtigen. So unterhielt man Kontakte zur *Ostfriesischen Landschaft*, einer Heimatbewegung, aus der prominente Mitglieder Spitzenfunktionen im deutschen Besatzungsapparat in Groningen und Friesland bekleideten. So war Hermann Conring während des gesamten Krieges Beauftragter des Reichskommissars für die Provinz Groningen und gleichzeitig Vorstandsmitglied der Ostfriesischen Landschaft. Zweifellos dachten manche deutschen Instanzen an einen Zusammenschluß des gesamten Nordens mit Ostfriesland. Doch dies ging der SS-Spitze zu weit. Ebenso wie in Süd-Limburg durften die grenzüberschreitenden Kontakte nicht zu eng werden. Einen eigenen ostfriesischen Separatismus wollte man auf keinen Fall. Anfang 1943 wurden diese Kontakte durch einen sogenannten »Friesenbefehl« verboten.[31] Inzwischen hatte sich Saxo-Frisia durch interne Konflikte zwischen Friesen und Groningern, letztere unter Leitung von Prof.Dr. J.M.N. Kapteyn, SS-Offizier und Rektor der Groninger Universität, gespalten. Kapteyn hielt nichts von der nach Selbständigkeit strebenden Friesenfraktion, zu diesem Zeitpunkt unter der Leitung des Bauerndichters Douwe Kiestra. Als sich Kiestra weigerte, den Eid auf Himmler abzulegen, wurde er aus der SS ausgeschlossen und der Fryske Rie im Januar '44 aufgelöst.

Inzwischen entwickelte der Teil der Friesischen Bewegung, der aktiv am Widerstand beteiligt war, Pläne für die Nachkriegszeit.

7. Die Entwicklung in Friesland nach der Besatzungszeit

In den während der Besatzung u.a. von Jaap Kalma, Eeltsje Folkertsma und dem späteren PvdA-Minister Anne Vondeling zusammengestellten *Rapporten van de Friese Beweging* wurden die bekannten Forderungen der Kristlik Selskip und der Jungfriesen noch einmal zusammengefaßt; mit einem einzigen Unterschied: Die Bindung an die Niederlande wurde nun nachdrücklicher betont als zuvor. Das war – nach fünf Jahren deutscher Besatzung – nicht verwunderlich. Zum Hauptziel erklärte man nun die Erhaltung einer »unverfälschten friesischen Volksnationalität« innerhalb eines »starken, niederländischen Einheitsstaats«. Friesisch sollte neben Niederländisch in den unteren Klassen als Unterrichtssprache gebraucht werden; in den höheren Klassen sollte es auch an den höheren Schulen verbindliches Schulfach werden. Eine Ausbildung für Friesischlehrer sollte eingeführt und ein akademischer Abschluß in Friesisch ermöglicht werden. Diese beiden letzten Wünsche wurden schon bald erfüllt. Bei den anderen Forderungen aber ging es weniger leicht voran. Durch die Besatzungszeit waren sich jedoch viele Friesen ihrer eigenen friesischen Identität bewußt geworden, wodurch die Friesische Bewegung an Mitstreitern und Ansehen gewann. Dies alles trotz des schweren Rückschlags durch die friesische Kollaboration, der sich gerade viele populäre friesische Autoren schuldig gemacht hatten. Da es während des Krieges nicht sehr viel zu lesen gab, hatte dies zur Folge, daß mehr Menschen als jemals zuvor mit der friesischen Literatur in Berührung kamen. Auch das friesischsprachige Theater war während des Krieges sehr beliebt, da es nicht direkt politisch ausgerichtet war. Die ersten zehn Jahre nach dem Krieg hielt diese Hausse, u. a. auch aus Mangel an anderen Vergnügungen während dieser schwierigen Jahre, an. Zum ersten Mal sendete ein friesischer Radiosender täglich; es gab auch Sendungen auf Groningisch, Drentisch, Twentisch und Limburgisch. Erst Anfang der sechziger Jahre brachte das Fernsehen mit ausschließlich niederländischsprachigen Sendungen den Vormarsch des Friesischen zum Stillstand. Inzwischen war in bestimmten Bereichen mehr erreicht worden, als man vor dem Krieg zu hoffen gewagt hatte. 1955 wurde gesetzlich die Möglichkeit geschaffen, Friesisch als Unterrichtssprache in der Grundschule zu verwenden. Ein Jahr später wurde ein beschränkter Gebrauch des Friesischen vor Gericht, bei der Vereidigung und bei Zeugenaussagen per Gesetz erlaubt. Manche Gemeinden gingen in den frühen sechziger Jahren dazu über, zweisprachige Straßen- und Ortsschilder aufzustellen. In einigen Kommunalräten und dem Provinzialparlament wurde in den sechziger Jahren erlaubt, Friesisch zu sprechen. Inzwischen werden in einigen Orten amtliche Bekanntmachungen ausschließlich auf Friesisch veröffentlicht. Auch in den Tageszeitungen und als Umgangssprache in Geschäften und öffentlichen Gebäuden hat Friesisch seit den späten fünfziger Jahren stark zugenommen.

Den Anlaß zu dieser beschleunigten Entwicklung bildeten Krawalle im sonst so friedlichen Leeuwarden, der sogenannte *Kneppelfreed* (Knüppelfreitag) am 16. November 1951. Eine große Demonstration zur Unterstützung des wichtigen friesischen Dichters und sozialistischen Journalisten Fedde Schurer, der wegen Beleidigung eines Richters, der sich weigerte, im Gerichtssaal Friesisch zu verstehen, angeklagt war, wurde durch die Polizei mit Gewalt aufgelöst. Es blieb bis heute einer der wenigen Zusammenstöße mit der Polizei. Die Folgen waren entsprechend groß. Im ganzen Land wurden in der Presse unabhängig von deren politischer Ausrichtung das Auftreten der Polizei und das autoritäre Verhalten der Richter verurteilt. Im Parlament traten ebenso der rechts-konservative Calvinist Gerretson wie der Sozialist Scheps für das Recht der Friesen ein. Der calvinistische Flügel der Friesischen Bewegung knüpfte daran an und erhob konkrete Forderungen im Bereich der provinzialen Autonomie, die drastisch ausgeweitet werden sollte. Zwei Regierungskommissionen erarbeiteten in den folgenden Jahren Vorschläge in den Bereichen Unterricht und Rechtsprechung, aus denen die schon erwähnten Gesetze resultierten.

Die sechziger und siebziger Jahre brachten im Kontext der anderen Demokratisierungsbewegungen auch eine Verschärfung des friesischen Sprachenstreits. 1966 schaffte zum ersten Mal eine friesischsprachige Partei den Sprung ins Provinzparlament: die 1962 gegründete *Fryske Nasjonale Partij* (Friesische Nationale Partei: FNP). In den folgenden Jahren wuchs die Anhängerschaft dieser Partei ebenso wie bei den anderen regionalistischen Parteien in Belgien, Schottland, Wales, Katalonien und dem Baskenland. In den letzten Jahren ist die FNP wieder auf dem Rückmarsch, da inzwischen alle niederländischen Parteien bestimmte Forderungen der FNP übernommen haben. Das Auftreten der FNP hat 1970 zur Einsetzung einer neuen Regierungskommission beigetragen, die u. a. vorschlug, Friesisch als verbindliches Schulfach an den Hauptschulen einzuführen. 1974 wurde dieser Vorschlag tatsächlich vom Gesetzgeber übernommen und im Parlament ohne nennenswerten Widerstand verabschiedet. Viel bedeutet dies allerdings nicht, da diese Verpflichtung mit einer einzigen Stunde pro Woche erfüllt werden kann. In den größeren Städten und dem sächsisch sprechenden Grenzbereich zu Drente regt sich bis heute starker Widerstand gegen dieses Gesetz.

Der FNP geht dies alles natürlich lange nicht weit genug. Diese kleine, aber aktive Partei, die in Friesland über rund 5 % der Stimmen verfügt, propagiert die Bildung einer Föderation zwischen Friesland und den Niederlanden. Die Zuständigkeit von Kommunen und Provinz soll auf wesentlich mehr Bereiche als heute ausgeweitet werden. Die Macht des zentralistischen Staates soll beseitigt werden, die Menschen an der Basis sollen in für sie bedeutsamen Fragen Selbstbestimmungsrecht erhalten. Dies sind Auffassungen, die wir aus der ganzen Demokratisierungsbewegung kennen und die z. B. auch von Parteien wie D66 und der PPR, den Parteien, die der FNP am nächsten stehen, vertreten werden. Den Kampf für Basisdemokratie und Erhaltung der Volkssprache verknüpft die FNP mit der Ideologie von Dezentralisierung und Umweltbewußtsein. Sie wird dadurch immer stärker zu einer »grünen« Partei. Das gleiche Phänomen läßt sich bei der Scottish Nationalist Party, der Plaid Cymru in Wales und den Regionalisten aus der Bretagne und Südfrankreich beobachten. Die meisten friesischen Nationalisten kann man deshalb heute eher politisch links als rechts einordnen, im Gegensatz zu ihren unmittelbaren Vorgängern in den dreißiger Jahren. Nationalismus und Regionalismus reichen auf Dauer nicht aus, um eine Bewegung aufrechtzuerhalten. Die nationalistische Ideologie muß durch Elemente anderer Ideologien oder modischer Strömungen ergänzt werden. Dabei handelt es sich meist um Strömungen, die in Konflikt zum herrschenden Establishment stehen, das wiederum an der Erhaltung des Einheitsstaates interessiert ist. So haben wir gesehen, wie die friesische Bewegung in dem Moment entstand, als der Einheitsstaat fester etabliert wurde. Mitte des vorigen Jahrhunderts stand die Selskip Sytstras im Zeichen des aufkommenden Liberalismus. Kurz nach 1900 übernahmen die radikal-nationalistischen Calvinisten unter Huismans bei den friesischen Aktivisten die Führungsrolle. In den dreißiger Jahren ist das Bild komplizierter: Manche werden Faschisten, anderen – vor allem Calvinisten – entwickeln sich nach links. Im ersten Besatzungsjahr läßt sich fast jeder vom Kollaborationstaumel mitreißen, um – zum Glück – schnell wieder zur Besinnung zu kommen. Über den Widerstand und die politische Erneuerung nach dem Krieg gelangen wir schließlich zur grünen FNP.

8. Epilog

In den späten siebziger Jahren wurden die friesische Bewegung und alle anderen regionalen und provinzialen Organisationen mit einem sehr merkwürdigen und bedrohlichen Schritt der Bürokraten in Den Haag konfrontiert: Im Innenministerium entstand der Plan, das gesamte Land in fast dreißig Provinzen aufzuteilen, wodurch die historisch gewachsenen elf Provinzen von der Landkarte gewischt worden wären. Eine auffällige Parallele zur Verfassung von 1798! Grund für diesen Plan war eine Ausweitung der Demokratie. Der regionale Widerstand war aber so groß und spontan, daß die Pläne nach einigen Jahren vollständig aufgegeben wurden. Der Regionalgedanke hatte erneut seine Stärke bewiesen. Nur eine neue Provinz konnte jedermann akzeptieren: die Polderprovinz Flevoland.

Neben Friesland nimmt auch in Groningen seit fünf Jahren eine regionale Partei, der *Groninger Bond*, an den Provinzwahlen teil, aber bis jetzt ohne Erfolg, weil es in Groningen schon eine andere Protestpartei gab, die *Communistische Partij Nederland*, die seit den dreißiger Jahren im Osten der Provinz immer sehr viele Wähler hat. Für Drente funktionierte in den sechziger und siebziger Jahren die *Boerenpartij* als regionale Protestpartei. Bei den Provinzwahlen von 1987 verbuchte eine neue regionale Partei in Limburg, die *Partij Nieuw Limburg*, einen unerwartet hohen Stimmenanteil (6 %) auf Kosten der Christdemokraten. So spielen von Zeit zu Zeit die alten Gegensätze zwischen den Außenprovinzen und dem viel stärkeren Holland noch immer eine gewisse Rolle, namentlich in Perioden wirtschaftlicher oder politischer Krisen. Im allgemeinen nimmt aber die Hollandisierung der Niederlande schnell zu, besonders durch die modernen Medien. Trotzdem bieten gerade neue Phänomene wie Kabelfernsehen und Stadtradio auch wieder neue Möglichkeiten für provinziale Kulturen.

(Übersetzung: Wolfgang Freise)

Anmerkungen

1 E. H. Kossmann, The crisis of the Dutch State 1870–1813. Nationalism, Federalism, Unitarism, in C. B. Wels u. a. (Hg.), Vaderlands Verleden in Veelvoud II, Den Haag 1980, S. 38 f.
2 H. Wansink, Holland en Zes Bondgenoten: de Republiek der Zeven Verenigde Provinciën, in: Wels u. a., Vaderlands Verleden in Veelvoud, I, S. 219 f.
3 R. Kranenburg, Het Nederlands Staatsrecht, Haarlem 1958⁸, S. 39 f.
4 Ebenda, S. 392 f.
5 Th. van Tijn, The Party Structure of Holland and the Outer Provincies in the 19th Century, in: Wels u. a., Vaderlands Verleden in Veelvoud, II, S. 100 – 128.
6 W. Verkade, Thorbecke als Oostnederlands Patriot, Zutphen 1974.
7 Van Tijn, Party Structure, S. 108.
8 L. J. Rogier, Nederlands Limburg 1813 – 1863, in: Terugblik en Uitzicht, II, Hilversum/Antwerpen 1965, S. 645 f.

9   J. C. Boogman, Nederland en de Duitse Bond (1815 – 1851), 2 Teile, Groningen / Dja-
    karta 1955; siehe auch: H. von der Dunk, Der Deutsche Vormärz und Belgien 1830 –
    1848, Wiesbaden 1966, S. 360 f.
10 J. C. Boogman, Rondom 1848. De politieke ontkkeling van Nederland 1840 – 1858,
    Bussum 1978, S. 65 f.
11 W. Jappe Alberts, Geschiedenis van de beide Limburgen. Beknopte Geschiedenis van
    het gebied omvattende de tegenwoordige Nederlandse en Belgische provincies Limburg,
    II (vanaf 1632 tot ± 1918), Assen 1974, S. 190 f.
12 Ebenda, S. 196.
13 Ebenda, S. 197.
14 Boogman, Rondom 1848, S. 67.
15 Ebenda, S. 71.
16 Siehe: C. A. Tamse, Nederland en België in Europa (1859 – 1871). De zelfstandigheids-
    politiek van twee kleine landen, Den Haag 1973.
17 De SS en Nederland. Documenten uit SS-Archieven 1935 – 1945 ingeleid en uitgegeven
    door N.K.C.A.In't Veld, II, Den Haag 1976, S. 980.
18 Siehe für die friesische Bewegung: S. J. van der Schaaf, Skiednis fan de Fryske Biweging,
    Leeuwarden 1977; G. R. Zondergeld, De Friese Beweging in het tijdvak der beide Wereld-
    doorlogen, Leeuwarden 1978.
19 T. van der Wal, Op zoek naar een nieuwe Vrijheid, een kwart eeuw arbeidersbeweging in
    Friesland 1870 – 1895, Leiden 1972, S. 120 f.
20 Siehe für die nordfriesische Bewegung: Thomas Steensen, Die Friesische Bewegung in
    Nordfriesland im 19. und 20. Jahrhundert, 2 Teile, Neumünster 1986.
21 Kranenburg, Staatsrecht, S. 407 f.
22 R. van Mourik, R. Mud und G. R. Zondergeld, De NSB in Friesland: een politiek
    randverschijnsel, in: J. Frieswijk u. a. (Hg.), Friesland en het Interbellum, Leeuwarden
    1983, S. 100 f.
23 L.G.J. Verberne, Het Verdrag van 1839, in Brabantia Nostra 1939, auch in L.G.J. Ver-
    berne, In den Spiegel van het Verleden. Historische Opstellen, Utrecht / Antwerpen
    1947, S. 242 f.
24 H. Schippers, Zwart en Nationaal Front. Latijns georiënteerd rechtsradicalisme in
    Nederland (1922 – 1946), Amsterdam 1986, S. 181 f.
25 Th. van Tijn, De sociale bewegingen van ca. 1895 tot 1914, in Algemene Geschiedenis der
    Nederlanden, XIII, Haarlem 1978, S. 314.
26 Siehe: L.M.H. Joosten, Katholieken en Fascisme in Nederland 1920 – 1940, Hilversum,
    Antwerpen 1964.
27 Siehe für Nationaal Front neben dem oben genannten Buch von Schippers auch
    G. R. Zondergeld, Een kleine troep vervuld van haat. Arnold Meijer en het Nationaal
    Front, Houten 1986.
28 Schippers, Zwart en Nationaal Front, S. 183 f.; L. de Jong, Het Koninkrijk der Nederlan-
    den in de Tweede Wereldoorlog, IV, Den Haag 1972, S. 50 f.
29 L. J. Rogier, Een zondagskind in de politiek en andere Christenen, Nijmegen 1980,
    S. 243 f.; De Jong, Koninkrijk, IV, S. 827 f.
30 L. J. Rogier, Noord-Brabant, gisteren en nu, in: Herdenken en Herzien, Bilthoven 1974,
    S. 245 f.
31 De SS en Nederland, S. 990; Zondergeld, Friese Beweging, S. 427 f.

K. Düwell

Vom unitarischen zum »kooperativen« deutschen Föderalismus

Abwandlungen eines historischen Modells als Testfall der Gegenwart

Ausgehend von der Weimarer Verfassung, die nach dem Föderalismus der Bismarckschen Reichsverfassung einen unitarischen Föderalismus darstellte, kam es während der Weimarer Republik zu verschiedenen Ansätzen einer Reichsform. Das Reich-Länder-Verhältnis, dessen Hauptstreitpunkt der Einzelstaat Preußen war, sollte danach durch eine »differenzierte Gesamtlösung«, bei der Preußen nur noch eine Art »Reichsland« gewesen wäre (mehr oder weniger direkt von der Reichszentrale gelenkt), auf eine neue Basis gestellt werden. Die preußischen Provinzen als »Länder neuer Art« sollten den süddeutschen Ländern »alter Art« (Bayern, Württemberg, Baden), die von der Reichszentrale etwas unabhängiger bleiben sollten, gegenüberstehen. Diese Reichsreformpläne wurden aber vom Nationalsozialismus durch eine totale »Gleichschaltung« der Länder diskreditiert.

Nach dem Zweiten Weltkrieg erfolgte in Westdeutschland eine Rückwendung zum Föderalismus, die den Ländern weitergehende Rechte als in der Weimarer Verfassung brachte. Aber selbst in der klassischen Domäne des Länderföderalismus, nämlich in der Kulturpolitik, ergaben sich seit den 1960er Jahren gewisse Zwänge, z. B. Zwänge zu einer einheitlicheren Gestaltung des Schul- und Hochschulwesens. Da es die in Art. 10 der Weimarer Verfassung vorgesehene Rahmengesetzgebungskompetenz der Zentrale im Bonner Grundgesetz nicht mehr gab, mußten andere Wege gesucht werden. Dieser kurze Beitrag soll daher die Gemeinsamkeiten und Unterschiede des neuen »kooperativen« Föderalismus zwischen Bund und Ländern gegenüber dem Weimarer Modell vergleichend verdeutlichen und abschließend die bisherigen Erfahrungen, z. B. mit den »Bund-Länder-Kommissionen« in der Bildungsplanung aufzeigen.

I.

Über die Geschichte des Föderalismus in Deutschland zu reden, heißt über ein Spannungsverhältnis zu handeln, das zwischen der Bundesgewalt als Zentralgewalt und der Staatshoheit der einzelnen Länder und ihrer Gemeinden bestand bzw. besteht und zu verschiedenen Zeiten sehr unterschiedlich gelagert sein konnte. In der Bismarckschen Reichsverfassung war dabei das unitarische Element bewußt zurückgestellt und den einzelnen Staaten des Reichs nicht nur bei der Kulturhoheit und bei der Polizeigewalt, sondern auch in der Finanzverfassung, in der Rechtspflege und bei besonderen Reservatrechten vorrangige Gewalt gegeben worden. Das Reich war »Kostgänger der Länder«. Auf der anderen Seite stellte die kulturelle Vielfalt des Bismarckschen Reiches und seiner Gliedstaaten z. T. eine positive Folge dieser Länderautonomie dar. Die einzelnen Länder besaßen einen unverwechselbaren Charakter.

Die Weimarer Verfassung dagegen hatte das unitarische Band über den Ländern, vor allem durch Erzbergers neue Finanzverfassung von 1919/20, erheblich verstärkt. Die Länder waren jetzt eher »Kostgänger des Reiches« geworden, von dem sie die Anteile an den Steuern überwiesen erhielten, und die Gemeinden wurden zu einem großen Teil finanziell abhängig von den Ländern, was sich besonders in der Hochinflation des Jahres 1923 für sie als nachteilig erwies. Daneben gab es allerdings auch Gebiete, in denen das Reich von den Ländern zwar nicht abhängig, aber doch zum Teil auf sie angewiesen war, wie vor allem bei der Ausführung der Reichsgesetze durch die Verwaltungen der Länder oder auch bei Artikel 113, der die Minderheitenrechte im Reich garantierte, aber die Ausführung dieses Verfassungsgrundsatzes den Ländern überließ.

Die neue Konstitution von 1919 hatte die preußische Hegemonie zum Teil beseitigt. Aber wenn auch die rechtliche und politische Stellung Preußens in der Weimarer Verfassung durch die »antiborussischen« Artikel 61 und 63 der Reichsverfassung erheblich eingeschränkt und die Struktur Preußens selbst in der Landesverfassung von 1920 durch den neuen preußischen Staatsrat und die provinzielle Selbstverwaltung stärker dezentralisiert wurde, so blieb doch das Gesamtgewicht Preußens trotz dieser Minderungen in der Verfassungswirklichkeit immer noch sehr beträchtlich. Dieser Staat machte 60 % der Reichsbevölkerung und zwei Drittel des gesamten Reichsterritoriums aus; es war das einzige Land, das sich über die gesamte Ost-West-Ausdehnung Deutschlands erstreckte. Und wenn Preußen, wie sein Kultusminister Carl Heinrich Becker einmal sagte, »via facti« vorging, so folgten die übrigen Länder meist bald nach.

Dieses tatsächliche, »extra-konstitutionelle« Übergewicht Preußens machte aus dem Föderalismus auch unter der Weimarer Verfassung gewissermaßen eine »ungleiche Partie« und wurde vor allem bei einer unterschiedlichen parteipolitischen Zusammensetzung der Reichs- und der preußischen Regierung immer wieder zu einem Problem. Hugo Preuß, einer der Väter der Weimarer Verfassung, hatte schon 1918 die Aufteilung Preußens in Einzelstaaten empfohlen. Aber in demselben Maße, wie sich Preußen in den separatistischen Unruhen der Jahre 1918/19 als eine Klammer der Reichseinheit erwies, war von einer Aufteilung dieses Staates abgesehen worden. Der dennoch entstehende und sich verfestigende Dualismus zwischen dem Reich und Preußen wurde durch die beiden unterschiedlichen Koalitionsregierungen in Berlin nach 1923 noch verstärkt. Der Gedanke einer Reichsreform kreiste daher schon in den Denkschriften von Bill Drews und Erich Koch-Weser fast ausschließlich und immer wieder um das Problem Preußen. Und das Reich befand sich dabei in einer gewissen Position der Stärke, denn durch das Notverordnungsrecht des Reichspräsidenten nach Artikel 48 und durch die Rahmengesetzgebungskompetenz des Artikels 10 der Weimarer Verfassung, insbesondere bei bildungs- und wissenschaftspolitischen Fragen, gingen die Reichsrechte erheblich weiter als in der Bismarckschen Verfassung. Für eine noch stärker ausgreifende Verfassungsänderung im Sinne der Reichsreform bedurfte es aber einer Zweidrittelmehrheit in Reichstag und Reichsrat. Und praktisch konnte das Reich auch von der theoretischen Möglichkeit einer Rahmengesetzgebungskompetenz im Schul- und Hochschulwesen kaum einen Gebrauch machen, da dies auch mit erheblichen Mittelaufwendungen verbunden gewesen wäre. Dazu war die Reichsregierung aber nach 1923 kaum noch in der

Lage. Der unitarische Föderalismus hatte vorerst keine großen Aussichten. Das änderte sich aber ab 1928.

Bei den 1928 verstärkt einsetzenden Diskussionen wurde eigentlich nicht so sehr das Föderalismusproblem als solches diskutiert, als vielmehr das Ziel einer Vereinfachung der »doppelten Verwaltung«, d. h. die Behebung des Dualismus Reich-Preußen und die von vielen Seiten geforderte Verstärkung der Reichsgewalt. Aber wie sollte eine solche nur über Verfassungsänderungen mögliche Modifikation vorgenommen werden? An die dafür im Parlament erforderlichen Mehrheiten war nicht zu denken. Auch von einem besonderen »Respekt« vor dem föderalistischen System war andererseits in der Weimarer Republik nur selten etwas zu spüren. Die unitarischen Tendenzen zugunsten der Reichsgewalt nahmen seit der zweiten Hälfte der zwanziger Jahre ständig zu. Und schon Reichskanzler Brüning kannte Interventionspläne des Reiches gegen Preußen, wobei sogar schon das Instrument eines in Artikel 48 der Weimarer Verfassung gar nicht vorgesehenen Reichskommissars erörtert worden war. Carl Schmitt, der dieses Instrument in die Diskussion gebracht hatte, wurde zu einem der Wortführer der antiföderalistischen und antiparlamentarischen Opposition.

Der sogenannte »Preußenschlag« von Papens vom 20. Juli 1932 machte mit diesen schon bestehenden Plänen schließlich ernst. Zwar erhoben die Länder im Reichsrat noch am 2. August 1932 gegen die Pläne von Papens, die preußischen Reichsratsstimmen mit der Reichsgewalt selbst zu vereinigen, Einspruch, und auch das Urteil des Staatsgerichtshofs vom 25. Oktober 1932 bestätigte eine Grenze der Reichskommisariatsregierung in Preußen, aber dennoch brach die föderalistische Front der Länder nach und nach zusammen. Die Machtübernahme Hitlers am 30. Januar 1933 bedeutete hierbei eine wichtige Zäsur. Nach der Mißachtung des Staatgerichtshofsurteils durch die verfassungswidrige Notverordnung von Hindenburgs zugunsten Hitlers vom 6. Februar 1933 war bereits das Modell geliefert, nach dem die nationalsozialistische Gleichschaltung der Länder schließlich durchgeführt werden konnte. Eine weitere illegale Maßnahme stellte am 14. Februar 1934 dann die Aufhebung des Reichsrates dar, die selbst gegen die ausdrücklichen Garantieklauseln des Ermächtigungsgesetzes vom 23. Mai 1933 verstieß, denn dort war die Existenz des Reichsrates ausdrücklich gewährleistet worden. Dies alles war ein unerhörter Rechtsbruch. Damit war der deutsche Föderalismus der Weimarer Republik endgültig mit Gewalt beseitigt. Als Modell und Vorbild dieser nationalsozialistischen Gleichschaltung der Länder kann man ohne Übertreibung von Papens »Preußenschlag« vom 20. Juli 1932 betrachten, an den die Nationalsozialisten nur anzuknüpfen brauchten. Das Instrument der Reichskommissare war ihnen durch von Papen »vorexerziert« worden. Trotzdem hat Thomas Nipperdey mit guten Gründen bezweifelt, »ob eine stärker föderalistisch strukturierte Republik Hitler besser widerstanden hätte.«

II.

Nach dem Zweiten Weltkrieg und der von den westlichen Besatzungsmächten verfügten Auflösung Preußens 1947 haben die Väter des Bonner Grundgesetzes 1949 bei ihrem Rückgriff auf das föderalistische Prinzip die Konsequenz aus den historischen Erfahrungen gezogen und – dazu auch durch die Vorgaben der Alliierten in den Frankfurter Dokumenten vom 1. Juli 1948 angehalten – eine Bestandsgarantie des Föderalismus ins Grundgesetz hineingeschrieben. Artikel 79 Absatz 3 des Grundgesetzes legt fest:»Eine Änderung dieses Grundgesetzes, durch welche die Gliederung des Bundes in Länder, die grundsätzliche Mitwirkung der Länder bei der Gesetzgebung und die in den Artikeln 1 bis 20 niedergelegten Grundsätze berührt werden, ist unzulässig.«

Diese auch für das Föderalismus-Prinzip gegebene»Permanenzgarantie« schloß allerdings die Möglichkeit einer Neugliederung der Bundesländer nicht aus. Sie schloß auch nicht das Modell eines unitarischen Bundesstaates aus, dessen Leitbild darin bestehen konnte, daß er nach seinen Institutionen föderalistisch eingerichtet war, sich aber nach dem Willen von Bund und Ländern an der Zielvorstellung einer weitgehenden Vereinheitlichung, also Unitarisierung, orientierte. Anders wären auch viele Aufgaben wie z. B. der Lastenausgleich und die Wiedergutmachung, die Kriegsopferversorgung und der soziale Wohnungsbau in den ersten Jahren der Bundesrepublik gar nicht zu lösen gewesen. Diese Unitarisierung zum Zwecke einer gleichmäßigen Versorgung der Bevölkerung mit Gütern und Dienstleistungen, wurde zunächst bis Mitte der 1950er Jahre – je nach Zuständigkeit – vom Bund oder von den Ländern getrennt sichergestellt: einerseits von den Ländern durch gemeinsame Absprachen und Entscheidungen, also durch»Selbstkoordination«, andererseits durch eine Rahmengesetzgebungskompetenz des Bundes, die an gewisse Vorbilder der Weimarer Verfassung anknüpfen konnte.

Mit der Übernahme neuer Aufgaben durch den Bund – Aufstellung der Bundeswehr 1955/56, Aufbau eines eigenen Luftverkehrs, friedliche Nutzung der Kernenergie, Notstandsverfassung von 1968 – gingen den Länderparlamenten allerdings eine Reihe von Zuständigkeiten verloren bzw. wurden ihnen nicht übertragen. Das heißt: für die Landesregierungen und ihre Bürokratien ergab sich dabei ein Machtzuwachs, da das unitarische Organ des Bundesrates mehr und mehr an Bedeutung gewann, die Länderparlamente aber immer weniger einbezogen wurden. Dies war z. T. eine Folge der Tatsache, daß die»Länderkammer« nicht nach dem unitarischen Senatsmodell gebildet worden war, das weniger bürokratisch gewesen wäre. Dies war im Hinblick auf den Grundsatz der Gewaltenteilung bedenklich. Ähnliches drohte seit Ende der sechziger Jahre auch bei den neuen großen Infrastrukturmaßnahmen, die zum Teil in die Rahmengesetzgebungskompetenz des Bundes nach Artikel 75 fielen. So wurde dem Bund 1969 durch Grundgesetzänderung (Artikel 91a) ein Mitwirkungsrecht beim Hochschulbau, bei Maßnahmen zur Verbesserung der regionalen Wirtschaftsstruktur, der Agrarstruktur und des Küstenschutzes eingeräumt. Ähnlich wurde im Zusammenhang mit der großen Finanzreform von 1969 (Einführung der Mehrwertsteuer 1968) und einer Verstärkung des Steuerverbundes in Artikel 104a ein Mitwirkungsrecht des Bundes bei besonders bedeutsamen Investitionen der Länder und Gemeinden gegeben und in Artikel 91b ein Zusammenwirken von Bund und Ländern bei der Bildungsplanung und bei der Förderung von Einrichtungen und Vorhaben der wissenschaftlichen Forschung vorgesehen, die von überregionaler Bedeutung waren. So entstand zwischen Bund und Ländern ein engerer Kooperationszusammenhang, der freilich als funktionaler Föderalismus (Th. Nipperdey) seine Bewährungsprobe erst zu bestehen hatte.

Mit den »Gemeinschaftsaufgaben« war der Schritt zu einem »kooperativen Föderalismus« getan, der Bund und Länder eng miteinander verflocht. Fritz W. Scharpf hat hierfür 1976 den Begriff der »Politikverflechtung« geprägt, der seither in der Literatur üblich geworden ist. Dieser verflochtene »kooperative Föderalismus« ist zum Teil dem amerikanischen »cooperative federalism« entlehnt und stellt ein noch erst auf dem Prüfstand stehendes neues Instrument des westdeutschen Bundesstaates dar, wenn sich dafür auch in der Weimarer Republik schon einzelne Ansätze finden lassen. Es kann kein Zweifel daran bestehen, daß dieser Schritt von 1969 – durchgeführt von der Großen Koalition – das föderative System der Bundesrepublik erheblich verändert hat und in der Geschichte des deutschen Föderalismus ein gewisses Novum darstellt.

In den Bund-Länder-Kommissionen ist aber andererseits ein Verbundsystem entstanden, in dem die klare Trennung der Verantwortlichkeiten zwischen Bund und Ländern einer »Verschränkung der Kompetenzen«, d.h. einer möglichen Verwässerung der Verantwortlichkeiten weichen könnte. Diese Gefahr besteht nicht nur in der Steuerverfassung. Wie kürzlich noch die Mainzer Dissertation von Rainer Mathes gezeigt hat, haben sich dabei z.B. in der Bund-Länder-Kommission für Bildungsplanung und bei der Fortschreibung des Bildungsgesamtplanes bereits Schwierigkeiten ergeben, die in Zukunft noch genauer untersucht werden müssen, um behoben werden zu können. Insbesondere haben sich die Differenzen zwischen den von der SPD und den von der CDU regierten Ländern, d.h. die Differenzen zwischen den sogenannten A- und B-Ländern, die nur in diese Kommissionen hineinverlagert wurden, als hinderlich erwiesen. Sind hier die »Grenzen des kooperativen Föderalismus« erreicht, wie Werner Patzig gemeint hat? Bedarf es im derzeitigen Stadium eines Wiedererstarkens der Länderparlamente? Löst das neue Verbundsystem letztlich die klaren Verantwortlichkeitslinien zwischen Bund und Ländern auf und höhlt so den Föderalismus aus? Es sind nämlich vor allem die Länderparlamente, die bei dieser Verlagerung Machteinbußen hinnehmen mußten.

Dies sind keineswegs unwichtige Fragen. Man hat nicht ganz zu Unrecht davon gesprochen, daß der Föderalismus der Grundgesetzväter einer »Schicht-Torte« geglichen habe und daß dagegen der kooperative Föderalismus einem »Marmorkuchen« ähnele, dessen Mischungselemente durcheinandergewirbelt seien, so daß eine klare Ordnung nicht mehr zu erkennen sei.

Die Gefahren, die in einem solchen Übergang von der »Selbstkoordination« der Länder (zum Beispiel durch Ministerpräsidenten-Konferenzen) zu einem »kooperativen Föderalismus« liegen, sind unverkennbar, auch wenn man dem Sach- und Fachverstand der Länderbürokratien im Bundesrat eine positive Seite abgewinnen könnte. Andererseits stellt die »Selbstkoordination« der Länder schon seit der Weimarer Republik ein Problem dar, weil die Länder sich in wesentlichen Fragen wie der Reichsreform leider nicht einigen konnten. Andererseits sollte aber auch gesehen werden, daß zum Beispiel die föderalistische Struktur des deutschen Rundfunkwesens sich seit fast 40 Jahren immer wieder bewährt hat.

Ein Ziel der Reformdiskussion der Weimarer Republik, die Verstärkung der Reichsgewalt, konnte der Nationalsozialismus nach 1933 für sich ausnutzen und zum Zwecke seiner »Gleichschaltungspolitik« mißbrauchen. Heute besteht der Dualismus zwischen Reich und Preußen als föderalistisches Problem sui generis zwar nicht mehr, und – verglichen mit dem Föderalismus der Weimarer Republik – haben wir heute ganz andere Probleme. Aber die Konsensfähigkeit zwischen Bund und Ländern und die »Selbstkoordination« der Länder bleiben doch wichtige Aufgaben. Sollte der »kooperative Föderalismus« als Mittel verstanden werden, die Länder unter einen angeblich »heilsamen« unitarischen Einigungszwang »zu ihrem eigenen Besten« zu setzen, so wird er gewiß scheitern. Versteht man ihn aber als Instrument eines disziplinierten und sorgsamen Interessenausgleichs, einer rationalen Meinungsbildung und Entscheidungsfindung, so liegen hier durchaus Chancen, die in Zukunft genutzt werden können, ohne daß die durch die Länder gegebene kulturelle Vielfalt und gesamtwirtschaftliche Effektivität verloren gehen müßte. Freilich sollten dabei die klaren Partei- und parlamentarischen Verhältnisse in den Ländern nicht durch eine Länderbürokratie – sei es in Bund-Länder-Kommissionen, sei es im Bundesrat – »neutralisiert« werden. Die Tatsache, daß auch die Parteiorganisationen nach Ländern föderalisiert sind, dämme, so schrieb noch vor einigen Jahren Thomas Nipperdey, die Gefahren des bürokratischen Zentralismus. Sie begünstige damit Pluralität und Beweglichkeit. Und die relative Selbständigkeit der Länder führe auch dazu, daß die Opposition im Bunde dennoch in den Ländern ständig politische Ämter besitze und so oft die Möglichkeit zur Klientelbildung und zur Bewährung ihres Führungspersonals habe. Ihre »Frustration« werde, zumal wenn die Oppositionsrolle auf Bundesebene lange dauere, »erheblich gemindert«. Und zugleich werde, so meint Nipperdey zu Recht, durch diese Möglichkeit ein höheres Maß der Kooperation zwischen Regierungspartei und Opposition möglich.

Dies alles kann wohl z. T. erklären, warum der Föderalismus der Bundesrepublik sich als ein flexibles Instrument erwiesen hat, das auf Gemeinde-, Länder- und Bundesebene Aktivitäten freizusetzen vermag – ein Instrument, das Handlungsfreiräume und lebendige Verantwortlichkeiten schafft und in einem Gemeinwesen mit über 60 Millionen Einwohnern und relativ großen Entfernungen überschaubare Lebens- und Wirtschaftseinheiten mit großer »Bürgernähe« erlaubt. Gewisse Gefahren einer zu starken Bürokratisierung müssen dabei freilich auch gesehen und möglichst vermieden werden. Insofern bleibt der Föderalismus zugleich eine Daueraufgabe.

Literturhinweise

Bibliographie: Dieter Dörner und Ronald Huth, Das föderative System der Bundesrepublik Deutschland, Berlin 1985.
Friedrich A. Medicus, Reichsreform und Länderkonferenz, Berlin 1930.
Gerhard Schulz, Zwischen Demokratie und Diktatur. Verfassungspolitik und Reichsreform in der Weimarer Republik. Bd. 1 (1919 – 1930), Berlin 1963.
Renate Kunze, Kooperativer Föderalismus in der Bundesrepublik. Zur Staatspraxis der Koordinierung von Bund und Ländern in der Bundesrepublik Deutschland, Berlin 1967.
Gunter Kisker, Kooperation im Bundesstaat, Tübingen 1971.
Ders., Kooperation zwischen Bund und Ländern in der Bundesrepublik Deutschland, in: Die öffentliche Verwaltung (1977), S. 689 ff.

Ernst Deuerlein, Föderalismus. Die historischen und philosophischen Grundlagen des föderativen Prinzips, München 1972.

Siegfried Marnitz, Die Gemeinschaftsaufgaben des Artikels 91a Grundgesetz als Versuch einer verfassungsrechtlichen Institutionalisierung der bundesstaatlichen Kooperation, Berlin 1974.

Fritz W. Scharpf u. a., Politikverflechtung. Bd. I: Theorie und Empirie des kooperativen Föderalismus, Kronberg 1976; Bd. II: Kritik und Berichte aus der Praxis, Kronberg 1977.

Joachim Jens Hesse (Hg.), Politikverflechtung im föderativen Staat. Studien zum Planungs- und Finanzierungsverbund zwischen Bund, Ländern und Gemeinden, Baden-Baden 1978.

Thomas Nipperdey, Der Föderalismus in der deutschen Geschichte, in: Bijdragen en Mededelingen betreffende de geschiedenis der Nederlanden 94 (1979), S. 497 – 547.

Werner Patzig, Die Gemeinschaftsfinanzierungen von Bund und Ländern. Notwendigkeit und Grenzen des kooperativen Föderalismus, Bonn 1981.

Gerhard Lehmbruch, Föderalismus und Politikverflechtung. Zwischen Unitarisierung und Differenzierung, in: Politische Bildung (1983) 1, S. 35ff.

Erwin Kalinna, Die Rahmenplanung und der Rahmenplan nach Artikel 91a Grundgesetz, Jurist. Dissertation München 1985.

Heinz Laufer, Das föderative System der Bundesrepublik Deutschland, München 1985[5].

Konrad Reuter, Föderalismus. Grundlagen und Wirkungen in der Bundesrepublik Deutschland, Heidelberg 1984[14].

Bund-Länder-Kommission für Bildungsplanung und Forschungsförderung (Hg.), Jahresbericht 1983, Bonn 1984.

Rainer Mathes, Gesamtstaatliche Bildungsplanung in der Bundesrepublik Deutschland, Diss.phil. (Ms.) Mainz 1985.

Hartmut Klatt, Reform und Perspektiven des Föderalismus in der Bundesrepublik Deutschland. Stärkung der Länder als Modernisierungskonzept, in: Aus Politik und Zeitgeschichte. Beilage zur Wochenzeitung Das Parlament, B 28/86 vom 12. Juli 1986, S. 3–21.

J.F.E. Bläsing

Zwischen Intervention und Permanenz: Einige Bemerkungen zur Rolle des Staates in der niederländischen Wirtschaft insbesondere während des 20. Jahrhunderts[*]

Wer sich bewußt mit den makrowirtschaftlichen Problemen und Nöten unserer Zeit auseinanderzusetzen gedenkt, kann nicht umhin, sich u. a. mit der Rolle des Staates im Wirtschaftsprozeß zu befassen. Der Staat kümmert sich bekanntlich nicht nur um die großen nationalen Aufgaben und infrastrukturellen Einrichtungen sowie um das soziale Wohl seiner Bürger, sondern er greift mit seinen Gesetzen, Vorschriften und Regeln nicht selten auch in die allerkleinsten wirtschaftlichen Bereiche ein. Der Landesverteidigung etwa mit ihren riesigen Etats widmet er sich selbstverständlich ebenso gewissenhaft wie – ein fiktives, aber stellvertretend keineswegs übertriebenes Beispiel – der Einhaltung des bis auf den Zentimeter vorgeschriebenen Einkriechdiameters für Schäferhundehütten massiver Bauart in vorstädtischen Schrebergärten. Das ist in den Niederlanden im Prinzip durchaus nicht anders als in anderen Ländern, wo die staatliche Omnipotenz gleichfalls den einen nicht geringe Sorgen bereitet und den anderen, so scheint es jedenfalls bisweilen, gar nicht weit genug gehen kann. Daß es bei aller Gemeinsamkeit auch wichtige Unterschiede gibt, ist Gegenstand der nachstehenden Ausführungen, in denen überwiegend die historische Dimension zur Sprache kommt und insbesondere zu skizzieren versucht wird, wann und warum Umfang und Einfluß des Staatssektors in den Niederlanden in diesem Jahrhundert zunahmen und welche Schlußfolgerungen auf Grund der historischen Erfahrungen naheliegen. Aber beginnen wir mit der Gegenwart.

Ein paar Zahlenangaben[1] genügen, um anschaulich zu machen, wie weitgreifend und mit welch zwangsläufig einschneidenden Konsequenzen sich die genannte Entwicklung bisher vollzogen hat. Entfielen vom nationalen Arbeitsvolumen im Jahre 1939 auf den Staat noch 9 %, so waren dies 1984 bereits 16 %. Der Beitrag des Staates zum Volkseinkommen schwoll zwischen 1958 und 1978 von 11,5 % auf 16,9 % an, sein Anteil an den totalen nationalen Ausgaben für Konsum- und Investitionszwecke von 15,3 % auf 23,5 % zwischen 1950 und 1978. Noch deutlicher läßt sich der expandierende Einfluß des Staates auf die niederländische Wirtschaft ermessen, wenn man die Ausgaben des Staatshaushaltes als Prozentsatz vom Volkseinkommen ausdrückt: Dieser betrug 1921 weniger als 15 %, aber schon 27,5 % im Jahre 1950 und mehr als 40 % im Jahre 1983. Ähnlich wie in der Bundesrepublik Deutschland, Frankreich und England gehören die niederländischen Staatsausgaben einschließlich der Soziallasten zu den höchsten in der kapitalistischen Welt. Kein Wunder, daß in den 60er und 70er Jahren Credos wie »Null-linie (0-lijn)« und »1 %-Norm (1 %-beleid)« nachhaltig in die aktuelle wirtschaftspolitische Diskussion in den Niederlanden einflossen, nicht zufällig zu einer Zeit, da – ein auf Dauer völlig unhaltbarer Zustand – der relative Anteil des kollektiven Sektors am Wachstum des realen Volkseinkommens des letzteren Wachstumsrate bisweilen sogar überschritt.

Nun kann man diesem Sachverhalt natürlich höchst unterschiedlich gegenüberstehen, d. h. ihn als schädlich verurteilen, ihn im Gegenteil als äußerst wünschenswert einstufen oder eine Zwischenposition einnehmen. Das ist zum nicht geringen Teil eine Frage des persönlichen Wertesystems. Eine ganz andere Frage ist allerdings, ob von dort aus Schlüsse auf die künftige Entwicklungsrichtung des Staatseinflusses gezogen werden können, die überdies mit der geschichtlichen Evolution übereinstimmen. Gerade in bezug auf die historisch gewachsene Rolle des Staates in der niederländischen Wirtschaft sind meines Erachtens ganz wesentliche Zweifel an dem zu hegen, was in sozialdemokratischen und sozialistischen Kreisen – mit jeher großen Sympathien für den Staat als unentbehrliches Ordnungsinstrument – an ideologischen Elementen mitschwingt und sich selbst in beachtlicher wissenschaftlicher Analyse zu überzeugten – nicht überzeugenden – Qualifikationen wie »unwiderruflich«, »unentbehrlich« und »eisern notwendig« verdichtet.[2] »Wir können nicht zurück ins Jahr 1870«, so nicht untypisch für den Chor entsprechender Stimmen im sogenannten progressiven Lager der renommierte niederländische Sozialhistoriker W.S.P. Fortuyn, »und das weiß jeder«.[3] Das ist selbstverständlich richtig. Im Gegensatz zum 18. und 19. Jahrhundert ist die Beteiligung des Staates sogar in der theoretischen Wirtschaftswissenschaft längst kein Anathema mehr. Aber: Eben weil bezüglich der Staatsrolle häufig eine Stetigkeit und Irreversibilität in die historische Entwicklung hineininterpretiert wird, die nicht nur Historiker liberaler Herkunft zum Widerspruch reizt, würde ich ganz anders als etwa Fortuyn das unbestrittene Wachstum des Staatseingreifens keineswegs als »die Konstante des 20. Jahrhunderts«[4] bezeichnen, obgleich in dieser Hinsicht zweifellos in vielen Ländern eine Trendentwicklung vorlag. Als die historische Konstante nämlich, vor allem in den Niederlanden, kann m. E. viel eher jener Faktorenkomplex gelten, der dem strukturellen Wachstum des Staatseinflusses dort seit jeher kräftig entgegenwirkte und bis heute die wirtschaftspolitische Linie des Landes ganz entscheidend mitbestimmte. Der geringe Umfang des Königreiches und seine relativ kleine Bevölkerung und ergo die begrenzte Aufnahmefähigkeit des Inlandmarktes vertrugen sich selbstverständlich nicht mit protektionistischer Politik. Die geographisch günstige Lage des Landes zahlte sich ausschließlich bei freiem Marktzugang für alle Parteien und freien Marktoperationen aus. Der Mangel an natürlichen Rohstoffen erzwang Bedarfsdeckung im Ausland. Auf Grund der frühen und höchst erfolgreich ausgebeuteten Verbundenheit mit der Weltwirtschaft wiederum war die liberale Orientierung der Niederlande schon längst zur Tradition geworden – nämlich gegen Ende des 18. Jahrhunderts, als es dort noch gar keine zentrale Staatsgewalt gab. Nun läßt sich gewiß ein subtiler Unterschied machen zwischen dem liberal-niederländischen Handelskapitalismus des 17. Jahrhunderts und der seit der zweiten Hälfte des 19. Jahrhunderts an der Küste prinzipiell angehangenen Freihandelsideologie. Ersterer forderte primär Freiheit für sich selbst, nämlich für die überlegene niederländische Handelsmacht, verbunden mit der Pflicht für weniger mächtige Länder, ihre Märkte zu öffnen. Die zweite entsprang weniger englischer Ermunterung als vielmehr englischem Druck sowie vor allem der raschen Verschiebung der Kräfteverhältnisse auf dem Kontinent, wobei insbesondere an die wirtschaftliche Emanzipation des deutschen Hinterlandes von der ihm vorgelagerten holländischen Rheinmündungs- und Kolonialmacht zu denken ist.[5] Aber beide befanden sich in bezug auf die Rolle des Staates im Wirtschaftsprozeß fast nahtlos in Übereinstimmung sowohl mit den bekannten physiokratischen Auffassungen als mit dem seit Adam Smith klassischen liberalen Gedankengut. Man kann hier durchaus für die Niederlande den in der Substanz vergleichbar pragmatisch-liberalen Standpunkt diagnostizieren, den schon das Britische Empire eingenommen hatte »... only because it felt itself to be so economically dominant that it could afford to throw its market completely open«.[6] Natürlich bedingte dies nicht automatisch totale staatliche Abstinenz in wirtschaftlicher Hinsicht. Lange bevor das Ende des sogenannten Nachtwächterstaates in Sicht war, weil auf die Gesellschaft als Folge der Industriellen Revolution Aufgaben zukamen, die vom einzelnen nicht, also nur noch kollektiv gelöst werden konnten, griff der Staat auch in den Niederlanden in den Wirtschaftsablauf ein. Die niederländischen Handelskammern zum Beispiel sind staatlicher Initiative zu Zeiten der französischen Besetzung des Landes entsprungen.[7] Die Regierung Willem I. trachtete im Anschluß daran nach Kräften, den erlahmten niederländischen Handels- und Unternehmungsgeist wiederzubeleben, und wenig später schon galt es, die Bevölkerung gezielt vor den regelmäßig explodierenden Dampfmaschinenkesseln zu schützen. Das erforderte allerlei Vorschriften. Diese wie andere Eingriffe sind allerdings als Ausnahmesituationen und -perioden zu interpretieren, die an der nicht nur in liberalen Kreisen weit verbreiteten Auffassung vom Staat als einem notwendigen Übel wenig änderten. Die erwähnte historische Konstante führte fast zwangsläufig dazu, daß etwa die krisenbeständige Überzeugung des niederländischen liberalen Vormanns S. Vissering, der zufolge es kein wirksameres Mittel zur Bedürfnisbefriedigung gab als das völlig freie Kräftespiel der Produktionsfaktoren Arbeit und Kapital auf dem Markt, feste Wurzeln in den Niederlanden schlug und dort gleichsam als geistiges Allgemeingut bis weit ins 20. Jahrhundert hineinwirkte.

Unter diesem Gesichtspunkt betrachtet lassen sich Umfang, Einfluß und Wachstum der staatlichen Aktivität in den Niederlanden bei aller Übereinstimmung bezüglich der Fakten zum Teil doch ganz anders auffassen und relativieren als das etwa bei Fortuyn der Fall ist. Ich würde beispielsweise nicht so weit gehen, die Niederlande während des Ersten Weltkrieges als das »Muster einer gesteuerten Wirtschaft« zu bezeichnen.[8] Dafür fehlte es dort in jeder Hinsicht an praktischer Erfahrung. Zwar machten die außergewöhnlichen Zeitumstände im Hinblick auf mögliche Versorgungslücken staatliche Maßnahmen u. a. im Bereich der Preis-, Verteilungs- und Handelspolitik in der Tat unvermeidlich, aber diese trugen auch nach der ersten Panik meist den ebenso unvermeidlichen Stempel der Improvisation. Die angestrebte Wahrung der Neutralität des Landes erforderte von der niederländischen Regierung je nach Kriegslage ad-hoc-Interventionen, um schließlich nicht doch zwischen dem deutschen Hammer und dem englischen Amboß zerquetscht zu werden. Das Deutsche Reich brauchte und forderte Lebensmittel, und die Alliierten forderten das Nachleben der verschärften Konterbandebestimmungen. Trotz des dazu erforderlichen riesigen Kontrollapparates blühte natürlich ein noch größerer Schmuggelhandel über die deutsch-niederländische Grenze auf. So gingen denn bei den Haager Regierungsstellen laufend Drohungen und Gegendrohungen ein, und es blieb dem kleinen Königreich gar nichts anderes als ein ständiger Eiertanz übrig, den es freilich – die Holzschuhe im Schrank – mit viel kommerziellem Geschick praktizierte.

Daß der Erste Weltkrieg es hinsichtlich der Rolle des Staates nur bei einem Intermezzo ließ und die traditionellen liberal-ökonomischen Ansichten in den Niederlanden keineswegs bleibend erschüttert hatte, läßt sich unschwer aus dem
weiteren Gang der Dinge ableiten. Die Einrichtungen der spontanen Kriegswirtschaft wurden relativ rasch liquidiert, das Freihandelssystem und die Goldwährung wieder eingeführt, der Staat zog sich wie selbstverständlich zurück. Zumindest bis zur Weltwirtschaftskrise wurde das soziale und wirtschaftliche Leben in
den Niederlanden erneut getragen durch Individualismus und Optimismus sowie
geprägt vom festen Glauben an Marktmechanismus und Preisbildung als den
besten Instrumenten, um das Handeln der Marktparteien ins Gleichgewicht zu
bringen. Ich bin keineswegs der Ansicht, daß es sich dabei um das »letzte Aufflak-
kern einer überholten Lehre« bzw. politischen Ideologie handelte.[9] Denn auch
während der zweiten Hälfte des Interbellums, in den 30er Jahren, als die anhaltende wirtschaftliche Malaise und vor allem die rapide zunehmende Arbeitslosigkeit zahlreiche Eingriffe der niederländischen Regierung in den Wirtschaftsprozeß erzwangen, maß man der Rolle des Staates überwiegend komplementäre
Funktionen zu, die auf Grund besonderer Umstände zwar zeitweilig als notwendig erachtet wurden, doch nach überwiegender Ansicht nicht dauerhaft zu einer
permanent gelenkten Volkswirtschaft führen durften. Nicht zufällig bestimmte an
der Spitze der Regierung, die bis 1936 mit der Aufhebung der Goldwährung
zögerte, mit dem antirevolutionären Ministerpräsidenten Colijn ein Mann die
wirtschaftspolitische Richtung, der in aller Welt als unverzagter Champion des
Freihandels respektiert war und anders als der nach der Gründerkrise zum Pro-
tektionisten gewordene Bismarck,[10] dem liberalen Gedankengut treu blieb,
obwohl auch er nach der Weltwirtschaftskrise nicht ohne protektionistische Maßnahmen regieren konnte.[11] Wenn man die 30er Jahre gleichwohl als eine Zäsur in
der Rolle des niederländischen Staates auffassen darf, dann wohl in erster Linie
wegen des begreiflicherweise immer stärkeren Einflusses von sozialistischen
Ideen und Plänen auf die Staatsaktivität. Diese kamen beim notleidenden Volk
gut an, und Obrigkeit kam auf diese Weise gewissermaßen auf den Geschmack,
nicht zuletzt unter Eindruck der beachtlichen Resultate des amerikanischen New
Deal und namentlich der früh erfolgreichen planwirtschaftlichen Krisenbekämp-
fung im stalinistischen Rußland, im faschistischen Italien und im nationalsozialistischen Deutschen Reich, was die günstigen Effekte der gegen Ende der 30er
Jahre wieder anziehenden Weltkonjunktur verschleierte. Trotzdem würde ich die
Zwischenkriegszeit weniger als eine Art »Generalprobe für die Staatsfunktion«
nach dem Krieg bezeichnen,[12] sondern eher als ein wiederum durch Interventionen zu charakterisierendes Vorspiel zu den strukturellen Verschiebungen, die
sich namentlich nach 1945 unübersehbar manifestierten und dem niederländischen Staat nach der komplementären nunmehr eine fundamentale Rolle ein-
räumten. Das Disfunktionieren des Marktmechanismus war durch die Krisenzeit
freilich ebensowenig bewiesen wie die prinzipielle Notwendigkeit massiven staatlichen Eingreifens. Wer sich mit einem Tischtennisball auf einer weichen Gummi-
matte abquält, d.h. wissentlich die vorgegebene strukturelle Umgebung des
Spiels verändert, hat damit selbstverständlich in keiner Weise die herkömmlichen
Sprungeigenschaften des Spielattributs falsifiziert. Genau das aber schien in der
zweiten Hälfte der 30er Jahre und noch viel stärker in der mittelbaren Nachkriegszeit analog der Fall zu sein. Das Wohlstandsideal avancierte von einer individuellen zu einer kollektiven Zielsetzung, und dem Staat oblag fortan die Aufgabe, die

soziale und wirtschaftliche Absicherung aller durch planmäßiges Wirtschaftswachstum und eine gerechte Einkommensverteilung anzustreben. In dieses idylli-
sche Bild paßte, so meinten viele, die klassische Vorstellung eines freien Spiels der
Marktkräfte nicht mehr. Die »invisible hand« von Smith schien passé,[13] zumal
Keynes auf theoretischem Wege offensichtlich vielversprechende Pfade zur Kri-
senbekämpfung durch den Staat aufgezeigt hatte. Das erwies sich letzten Endes
als ein Trugschluß. Denn inzwischen blieb das zumindest teilweise außer Kraft
gesetzte Marktprinzip, was es – nicht nur rein wirtschaftlich gesehen – bis heute
ist, nämlich eine schlichte ökonomische Binsenwahrheit, die in gewissen Grenzen
zwar eine modifizierte Umgebung überstand, gegen die man jedoch auf die Dauer
nicht ungestraft verstoßen konnte. Auch heute geht es ja keineswegs darum, das
rauhe Klima des »Urliberalismus« einfach wiederzubeleben. Man kann die Grund-
erkenntnisse der liberalen Gedankenwelt mit einem Zug vergleichen, der durch
die Jahrhunderte fährt. Die Bahnhöfe haben gewechselt, die Landschaft hat sich
geändert, ja, sogar die Energiequelle ist eine völlig andere. Das Prinzip der Fort-
bewegung und wirtschaftlich effizienten Antriebskraft ist dasselbe geblieben. Und
nach wie vor gilt, daß – im Gegensatz zum Staatssektor – Auswüchse und Fehlent-
scheidungen im privatwirtschaftlichen Bereich rasch und unerbittlich über die
Gewinn- und Verlustrechnung geahndet werden«.

Diese Erkenntnisse sind durchaus nicht neu. Und in den Niederlanden fanden sie
nach 1945 weiterhin über breite Kreise mehr oder weniger systematisch Eingang
in die staatliche Wirtschaftspolitik, wenn auch in ihrer praktischen Anwendung
meist erheblich durch Gesichtspunkte ideologischer, ethischer oder theoretischer
Art beeinträchtigt. Aber immerhin. Auf den unvermeidlichen Dirigismus in der
mühsamen Wiederaufbauphase, der auf höchst pragmatische Weise teilweise
sogar die leicht modifizierten Einrichtungen des verhaßten deutschen Besatzungs-
regimes für seine Zwecke einsetzte,[14] folgte schon ab 1950 ein erster Liberalisie-
rungsschub, auf die Beseitigung der Rationalisierungsmaßnahmen eine expansive
staatliche Strukturpolitik, zu deren wichtigsten Elementen nebst flankierenden
Eingriffen in Löhne, Preise, Investitionen, Mieten usw. die Förderung des
Export- und Industriesektors gehörten. Die Schemata der in der Folgezeit verab-
schiedeten Industrialisierungsprogramme wurden allerdings nicht starr vorgegeben, sondern als ›mögliche‹ Wege aufgefaßt. Der privatwirtschaftlichen Entscheidungsfreiheit in bezug auf Produktion und Konsum wurde also erneut eine wichtige Rolle zugemessen.[15] Es ist zweifellos richtig, daß dies auch unter amerikanischem Einfluß geschah. Aber die niederländische Ordnungspolitik schloß ebenso
harmonisch die traditionellen liberalen Überzeugungen ein wie sie energisch versuchte, sich neuen Erkenntnissen und Möglichkeiten nicht zu verschließen. Alles
in allem blieb der Abstand zum »laissez-faire«-Staat und zur zentralgeleiteten
Planwirtschaft letzten Endes gleich groß, und man hat das niederländische Modell
nicht ganz zu Unrecht als ein gemischtes Wirtschaftssystem bezeichnet, mit dessen
Hilfe Staat, Gewerkschaften und Arbeitgeberorganisationen in überwiegend har-
monischem Einvernehmen miteinander die imposante wirtschaftliche Leistung
der 50er und 60er Jahre möglich machten. »Neoliberalismus und Neosozia-
lismus«, so umschrieb der niederländische Nationalökonom P. Hennipman[16]
im Jahre 1962 den wirtschaftspolitischen Kompromiß in seinem Land, »konver-
gieren in der Konzeption einer ›eẃconomie orientée‹, in der die Wirtschaftspolitik eine wesentliche, aber nicht allumfassende Funktion erfüllt«. Die

Mikrospielregeln der Marktkonkurrenz blieben in Kraft, gleichzeitig wurde die soziale Dimension des Kapitalismus durch gezielte staatliche Eingriffe humanisiert.[17]

Das klang alles natürlich viel zu schön, um längerfristig wahr zu sein bzw. wahr bleiben zu können. Bereits in den frühen 70er Jahren wurden ernsthafte Zweifel an der Zweckmäßigkeit des spezifisch niederländischen Weges laut. Zweifel einerseits an der maßgeblichen Rolle des mit liberal- und planwirtschaftlichen Elementen durchspickten wirtschaftspolitischen Kurses des Landes. Die Hypothese, daß es infolge der ungeheuren Nachholbedürfnisse und der durch die nachkriegszeitliche Bevölkerungsexplosion verursachten Nachfragesteigerung ohnehin zu einem niederländischen Wirtschaftswunder gekommen wäre,[18] begleitet von gleich welcher wirtschaftspolitischen Richtung, mag zwar unbeweisbar sein, doch gibt es für sie immerhin einige Indizien. Ein relatives bzw. absolutes Wirtschaftswunder vollzog sich nicht nur in der klar anders orientierten sozialen Marktwirtschaft Ludwig Erhards, sondern auch in nahezu allen kontinentalen Ländern Europas, einschließlich – mit gewissen Einschränkungen – derer des Ostblocks. Überdies zeigte sich nirgendwo eine hohe Korrelation zwischen nationalen Plandaten und tatsächlichem Wirtschaftswachstum. Im Gegenteil. Die höchsten Wachstumsraten erzielten gerade die Länder mit dem kleinsten Anteil an planwirtschaftlichen Elementen in ihren Programmen: In concreto die Bundesrepublik Deutschland, Italien und Japan, d. h. ausgerechnet die Verlierer des Zweiten Weltkrieges.[19] Und so erinnerte man sich spätestens während der Krise der 80er Jahre um so deutlicher an die Unvollkommenheiten und Dissonanzen andererseits, die den niederländischen Kurs von Anfang an begleitet hatten. Gewiß, das niederländische Harmoniemodell funktionierte jahrelang augenscheinlich prächtig. Unter der ansprechenden Oberfläche allerdings brodelte es schon wenige Jahre nach Kriegsende. Daß die Unternehmerschaft über hohe Steuern klagte, erregte wie üblich kaum Aufsehen. Aber daß eine so angesehene Zeitschrift wie die Economisch-Statistische(n) Berichte(n) bereits 1948 den ›erstickenden Zugriff des Fiskus‹ an den Pranger stellte, war ein höchst bedenkliches Signal in der Wiederaufbaulandschaft. Ein Jahr vorher schon machte sich die Amsterdamer Handelskammer zum Sprecher des wachsenden ›Heimwehs‹ nach einem freieren Wirtschaftsleben. Andere, weniger elegant formulierende Kreise sprachen unverblümt von Bürokratie, Korruption und regelrechter Knebelung.[20] An wilden Streiks gebrach es gerade in den Jahren 1946 bis 1949 wahrlich nicht, wenn auch mit danach vorläufig abnehmender Tendenz bezüglich der verlorenen Arbeitstage. Und mit der in Europa vielgerühmten niederländischen Lohnpolitik, in deren Anwendung manche noch heute – beziehungsweise schon wieder – einen Ausweg aus dem aktuellen wirtschaftlichen Dilemma sehen möchten,[21] gingen, wie Fase jüngst gezeigt hat,[22] zugleich weniger günstige Entwicklungen einher. Eine faktische Beherrschung des Lohnniveaus war der Regierung damals zu keinem Zeitpunkt gelungen, der Lohnstopp im Jahre 1946 lief sogar auf ein Fiasko hinaus. Das Komplement jeder erfolgreichen Lohnpolitik, die Beherrschung der Preise, gelang noch weniger überzeugend. Solange wie es eine staatlich gelenkte Lohnpolitik in den Niederlanden gab, wurde diese wegen des steigenden Preisniveaus auch von Schwarzlöhnen begleitet. 1959 wurde deshalb eine differenziertere Lohnbildung notwendig, ab 1963 kam es zu regelrechten Lohnexplosionen. Schließlich gab auch das seit den 30er Jahren intensivierte Bemühen des Staates um das strukturelle Sorgenkind der niederländischen Wirtschaft, den Agrarsektor, Anlaß zu der Vermutung, daß nicht alles vom Staat planmäßig geregelt und – in diesem Fall – gesundgeschrumpft werden konnte. Den Kampf gegen das Wasser haben die Niederländer bekanntlich gewonnen, den gegen die Milch haben sie – wie andere Nationen auch – bisher verloren. Und zwar eindrucksvoll. Einen ähnlichen Echec würde eine staatliche Lohnpolitik heutzutage zur Folge haben, wenn man sie denn schon aus nostalgisch verklärtem Erfolgsglauben reanimieren sollte. Die ökonomischen Konditionen in den Niederlanden haben sich inzwischen grundlegend verändert. Vieles von dem, was in den Eisenhower-Jahren von 1952 bis 1960 Wirklichkeit war, wird von der heutigen Wirtschaftspolitik sehnlichst herbeigewünscht: Bescheidene Defizite des Staatshaushaltes, niedrige Löhne, eine bezahlbare also mäßige Sozialversicherung und Unternehmen, die Gewinn erzielen und entsprechend Arbeitsplätze generieren. Ich meine, daß wer sich bei der Suche nach Lösungen für die wirtschaftlichen Probleme unserer Zeit von den 50er und frühen 60er Jahren inspirieren läßt, gerade in dieser Hinsicht von den Möglichkeiten und Grenzen wirtschaftshistorischer Analogien überhaupt nichts begriffen hat.

Es ist im nachhinein nicht besonders schwierig hervorzuheben, warum der niederländische Staat den kollektiven Zielsetzungen, denen er seinen insbesondere nach 1945 wachsenden Umfang und Einfluß verdankte, nämlich dauerhafte Vollbeschäftigung und soziale Sicherheit, einfach nicht gerecht werden konnte. An dieser Stelle genügt die Andeutung der wichtigsten Ursachen. Der Staatsapparat mit der ihm inhärenten Tendenz zu Bürokratismus, perfektionierter Planung, Ordnung und Regulierung zeigte sich wie in anderen Ländern auch unfähig, mit der erforderlichen Flexibilität auf die sich ständig verändernde institutionelle Umgebung, in der er operieren mußte, einzuspielen, geschweige denn, den zunehmenden Einfluß von starken Marktparteien wie Gewerkschaften und Multinationals auf seine Wirtschaftspolitik effektiv zu kontrollieren. Die Staatsplanung versagte.[23] Es gelang – ein etwas badinierendes Beispiel – nicht einmal, den künftigen Stromverbrauch in den Niederlanden so zu prognostizieren, daß man nicht zuviele Kraftwerke in die Landschaft baute. Was übrigens nicht erstaunlich ist. Wenn schon der einzelne Betrieb – die mikroökonomische Einheit – die allergrößte Mühe hat, künftige Trends mehr rechnerisch als rein intuitiv, d. h. mit Hilfe von Fingerspitzengefühl zu erkennen, wieviel größer müssen da nicht die Unsicherheitsfaktoren auf makroökonomischer – nationaler – Ebene sein? Es überrascht kaum, daß heutzutage niemand, außer in den Niederlanden selbst, die prognostizierenden Berechnungen des ehrwürdigen, 1945 gegründeten »Centralen Planbureaus« noch ernst nimmt.[24] Es reicht eben nicht aus, historische Entwicklungslinien zu aggregieren und in die Zukunft zu extrapolieren. Stärker noch: Es hieße die Dinge auf den Kopf stellen, wollte man als Ursache der heutigen schleppenden Wirtschaftskrise ein Zuwenig an staatlicher Koordination casu quo Planung diagnostizieren wollen.[25] Denn man kann doch schwerlich vom Nicht- beziehungsweise Schlechtfunktionieren eines enorm verwässerten Marktmechanismus auf die Notwendigkeit einer Therapie schließen, die eine noch stärkere Anwendung des Verdünnungsmittels vorschreibt. Hinzu kommt, daß die von Keynes erarbeitete antizyklische Konjunkturpolitik theoretisch zwar wunderschön aussah, aber in der Praxis leider weitgehend eine Illusion blieb. Gesetzgebung und Verträge legten die Staatsausgaben in der Regel auf Jahre hinaus an die

Kette[26] und verhinderten so das erforderliche schnelle Eingreifen des Staates. In den goldenen 60er Jahren, als die Bäume in den Himmel zu wachsen schienen, war es freilich dem Staat möglich, sogar Unmögliches zu versuchen. Das tat er denn auch überall in Europa reichlich. Und zwar hin bis zum Postulat, die Konjunktur schlicht überwunden zu haben.[27] Heute wissen wir jedoch, daß die wirtschaftspolitische Zielstruktur der vielzitierten magischen Drei- und Fünfecke dem Jonglieren mit zu vielen Bällen auf schwankendem Untergrund gleichkam, d.h. auch in den Niederlanden von vornherein zum Scheitern verurteilt war.[28] Und wir erkennen außerdem, daß sich sowohl die von Staatsplanologen wie auch die von sich selbst häufig überschätzenden Wirtschaftstheoretikern geschilderten Perspektiven meistens als wohlduftende gebratene Luft erweisen und »daß es in der modernen Welt ohne Kritik, Initiative, Information, Eigenverantwortung und Dezentralisierung nicht geht«. Das Individuum ist nun einmal »viel schöpferischer, kühner und vorwärtsstrebender als der Staat«.[29] Punktum!

So avancierte in den 70er Jahren das Wort von der ›Dutch disease‹[30] zu einem internationalen Begriff, welche die dank des harten Guldens äußerlich noch gesunde niederländische Volkswirtschaft langsam von innen zerfraß. Durch das ungezügelte Wachstum des Sozialsektors, die Kosteninflation, die stark gesunkenen Betriebsrentabilitäten, die zunehmenden staatlichen Finanzierungsdefizite, den beängstigenden Anteil des Staates am Volkseinkommen, durch das in Folge riesiger Staatssubventionen enorm geschrumpfte unternehmerische Gewinn- und Neuinvestierungsstreben et cetera. Die Beantwortung der Frage, auf welche Weise die anhaltende Krise angesichts völlig neuer Phänomene wie erst Stagflation und nun Deflation bei gleichzeitigem Wachstum und Arbeitslosigkeit wirtschaftspolitisch angegangen werden mußte und müßte, hing und hängt natürlich entscheidend davon ab, ob und in welchem Maße man mehr konjunkturellen und/oder strukturellen Gesichtspunkten den Vorzug gibt. Ich neige zu letzterer Auffassung. Meiner Ansicht nach befinden wir uns mitten in einem mit der Industriellen Revolution vergleichbaren Transformationsprozeß,[31] der selbstverständlich auch von konjunkturellen ›ups‹ und ›downs‹ begleitet wird. Aber auch unabhängig davon scheint mir nach herrschender Meinung festzustehen, daß der Umfang und die gegenwärtige Rolle des Staates dringend der Überdenkung bedürfen. Es ist eben nicht damit getan, vom Staat Lösungen zu erwarten, die nur der Markt selbst als Resultat zahlloser tagtäglicher mikroökonomischer Entscheidungen finden kann. Für eine wirklich fundierte staatliche Investitions- oder auch Innovationspolitik fehlt es offenkundig an Einsicht, an Kriterien und konsistenten Zielsetzungen. Selbst eine theoretisch einwandfreie Rezeptur würde, wie D.B.J. Schouten und A.H.J. Kolnaar zu recht betonen,[32] in den Händen des Staates nicht viel weiterhelfen, weil es auch in der niederländischen Gesellschaftsordnung von den meisten Stimmen abhängt, was davon in der Wirtschaftspraxis übrigbleibt und wann zur Anwendung kommt. Deshalb sehe ich, wiederum ganz entschieden im Gegensatz zu Fortuyn, in einer Kompetenzerweiterung der auf demokratische Weise gewählten – und staatlicherseits beaufsichtigten – Kontrollorgane keineswegs eine der wichtigsten wirtschaftspolitischen Aufgaben unserer Zeit.[33] Ich denke hinsichtlich letzterer viel mehr an eine erneute Allianz der auf komplementäre Funktionen reduzierten Rolle des Staates mit dem Marktmechanismus, in der an Stelle der idealisierten Staatsallmacht wieder der individuell innovierende (Schumper-)Unternehmer als treibende Wirtschaftskraft zu treten reichlich Gelegenheit erhält. Im Grunde bedarf es dazu nicht mehr – der Ruf »zurück zum Markt« erklingt nicht zufällig inzwischen weltweit – als einer in vernünftigem, wenn auch peinlich fühlbarem Maße deregulierten und reprivatisierten sozialwirtschaftlichen Umgebung. In den Niederlanden liegen dafür wegen des konstanten Faktors in der Wirtschaftsgeschichte des Landes günstige mentale Voraussetzungen vor. Von einem unaufhaltsamen, unumkehrbaren Prozeß im Sinne stetig zunehmenden Staatseinflusses kann dort gar keine Rede sein. Über historische Analogien gesprochen: Mehr und mehr setzt sich in den Niederlanden die Erkenntnis durch, daß man den Freiheitskampf im 16. und 17. Jahrhundert nur gewinnen konnte, weil sich das unternehmungsfreundliche Klima im eigenen Land so wohltuend von der spanischen Bürokratie und dem drückenden spanischen Steuersystem abhob.[34] Mit marginalen Steuersätzen bis zu 80 % ähnelt man freilich derzeit mehr den Spaniern als den alten Holländern.

Anmerkungen

* Bei nachstehenden Ausführungen handelt es sich um eine erweiterte Fassung des auf dem Zweiten Symposium deutsch-niederländischer Historiker vorgetragenen Koreferats zu dem schriftlich vorliegenden und zur Diskussion anregenden ausführlichen Beitrag von W.S.P. Fortuyn, dessen Ausgangsversion in niederländischer Sprache unter dem Titel »Staat en sociaal-economische politiek in de twingste eeuw« bei F.L. van Holthoon (Red.) in dessen De Nederlandse samenwerking sinds 1815, Assen/Maastricht 1985, S. 283 – 304 veröffentlicht wurde. Das Koreferat, welches das Thema insbesondere aus wirtschaftshistorischer Sicht angeht, konzentriert sich auf die seit der industriellen Revolution auch in den Niederlanden wachsende Bedeutung des Staates und namentlich auf den Einfluß, den dieser in Zeiten wirtschaftlicher Krise bzw. wirtschaftlichen Aufschwungs gehabt hat und noch ausübt sowie nach Ansicht des Koreferenten ausüben sollte. Da der Beitrag von Fortuyn aus organisatorischen Gründen nicht veröffentlicht werden konnte, gilt der Bezug vornehmlich dem obengenannten Artikel.

1 Die Zahlenbeispiele sind entsprechenden Angaben bei F. Messing, De Nederlandse economie 1945 – 1980, Herstel-groei-stagnatie, Haarlem 1981, S. 18/19 und Fortuyn, Staat en sociaal-economische politiek, S. 284 entnommen worden.
2 Ebenda, S. 283, 285.
3 Ebenda. Im übrigen will mir scheinen, daß die Konsistenz zwischen den obigen Schlußfolgerungen des Kollegen Fortuyn und seiner wissenschaftlichen Analyse nicht immer gleich groß ist, wenn man jedenfalls außer seiner »Staat en sociaal-economische politiek« so gediegen-sachliche Veröffentlichungen zum gleichen Fragenkomplex studiert wie z. B. seine Sociaal-economische politiek in Nederland 1945 – 1949, Groningen 1980, Kerncijfers 1945 – 1983 van de sociaal-economische ontwikkeling in Nederland. Expansie en stagnatie, Deventer 1983 und Nederlandse sociaaldemokraten en het ordeningsvraagstuk. Een historiese beschouwing, in: Recht en kritiek, 1983 (9), S. 283 – 310 (und dort insbesondere die S. 304f.).
4 Fortuyn, Staat en Sociaal-economische politiek, S. 288 sowie zur Diskussion zwischen beiden Lagern Messing, Economie 45 – 80, S. 104 ff. Eine subtile Mittelposition nehmen diesbezüglich B. Goudzwaard en H. M. de Lange ein, Genoeg van te veel, genoeg van te weinig. Wissels omzetten in de economie, Baarn 1986, S. 72, 100.
5 Vgl. ausführlich hierzu J.F.E. Bläsing, Das goldene Delta und sein eisernes Hinterland 1815 – 1851. Von niederländisch-preußischen zu deutsch-niederländischen Wirtschaftsbeziehungen, Leiden 1983.

6　H. Shutt, The myth of free trade. Patterns of protectionism since 1945, Oxford/London 1985, S. 11.

7　Joh. de Vries, De Nederlandse economie tijdens de 20ste eeuw, Antwerpen/Utrecht 1973, S. 119.

8　Fortuyn, Staat en sociaal-economische politiek, S. 286.

9　Ebenda, S. 289.

10　K. E. Born, Wirtschafts- und Sozialgeschichte des Deutschen Kaiserreiches 1867/71 – 1914, Stuttgart 1985, S. 120.

11　A.D.H. Huysman, Crisisjaren van het liberalisme, in: NRC/Handelsblad vom 26. 9. 1987.

12　Fortuyn, Staat en sociaal-economische politiek, S. 283, 285.

13　Mit der unsichtbaren Hand von A. Smith waren, so nicht nur J. Tinbergen, auch die Konjunkturschwankungen »verschwunden«, vgl. Messing, Economie 45 – 80, S. 24.

14　Ebenda, S. 48f.

15　De Vries, Economie 20ste eeuw, S. 167.

16　Zitiert bei Messing, Economie 45 –80, S. 105.

17　H. van der Wee, De gebroken welvaartscirkel. De wereldeconomie 1945 – 1980, Leiden 1983 (2), S. 203.

18　P. W. Klein, zitiert in Bespreking W.J.P.M. Fase, Vijfendertig jaar loonbeleid in Nederland. Terugblik en perspektief, Alphen a/d Rijn 1980, in: Tijdschrift voor Geschiedenis, 98. Jg. 1985, S. 137 – 139.

19　H. van der Wee, Welvaartscirkel, S. 244.

20　Vgl. hierzu J. de Vries, Economie 20ste eeuw, S. 161 f. und Messing, Economie 45 –80, S. 48.

21　Soweit Fortuyn diesbezüglich entsprechende Vorstellungen hegt, befindet er sich in der renommierten Gesellschaft von u. a. Jan Tinbergen und C. de Galan, J. den Uyl en Van den Doel, vgl. De Galan, Vooraanstaand econoom 1932 – 1987, in: NRC/Handelsblad d.d. 11. 8. 1987 und Messing, Economie 45 –80, S. 111.

22　W.J.P.M. Fase, Loonbeleid, S. 281 ff., 291 ff., V.d. Wee, Welvaartscirkel, S. 229 und Messing, Economie 45 –80, S. 35 f., 84. Die Argumentation Fortuyns gegen Fase in dieser Hinsicht, vgl. Fortuyns Sociaal-economische politiek in Nederland, S. 505 f. vermag mich nicht zu überzeugen, vor allem auch im Licht seiner eigenen Argumente an anderer Stelle, vgl. Kerncijfers, S. 36, 47, 112, 178.

23　H. van der Wee, Welvaartscirkel, S. 231 ff.

24　Der niederländische Nationalökonom E. J. Bomhoff spricht hierzu in NRC/Handelsblad, Onberouwbare verhalen over werkloosheid d.d. 2. 9. 1987 nur eine gängige Meinung aus.

25　So Fortuyn, Staat en social-economische politiek, S. 299, 304.

26　Messing, Economie 45 –80, S. 34 f.

27　Ebenda, S. 24 und V.d. Wee, Welvaartscirkel, S. 236.

28　Ebenda, S. 29.

29　Marion Gräfin Dönhoff, Polens Aufbruch, in: Die Zeit d.d. 16. 10. 1987 und Salvador de Madariaga ebenda d.d. 5. 6. 1987 (Bank Hoffmann AF Zürich). Vgl. hierzu auch R. Eccleshall, British liberalism. Liberal Thought from the 1640s to the 1980s, London/New York 1986, S. 215 ff.

30　J.F.E. Bläsing, Op het spoor van de Körver. Ontstaan, groei en transformaties van de Brabantse familieonderneming Hendrix' Fabrieken 1979/30, bedrijfsgeschiedkundig bekeken, Leiden 1986, S. 4.

31　Ausführlich zu diesem Thema ders., Het tij zal keren... Historische aspecten van crisis en malaise in Nederland, in: Economisch-Statistische Berichten, 67. Jg., Nr. 3349 d.d. 31. 3. 1982, S. 324 ff.

32　D.B.J. Schouten en A.H.J. Kolnaar, De overheid tussen beleid en inzicht, in: Overheidsbemoeienis, Lustrumbundel KH Tilburg, Deventer 1982, S. 107.

33 Fortuyn, Staat en social-economische politiek, S. 304.
34 Der Analyse von E. J. Bomhoff in seinem Beitrag über Economische Zaken, De Vries of Thatcher?, in: NRC/Handelsblad d.d. 14. 10. 1987 ist hier m. E. in jeder Hinsicht zuzustimmen.

V. Hentschel

Restitution, Erweiterung und Probleme der sozialen Sicherung in der Weimarer Republik

Das sozialpolitische Paradigma der Weimarer Republik war – im Guten wie im Unguten – das kollektive Arbeitsrecht. Es löste in dieser Eigenschaft die Politik der sozialen Sicherung ab, die unbeschadet der materiellen Dürftigkeit ihrer Leistungen im Kaiserreich die historischen Zeichen gesetzt hatte.

So gehören denn auch die Weimarer Republik in der Geschichte der sozialen Sicherung zu den weniger beachteten Zeiträumen und die soziale Sicherung in der Geschichte der Weimarer Republik zu den weniger beachteten Erscheinungen. Ich möchte mit den folgenden, höchst kursorischen Bemerkungen zeigen, daß diese doppelte Geringschätzung weder der Geschichte der deutschen Sozialpolitik noch der Geschichte der Weimarer Republik vollends gerecht wird und dabei zugleich die historische Ambivalenz der Sozialpolitik jener Zeit exemplarisch verdeutlichen.

Das Resumé sei vorweggenommen: Die soziale Sicherung verdankt der Weimarer Republik innovatorische Anstöße, die bis in die Gegenwart nachwirken. Das überlieferte System wurde prinzipiell und faktisch beträchtlich erweitert und verdichtet. Aufs Grundsätzliche hin besehen hat die Weimarer Republik für die Entwicklung des deutschen Sozialstaats vermutlich mehr geleistet als die Bonner Republik. Die Ambivalenz und die Tragik der Sache liegen darin, daß die Weimarer sich dies im Gegensatz zur Bonner Republik wirtschaftlich und politisch eigentlich nicht leisten konnte. Die Sozialpolitik von Weimar ermangelte des Tragbodens der wirtschaftlichen Prosperität und des sozialen Konsenses, auf dem die Bonner Sozialpolitik festen Halt hatte.

Es ist nun ein allgemeines Dilemma, daß eine Sozialpolitik, die nicht genügend Rückhalt an der Wirtschaft hat und nicht auf genügend soziales Einvernehmen rechnen kann, die Wirtschaft durch Überforderung zusätzlich schwächt, die Konsensfähigkeit der sozialen Gruppen weiter untergräbt und durch beides zu einem fragwürdigen Segen wird.

Das allgemeine Dilemma wurde in der Weimarer Republik auf spezifische Weise akut. Und die Erscheinungen, die es dabei zeitigte, zogen nicht nur die soziale Sicherung, sondern auch die demokratisch- parlamentarische Republik selbst in schwere Mitleidenschaft. Um des Kontrastes willen ein wenig überspitzt formuliert: Die Weimarer Republik verlieh der sozialen Sicherung neue und fortwirkende Lebens- und Entwicklungskräfte und die soziale Sicherung entgalt es der Weimarer Republik dadurch, daß sie ihr schwer entbehrliche Lebens- und Entwicklungskräfte entzog.

Im folgenden sollen diese pointierten Andeutungen mit einer notwendig groben Skizze der Weimarer Sozialpolitik empirisch unterlegt werden.

I

In der Sozialpolitik der Weimarer Republik[1] zeichnen sich drei deutlich voneinander geschiedene Phasen ab. Die drei Phasen waren außerordentlich eng mit dem Verlauf der Konjunktur korreliert. Die erste Phase dauerte bis Ende 1923 und

51

war im Zeichen der Inflation von Sorge um das Überleben der sozialen Sicherung geprägt. Die zweite umfaßte die Jahre 1924 bis 1929. In ihr verband sich relative wirtschaftliche Prosperität mit nachdrücklicher sozialpolitischer Expansion. Die dritte begann 1930 und war von eigentümlichen Widersprüchen zwischen Absichten und Ergebnissen bestimmt. Beabsichtigt war, mit Hilfe sozialpolitischer Beschränkungen die wirtschaftliche Krise zu meistern. Heraus kam dabei, daß die sozialpolitischen Reduktionen die Krise verschärften und die Schärfe der Krise den Anteil der Sozialleistungen am Sozialprodukt nicht etwa senkte, sondern anhob.

II

Die von der Kriegsfinanzierung ausgelöste Inflation entzog der herkömmlichen Sozialversicherungspolitik die materiellen Grundlagen. Man machte damals eine praktische Erfahrung, die erst nach dem Zweiten Weltkrieg als theoretische Erkenntnis artikuliert wurde; die inzwischen selbstverständliche Erfahrung nämlich, daß nicht einstige private Ersparnisse, sondern die gegenwärtige Verteilung des Sozialprodukts über Möglichkeiten und Maß sozialer Sicherung befinden. Die deutsche Rentenversicherung war um einer scheinbaren Sicherheit der Renten willen auf das sogenannte Kapitaldeckungsverfahren gegründet worden. Die Inflation machte das Deckungskapital und den Schein von Sicherheit zunichte. Die aktuellen Beiträge zu allen drei Versicherungen aber teilten das Inflationsschicksal aller öffentlichen Abgaben. Sie schmolzen auf einen Bruchteil ihres Wertes zusammen, ehe sie in Ausgaben umgesetzt wurden. Die Sozialversicherung war aus eigenem Vermögen nicht mehr leistungsfähig und vermochte ihre Zwecke nur noch in gleichsam symbolischer Weise mit Hilfe hoher Staatszuschüsse zu erfüllen. Dialektischerweise förderten die Staatszuschüsse, da sie mit schwebenden Reichsbankkrediten finanziert wurden, die Inflation und verschlechterten dadurch den Status der Versicherungen.
Unter diesen Umständen wurde ernsthaft erwogen, die Sozialversicherung zu beseitigen. Liberale und konservative Politiker und Unternehmer empfahlen, die soziale Sicherung auf das Prinzip der öffentlichen Fürsorgpflicht zurückzuführen; die Sozialdemokraten und die Gewerkschaften schlugen dagegen vor, an die Stelle der öffentlich-rechtlichen Sozialversicherungen ein staatliches Volksversorgungswerk zu setzen.
Beides unterblieb am Ende freilich. Die überlieferte soziale Sicherung überstand die politischen und wirtschaftlichen Verwerfungen des Krieges und der Nachkriegszeit materiell zwar entblößt, institutionell und prinzipiell aber unbeschädigt und in ihrer Entwicklungskraft sogar gestärkt.

III

In den letzten Vorkriegsjahren war der sozialpolitische Fortschritt an einigermaßen unnachgiebige ideologische und politische Grenzen gestoßen. Seine Verfechter waren in die Defensive geraten. Staatssekretär Delbrück hatte den Abschluß der Sozialreform proklamiert und den Unternehmern wirtschaftliche und moralische Ellenbogenfreiheit zugesichert. Nicht die sozial wohltuenden Wirkungen, sondern angeblich lasterhafte Auswüchse der Sozialpolitik hatten die öffentliche Diskussion bestimmt. An den dringend gebotenen Ausbau der bestehenden Einrichtungen und schon gar an deren Ergänzung um eine Arbeitslosenversicherung und einen Rechtsanspruch auf Armenunterstützung, war angesichts der politischen und ideologischen Verhärtungen nicht mehr zu denken gewesen. Arbeitslosigkeit und Armut galten weithin als selbstverschuldet und deshalb sozialpolitischer Verantwortung entzogen.

Der Umsturz im November 1918 löste die politischen Verklemmungen, und die wirtschaftlich-sozialen Folgen des Krieges diskreditierten die Ideologie des privaten Charakters von Arbeitslosigkeit und Armut. So kam es zu der paradox anmutenden Erscheinung, daß der Zustand der sozialen Sicherung während der Inflationszeit unvergleichlich schlechter, die Voraussetzung für ihre Weiterentwicklung aber unvergleichlich besser war als vor Kriegsbeginn.

Bis zum Ende der Inflation unterdrückte die Miserabilität des Zustandes die Entwicklungschancen. Nach der Stabilisierung brachten sich jene Chancen dann aber fast leichthin zur Geltung. Das hatte mehrere Gründe. Erstens war das zuständige Reichsarbeitsministerium mit einer reformgewillt-aktiven Bürokratie besetzt und wurde für Weimarer Verhältnisse ungewöhnlich dauerhaft von einem höchst durchsetzungsfähigen Minister geleitet. Zweitens war die Ordnung des kollektiven Arbeitsrechts zu einem vorläufigen Abschluß gelangt und hatte sozialpolitische Reformkapazität freigemacht. Drittens und vor allem war Politik der sozialen Sicherung nach den Inflationsnöten außerordentlich populär und konnte im Parlament vorübergehend auf bequeme Mehrheiten rechnen.

Die mehrfältige Gunst der Verhältnisse schlug sich zum einen in einer bis heute gültigen Neubestimmung der Grundsätze sozialer Sicherung in Deutschland nieder und sorgte zum anderen für eine gleichfalls tradierte Erweiterung des Sicherungssystems.

IV

Die deutsche Sozialversicherung war als erwerbsklassenbezogene, kompensatorische Individualversicherung geschaffen worden und dies im Kaiserreich auch geblieben. Die Sozialpolitik der Weimarer Republik schlug entschieden den Weg zur Volks- und Familienversicherung ein und fügte der Entschädigung die Schadensvorbeugung und die Schadensbehebung als Leistungszwecke hinzu. Wobei die Prävention Vorrang vor der Rehabilitation und die Rehabilitation Vorrang vor der Entschädigung haben sollte.

Der Schritt zur Volks- und Familienversicherung fand in einer Reihe gesetzgeberischer Maßnahmen *und* in der sozialpolitischen Praxis unmittelbaren Ausdruck. Alle drei Versicherungen bezogen bislang ausgeschlossene Sozialgruppen ein. Die Krankenkassen kamen nicht mehr nur für die Arzt-, Heilmittel- und Krankenhauskosten der Versicherten, sondern auch für die Kosten von deren Familienangehörigen auf. In allen Versicherungs- und Versorgungszweigen, den traditionellen und den neugeschaffenen, wurden Kinderzulagen eingeführt. Die seit 1911 zwar gesetzlich existenten, aber faktisch nicht belangvollen Hinterbliebenenrenten stiegen bemerkenswert an. Die zuvor auf selbstversicherte Frauen beschränkte Wochenhilfe wurde verallgemeinert und sachlich wie zeitlich ausgedehnt. Und ähnliches mehr.

Der Vorrang der Prävention und Rehabilitation vor der Entschädigung fand hingegen rascheren Eingang in die Gesetzgebung als in die Praxis. Vieles blieb vorerst Programm, Postulat und Aufgabe, die die Weimarer Republik nicht mehr zu lösen vermochte.

Grundsätzlich und auf lange Sicht weniger bedeutsam als diese beiden Weichenstellungen, praktisch womöglich aber wichtiger war schließlich, daß überdies die im Kaiserreich sehr rigiden Bedingungen des Zugangs zu Sozialleistungen erweitert und erleichtert wurden. Beispielhaft angeführt sei nur, daß die Rentenversicherung den Unterschied zwischen der Invaliditäts- und der Altersrente beseitigte. Die Altersrenten stiegen dadurch bemerkenswert an und wurden überdies nach sehr viel kürzerer Anwartschaftszeit zugänglich. Dies und günstigere Bemessungsgrundsätze erhöhten die durchschnittliche Versichertenrente (ohne Kinderzuschläge) von etwa 200 Mark in den letzten Vorkriegsjahren auf etwa 440 Reichsmark im Jahr 1929. Unter Berücksichtigung des Anstiegs der Lebenshaltungskosten entsprach das einer Kaufkraftvermehrung um knapp die Hälfte.

All dies zusammen schlug sich natürlich in einem kräftigen Anstieg der Geldleistungen der drei überlieferten Sozialversicherungen nieder. Deren reale, also von Preisänderungen bereinigte Ausgaben waren 1929 zweieinhalbmal so hoch wie 1913. Ihr Anteil am Volkseinkommen war von 2,5 % auf knapp 7 % angewachsen.

V

Insgesamt war die Zunahme der Sozialleistungen freilich noch beträchtlich stärker. Zu den drei herkömmlichen traten nämlich drei neue Zweige der sozialen Sicherung hinzu: die Kriegsopferversorgung, die öffentliche Fürsorge und die Arbeitslosenversicherung.

Die Versorgung von anfangs 1,5 Millionen Kriegsbeschädigten und 2,5 Millionen Kriegshinterbliebenen war gewissermaßen die höchst kostspielige sozialpolitische Hypothek, mit der das abgedankte Kaiserreich seinen Nachfolgestaat am Ende noch belastet hatte.

Die öffentliche Fürsorge nahm die Stelle der Armenpflege ein, war jedoch etwas ganz anderes als die gleichsam sozialpolitisches Mittelalter tradierende Armenpflege. In der Armenpflege waren humanitäres Belieben, soziale Disziplinierung und politische Entmündigung auf unerfreulich zweckfremde Weise miteinander verbunden gewesen. Die Weimarer »Reichsverordnung über Fürsorgepflicht« und die »Reichsgrundsätze über Voraussetzung, Art und Maß der öffentlichen Fürsorge« vom Mai und vom November 1924 konstituierten endlich einen Rechtsanspruch auf Sozialhilfe, die nicht mehr nur zum Erhalt der physischen Existenz ausreichen, sondern darüber hinaus der sozialen Restitution dienen sollte. Mehr noch, die neu geschaffenen Bezirks- und Landesfürsorgeverbände wurden dazu verpflichtet, der Notwendigkeit öffentlicher Fürsorgeleistungen aktiv und individuell angemessen vorzubeugen.

Über 2,75 Millionen Fürsorgeempfänger selbst in den Hochkonjunkturjahren der Republik und der Tiefstand der Leistungssätze verweisen freilich darauf, daß dem programmatischen Anspruch praktisch kaum genügt werden konnte.

Die Begründung und das Schicksal der Arbeitslosenversicherung war aus zwei Gründen die sozial- und politikgeschichtlich interessanteste und denn auch meistbeachtete sozialpolitische Erscheinung der Weimarer Republik. Erstens trat die Arbeitslosenversicherung nicht nur als überfällige Erweiterung des Systems der sozialen Sicherung, sondern zugleich und vorrangig als subsidiärer Bestandteil einer Arbeitsmarktpolitik ins Leben, deren Einrichtung und Verfahren damals neu geschaffen wurden. Und zweitens reflektieren die Einführung und die weitere politische Behandlung der Arbeitslosenversicherung zeitlich gedrängt und sachlich exemplarisch die Möglichkeiten und die Grenzen der für den Bestand des demokratisch-parlamentarischen Systems vielleicht unerläßlichen politisch-sozialen Konsens- und Kooperationsfähigkeit von organisierter Unternehmer- und organisierter Arbeiterschaft.

VI

Das Kaiserreich kannte gar keine Arbeitslosenversicherung und nur eine ganz rudimentäre, weitgehend wirkungslose öffentliche Arbeitsvermittlung. Die Weimarer Verfassung konstituierte in Art. 163 sowohl einen Anspruch auf Arbeitsnachweis wie einen Anspruch auf Arbeitslosenunterstützung; den Anspruch auf Arbeitslosenunterstützung als praktisches Substitut des ebendort postulierten, aber natürlich ganz unpraktischen Rechts auf Arbeit.

Schon vorher hatten die Arbeitnehmer und die Arbeitgeber im Stinnes-Legien-Abkommen vereinbart, die Vermittlung gewerblicher Arbeit gemeinsam und ohne Staatseinfluß durch paritätisch besetzte Nachweisstellen zu betreiben.[2] Es blieb bei der Absicht. Ihre Verwirklichung wurde im Zeichen rasch aufbrechender arbeitsrechtlicher und politischer Konflikte nicht einmal in Angriff genommen. Ein Arbeitslosenversicherungsgesetz scheiterte gleichfalls an grundsätzlichen Meinungsverschiedenheiten.

Der Staat genügte dem Verfassungsversprechen acht Jahre lang höchst unzulänglich mit einer diffusen Vielzahl fortgesetzt modifizierter und allemal inadäquater Provisorien. Dabei gerieten sowohl die Arbeitsvermittlung wie die Erwerbslosenhilfe, die durchweg den Charakter einer Fürsorgeleistung behielt, in die Zuständigkeit der Gemeindebehörden, die der Aufgabe offenkundig nicht gewachsen waren.

Im Winter 1926/27 lag dem Reichstag abermals der Entwurf eines Arbeitslosenversicherungsgesetzes vor. Er beabsichtigte, die Erwerbslosenhilfe institutionell von der kommunalen Arbeitsvermittlung zu trennen, ihre Verwaltung aber dem Staat vorzubehalten.

Den Gewerkschaften und den Unternehmerverbänden behagte der Entwurf aus teils gemeinsamen, teils voneinander abweichenden Gründen ganz und gar nicht. An den voneinander abweichenden Gründen, namentlich am Wunsch der Unternehmer, der Arbeitslosenhilfe den widersprüchlichen Charakter einer beitragsfinanzierten Fürsorgeleistung zu belassen und am Wunsch der Gewerkschaften, ihr den Charakter einer steuerfinanzierten Versorgungsleistung zu geben, waren vorhergehende Entwürfe meist noch im Vorfeld der parlamentarischen Beratung gescheitert. Diesmal war es anders. Im Interesse ihrer gemeinsamen Aversionen und Ambitionen legten die Verbände den Konflikt auf einer mittleren Linie bei und bewegten ihre teils in der Regierung, teils in der Opposition befindlichen parlamentarischen Repräsentanten dazu, die Revision des Entwurfs in ihrem Sinn und nach ihren ausformulierten Vorschlägen zu verlangen. Die Regierung folgte

dem Ansinnen. Dabei kam ein Gesetz heraus, das nicht mehr nur ein Arbeitslosenversicherungsgesetz, sondern ein arbeitsmarktpolitisches Grundlagengesetz
war und am 16. Juli 1927 im Reichstag mit sonst unbekannt breiter Mehrheit von
weit links bis weit rechts angenommen wurde.

Das Gesetz[3] wahrte den Zusammenhang von Arbeitsvermittlung und Arbeitslosenversicherung und ergänzte ihn um die Berufsberatung. An die Stelle der
uneinheitlich-nachlässigen Verwaltung durch die Gemeinden trat eine regional
gegliederte Reichsanstalt, die freilich nicht der staatlichen Bürokratie überlassen,
sondern im Falle der Arbeitsvermittlung ganz, im Falle der Arbeitslosenversicherung zum größeren Teil in die paritätische Selbstverwaltung der Verbände genommen wurde. Die Arbeitslosenunterstützung wurde entgegen den Wünschen der
Unternehmer keine Fürsorge- und entgegen den Wünschen der Gewerkschaften
keine Versorgungsleistung. Sie wurde ohne Rücksicht auf Bedürftigkeit in vorweg
bestimmter Höhe zugesichert und im Prinzip mit Beiträgen finanziert. Das Reich
garantierte die Zahlungsfähigkeit der Reichsanstalt und übernahm damit die Verpflichtung, Differenzen zwischen dem Beitragsaufkommen und der Unterstüt-
zungssumme mit Haushaltsmitteln auszugleichen.

So gelangte die Absicht des Stinnes-Legien-Abkommens auf Umwegen doch noch
zu einem späten Ziel. Es war, als habe der Geist der Sozialpartnerschaft,
der damals beschworen worden, aber alsbald über politischen, sozialen und
arbeitsrechtlichen Konflikten und Kämpfen verflogen war, im Zeichen der
politischen Stabilisierung und der wirtschaftlichen Prosperität sich schließlich
doch durchsetzen und zu einer Tragkraft der demokratischen Republik werden
können. Manche haben das damals hoffnungsvoll geglaubt. Hoffnung und
Glaube wurden von der Bildung einer Regierung der sogenannten Großen Koalition im Jahr darauf genährt. Am Ende erwiesen sie sich freilich als eitel. Noch einmal ein Jahr darauf entschwand mit der labilen wirtschaftlichen Prosperität auch
die brüchige soziale Harmonie. Und es war in vieler Hinsicht wohl symptomatisch
für die politisch-soziale Verfassung der Weimarer Republik, daß sich der Konflikt
am Streit um jene Einrichtung zum Verhängnis auswuchs, an der sich die Möglichkeit des sozialen Konsenses bewiesen und bewährt zu haben schien, am Streit um
die Arbeitslosenversicherung. Die Arbeitslosenversicherung war freilich nur sein
akuter Anlaß und vordergründiger Gegenstand. Sie stand stellvertretend für die
gesamte soziale Sicherung und das staatlich durchdrungene Tarifwesen.[4]

VII

Die Vorgänge sind ebenso bekannt wie ihre Interpretation umstritten ist. Ich lasse
mich auf beides nicht ein, sondern wende mich noch kurz einem anderen Problem zu.
Wenn man annimmt, daß sich in der Entstehung des Gesetzes über Arbeitsvermittlung und Arbeitslosenversicherung nicht nur ein Trugbild, sondern die reale Möglichkeit von Sozialpartnerschaft äußerte, eine Möglichkeit freilich, die zu ihrer
Konsolidierung einiger Jahre wirtschaftlichen Wachstums und Wohlergehens
bedurfte; wenn man dies annimmt – und ich neige dazu –, dann ist zu fragen, was
die Ausweitung der sozialen Sicherung zur krisenträchtigen Schwäche der Weimarer Wirtschaft und damit zur Vernichtung jener Möglichkeit beitrug.

Die Ausgaben der Kriegsopferversorgung, der sozialen Fürsorge und der Arbeitslosenversicherung waren 1929 um einiges höher als die Ausgaben der

Sozialversicherungen und vermehrten die realen Sozialleistungen aufs Fünffache des 1913 dafür aufgewendeten Betrages. Die gesamte Sozialquote belief sich auf 13 statt auf 2,5 %.[5]

Diesen außerordentlichen Anstieg hatte nun eine Volkswirtschaft zu verkraften, die unterdessen nicht gewachsen war, sondern mit Mühe das Volkseinkommensniveau des letzten Vorkriegsjahres wiedererlangt hatte. Anders als später in der Bundesrepublik konnte die Zunahme der Sozialleistungen also nicht mit dem Zuwachs zum Sozialprodukt bestritten, sondern mußte durch bemerkenswerte Umverteilung eines geschrumpften Sozialproduktes erreicht werden. Das ging nicht ohne wirtschaftliche Friktionen ab. Wegen bekannter, grundsätzlich unlösbarer analytischer Probleme bei der Identifikation und Zurechnung von ökonomischen Ursachen und Wirkungen läßt sich nicht hinlänglich genau sagen, wie das den Wirtschaftsprozeß beeinflußte. Begründet zu vermuten ist, daß es die Rentabilität der Unternehmen senkte, die volkswirtschaftliche Kapitalbildung erschwerte, die internationale Konkurrenzfähigkeit beeinträchtigte und mit allem zusammen die Erholung und das Wachstum der Wirtschaft hemmte,[6] deren die Vermehrung der Sozialleistungen als Gewähr ihrer Dauer dringend bedurfte.

Damit wird nicht behauptet, daß die Sozialpolitik die eigentliche Ursache der Schwäche von Weimars Wirtschaft war. Wohl aber wird damit postuliert,daß sie eine aus anderen Gründen schwache Wirtschaft überforderte und dadurch die große Krise begünstigte. Deshalb war sie im krassen Gegensatz zur Sozialpolitik nach dem Zweiten Weltkrieg auch kein stabilisierendes Element, sondern eine Sprengkraft des sozialen Ausgleichs und der politischen Verfassung. Womöglich hätten viele Gegner von »Weimar« auf die Länge ihren Frieden mit der demokratischen Republik gemacht, wenn die Depression ausgeglieben wäre. Und womöglich hätte die demokratische Republik die Depression verkraftet, wenn die Sozialpartner *gemeinsam* gewillt gewesen wären, sie zu erhalten. So aber aktualisierte die Depression, die von der Sozialpolitik mitverursacht war, die Uneinigkeit über die wirtschaftlich-soziale Ordnung, und die Uneinigkeit über die wirtschaftlich-soziale Ordnung fand ihren dramatischen Ausdruck in einer verheerenden Auseinandersetzung über die politische Verfassung der Weimarer Republik. Es begann mit dem angedeuteten Streit über die Arbeitslosenversicherung im Winter 1929/30 und führte über die paradiktatorischen Präsidialkabinette Brünings, Papens und Schleichers – gewiß nicht beabsichtigt und auch nicht unumgänglich – in die nationalsozialistische Diktatur.

VIII

Gewöhnlich ist im Zusammenhang mit der Krisenpolitik der Präsidialkabinette von sozialpolitischer Demontage die Rede. Das ist nicht ganz falsch, aber es ist noch weniger richtig. Gewiß wurden Sozialleistungen zuhauf eingeschränkt, gekürzt und schwerer zugänglich gemacht. Aber zum einen wurde keine der sozialpolitischen Errungenschaften der Weimarer Republik prinzipiell aufgehoben. Und zum anderen kam verteilungspolitisch etwas anderes dabei heraus als beabsichtigt war. Die Dynamik der Depression wirkte stärker als die Politik. Sie drückte das Volkseinkommen und die Preise tiefer als die Sozialleistungen sanken. So kam es, daß die Sozialquote im Zeichen des Sozialabbaus nicht fiel, sondern weiter, nämlich auf ca. 20 % anstieg. Die Ausgaben der Arbeitslosenversicherung und der öffentlichen Fürsorge nahmen um die Hälfte zu, und auch die nominell gekappten Renten waren am Ende der Krise kaufkräftiger, als sie am Ende der Hochkonjunktur gewesen waren. Insgesamt repräsentierten die öffentlichen Sozialleistungen nach der »Demontage« ein Drittel mehr Kaufkraft als zuvor.

Erst die Nationalsozialisten haben die Sozialquote deutlich unter das Niveau von 1929 gedrückt und dabei auch den Wertgewinn der Renten rückgängig gemacht.

Die Institutionen und die Grundsätze der sozialen Sicherung, die Weimar fort- und neu ausgebildet hatte, haben auch sie erhalten und der Bundesrepublik überliefert.

Anmerkungen

1 Vgl. zu den sachlichen Details das unübertroffene Buch von L. Preller, Sozialpolitik in der Weimarer Republik (1949), Neudruck Düsseldorf 1978. Knapper V. Hentschel, Geschichte der deutschen Sozialpolitik 1880 – 1980, Frankfurt/Main 1983, S. 103 – 136.

2 Zum Stinnes-Legien-Abkommen G. Feldman, German Business Between War and Revolution. The Origins of the Stinnes-Legien Agreement, in: G. A. Ritter (Hg.), Entstehung und Wandel der modernen Gesellschaft, Fs. f. H. Rosenberg, Berlin 1970, Text in Preller, Sozialpolitik, S. 53 f.

3 Reichsgesetzblatt 1927, S. 187 – 202. Vgl. B. Lehfeldt, Das Gesetz über Arbeitsvermittlung und Arbeitslosenversicherung, in: Jb. f. Nationalökonomie und Statistik 1927, S. 932 – 953.

4 Vgl. exemplarisch die Denkschrift des Präsidiums des Reichsverbandes der deutschen Industrie: Aufstieg oder Niedergang? Deutsche Wirtschafts- und Finanzreform 1929, Berlin Dezember 1929. S. a. den Beitrag von J. Nautz in diesem Band.

5 Zahlen zusammengestellt und berechnet aus W. G. Hoffmann u. a., Das Wachstum der deutschen Wirtschaft seit der Mitte des 19. Jahrhunderts, Berlin 1965, S. 601, Statistisches Bundesamt (Hg.), Bevölkerung und Wirtschaft 1872 – 1972, Stuttgart 1972, S. 219 ff., 260, Statistisches Handbuch von Deutschland 1928–1944, hg. v. Länderrat des amerikanischen Besatzungsgebietes, München 1949, S. 547, Konjunkturstatistisches Handbuch 1936, S. 16, 107, 165.

6 Vgl. insbes. K. Borchardt, Wirtschaftliche Ursachen des Scheiterns der Weimarer Republik, in: K. D. Erdmann u. H. Schulze (Hg.), Weimar – Selbstpreisgabe einer Demokratie. Eine Bilanz heute, Düsseldorf 1980, S. 228 ff., K.-L. Holtfrerich, Zu hohe Löhne in der Weimarer Republik?, in: GG, Jhg. 10, 1984, S. 122 – 141, J. von Kruedener, Die Überforderung der Weimarer Republik als Sozialstaat, in: GG, Jhg. 11, 1985, S. 358 – 376.

J. Nautz

Die Tarifautonomie im System der sozialen Sicherung der Weimarer Republik

Der Tarifvertrag hat sich seit der zweiten Hälfte des 19. Jhds. als Instrument zur Regulierung der Konflikte zwischen Kapital und Arbeit zunehmend Geltung verschaffen können. Daß er in Deutschland zu einer institutionalisierten, staatlich sanktionierten Form des Interessenausgleichs wurde, war eine originäre Leistung der sich konstituierenden Weimarer Republik.

Ausbruch und Verlauf des Ersten Weltkrieges förderten besonders im Rahmen der Organisation der Kriegswirtschaft die Bildung korporativer Institutionen, in denen die Gewerkschaften gleichberechtigt vertreten waren. Diese Entwicklung führte auch zu einer positiveren Einstellung der freien Gewerkschaften zu einer Kodifizierung des Tarifrechts.[1] Der wesentlichste Aspekt in unserem Zusammenhang ist die Einbeziehung der Gewerkschaften in die staatliche Politikorganisation: »Der Staat entdeckte, wie notwendig die Gewerkschaften für die Mobilisierung der Kriegswirtschaft und die Aufrechterhaltung des sozialen Friedens waren«.[2] Die Integration der Gewerkschaften begann mit dem Burgfrieden von 1914.[3] Die – so Kocka – »erstaunlich weitgehende« und bereitwillige Kooperation der Gewerkschaften mit Reichsleitung und militärischer Führung[4] brachte ihnen die faktische Anerkennung und die Gewährung der vollen Koalitionsfreiheit. Diese volle Anerkennung fand ihre Bestätigung im Hilfsdienstgesetz von 1916, das zur Aufrechterhaltung des Arbeitsfriedens die Einrichtung von Schlichtungsstellen und zur Stabilisierung des Lohnniveaus die Förderung des Tarifwesens vorsah.[5] Die Einführung der Schlichtungsstellen und der obligatorischen Arbeiterausschüsse stellte eine wichtige Vervollständigung der staatskorporativen[6] Politikorganisation der Kriegszeit dar.[7] Seitens der christlichen Gewerkschaften (DGB) wurde die Einbeziehung der Arbeitnehmerorganisation in die Kooperation mit den Behörden und der Wirtschaft als in den eigenen Bestrebungen liegend begrüßt.[8] Dabei unterschied sich die Position der christlichen Gewerkschaften nicht grundsätzlich von der der freien Gewerkschaften, mit denen sie seit Herbst 1917 im Volksbund für Freiheit und Vaterland zusammenarbeiteten. Nach dem Abschluß des Burgfriedens hatte Leipart für die freien Gewerkschaften die Bedeutung der Tarifverträge zur Aufrechterhaltung der Kriegswirtschaft betont und wie schon in der Vergangenheit die Aufhebung der Abdingbarkeit gefordert. Er signalisierte ebenfalls die Bereitschaft seines Verbandes, einer künftigen gesetzlichen Regelung des Tarifwesens zuzustimmen.[9]
Die Zusammenarbeit in den Planungsgremien brachte Gewerkschaften und Wirtschaft einander näher. Die Grundlage der Annäherung war wohl die sich herausbildende, einmütige Ablehnung staatlich-bürokratischer Zwangswirtschaft.[10] So entstand ein Bündnis, das in der Gründungsphase der Bundesrepublik auf dem Gebiet des Arbeitsrechts eine Wiederholung erfahren sollte.

Die Annäherung von Gewerkschaften und Kapitalverbänden war von erheblicher Bedeutung für die Weiterentwicklung der industriellen Beziehungen:

»In dieser Hinsicht bereitete der Staatskorporatismus im Krieg seine eigene Zerstörung vor, da er die Vorbedingungen für das nachfolgende Experiment mit gesellschaftlichem Korporatismus schuf, indem er nicht nur Industrie und Arbeiterbewegung durch Zwangsmaßnahmen zur Zusammenarbeit und gegenseitigen Anerkennung veranlaßte, sondern auch durch die ungeschickte und ineffiziente Handhabung der staatlichen Maßnahmen diese sozialen Kontrahenten noch näher zusammenführte.«[11] Die Unzufriedenheit mit dem Staatskorporatismus wuchs bis zum Kriegsende stetig an und fand immer weitere Verbreitung in der Wirtschaft und in den Gewerkschaften, die den gemeinsamen Wunsch hegten, den staatlichen Einfluß auszuschalten. Indessen betrachtete die Staatsbürokratie ihre neue zentrale Rolle als »ausbaufähige, optimale Dauerlösung«.[12] Dies war ein wichtiger innenpolitischer Anlaß für die privatvertragliche Übereinkunft zwischen Gewerkschaften und Wirtschaft zur Lösung industrieller Konflikte und letztendlich auch für die darauffolgende Kodifizierung des Tarifvertrags- und des Schlichtungswesens.

Ein weiterer Grund für die Kapitalverbände, die Gewerkschaften als Sozialpartner anzuerkennen, lag – neben der gemeinsamen Ablehnung der staatlichen Kontrollmaßnahmen – darin, daß die Gewerkschaften einen politisch gemäßigten Kurs steuerten; Befürworter einer parlamentarisch sozialen Demokratie waren. Oder anders: Die politische Stärke der Gewerkschaften bestand indirekt darin, zwischen konserevativen und radikal-revolutionären Kräften einen Weg zu beschreiten, der die Weiterexistenz der privaten Wirtschaft sicherte. Die Sozialpartnerschaft fand ihre offizielle Konstitution am 15. November 1918 im Abkommen über die Zentralarbeitsgemeinschaft, das auch als Stinnes-Legien-Abkommen bezeichnet wurde.[13] Die Gewerkschaften vereinbarten mit diesem Abkommen nicht nur eine Mitarbeit in der Zentralarbeitsgemeinschaft; sie erkannten gleichzeitig auch die Arbeitgeberverbände und damit die privatkapitalistische Wirtschaftsordnung an. Somit hatten sie sich »gegen das Prinzip einer grundlegenden Umgestaltung der Eigentums- und Wirtschaftsverhältnisse entschieden.«[14] Die führenden Kräfte im November 1918 traten für eine demokratische politische Willensbildung und Sozialpolitik ein. Nörpel und Gusko vertraten 1932 die Auffassung, »daß die deutsche Wirtschaft nach dem Kriege von den Arbeitern allein nicht aufrechterhalten oder in Gang gebracht werden konnte.«[15] Am 4. Dezember 1918 einigten sich die Verbandsspitzen der Gewerkschaften und die Vereinigung der deutschen Arbeitgeberverbände e.V. (VDA) auf eine vorläufige Satzung der »Zentralarbeitsgemeinschaft der industriellen und gewerblichen Arbeitgeber und Arbeitnehmer Deutschlands« (ZAG).[16] Diese Einigung enthielt den Anspruch auf Autonomie der Berufsverbände und eine erneute Festschreibung des Paritätsprinzips. Gewerkschaften und Arbeitgeberverbände erkannten einander als berufene Interessenvertretung ihrer Klientel an und setzten sich für die Selbstorganisation der industriellen Beziehungen ein. Die Bedeutung dieses Kompromisses lag sowohl in der Ausschaltung des staatlichen Einflusses als auch in der Akzeptierung der gegebenen Wirtschaftsordnung unter der Voraussetzung gewerkschaftlichen Mitspracherechts. Bracher kennzeichnete die Zentralarbeitsgemeinschaft als einen von vier konstitutiven Grundkompromissen der Weimarer Republik: Mit der ZAG sei »das ausschließliche Recht der Gewerkschaften zur Vertretung der Arbeitnehmerschaft bei Lohn-, Tarif- und arbeitstechnischen Verhandlungen festgestellt« worden. »So wurde ein wesentliches Problem der neuen pluralistischen Machtstruktur, die Neuordnung der sozialen und wirtschaftlichen Machtverteilung, von vornherein den Vereinbarungen, dem Machtkampf verschiedener Interessengruppen überlassen und der Kontrolle durch die gesamtstaatliche Repräsentation weitgehend entzogen.«[17]

Nach dem Zustandekommen der Vereinbarung über die ZAG, in der die tarifvertragliche Regelung der Arbeitsbedingungen zwischen den Sozialpartnern privatvertraglich anerkannt worden war, folgte am 23. 12. 1918 mit der »Verordnung über Tarifverträge, Arbeiter- und Angestelltenausschüsse und Schlichtung von Arbeitsstreitigkeiten« die erste gesetzliche Regelung des Tairfvertagswesens in Deutschland.[18] Die TVVO garantierte erstmals die Unabdingbarkeit der unmittelbaren (normativen) und zwingenden Wirkungen der tarifvertraglich vereinbarten Arbeitsbedingungen auf die Arbeitsverhältnisse der beteiligten Arbeitnehmer und Arbeitgeber. Aber sie hatte auch eine Schwäche: Sie sprach bei der Tariffähigkeit nicht explizit von Gewerkschaften, sondern von Vereinigungen von Arbeitnehmern. Hinzu kam die Möglichkeit, durch allgemeinverbindliche Erklärung von Tarifverträgen den noramtiven Teil der Arbeitsbedingungen auch auf Nichtmitglieder der Koalitionen auszudehnen. Vor Erlaß der TVVO, die die freien Gewerkschaften als eine der wichtigsten »Revolutionsgesetzgebungen« würdigten,[19] wurde der Tarifvertrag im Sinne des bürgerlichen Gesetzbuches als schuldrechtlicher Vertrag angesehen, den die Koalitionen in eigenem Namen, also nicht für ihre Mitglieder, abschlossen. Beim Verhältnis zwischen den Koalitionen und deren Mitgliedern wurde der Tarifvertrag als ein Vertrag zugunsten Dritter behandelt. De facto war also bis dahin niemand an die inhaltlichen Vereinbarungen des Tarifvertrages gebunden. Lediglich den Verbänden oblag für die Geltungsdauer des Tarifvertrages eine Friedenspflicht.

Das ZAG-Abkommen und die TVVO gehörten zu den grundlegenden Weichenstellungen für die Entwicklung der Weimarer Republik noch vor dem Zusammentreten der Verfassungsgebenden Deutschen Nationalversammlung im Frühjahr 1919. Die von ihr verabschiedete Reichsverfassung vollzog denn auch auf dem Gebiet des Koalitionsrechtes nur nach, was Gewerkschaften und Arbeitgeber privatrechtlich im ZAG-Abkommen und der Rat der Volksbeauftragten für das Staatswesen bereits vorgegeben hatten. Durch die Artikel 159[20] und 165[21] anerkannte die Verfassung ein Freiheitsrecht der Koalitionen, das ihnen die Aufgabe kollektiver Interessensvertretung zuwies, deren grundlegende Anwendung im Tarifvertrag ihren Ausdruck fand. Der verfassungsrechtliche Schutz des Tarifvertrages war nicht nur ein Schutz gegenüber dem Staat, der »öffentlichen Gewalt«, sondern auch vor »sozialen Gewalten«, womit nicht nur tarifunwillige Arbeitgeber, sondern auch die Rätebewegung gemeint war. Ein Recht auf Tarifautonomie begründeten die Bestimmungen der Reichsverfassung allerdings nicht; aber auch dem Staat nicht das Recht auf die Zwangsschlichtung. Schließlich sollte das Tarifrecht Bestandteil eines einheitlichen Arbeitsrechtes werden, wie es in Artikel 157 angekündigt wurde.[22]

Mit der Erarbeitung eines solchen einheitlichen Arbeitsrechtes sollte sich ein Arbeitsrechtsausschuß befassen, der noch vor Verabschiedung der Verfassung eingerichtet wurde. Zur Realisierung der Pläne kam es indessen nicht, vielmehr wurde der Ausschuß bereits 1924 aufgelöst; aus Kostenersparnisgründen, wie es hieß.[23] Dies dürfte wohl nicht der eigentliche Grund gewesen sein, ein Anlaß sicher schon. Hentschel vertritt die Auffassung, daß es am Konsens für eine derart umfassende Gesetzgebung gemangelt habe.[24] Allerdings muß erwähnt werden, daß die Gesetzgebungsarbeiten im Rahmen des Verfassungsgebotes auch nach 1924 im Reichsarbeitsministerium (RAM) noch weiterbetrieben wurden.

Dieser Arbeitsrechtsausschuß, der im RAM angesiedelt war, befaßte sich gleich nach Erlaß der TVVO mit einer ausführlichen Gesetzgebung zum Tarifvertragsrecht. Dies geschah in enger Zusammenarbeit mit dem Tarifrechtsausschuß der Gesellschaft für soziale Reform. Bei den Beratungen der Gremien standen sich zwei Positionen in der Frage der Organisation des Tarifvertragswesens gegenüber: Die eine, die am Sinsheimerschen Entwurf[25] festgemacht werden kann und auf Dauer wohl auch die favorisierte war, wollte – wie dies in der TVVO und dem ZAG-Abkommen vorgesehen war – die Tarifhoheit bei den Berufsverbänden ansiedeln und die Geltung des Tarifvertrages ggf. durch allgemeinverbindliche Erklärung auf alle Arbeitnehmer und Arbeitgeber eines Gewerbes ausdehnen. Die Zielsetzung war ein freies, mit einer liberalen Wirtschaftsordnung korrespondierendes Tarifvertragssystem, welches den Tarifparteien ein Höchstmaß an Eigenverantwortlichkeit und Gestaltungsmöglichkeit bei den Arbeitsbedingungen und den Beziehungen zwischen den Tarifparteien belassen wollte und die Tarifautonomie vor dem Zugriff des Staates schützen sollte. Es sollte durch gesellschaftskorporative Strukturen wie die freiwillige Schlichtung und die Allgemeinverbindlicherklärung ergänzt werden. Dem entgegen stand die Forderung Brentanos, zum Zweck von Tarifverhandlungen Körperschaften zu bilden, die auf der Zwangsmitgliedschaft aller Arbeitnehmer und Arbeitgeber je eines Gewerbes gegründet werden sollten.[26] Dieses Modell, von dem später der damalige Ministerialdirektor im Reichsarbeitsministerium, Friedrich Sitzler behauptete, daß es den sog. Syndikaten der italienischen faschistischen Arbeitsverfassung entspreche,[27] wurde vom ADGB bei den Beratungen des Tarifrechtsausschusses der »Gesellschaft für soziale Reform« zunächst in wenig modifizierter Form mitgetragen. So kam es im Verlauf der Beratungen der Gesellschaft für soziale Reform im August 1920[28] auf Vorschlag Leipardts[29] zu einem Beschluß, nach dem Tarifverträge für alle Arbeitnehmer und Arbeitgeber eines Gewerbes in einem bestimmten Bezirk geltendes Recht schaffen sollten. Der Tarifvertrag sollte also nicht wie bis dahin nur für Angehörige der abschließenden Tarifparteien verbindlich sein, sondern von vornherein für alle gelten. Das Instrument der allgemeinverbindlichen Erklärung sollte demnach entfallen. Aus diesem neuen Verständnis des Tarifvertrages ergab sich dann auch eine entscheidend andere Besetzung der Tarifhoheit: Auf Vorschlag Leipardts sollten an der Erarbeitung eines Tarifvertrages alle Arbeitgeber und Arbeitnehmer eines Tarifbezirkes des betreffenden Gewerbes in der Weise beteiligt werden, »daß durch Gesetz allgemeine Urwahlen von Vertretern der Arbeitgeber und Arbeitnehmer vorgeschrieben werden«.[30] Die Gewerkschaften und die Arbeitgeber und deren Verbände sollten zugunsten dieser Körperschaft auf ihre Tarifhoheit verzichten. Offengelassen wurde die Frage, ob Vertreter der Berufsverbände mit Stimmrecht an den Verhandlungen der paritätischen Kommission beteiligt werden sollten. Auf jeden Fall sollte den Berufsverbänden das Recht zugestanden werden, Kandidaten für die Urwahlen aufzustellen. Der ADGB sah in solchen Körperschaften auch ein geeignetes Gremium für die Wahl zu den Wirtschaftsräten. Das hier vom ADGB

verfolgte Tarifverhandlungsmodell widersprach den Vereinbarungen über die Zentralarbeitsgemeinschaft, denen zufolge die Arbeitsbedingungen der Arbeiter »durch Kollektivvereinbarungen mit den Berufsvereinigungen der Arbeitnehmer« geregelt werden sollten.[31] Das Brentanto-Modell scheiterte aber sehr schnell an der Intervention Stegerwalds. Die christlichen Gewerkschaften befürchteten einen zu geringen Einfluß der »Minderheitsgruppen der Arbeitnehmer« auf diese Form der Tarifverhandlungen.[32] Das mir bisher verfügbare Quellenmaterial läßt auch keine besonderen Bemühungen der ADGB-Spitze erkennen, den seinerzeit auf ihren Vorschlag hin gefaßten Beschluß zu verteidigen. Innerhalb des Reichsarbeitsministeriums dürfte von vornherein der Sinsheimersche Entwurf favorisiert worden sein. Nachdem der Vorschlag Brentanos vom Tisch war, zielten die weiteren Arbeiten in den Gremien nun ausschließlich auf ein liberales Tarifvertragssystem: 1921 veröffentlichte das Reichsarbeitsblatt in seinem amtlichen Teil einen Tarifvertagsgesetzentwurf des Arbeitsrechtsausschusses beim Reichsarbeitsministerium,[33] der unter wesentlicher Beteiligung des Tarifrechtsausschusses der Gesellschaft für soziale Reform zustande gekommen war.[34] Er sah die Tariffähigkeit von Arbeitgebern, deren Vereinigungen und der Gewerkschaften vor. Der sehr detaillierte Entwurf hatte – so die Begründung – seinen Ausgangspunkt in der Frage, ob die Vertragsschließung wie bisher durch freiwillige Organisationen erfolgen sollte oder durch gesetzlich verordnete Zwangsverbände. Neben anderen Schwierigkeiten führte vor allem die Webersche Furcht vor Bürokratisierung und mangelnder Vertragsdisziplin zur Ablehnung von Zwangsverbänden.[35] Der Entwurf sah weiterhin die Möglichkeit der bereits bekannten Allgemeinverbindlicherklärung durch das Reichsarbeitsministerium vor. Dabei sollte die Allgemeinverbindlicherklärung nur auf Initiative der beteiligten Tarifvertragsparteien erfolgen können. Entgegen der TVVO waren Bestimmungen über die Schlichtung in diesem Entwurf nicht mehr enthalten. Die Schlichtungsproblematik sollte in einem eigenen Gesetz geregelt werden, wobei der freiwilligen Schlichtung der Vorrang eingeräumt werden sollte. Der Tarifvertagsgesetzentwurf wurde im wesentlichen von allen Tarifvertagsparteien begrüßt.[36] An die Veröffentlichung des Entwurfes im Reichsarbeitsblatt schlossen sich umfangreiche Vorarbeiten für einen Regierungsentwurf an. Im Verlaufe dieser Arbeiten wurde auch die Regelung des Rechts der Betriebsvereinbarung in die Diskussion einbezogen. Ein nicht veröffentlichter Referentenentwurf aus dem Jahre 1924 war das Ergebnis dieser Bemühungen.[37] Er wurde 1924 von einem kleinen Kreise, der sich aus Mitgliedern des ehemaligen Arbeitsrechtsausschusses zusammensetzte, beraten. Danach sind die Arbeiten für einige Jahre eingestellt worden. Erst im Jahre 1928 sind erneut Aktivitäten auf dem Gebeit der Tarifrechtsreform zu erkennen. Vermutlich war die verschärfte Auseinandersetzung um das Tarifvertrags- und Schlichtungssystem eine Ursache; aber die Initiative war auch stark außenpolitisch beeinflußt. Sie war Teil der – noch vorsichtigen – Lancierung einer Zollunion zwischen dem Deutschen Reich und Österreich:
Es sollte ein für beide Staaten gleichlautendes Gesetz geschaffen werden, um so zu einer weitgehenden Angleichung des Arbeitsrechts beider Staaten beizutragen.[38]
Neben den amtlichen Vorarbeiten gab es auch Privatinitiativen zur Schaffung eines für das Deutsche Reich und Österreich gleichlautenden Gesetzes, die vor allem von der »Deutsch-Österreichischen Arbeitsgemeinschaft« und der

Österreichisch-Deutschen Arbeitsgemeinschaft ausgingen. Beide Arbeitsgemeinschaften, die eng zusammenarbeiteten, sahen ihre Aufgabe in der Vorbereitung eines Anschlusses Österreichs an das Deutsche Reich. Hierzu wollten sie notwendige Vorarbeiten leisten. Daher wurden die Angleichungsarbeiten auf dem Gebiet des Tarifvertragsrechtes von diesen Gruppen besonders unterstützt. Zu diesen Initiativen kamen noch Vorstöße aus verschiedenen Fraktionen des deutschen Reichstages aus den Jahren 1928, 1929 und 1930, die eine gesetzliche Regelung des Tarifvertragsrechtes über die Tarifvertragsverordnung hinaus forderten.[39] Trotz dieser vielfältigen Initiativen kam es zu keinem offiziellen Entwurf des Reichsarbeitsministeriums. Statt dessen wurde das Tarifvertragssystem durch die Notverordnungspolitik zusehends ausgehöhlt und durch das »Gesetz zur Ordnung der nationalen Arbeit«[40] beseitigt. Eine Neuregelung des Tarifvertragsrechtes erfolgte erst kurz vor Gründung der Bundesrepublik im Jahre 1949 durch den Wirtschaftsrat.

Als wesentlicher Störfaktor für die Tarifautonomie wird die Entwicklung auf dem Gebiet des Schlichtungswesens gesehen: Nachdem mit dem Aufruf der Volksbeauftragten vom 12. November 1918 das Hilfsdienstgesetz und damit auch dessen Bestimmungen über die Schlichtung außer Kraft gesetzt waren, wurde, wie bereits erwähnt, durch die TVVO vom Dezember 1918 das Schlichtungsrecht neu geregelt. Die Schlichtung, so wie sie die TVVO regelte, verstand sich dabei lediglich als Vermittlung bei Tarifstreitigkeiten durch das Fällen eines Schiedsspruches, der aber nur nach Anerkennung durch die Tarifvertragsparteien rechtskräftig werden konnte.
Es wurde jedoch schon bald deutlich, daß man von Regierungsseite her die Tarifautonomie durch ein neues Schlichtungsrecht einschränken wollte. Die Streiks des Jahres 1919 als äußeren Anlaß nehmend,[41] bereitete das Reichsarbeitsministerium – ganz in diesem Sinne – einen »Gesetzentwurf der Schlichtungsordnung« vor, der im März 1920 der Öffentlichkeit vorgelegt wurde.[42] Wesentlich an diesem Entwurf war neben der außerordentlichen Bürokratisierung des Schlichtungswesens die Möglichkeit der Verbindlicherklärung eines Schiedsspruchs durch die Behörden. Das Vorhaben scheiterte zunächst an der heftigen und einheitlichen Kritik der Verbände. ADGB und Arbeitgeber kritisierten vor allem die weitgehenden Möglichkeiten staatlicher Schlichtung, die ja bis hin zum Zwangsschiedsspruch führen konnten; die Gesellschaft für soziale Refom monierte zudem die ausgeprägte Bürokratisierung der Schlichtung, wie sie durch diesen Entwurf eingeleitet worden wäre.[43] In der Folge bildete das Reichsarbeitsministerium einen Ausschuß, der sich mit einer Umarbeitung des 1920er Entwurfes befassen sollte. Er setzte sich im wesentlichen aus Vertretern der Arbeitgeberverbände und der Gewerkschaften zusammen. Im Verlaufe der Beratungen gewann der Gedanke der freiwilligen Schlichtung in Eigenverantwortung der Verbände gegenüber der Konzeption einer umfassenden staatlichen Schlichtung die Oberhand. Zwar kam dieser durch den Ausschuß modifizierte Entwurf in die Ausschußberatung des Reichstages, dort aber nicht weiter. Die politischen und ökonomischen Entwicklungen besonders des Jahres 1923 waren ein wichtiger Grund dafür.[44]
Im dritten Anlauf schuf dann die Regierung Stresemann eine rechtliche Handhabe, um auf dem Gebiet der industriellen Beziehungen nach Maßgabe eingreifen zu können: Sie dekretierte – das Ermächtigungsgesetz vom 13. 10. 1923 diente als legitimatorische Basis – am 30. 10. 1923 eine Schlichtungsverordnung,[45] die

– dies immerhin – der freiwilligen Schlichtung durch die Tarifkontrahenten noch weiterhin den Vorrang einräumte. Nun war aber die Tarifautonomie um 1923 nur noch sehr beschränkt funktionstüchtig. Die Malaise der Tarifautonomie war eine notwendige Voraussetzung dafür, daß die Zwangsschlichtung von Amts wegen zu maßgebender Bedeutung gelangen konnte.[46] Die Tarifgegner – von Partnern zu sprechen, würde die Lage wohl nicht treffen – waren immer weniger in der Lage noch willens, sich in ihrer ordnungspolitischen Funktion für die Weimarer Republik zurechtzufinden. Das Kabinett Stresemann nutzte die Schwäche des Tarifvertragswesens, den Staat auf dem Gebiet der industriellen Beziehungen als Dritten im Bunde wieder ins Spiel zu bringen und damit die Phase der Zentralarbeitsgemeinschaft durch einen neuen »tripartism« abzulösen.[47] Die Verordnung kann dennoch nicht – und da hat Hentschel sicher Recht – als offene Attacke auf die Tarifautonomie betrachtet werden.[48] Es muß in diesem Zusammenhang auch darauf hingewiesen werden, daß aufgrund einer Verodnung von November 1920 bereits die Möglichkeit bestand, lebenswichtige Betriebe betreffende Schiedssprüche für verbindlich zu erklären.[49]

Aber die Schlichtungsverordnung brachte, zumal in Verbindung mit der Durchführungsverodnung vom 29. 12. 1923,[50] enorme Machtverschiebungen im Verhältnis von Staat und Berufsverbänden. Bähr vertrat unlängst die These, daß der Staat die bis dahin von der Zentralarbeitsgemeinschaft »wahrgenommenen Ordnungsfunktionen« einer wohlorganisierten Schlichtungsbürokratie anheimgestellt habe. Dies wiederum habe tiefgreifende Folgen für das Arbeitskampfverhalten wie für die Arbeits- und Sozialordnung mit sich gebracht.[51] Daß die Schlichtungsverordnung von 1923 zu einer Polarisierung der Verteilungskämpfe geführt haben soll, die – so Borchardt – für das politische System zwangsläufig zu Legitimationsdefiziten geführt habe«,[52] erscheint dennoch nicht unbedingt einleuchtend. Vielmehr hat es den Eindruck, daß für die Arbeitgeber die Zwangsschlichtung lediglich ein Ansatzpunkt war, die Institution Tarifautonomie überhaupt zu beseitigen.[53] So mißbilligten die Arbeitgeber denn auch vor allem die Betonung des Vorranges des Tarifvertrages vor Schiedssprüchen in der Schlichtungsverordnung. Daß man sich dann auf Arbeitgeberseite zunächst noch moderat verhielt, lag daran, daß man die Schlichtungsverordnung von 1923 als Sicherung für die wieder verlängerten Arbeitszeiten nutzen wollte. Erst nachdem »die Schonzeit in der Arbeitszeitfrage ablief«, endete auch die Schonzeit für die Schlichtung.[54] Zum offenen Kampf gegen die »Tariffessel« wurde die Polemik gegen die Zwangsschlichtung dann unter den Bedingungen der Weltwirtschaftskrise. Die Beseitigung der Zwangsschlichtung – der der Ruhreisenstreit vor allem diente – galt als Vorstufe für eine möglichst weitgehende Auflockerung des Tarifzwangs.[55]

Bereits in der zweiten Hälfte der zwanziger Jahre fanden sich erste Überlegungen die Tariffähigkeit auf die Werkvereine auszudehnen und zur Auflockerung des Tarifzwanges als solchem.[56] Bei der Realisierung dieser Pläne wurde der VDA, zumindest was die Aufwertung der »Gelben« anbelangt, in Form eines Entscheids des Reichsarbeitsgerichtes, die Unterstützung der Justiz zuteil, der den Werkvereinen nunmehr die Tariffähigkeit attestierte.[57] Diese Entwicklung hatte auch Auswirkungen auf die Arbeiten an einem Tarifvertragsgesetzentwurf, bei dessen Formulierung nunmehr auch Bestimmungen über die Betriebsvereinbarungen einbezogen und die Tariffähigkeit eindeutiger zugunsten der Gewerkschaften formuliert wurden.[58] Es war ein Ziel der Arbeitgeber, Betriebs- und Einzelvereinbarungen den Vorrang vor Tarifverträgen einzuräumen.

Die Gewerkschaften wurden zusehends in die Defensive getrieben: Bereits in der Stabilisierungsphase hatte sich die Position der Arbeiterschaft insgesamt verschlechtert: Bähr führt dazu aus, daß die Arbeitskampfstatistik erstmals ein Übergewicht der durch Aussperrung verlorenen Arbeitstage ausgewiesen habe, wobei ebenfalls ein absoluter Rückgang der Streiktage bei gleichzeitig zunehmender Streikintensität und Konzentrierung der Streiks auf den industriellen Sektor zu konstatieren sei.[59] Als Ursache diagnostiziert Bähr neben den jeweils differierenden Interessen der verschiedenen Branchen und Berufsgruppen gegenüber der Schlichtung die unterschiedliche Funktion, welche die Schiedssprüche erfüllt hätten. Zum einen hätten sie zur Reduzierung bzw. Verhinderung von Arbeitskämpfen in konfliktträchtigen, aber gut organisierten Branchen beigetragen, zum anderen hätten sie das kollektive Arbeitsrecht in nichtindustriellen Bereichen wie Landwirtschaft, Dienstleistungsgewerbe und Handel aus sozialen Gründen für die schwachen Gewerkschaften erst garantiert. Zwar hatten die freien Gewerkschaften 1924 noch für den »freien Tarifvertrag« votiert, so betonten sie aber in den folgenden Jahren immer klarer ihre Zustimmung zur Schlichtungspraxis. Auch während der Phase der Lohnsenkungspolitik forderten die Gewerkschaften nicht die Auflösung des staatlichen Schlichtungswesens.[61] Weißbrod kommt zu dem Schluß, daß die Loyalität der Gewerkschaften gerade in dem Maße zugenommen habe, »wie sie in Arbeitskonflikten in die Defensive gedrängt wurden, während die schon in der Stabilisierungsphase erschütterte Loyalität der Unternehmerschaft ihrerseits dadurch weiter ausgehöhlt wurde.«[62]

Die endgültige Demontage des kollektiven Arbeitsrechts begann dann mit der präsidialen Notverordnungspolitik im Rahmen des Deflationskurses der Regierung Brüning: Mit der »1. Verordnung des Reichspräsidenten zur Sicherung von Wirtschaft und Finanzen« vom 1. Dezember 1930[63] griff der Staat erstmals in laufende Tarifverträge ein: Sämtlichen öffentlichen und halböffentlichen Arbeitgebern wurde die vorzeitige Kündigung von Einzelarbeits- und Tarifverträgen gestattet, mit der Zielsetzung, dieser Arbeitgebergruppe die Möglichkeit zur Lohnkostensenkung zu eröffnen. Allerdings konnten laufende Tarifverträge nur dann gekündigt werden, wenn mit der Kündigung das Angebot zum Abschluß eines neuen Tarifvertrages verbunden war. Die zweite Notverordnung vom 5. Juni 1931[64] ging da schon weiter: Sie gestattete, daß bei Nichtzustandekommen eines neuen Tarifvertrages ohne vorheriges Schlichtungsverfahren die alten Lohnsätze, versehen mit einem bestimmten Abschlag, weiterhin als tarifvertraglich abgemacht gelten konnten. Für den Bereich der privaten Wirtschaft diente noch weiterhin die Schlichtung als Lohnsenkungsinstrumentarium. Mit der vierten Notverordnung vom Dezember 1931[65] schaffte sich die Reichsregierung die Handhabe, unter Umgehung von Tarifvertrag und Schlichtung auch für den privatwirtschaftlichen Sektor die Gehaltshöhe festzulegen.

Aber auch mit dieser Notverordnung gaben sich die Spitzenverbände der Unternehmer nicht zufrieden: Darauf hatte in erster Linie die Schwerindustrie hingewirkt, deren Unterstützung der Deflationspolitik Brünings von vornherein unter einen »tarifpolitischen Vorbehalt« gestellt war:[66] An der Notverordnung störte neben der Reduzierung der Kartellpreise vor allem, daß noch immer, wenn auch recht zaghaft, am Tarifgedanken festgehalten wurde. Man sah sich noch immer bei der Realisierung des Zieles der »freien Lohngestaltung« behindert.[67]

Die Regierung von Papen brach ausdrücklich mit den Prinzipien der Tarifautonomie. Durch die Notverordnung vom September 1932 wurde die Unabdingbarkeit tarifvertraglicher Normen suspendiert. Sie erlaubte es den Arbeitgebern, tarifvertraglich festgelegte Löhne zu unterschreiten, wenn im Gegenzug die Belegschaft vermehrt wurde oder aber die Auffassung bestand, daß der Betrieb anders nicht fortzuführen sei.[68] Dem angekündigten gewerkschaftlichen Widerstand gegen dererlei Maßnahmen wurde einen Monat später mit einer Ausführungsverordnung begegnet, die Arbeitskämpfe, sprich Streiks, gegen die Lohnsenkungen aufgrund der September-Notverordnung schlichtweg zu Verstößen gegen die tarifvertragliche Friedenspflicht erklärte.[69]

Den Arbeitgebern, allen voran Arbeit Nordwest, paßten solche Einschränkungen, wie die Beschränkung der Tariflohnunterschreitung auf die 31. bis 40. Wochenarbeitsstunde und daß die gewollte einseitige Abdingung des Tarifvertrages im Falle einer drohenden Betriebsschließung staatlich nachprüfbar war, nicht.[70] Von Papens »sozialpolitischer Tiefschlag«[71] wurde am 14. Dezember 1932 – nunmehr durch die Regierung von Schleicher – wieder aufgehoben.[72] Daß die Arbeitgeber dabei stillhielten, hatte seine Gründe vor allem in folgendem: Erstens war ohne entsprechende Produktionsvermehrung nur mit bescheidenen Entlastungen zu rechnen und zweitens glaubte man, den vereinzelt auftretenden Abwehrstreiks aus politischen Gründen eine Generalaussperrung nur schwerlich entgegensetzen zu können.[73] Nun kann aber nicht, wie dies etwa Preller macht, die Rücknahme der September-Notverordnung durch v. Schleicher als Sieg des Tarifvertragsrechtes gewertet werden:[74] Schleicher wollte keineswegs das Tarifrecht rehabilitieren. Er wollte allenfalls die Gewerkschaften als »populäre Stütze« für sein Regime gewinnen.[75] Auch die Arbeitgeber hielten weiterhin an ihrer »deflatorischen Lohnsenkungspolitik« fest. Dies mit der wenig verhohlenen Intention, die gewerkschaftliche Schwäche zur endgültigen Beseitigung des Tarifvertragssystems zu nutzen: Die Arbeitgeber waren sicher, daß nach der Auflockerung der Tarife »der Umbau staatszentralistischer Einrichtungen zu Selbstverwaltungseinrichtungen, des staatlichen Zwangsrechts zu echtem staatlichen Aufsichtsrecht, der Gewerkschaften zu berufsständischen Arbeitervertretungen, der Tarifverträge zu Tarifgemeinschaften im Rahmen berufsständischer Gemeinschaftsarbeit usw. dem Fortgang der staatspolitischen Entwicklung überlassen bleiben« könne.[76] Bereits 1931 hatte der damalige Reichsarbeitsminister Stegerwald darauf hingewiesen, daß die Forderung nach gesetzlicher Beseitigung der Verbindlicherklärung »praktisch auf eine rechtsradikale Diktatur« hinauslaufen müsse. Und in der Tat machte, so Weißbrods Analyse, die zentrale Stellung der tarifpolitischen Absichten im deflationspolitischen Konzept der Arbeitgeber die »unternehmerische Krisenstrategie« zu einer »Systemveränderungsstrategie«,[77] die mit dem Scheitern der Politik von Schleichers und der Übernahme der Regierungsgewalt durch die Nationalsozialisten ihre Erfolge zeitigte: Unter der Herrschaft der Nationalsozialisten wurden die Gewerkschaften und Arbeitgeberverbände am 2. Mai 1933 aufgelöst. Damit wurden die bisherigen Träger des Tarifrechts beseitigt. Die Aufgaben der Berufsverbände wurden dem Treuhänder der Arbeit übertragen. Endgültig außer Kraft gesetzt wurden die bis dahin existierenden Tarifverträge durch das »Gesetz zur Ordnung der nationalen Arbeit« vom 20. Januar 1934.[78] Die Tarifverträge wurden durch Rechtsverordnungen des Staates, die Tarifordnungen, abgelöst, die durch den Treuhänder der Arbeit erlassen wurden. Die hiermit eingeführte allgemeine staatliche Lohnfestsetzung hatte es bis dahin in Deutschland nicht oder zumindest nur ansatzweise gegeben. Später erhielt der Reichstreuhänder der Arbeit das Recht, in Tarifordnungen Höchstarbeitsbedingungen festzulegen.[79] 1943 stellten Hueck, Nipperdey, Dietz in ihrem Kommentar zum Arbeitsrecht denn auch lediglich lakonisch fest, daß es keine Koalitionen mehr gebe.[80]

Die liberale Ausgestaltung des Tarifvertragsrechtes nach dem Zweiten Weltkrieg ging auf die massive Einflußnahme der Gewerkschaften und der Arbeitgeberverbände zurück, wobei sie mit der Unterstützung der britischen und vor allem der amerikanischen Besatzungsbehörden rechnen konnten. Beide Tarifpartner setzten sich energisch gegen eine Regelung des Tarifvertragsrechtes zur Wehr, nach der die Tarifverträge nur durch die Eintragung in ein Tarifregister, durch einen Verwaltungsakt somit, Gültigkeit erlangen konnten. Die konstitutive Wirkung der Eintragung in das Tarifregister war mit einem materiellen Prüfungsrecht der registerführenden Behörde verbunden. Dieses staatskorporatistische Tarifverhandlungsmodell wurde vom Zentralamt für Arbeit und später zunächst auch von der Verwaltung für Arbeit des Vereinigten Wirtschaftsgebietes favorisiert. Die Vorbereitungen des Tarifvertragsgesetzes fanden in Ermangelung parlamentarischer Gremien in korporativen Verhandlungsgremien statt, die sich in der Hauptsache aus Vertretern der Arbeitsverwaltung und der beiden Sozialpartner zusammensetzten. In diesen Gremien konnten sich die Tarifpartner mit ihrem liberalen Tarifverhandlungsmodell, das die absolute Autonomie der Tarifpartner vorsah, nicht durchsetzen. Es kam daher zu Alternativ-Gesetzentwürfen der Gewerkschaften und der Arbeitgeber. Um einer Gesetzesinitiative der Verwaltung für Arbeit zuvorzukommen, brachten die Gewerkschaften in Abstimmung mit den Arbeitgebern am 30. 11. 1948 über einen Initiativantrag der SPD-Wirtschaftsratsfraktion ihren Tarifvertragsgesetzentwurf in die parlamentarische Beratung ein. Auch wegen der neuen Politik des Wirtschaftsratsdirektoriums, die der Durchsetzung der Sozialen Marktwirtschaft galt, sah die Verwaltung für Arbeit keine andere Möglichkeit, als sich den Inhalten der SPD-Gesetzesinitiative anzupassen. So beschloß der Wirtschaftsrat im Dezember 1948 ein Gesetz, das im wesentlichen dem Gewerkschaftsentwurf folgte.[81]

Anmerkungen

1 Die korporativen Strukturen während des Ersten Weltkrieges entwickelten sich nicht aus reaktionär-ständischen Programmen, vielmehr aus den Bedürfnissen einer effizient organisierten Kriegswirtschaft; vgl. U. Nocken, Korporatistische Theorien und Strukturen in der deutschen Geschichte des 19. und frühen 20. Jahrhunderts, in: U. v. Alemann (Hg.), Neokorporatismus, Frankfurt/Main, New York 1981, S. 31. Zur Haltung der Gewerkschaften zum Tarifvertrag vor 1914 siehe: U. Hüllbusch, Koalitionsfreiheit und Zwangstarif, in: U. Engelhardt / U. Sellin / K. Starke (Hg.), Soziale Bewegung und politische Verfassung, Stuttgart 1976, S. 602ff.; zu den christlichen Gewerkschaften und den Hirsch-Dunekerschen Gewerkvereinen siehe A. Hueck, H. C. Nipperdey, Lehrbuch des Arbeitsrechts, Bd. II, Berlin/Frankfurt 1957[6], S. 159.

2 G. Feldman, Der Deutsche Organisierte Kapitalismus während der Kriegs- und Inflationsjahre 1914 – 1923, in: H. A. Winkler (Hg.), Organisierter Kapitalismus. Voraussetzungen und Anfänge, Göttingen 1974, S. 158.

3 Vgl. hierzu: Quellen zur Geschichte der deutschen Gewerkschaftsbewegung im 20. Jh., Bd. 1: Die Gewerkschaften in Weltkrieg und Revolution 1914 – 1919, bearbeitet von K. Schönhoven, Köln 1985, S. 11 ff. nebst den einschlägigen Dokumenten auf S. 67 ff.

4 J. A. Kocka, Gewerkschaftliche Interessenvertretung und gesellschaftlicher Fortschritt. Historische Überlegungen zur deutschen Entwicklung im 19. und 20. Jahrhundert, in: Gewerkschaftliche Monatshefte (GMH) 6/81, S. 327.

5 Vgl. Gesetz über den vaterländischen Hilfsdienst, vom 5. 12. 1916, in: Reichsarbeitsblatt (RGBl.) 1916, Nr. 276, S. 1333 ff.

6 Dies ist im Sinne der Schmitterschen Definition von 1979 zu verstehen: Ph. G. Schmitter, Interessenvermittlung und Regierbarkeit, in: U. v. Alemann / R. G. Heinze (Hg.), Verbände und Staat. Vom Pluralismus zum Korporatismus. Analysen, Positionen, Dokumente, Opladen 1979, S. 96.

7 Vgl. Nocken, Korporatistische Theorien, S. 31 f.

8 Vgl. M. Schneider, Die christlichen Gewerkschaften 1894 – 1933. Ein Überblick, in: GMH 12/1981, S. 720.

9 Vgl. Hüllbusch, Koalitionsfreiheit und Zwangstarif, S. 605.

10 Vgl. G. D. Feldman, German Business Between War and Revolution. The Origins of the Stinnes-Legien Agreement, in: G. A. Ritter (Hg.), Entstehung und Wandel der modernen Industriegesellschaft, Berlin 1970, S. 312 ff.

11 Nocken, Korporatistische Theorien, S. 31.

12 Ebenda, S. 31.

13 Veröffentlicht in: Deutscher Reichsanzeiger und Preußischer Staatsanzeiger Nr. 273 vom 18. 11. 1918.

14 H. H. Hartwich, Arbeitsmarkt, Verbände und Staat. 1918 – 1933, Berlin 1967, S. 7.

15 C. Nörpel / K. Gusko, Gewerkschaften und kollektives Arbeitsrecht, Berlin 1932, S. 26.

16 Abgedruckt in: Reichsarbeitsblatt (RABl.) 1918, Nr. 12, S. 874.

17 K. D. Bracher, Die Auflösung der Weimarer Republik. Eine Studie zum Problem des Machtverfalls in der Demokratie (Schriften des Instituts für politische Wissenschaft, Bd. 4), Stuttgart/Düsseldorf, 1957[2], S. 23 f.

18 Veröffentlicht im RGBl. 1918, Nr. 287, S. 1456; bestätigt durch das Übergangsgesetz vom 4. 3. 1919 (RGBl. 1919, S. 288).

19 Siehe: Correspondenzblatt 29 (1919), S. 11.

20 Siehe: Die Verfassung des Deutschen Reichs, vom 11. 8. 1919, in: RGBl. 1919, Nr. 152, S. 1383 ff.

21 Ebenda.

22 Ebenda.

23 Siehe: Das Ende des Arbeitsrechtsausschusses beim Reichsarbeitsministerium, in: Soziale Praxis (SP) 33/1924, Sp. 122.

24 Siehe: V. Hentschel, Geschichte der deutschen Sozialpolitik (1880 – 1980). Soziale Sicherung und kollektives Arbeitsrecht, Frankfurt/Main 1983, S. 70.

25 Siehe: Entwurf eines Arbeitstarif-Gesetzes. Vorgelegt von Rechtsanwalt Prof. Dr. H. Sinzheimer, Frankfurt/Main, in: Bundesarchiv Koblenz (BA), NL Lujo Brentano 243.

26 Vgl. Entwurf Heinemann-Brentano vom 14. 2. 1918, in: BA NL Lujo Brentano 243.

27 Siehe: Fr. Sitzler, Die Frage der Tariffähigkeit im künftigen Tarifvertragsgesetz, in: Fr. Sitzler/Fr. Hawelka, Grundfragen einer Tarifrechtsreform in Deutschland und Österreich. Gesammelte Aufsätze, Mannheim, Berlin, Leipzig 1932, S. 9, Anm. 1.

28 Siehe: Niederschrift der Sitzung des Unterausschusses für Tarifvertragsfragen der Gesellschaft für Soziale Reform am 16. August 1920, in: BA NL Lujo Brentano 243.

29 Gesellschaft für Soziale Reform. Unterausschuß für Tarifrechtsfragen. Vorschlag Leipart in der vom Unterausschuß angenommenen Fassung. (16. August 1920), in: BA NL Lujo Brentano 159.

30 Ebenda.

31 Ebenda.
32 Siehe hierzu: Lujo Brentano, Die gesetzliche Regelung des Tarifvertrages. Ein Appell an das Gewissen des Zentrums, Teil II, in SP 29/1920, Sp. 429 – 534 und Erwiderung des Staatsministers A. Stegerwald auf den Aufsatz von Prof. Dr. Brentano über die gesetzliche Regelung des Tarifvertrages, in: SP 29/1920, Sp. 565 f.
33 Entwurf eines Arbeitstarifvertragsgesetzes, in: RABl., amtlicher Teil, Nr. 18/1921, S. 491 f.
34 Siehe: Der Entwurf eines Arbeitstarifgesetzes nebst Begründung, in: SP 30/1921, Sp. 387.
35 Siehe: Begründung zum Entwurf eines Arbeitstarifgesetzes, in: RABl., amtlicher Teil, Nr. 18/1921, S. 493.
36 Vgl. für die freien Gewerkschaften: P. Umbreit, Zum Entwurf eines Tarifvertragsgesetzes, in: Korrespondenzblatt 31/1921, S. 465 – 468; für die Arbeitgeber: Meissinger, in: Der Arbeitgeber 1921, S. 141 f.
37 Vgl. H. Goldschmidt, Stand und Grundfragen der Tarifrechtsreform, in: Sitzler/Hawelka, Grundfragen einer Tarifrechtsreform, S. 3 ff.
38 Vgl. J. Nautz, Die Entwicklung des Tarifvertragswesens in Deutschland und Österreich unter besonderer Berücksichtigung der Debatte um die rechtliche Gestaltung, 1919 bis 1934, (Ms.) Vaals 1983, S. 11.
39 Vgl. ebenda
40 In: RGBl. 1934 I, S. 45 ff.
41 Hentschel, Geschichte der deutschen Sozialpolitik, S. 72.
42 Vgl. Gesetzentwurf der Schlichtungsordnung, in: SP 29/1920, Sp. 553 – 559.
43 Vgl. L. Preller, Sozialpolitik in der Weimarer Republik (1949), Neudruck / Düsseldorf 1978, S. 258.
44 Vgl. Hentschel, Geschichte der deutschen Sozialpolitik, S. 73.
45 Verordnung über das Schlichtungswesen. Vom 30. Oktober 1923, in: Deutscher Reichsanzeiger Nr. 253, 31. Oktober 1923 und RGBl. 1923, Nr. 111, S. 1043 – 1045.
46 Vgl. Hentschel, Geschichte der deutschen Sozialpolitik, S. 43 f.
47 Die qualitative Veränderung in den Arbeitsmarktbeziehungen wurde auch schon von Sitzler gesehen; vgl. Fr. Sitzler, Der Tarifvertrag in Deutschland, Ms. 1922, in: BA Kl. Erw. 543, NL Sitzler, Bl. 82 f.; vgl. auch W. Abelshauser, Freiheitlicher Korporatismus im Kaiserreich und in der Weimarer Republik, in: ders. (Hg.), Die Weimarer Republik als Wohlfahrtsstaat. Zum Verhältnis von Wirtschafts- und Sozialpolitik in der Industriegesellschaft (VSWG, Beihefte, Nr. 81), Wiesbaden 1987, S. 159 ff.
48 Siehe Hentschel, Geschichte der deutschen Sozialpolitik, S. 74.
49 Siehe: Verordnung des Reichspräsidenten, betreffend die Stillegung von Betrieben, welche die Bevölkerung mit Gas, Wasser, Elektrizität versorgen. Vom 10. November 1920, in: RGBl. 1920, Nr. 219, S. 1865.
50 Verordnung zur Ausführung der Verordnung über das Schlichtungswesen, vom 10. Dezember 1923, in: RGBl. 1923, Nr. 128, S. 1191 f.
51 J. Bähr, Sozialer Staat und industrieller Konflikt. Das Schlichtungswesen zwischen Inflation und Weltwirtschaftskrise, in: Abelshauser, Die Weimarer Republik, S. 194.
52 Vgl. K. Borchardt, Wirtschaftliche Ursachen des Scheiterns der Weimarer Republik, in: K.-D. Erdmann/H. Schulze (Hg.), Weimar, Selbstpreisgabe einer Demokratie. Eine Bilanz heute, Düsseldorf 1980, S. 215 f.
53 B. Weisbrod, Die Befreiung von den »Tariffesseln«, in: Geschichte und Gesellschaft, 11/1985, S. 324.
54 Vgl. ebenda, S. 300 f.
55 Vgl. J. Nautz, Die Durchsetzung der Tarifautonomie in Westdeutschland. Das Tarifvertragsgesetz vom 9. April 1949, Frankfurt/Main 1985, S. 35.
56 Vgl. Hartwich, Arbeitsmarkt, S. 314; M. Martiny, Integration oder Konfrontation? Studien zur Geschichte der sozialdemokratischen Rechts- und Verfassungspolitik, Bonn-

Bad Godesberg 1976, S. 142.

57 Vgl. Hentschel, Geschichte der deutschen Sozialpolitik, S. 92.
58 Siehe: Entwurf eines Gesetzes über Tarifverträge und Betriebsvereinbarungen (Fassung Februar 1930), in: BA Kl. Erw. 534, NL Sitzler, Bl. 252 – 289; Fassung Mai 1931, ebenda, Bl. 291 – 332.
59 Siehe Bähr, Sozialer Staat, S. 200.
60 Vgl. ebenda, S. 198f.
61 Vgl. Nautz, Die Durchsetzung der Tarifautonomie, S. 37f.
62 Weisbrod, Die Befreiung, S. 324.
63 In: RGBl. I, S. 517ff.
64 In: RGBl. I, S. 279ff.
65 Siehe: Vierte Ordnung des Reichspräsidenten zur Sicherung von Wirtschaft und Finanzen zum Schutze des inneren Friedens. Vom 8. Dezember 1931, in: RGBl. I, 1931, S. 699ff.
66 Vgl. Weisbrod, Die Befreiung, S. 315.
67 Ebenda.
68 Siehe: Verordnung zur Vermehrung und Erhaltung der Arbeitsgelegenheit, vom 5. 9. 1932, in: RGBl. I 1931, Nr. 58, S. 433.
69 Vgl. Hentschel, Geschichte der deutschen Sozialpolitik, S. 94.
70 Vgl. Weisbrod, Die Befreiung, S. 316.
71 Hentschel, Geschichte der deutschen Sozialpolitik, S. 94.
72 Vgl. ebenda.
73 Vgl. Weisbrod, Die Befreiung, S. 316.
74 Ich folge hier der Einschätzung Hentschels (S. 94), vgl. auch Preller, Sozialpolitik, S. 417.
75 Vgl. Hentschel, Geschichte der deutschen Sozialpolitik, S. 94.
76 XXVII. Geschäftsbericht Arbeit Nordwest, Juni 1932, S. 21, zit. nach Weisbrod, Die Befreiung, S. 317.
77 Weisbrod, Die Befreiung, S. 317.
78 In: RGBl. 1934 I, S. 45ff.
79 Vgl. Nautz, Die Durchsetzung der Tarifautonomie, S. 39f.
80 A. Hueck/H. C. Nipperdey/J. Dietz, Kommentar zum Arbeitsordnungsgesetz, Berlin, Frankfurt[4] 1943, § 69, Rn. 5.
81 Vgl. zu diesem Abschnitt: Nautz, Die Durchsetzung der Tarifautonomie, S. 41ff.

P. Luykx

Die Niederländischen Konfessionellen und das Verhältnis zwischen Staat und Gesellschaft im 20. Jahrhundert

In der neuesten Geschichte der Niederlande haben die drei konfessionellen Parteien eine beherrschende Rolle gespielt. Zwischen 1888 und 1918 bildeten sie viermal ein Koalitionskabinett, und nach 1918 waren sie fast ununterbrochen am Ruder, wenn auch nicht immer zu dritt und meist in Zusammenarbeit mit einer der liberalen oder sozialistischen Parteien. Diese Situation setzt sich bis auf den heutigen Tag fort, trotz der Schwächung der parlamentarischen Vertretung in den sechziger und siebziger Jahren, besonders infolge des Rückfalls der katholischen Partei. Es besteht also aller Anlaß, Auffassung und Praxis der Konfessionellen in bezug auf das Verhältnis zwischen Staat und Gesellschaft genauer zu betrachten. Die gesellschaftliche und politische Wirklichkeit ist davon in hohem Maße beeinflußt worden.

Im nachfolgenden wird den konfessionellen Auffassungen und Bestrebungen und deren Folgen vom Ende des 19. Jahrhunderts bis etwa 1960 Aufmerksamkeit geschenkt. Im ersten Paragraphen werden die kirchlich-theologischen und politisch-programmatischen Orientierungen in bezug auf den Staat und auf das Verhältnis Staat-Gesellschaft skizziert (Par. I). In drei Paragraphen wird danach näher auf die Folgen für Staat und Gesellschaft eingegangen. Nacheinander werden das Funktionieren der konfessionellen Subkulturen (Par. II), das Streben nach gesellschaftlichen und staatlichen Reformen in Richtung auf Korporativismus und Stärkung der Staatsgewalt (Par. III) und Schutz und Förderung der Familie als Keimzelle der Gesellschaft (Par. IV) behandelt. Um 1960 treten Veränderungen ein, die in einer kurzen Schlußbetrachtung nur skizzenhaft angedeutet werden (Par. V).

1. Hintergründe und Ausgangspunkte

Nachdem Aufklärung und Französische Revolution die christlichen Kirchen zunächst in die Defensive gedrängt hatten, nahmen die Reaktionen im 19. Jahrhundert offensichtlich variierte Formen an. Man sah, wie Christen sich vom ›Geist des Jahrhunderts‹ abseits hielten, sich ihm anpaßten, aber sich ihm auch widersetzten, einem Geist, als dessen wichtigster Vertreter inzwischen der Liberalismus galt. Die Beschleunigung im Modernisierungsprozeß mit allen Erscheinungen von Industrialisierung, Urbanisierung und Sozialismus, die in den Niederlanden erst um 1890 herum einsetzte, war der unmittelbare Hintergrund eines umfassenden Versuchs des Christentums, mit aller Kraft seinen Einfluß auf Staat und Gesellschaft wiederherzustellen und die Welt wieder zu christianisieren. So entwickelten sich zwischen etwa 1880 und 1900 drei Strömungen, die, jede mit spezifischen Hintergründen und sich auf verschiedene Teile der Bevölkerung stützend, mit dem 19. Jahrhundert abrechnen wollten und dem Liberalismus ihre eigenen politischen und gesellschaftlichen Auffassungen gegenüberstellten. Neben der sozialistischen Strömung waren dies die protestantische und die katholische. Vorläufig gingen diese mit viel Elan daran, ihre eigenen Lösungen für die Probleme der sich modernisierenden Gesellschaft zu präsentieren und durchzusetzen.

Was waren nun auf konfessioneller Seite die Alternativen zum Liberalismus? Wie wurde in katholischen, beziehungsweise protestantischen Kreisen über den Staat und über das Verhältnis von Staat und Gesellschaft gedacht?

Einige Enzykliken geben hinsichtlich der Katholiken genügend Anhaltspunkte.[1] Papst Leo XIII. stellte in *Immortale Dei*, 1885, die modernen Ideen nochmals an den Pranger. Der Volkssouveränität, Freiheit und Trennung von Kirche und Staat setzte er den Staat auf christlicher Grundlage entgegen. Staat und Gewalt fänden ihren Ursprung in Gott und sollten auf das Gemeinwohl der Bürger gerichtet sein; der Staat schütze und fördere die wahre Religion, das heißt die katholische; und die Kirche respektiere den Staat auf seinem eigenen Terrain. Die besondere Bedeutung der Enzyklika lag aber mehr im letzten Teil, in dem die Katholiken aufgefordert wurden, sich nicht länger von Staat und politischem Leben abseits zu halten, sondern darin ihre Rolle zu spielen. Sie sollten dabei »von den staatlichen Einrichtungen... zum Schutze der Wahrheit und Gerechtigkeit Gebrauch machen«, die Handlungsfreiheit innerhalb der Grenzen des Naturgesetzes und göttlichen Gesetzes halten und »alle Mühe aufwenden, daß jedes Staatswesen sich nach jenem christlichen Vorbild gestalte«.[2] Damit bestätigte der Papst seine Ralliementspolitik, wodurch die unfruchtbare Abseitigkeit des lange dauernden Pontifikats Pius' IX. durchbrochen wurde. Er verknüpfte aber das Vorgehen der Katholiken in der Politik aufs engste mit den Interessen und Auffassungen von Kirche und Theologie. Das erste Programm, auf das sich die niederländischen, katholischen Parlamentsmitglieder 1896 einigten, beginnt mit einem ausführlichen Zitat aus *Immortale Dei*, worin man auch den obenerwähnten Stellen begegnet.[3]

In bezug auf das Verhältnis zwischen Staat und Gesellschaft hatte man zwei unterschiedliche Orientierungen festzustellen. In *Rerum Novarum*, 1891, wurde die Möglichkeit staatlicher Politik auf sozioökonomischem Gebiet eröffnet. Einerseits enthielt die Enzyklika in der Hinsicht ziemlich weitgehende Formulierungen, wie den Satz: »Es ist also eine Forderung der Billigkeit, daß von Staats wegen dafür gesorgt werde, daß der Proletarier von dem, was er für den gemeinsamen Nutzen leistet, auch selbst etwas erhalte... Folglich muß alles begünstigt werden, was für die Lage der Werktätigen irgendwie nützlich zu sein scheint.«[4] Andererseits beschränkte sich die konkrete Ausarbeitung auf wenig erschütternde Dinge wie die Verteidigung des Privateigentums oder die Beschränkung der Frauen- und Kinderarbeit. Größte Bedeutung hatten hier Stellen, die sich für staatliche Maßnahmen in bezug auf Tarifverträge und Vermögensbildung aussprachen. *Quadragesimo Anno*, die Enzyklika von Papst Pius XI. aus dem Jahre 1931, stellte fest, daß der Interventionsstaat schon vieles Gute auf sein Konto gebracht hatte und sah sogar eine Erweiterung der Staatsaufgabe vor, aber das Besondere dieses Rundschreibens lag trotzdem irgendwo anders. Gerade um unerwünschtem Auswuchs staatlicher Einmischung vorzubeugen, wurde unter dem Titel »Über die wahre Gesellschaftsordnung« das Subsidiaritätsprinzip introduziert: Was der Einzelne selbst leisten kann, soll nicht einer Gemeinschaft aufgegeben sein, und was eine Körperschaft niedrigerer Ordnung leisten kann, nicht einer von höherer Ordnung übertragen werden. Der Vorschlag zur Errichtung eines korporativen Systems gewerblicher und berufsständischer Ordnung, das möglichst viele Angelegenheiten regeln sollte, folgte logisch aus diesem Grundsatz und sollte den Staat zahlreicher Aufgaben entheben. Das etatistische korporative System des faschistischen Italiens wurde deshalb auch abgelehnt.[5]

Die Grundsätze aus dem allgemeinen Programm der Rooms-Katholieke Staatspartij (RKSP) von 1936 – dem ersten systematischen Grundsatzprogramm der katholischen Partei, das auch dem neuen Programm von 1952 zugrunde liegen sollte – spiegelten den Einfluß der päpstlichen Doktrin wider.[6] Grundsatz II zur Staatsaufgabe unterschied primäre und subsidiäre Staatsangelegenheiten. Zu ersteren gehörten die Staatssicherheit und die Wahrung der Rechtsordnung, zur zweiten Kategorie u. a. die Förderung des Wohlstands. Diese letzte Aufgabe fiel also unter den Wirkungsbereich des Subsidiaritätsprinzips, was also darauf hinauslief, daß der Staat sich in bestimmten Fällen wohl, in anderen nicht damit zu befassen hatte. Grundsatz IV umschrieb kurz den organischen Charakter der Gesellschaft, der in »dem Bau des Staates« zum Ausdruck kommen sollte, und die vier folgenden Grundsätze führten das aus: die Rechte des Einzelnen wurden anerkannt, aber auch eingeschränkt, und was vor allem von Bedeutung ist: das Programm umschrieb die Familie als erste und bedeutendste Gemeinschaft von Individuen, die vom Staat respektiert und deren Entfaltung auch gefördert werden sollte. Das Subsidiaritätsprinzip klang deutlich auch in den Bestimmungen durch, daß sowohl Territorialgemeinschaften (Provinzen und Kommunen) als auch kulturelle und sozioökonomische Gemeinschaften eine selbständige Tätigkeit entfalten können sollten. Dezentralisierung und korporative Ordnung gehörten zu den Kerngedanken, von denen aus das Programm aufgestellt worden war.

Auf protestantischer Seite[7] trifft man zum Teil vergleichbare Hintergründe und Bestrebungen an. Auch hier hatte die Verbreitung moderner Ideen, die auch in Kreise der Niederländisch-Reformierten Kirche durchgedrungen waren, orthodoxe Reaktionen zur Folge. Innerhalb der Welt dieses Réveil standen sich jedoch verschiedene Strömungen gegenüber. Die ethisch-irenische Richtung glaubte auch durch den Einfluß christlicher Persönlichkeiten in einem neutralen Staat zur Neuchristianisierung gelangen zu können. Eine im späteren Jahrhundert erstarkende Strömung suchte allerdings ihre Kraft in einer organisierten Isolierung von Orthodoxen, um den eigenen Kreisen die heidnische Welt fernzuhalten und dann erfolgreich zum Gegenangriff überzugehen. Das Vorgehen des protestantischen Führers Groen van Prinsterer in seiner späteren Lebensphase war darauf gerichtet. Seine Initiativen zur Mobilisierung des protestantischen Volkes und seine positive Haltung gegenüber den Möglichkeiten der parlamentarischen Demokratie waren in dem Licht zu sehen. Abraham Kuyper setzte diesen Weg fort. Seine entschiedene Proklamation der Antithese von heidnischer und christlicher Welt führte zu zahlreichen orthodox- protestantischen Aktivitäten auf organisatorischer Ebene: zur Anti- Revolutionaire Partij (ARP), zur eigenen Universität, Zeitung, zu sozialen Organisationen und zur Glaubensgemeinschaft – alles zeitlich weit vor den katholischen Initiativen.

Die Auffassungen von Kuyper und der orthodox-reformierten Richtung über das Verhältnis von Staat und Gesellschaft waren theologisch folgendermaßen untermauert: Nicht durch kirchliche Vermittlung, wie in scholastischer Tradition, sondern ›sola gratia‹, durch Gottes Gnade und durch Christi Leben und Tod ist die sündhafte Welt erlöst worden. Die ›Verordnungen Gottes‹ sind denn auch direkt in den verschiedenen Kreisen der Schöpfungsordnung durch souverän-göttlichen Eingriff niedergelegt. Die Geschöpfe sind in diesen verschiedenen Lebenskreisen auch direkt an die Anerkennung der göttlichen Souveränität und die dort gelten- den Verordnungen gebunden. Entscheidend ist nun, daß in der Reihe souveräner Kreise, die unterschieden wurden, wie das häusliche Leben, die Wissenschaft, die Ästhetik, das gesellschaftliche Leben usw., der Staat als Kreis für sich neben den anderen Kreisen stand und nicht darüber, im Gegensatz zur katholischen Auffas- sung, worin der Staat die höchste Gemeinschaft darstellte. Der Staat hatte sich also in die anderen Lebenskreise, die »im eigenen Kreis souverän« waren, nicht einzumischen. Diese Auffassung bedeutete im Prinzip eine radikale Einengung der Einmischung des Staates.[8] Das ARP-Programm, das 1879 zum ersten Mal fest- gelegt, in einigen Punkten revidiert und 1934 erneut formuliert und ausgelegt wurde,[9] enthielt denn auch eine Menge Artikel und Erläuterungen, die auf die Notwendigkeit einer Dezentralisierung eingingen und in bezug auf die Rolle des Staates, auch bei der Sozialfrage, eine äußerst vorsichtige Formulierung auf- wiesen.

In bezug auf den Staat oder die Obrigkeit an sich galt auch für die Orthodox- Reformierten, daß die Volkssouveränität verworfen wurde und man die Staatsge- walt von Gott ableitete. Daß in ihrer Auffassung die Staatsgewalt an die göttlichen Verordnungen gebunden war, erregt auch kein Staunen. Wohl ist es aber typisch orthodox-reformiert, daß diese Bindung nicht über eine Kirche, sondern direkt durch »das Gewissen sowohl der Obrigkeit als auch des Untertans« stattfand.[10] Dennoch konnte auch die Anti-Revolutionäre Richtung sich nicht den schleppen- den Diskussionen entziehen, die in protestantischen Kreisen über Artikel 36 des Niederländischen Dordrechter Glaubensbekenntnisses aus dem Jahre 1619 geführt worden waren. Darin sprach die Kirche sich ganz rigoros über eine Reihe von Staatsaufgaben zum Schutze der wahren Religion aus. Dazu gehörte auch »... allem Götzendienst und falschem Glauben zu wehren und ihn zu bekämp- fen«. Es wurde dieser Passus aus Artikel 36 im Jahre 1905 zwar gestrichen, was aber nicht verhinderte, daß man sich auch in der Anti-Revolutionären Welt weiter- hin mit dem genannten Glaubensbekenntnis verbunden fühlte, einschließlich Artikel 36. Es ist natürlich sehr fraglich, ob und inwiefern die kirchlichen und theologischen Orientierungen wirklich im Widerspruch stehen könnten zum Gewissen einer Obrigkeit in orthodox-reformierter Hand.

Bei der 1908 endgültig von der ARP losgelösten Christelijk-Historische Unie (CHU)[11] begegnet man im großen und ganzen denselben Orientierungen. Para- doxerweise bestimmte das Grundsatzprogramm der Union von 1951 in Artikel I jedoch noch immer, daß von einer Richtschnur auf staatlicher Ebene die Rede sei, u. a. durch »das Urteil der christlichen Kirche« und »die Führung Gottes in der Geschichte«. Oder auch, in Artikel IV, daß die Niederlande »als christlicher Staat im protestantischen Sinne« gelenkt werden sollten. Mit anderen Worten: das Band zwischen Kirche, Religion und Staat wurde, anders als bei der ARP, gerade wohl erwähnt. Der wesentliche Unterschied aber war das Fehlen der rigorosen neocal- vinistischen Prinzipienfestigkeit von Kuyper und seinen Anhängern. Trotz des gemeinsamen Ursprungs im Réveil des 19. Jahrhunderts behielten die Christlich- Historischen eher im Auge, was die alte Niederländisch-Reformierte Kirche vor- brachte, als was die Orthodox-Reformierten auszusagen hatten. So war in der Pra- xis die Distanz zwischen Kirche und staatlichem Leben größer. Bezeichnend ist, daß die CHU lange ausschließlich ein Grundsatzprogramm besaß. Oder aber, daß sie darin bekannte, es gehe ihr um die »Autorität Gottes« und nicht um die »Majorität« der christlichen Partei mit den entsprechenden Konsequenzen für die konfessionelle Organisationsbildung, Antithese usw. Auch hinsichtlich des Verhältnisses von Staat und Gesellschaft verhielt sich die Partei liberaler und pragmatischer als ihre Mutterorganisation.

Zusammenfassend: in konfessioneller Sicht sollte der Staat auf Religion und Kirche orientiert sein; der Staat empfing seine Souveränität von Gott und hatte denn auch Religion und Kirche zu schützen und zu fördern. Im Prinzip galt dies für den heidnischen Staat genausogut wie für den christlichen. In bezug auf das Verhältnis Staat – Gesellschaft existierten zwei Orientierungen. Einerseits wurde der Staat der Gesellschaft möglichst ferngehalten nach den Prinzipien der Subsidiarität und Souveränität im eigenen Kreise, um dem Einzelnen und natürlichen Gemeinschaften allen Raum zu geben. Abgesehen von der Wahrung der Rechtsordnung u. ä. wurde der Obrigkeit aber auch eine Aufgabe auf allerlei Gebieten zugebilligt, zum Beispiel auf sozioökonomischem Gebiet. Diese Zubilligung war bei den Katholiken viel ausgeprägter als bei den Protestanten; unter letzteren am wenigsten bei den Anti-Revolutionären.

Hervorgegangen aus dem Widerstand gegen den Einfluß des modernen, säkularisierten Staates und der Entchristlichung der Gesellschaft, boten diese theologisch und biblisch untermauerten Orientierungen geeignete Strategien zur Rückeroberung des für Kirche und Christentum verlorengegangenen Terrains, nämlich durch die allseitige Mobilisierung des christlichen Potentials in der Gesellschaft und durch den Kampf gegen den Einfluß des neutralen Staates. Übernahmen die Konfessionellen selbst die Macht im Staate, so konnte man von daher die erwünschten Verhältnisse stimulieren, während es zudem nicht ausgeschlossen war, daß man als Obrigkeit in bestimmten Punkten eingriff. Ganz abgesehen also von der theologischen Untermauerung kann man feststellen, daß die hier wiedergegebenen Orientierungen den Konfessionellen, sowohl aus der Opposition wie in der Regierungsverantwortung taktische Möglichkeiten und eine gute Wendigkeit einbrachten. Dies bedeutet, daß die hier kurz angedeuteten Ausgangspunkte an sich natürlich nicht das ganze politisch-gesellschaftliche Verhalten der Konfessionellen erklären können. Vieles hing von den konkreten politischen und wirtschaftlichen Verhältnissen ab, vom Umfang des Konsenses zwischen Katholiken und Protestanten und vom Grad der Abhängigkeit von Dritten, den Liberalen und Sozialisten. Trotzdem schließt sich das Bild, das sich aus dem tatsächlichen Verhalten der Konfessionellen bis zu den Jahren um 1960 ergibt, ziemlich konsistent den hier erörterten Orientierungen an.

2. Die konfessionellen Subkulturen

Außerordentlich erfolgreich waren die Konfessionellen in ihrem Bemühen, dem Staatseinfluß möglichst viele gesellschaftliche und kulturelle Sektoren zu entziehen und in eigene Verwaltung zu bringen. So entstand, was »das Privatsystem« (›het particuliere stelsel‹) genannt wurde, in dem man darauf abzielte, Privatkörperschaften öffentliche Interessen vertreten zu lassen.[12] Hierdurch entstanden gesellschaftliche Subsysteme oder Subkulturen, die mehr oder weniger autonom waren und in gewissem Sinne staatsfreie Räume genannt werden konnten. Die

Rolle der Obrigkeit blieb dort ja auf die Schaffung der Voraussetzungen, innerhalb deren die erforderliche Finanzierung stattfand, und auf die Einsetzung von Formen der Inspektion und Kontrolle beschränkt.

In der Verwaltung dieser Subgesellschaften spielten die organisatorischen Komplexe, die zu Ende des 19. und im Anfang des 20. Jahrhunderts unter weltanschaulichem Einfluß entstanden waren, die sogenannten »Säulen«, eine entscheidende Rolle. Ihre Entstehung ist in der Literatur auf verschiedene Arten interpretiert worden. Manche glauben, es seien Instrumente zur Emanzipation der betreffenden Gruppen gewesen, nämlich der »kleinen Leute« reformatorischer Herkunft, der jahrhundertelang benachteiligten Katholiken, der im Kapitalismus unterdrückten Arbeiter. In bezug auf die konfessionellen Säulen wird in letzter Zeit die be- und abschirmende Rolle der Organisationen betont, wodurch die Gläubigen auf manchen profanen Gebieten gegen den Einfluß der entchristianisierten Welt geschützt werden konnten.[13] Im Funktionieren der protestantischen und katholischen Subsysteme ist dies letzte Motiv wohl besonders deutlich erkennbar. Die Organisationen spielten darin ihre Rolle als Zusammenballung politischer, gesellschaftlicher und kultureller Macht, um den von ihnen gewünschten Lösungen für die zahlreichen Probleme Gestalt zu geben, vor die sich die modernisierenden Niederlande aus der Zeit um die Jahrhundertwende gestellt sahen. Dabei lieferte man sich erbitterte Kämpfe um die Loyalität der verschiedenen Bevölkerungsgruppen, selbstverständlich nicht zwischen protestantischen und katholischen, wohl zwischen den konfessionellen und den anderen Organisationen. Starke Beachtung fand in der Historiographie der Konflikt zwischen Konfessionellen und Sozialisten über die Loyalität der Arbeiterklasse. Aber auch für die Gewinnung von Mitgliedern aus den höheren Klassen, die sich ebenso oft zu allgemeinen, neutralen oder auch profiliert liberalen Vereinen hingezogen fühlten, mußten die Versäuler sich einsetzen. Gerade in diesem Zusammenhang ist dies letzte von Bedeutung. Es waren ja die Führer und der Kader der konfessionellen Organisationen, auf die Verwaltung und Ausbau des »Privatsystems« zukam. Und die stammten meist aus der mittleren oder höheren Klasse.

Obwohl die Versäulung ihre charakteristischen Züge in den Jahrzehnten um 1900 erhielt, stand der Prozeß danach keineswegs still. So hat man errechnen können,[14] wie sich der Grad der organisatorischen Versäulung zwischen 1914 und 1956 auf acht Gebieten entwickelt hat: Sozialarbeit, Unterricht, Jugendbildung, Presse, Sport, Gesundheitswesen, Kultur und Gewerkschaften – zusammen also den größten Teil der Gesellschaft umfassend. Die Zahl der allgemeinen, nichtversäulten Organisationen, die 1914 nur noch 56% der Gesamtzahl an Organisationen darstellte, war 1956 auf 47% weitergesunken. Der Anteil der konfessionellen Organisationen, 1914 39%, war bis 1956 auf 48% gestiegen. Die bedeutete hauptsächlich eine Erweiterung des katholischen Potentials. Mit dem Wirtschaftswachstum der fünfziger und sechziger Jahre und dem darauf beruhenden Ausbau des Versorgungsstaates wurden die konfessionellen Organisationen immer mehr in die Verwaltung der sich ausdehnenden Zahl von sozialen Versorgungsarrangements einbezogen; standen doch immer mehr Finanzmittel zur Verfügung, während an der Spitze des Staates die politische Macht der konfessionellen Parteien das Funktionieren dieser »typisch niederländischen Variante der Versorgungsgesellschaft«[15] abschirmte.

Um den Umfang und das Funktionieren dieser staatsfreien Subgesellschaften zu illustrieren, gehen wir auf zwei wichtige Sektoren, Unterricht und Gesundheitswesen, etwas näher ein.

Am intensivsten wurde der Kampf auf dem Gebiet des Unterrichts geführt. Hier sammelten die Konfessionellen ihre Erfahrungen mit der Bekämpfung des Staatseinflusses und der Gestaltung ihrer eigenen Wünsche, auf einem Felde, dessen Bedeutung für die in die Defensive gedrängte Kirche auf der Hand lag: Wer die Jugend hat, hat die Zukunft. Ein halbes Jahrhundert haben Katholiken und Protestanten zusammen für finanzielle Gleichstellung ihres eigenen »privaten« Unterrichtswesens mit dem öffentlichen gekämpft, die endlich 1917 erreicht wurde. Inzwischen hatte man verschiedene Male die Strategie gewechselt.[16] So strebte der protestantische Führer Groen van Prinsterer zunächst eine Trennung des öffentlichen Unterrichtswesens aufgrund der Konfessionen an, eine Möglichkeit, die durch das Gesetz von 1857 schon abgeschnitten war. Darauf wurde es das Ziel Kuypers, eigene, freie Schulen zu gründen, das heißt Schulen, die von jeder Staatseinmischung frei waren, die aber in finanzieller Hinsicht für die betreffenden Eltern keine zusätzliche Belastung darstellen sollten. Subventionen wünschte er nicht, denn an die Subventionierung konnte der Staat Bedingungen knüpfen. Das sogenannte Rückerstattungssystem sollte aber das von christlichen Eltern gezahlte Steuergeld an sie zurückzahlen, soweit dieses sonst für die Erteilung des öffentlichen Unterrichts angewendet worden wäre. Mit diesen zurückerstatteten Geldern, auf die die Eltern also ein Anrecht hatten, konnten sie dann ihren eigenen, freien Unterricht bestreiten. Der einzige Kontakt mit dem Staat sollte in der Organisation der Rückerstattung bestehen: völlige Souveränität im eigenen Kreis. In der Praxis wurde aber dennoch das System der Staatssubvention angewandt, verbunden mit Forderungen und Kontrolle hinsichtlich der Gestaltung und Qualität des Unterrichts. Nach seinem Anfang im Jahre 1889, als das erste christliche Koalitionskabinett einen Reichszuschuß für die Gehälter der Lehrkräfte festsetzte, erreichte dieser Prozeß 1917 seine Abrundung, als das Prinzip der vollständigen Gleichstellung als solcher ins Grundgesetz aufgenommen wurde.
Folgende Angaben, die sich auf die Schülerzahlen des öffentlichen und privaten Unterrichtswesens beziehen, veranschaulichen die Entwicklung (s. S. 80).

Um 1980 herum waren etwa 70% der gesamten Vorschulerziehung, des Volksschul- und des höheren Unterrichts privat, davon etwa 60% konfessionell; von den zwölf Universitäten und Hochschulen sind jetzt drei privat und von den Lehranstalten für höheren Berufsfachunterricht die große Mehrheit. Auch die Organisationen der Lehrerschaft, der Schulvorstände, pädagogischer Zentren usw. sind alle großenteils versäult und spielen ihre Rolle in den nationalen Unterrichtszentralen, die ihrerseits, versäult und subventioniert, auf die ministerielle Unterrichtspolitik einen mächtigen Einfluß ausüben.[17]
Ein Gebiet von vergleichbarer Bedeutung ist die Volksgesundheit. Es hat hier lange gedauert, ehe von umwälzender Gesetzgebung die Rede war.[18] Zwar hatte die »Medizinische Staatsregelung« von 1865 manches in bezug auf Ausbildung und Berufsausübung von Ärzten festgelegt und eine medizinische Inspektion introduziert, die in einem Gesetz von 1901 näher ausgearbeitet wurde; zwar wurden auch auf kommunaler Ebene notwendige Verbesserungen durchgeführt auf dem Gebiet der Hygiene, Trinkwasserversorgung, Kanalisation u.ä., aber an bedeutender neuer Gesetzgebung kam in der ganzen Periode zwischen den Kriegen nichts zustande und auch nach dem Krieg dauerte es bis 1956, bis ein Gesetz zur Organisation des ganzen Gesundheitswesens kam, während erst in den

Schüler des Volksschulunterrichts, %, 1850–1960

Jahr	öffentl.	privat	Jahr	öffentl.	privat
1850	77	23	1910	62	38
1860	79	21	1920	55	45
1870	77	23	1930	38	62
1880	75	25	1940	27	73
1890	71	29	1950	27	73
1900	69	31	1960	27	73

Quelle: P.J. Idenburg, Schets van het Nederlandse Schoolwezen, Groningen 1964[2], S. 114.

Schüler des höheren Unterrichts, %, 1930–1956

Jahr	öffentl.	privat	Jahr	öffentl.	privat
1930	60.5	39.5	1950	43.5	56.5
1940	51.8	48.2	1952	41.4	58.6
1946	47.5	52.5	1954	39.5	60.5
1948	45.8	54.2	1956	37.6	62.4

Quelle: M. Matthijssen, De intellectuele emancipatie der Katholieken, Assen, 1958, S. 83 (überarbeitet).

Jahren 1966–1968 die Gesetzgebung zur Krankenversicherung abgeschlossen wurde. Nach der Meinung von A. Querido, der lange selbst die Volksgesundheits-inspektion leitete und deren Geschichte zu Papier brachte, hatte die Verzögerung zwei Ursachen: die wirtschaftlichen Hemmnisse infolge der Kriege und mehrerer Perioden des Konjunkturniedergangs, aber auch »zu einem nicht unbedeutenden Teil« war es eine Folge »der Abneigung vor Staatseinmischung als solcher, die sich aus Unternehmerkreisen fortsetzte bis in den Bereich der Sozialarbeit und dort im weltanschaulichen Partikularismus eine Basis fand«.[19] Mit anderen Worten: das traditionell von den Kirchen beherrschte Gebiet der sozialcharitativen Arbeit, auf dem auch die entsprechende Volksgesundheit betrieben wurde, wollten die Konfessionellen möglichst viel außerhalb der Staats-einmischung halten, um ihre eigenen Aktivitäten darauf um so mehr zu erweitern. Und tatsächlich, während im 19. Jahrhundert auf dem Gebiet des Gesundheitswe-sens und der Sozialarbeit in katholischen Kreisen kaum Initiativen wahrzuneh-men waren, veröffentlichte eine katholische Zeitschrift 1945 folgende Zahlen über katholische Einrichtungen: 118 Krankenhäuser, 8 psychiatrische Heilanstal-ten, 230 Anstalten für Altersfürsorge und 71 für körperlich schwache, elternlose, vernachlässigte oder geistig behinderte und schwachsinnige Kinder.[20] Auch auf protestantischer Seite war dies alles, wenn auch in geringerem Umfang, zur Ent-wicklung gekommen. In den Jahrzehnten nach 1945, als dieser Sektor um zahlrei-che Formen der Sozialarbeit und der geistigen Gesundheitsfürsorge erweitert wurde, ermöglichte auch hier das Wirtschaftswachstum dem Staate, viele oder sogar die meisten dieser Privatinitiativen zu subventionieren; anders als im Unterrichtswesen hatte die Subventionierung in diesem Bereich bis 1940 nur spärlich stattgefunden. Indiz dafür ist der Umschlag in der Finanzierung der sogenannten »Kreuzvereine«, private Organisationen für häusliche Krankenpflege, die sich nach 1945 zu den wichtigsten Organisationen auf dem Gebiet des sozialen Gesundheitswesens entwickelten und ihr Aufgabenpaket ordentlich ausbauten, so daß 1957 schon 60% der Bevölkerung Mitglieder dieser Vereine waren. Die katholischen »Kreuzvereine« bezogen ihre Einkünfte 1950 noch zu mehr als der Hälfte aus Mitgliedsbeiträgen, nur zu einem Viertel aus Staatszuschüssen und im übrigen aus anderen Quellen. 1970 waren die Verhältnisse gerade umgekehrt. Zu mehr als der Hälfte wurde die Arbeit staatlich subventioniert und bildeten die Mitgliedsbeiträge nur noch ein Viertel der Einkünfte.[21]

Auf diesem und vielen anderen Gebieten haben die katholischen und protestantischen Subgesellschaften so in verhältnismäßiger Autonomie funktioniert. Die Unabhängigkeit vom Staat und die Regelung im eigenen Kreise von umfangreichen und wichtigen Aufgaben wurde dabei von den Säuleneliten als demokratisch dargestellt und von vielen auch so empfunden. Die besonderen Gemeinschaften, welche die weltanschaulichen Gruppen bildeten, wurden als solche in ihren Rechten vom Staate anerkannt. Das Gefühl der Hintansetzung unter Katholiken und Orthodox-Reformierten verflüchtigte sich, da man nun im eigenen Kreise, unter der Leitung der eigenen Führer und Kader von modernen Einrichtungen wie Unterrichtswesen, Gesundheitswesen und sozialer Dienstleistung Gebrauch machen konnte. Weil dies alles auch von der gemeinsamen religiösen Überzeugung getragen und teilweise inspiriert war, entstand jenes besondere Amalgam traditioneller und moderner Elemente, das für die konfessionellen Subkulturen so kennzeichnend gewesen ist.[22] Zuviel Nachdruck auf manche konservative Züge des Vorgehens der Konfessionellen kann deshalb irreführend sein. Selbstverständlich namentlich dort, wo von neuen Möglichkeiten Gebrauch gemacht wurde, offenbarte sich das moderne Element. Auf dem Unterrichtsgebiet beispielsweise stellte die Gründung zahlreicher katholischer höherer Schulen im homogenen katholischen Süden einen wichtigen Schritt dar in der kulturellen Emanzipation der Region, so daß Versäulung und Emanzipation hier in einem Atem genannt werden können. Aber als in derselben Region das schon seit langem existierende und normal funktionierende öffentliche Grundschulwesen unter dem Druck des meist jüngeren und engagierten Klerus in ein privates umgetauft wurde, brachte das zahlreiche Reibungen und Konflikte. Unter den Eltern, der Lehrerschaft und den Schulvorständen verstand niemand, warum die Veränderungen notwendig waren, denn eigentlich war der öffentliche Unterricht – etwa wie Groen van Prinsterer es sich vorgestellt hatte – dem Geist nach katholisch. In Limburg gelang es erst in den letzten fünfzehn Jahren vor 1940, dem größten Teil der Grundschulen den Status des Privatschulwesens aufzuerlegen.[23] Damit ist nicht gesagt, daß Konflikte nur in vergleichbaren Situationen im Versäulungsprozeß vorgekommen wären. Auch in vielen anderen Fällen konnte die Versäulung nur mit viel Überredung und manchmal auch kirchlichen Sanktionen durchgeführt werden. Das Vorgehen der geistlichen Berater in den katholischen Vereinen und ihre Einmischung in zahlreiche profane Dinge ist in diesem Zusammenhang zu nennen,[24] aber für die Rolle einer ganzen Reihe von orthodox-reformierten Pastoren und Kirchenältesten gilt dasselbe. Ohne die emanzipatorische

Bedeutung des Verhaltens all dieser kirchlichen Amtsträger unberücksichtigt lassen zu wollen, muß doch auch festgestellt werden, daß die Konflikte und Reibungen infolge ihres Vorgehens in der älteren Historiographie unterbelichtet geblieben sind. Dasselbe gilt für die Einschätzung der Loyalität des Kirchenvolkes, die darin als zu selbstverständlich und umfassend dargestellt wurde.

3. Korporativismus und starker Staat

Von den Reformen, die die konfessionellen Parteien während der ganzen ersten Hälfte des Jahrhunderts angestrebt haben, ist die Reorganisation der Gesellschaft in korporativer Richtung die wohl augenfälligste. Höchstens unter der Aufsicht des Staates sollten die verschiedenen gesellschaftlichen Gruppierungen, namentlich aus der Wirtschaft, zu einer gegenseitigen Regelung ihrer Angelegenheiten kommen. Auf diese Art war die korporative Lösung dem intervenierenden Staat prinzipiell entgegengesetzt. Die korporative Idee gehörte zum konservativen Denken, das nach der Aufklärung und der Französischen Revolution beachtlichen Anklang fand und sich gegen die daraus hervorgehenden modernen, zentralistischen Staaten wehrte. Es verflocht sich im konfessionellen Denken direkt mit den Grundsätzen der Souveränität im eigenen Kreise und der Subsidiarität. In den Niederlanden[25] wurde darüber schon Ende des 19., Anfang des 20. Jahrhunderts so manches geschrieben, aber besonders in den Jahrzehnten zwischen den beiden Weltkriegen wurde eine wahre Ordnungsdebatte geführt, zu der die besonderen Verhältnisse nach dem Ersten Weltkrieg und die Wirtschaftskrise der dreißiger Jahre natürlich den Hintergrund bildeten und zu der auch die Sozialdemokraten einen bedeutenden Beitrag leisteten. Konkrete Resultate hatte die Diskussion nur insofern, als in zwei Runden, 1922 und 1938, das Grundgesetz so geändert wurde, daß es möglich wurde, neue «öffentliche Körperschaften für Beruf und Gewerbe» zu gründen und mit öffentlich-rechtlichen Befugnissen auszustatten. Außerdem wurde auch das Mittel der Tarifverträge immer mehr angewandt, anfangs in rein zivilrechtlicher Art und somit nur unter Einschluß der organisierten Arbeiter eines einzigen Unternehmens. Ein Gesetz aus dem Jahre 1937 bot jedoch die Möglichkeit, Tarifverträge für alle Beteiligten eines ganzen Wirtschaftszweiges für verbindlich zu erklären. Bis 1940 machte man davon aber zunächst sparsamen Gebrauch. Erst 1950 kam es zu einem umfassenden Gesetz über die Publiekrechtelijke Bedrijfsorganisatie (PBO), d.h. über die öffentlich-rechtliche Organisation der Wirtschaft, die einen klaren konfessionellen Sieg über das sozialistische Ordnungsstreben in dem Sinne bedeutete, daß die Rolle des Staates darin auf ein Mindestmaß beschränkt wurde. Es sollten die gesellschaftlichen Organe selbst sein, die zu entscheiden hatten, ob neue Körperschaften eingerichtet würden und auf was sich ihre Befugnisse de facto erstrecken sollten. Das Gesetz ließ die Wirtschaft darin frei. Wohl wurde als Dachorgan der Sociaal Economische Raad installiert, in dem Arbeitgeber, Arbeitnehmer und Staat paritätisch vertreten waren, aber dieser erhielt nur beratende Kompetenz. Mit diesem PBO-Gesetz wurde noch ein anderer Grundzug des konfessionellen Korporativismus deutlich: er hatte sich fast immer auf gesellschaftliche Ordnung beschränkt. Mit Ausnahme des organischen Wahlrechts, das die ARP erstrebt hatte, und einiger freier Veröffentlichungen, worin eine korporative Kammer vorgeschlagen wurde, trifft man von staatlichem Korporativismus in diesen Kreisen nichts an. Wie restriktiv man in Anti-Revolutionären Kreisen[26] über die Rolle des Staates dachte, zeigte sich schon 1900, als ein liberales Kabinett das erste Sozialversicherungsgesetz vorlegte, eine Pflichtunfallversicherung für Industriearbeiter, deren Durchführung bei einer Reichsversicherungskasse liegen sollte. Die Diskussion im Parlament wurde vom Großamendement-Kuyper beherrscht, das den Gewerbevereinen, und nicht dem Reich die Gelegenheit bieten wollte, diese und dann auch eventuell später zu entwerfende andere Versicherungen zu verwirklichen. Auch der Anti-Revolutionäre Widerstand gegen Minister Pastor Talma, aus der eigenen Partei stammend, aber in mehreren Hinsichten ein Außenseiter, ist bezeichnend. Die meisten seiner zahlreichen um 1900 herum lancierten Vorschläge zum Schutze spezifischer Berufsgruppen mit Staatshilfe kamen nicht durch. Seinen wichtigsten Entwurf zur Errichtung von Sozialversicherungsämtern (Raden van Arbeid), paritätisch aus Arbeitgebern und Arbeitnehmern zusammengesetzt und zur Ausführung verschiedener Versicherungsgesetze vorgesehen, hatte er außerdem mit öffentlich-rechtlicher Verordnungskompetenz ausstatten wollen, aber auch dieser Plan schlug fehl. So blieb in diesen Kreisen die Aufmerksamkeit auf die Erweiterung der Tarifverträge beschränkt, die man als Ausgangspunkt für möglicherweise später zu entwerfende, weitergehende Ordnungsformen betrachtete. Wohl brachten die Krisenjahre die Staatsrolle etwas stärker ins Blickfeld der Protestanten, besonders der Christlich-Historischen, die 1937 sogar grundsätzlich Staatslenkung des sozioökonomischen Systems akzeptierten.

In welchem Umfang hingegen im Kreise von Colijns ARP Staatseinmischung abgelehnt wurde, geht deutlich hervor aus dem Zusammenstoß zwischen dem Christelijk Nationaal Vakverbond, der protestantischen Gewerkschaft, und dem maßgebenden Philosophen der orthodox-reformierten Vrije Universiteit H. Dooyeweerd.[27] Dessen radikales Durchdenken des Kuyperschen Erbes führte unter anderem zur Festellung, daß die Eigenart der Kreise von Wirtschaft und Staat jede Vermischung verbot. Die Wirtschaft sei, in Dooyeweerds Terminologie, ein Gesellschaftsverband, gekennzeichnet durch unternehmerische Funktion, Risiko und Wettbewerb, und der Staat ein institutioneller Verband, »eine öffentlich-rechtlich organisierte Gemeinschaft«, gekennzeichnet durch »die Macht des Schwertes auf einem territorial begrenzten Kulturgebiet.« Schon in den zwanziger Jahren hatte Dooyeweerd der Gewerkschaft das Recht auf Einsichtnahme in die Betriebsbuchführung verweigern wollen: das sei mit den »Eigentumsverordnungen«, die in einem Gesellschaftsverband zu herrschen hätten, unvereinbar. Als es nach 1945 im Ernst um die PBO ging, beschuldigte er die christliche Gewerkschaft unerlaubter Vermengung der Verantwortlichkeiten von Staat und Gesellschaft. In einer PBO sollte der Staat ja Kompetenzen, die seine Eigenart ausmachten, abtreten oder delegieren; und das ähnelte der verabscheuenswerten, von sozialistischer Seite vorgeschlagenen funktionalen Dezentralisierung. Anders als im 19. Jahrhundert, als gegen den Individualismus der Gemeinschaftsgedanke mit Recht vertreten wurde, galt es nach seiner Meinung nach 1945 gerade, »gegen die Überspannung der Gemeinschaft die christliche Wertschätzung des Gesellschaftsverhältnisses« zu verteidigen. Die protestantische Gewerkschaft ließ sich das natürlich nicht bieten, aber der Vorfall illustriert das äußerst beharrende Klima, welches das Erbe von Colijn[28] innerhalb der ARP geschaffen hatte.

Auf katholischer Seite[29] strebte man, sicher nach dem Erscheinen von *Quadrage-simo Anno* im Jahre 1931, viel geradliniger die Verwirklichung eines vollständigen korporativen Systems an. Aber schon viel früher, 1914, war es dem Katholiken Veraart gelungen, einen alle Beteiligten umfassenden Tarifvertrag im typographischen Gewerbezweig durch das System des sogenannten Closed Shop zu erzielen, wobei Gewerkschaftsmitgliedschaft aller sowieso schon hochorganisierten Typographen Voraussetzung war. Außerdem bezog sich dieser Tarifvertrag nicht nur auf Arbeitsbedingungen, sondern auf verschiedene wirtschaftliche Fragen. In den ersten Nachkriegsjahren, der Zeit der »Zitterbourgeoisie«, gelang es Veraart außerdem innerhalb kurzer Zeit, im katholischen Kreis ein vollständiges System von Betriebsräten auf die Beine zu stellen, das die Einführung der PBO landesweit vorbereiten sollte, das aber durch den Widerstand der mächtigen katholischen Arbeitgeber schon bald in sich zusammenbrach. Bezeichnend ist trotzdem, daß unter den Katholiken der aus diesem Experiment hervorgegangene Raad van Overleg (Verhandlungsrat) zwischen den sozialen Organisationen weiterexistierte. Manche gesellschaftlichen Konflikte sind dadurch kanalisiert worden. Auch waren in der Fraktion der katholischen Partei in der Zweiten Kammer immer alle gesellschaftlichen Gruppen systematisch vertreten, so daß sie einer Art Parlament des katholischen Teiles des Volkes glich. Weil man schließlich auf katholischer Seite auf die Verwirklichung eines korporativen Systems größeren Wert legte als bei anderen Konfessionellen, entstand etwas wie eine kollektive Identifikation mit dem Streben nach einer PBO. Für zahlreiche Katholiken bildete die katholische Korporativismusdoktrin die einzig richtige Lösung der gesellschaftlichen Frage. Eine mit großem Elan von der katholischen Arbeiterbewegung geführten Aktion »Naar de Nieuwe Gemeenschap« (Zur neuen Gemeinschaft), Ende der dreißiger Jahre, demonstrierte die großen Erwartungen, die man mit der PBO verband: einen endgültigen Sieg über den Kapitalismus.

Die Debatte über die Staats- und Gesellschaftsreform in antiliberalem Geist wurde in den dreißiger Jahren verunstaltet durch radikal antidemokratische Töne, die teilweise von kleinen Gruppen katholischer Jugendlicher, Studenten, Literaten und Künstler stammten. Die Historiographie hat ihnen verhältnismäßig viel Aufmerksamkeit geschenkt,[30] wenn auch auf sie die Redensart ohne weiteres zutrifft: Viel Geschrei und wenig Wolle. Es fällt aber auf, daß ihre vagen Vorschläge sich in der zweiten Hälfte der dreißiger Jahre mäßigten, wie das bei Gerard Knuvelder und sogar bei Arnold Meyer der Fall war, der übrigens später bei der Nationaal-Socialistische Beweging landen sollte. In einer Veröffentlichung aus dem Jahre 1934 zeigte er eher eine konservative und antietatistische Staatsauffassung als eine totalitär-faschistische. Er plädierte für regionale und funktionale Dezentralisierung und umschrieb die Staatsaufgabe in Formeln des Subsidiaritätsprinzips. Diese Mäßigung hat man wohl mit Recht erklärt mit dem Hinweis auf den Einsatz der katholischen Partei für Gesellschaftsreformen, der diesen Radikalen den Wind aus den Segeln nahm. Denselben Effekt hatten möglicherweise auch manche weitgehenden politischen Vorschläge, die aus maßgebenden katholischen und protestantischen Kreisen gemacht wurden. So befürwortete der katholische Jurist, Professor und Minister C. Romme 1937 eine erhebliche Verstärkung der Macht des Fürsten und eine dementsprechende Schwächung der Position des Parlaments, und speziell die Möglichkeit, außerhalb des Parlaments und der parlamentarischen Verhältnisse königliche Kabinette zu bilden, die von dem König und den politischen Führern des Volkes gebildet werden könnten. Dieser Vorschlag zeigte viel Ähnlichkeit mit dem Plädoyer, das der protestantische Ordinarius Gerretson wenige Jahre vorher gehalten hatte und in dem er es sich so vorgestellt hatte, daß ein solches königliches Kabinett von oben eine korporative Ordnung einführen sollte; dazu hatte er ARP-Führer Colijn ausersehen. Am weitesten ging wohl Romme in einer Broschüre aus dem Jahre 1945, worin er u.a. die Anerkennung Gottes als erster Ursache und letztes Ziel des Staates im Grundgesetz aufgenommen sehen wollte und Ernennbarkeit für Staatsämtern vom Unterschreiben dieser Leitlinien abhängig machen wollte. Auch plädierte er darin für eine einzige, teils korporativ, teils aus den Provinzialstaaten gewählte Kammer, die außerdem in der Gesetzgebung eine geringe Rolle spielen sollte, und sprach sich auch aus für die Einschränkung der verfassungsmäßig verbürgten Rechte auf Vereinigungs-, Versammlungs- und Pressefreiheit.

Zum Verhalten der Konfessionellen in bezug auf letztgenanntes müssen einige Randbemerkungen gemacht werden. Am wenigsten noch zum Vereinigungs- und Versammlungsrecht, das unangefochten im Grundgesetz stehenblieb. Zwar legte RKSP-Minister Goseling 1938 einen Entwurf zur Änderung des Gesetzes, das dieses Recht näher regelte, vor. Er bezweckte hauptsächlich, gegen die extremistischen Parteien zur Rechten und Linken vorgehen zu können. Aber die Formulierung ließ über noch andere Anwendungsmöglichkeiten Zweifel zu, so daß eine RKSP-Zeitschrift öffentlich verlauten ließ, daß man erwartete, einige Organisationen auf dem Gebiet der sexuellen Emanzipation, der Nieuw-Malthusiaanse Bond (NMB) und ein Komitee von Homosexuellen, das Nederlandsch Wetenschappelijk Humanitair Komitee würden bald die Folgen des neuen Gesetzes spüren[31] – wozu es aber nicht kam. Was die Pressefreiheit angeht: noch 1954 sprach sich ein Staatsausschuß für die Einführung einer Beschränkung dieses Rechts im Grundgesetz aus, so daß bestimmte Ausgaben zeitweilig verboten werden könnten. Aus einem Zwischenbericht des Ausschusses geht hervor, daß man besonders kommunistische Veröffentlichungen, vermutlich namentlich die Parteizeitung *De Waarheid*, im Auge hatte.[32] Auch aus dieser Grundgesetzänderung wurde nichts. Wohl aber scheint man auf konfessioneller Seite Effekte, Reichweite und Stil einiger neuer Medien einigermaßen gefürchtet zu haben, die im strengsten Sinne nicht unter den Bereich der Pressefreiheit fielen, dem Geiste nach aber wohl, und später somit dank dem Recht der freien Meinungsäußerung geschützt wurden. Über die Film- und Rundfunkzensur darum Folgendes: Als sich der Film[33] in der Form von Kinos in den Großstädten dauerhaft etabliert hatte, etwa in den Jahren 1910–1914, dauerte es nicht lange, bis sich Zweifel über die moralische Zulässigkeit des Vorgeführten bei der staatlichen Obrigkeit einstellten. Das nach vielen mißlungenen Versuchen zustande gekommene Kinogesetz von 1926 führte schließlich zwei Zensurtypen ein: eine zentrale Reichszensur und eine Nachzensur der städtischen Behörden. Ziemlich viele Gemeinden in den katholischen südlichen Landesteilen hatten übrigens schon vor 1926 eine ihnen gesetzlich genehmigte Aufsicht nach den Gutachten eines privaten, katholischen Vereins, Voor Eer en Deugd (Für Ehre und Tugend), eingerichtet, der ein Viertel bis zu einem Drittel aller Filme unter der Kategorie »nicht gut« unterbrachte und im allgemeinen strenger zensierte, als es im Norden und Westen des Landes geschah. Zur Tätigkeit der Katholieke Film Centrale (KFC), die 1929 als offizielle Instanz der Nachzensur ihre Aufgabe übernahm, verfügen wir über Zahlenmaterial. Aus einem Datenvergleich der französischen katholischen Nachzensur und der KFC geht hervor, daß letztere »bedeutend strenger« zensierte. So fielen zwischen 1929 und 1946 mehr als 50% der Filme in eine der Kategorien »unter Vorbehalt« und über 10% wurden für unzulässig erklärt. Zwischen 1946 und 1966 wurde ein Viertel der Filme strenger beurteilt als bei der zentralen Reichsfilmzensur.[34]

Zu diesem Filmzensurprojekt ist festgestellt worden,[35] daß es eine typische Form von theokratischem Moralismus auf katholischer Seite war. Die Entwicklung der Filmindustrie wurde in diesem Kreis sicher nicht begeistert begrüßt, aber unter einer Kontrolle, welche die katholische Moral berücksichtigte, war die Sache wohl im Griff zu halten – letztendlich hatte die katholische Kirche eine reiche Erfahrung mit dem Instrument der Zensur. Das charakteristische Verhalten auf calvinistischer Seite wird von demselben Autor aber als völlig ablehnend umschrieben, als »Meidung«, die auf Bildangst zurückzuführen sei, auf eine im Calvinismus tiefverwurzelte Abneigung gegen als heidnisch befundene Abbildungstraditionen. Das auf katholischer Seite in Erscheinung tretende Streben eines »baptisez le cinéma«, das von den dreißiger Jahren an auch in den Niederlanden zu zahlreichen katholischen Filmaktivitäten führte, wurde in orthodox-reformierten Kreisen erst um die sechziger Jahre langsam akzeptiert.

Auch beim Rundfunk gab es zwischen 1930 und 1940 Zensur.[36] Das niederländische Rundfunkwesen war und ist ein versäultes System. Organisationen, die sich allgemein nennen wie auch andere, die sich gerade weltanschaulich profilieren, wie protestantische, katholische und sozialistische, beherrschen den Äther. Als 1928 in der Kammer die Rundfunkordnung behandelt wurde und man sich auch über die ›Radio Contrôle Commissie‹ aussprechen konnte, hatte eigentlich niemand Schwierigkeiten mit der präventiven und repressiven Zensur, deren sich die Kommission würde bedienen können. Aber als sie ihre Arbeit einmal aufgenommen hatte, änderte sich das schnell. Ein Blick auf die Zahlen macht sofort deutlich, wer am stärksten von der Zensur betroffen wurde, die vorwiegend präventiv ausgeübt wurde. Die Kommission forderte in diesen zehn Jahren insgesamt etwa 8300 Texte zur Kontrolle an, verbot davon 217 und strich in 840 weiteren. Jeweils etwa 60% dieser drei Typen von Eingriffen richteten sich gegen die VARA (Vereniging van Arbeiders Radio Amateurs), den sozialistischen Rundfunkverein, mit der Sozialdemokratischen Partei und mit den anderen Mitgliedern der roten Familie liiert; der Rest betraf alle anderen Rundfunkanstalten zusammen. Bei der VARA handelte es sich dann zum Beispiel um ein Verbot einer Gedenkfeier für den Mord an Matteotti oder ein Verbot, fünf Schweigeminuten anläßlich der Hinrichtung van der Lubbes einzulegen; regelmäßig waren auch antimilitaristische Texte Gegenstand der Zensur. Als dann auch die Regierung 1933 die Kontrollregeln mit einem generellen Verbot politischer Sendungen verschärfte, das sich namentlich gegen die VARA richtete, standen Sozialisten und Konfessionelle in der Kammer einander unversöhnlich gegenüber. Nach der Besatzungszeit wurde diese Form der Zensur nicht wiedereingeführt.

4. Familienschutz

In der Auffassung der christlichen Kirchen und der konfessionellen Politiker des 19. und 20. Jahrhunderts bildete die Familie Fundament und Keimzelle der Gesellschaft. Nach dem Wortlaut von *Rerum Novarum* ging die Familie logischerweise und zeitlich dem Staate voraus; sie hatte darum »ganz unabhängig vom Staate« ältere Rechte.[37] Und nach Kuyper lag in der Familie »die Wurzel und der Keim, woraus der ganze Staat hervorwächst.[38] Es war also ein ›eigener Kreis‹, aber offenbar noch mehr als das: »Die Familie ist die reichste aller primordialen Einrichtungen, die als solche sogar weit über den Staat hinausragt.«[39] Der Hintergrund dieser Hochschätzung, die natürlich auf alte, kirchliche Traditionen zurückgriff, andererseits aber in neuster Zeit wohl besonders scharfe Züge annahm, ist kürzlich treffend zusammengefaßt worden, als »die Familie als antirevolutionäres Projekt unter kirchlicher Obhut«[40]: ein festgefügtes Familienleben sollte eine Wiederholung von Revolution und Chaos verhüten und zufriedene und arbeitsame Bürger für Gegenwart und Zukunft garantieren. Diese ganze Konzentration auf die Familie bekam unter den niederländischen Katholiken noch ein zusätzliches Motiv von der notwendigen Emanzipation her: Das Ergebnis des Familienkults sollte auch die zahlenmäßige Verstärkung des niederländischen Katholizismus sein. Auch in allgemeinerem Sinn, so wurde von religionssoziologischer Warte bemerkt, waren und sind die Kirchen, mal vom Unterrichtswesen abgesehen, auf die Familien als Quellen kirchlicher Rekrutierung und religiöser Sozialisierung angewiesen.[41] So spielten ganz unterschiedliche Motive in diesem einen Streben mit: die Familie zu verstärken und die Glieder zwischen Ehe, Familie und Fortpflanzung mit allen, auch staatlichen Mitteln, gegen den modernen Geist zu schützen und zu stärken. Einige wichtige Aspekte dieses Strebens können folgendermaßen erläutert werden.[42]

Die Sittlichkeitsgesetzgebung von 1911,[43] vom katholischen Minister Regout des christlichen Koalitionskabinetts Heemskerk vorgelegt, bedeutete einen Bruch mit der liberal inspirierten Gesetzgebung des 19. Jahrhunderts. Während diese sich auf die Verhütung von Unsittlichkeit in der Öffentlichkeit beschränkte, so daß der Bürger nicht gegen seinen Willen mit hineingezogen werden konnte, bezweckte der Gesetzgeber von 1911, wie es umschrieben wurde, »die Wiederherstellung der überindividuellen ›sittlichen Ordnung«,[44] die auch Folgen haben sollte für eine Verbesserung der persönlichen Sittlichkeit der individuellen Bürger und deren Verhältnisse, beispielsweise in der Ehe: der Staat als Sittenrichter.[45] So wurde eine neue Bestimmung aufgenommen, durch die Minderjährige gegen homosexuelle Verführung geschützt werden sollten. Nach 1811 war es das erste Mal, daß Homosexualität wieder unter Strafe gestellt wurde. Illustrativ ist auch die Verschärfung der Pornographiebestimmung. Wo der Bürger bisher nur gegen eine plötzliche Konfrontation mit einem »fliegenden Blättchen« geschützt wurde, wurde nun der Handel mit jedwedem pornographischen »Schrifttum« unter Strafe gestellt. Damit setzte sich das Gesetz zur Wehr gegen Produktion von und Handel mit pornographischer Lektüre als solcher. Am deutlichsten suchte aber der Gesetzgeber das Band zwischen Sexualität und Fortpflanzung durch neue Bestimmungen über Abtreibung und Antikonzeptiva zu schützen. Verkauf und Verbreitung der Antikonzeptiva und Abortiva wurden unter Strafe gestellt, und die Bestimmungen über Abtreibung wurden derart geändert, daß man leichter gegen Abtreiber vorgehen konnte. Mit all diesen Maßnahmen wollte Regout, wie er sagte, einen Damm errichten gegen »die große Kraft, mit der die Unsittlichkeit ... in immer neuen Formen das gesellschaftliche Leben bedroht«.[46]

Im Laufe der Jahre versuchte man diese Abwehr gegen die Unsittlichkeit noch zu erweitern und zu verschärfen. So verweigerte die staatliche Obrigkeit mehrere Male Vereinigungen die Rechtspersönlichkeit, die sich sexuelle Emanzipation zum Ziel setzten, wie das COC (Cultuur- en Ontspanningscentrum, ein Verein von Homosexuellen) und der NMB, später die Nederlandse Vereniging voor Sexuele Hervorming.

Ihr öffentliches Auftreten wurde dadurch ernsthaft erschwert. Besonders erwähnenswert ist hier aber, daß die örtlichen Behörden, indem sie von den dezentralisierenden Möglichkeiten der Kommunalverfassung von Thorbecke Gebrauch machten, durch Ergänzungen in den Polizeiverordnungen u.a. die Verbreitung von Antikonzeptiva in den südlichen Landesteilen lange fast gänzlich zu verhindern wußten. Auch Versuche zur Verschärfung mancher Bestimmungen wurden noch unternommen, u.a. von dem mit der katholischen Partei liierten Centrum voor Staatkundige Vorming, das 1950 noch vorschlug, Homosexualität auch zwischen Volljährigen ganz zu verbieten und zu einem vollständigen gesetzlichen Antikonzeptivaverbot zu gelangen. Bei diesen Vorschlägen blieb es aber.

Einerseits läßt sich nun mit Sicherheit feststellen, daß die Konfessionellen sich bei dieser gesetzgeberischen Tätigkeit von ihren religiösen und moralischen Überzeugungen leiten ließen. Die kirchliche Ablehnung und Verurteilung der Homosexualität und jeder Methode der Geburtenregelung mit Ausnahme der periodischen Enthaltung, ist zu Genüge bekannt. Eine Fülle von katholischen und protestantischen Publikationen, Kundgebungen und Kongressen, von zahlreichen Vereinen und Komitees getragen, hat das Zustandekommen und die Wahrung der Sittlichkeitsgesetzgebung mit einer an Fanatismus grenzenden Hingabe begleitet, die vermutlich vor allem darauf hindeutete, daß die rigide Moral und Gesetzgebung nur mühevoll durchgehalten und angewandt werden konnten. Andererseits wurde außerhalb des konfessionellen Kreises öfter in vergleichbarer Art über Sittlichkeit und Unsittlichkeit gedacht. Wenn es auch zu einfach ist, die kirchliche Moral als Vehikel der bürgerlichen abzustempeln,[47] so war es zum Beispiel so, daß schon 1900 aus einem liberalen Kabinett derartige Vorschläge lanciert worden waren und daß Regouts Gesetze in der Ersten Kammer ohne namentliche Abstimmung verabschiedet wurden.

Die relative Einstimmigkeit war hinsichtlich der Ehescheidungsproblematik in viel geringerem Umfang vorhanden.[48] In den kirchlichen Traditionen war die Ehe immer als unentbindbar betrachtet worden. Besonders innerhalb der katholischen Kirche war das so, mit Ausnahme von spezifischen Fällen, beispielsweise wenn einer der Verheirateten ungetauft war oder wenn die Ehe »geschlechtlich nicht vollendet« war. Ehescheidung wurde darum resolut abgelehnt. Innerhalb der reformatorischen Kirchen war letztgenanntes etwas weniger ausgesprochen der Fall und unter Calvinisten wurde stets über manche Ehescheidungsgründe debattiert. Ehebruch und Verlassen wurden an sich von den meisten als Scheidungsgrund akzeptiert und stellten in den Niederlanden lange den Eckstein in der Rechtspraxis dar, bis dem im 19. und 20. Jahrhundert Mißhandlung und längere Verurteilung wegen eines Verbrechens hinzugefügt wurden. In diesem Unterschied kann man einen Effekt des Auffassungsunterschiedes über das erste Eheziel sehen. In der katholischen Tradition war das die Fortpflanzung, in der reformatorischen gegenseitige Hilfe und Beistand der Eheleute; die Ehescheidungsgründe bezogen sich alle auf schweren Verstoß gegen diese gegenseitigen Beziehungen. Wesentlicher Punkt blieb aber, daß Ehescheidung in gegenseitigem Einvernehmen, ohne daß einer der genannten Gründe vorlag, weiterhin abgelehnt wurde. Die Praxis entfernte sich davon aber immer weiter durch das Geständnis eines der Verheirateten, die Ehe gebrochen zu haben, was von 1883 an vom

Richter auch als Beweis des Ehebruchs akzeptiert wurde und zur Ehescheidung führte – eine Praxis, die unter der Bezeichnung »die große Lüge« bekannt wurde, von der vielfach Gebrauch gemacht wurde und die faktisch einer Ehescheidung in gegenseitigem Einvernehmen gleichkam. Vom Ende des 19. Jahrhunderts bis in die sechziger Jahre vollzog sich aber eine stets deutlichere Trennung der Geister. Über das Verwerfliche dieser »Praxis der großen Lüge« war man sich einig; ein so tiefer Graben zwischen Recht und Wirklichkeit sollte nicht sein und war dem Rechtsempfinden abträglich. Aber über das Zuschütten des Grabens war man sich völlig uneinig. Einerseits gab es welche, die eine Erweiterung der Ehescheidungsgründe befürworteten, wodurch die »Praxis der großen Lüge« gleichsam von innen her ausgehöhlt würde und verschwinden sollte. Auf der anderen, der konfessionellen Seite, wollte man an der begrenzten Anzahl von Gründen festhalten und die »große Lüge« austreiben durch Erschwerung der Beweislast im Falle eines Ehebruchs, wobei der Richter sich also nicht einzig und allein mit dem Geständnis des Ehebruchs zufrieden geben sollte. Die Ehescheidung sollte dadurch zurückgedrängt werden. Dies war der Hintergrund und das Ziel einer ganzen Reihe von Gesetzesentwürfen und anderen Initiativen konfessioneller Justizminister, von Nelissen 1910 bis hin zu van Maarseveen im Jahre 1948. Vielleicht am bezeichnendsten war das Vorgehen Minister Goselings im Jahre 1938, der damals zum vierten Colijn-Kabinett gehörte, das ausschließlich aus Konfessionellen bestand und sich eine Anzahl von »positiv-christlichen« Aufgaben gestellt hatte.

Nach Meinung des parlamentarischen Historikers und Gegners von Goseling, Oud, brannte dieser vor Verlangen, an die Ehescheidungsfrage heranzugehen,[49] ließ dabei aber sofort klarwerden, daß eine Erweiterung der Gründe nicht in Betracht komme. Wesenszüge der Ehe seien, so ließ er die Kammer wissen, Einheit und Unauflöslichkeit, und der Staat dürfe keine Maßnahmen ergreifen, die die Ehe in diesen wesentlichen Merkmalen berühren würden.[50] Sein Vorschlag betraf denn auch nur eine Verschärfung der Prozeßführung. Nach 1945 gingen Berichte und Gutachten von Parteiausschüssen im allgemeinen nach wie vor von derselben Optik aus. Erst die sechziger Jahre brachten auch hier die notwendigen Veränderungen.

Auf dem Gebiet der Ehe und Fortpflanzung wird das Verhalten der Konfessionellen auch gut illustriert durch den mangelnden Erfolg der eugenetischen Bewegung in den Niederlanden.[51] Ende des 19., Anfang des 20. Jahrhunderts war diese Bewegung andernorts mächtig gewachsen und hatte auch einige Erfolge für sich verbucht. In den Vereinigten Staaten von Nordamerika, aber auch in verschiedenen Staaten auf dem europäischen Kontinent (mal ganz abgesehen von Deutschland nach 1933) war eine Gesetzgebung zustande gekommen, die den Bestrebungen der Eugenetiker entgegenkam. Sterilisationszwang und Untersuchungspflicht vor der Ehe mit der Möglichkeit eines Heiratsverbots waren die wichtigsten eugenetischen Mittel, die durch die Gesetgebung ermöglicht wurden. In den Niederlanden ist diese Bewegung kaum über die Anfänge hinausgekommen und hat sich auf eine Handvoll Genetiker, Anstaltsärzte und Demographen beschränkt, wenn sie sich auch in einem organisatorischen Rahmen, der Nederlandsche Eugenetische Federatie trafen, die 1924 gegründet worden war und der unter anderem auch eine Vereinigung zur Förderung der medizinischen Untersuchung vor der Ehe angeschlossen war. Sogar der überaus maßvolle Standpunkt, den die Föderation 1935 zur Sterilisation einnahm, erfuhr nie gesellschaftliche

Unterstützung von Bedeutung und zeitigte keinerlei politische Wirkung, so daß man feststellen kann, daß der Eugenetismus in den Niederlanden eine isolierte Erscheinung war und daß die Bewegung in der Besatzungszeit ausging wie das Hornberger Schießen. Die wichtigste Ursache dafür ist die völlig ablehnende Haltung der Konfessionellen gewesen. *Casti Connubii* lehnte jede gesetzliche Bestimmung in bezug auf Sterilisation oder Heiratsverbot entschieden ab, weil »die Familie höher steht als der Staat«[52] und verbot übrigens auch freiwillige Sterilisation. Dieser Standpunkt wurde in den Niederlanden in den dreißiger Jahren von maßgebenden Moraltheologen wie Salsmans, Duynstee und Feron unablässig in Konferenzen und Zeitschriften katholischer Intellektueller und Ärzte dargelegt und zur entschiedenen Ablehnung einer vorehelichen Untersuchungspflicht erweitert; manche zweifelten sogar daran, ob es wünschenswert sei, eine derartige Untersuchung zu empfehlen. Über Salsmans' Aufruf, »jedwede Staatseinmischung in diesen delikaten Angelegenheiten zu vermeiden«, herrschte einmütige Übereinstimmung.[53] Auf protestantischer Seite begegnet man derselben Ablehnung, mit der Nuance, daß die Niederländisch-Reformierte Kirche in bezug auf die eheliche Untersuchung einen etwas großzügigeren Standpunkt einnahm: zu einer Verpflichtung könne es kommen, falls einige stringente Voraussetzungen erfüllt seien, u.a. daß ein Heiratsverbot nie daraus abgeleitet werden dürfe.[54] Alles zusammen genommen hat es den Anschein, daß die radikale Haltung der Kirchen und deren Einfluß auf gesellschaftliche und politische Kreise so groß gewesen ist, daß die Eugenetik in den Niederlanden nicht festen Fuß fassen konnte: moderne Wissenschaft und Staat sollten die Hände lassen von dem, was traditionsgemäß Sache von Kirche und Christentum sei.

Zur konfessionellen Familienpolitik gehörte auch das Streben, die Frau aus der Sphäre des öffentlichen und politischen Lebens heraus und innerhalb derjenigen des Familienlebens zu halten: ihr »natürlicher Platz«. Es läßt sich mit einigen Beispielen leicht illustrieren, vielleicht noch am deutlichsten mit dem Hinweis auf den Standpunkt der ARP in Sachen des Frauenwahlrechts.[55] Die Partei hatte sich auf das Familienoberhauptwahlrecht festgelegt und das Frauenwahlrecht immer grundsätzlich abgelehnt. Mit der Einführung des aktiven Frauenwahlrechts hatte man sich denn auch nicht einverstanden erklärt; weil die Partei aber verheerende politische Folgen voraussah, wenn die Anti-Revolutionären Frauen der Wahlurne fernbleiben sollten, hatte man sich in dieser Sache auf einen pragmatischen Standpunkt gestellt und sich angepaßt. Gegen das passive Frauenwahlrecht hatten sich jedoch 1919 ein Parteiausschuß und 1921 die Deputiertenversammlung ausdrücklich und negativ ausgesprochen, so daß keine einzige Frau der Fraktion oder dem Parteikader angehören könne, ein Zustand, der unter dem Colijn-Regime keine Veränderung erfuhr. Erst 1948 kam etwas Bewegung in diese Sache, aber es sollte noch endlose Diskussionen erfordern, bis die Anti-Revolutionären ihren Standpunkt fallenließen. Das war 1953, und dann dauerte es noch 10 Jahre, bis ihre erste Abgeordnete in der Zweiten Kammer erschien.

Ein zweites Indiz bilden die ständigen Versuche der konfessionellen Politiker, von 1904 an und mit Erfolg seit 1924, heiratende Beamtinnen und Lehrerinnen aus dem Staatsdienst zu entlassen.[56] Daß dabei nicht so sehr wirtschaftliche Motive, zum Beispiel ein knapper Arbeitsmarkt, als vielmehr »mutterschafts-ideologische«[57] im Spiel waren, wird durch den Umstand suggeriert, daß dieser Standpunkt bis weit in die fünfziger Jahre hinein, bei einer stark expandierenden Zahl der Arbeitsplätze, durchgehalten wurde. Bloß weil 1957 konfessionelle weibliche Parlamentsabgeordnete einem Antrag von der Opposition ihre Stimme gaben, wurden all diese Entlassungsbestimmungen aufgehoben. Übrigens hatte der katholische Minister Romme 1937 noch viel weiter gehen wollen durch das völlige Verbot von Fabrikarbeit verheirateter Frauen, aber auch infolge gesellschaftlichen Gegendrucks hatte er darauf verzichtet, in der Kammer einen entsprechenden Gesetzentwurf einzubringen.

Wenn die Familie für das Fortbestehen der Gesellschaft als so bedeutungsvoll betrachtet wurde, dann war zu erwarten, daß eine Politik betrieben wurde, die auch die materielle Grundlage der Familie und damit deren Selbständigkeit und Unabhängigkeit gewährleistete und verstärkte. Das war in der Tat der Fall und auf katholischer Seite konnte man sich dabei u.a. von der Enzyklika *Rerum Novarum* inspirieren lassen. In der Verteidigung des Eigentumsrechts argumentierte das päpstliche Dokument, daß dieses Recht dem Menschen besonders als Familienoberhaupt zustehe und koppelte es unmittelbar an die väterliche Unterhaltspflicht für die Familie und an die Erblassung.[58] Eigentumsbildung als Mittel zur Entproletarisierung ist immer Kennzeichen der konfessionellen, zumal der katholischen Sozialpolitik gewesen.[59] Manche Bestandteile dieser Politik waren direkt mit der Familienpolitik verbunden, wie das Streben nach dem Familiengehalt, das als Belohnung für die Arbeit des Mannes zugleich für den Familienunterhalt ausreichen sollte. Oder auch die Wohnungspolitik, die darauf abzielte, auch für große Familien Unterbringungsmöglichkeiten zu gewährleisten und vor allem auch das private Wohnungseigentum auf verschiedene Arten verstärkt zu fördern. Weiter ließe sich denken an das Kindergeld. Die erste von Romme 1939 vorgeschlagene umfangreiche Regelung wurde mit einem Hinweis auf das katholische Naturrecht verteidigt, aufgrund dessen der Mensch ein Recht habe »auf die Gründung einer Familie nach den Gesetzen der Natur«.[60] Die Sozialdemokraten glaubten dieses letztere zwar nicht, sahen aber im Kindergeld ein gutes Instrument zur Einkommensumverteilung und wurden so zusammen mit den Katholiken dessen wichtigste Verteidiger. Als letztes Beispiel sei noch auf die Änderung des Erbrechts hingewiesen, das von alters her Blutsverwandte bis in den zwölften Grad in die Erblassung einbezog, zuungunsten des hinterbliebenen Ehegatten und des kleineren Familienverbands – selbstverständlich vorbehaltlich der testamentarischen Verfügung. Der Anti-Revolutionäre Minister Donner nahm darin 1923 eine Veränderung vor durch die Beschränkung auf den sechsten Grad und die Gleichstellung des Ehegatten mit dem Kind, wodurch das weite Verwandtschaftserbrecht zu einem Familienerbrecht reformiert wurde. »Ein gesundes gesellschaftliches Leben hängt von einem gesunden Familienleben ab, und darum ist das Familienerbrecht das angemessene Erbrecht. Dies ist die richtige Anti-Revolutionäre Betrachtungsweise...«, so lautete seine Auffassung.[61]

5. Schluß

Bis in die Jahre um 1960 herum bleibt vieles beim alten in den konfessionellen Bemühungen um die Verwirklichung eines bestimmten Verhältnisses zwischen Staat und Gesellschaft. Hauptmerkmal ist: Distanzierung des Staates, wenn er auch dafür in Betracht kommen kann, gewisse Aufgaben zu übernehmen. In dieser und verschiedenen anderen Hinsichten ändert sich die Lage im Laufe der

fünfziger und sechziger Jahre aber schnnell.[62] Es hat den Anschein, daß die konfessionelle Lösung für die modernisierenden Niederlande, wie sie sich seit Ende des 19. Jahrhunderts bewährt und herausgebildet hatte, in diesen Jahrzehnten Schlag auf Schlag einstecken muß, immer stärker herausgefordert wird und manchmal sogar zu mißlingen droht. Um den komplizierten Entwicklungen gerecht zu werden, die sich in den letzten fünfundzwanzig Jahren in den konfessionellen Kreisen vollzogen haben, wäre ein gesonderter Aufsatz erforderlich. Hier muß es aber mit einigen allgemeinen Bemerkungen sein Bewenden haben. Einerseits hat die Entkirchlichung weit um sich gegriffen und ist die Religion weitgehend privatisiert worden, wie die Religionssoziologen es nennen. Als Bindemittel für Politik und Gesellschaft haben Kirche und Religion stark an Bedeutung eingebüßt. Die konfessionellen politischen Parteien mußten starke Verluste hinnehmen. Die katholische Partei verlor innerhalb von zehn Jahren fast die Hälfte ihrer Parlamentssitze. Aber auch die gemeinsame christliche Partei, der Christen-Democratisch Appèl (CDA), in dem Protestanten und Katholiken seit zehn Jahren zusammenarbeiten, war bis 1986 nicht in der Lage, den Niedergang aufzuhalten. Im gesellschaftlichen Leben strichen zahlreiche Organisationen das K von katholisch oder das C von christlich-protestantisch durch oder widmeten ihm zumindest ausführliche Debatten, woraus der Zweifel am Nutzen des konfessionellen Charakters nur allzu deutlich hervorging. Die Gesetzgebung im Bereich der Familie, Ehe und Sexualität, wie oben in Paragraph IV dargelegt, wurde inzwischen unter dem Druck der *permissive society* weitgehend abgeschafft oder gründlich revidiert. Die Reorganisation der Gesellschaft in konfessionell-korporativem Sinn hat sich auf die oben erwähnte Verabschiedung des PBO-Gesetzes von 1950 beschränkt. Wohlstand und Versorgungsstaat haben in dieser Hinsicht die konfessionellen Bestrebungen untergraben und überflüssig gemacht.
Andererseits muß man aber die Folgen der Entkirchlichung, Dekonfessionalisierung und Entsäulung nicht übertreiben. Der CDA ist in wechselnden Koalitionen mit Sozialisten und Liberalen noch immer an der Macht. In wichtigen gesellschaftlichen Sektoren wie Unterricht und Gesundheitswesen ist die christliche Inspiration als Fundament der konfessionellen Organisationsbildung zwar stark geschwächt, das bedeutet aber noch keineswegs das Ende der konfessionellen Machtentfaltung. Und die korporative Ordnung mag zwar in institutioneller und formeller Hinsicht mißlungen sein, Neokorporatismus und Harmoniemodell üben immer noch starken Einfluß auf die Gestalt sozial-ökonomischen Lebens und sozial-ökonomischer Politik aus. Auch bezüglich der Familienpolitik gilt einiger Vorbehalt. So hat man zum Beispiel die Abtreibung legalisiert, aber ganz reibungslos ist das nicht über die Bühne gegangen. Fünfzehn Jahre lang hat die Abtreibungsdebatte die niederländische Gesellschaft und Politik ernsthaft gespalten.
Auf diese Art läßt sich die heutige Lage am besten mit einerseits – andererseits charakterisieren. Seit den siebziger Jahren haben Verwerfungen, aber keine Umwälzung stattgefunden. Vieles ist noch unklar und im Fluß. Dies wird durch den Kurs der konfessionellen Parteien gut illustriert. Diese spielten ja bei dem Auf- und Ausbau des Versorgungsstaates in den fünfziger und sechziger Jahren die Hauptrolle. Dies bedeutete Mitverantwortung für Erweiterung und Intensivierung der Einmischung durch den Staat auf verschiedenen Gebieten, eine Entwicklung, die mit den Traditionen von einem halben Jahrhundert oder länger im Widerspruch zu stehen schien. Seit den achtziger Jahren, namentlich seit

Amtsführung der konfessionell-liberalen Kabinette Lubbers setzt man sich aber wieder nachdrücklich für eine Eindämmung der Einmischung durch den Staat ein, für Deregulierung und Privatisierung. Ist letzteres als eine Rückkehr zu angepaßten Formen der Subsidiarität und Souveränität im eigenen Kreis zu betrachten? Oder ist hier wohl eher die Rede von einem Zickzackkurs, eingegeben durch politisch und wirtschaftlich wechselnde Verhältnisse? Die Zukunft wird es lehren.

(Übersetzung: G. H. Pompen)

Anmerkungen

1 R. L. Camp, The papal ideology of social reform. A study in historical development 1878 – 1967, Leiden 1969. G. J. M. van Wissen, De christen-democratische visie op de rol van de staat in het sociaal-economisch leven, Amsterdam 1982. Bei den Enzykliken verweisen die Absatz-Nummern auf den lateinischen Text in den Acta Apostolici Sedis. Für wörtliche Zitate aus Enzykliken wurde die folgende, deutschsprachige Edition benutzt: E. Marmy u. a. (Hg.), Mensch und Gemeinschaft in christlicher Schau. Dokumente, Freiburg 1945.

2 Immortale Dei, Abs. 74; Marmy u. a. (Hg.), Mensch und Gemeinschaft, S. 600 (Nr. 903).

3 Program der katholieke leden van de Tweede Kamer der Staten-Generaal, 20 October 1896, Amsterdam 1897, S. 3 – 5.

4 Rerum Novarum, Abs. 27, siehe auch Abs. 30 – 35; Marmy u. a. (Hg.), Mensch und Gemeinschaft, S. 399 (Nr. 542) und S. 400 – 407 (Nr. 545 – 556).

5 Quadragesimo Anno, bzw. Abs. 79, 81 – 87 und 91 – 95; Marmy u. a. (Hg.), Mensch und Gemeinschaft, S. 478 – 479 (Nr. 672), S. 479 – 482 (Nr. 674 – 678a) und S. 484 – 485 (Nr. 682 – 683).

6 R. K. Staatspartij, Algemeen staatkundig program, o. O. 1936, S. 5 – 10.

7 Van Wissen, De christen-democratische visie, passim. Siehe auch D. Th. Kuiper, Van volkspetitionnement tot kleine luyden. Een schets van de hoofdlijnen van de ontwikkelingen van de ARP van 1848 tot 1973, in: C. Bremmer und M. Kool (Hg.), Een kleine eeuw kleine luyden. Grepen uit de geschiedenis van de ARP, 's-Gravenhage 1975, S. 5 – 90. D. Bosscher, Om de erfenis van Colijn. De ARP op de grens van twee werelden, 1939 – 1952, Alphen aan den Rijn 1982.

8 H. E. S. Woldring / D. Th. Kuiper, Reformatorische maatschappijkritiek. Ontwikkelingen op het gebied van sociale filosofie en sociologie in de kring van het Nederlandse protestantisme van de 19e eeuw tot heden, Kampen 1980, S. 35 – 51 über Kuypers Auffassungen. A. Kuyper, Souvereiniteit in eigen kring. Rede ter inwijding van de Vrije Universiteit…, Amsterdam 1880 (2).

9 Benutzt wurde die Edition von H. Colijn, Saevis tranquillus in undis. Toelichting op het Antirevolutionair Beginselprogram, Amsterdam 1934.

10 Artikel 3 und 4 des Programms der ARP, vgl. Colijn, Saevis, S. 68 – 134. Siehe auch Van Wissen, De christen-democratische visie, S. 94 – 96.

11 H. K. J. Beernink, Geschiedenis en beginsel van de Christelijk-Historische Unie, 's-Gravenhage 1953. Van Wissen, De christen-democratische visie, passim.

12 S. W. Couwenberg, Het particuliere stelsel. De behartiging van publieke belangen door particuliere lichamen, Alphen aan den Rijn 1953.

13 J. M. G. Thurlings, De wankele zuil. Nederlandse katholieken tussen assimilatie en pluralisme, Nijmegen/Amersfoort 1971. J. Hendriks, De emancipatie van de gereformeerden, Alphen aan den Rijn 1971. S. Stuurman, Verzuiling, kapitalisme en patriarchaat.

Aspecten van de ontwikkeling van de moderne staat in Nederland, Nijmegen 1983. Siehe auch J.C.H. Blom, Verzuiling in Nederland, in het bijzonder op lokaal niveau, 1850 – 1925, Amsterdam 1981.

14 J. P. Kruijt und W. Goddijn, Verzuiling en ontzuiling als sociologisch proces, in: A.N.J. den Hollander u. a. (Hg.), Drift en koers, Assen 1961, S. 227 – 263, vor allem S. 238 – 239 und 244 – 245.

15 J.A.A. van Doorn, De verzorgingsmaatschappij in de praktijk, in: ders. und C.J.M. Schuyt (Hrsg.), De stagnerende verzorgingsstaat, Meppel/Amsterdam 1978, S. 17 – 46, das Zitat auf S. 23. Siehe auch einen zweiten Aufsatz Van Doorns: De onvermijdelijke presentie van de confessionelen, in: J. W. de Beus / J.A.A. van Doorn (Hg.), De interventiestaat. Traditions, ervaringen, reacties, Meppel/Amsterdam 1984, S. 27 – 51.

16 Th. van Tijn, Achtergronden van de ontwikkeling van het lager onderwijs en van de schoolstrijd in Nederland, 1862 – 1905. Een poging tot sociaal-historische analyse, in: L. Box u. a. (Hg.), Vrijheid van onderwijs. Marges in het onderwijs in maatschappelijk perspectief, Nijmegen 1977, S. 25 – 36, vor allem S. 32 – 36.

17 J. A. van Kemenade u. a., Onderwijs en samenleving, in: ders. (Hg.), Onderwijs: bestel en beleid, Groningen 1981, S. 95 – 242, vor allem S. 220 – 242.

18 P. Juffermans, Staat en gezondheidszorg in Nederland. Met een historiese beschouwing over het overheidsbeleid ten aanzien van de gezondheidszorg in de periode 1945 – 1970, Nijmegen 1982.

19 A. Querido, Een eeuw staatstoezicht op de volksgezondheid, 's-Gravenhage 1965, S. 240 – 241.

20 A.J. Wessels SJ, in Katholiek Cultureel Tijdschrift, Dezember 1945, zitiert bei C. D. Moulijn, Rooms-Katholieke cultuurpenetratie, in: Wending 2 (1947 – 1948), S. 717 – 728; die Daten auf S. 721.

21 A. Querido, De wit-gele vlam. Gedenkboek ter gelegenheid van het 50-jarig bestaan van de Nationale Federatie Het Wit-Gele Kruis, 1923 – 1973, Tilburg o.J. (= 1973), S. 275.

22 J. Bank, ›Verzuiling‹: A confessional road to secularization. Emancipation and the decline of political catholicism, 1920 – 1970, in: Britain and the Netherlands 7 (1979), 's-Gravenhage 1981, S. 207 – 230.

23 J. van Vugt, De verzuiling van het lager onderwijs in Limburg 1860 – 1940, in: Jaarboek van het Katholiek Documentatie Centrum 10 (1980), S. 17 – 60.

24 G.J.M. Wentholt, Een arbeidersbeweging en haar priesters. Het einde van een relatie, Nijmegen 1984.

25 H.J.G. Verhallen u. a. (Hg.), Corporatisme in Nederland. Belangengroepen en democratie, Alphen aan den Rijn/Brussel 1980, vor allem die Beiträge von R. Fernhout und F. van Waarden. J. Bosmans, Maatschappelijk-politiek leven in Nederland 1918 – 1940, in: Algemene Geschiedenis der Nederlanden, T. 14, Bussum 1979, S. 200 – 254, vor allem S. 233 – 243. Siehe auch Van Wissen, De christen-democratische visie, passim.

26 P.A.J.M. Steenkamp, De gedachte der bedrijfsorganisatie in protestants christelijke kring, Kampen 1951. I. A. Diepenhorst, Aritius Sybrandus Talma, in: C. Bremmer (Hg.), ARP. Personen en momenten uit de geschiedenis van de Anti-Revolutionaire Partij, Franeker o.J. (= 1980), S. 86 – 95. Siehe auch: Biografisch Woordenboek van Nederland, Teil I, 's-Gravenhage 1979, i.v. Talma, S. 572 – 574, von J. T. Minderaa.

27 Steenkamp, De gedachte, S. 100 – 102, 117 – 119 und 126 – 130. Siehe auch Woldring/Kuiper, Reformatorische maatschappijkritiek, S. 99 – 127 und 129 – 131, die Zitate auf S. 118 und 130.

28 Aus D. Bosscher, Om de erfenis, passim, geht klar der Einfluß Colijns bis weit in den fünfziger Jahren hervor.

29 F. van Waarden, Corporatisme als probleemoplossing, in: Verhallen u. a. (Hg.), Corporatisme, S. 17 – 69, handelt fast ausschließlich über die Katholiken. W.G.J.M. Tomassen, Het R.K. Bedrijfsradenstelsel (1919 – 1922), o.O. o.J. (= Leiden, 1974).

W. Goddijn und J. Sloot, Katholieke sociologie. Opkomst en ondergang van een sociale leer, in: F. Bovenkerk u. a. (Hg.), Toen en thans. De sociale wetenschappen in de jaren dertig en nu, Baarn 1978, S. 168 – 174, S. Vaessen, De ideologie van de RKSP. Staatkundige beginselen, corporatieve denkbeelden en het streven naar hervorming van het Nederlandse staatsbestel in de Rooms Katholieke Staatspartij 1931 – 1940. Unveröff. Arbeit, Nijmegen 1986.

30 Genannt seien hier nur die Arbeiten von L.M.H. Joosten, Katholieken en fascisme in Nederland 1920 – 1940, Hilversum/Antwerpen 1964, und A. A. de Jonge, Crisis en critiek der democratie. Antidemocratische stromingen en de daarin levende denkbeelden over de staat in Nederland tussen de wereldoorlogen, Assen 1968. Die hier angeführten Beispiele entstammen diesen beiden Werken.

31 P. J. Oud, Het jongste verleden. Parlementaire geschiedenis van Nederland, Teil VI 1937 – 1940, Assen 1968², S. 117. Das genannte katholische Blatt, De Opmarsch, wird zitiert bei P. Luykx, De Actie »voor God« 1936 – 1941. Een katholieke elite in het offensief, Nijmegen 1978, S. 281. Vgl. auch De Jonge, Crisis en critiek, S. 304.

32 Eindrapport van de Staatscommissie tot herziening van de Grondwet, 's-Gravenhage 1954, S. 162 – 163. Siehe auch J. M. de Meij, Overheid en uitingsvrijheid, 's-Gravenhage 1982, S. 12 – 15.

33 K. Dibbets und F. van der Maden (Hg.), Geschiedenis van de Nederlandse film en bioscoop tot 1940, Weesp 1986, S. 49 – 51, 142 – 143, 234 – 237 und 258 – 259.

34 Die Daten stammen aus einer unveröffentlichten Seminararbeit von P. Schröer, Nijmegen 1980, und aus P.M.H. Cuijpers, ›Met ernstig voorbehoud‹. Aspecten van de nakeuring door de Katholieke Film Centrale, in: Jaarboek van het Katholiek Documentatie Centrum 2 (1972), S. 22 – 56, vor allem S. 40, 49 und 54.

35 J. Hes, In de ban van het beeld. Een filmsociologisch-godsdienstsociologische verkenning, Assen 1972, S. 93 – 154.

36 J. de Boer, Omroep en publiek in Nederland tot 1940. Deel I De plaats van de omroep in het openbaar leven in Nederland tot 1940, Leiden 1946, S. 144 – 170. Die erwähnten Prozentsätze sind berechnet aus der Tabelle auf S. 156. Siehe auch: S.E.M. Reijnders, De oprichting en werkzaamheden van de Radio-Omroep Controle-Commissie 1930 – 1940. Unveröffentlichte Arbeit, Nijmegen 1982.

37 Rerum Novarum, Abs. 9; Marmy u.a. (Hg.), Mensch und Gemeinschaft, S. 383 (Nr. 521).

38 A. Kuyper, Ons Program, zitiert bei J. van Weringh, Het maatschappijbeeld van Abraham Kuyper, Assen 1967, S. 138.

39 A. Kuyper, Encyclopaedie der heilige godgeleerdheid, Teil III, zitiert bei Th. van Eupen, Kerk en gezin in Nederland, in: G. A. Kooy (Hg.), Gezinsgeschiedenis. Vier eeuwen gezin in Nederland, Assen/Maastricht 1985, S. 7 – 30, das Zitat auf S. 24 – 25.

40 Van Eupen, Kerk en gezin, S. 20 – 21.

41 L. A. Vaskovics, Familie und religiöse Sozialisation, Wien 1970. Ders., Religion und Familie – Soziologische Problemstellung und Hypothesen, in: J. Wössner (Hg.), Religion im Umbruch. Soziologische Beiträge zur Situation von Religion und Kirche in der gegenwärtigen Gesellschaft, Stuttgart 1972, S. 328 – 352.

42 Für das Folgende siehe im allgemeinen auch Kooy (Hg.), Gezinsgeschiedenis, passim, und ders., Seksualiteit, huwelijk en gezin in Nederland, Deventer 1975.

43 F. Bloemhof, Het vraagstuk der bewuste geboortebeperking. Een onderzoek naar het standpunt van de protestants-christelijke ethiek inzake het toepassen van anticonceptie in verband met de veranderende maatschappelijke omstandigheden, Nijkerk 1953. T. Schalken, Pornografie en strafrecht, Arnhem 1972. G. Nabrink, Seksuele hervorming in Nederland. Achtergronden en geschiedenis van de Nieuw-Malthusiaanse Bond (NMB) en de Nederlandse Vereniging voor Sexuele Hervorming (NVSH), 1881 – 1971, Nijmegen 1978. J. de Bruijn, Geschiedenis van de abortus in Nederland. Een analyse van

opvattingen en discussies 1600 – 1979, Amsterdam 1979. R. Tielman, Homoseksualiteit in Nederland. Studie van een emancipatiebeweging, Meppel/Amsterdam 1982.
44 P. J. Tak, Leven en laten leven. Over paternalistische strafwetgeving. Rede..., Zwolle 1978, S. 7.
45 G. E. Mulder, Strafrecht en publieke opinie toen en nu, in: Honderd jaar rechtsleven. De Nederlandse Juristen-Vereniging 1870 – 1970, Zwolle 1970 S. 163 – 177, vor allem S. 175.
46 Zitiert bei Schalken, Pornographie, S. 138.
47 Van Eupen, Kerk en gezin, S. 26.
48 Ich stütze mich vor allem auf M. W. E. Koopmann, Het nieuwe echtscheidingsrecht, Zwolle 1980⁴, S. 1 – 21.
49 Oud, Jongste verleden, Teil VI 1937 – 1940, S. 37.
50 Memorie van Antwoord, zitiert bei Koopmann, Echtscheidingsrecht,, S. 6.
51 Chr. van den Borne, De ontwikkeling van de eugenetica in Nederland, o. O., o. J. (= 1976). Unveröffentlichte Arbeit Nijmegen. F. Schrijver, Eugenetische wetgeving, in: M. J. Sirks und G. W. Kastein (Hg.), Geneeskunde en erfelijkheid, Lochem 1941, S. 311 – 337. Siehe vor allem auch J. Noordman, Opvoeding en bevolkingskwaliteit, in: Comenius, Winter 1986, S. 453 – 491.
52 Casti Connubii, Abs. 79 – 83, das Zitat in Abs. 81; Marmy u. a. (Hg.), Mensch und Gemeinschaft, S. 271 – 273 (Nr. 362 – 364), das Zitat auf S. 272 (Nr. 362).
53 Van den Borne, Ontwikkeling eugenetica, S. 153 – 160. Weiter: J. Salsmans SJ, Het geneeskundig onderzoek voor het huwelijk en de geestelijke volksgezondheid (van zedelijk standpunt uit beschouwd), in: R. K. Artsenblad 1932, S. 202 – 207. W. Duynstee CssR, Het probleem der practische eugenetiek, 's-Gravenhage 1934. F. Feron, Katholicisme en eugenetiek, in: J. Barnhoorn u. a., Het vraagstuk der onvruchtbaarmaking, Roermond/Maaseik o. J. (= 1936), S. 94 – 118. Das Zitat bei Salsmans, Geneeskundig onderzoek, S. 207.
54 G. Bakker, Geneeskundig onderzoek voor het huwelijk, van geneeskundig en christelijk-zedelijk standpunt beschouwd, Utrecht 1925. A. Hijmans, Kunstmatige onvruchtbaarmaking en eugenetiek. Castratie en sterilisatie. Een critische beschouwing, Assen 1951. Encyclopedie van het christendom. Protestants deel, Amsterdam/Brussel 1955, i. v. eugenetiek.
55 F. T. Diemer – Lindeboom, Honderd jaar ARP en de vrouw, in: C. Bremmer (Hg.), ARP. Personen en momenten uit de geschiedenis van de Anti-Revolutionaire Partij, Franeker o. J. (= 1980), S. 172 – 198. Siehe auch Colijn, Saevis, S. 177 – 219.
56 M. Welten, De discussie in de Eerste en Tweede Kamer over de ontslagbepaling bij huwelijk voor ambtenaressen en onderwijzeressen. Unveröffentlichte Arbeit, Nijmegen 1986. A. Schoot Uiterkamp, Terug naar het paradijs? Akties tegen de beperking van vrouwenarbeid in de jaren dertig, in: Jarboek voor de geschiedenis van socialisme en arbeidersbeweging in Nederland 1978, Nijmegen 1978, S. 182 – 244.
57 Dieser Ausdruck entstammt der neueren feministischen Historiographie. Siehe u. a. M. Bots / C. Verheijen, Moederschap. Trendrapport over wetenschappelijk onderzoek op het gebied van moederschap vanaf 1975, 's-Gravenhage 1983, und M. Bots, M. Noordman, Moederschap als balsem. Ervaringen van katholieke vrouwen met huwelijk, sexualiteit en moederschap in de eerste helft van deze eeuw, Amsterdam 1981.
58 Rerum Novarum, Abs. 9 und 10; Marmy u. a. (Hg.), Mensch und Gemeinschaft, S. 382 – 383 (Nr. 521).
59 J. Beaufays, Les partis catholiques en Belgique et aux Pays-Bas, 1918 – 1958, Bruxelles 1973, S. 446 – 449, 474 – 476 und 492 – 495.
60 Oud, Jongste verleden, Teil VI 1937 – 1940, S. 104.
61 Oud, Jongste verleden, Teil II 1922 – 1925, S. 78.
62 S. Stuurman, Het zwarte gat van de jaren vijftig, in: Kleio Okt. 1984, S. 6 – 13.

V. Wittmütz

Die Evangelische Kirche in der Weimarer Republik

Die Geschichte der Evangelischen Kirche in der Weimarer Republik hat immer noch nicht das Interesse der Forschung erfahren, das ihr eigentlich gebührt. Diese Feststellung gilt sowohl für die Profanhistoriker, die in ihrem Bemühen, das Scheitern der ersten deutschen Republik zu erhellen, die Rolle der Kirchen dabei kaum in den Blick genommen haben,[1] als auch für die Kirchenhistoriker, die sich wesentlich intensiver mit den Themen »Drittes Reich« und »Kirchenkampf« beschäftigt haben. Wenn denn schon eine Beschäftigung mit der Kirchengeschichte der Weimarer Republik gewissermaßen als »Hinführung« zu derjenigen des »Dritten Reiches« nicht zu umgehen war, so erfolgte sie doch meistens aus eben diesem Blickwinkel.[2] Die Geschichte der Weimarer Epoche und auch die Geschichte der Evangelischen Kirche in ihr wurde zur Vorgeschichte des »Dritten Reiches«.[3] Ohne das wissenschaftsmethodologische Problem zu erörtern, ob eine Geschichte Weimars überhaupt ohne das Trauma ihres Scheiterns zu schreiben ist, ob nicht die Kenntnis dieses Scheiterns zumindest implicite, gewissermaßen als Folie, jeder historischen Darstellung und vor allem jeder Urteilsbildung immer wieder unterlegt wird, ist doch festzuhalten, daß die Weimarer Republik lediglich als Vorgeschichte des »Dritten Reiches« zu begreifen, ihrer tatsächlichen Bedeutung kaum gerecht wird. Es muß die Gefahr überwunden werden, im Beginn dieses neuen Staates auch immer schon sein Ende zu sehen und den Verfall der Republik zu direkt mit dem Aufstieg des Nationalsozialismus zu verknüpfen. Statt dessen gilt es, sich einzulassen auf eine fast fünfzehnjährige Abfolge von Ereignissen in dieser Republik, die ja durchaus nicht alle den Modergeruch des Zerfalls in sich tragen. Die folgende kurze Darstellung der Geschichte der Evangelischen Kirche zwischen 1918 und 1933 versucht, dieses zu tun.

Ein Zweites kennzeichnet die Beschäftigung des Historikers mit der Weimarer Republik: mehr als anderswo wird sein Fragen hier bestimmt von den Ängsten, aber auch den Hoffnungen der Gegenwart. Dieses war bereits der Fall, als der Parlamentarische Rat 1948 zusammentrat und man aus den Fehlern der Weimarer Republik für den neuen Staat des Grundgesetzes lernen wollte, und es ist bis heute so geblieben. Wenn sich auch einzelne Probleme und Erkenntnisinteressen seitdem gewandelt haben, so ist doch allem Erforschen der Geschichte der Weimarer Republik die Grundfrage gleich geblieben, was aus dem Scheitern der ersten deutschen Republik zu lernen sei für die Bewahrung der zweiten. Auch für die Evangelische Kirche stellt sich diese Frage. Kein Geringerer als Carlo Schmid hat die Antwort, die die Kirche erarbeitete, gewürdigt. Für ihn war die bewußte und gezielte, auf biblischer Grundlage erarbeitete Hinwendung der Evangelischen Kirche nach dem Zweiten Weltkrieg zu Staat und Gesellschaft vor allem eine Konsequenz aus der historischen Erfahrung der Weimarer Republik und eine der positivsten Entwicklungen in der Nachkriegszeit, nur vergleichbar mit der französisch-deutschen Aussöhnung.[4]

Die Novemberereignisse des Jahres 1918 wurden besonders im Raum der Evangelischen Kirche als tief einschneidende »Zeitenwende« empfunden. Die Abdankung aller deutschen Landesfürsten bedeutete für die evangelischen Landeskirchen Deutschlands[5] den Zusammenbruch ihrer Verfassungen, denn in allen evangelischen Kirchen war der Landesherr, in den Reichsstädten der Magistrat zugleich summus episcopus seiner evangelischen Untertanen. Das Summepiskopat, jene enge Verbindung von staatlichem Souverän und evangelischer Kirche, war zwar bereits im liberalen Konstitutionalismus des 19. Jahrhunderts, vor allem durch die Revolution 1848, brüchig geworden, doch einer naturrechtlichen Tradition folgend hatte man es sowohl staatlicher- wie kirchlicherseits aufrechtzuerhalten versucht, indem zwischen den kirchlichen Prärogativen des Herrschers als dem staatlichen Souverän (jura circa sacra) und der Autorität des Herrschers in der Kirche als summus episcopus (jura in sacra) unterschieden wurde. In der Konsequenz dieser Unterscheidung lag es, daß 1850 die kirchenleitende Behörde der preußischen Kirche aus dem staatlichen Kultusministerium ausgegliedert und als »Evangelischer Oberkirchenrat« verselbständigt wurde und daß 1873 eine Synodal- und Presbyteriaordnung für die gesamte altpreußische Kirche[6] erlassen wurde, auch wenn die presbyterial-synodalen Körperschaften nur eine Beratung der kirchenregimentlichen Organe durchführen konnten, die eigentlichen Entscheidungen aber weiterhin von den Konsistorien und vom Evangelischen Oberkirchenrat vorgenommen wurden. Auf die personelle Zusammensetzung dieser kirchenleitenden Behörden übte der summus episcopus im Rahmen seiner Kompetenzen der jura in sacra den entscheidenden Einfluß aus. Der preußische König berief gleichzeitig allein die Generalsynode ein und bestimmte ihre Beratungsthemen.[7] Der Konstitutionalismus hatte somit nur die Gewichtsverteilung innerhalb der jura in sacra verändert, nicht jedoch die ad personam verstandenen episkopalen Rechte des Herrschers berührt. Diese waren praktisch immer noch absolut, trotz aller Formen von Partizipation der Gläubigen, die während des 19. Jahrhunderts in die evangelischen Kirchen in Deutschland eingedrungen waren.

Doch nicht nur hinsichtlich ihrer rechtlichen Verfassung erlebte die Evangelische Kirche im November 1918 mit dem Bruch von Thron und Altar ein Fiasko und stand vor einem Scherbenhaufen. Auch ihr geistiger Zustand war desolat. Die gängige, selbstverständlich gewordene, durch den Krieg sogar noch verstärkte Identifikation des deutschen Protestantismus mit dem deutschen Staat und seiner herrschenden Gesellschaft, mit ihren Werten, Normen und Vorstellungen wurde gründlich erschüttert. Bereits die Parlamentarisierung des Reiches im Oktober 1918 hatte in breiten evangelischen Kreisen vor allem Gegnerschaft, kaum Zustimmung gefunden. Und nun versetzte die rasche Abfolge tiefgreifender Ereignisse – die Meuterei der Flotte Ende Oktober, der widerstandslose Zusammenbruch der alten Ordnung in den folgenden Tagen, die tumultarische Ausrufung der Republik am 9. November und der harte Waffenstillstand am 11. November – viele evangelische Pfarrer und Glieder der Kirche in Panikstimmung.[8] Von einer Verteidigung der alten Ordnung durch die Kirche konnte allerdings auch keine Rede sein, im Gegenteil, die Evangelische Kirche überwand ihre Schwäche relativ schnell und verstand es, sich auf die veränderten Gegebenheiten einzustellen.[9]

Die durch die Revolution geschaffenen politischen Machtverhältnisse schienen in besonderem Maße geeignet, eine Trennung von Staat und Kirche herbeizuführen. Dieses Thema war nicht neu, die Forderung nach einer strikten Trennung war bereits in der Revolution 1848 vom Liberalismus, 1869 von der Sozialdemokratie, auch von streng konfessionalistischen Lutheranern hörbar vertreten worden. Während allerdings auf der Ebene des Reiches die Erklärung des Rates der Volksbeauftragten vom 12. November 1918 die Belange der Kirchen zu berücksichtigen schien,[10] schlug die neue preußische Regierung einen Tag später einen ungleich schärferen Ton an,[11] auch die Besetzung des preußischen Kultusministeriums mit Adolph Hoffmann von der USPD und Konrad Haenisch von der SPD – der erstere hatte bereits 1890 in einer kleinen Schrift »Die zehn Gebote und die besitzende Klasse« sich als Atheist und ausgesprochener Kirchenfeind zu erkennen gegeben – deutete darauf hin, daß die revolutionäre preußische Regierung eine radikale Trennung von Staat und Kirche nach französischem Vorbild rasch in die Wege leiten wollte. Die Lage wurde für die Kirche noch dadurch erschwert, daß das Summepiskopat durch die Abdankung des Kaisers gewissermaßen »vakant« geworden war. Zwar ging die preußische Kirchenregierung davon aus, daß es in diesem Fall auf die Kirche selbst zurückgefallen sei, aber sie wagte doch nicht, dieser Auffassung gemäß auch zu handeln.

Am 5. Dezember 1918 ernannte der preußische Kultusminister Hoffmann den liberalen Berliner Pfarrer Dr. Wessel zum »Regierungsvertreter für die evangelischen kirchlichen Behörden in Preußen«, in den Augen der Kirche ebenfalls ein Hinweis darauf, daß die neue Regierung die Trennung von Staat und Kirche rasch duchzuführen gewillt war.

Diese Radikalität und Geschwindigkeit des staatlichen Vorgehens wurde erst gemildert, als Hoffmann am 3. Januar 1919 aus der preußischen Regierung austrat und nunmehr die ruhigere Hand seines Kollegen Haenisch (SPD) deutlicher zu spüren war. Haenisch nahm Abstand davon, die Trennung von Staat und Kirche so rasch durchzuführen, nicht zuletzt aufgeschreckt durch die zahlreichen Proteste preußischer Kirchenbehörden und -gemeinden, der Generalsynode, eines »kirchlichen Vertrauensrates«, der von einem Mitglied des Generalsynodalvorstandes, Professor Wilhelm Kahl,[12] sowie aus der evangelischen Kirche nahestehenden Persönlichkeiten gebildet worden war und als »Volksrat der Kirche« gelten wollte und dessen rühriger Geschäftsführer Otto Dibelius wurde, der auch ein eigenes Nachrichtenblatt herausgab und größtenteils verfaßte,[13] sowie von staatlichen Beamten im preußischen Kultusministerium selbst. Als weiterer Grund für den »Rückzieher« der preußischen Regierung sind die bevorstehenden Wahlen zur Nationalversammlung zu nennen, Haenisch fürchtete um die Wahlchancen seiner Partei bei aufgebrachten Kirchengliedern. Über die Trennung von Staat und Kirche, d.h. vor allem über die Einstellung der staatlichen Zahlungen an die Kirche sollte erst auf der verfassunggebenden Versammlung für Preußen beraten und beschlossen werden. An den Wahlen zu dieser Versammlung nahm die Evangelische Kirche intensiven Anteil, allerdings nicht durch eine eigene Partei,[14] statt dessen empfahlen die Kirchenoberen und die weitaus meisten Pfarrer, die »über den Parteien« stehen wollten, ihren Gliedern zumeist die Wahl der Kandidaten der DNVP. Die DDP Friedrich Naumanns besaß nur für den schmalen demokratisch-liberalen Flügel des Protestantismus Anziehungskraft.

Das Staatskirchenrecht der Weimarer Verfassung unterscheidet sich erheblich von den religions- und kirchenpolitischen Vorstellungen der Sozialdemokratie (Erfurter Programm). Dies ist sowohl auf die starke Stellung des Zentrums im

Verfassungsausschuß der Nationalversammlung zurückzuführen wie auf die Bereitschaft Naumanns, sich hinter die Wünsche und Vorstellungen der evangelischen Kirchen in Deutschland zu stellen und liberalen Grundsätzen untreu zu werden. Die Aufnahme rechtlicher Bestimmungen über das Verhältnis von Kirche und Staat in die Reichsverfassung, von einigen süddeutschen Kirchen wegen föderalistischer Bedenken anfangs nicht unbedingt gewünscht, gab allen evangelischen Landeskirchen den Schutz vor Eingriffen der gesetzgebenden Gewalt in den Ländern, wie sie insbesondere in Sachsen und Thüringen vorbereitet und von den dortigen Kirchen befürchtet wurden.

Die Artikel 135 bis 137 WRV sicherten in erster Linie individuelle Freiheitsrechte, die Glaubens- und Gewissensfreiheit, die Kultusfreiheit und die religiöse Vereinigungsfreiheit.[15] Der Artikel 137 Absatz 1 (»Es besteht keine Staatskirche«) schloß negativ eine bestimmte Form des Kirchenwesens aus, fand aber seine positive Ergänzung in dem Absatz 5 desselben Artikels, der den großen Religionsgesellschaften den Status von »Körperschaften des öffentlichen Rechts« bestätigte. Damit bekräftigte der Staat, daß die drei großen Kirchen als Verbände öffentliche Aufgaben wahrnahmen, die sie in Selbstverwaltung unter dem Vorbehalt der Staatsaufsicht durchführen konnten. Das sozialistische »Religion ist Privatsache« wurde fallengelassen. Die Kirchen waren danach befugt, sich eigenständige Verfassungen und Gesetze zu geben, selbständig die Besetzung aller Kirchenämter vorzunehmen, aber auch, innerhalb des staatlichen Zuständigkeitsbereichs mitzuwirken und Einfluß zu nehmen auf die Schule, auf Anstalten wie Krankenhäuser, auf die Armee mit der Militärseelsorge. Die Leistungen des Staates für die Kirche konnten nicht einfach gestrichen, sie mußten durch Vereinbarung abgelöst werden, und als Körperschaft des öffentlichen Rechts blieb der Kirche auch die Steuergewalt erhalten.

In Weimar verliefen demnach die Verfassungsberatungen für die Kirche sehr positiv, in den Ländern dagegen nicht immer. In Preußen hatte die Regierung drei Minister evangelischen Glaubens mit der Wahrnehmung der ehemals landesherrlichen Rechte über die evangelische Landeskirche, dem Summepiskopat, beauftragt. Die »heiligen drei Könige«[16] waren auf den Protest der preußischen Kirchenregierung gestoßen, die aber dennoch die neue Behörde respektierte, da ihre Amtszeit nur zeitweilig begrenzt sein sollte, bis eine neue preußische Kirchenverfassung erarbeitet und verabschiedet sein würde, in der die Frage des Summepiskopats eine Regelung erfahren würde.

Das Hauptproblem der preußischen Kirche im Jahre 1919 war, nach welchem Verfahren eine neue preußische Kirchenverfassung zu beschließen sei. Die kirchlichen Liberalen, die preußische Regierung und auch die Mehrheit der preußischen verfassungsgebenden Versammlung befürworteten die direkte Wahl (Urwahl) einer kirchlichen verfassungsgebenden Versammlung, der Evangelische Oberkirchenrat, konservative Gruppen und alle damals tagenden preußischen Provinzialsynoden (Rheinland, Westfalen, Brandenburg, Pommern, Schlesien[17]) verwarfen sie. Die DDP wollte die preußische Kirche zu solchen Wahlen geradezu durch einen Antrag in der verfassungsgebenden Versammlung zwingen, aber die Kirche verwies auf die entgegenlautenden Bestimmungen der Reichsverfassung.

In langwierigen Verhandlungen mit der preußischen Regierung setzte sich der Evangelische Oberkirchenrat mit seiner Auffassung von einem »Siebsystem« bei den Wahlen weitgehend durch: die Gemeindekörperschaften wurden direkt

gewählt, sie ihrerseits wählten Abgeordnete in die preußische Kirchenversammlung. In dieser Versammlung überwogen die Konservativen, so daß die neue preußische Kirchenverfassung einen konservativen Charakter erhielt. Die Macht der Konsistorien blieb weitgehend erhalten, die Rechte des summus episcopus gingen über auf den neuen Kirchensenat, das Exekutivorgan zwischen den Sitzungsperioden der Generalsynode, das aus Synodalen, aus Vertretern des Evangelischen Oberkirchenrates und der Generalsuperintendenten in den Provinzen Preußens, den Dienstvorgesetzten der dortigen Pfarrer, zusammengesetzt war. Heftige Konfrontationen rief die Präambel zur Preußischen Kirchenverfassung hervor, die – ein Werk der konservativen Mehrheit in der Versammlung – die Glaubensbekenntnisse und konfessionellen Grundlagen der preußischen Kirche hervorhob.[18] Durch eine derartige Hervorhebung betonte die Kirche ihre volksmissionarische Aufgabe, die auch – indirekt – eine politische Implikation hatte: die Kirche verstand sich als »sinngebender Verband« in einer Welt der geistigen Leere, in der Sozialismus und Liberalismus ihren Bankrott erleben würden bzw. schon erlebt hatten.[19]
Die Beratungen und Konflikte um die preußische kirchliche Verfassung wurden im Raum der Kirche ausgetragen. Das Verfassungwerk erhielt seine staatliche parlamentarische Bestätigung – es bestand Einverständnis darüber, daß für gewisse Verfassungsbestimmungen wie z.b. die Steuerregelungen dieses nötig war – und konnte 1924 in Kraft treten.
Auch die übrigen deutschen Landeskirchen hatten sich mit dem Problem der Neuordnung und Ausarbeitung einer Verfassung zu beschäftigen. Die meisten Landeskirchen lösten es auf ähnliche Weise wie in Preußen: die Kompetenzen der Synoden wurden etwas erweitert, ohne daß die Macht der kirchenleitenden Behörden und hohen Beamten geschmälert worden wäre. Es gab einige Unterschiede in dem Wahlverhalten zu den verfassungsgebenden Kirchenversammlungen. Die lutherische Landeskirche Hannovers und die Kirchen von Schleswig-Holstein, Frankfurt am Main, Württemberg, Baden, Braunschweig, Oldenburg, Anhalt, Thüringen und der Pfalz votierten für direkte Wahlen, die anderen deutschen Landeskirchen lehnten die Urwahl ab und führten ein indirektes Wahlverfahren, vergleichbar dem preußischen Wahlrecht, ein.[20]

Obwohl die Erarbeitung staatlicher wie kirchlicher Verfassungen deutlich gezeigt hatte, daß die neue Republik keine kirchenfeindliche Politik betrieb,[21] sondern im Gegenteil die republikanischen Parteien und die Gliedstaaten wie auch das Reich die Kirchen respektierten, ja sie sogar über das Vereinbarte hinaus finanziell unterstützten,[22] verharrten viele Kirchenoberen in distanzierter Reserve, lehnten häufig sogar den neuen Staat weiter ab und machten auch kein Hehl aus ihrer Einstellung. Diese Ablehnung ist vielfach belegt,[23] sie hat unterschiedliche Ursachen.
Die Revolution, die zu dieser Republik geführt hatte, erschien vielen evangelischen Christen als Bruch der von Gott gewollten Verbindung von Thron und Altar. Die von Gott gesetzte Obrigkeit war die Monarchie der Hohenzollern, die Revolution erschien nicht allein als nationales Unglück, sondern auch als Abfall von Gott und von seiner Ordnung. So wurden 1918 und 1919, teilweise sogar noch später zahlreiche Sympathiekundgebungen und -beweise für den ins holländische Exil geflüchteten Kaiser abgegeben, zahlreiche kirchliche Blätter veröffentlichten zum Geburtstag des Kaisers Glückwunschtelegramme.[24] Die Monarchie blieb

der innere Orientierungspunkt vieler Protestanten und rief Gefühle hervor, die den Zugang zur neuen Republik verstellten. Dazu kam, daß viele protestantische Theologen die Frage, ob die durch die Revolution entstandene Herrschaft als Obrigkeit im Sinne von Römer 13, 1 ff anzusehen sei, eindeutig verneinten.[25] Zahlreiche evangelische Pfarrer glaubten und verbreiteten die Dolchstoßlegende. Gerade die Evangelische Kirche hatte den Weltkrieg als »sacrum bellum« interpretiert, ihr war die Niederlage militärisch unbegreiflich und nur durch den »Verrat« der Heimat erklärbar. Schon während des Krieges hatten einzelne Pfarrer wie der Berliner Domprediger Bruno Doehring die Friedensresolution des Reichstages als Unterminierung der militärischen Position Deutschlands verstanden und dadurch schon vor Ludendorff und Hindenburg den Keim zur Dolchstoßlegende gelegt. Die Streiks der Rüstungsarbeiter im Januar 1918 hatten von evangelischer Seite die gleiche Beurteilung erfahren.[26] So war der Verbreitung der Dolchstoßlegende vorgearbeitet worden, sie selbst tauchte dann wie selbstverständlich zusammen mit der Ablehnung der Revolution im homiletischen Vokabular vieler evangelischer Pfarrer auf. Auch an der wenig hilfreichen massiven Kampagne der politischen Rechten zur Ablehnung des Versailler Friedensvertrages beteiligte sich die Evangelische Kirche, zum Beispiel mit einer öffentlichen Kundgebung im April 1919 in Berlin.[27] Jeder theologische Deutungsversuch der Niederlage Deutschlands als »gerechte Züchtigung Gottes« wurde zurückgewiesen, allenfalls wurde das deutsche Volk mit Hiob verglichen, den Gott des Leidens für wert erachte.[28] Also auch in der Niederlage und im Elend noch die nationalistische Hervorhebung des deutschen Volkes durch Gott!

Die Ablehnung des Versailler Vertrages durch die Evangelische Kirche muß allerdings vor einem weiteren Hintergrund gesehen werden: die preußische Kirche verlor bei den Gebietsabtretungen im Osten etwa 2 Millionen Seelen. Es bestand kirchlicherseits allerdings zunächst die Hoffnung, die neuen staatlichen Grenzen würden die alten kirchlichen nicht tangieren und das kirchliche Leben in den neuen polnischen Gebieten würde so wie bisher weitergehen, mit der Beibehaltung der Bindungen an die Mutterkirche. Diese Auffassung wurde auch von staatlichen Stellen wärmstens unterstützt, weil sie in der Wahrung des kirchlichen Zusammenhangs ein wichtiges Element sahen, um die Bindungen der Bevölkerung an das Reich zu erhalten und zu verstärken.[29] Der Evangelische Oberkirchenrat versuchte andererseits, die Volksabstimmungen in den in Frage kommenden Gebieten zugunsten einer Stimmabgabe für Deutschland zu beeinflussen. Die ehemals deutschen Gemeinden im neuen Polen und vor allem das Konsistorium in Posen bemühten sich zwar nach 1919, als deutlich wurde, daß als Folge des Versailler Vertrages auch die kirchliche Zugehörigkeit geändert wurde, um eine neutrale Haltung, um den polnischen Behörden keinen Grund für eine restriktive Minderheitenpolitik zu geben, aber eine Verständigung zwischen dem deutschen Protestantismus in Polen und der kleinen polnischen protestantischen Kirche wurde erst 1926 angebahnt – bis zu dem Zeitpunkt widersetzten sich die deutschen Pastoren energisch den Sammlungsaufrufen des polnischen Generalsuperintendenten Bursche in Warschau.

Nach all der vergeblichen nationalen Agitation gegen den Versailler Vertrag, an der sich auch die Evangelische Kirche beteiligt hatte, wurde seine Unterzeichnung der neuen Republik, dem Zentrum (Erzberger), den Sozialisten und Demokraten vorgehalten – obwohl die parlamentarischen Vertreter der Rechtsparteien nur wenige Stunden vor Ablauf des Ultimatums, das Clemenceau gestellt hatte, den Befürwortern einer Unterzeichnung »ehrenhafte Motive« zubilligten.

Eine weitere Ursache für die Ablehnung der Weimarer Republik wurde 1921 auf dem zweiten Evangelischen Kirchentag nach dem Weltkriegsende prägnant formuliert in dem Vortrag »Die neue Aufgabe, die der evangelischen Kirche aus der von der Revolution proklamierten Religionsfreiheit des Staates erwächst«, den Julius Kaftan, Geistlicher Vizepräsident der preußischen Kirchenleitung, hielt.[30] Danach war die Weimarer Republik religionslos, weil sie jede transstaatliche Autorität negierte. Der religionslose Staat wies immer einen prinzipiellen Zug zur Religionsfeindschaft auf, er konnte auch nie Träger von »Kultur« sein, sondern allenfalls von »Zivilisation«. Dieses Vakuum mußte die Kirche besetzen, es war dies ihre neue Aufgabe, sie mußte jenes »Geistige« fördern, das eigentlich zu den Aufgaben des Staates zählte. Aber die Kirche konnte diese Substitutionsleistung nur interimistisch vollbringen, es war nicht ihre eigentliche Aufgabe. Sie mußte es tun, bis der Staat sich aller seiner Aufgaben entsann und auch das »Geistige« erneut seiner Fürsorge unterwarf.

Somit wurde die Kirche hier in ein konfrontatives Verhältnis zu diesem Staat gerückt. Erfrischend an dieser Haltung war nur, daß sie weniger dem Verlorenen nachtrauerte und das Gegenwärtige verdammte, sondern ein neues Selbstverständnis entwickelte und ihre neue Rollendefinition auch als Chance begreifen konnte, wie dies vor allem der märkische Generalsuperintendent Otto Dibelius tat.[31]

Die neue Republik erfuhr ungleich stärker als das Kaiserreich den Einfluß des Katholizismus. Diese vor allem bei evangelischen Zeitgenossen verbreitete Auffassung ist nicht deshalb gerechtfertigt, weil der Anteil der Katholiken an der Bevölkerung Deutschlands signifikant gewachsen wäre, er betrug 1925 etwa 32 Prozent (von 62,4 Mio Einwohnern), während sich 64 Prozent der Bevölkerung als evangelisch, ein Prozent als israelitisch und zwei Prozent als religionslos bezeichneten.[32] Es stand vielmehr bei diesem Urteil die Rolle des Zentrums, das zu einer staatstragenden Partei geworden war, im Mittelpunkt. Ungeachtet einer monarchischen Strömung in der katholischen Partei war das Zentrum doch nicht auf die Monarchie festgelegt, es stellte sich deshalb in der nicht ohne innere Vorbehalte vollzogenen Koalition mit der SPD und der DDP verhältnismäßig rasch auf die neuen republikanischen Gegebenheiten ein.[33] Die Evangelische Kirche sah deshalb in der Republik den Anteil des Katholizismus wachsen und belebte alte konfessionelle Vorurteile gegen »das Katholische«.[34] Die Impulse zur Umwandlung des Zentrums in eine überkonfessionelle Sammelpartei, die zunächst durch die gemeinsame Abwehrhaltung beider Kirchen gegenüber der Religionspolitik der Revolution Auftrieb erhalten hatten, waren schon 1919 abgeflaut, weil sowohl die Mitglieder des Zentrums[35] als auch evangelische Gruppen[36] einer derartigen Sammlung erhebliche Widerstände entgegensetzten. Erschwerend kam hinzu, daß separatistische Tendenzen im Rheinland und in der Pfalz eine gewisse Affinität zu den dortigen Organisationen des Zentrums besaßen.

Die Praxis einzelner revolutionärer Landesregierungen,[37] unmittelbar nach dem Zusammenbruch des Kaiserreiches eine Trennung von Staat und Kirche auf dem ministeriellen Verordnungsweg herbeizuführen und die Ergebnisse der verfassungsgebenden Versammlungen in diesen Ländern nicht abzuwarten, führten in den betroffenen evangelischen Landeskirchen zu geradezu traumatischen Erfahrungen und waren die Triebfeder für eine fortdauernde Erinnerung an den programmatischen und virulenten Antiklerikalismus der sozialistischen Parteien und der von ihnen geschaffenen Republik.

Diese prinzipielle Abneigung gegen die Weimarer Republik hinderte die Evangelische Kirche nicht, sich in der ungeliebten Republik als »pressure group« einzurichten. Die Kirche lernte schnell, ihren Interessen Gehör zu verschaffen. So übte sie mit Erfolg Einfluß auf die Reichsgesetzgebung in Fragen der »öffentlichen Moral« aus, z.B. auf die Beratung und Verabschiedung von Gesetzen für den Besuch von Kinos und anderen Vergnügungsstätten durch Jugendliche, für den Verkauf jugendgefährdender Schriften, für die Regelung der Prostitution. Weniger erfolgreich war sie, als es um die Regelung des Verkaufs von Alkohol, um Fragen der Ehescheidung, der Abtreibung und der öffentlichen Sonntagsruhe ging.[38] Die Einflußnahme der Evangelischen Kirche erfolgte zumeist informell im »außerparlamentarischen« Raum. Die DNVP, der die Kirche nahestand, hielt sich weitgehend von der Regierungsverantwortung zurück und verfiel immer stärker in einen doktrinären Antirepublikanismus. Das ließ den Gedanken an eine spezifische evangelische Partei zeitweise wieder aufkommen. Die großen evangelischen Verbände aber standen einem derartigen Unternehmen ablehnend gegenüber, und die prinzipielle Abneigung der Kirche gegen das »Parteiwesen«, ließ sie den entscheidenden Schritt der Beteiligung an diesem »Parteiwesen« dann doch nicht tun. Es kam nur zur Gründung einiger kleinerer und insgesamt unbedeutend gebliebener Parteien, die allenfalls regional und für kurze Zeit wichtig waren.[39] Hatte die Kirche schon als »pressure group« die Existenz der Republik nicht nur hingenommen, sondern ihre Politik auch zu gestalten versucht – wenn auch vor allem durch eine Einflußnahme »hinter den Kulissen«, so zeigte sich seit 1924 eine noch vereinzelte, mit der Präsidentenschaft Hindenburgs, eines praktizierenden evangelischen Christen, und dem Amtsantritt des neuen Präsidenten des Evangelischen Oberkirchenrates Hermann Kapler 1925 deutlichere Annäherung der Kirche an die Republik.[40] Auch die Bereitschaft der Weimarer Republik bzw. einzelner deutscher Länder, mit den evangelischen Kirchen auf der Grundlage der Parität Verträge vergleichbar den Konkordaten zu schließen, förderte die Staatsloyalität der Kirche. Zwar ist es zum Abschluß eines Vertrages zwischen der Reichsregierung und der Evangelischen Kirche nicht gekommen, wie ja auch der Abschluß eines Konkordates trotz der Bemühungen des Nuntius Pacelli und verschiedener deutscher Regierungen nicht gelang,[41] aber auf der Länderebene sind einige Verträge zustande gekommen, so 1924 mit dem bayerischen Staat, der im selben Jahr ein Konkordat abschloß und aus Gründen der Gleichbehandlung der Konfessionen einen entsprechenden »Protestantenvertrag« aushandelte, so 1931 mit Preußen, dessen Regierung bereits 1929 ein Konkordat durch den Landtag gebracht hatte, so mit Baden, das sich dem preußischen Vorgehen auch inhaltlich 1932 anschloß. Der preußische Kirchenvertrag gewährte den evangelischen Kirchen eine großzügige staatliche Dotation, dafür verpflichteten sich die Kirchen, höhere kirchliche Beamte nur zu ernennen, nachdem die Staatsregierung festgestellt hatte, daß keine Bedenken gegen sie bestanden (»politische Klausel«). Weiter enthielt der Vertrag eine institutionelle Garantie für den Fortbestand der evangelisch-theologischen Fakultäten an den zehn preußischen Universitäten und gab der Kirche das schon bisher geübte Recht, vor der Anstellung eines ordentlichen oder außerordentlichen Professors mit einer »gutachtlichen Äußerung« gehört zu werden.[42]

Besonders deutlich wurde die neue Einstellung der Kirche, aber auch die Schwierigkeiten und Spannungen, die jetzt hervorgerufen wurden, auf dem Königsberger Kirchentag, der vom 11. bis zum 15. Juni 1927 stattfand. Der Kirchentag endete mit einer »Vaterländischen Kundgebung«, auf der zwei Reden gehalten wurden. Wilhelm Kahl, Mitglied des Deutschen Evangelischen Kirchenausschusses und zeitweise Abgeordneter der DDP im Reichstag, also republikbejahend, sprach über »Kirche und Vaterland«, der Erlanger systematische Theologe Paul Althaus über »Kirche und Volkstum«. Kahl machte aus der Verpflichtung des Christen, auch die revolutionär geschaffene Obrigkeit als göttliche Obrigkeit anzuerkennen, kein Hehl, wenn er auch von der »geschichlichen Treue« zur deutschen Monarchie sprach, die es im Herzen zu bewahren gelte. Das hindere den evangelischen Christen jedoch nicht, jetzt die Republik, den neuen Staat, zu unterstützen. Zu einer wirklichen Verknüpfung von Republikgehorsam und Treue zur Monarchie fand Kahl nicht, er verwies nur auf Paulus, Römer 13, 1ff, der die Unterordnung des Christen unter die Obrigkeit unerbittlich fordere, dabei aber »natürliche Regungen der Anhänglichkeit, der Abneigung, der politischen Einstellung« nicht anerkenne.[43] Althaus dagegen setzte in seinem Vortrag andere Akzente. Er empfand die deutsche politische Gegenwart als »Entartung« und orientierte sich am »deutschen Volkstum«, das in dem deutschen Protestantismus seinen entscheidenden Ausdruck finde, seit der Reformation Luthers immer gefunden habe und die Unzulänglichkeiten des deutschen Staates auszugleichen imstande war. Die Verknüpfung von »deutsch« und »evangelisch«, die Bindung der evangelischen Kirche an das Völkische, das Althaus als das »besondere, von anderen unterschiedene Seelentum« definierte, setzte nicht nur irrationale Gefühlswerte frei, sondern ließ auch das Elend der republikanischen Gegenwart zurücktreten und gab dem bislang restaurativen, die Wiederherstellung des Kaiserreiches erstrebenden Nationalismus und Chauvinismus ein neues Ziel und eine neue Aufbruchstimmung.

Gemessen an dem Ziel der Politik und des evangelischen Glaubens, der Herstellung und Bewahrung des wahren deutschen Volkstums, erschien die Gesellschaft der Republik entartet, entfremdet, ja entwurzelt, ihre Institutionen nicht »organisch gewachsen«, sondern »rational organisiert«, von Fremden zersetzt. Das »deutsche Volkstum« wurde zum Bezugspunkt einer neuen Politik, aber auch einer neuen evangelischen Theologie, die diesen Begriff und andere verwandte Begriffe in den Rang des Religiösen erhob und im deutschen Volk wie auch in anderen Völkern Grundlagen der göttlichen Schöpfungsordnung erblickte. Die Sendung des deutschen Volkes bestand in der Entfaltung eines reinen Volkstums und die politische Dimension dieser Aufgabe erhielt eine notwendige Ergänzung durch den evangelischen Glauben an die Kraft des Evangeliums. Dieses allein garantiere, daß der völkische Wille auf das »Reich Gottes« gerichtet bleibe und nicht säkularisiert werde. Während also auf der einen Seite seit der Mitte der zwanziger Jahre eine in vielem widersprüchliche und sehr langsame Annäherung an die Weimarer Republik festzustellen ist, wurde auf der anderen Seite gerade bei jüngeren Theologen eine politische Theologie entwickelt, die Begriffe wie Volk und Gemeinschaft spiritualisierte und mystifizierte und mit dieser organologischen, antiaufklärerischen Haltung in einen scharfen Gegensatz zur liberalen Staatskonzeption der parlamentarischen Republik geriet.

Diese zwiespältige Haltung der Evangelischen Kirche zur Weimarer Republik kann auch in anderen Bereichen und an anderen Ereignissen aufgezeigt werden, zum Beispiel an den Versuchen der Reichsregierung und der Länderregierungen, die Evangelische Kirche mit Veranstaltungen und Gottesdiensten an den Feiern des Tages des Inkrafttretens der Weimarer Verfassung (11. August) zu beteiligen. Als der preußische Kultusminister und der Berliner Magistrat 1928 einen entsprechenden Wunsch an das Konsistorium der Mark Brandenburg herantrugen, reagierte die kirchliche Behörde kühl und leitete den Wunsch kommentarlos an die Gemeinden weiter, sie überließ die Entscheidung den Gemeindekirchenräten. Als daraufhin Kritik an der Haltung der Kirche laut wurde, verteidigte das Konsistorium seine Haltung mit dem Hinweis darauf, daß »die volle und ehrliche Anerkennung der uns gegebenen Staatsform... unsere von der Kirche und ihrer Führung ausdrücklich betonte Pflicht« sei.[44] Diese Verteidigung war jedoch kaum überzeugend, wenn man dagegenhält, daß die evangelischen Kirchen immer wieder nationale Feiern mit Gottesdiensten, Flaggenhissen und Glockengeläut unterstützten und daß zum Beispiel der deutsche Flieger Hünefeld, der erste Atlantiküberquerer von Ost nach West mit einem Gottesdienst im Bremer Dom feierlich empfangen wurde.[45] 1929, anläßlich der 10. Wiederkehr des Inkrafttretens der Verfassung, nahm die Evangelische Kirche den Verfassungstag deutlicher zur Kenntnis, die meisten Landeskirchen ordneten sogar Sondergottesdienste an, schoben also nicht mehr das Problem an die Gemeinden weiter, ohne selbst – aus Sorge um die Überparteilichkeit der Kirche – Stellung zu beziehen.[46] Die antirepublikanischen Ausfälle der Evangelischen Kirche waren häufig in den Predigten einzelner Geistlicher und in den evangelischen Zeitungen zu finden. Doch Beschwerden über den Mißbrauch der Kanzel von Seiten des Staates waren verhältnismäßig selten. Der erste preußische Kultusminister Haenisch richtete 1920 an den Evangelischen Oberkirchenrat die Bitte, die Geistlichkeit anzuweisen, sich republikfeindlicher Äußerungen auf der Kanzel zu enthalten.[47] Der Evangelische Oberkirchenrat gab daraufhin die Anweisung, politische Anspielungen zu unterlassen, doch er verbot nicht ausdrücklich Gebete für die Fürsten, die abgedankt hatten. Unter seinem Präsidenten Kapler (seit 1925) kam es ihm darauf an, die Kirche in ein korrektes Verhältnis zur Weimarer Republik zu bringen, doch er konnte eine positive Einstellung zum Staat nicht befehlen, er konnte auch nicht verhindern, daß es immer wieder zu Predigten kam, in denen die Demokratie mit der »satanischen Fratze der Zufallsmehrheit«[48] versehen wurde oder in denen platte monarchische und antisemitische Propaganda betrieben wurde wie in jenem Zitat, die »Deutsche Republik (würde) von einem Kaiser regiert, allerdings nicht von einem Hohenzollernkaiser, sondern von dem internationalen Juden«.[49] So herrschte innerhalb der Evangelischen Kirche ein Spannungsverhältnis, das nie ausgewogen war, vor allem nicht in der Wirtschaftskrise nach 1929. Die durch die Krise erneut in Gang gesetzte und verstärkte politische Radikalisierung auf dem linken und dem rechten politischen Flügel wurde von der Evangelischen Kirche zwar gesehen und verurteilt, aber die Gewalttäter wurden selten deutlich beim Namen genannt.[50] Die Kirche wollte überparteilich bleiben, sie bot dem »zerrissenen und zerspaltenen Volk die Kraft des Glaubens und der Liebe« an,[51] aber wandte sich nicht konkret gegen die Gewalttäter, die 1931 jüdische Geschäfte am Kurfürstendamm verwüsteten oder jüdische Friedhöfe schändeten oder auch politische Gewalttaten begingen. Kirchenleitende Stellen unternahmen auch wenig gegen die zunehmende Politisierung des Pfarrerstandes, der sich in den Parteien des rechten Spektrums engagierte und an Kundgebungen gegen die Republik teilnahm. Als das preußische Kultusministerium im Januar 1931 mit Beschwerden über derartige Pfarrer an den Evangelischen Oberkirchenrat herantrat, erklärte Kapler, die Kirche werte die Mitgliedschaft in der NSDAP nicht als Verstoß, wolle aber eine Beschränkung der politischen Tätigkeit der Pfarrer anregen.[52]

Was war das »richtige« Verhältnis der Kirche zu Staat und Gesellschaft? Diese Frage behandelte der württembergische Kirchenpräsident Wurm auf der letzten Sitzung des Deutschen Evangelischen Kirchenausschusses vor Hitlers Machtübernahme im November 1932. In den Parteienstreit der Republik solle die Kirche nicht eingreifen; zum parteilichen Engagement von Pfarrern und Kirchenleuten äußerte Wurm sich kritisch, in seine Kritik bezog er auch die Pfarrer ein, die Mitglieder der NSDAP geworden waren. Aber sollte die Kirche weiter überparteilich sein? Der Redner gab zu bedenken, daß durch die bisher geübte Enthaltsamkeit der Kirche die andrängenden Fragen auch nicht mehr zu lösen seien. Mußte die Kirche vielleicht selbst Partei werden?

Eine Antwort auf diese Frage fand die Kirchenleitung nicht mehr. Aber Antworten auf die Frage nach dem »richtigen« Verhältnis der Kirche zu Staat und Gesellschaft gab es damals viele. Die politische Theologie hatte die These aufgestellt, daß sich die Kirche auf die politische Situation der Gegenwart einlassen müsse, um zum rechten Verständnis von Gottes Wort und zu voller Verkündigung des Evangeliums zu kommen, sie hatte sogar die politische Situation der Gegenwart selbst analysiert und definiert.

Auch die Glaubensbewegung Deutsche Christen der NSDAP war um eine Antwort nicht verlegen, sie verband das evangelische Christentum mit ihrer völkischen Ideologie. Sie entfaltete eine beträchtliche volksmissionarische Aktivität nach Hitlers Amtsantritt, versuchte, das deutsche Volk neu mit christlicher Frömmigkeit zu durchtränken und verstieg sich schließlich zu Forderungen wie die nach der »Reinigung der Bibel von allem Jüdischen« und nach einem »arischen Christus«, was bereits Ende 1933 zum Austritt vieler ehemals engagierter Anhänger der Bewegung führte.

Eine andere Antwort gab Karl Barth in seinem 1930 erschienen Aufsatz »Quosque tandem«,[53] in dem er sowohl die politische Theologie wie überhaupt jeden Versuch der Kirche, sich mit dem Staat zu arrangieren oder sich in ihm zu konsolidieren oder auch, ihn zu kritisieren und abzulehnen, verurteilte und die Kirche von allem Politischen fort zu ihrem eigentlichen Auftrag und zu ihrem Wesen, die nur aus der Mitte des Evangeliums zu bestimmen waren, zurückführte. Die dialektische Theologie Karl Barths, die damals vor allem von der theologischen Wissenschaft zur Kenntnis genommen wurde, leugnete zwar die »Weltlichkeit« der Kirche nicht, arbeitete aber deutlicher und schärfer heraus, was die Kirche von der Welt, vom Staat und von allem Politischen unterschied. Sie bemühte sich (noch) nicht, beide Institutionen in ein Verhältnis zueinander zu setzen.

Diese Theologie sollte für die kirchengeschichtlichen Ereignisse des »Dritten Reiches« die größte Bedeutung gewinnen, weil sie in theologischer, auf die Bibel bezogener Argumentation Kirche und Staat trennte und die Kirche der Vereinnahmung durch den Staat entzog, aber auch das Politische weitgehend aus dem Raum der Kirche zu verbannen trachtete. Somit gab Barth damals noch keine

Antwort auf die Frage nach dem politischen Engagement der Kirche, er bestritt nur die Relevanz dieser Frage.

Doch die Kirche mußte damals und sie muß heute eine Antwort auf die Frage finden, wie weit sie sich einzulassen hat auf Staat und Politik. 1934, noch ziemlich am Beginn der Herrschaft des Nationalsozialismus, gab die »Barmer Theologische Erklärung« der sogenannten »Bekennenden Kirche«, einem kleinen Teil der Evangelischen Kirche, eine neue Ekklesiologie und eine Richtschnur kirchlichen Verhaltens. Die Erklärung fixierte die Kirche auf die Mitte des Evangeliums und beschrieb ihre Einwirkung auf Staat und Gesellschaft als eine »Erinnerung an Gottes Reich und Gottes Gebote«.[54] Dieses Erinnern beschreibt auch heute weitgehend das Verhältnis der Evangelischen Kirche zu Staat und Politik in der Bundesrepublik Deutschland.

Anmerkungen

1 Vgl. z. B. stellvertretend für viele den von M. Stürmer herausgegebenen Sammelband Die Weimarer Republik (Neue Wissenschaftliche Bibliothek, Bd. 112), Königstein/Ts. 1980, in dem man einen Aufsatz zur Rolle der Kirchen vergebens sucht.

2 Vgl. auch stellvertretend für viele K. Scholder, Die Kirchen und das Dritte Reich, Bd. 1, Frankfurt a.M./Berlin/Wien 1977.

3 Vgl. den nach Abfassung dieses Aufsatzes erschienenen Artikel von F. W. Graf, Der heilsame Unterschied. Politischer Protestantismus in der Weimarer Republik, in: Frankfurter Allgemeine Zeitung vom 29. Oktober 1986.

4 Das Urteil von Carlo Schmid zitiert bei F. Spotts, Kirchen und Politik in Deutschland, Stuttgart 1976, S. 105.

5 Es gab in Deutschland insgesamt 28 evangelische Landeskirchen; fast die Hälfte aller evangelischen Bürger gehörte zur Evangelischen Kirche der altpreußischen Union, »neupreußische«, d. h. erst im Laufe des 19. Jahrhunderts zu Preußen gekommene Landeskirchen waren die lutherische Landeskirche von Hannover, die reformierte Landeskirche von Hannover, die lutherische Landeskirche von Schleswig-Holstein, die evangelische Landeskirche in Hessen-Kassel, die evangelische Kirche von Nassau und die evangelische Landeskirche in Frankfurt am Main; in Bayern waren die Protestanten entweder Glieder der lutherischen Landeskirche rechts des Rheins oder der protestantischen Kirche der Pfalz, zu den süddeutschen evangelischen Kirchen gehörten weiter die lutherische Landeskirche in Württemberg, die evangelisch-protestantische Landeskirche Badens und die evangelische Landeskirche in Hessen, die mitteldeutschen Kirchen bestanden aus den Kirchen der thüringischen Staaten, aus Sachsen und Anhalt und die norddeutschen außerpreußischen Kirchen waren die evangelischen Kirchen in Mecklenburg-Schwerin, in Mecklenburg-Strelitz, in Oldenburg, in Braunschweig, in Waldeck, in Lippe, in Schaumburg-Lippe, in Lübeck, in Hamburg und in Bremen. Schon im 19. Jahrhundert war es zu Versuchen gekommen, die evangelischen Landeskirchen in einer übergeordneten Organisation zur Vertretung gemeinsamer Interessen zusammenzubringen; seit 1852 fanden regelmäßige Zusammenkünfte führender Repräsentanten aller Landeskirchen in der »Eisenacher Konferenz« statt, die 1903 den »Deutschen Evangelischen Kirchenausschuß« als geschäftsführendes Organ berief, dessen Vorsitz seit 1908 dem Präsidenten des Evangelischen Oberkirchenrates in Berlin, der obersten Behörde der Kirche der altpreußischen Union, übertragen wurde.

6 Zur preußischen Kirchenverfassung vor 1918 vgl. J. Jacke, Kirche zwischen Monarchie und Republik. Der preußische Protestantismus nach dem Zusammenbruch von 1918, Hamburg 1976, S. 15ff; die die preußische Kirche betreffenden Feststellungen gelten –

mutatis mutandis – auch für andere evangelische Landeskirchen in Deutschland, vgl. z. B. für Bayern G. Hirschmann, Die evangelische Kirche seit 1800, in: M. Spindler (Hg.), Handbuch der Bayerischen Geschichte IV/2, München 1975, S. 883ff.

7 Neben der Rolle des summus episcopus im Verfassungsaufbau der evangelischen Kirche ist das gutsherrliche Patronatswesen zu erwähnen, in Altpreußen war etwa ein Drittel aller Pfarrstellen patronatsgebunden, vgl. Jacke, Kirche zwischen Monarchie und Republik, S. 20ff.

8 Zeugnisse der Reaktion evangelischer Kirchenbehörden, Pfarrer und Gemeindeglieder bei M. Greschat (Hg.), Der deutsche Protestantismus im Revolutionsjahr 1918/19, Witten 1974, S. 19ff.

9 K. Nowak, Evangelische Kirche und Weimarer Republik. Zum politischen Weg des deutschen Protestantismus zwischen 1918 und 1932, Göttingen 1981, S. 18ff.

10 Vgl. Punkt 5 der Erklärung vom 12.11.1918; Text bei J. Hohlfeld (Hg.), Dokumente der deutschen Politik und Geschichte, II, Berlin 1951, S. 421.

11 Text der Erklärung bei G. A. Ritter, S. Miller: Die deutsche Revolution 1918-1919. Dokumente, Frankfurt 1975[2], S. 104.

12 K. Nowak, Evangelische Kirche, S. 24; vgl. auch J. R. C. Wright, Über den Parteien. Die politische Haltung der evangelischen Kirchenführer 1918-1933, Göttingen 1977, S. 14ff.

13 Mitteilungen aus der Arbeit der dem Evangelischen Oberkirchenrat und dem Generalsynodalvorstand beigeordneten Vertrauensmänner der Evangelischen Landeskirche, 12 Ausgaben, Berlin 1918-1919.

14 Alle Versuche, eine »evangelische Partei« ähnlich dem Zentrum auf katholischer Seite zu gründen, kamen über begrenzte Aktionen und Gruppenbildungen nicht hinaus, vgl. dazu K. Nowak, Evangelische Kirche, S. 25ff.

15 E. R. Huber, Deutsche Verfassungsgeschichte seit 1789, Bd. VI, Stuttgart/Berlin/Köln/Mainz 1981, S. 865ff; zu Naumanns Haltung im Verfassungsausschuß der Nationalversammlung vgl. Nowak, Evangelische Kirche, S. 72f; auch Th. Heuß, Friedrich Naumann, Tübingen 1949[2], S. 477.

16 Dieser Ausdruck bei Wright, Über den Parteien, S. 23.

17 Vgl. ebenda., S. 27.

18 Der Wortlaut der Präambel u. a. bei K. Kupisch (Hg.), Quellen zur Geschichte des deutschen Protestantismus 1871-1945, Göttingen/Berlin/Frankfurt a. M. 1960, S. 146f.

19 Diese Interpretation bei D. R. Borg, The old Prussian Church and the Weimar Republic. A Study in Political Adjustment 1917-1927, Hannover/London 1984, S. 113.

20 F. Giese/J. Hosemann, Das Wahlrecht der deutschen evangelischen Landeskirchen. 2 Bände. Berlin 1927; auch F. Giese/J. Hosemann, Die Verfassungen der deutschen evangelischen Landeskirchen, 2 Bände, Berlin 1927.

21 Zu tieferen Kontroversen zwischen Kirche und Staat kam es nur in Sachsen, Thüringen und Braunschweig, wo radikale Regierungen sich über die verfassunggebenden Versammlungen hinaus behaupten konnten. Dort weigerten sich die Regierungen manchmal, die staatlichen Leistungen, vor allem die Gehälter für Kirchenbeamte, weiter zu zahlen, die Reichsregierung und die angerufenen Gerichte gaben den Landeskirchen Recht; vgl. Wright, Über den Parteien, S. 36ff.

22 In der Inflationszeit gewährte Preußen z. B. der Kirche zinslose Vorschüsse zur Zahlung der Pfarrergehälter, die später nie zurückgefordert wurden; vgl. Borg, The old Prussian Church, S. 116ff.

23 Vgl. Nowak, Evangelische Kirche, S. 38ff, 53ff, 63ff, 108ff.

24 Ebenda, S. 38f.

25 G. Mehnert, Evangelische Kirche und Politik 1917-1919, Düsseldorf 1959, S. 98f; auch Greschat, Der deutsche Protestantismus, S. 80ff.

26 vgl. Nowak, Evangelische Kirche, S. 53ff.

27 Vgl. Kirchliches Jahrbuch, Jg. 46 (1919), S. 343.

28 Vgl. Nowak, Evangelische Kirche, S. 57.
29 C. Motschmann, Evangelische Kirche und Preußischer Staat in den Anfängen der Weimarer Republik, Lübeck 1969, S. 127ff.
30 Verhandlungen des (2.) Deutschen Evangelischen Kirchentages Stuttgart 1921, S. 121ff.
31 O. Dibelius, Das Jahrhundert der Kirche, Berlin 1927.
32 G. Kehrer, Soziale Klassen und Religion in der Weimarer Republik, in: H. Cancik (Hg.). Religions- und Geistesgeschichte der Weimarer Republik, Düsseldorf 1981, S. 75.
33 Vgl. H. Lutz, Demokratie im Zwielicht. Der Weg der deutschen Katholiken aus dem Kaiserreich in die Republik 1914-1925, München 1963; R. Morsey, Die deutsche Zentrumspartei 1917-1923, Düsseldorf 1966.
34 Besonders kraß bei G. O. Sleidan, Gegenreformation einst und jetzt, Berlin 1923.
35 Mit Ausnahme einer verschwindenden Minderheit um Adam Stegerwald; vgl. H. J. Schorr, Adam Stegerwald, Politiker der ersten deutschen Republik. Ein Beitrag zur Geschichte der christlich-sozialen Bewegung in Deutschland, Diss. phil. Köln 1966.
36 Z. B. der Evangelische Bund; vgl. zu dem Problem von evangelischer Seite H. Hermelink, Katholizismus und Protestantismus in der Gegenwart, Stuttgart/Gotha 1923.
37 Dieses Vorgehen ist für Preußen bereits erörtert worden; in Hamburg befahl der Arbeiter- und Soldatenrat die Abschaffung des Religionsunterrichts, in Braunschweig oktroyierte die Regierung der evangelischen Landeskirche – vergeblich – eine demokratische Verfassung, in Sachsen und Thüringen weigerten sich die Landesregierungen, die staatlichen Zuschüsse an die evangelischen Landeskirchen weiter zu zahlen; vgl. Wright, Über den Parteien, S. 37f.
38 Vgl. dazu Borg, The old Prussian Church, S. 171ff.
39 Vgl. dazu vor allem Nowak, Evangelische Kirche, S. 145ff; es handelte sich um den »Christlichen Volksdienst«, entstanden aus pietistischen Wurzeln, die »Evangelische Volksgemeinschaft in Hessen« und die »Deutsche Reformpartei«.
40 In der Literatur wird von einem »Vernunftrepublikanismus« gesprochen, der freilich entfernt war von einem demokratischen Engagement liberaler Kirchenleute wie Troeltsch oder Martin Rade; vgl. Nowak, Evangelische Kirche, S. 172; der Begriff vermutlich zuerst geprägt von Wilhelm Kahl, Mitglied des Deutschen Evangelischen Kirchenausschusses und des Reichstages als Abgeordneter der DDP.
41 Vgl. dazu und zum Folgenden E. R. Huber, Verfassungsgeschichte, S. 909ff.
42 Zum Inhalt des Vertrages und zu seiner Problematik vgl. ebenda, S. 925ff; die zehn preußischen Universitäten waren Berlin, Bonn, Breslau, Göttingen, Greifswald, Halle, Kiel, Königsberg, Marburg, Münster.
43 Verhandlungen des Deutschen Evangelischen Kirchentages in Königsberg 1927, S. 249ff; der Vortrag von Althaus ebenda, S. 204ff.
44 Nach Nowak, Evangelische Kirche, S. 178.
45 Vgl. Wright, Über den Parteien, S. 90ff.
46 Ebenda.
47 Ebenda., S. 93, auch für das Folgende.
48 Vgl. dazu K. W. Dahm, Pfarrer und Politik. Soziale Position und politische Mentalität des deutschen evangelischen Pfarrerstandes zwischen 1918 und 1933, Köln/Opladen 1965; auch Wright, Über den Parteien, S. 95f.
49 Vgl. Wright, Über den Parteien, S. 168.
50 Vgl. ebenda, S. 165ff.
51 So auf dem Kirchentag 1930 in Nürnberg; vgl. Verhandlungen des Evangelischen Kirchentages 1930 in Nürnberg, S. 312f.
52 Dazu Wright, Über den Parteien, S. 168.
53 Vgl. Nowak, Evangelische Kirche, S. 332ff.
54 So in der 5. These der Barmer Theologischen Erklärung; der Text u. a. bei G. van Norden/ P. G. Schoenborn/V. Wittmütz (Hg.), Wir verwerfen die falsche Lehre. Arbeits- und Lesebuch zur Barmer Theologischen Erklärung und zum Kirchenkampf Wuppertal 1984, S. 77.

Jan Bank

Sozialdemokratie und Staat in den Niederlanden

1. Einleitung

Sozialdemokraten mögen in den Niederlanden häufiger in der Opposition als im Regierungslager gestanden haben, dennoch vermochten sie die Demokratisierung und zugleich den Zugriff des Staates auf Bereiche der Gesellschaft zu fördern. Nachstehend soll die Staatsauffassung der niederländischen Sozialdemokratie in kurzem Abriß behandelt werden. Dabei ist zum einen die Sozialdemokratie in ihrem Verhältnis zum parlamentarischen Staat und zur Monarchie zu betrachten, zum anderen Theorie und Praxis im Hinblick auf die Interferenz von Staat und Gesellschaft darzulegen. Vorab seien freilich drei Bemerkungen zur politischen Geschichte der sozialistischen Linken vorgetragen:

Im politischen Spektrum der Niederlande wird die Linke von einer großen sozialdemokratischen Partei, der 1894 gegründeten Sociaal-Democratische Arbeiders Partij in Nederland (SDAP) beherrscht. Nach dem Zweiten Weltkrieg versucht sie, sich durch die Rekrutierung von Mitgliedern und Wählern aus calvinistischen, katholischen und bürgerlichen Kreisen zu erneuern. Sie trat als sogenannte Durchbruch-Partei auf, der nicht weltanschauliche Einheit, sondern die Gemeinsamkeit eines praktisch politischen Programms zugrunde lag. Sie wurde in Partij van de Arbeid (PvdA, Partei der Arbeit) nach der für sie 1945 besonders beispielhaften britischen Labour Party umbenannt. Im Schatten der SDAP wuchs eine linkssozialistische Organisation heran, von quantitativ geringer, intellektuell freilich hoher Bedeutung. Sie spaltete sich 1909 von der Sozialdemokratie ab, fünf Jahre also vor dem großen Schisma in der internationalen Arbeiterbewegung. Ab 1918 nannte sie sich Communistische Partij Holland (CPH), um 1935 endgültig den Namen Kommunistische Partei der Niederlande anzunehmen. Diese Zweiteilung sollte freilich nicht zu konträr gesehen werden, da es immer wieder zwischen den Flügeln stehende Gruppen mit fließenden Übergängen zu beiden Seiten hin gab. Die Partei der Arbeit hat allerdings in den letzten 10 Jahren mit Erfolg versucht, durch klare Profilierung in der Frage der Kernenergie (Ablehnung) und Sicherheitspolitik (Ablehnung der nuklearen Nachrüstung) eine Formierung der Grünen zu unterbinden. Die für die Sozialdemokraten (SDAP, dann PvDA) abgegebenen Stimmen reichen seit der Einführung des allgemeinen Wahlrechts 1918 von minimal 23,5 % bis maximal 33,8 %. Die Tatsache, daß beide Extremwerte in den Parlamentswahlen von 1967 und 1977 erzielt wurden, deutet darauf hin, daß erst neuerdings von einem wachsenden Bedürfnis nach Wechsel und damit auch von einer Zunahme der Wechselwähler zu reden ist. Bis in die 60er Jahre zeigte die niederländische Wählerschaft eine recht große Stabilität, die im Lichte der hier noch mehrfach zu nennenden Versäulung bzw. der Komplexität der gesellschaftlichen Verflechtungen beurteilt werden muß. Die Kommunistische Partei hat sich in den sieben Jahrzehnten ihrer parlamentarischen Existenz als kleine, recht geschlossene Fraktion manifestiert. Nur in der unmittelbaren Nachkriegszeit hat sie einen zweistelligen Wähleranteil erreichen können. Bei den Parlamentswahlen von 1986 blieb die Partei unter dem Wahlquotienten und ist zum ersten Mal seit ihrer Gründung nicht mehr im Parlament vertreten.

Im Gegensatz zu den Schwesterparteien der Nachbarstaaten (Großbritannien, Belgien und Deutschland) ist die niederländische Sozialdemokratie erst relativ spät in die Regierungsverantwortung genommen worden. Genau 45 Jahre saß die Partei in der Opposition. Unter dem Einfluß der Kriegsdrohung wurde im Sommer 1939 eine Regierung der nationalen Einheit gebildet, der auch zwei sozialdemokratische Minister angehörten. Nach der deutschen Invasion im Mai 1940 ging dieses Kabinett nach London und etablierte sich dort als Exilregierung, die bis Ende 1944 auch sozialistische »Engelandvaarders« (Englandfahrer-Politiker und Widerstandskämpfer, die sich der deutschen Okkupation entziehen konnten) zu ihren Mitgliedern zählten. Von 1945 bis 1958 war die Partei der Arbeit sodann ununterbrochen in Koalitionsregierungen vertreten, denen lange Zeit der Sozialdemokrat Willem Drees als Premierminister vorstand. Danach war die Partei nur noch dreimal Koalitionspartner.

Dieser Chronologie ist zu entnehmen, daß die Sozialdemokratie auf nationaler Ebene in den 90 Jahren ihrer parteilichen Existenz versuchen mußte, ihre Zielsetzungen vornehmlich von der Oppositionsbank her zu verwirklichen. Dazu war sie entweder durch die ablehnende Haltung der bürgerlichen Parteien gezwungen, oder sie hat sich durch Beschluß der Parteigremien selbst abstinent verhalten. Die deutliche Permanenz der Koalitionsstruktur hat die These vom marginalen Standort der Sozialdemokratie begründet. Die Kommunistische Partei dagegen war nie in einer niederländischen Regierung vertreten. Sie hat ihr Ziel in 1945 und '46 verfehlt, als sie im Rahmen der damaligen westeuropäischen Tendenz der fortschrittlichen Zusammenarbeit bemüht war, mit Sozialdemokraten und progressiven Christdemokraten eine Koalition zu bilden.

2. SDAP und parlamentarischer Staat

Die Sozialdemokratische Partei ist 1894 nach dem Muster der deutschen SPD gegründet worden, nicht also nach den Vorstellungen der britischen Fabians, die mit ihren »Essays in Socialism« 1889 einen ersten Ansatz zur Systematisierung des Reformsozialismus ausgearbeitet hatten. Das Parteiprogramm war nichts anderes als eine niederländische Übersetzung des Erfurter Programms von 1891. Damals schrieb der Sozialdemokrat Troelstra an Kautsky, er, Kautsky, habe mit seinen »größeren Werken über das Erfurter Programm« ihm »festen Boden unter den Füßen gelegt, den Weg gezeigt, das Ziel gesetzt«.[1] Im Unterschied zur deutschen Vorlage arbeiteten die Niederländer allerdings die These aus, daß der Eroberung der staatlichen Gewalt eine Eroberung politischer Rechte, besonders des allgemeinen Wahlrechts, vorangehen müßte, die eine Reformgesetzgebung ermöglichen sollte »zur unmittelbaren Besserung der Lage der Nichtbesitzer und zur Beschleunigung der wirtschaftlichen Revolution«.[2]

Das Erscheinungsbild der niederländischen Partei wies übrigens ähnliche Züge auf, wie sie Kurt Klotzbach in seinem Buch über die Sozialdemokratische Partei Deutschlands umrissen hat: Das Nebeneinander von revolutionärer Ideologie und praktisch-politischer Fixierung auf reformerische Arbeit im Staat.[3] Theorie und Praxis der SDAP klafften immer weiter auseinander. Trotz bitterer Erfahrungen mit dem repressiven Behördenapparat saßen Sozialdemokraten weiter in Gemeindevertretungen und Provinzregierungen. Man sprach vom »Gemeindesozialismus« und von sozialdemokratischen Inseln in einer bürgerlichen Gesellschaft.[4] Die Partei wuchs in die parlamentarische Sphäre hinein. Steigende Stimmenzahlen bei den Parlamentswahlen legten die Hoffnung nahe, immer weitere Volksschichten für sich gewinnen und so die Basis für eine absolute Mehrheit schaffen zu können. Im Sommer 1918 schien diese Hoffnung Wirklichkeit zu werden, als das allgemeine Wahlrecht eingeführt wurde. Freilich, die Hoffnung trog, denn die katholische und protestantische Arbeiterschaft stand treu zu Kirche und Religion. Seitdem sind entsprechende sozialdemokratische Erwartungen bis in die 60er Jahre hinein immer wieder auf die Folgen der Versäulung der niederländischen Gesellschaft gestoßen.

Bis 1933 ist es in regelmäßigen Abständen von 15 Jahren (1903, 1918 und 1933) zu offenen Konflikten zwischen Staat und Sozialdemokratie gekommen. 1903 legten die Eisenbahner ihre Arbeit nieder in der – vergeblichen – Hoffnung, ihren Protestakt zu einem Generalstreik erweitern zu können. Die Erfahrung dieses Mißerfolgs war zugleich die Geburtsstunde einer sog. »modernen Gewerkschaft« (NVV) und einer endgültigen Spaltung der sozialistischen Arbeiterbewegung in zwei Teile, einen reformistischen und einen revolutionären Flügel. Im November 1918 probte der Sozialistenführer Pieter Jelles Troelstra nach Berliner Muster den Aufstand. Diese Revolution wurde aber von der Partei abgeblasen, ehe sie durch die Mobilisierung Königstreuer gewaltsam bekämpft werden konnte. Gleichwohl, trotz dieser enttäuschenden Erfahrung hat die Partei nicht ihre Auffassung verworfen, daß Sozialismus historisch notwendig sei und in der Zukunft revolutionäre Situationen entstehen könnten, in denen der Griff nach der Macht das Gebot der Stunde sein müßte. Diese Machtübernahme sollte danach allerdings durch Wahlen legitimiert werden. So etwas schien sich 1933 in der Wirtschaftskrise anzubahnen, als ein Matrosenaufstand in der bürgerlichen Welt der Niederlande die Schreckgespenster eines Umsturzes wachrief. In jenem Jahr meuterte ein Teil der Besatzung des Kriegsschiffs »De Zeven Provinciën«, das in den Gewässern des niederländisch-indischen Archipels operierte. Dieser Akt der Gehorsamsverweigerung wurde nicht nur durch Bombardierung des Schiffes im Blut erstickt, sondern war auch Anlaß zum Geschrei von der »Autoritätskrise« und zu einer dem entsprechenden Hetze gegen die politische Linke.

In all diesen Konflikten stand die Sozialdemokratie einer Koalitionsregierung von Protestanten und Katholiken gegenüber, ohne sich übrigens immer voll mit den obengenannten Aufständen oder Aufstandsversuchen solidarisiert zu haben. Die Repression folgte auf dem Fuße. Mit Streik und Berufsverboten oder mit Erweiterung der polizeilichen Kompetenzen versuchten die damaligen Behörden die Sozialisten zu disziplinieren. Ab 1933 z.B. wurden Ämter im Kriegsministerium und in der Armee für Parteimitglieder der SDAP verboten. Dieses Berufsverbot hatte im übrigen weitaus größere Auswirkungen, da auch in den anderen Haager Ministerien »rote« Staatsdiener bis hin zum Zweiten Weltkrieg überhaupt nicht gern gesehen wurden. Daß diese Maßnahme gerade 1933 gegenüber der SDAP höchst ungerecht war, läßt sich aus der Parteiinterngeschichte ableiten. Nach einem turbulenten Jahrzehnt offener Diskussion und voller ideologischer Gegensätze war die Partei doch mehr und mehr auf Distanz zur traditionellen verbalrevolutionären Ideologie gegangen und hatte sie sich um eine Neuverständigung über die Grundlagen der Demokratie bemüht. Die SDAP war 1933 auf dem Weg, den niederländischen Staat zu bejahen. In dieser Entwicklung sozialdemokratischer Vorstellungen über die Grundlagen des Rechtsstaates waren zwei

Erfahrungen von höchster Bedeutung. Aus der Stagnation ihrer Wählerschaft in den 30er Jahren folgerte sie die Festigkeit und Kontinuität der versäulten Struktur. Die Genossen sollten sich nunmehr der Notwendigkeit einer Zusammenarbeit und sogar Koalition mit den bürgerlichen Parteien bewußt werden. Das läßt sich an dem Kampf um Theorie und die organisatorischen Konsequenzen dieses Kampfes ableiten. Während einerseits die SDAP daranging, eine Theorie auszuarbeiten, die die Folgen der Wirtschaftskrise zwar ausgleichen, die Ursachen jedoch nicht bekämpfen konnte, versuchte Anfang der 30er Jahre der linke Flügel der Partei gerade wegen des wirtschaftlichen Zusammenbruchs, zu einem klaren Bekenntnis zum klassischen Sozialismus und zur sozialistischen Gesellschaftsordnung zu gelangen. Die Verfolgung dieses radikalen Ziels führte schließlich 1932 zur Abspaltung einer Unabhängigen Sozialistischen Partei (OSP). »Es vollzog sich hier ein Prozeß, der der Bildung einer Sozialistischen Arbeiterpartei (SAP) in Deutschland durchaus vergleichbar war.«[5] Die neue Partei erhielt allerdings nie einen Sitz im Parlament; die SDAP konnte dagegen nach der Abspaltung den Weg in den Reformismus fortsetzen.

Abgesehen davon, daß der Aufstieg faschistischer Gruppierungen, die sich ebenfalls als eine antikapitalistische Bewegung darzustellen versuchten, die Sozialdemokratie beunruhigte, förderten die Hitlersche Machtergreifung und der Mißerfolg der SPD bei der Bekämpfung des Naziaufstiegs diesen Trend und führten endgültig zu einem Umschlag der Staatsauffassung. Ablehnung des revolutionären Staatsrechts und Bekenntnis zu den Freiheitsrechten standen jetzt im neuen Grundsatzprogramm der SDAP von 1937 zu lesen. Die Prinzipien der bürgerlichen Demokratie wurden voll akzeptiert. »Der Staat«, so der Wortlaut, »sollte Organ des freien Volkswillens zur Wahrung des Gemeinwohls sein. Er soll ein Rechtsstaat sein, der seine Aufgabe in der Verwirklichung und Handhabung des öffentlichen Rechts findet.«[6] Zugleich zeigte sich die Partei bereit, über ihren Schatten zu springen und mit den konfessionellen und bürgerlichen Parteien ein Bündnis der Demokraten zu schließen gegen die – befürchtete – Anziehungskraft des Nationalsozialismus auf die Mittelschichten auch in den Niederlanden. Die SDAP stand dabei vor der Wahl zwischen einer Zusammenarbeit mit den Kommunisten in einem dem französischen Muster nachgebildeten Komitee des antifaschistischen Widerstandes der Intellektuellen und einem demokratischen Bund bürgerlicher Prägung gegen linke und rechte Diktatur. Die Parteiführung zog sich mehr und mehr auf den Bund zurück und brach schließlich ihre Beziehungen zum Komitee ab.[7] Die Klärung dieses Dilemmas sollte lange Zeit ihre Auswirkungen haben und bis in die 60er Jahre die Einstellung der Sozialdemokratie gegenüber den Kommunisten bestimmen.

Die Betonung der Demokratie und des Rechtsstaates war vielerorts auch während des Höhepunktes des Kalten Krieges herauszuhören, als die Spitzenpolitiker der Partei der Arbeit immer wieder versuchten, die Sozialdemokratie gegen den sogenannten östlichen Kommunismus abzugrenzen. Sie steuerten die Sozialdemokratie mit Hilfe eines Leitbilds vom reformierten Kapitalismus hinein in die Integration in die westeuropäischen Gesellschaft. Die beiden Grundsatzprogramme von 1947 und 1959 erwiesen dem Primat einer demokratischen Grundordnung ihre Referenz; in einem ähnlichen Dokument von 1977 freilich ließ man schon solche demokratischen Prioritäten hinter sich und wandte sich den Funktionen des Staates zu, der primär die Aufgabe zugeschrieben erhielt, die Gesellschaft zu steuern und gesellschaftspolitische Reformen zu verwirklichen.

Der Glaube an die Leistungsfähigkeit des Staates in diesem Bereich ließ das Bekenntnis zur demokratischen Grundordnung etwas zurücktreten.[8] Im übrigen ist noch zu betonen, daß die Partei der Arbeit in der damals laufenden Diskussion über bürgerlichen Ungehorsam ihren rechtsstaatlichen Standort nicht geändert hat.

3. Sozialdemokratie im Staat

Seit dem Ersten Weltkrieg war die Sozialdemokratie in den Niederlanden eine der vier anerkannten Säulen. Sie hatte sich wie die neocalvinistische und die katholische Minderheit kulturell und gesellschaftlich in einer eigenen Teilwelt abgegrenzt und eine dritte Säule gebildet. Wo staatlicherseits Genehmigungen zu erteilen oder Zuweisungen vorzunehmen waren, wurde auch die Sozialdemokratie berücksichtigt, obwohl sie bis 1939 nie in der Regierung und kaum in den staatlichen Behörden vertreten war. 1930 dann erhielt die sozialistische Rundfunkgesellschaft (VARA) das ihr zukommende Viertel der Sendezeit. Aber erst seit dem Zweiten Weltkrieg wurde die Sozialdemokratie vollends in Staat und Gesellschaft integriert. Während der deutschen Okkupation gehörten einige Parteiführer zum Kern der Widerstandsbewegung. Das Bild vom vaterlandslosen Gesellen hörte nun endgültig auf zu bestehen. Die SDAP legte die demokratische Reifeprüfung ab, als sie in der Übergangsphase vom Krieg zur Befreiung sich nicht als eine revolutionäre, sondern als eine staatstragende Partei aufführte.

Ab 1945 konnten die Sozialisten die höchsten Ämter im Staatsapparat bekleiden. Vor dem Zweiten Weltkrieg wäre es politisch undenkbar gewesen, das Amt des Bürgermeisters von Amsterdam oder Rotterdam einem Sozialdemokraten zu übertragen, obwohl die Sozialisten in beiden Stadträten stark vertreten waren. Nach niederländischem Verwaltungsrecht ist der Bürgermeister allein für die Aufrechterhaltung der öffentlichen Ordnung verantwortlich und wird daher nicht gewählt, sondern von der Zentralregierung ernannt. Erst in den Nachkriegsjahren standen »rote« Bürgermeister den beiden Großstädten vor. Sie waren angesehene Vertreter des bürgerlichen Lagers, die sich durch ihre Tätigkeit in der Widerstandsbewegung politisch dem demokratischen Sozialismus genähert hatten und 1946 der Partei der Arbeit beigetreten waren. Der erste »rote« Provinzialgouverneur dagegen war ein bewährter Sozialdemokrat; er wurde 1946 in sein Amt berufen. Das diplomatische Corps nahm zu dieser Zeit zum ersten Mal Söhne prominenter Sozialisten und Gewerkschaftler auf. Die Schranken zwischen Partei der Arbeit und Behörden waren gefallen. Besonders in den 60er und 70er Jahren haben sich die Beziehungen zwischen Partei und Staatsapparat und dementsprechend die Interferenz politischer und amtlicher Konzepte und Auffassungen vervielfacht.

Am Ende der 60er Jahre kam Bewegung in das System der Versäulung. Die fast selbstverständlich erscheinende Loyalität der konfessionellen Wähler »ihren« Parteien gegenüber begann durch Säkularisierung oder Modernisierung in den Kirchen abzubröckeln. Besonders die Katholische Volkspartei mußte seit 1967 erhebliche Stimmenverluste hinnehmen. Während der Zeit dieser sogenannten Entsäulung meldeten sich in der Partei der Arbeit Vertreter einer neuen Generation zu Wort. Sie setzten sich für eine »Mehrheitsstrategie« ein. Damit war der

Versuch gemeint, das für die politische Kultur der Minderheiten spezifische Gefüge von »checks and balances«, von Verhaltensweisen, ja sogar von Ritualen des Kompromisses und des Konsenses der Eliten durch Polarisierung und offenen Konflikt zu ersetzen. Die in den Vordergrund gerückten jungen Führer der neuen Linken in der Partei der Arbeit versprachen sich davon, die unsicher gewordenen Gläubigen vor eine neue Wahl und die konfessionelle Wählerschaft spalten zu können.

Diese Strategie wurde auf zwei Ebenen erprobt. Zum einen erörterten die Parteigremien und eine staatliche Reformkommission Entwürfe für die offene Wahl eines Premierministers. Das königliche Sonderrecht, einen Parteiführer mit der Bildung einer Regierung zu beauftragen, sollte durch eine Art plebiszitärer Demokratie ersetzt werden. Zum anderen wurde der Versuch gemacht, auf der Basis von Vereinbarungen (»stembus akkoorden«) zwischen einzelnen progressiven Parteien mit einem gemeinsamen Wahlprogramm, ja sogar mit einer Regierungsmannschaft in den Wahlkampf zu ziehen. So sollte die Tradition der Exklusivität, die bis dahin den Fraktionsführern die Koalitionsbildung überlassen hatte, abgelöst werden. Freilich, die neue sozialdemokratische Generation täuschte sich in der Zähigkeit des organisierten Christentums.[9] Obwohl sie 1967 ihre kontinuierliche Mehrheit im Parlament endgültig verlor, war die Christdemokratie imstande, weiter das politische Zentrum zu beherrschen und dadurch die Notwendigkeit einer Koalitionsbildung und ihre Unentbehrlichkeit darin aufrechtzuerhalten. Die Politologen der neuen Linken unterschätzten die Kontinuität des politischen Partikularismus und die Tradition der Minderheitskultur in der niederländischen Geschichte.

Aus diesen Erfahrungen hat ein Politikwissenschaftler die Schlußfolgerung gezogen, daß sich in den politischen Verhältnissen der Niederlande eine natürliche Regierungsmehrheit christdemokratischer und liberaler Observanz anbiete. Koalitionen mit der Sozialdemokratie würden nur bei »äußerster Notwendigkeit« gebilligt; wenn etwa nach Parlamentswahlen eine Mehrheitsbildung ohne sie rein rechnerisch gesehen nicht zustande käme oder wenn, wie in der unmittelbaren Nachkriegszeit, es einfach ein Gebot der Stunde war, daß die Sozialdemokratie an der Regierung beteiligt wurde.[10] Diese Argumente lösten eine Diskussion aus, die im übrigen nicht nur auf wissenschaftliche Kreise begrenzt war. Die These von der »äußersten Notwendigkeit« ist aber auch ein historisches Argument in der Debatte um eine politische Neuorientierung der Partei der Arbeit, die die Selbstverständlichkeit ihrer Opposition nun doch in Frage gestellt sehen möchte.[11]

4. SDAP und Monarchie

In der Frage der Monarchie ist die Sozialdemokratie von Anfang an im allgemeinen recht pragmatisch vorgegangen. Die parlamentarischen Grundzüge einer konstitutionellen Monarchie waren schon drei Jahrzehnte vor der Geburtsstunde der sozialistischen Partei festgelegt – im liberalen Grundgesetz von 1848 und nach dem Sieg demokratischer Wähler während der Machtkämpfe zwischen König und Parlamentsmehrheit in den Jahren 1864 und 1866. Auf dem ersten Parteitag der SDAP, wo die Delegierten die Grundlinien ihres Programms formulierten, lehnte der Sozialistenführer Troelstra eine Aussage über Abschaffung der Monarchie ab. Die Monarchie in den Niederlanden war nach seiner Ansicht eine unschuldige Liebhaberei. Ihre Bekämpfung würde das Vorurteil stärken, sie habe etwas zu bedeuten. Der von einigen Genossen aus Maastricht eingebrachte Vorschlag fand deshalb keine Billigung.[12]

Diese deutliche Mäßigung sollte aber nicht darüber hinwegtäuschen, daß die sozialdemokratische Anhängerschaft grundsätzlich eine Abschaffung der Monarchie befürwortete und deswegen eben im Alltag von Mitgliedern der Oranien-Vereine beschimpft wurde. An den Festtagen der Dynastie kam es immer wieder zu Schlägereien zwischen königstreuen Teilnehmern und Sozialdemokraten. Die Mai-Aufzüge hinter roten Fahnen wurden umgekehrt von bürgerlicher Seite wie eine Demonstration vaterlandsloser Gesellen betrachtet. Der Revolutionsversuch vom November 1918 brachte das republikanische Ziel der Sozialdemokratie völlig ans Tageslicht. Die Partei war allerdings auf einen solchen Umsturz geistig und organisatorisch nicht genügend vorbereitet. Sie verzichtete von sich aus auf Fortsetzung, ehe sie bekämpft werden konte. In der politischen Geschichte der Niederlande hat diese Tat im übrigen traumatische Reaktionen ausgelöst – stärker, als die tatsächlichen Geschehnisse es eigentlich rechtfertigten. Aufgestaute Empörung kam hier zur Entladung.[13] Die Monarchie manifestierte sich für die Sozialdemokraten nach 1918 neuerlich als Überbau einer Klassengesellschaft. Erblichkeit, so sagte Troelstra bei einer Parlamentsdebatte 1922 über eine Neufassung der Verfassung, sie nur noch eine Angelegenheit für Herd und Zuchtbücher, nicht jedoch für öffentliche Amtsträger. »In diesem Augenblick wird das Haus Oranien als Symbol des Klassenkampfes verwendet.«[14]

Seit 1933 verringerte sich allmählich die parteioffizielle Distanz zur Monarchie. Die Parteipresse brachte 1938 beim 40jährigen Regierungsjubiläum von Königin Wilhelmina nur nüchterne Berichte. Ein Jahr zuvor hatte das Parlament die Heirat der Kronprinzessin mit einem deutschen Prinz, Bernhard von Lippe-Biesterfeld, genehmigt, ohne offene Debatte und ohne namentliche Abstimmung. Die Zeitungen der Arbeiterpresse hatten zwar mit »einer gewissen Beunruhigung« und mit »peinlicher Verwunderung« von der Verlobung Julianas mit einem Mitglied der Motorabteilung der SA und der SS Kenntnis genommen, aber diese Vorbehalte wurden politisch nicht genützt.[15] Später lobte der Parteivorsitzende der SDAP die »allgemeinen menschlichen und demokratischen Lebensauffassungen des Kronprinzenpaares«.[16] Bei der Geburt der Prinzessin Beatrix sprach ein Mitglied des Präsidiums der SDAP vor dem Mikrophon des sozialdemokratischen Rundfunks seine Glückwünsche aus. Er wurde allerdings vom nächsten Parteitag in aller Öffentlichkeit dafür gerügt. Dieser Prozeß der Tolerierung und Hinnahme wurde vorwiegend von der Parteielite verfolgt und stieß immer wieder auf den Widerstand in der Anhängerschaft. So war auch in den 30er Jahren der Parteitag nicht zu einer Aussage zugunsten einer konstitutionellen Monarchie bereit. 1939, angesichts deutlicher Kriegsdrohung, betonte der damalige Parteivorsitzende, Koos Vorrink, die Zugehörigkeit der gesamten Arbeiterbewegung zur Volksgemeinschaft. Er würdigte das Staatsoberhaupt, das er bei dieser Gelegenheit ein Symbol nationaler Einheit nannte.[17] Wahrlich, vom Symbol des Klassenkampfes zum Symbol der Einheit war ein langer Weg zurückgelegt worden. Bald ergab sich die Gelegenheit, solche Entwicklung neuerlich nachzuweisen und eine Wende in der sozialdemokratischen Mitgliedschaft herbeizuführen. Während des Krieges stieg die Königin durch ihre Beharrlichkeit und Ermunterung in ihrem Londoner Exil zu einer allgemein akzeptierten Persönlichkeit auf. Im besetzten

Land verdiente sie sich die Achtung vieler Bürger. Es gab auch sozialdemokratische und sogar kommunistische Widerstandskämpfer, die nicht nur für ihre politische, sondern auch in Treue zum Königshaus vor den Erschießungskommandos starben. Dieselbe Achtung verdiente sich übrigens auch der ehemalige Deutsche, Prinz Bernhard, in seiner Funktion als Generalinspekteur der inländischen Streitkräfte.

Nach dem Zweiten Weltkrieg, als die Minister der Partei der Arbeit angesehene Diener der niederländischen Krone wurden, erwies sich ein sozialdemokratischer Premierminister oder eine Koalition mit Sozialdemokraten als eine risikofreie Versicherung gegen republikanische Tendenzen. Dreimal wurde die königliche Familie nach 1945 Gegenstand eines politischen Konfliktes. Nach der Geburt der jüngsten Tochter 1948 stellte es sich heraus, daß eine Krankheit der Königin während der Schwangerschaft das Kind im Mutterleib nachteilig beeinflußt hatte. Die Königin suchte auch außerhalb des medizinischen Berufsstandes Hilfe bei einer Gesundbeterin. Sie geriet aber so stark unter den auch von politischem Pazifismus bestimmten Einfluß dieser Frau und einer Hofkammarilla, daß nicht nur die hierdurch bedrohte Ehe, sondern auch die Staatsraison eine radikale Lösung erforderten. Der damalige Ministerpräsident Drees versuchte mit Hilfe einer Kommission, bestehend aus den drei höchsten Würdenträgern des Königreiches, die privaten und politischen Folgen einer Hofintrige zu beseitigen. Tatsächlich hat er die Monarchie gerettet und sich um die Königin wegen seiner Beharrlichkeit in Sachfragen, aber auch wegen seines Verständnisses für die persönlichen Aspekte verdient gemacht.[18] Der zweite Fall ergab sich 1976, als in den USA bekannt wurde, daß der Prinz in seiner Funktion als Generalinspekteur der niederländischen Streitkräfte in den Ankauf von Kampfflugzeugen des amerikanischen Lockhead-Konzerns verwickelt war und Bestechungsgelder angenommen hatte. Der damalige sozialdemokratische Premierminister J. M. den Uyl ordnete eine offizielle Untersuchung an und folgte dem Verfahren seines Amtsvorgängers. Eine Dreierkommission wurde ernannt, die die im amerikanischen Senat vorgebrachte Anklage zum größten Teil bestätigte. Prinz Bernhard wurde seiner Militärämter enthoben, auf eine Strafanzeige aber wurde verzichtet. Auch diesmal fand ein sozialdemokratischer Ministerpräsident für ein sachliches und entschiedenes Vorgehen eine weitaus größere Anerkennung als er sie gemeinhin in der politischen Alltagsarbeit erhielt.[19] Nur im Falle der Verlobung der Kronprinzessin Beatrix mit einem bundesdeutschen Diplomaten (Klaus von Amsberg) war die Partei der Arbeit eher ein Muster innerer Gegensätze. Der künftige Ehemann hätte altersmäßig Mitglied der Hitlerjugend und der Wehrmacht gewesen sein können. Da das Haus Oranien aber eben im Kriege wegen seiner Rolle im Widerstand gegen den Nationalsozialismus an Autorität gewonnen hatte, war für gewisse Kreise ein solcher Mann als Prinzgemahl unerwünscht.

Die Partei der Arbeit war, kurz bevor die Beziehung der Kronprinzessin bekannt wurde, nach fünf Jahren Opposition wieder in der Regierung. Die Koalition aus Konfessionellen und Liberalen war am Entwurf eines neuen Rundfunkgesetzes gescheitert. Diesem Bündnis folgte ohne Neuwahlen eine Koalition aus Sozialisten und zwei christdemokratischen Parteien. Die Vermutung lag nahe, daß das Problem der bevorstehenden Verlobung die Königin und ihre Ratgeber dazu veranlaßt haben könnte, ein Regierungsbündnis mit der Sozialdemokratie anzustreben und sie mit in die Verantwortung zu ziehen.[20] Das Kabinett brachte bald darauf die notwendigen Gesetzentwürfe zur parlamentarischen Genehmigung der ehelichen Verbindung ein. Ein Teil der sozialdemokratischen Parlamentsfraktion erhob wegen der Kriegsvergangenheit des ehemaligen Wehrpflichtigen Klaus von Amsberg Einspruch gegen den Gesetzentwurf. Königin und Regierung unterstützten zwar das Vorhaben, aber es gab im Lande noch genug Gruppen, die unter der deutschen Repression besonders gelitten hatten, so daß die PvdA keine Einstimmigkeit erzielte. In der Zweiten Kammer stimmten fünf von insgesamt 43 sozialdemokratischen Abgeordneten gegen den Entwurf, in der Ersten Kammer drei von 25. Unter manchen Intellektuellen der Partei schien das republikanische Feuer wieder aufzulodern. Als es sich herausstellte, daß das Kronprinzenpaar seine Aufgabe zurückhaltend und zugleich fortschrittlich erfüllte, endete auch diese Aufgeregtheit. So ist die Sozialdemokratie in den Niederlanden eine Art von Rückversicherung der konstitutionellen Monarchie geworden.

5. Neuordnung

Wenn man versucht, die Staatskonzepte der niederländischen Sozialdemokratie für den sozialen und wirtschaftlichen Bereich skizzenhaft und zugleich historisch darzustellen, läßt sich folgendes aufzeigen. Im Vergleich zu den westeuropäischen Nachbarstaaten ist die SDAP ziemlich spät gegründet worden. Dies entsprach der Struktur eines Landes, in dem Landwirtschaft, Gewerbe und Kommerz längere Zeit während des 19. Jahrhunderts das Bild beherrschten und die Industrialisierung erst spät einsetzte. So ist es zu verstehen, daß sich die Partei erst relativ verzögert an die Entwicklung einer Theorie über Demokratisierung der Wirtschaft wagte. Nach einer in revolutionärer Theorie begründeten Konfrontation mit Staat und Gesellschaft in den Anfangsjahren diskutierte die SDAP seit dem Ende des Ersten Weltkrieges über Einführung und sozialistische Umsetzung korporativen Gedankengutes. Während der großen Wirtschaftskrise der 30er Jahre und besonders in der Nachkriegszeit beherrschte der Planungsgedanke die Partei sowohl programmatisch als auch koalitionspolitisch. Am Anfang der 60er Jahre ergänzte sie den Planungsgedanken durch Konzepte, die sie unter der Wahlparole »Um die Qualität der Existenz« subsumierte. Dies entsprach dem Leitgedanken, daß der Staat einen großen Teil des Sozialproduktes für sich in Anspruch nehmen solle, um den Anteil der gemeinnützigen Güter und Dienstleistungen auf Kosten der bis dahin wachsenden Privatvermögen zu erhöhen.

Nach dem Revolutionsversuch vom November 1918 eröffnete die SDAP eine Diskussion über künftige politische Strukturen nach einem erhofften und durchaus als möglich erachteten Wahlsieg. Karl Kautskys sozialistische Praxis »Am Tage nach der sozialen Revolution« gab in dieser Debatte das Leitmotiv ab. Jetzt wurde ein perspektivischer Wandel im Sozialismus deutlich sichtbar. Nicht mehr die Utopie der gesellschaftlichen Umwälzung, sondern Pragmatismus und Volontarismus der Staatsreform bestimmten die Tagesordnung. Eine neue Generation trug diesen Wandel. Die Sozialdemokratie hatte in ihren Anfangsjahren revolutionär gesinnte Philosophen und Schriftsteller einerseits, künftige Parlamentsabgeordnete andererseits, zu sich herübergezogen. Ihnen folgte jetzt eine Generation von Ingenieuren, Rechtsgelehrten und Sozialwissenschaftlern, die empirisch und »voraussetzungslos« zu urteilen versuchten und eher an der Ausarbeitung betriebssoziologischer und staatlicher Konzepte interessiert waren als an theoretisch begründeter Konfrontation mit Staat und Gesellschaft. Sie bildeten in der Partei eine relativ kleine, aber einflußreiche Schicht.

1925 trat ein Ingenieur, J. B. Albarda, die Nachfolge von Troelstra als Parteiführer an. Ein Mitglied der Gründergeneration der Partei, Willem Vliegen, beschrieb Albarda als politischen Ingenieur, der eben Erbauer und Konstrukteur sei. Seine Partei brauche einen Mann mit solcher Qualifikation, weil in der Kritik am Kapitalismus mehr denn je konstruktive Konzepte gefragt seien.[21] 1920 und 1931 genehmigte der Parteitag umfangreiche Memoranden über Sozialisierung und Gesellschaftsordnung, die das Privateigentum an Produktionsmitteln zu beschränken und die Errichtung eines Systems der korporativen Wirtschaftsorganisation zu schaffen beanspruchten.[22] Sozialisten und Katholiken versuchten, sich gegenseitig in der Schaffung einer öffentlich-rechtlichen Ordnung zu überbieten. Der wesentliche Unterschied lag in der gegensätzlichen Auffassung über die Funktion des Staates. Im katholischen Konzept war der Staat im korporatistischen System untergeordnet, während die Sozialisten ihm dagegen die Rolle eines Vertreters von Verbrauchern und des Gemeinwohls zuschoben – an die Korrektur einer lediglich von Produzenten dominierten Wirtschaftsorganisation dachten. Das erste Memorandum über Sozialisierung 1920 war als sozialdemokratischer Versuch gemeint, »auf dem Wege in den Sozialismus« die Beschlußfassung in den Wirtschaftssektoren zu vergesellschaften und durch Demokratisierung der Produktions- und Investitionsentscheidungen die Rechte von Arbeitern und Verbrauchern zu schützen. »Gemeinschaftsverwaltung« war ein Stichwort dieses Memorandums. Es enthielt in seinen Konsequenzen aber auch eine gewaltige Ausdehnung der staatlichen Gewalt auf die einzelnen Wirtschaftsbereiche und ein dem entsprechendes Zurückdrängen des freien Marktes.[23]

In der Debatte über diese Vorlage tadelte Troelstra seine Genossen in der Kommission, weil sie seiner Ansicht nach der Sozialisierung ihre politische Bedeutung genommen und das Thema wie ein betriebssoziologisches Problem, eine Studie von Experten, abgehandelt hatten. »Der Kampf um die Sozialisierung ist ein Machtkampf, Teil einer sozialen Revolution«, schrieb er.[24] Es ging ihm um Demokratie auch in der Wirtschaft, und wie manche Befürworter erwartete er von der Einführung einer Wirtschaftsdemokratie ein Absterben des Staates. Er lehnte intertistische Tendenzen im Sozialismus ab. Der sogenannte sozialisierende Staat war seiner Ansicht nach eine Übergangserscheinung. Teile der staatlichen Gewalt sollten den unter ihrer Mitwirkung zustande gekommenen Körperschaften nach und nach abgetreten werden. Mit der Expansion der sozialistischen Produktionsweise sollte auch die Autonomie wachsen.[25] Andere Sozialdemokraten wie der Amsterdamer Bausenator F. M. Wibaut oder der Kriminologe Dr. W. Bonger – leidenschaftlicher Anwalt der Demokratie – fürchteten bei einem gewissen Umfang an korporativer Ordnung den Verlust an politischer Demokratie. Die Planwirtschaft würde mehr und mehr der Wirtschaftsorganisation überlassen bleiben auf Kosten parlamentarischer Kompetenz. Die Arbeiterklasse habe sich noch zuviel vom Staat versprochen – besonders in der Errichtung einer Sozialfürsorge –, als daß sie auf ein Absterben der staatlichen Gewalt ihre Hoffnung setzen dürfe.[26]

Diese Ordnungsdebatte hat weitgehend die Staatsauffassung der niederländischen Sozialdemokratie geprägt – auch in der Nachkriegszeit, als die Partei der Arbeit ein Regierungsbündnis mit der Katholischen Volkspartei einging. Beide kamen sich in ihren korporativen Auffassungen ziemlich nahe und trennten sich in der Frage der Verstaatlichung und der staatlichen Planung. Die Debatte wurde letztlich – auch in der Frage einer öffentlich-rechtlichen Wirtschaftsorganisation – zugunsten der konfessionellen Ansichten entschieden.

6. Planwirtschaft

Im Jahre 1935 veröffentlichte die SDAP zusammen mit dem Gewerkschaftsverband (NVV) einen sogenannten »Plan der Arbeit« nach dem Muster des belgischen »plan du travail«. Die belgische Sozialdemokratie war schon von ihrem Ursprung her weniger den revolutionären Ansichten zugetan als ihre Genossen im Norden.[27] Ihr bekanntester Theoretiker, Henrik de Mann, entwarf 1933 nach seiner Rückkehr aus Deutschland eine Strategie, die den Machtbereich des Staates ausdehnen und ihn mit neuen Kompetenzen zur Konjunkturregelung ausstatten sollte, um auf diese Weise die Anarchie des Kapitalismus zu überwinden. In seiner niederländischen Fassung enthielt der »Plan der Arbeit« zwei Teile: einen konjunkturpolitischen und einen strukturpolitischen Teil.[28] Ziel der Konjunkturpolitik war es ebenfalls, konjunkturelle Schwankungen zu beseitigen und in einem sogenannten Trendverlauf zu regeln. Der Staat sollte mit dem Instrument des Haushaltsplanes eine Überhitzung oder einen Rückgang der Wirtschaft ausgleichen. Sicherheit der Existenz war die Parole der Planpolitik. Diese Aufgabe wurde in einem Beschäftigungsprogramm zugunsten der verschiedenen Kategorien des Arbeitsmarktes ausgearbeitet: Arbeiter, Gewerbetreibende, Bauern, Intellektuelle und Arbeitslose. Die Investitionstätigkeit der Unternehmen sollte gelenkt werden durch Kreditkontrolle, staatliche oder korporative Wirtschaftsaufsicht und durch Steuerung des Rationalisierungsprozesses. Im zweiten Abschnitt ging es vornehmlich um die Struktur der korporativen Organe. Sozialisierung sollte nur noch dort stattfinden, wo private Entscheidungsmacht zu wirtschaftlichen Krisenerscheinungen führen konnte. Zentral stand in diesem Augenblick die Möglichkeit für die öffentliche Hand, regulierend in die Entscheidungen über Investition und Produktion eingreifen zu können.[29]
Die Sozialisten führten ihren Wahlkampf 1937 mit dem »Plan der Arbeit«, aber einen Stimmenzuwachs erzielten sie damit nicht. Erst in der Koalitionsregierung der Nachkriegszeit versuchten sie, die Grundzüge in einer sozialistisch geprägten Planpolitik zu verwirklichen. Nachdem aber in den ersten Parlamentswahlen nach Kriegsende die konfessionellen Parteien im Vergleich zu der Partei der Arbeit an Stärke zunahmen, wurde es immer schwieriger, sich in dieser Hinsicht völlig durchzusetzen. Allgemeine im Plan vertretene Auffassungen wurden allerdings auch von den bürgerlichen Parteien akzeptiert. Leitmotive aus den Schriften des britischen Volkswirtschaftlers John Maynard Keynes bestimmten im großen und ganzen die Wirtschaftspolitik in den Niederlanden sowie in den westlichen Nachbarstaaten. Die sozialistische Präferenz einer staatlich gelenkten Lohnpolitik wurde weitgehend befolgt.
Überdies führten die einzelnen Regierungen, durch Krisenerfahrung der 30er Jahre gewitzt, das Programm einer entschiedenen Industrialisierung durch. Die Partei unterstützte diese Entwicklung nicht nur auf Kabinettsebene, sondern auch durch Seminare über Produktivität, technische Erneuerung und staatliche

Lenkung. Der Aufstieg der Sozialwissenschaften in der Nachkriegszeit und die Verbindung von Planung und Demokratie in den seinerzeit modernen Arbeiten von Karl Mannheim gaben Anlaß zum Optimismus über die Ergebnisse der sozialen Intervention; die neuen Konzepte fanden in der Partei der Arbeit großen Anklang. Unter dem Einfluß des Kalten Krieges kam es zeitweise zu einer Annäherung zwischen Sozialdemokraten und Christdemokraten. Wo sich ihre Ansichten über Strukturreform trennten, konnten sie sich über einen Wachstumspakt einigen.[30] Im neuen Grundsatzdokument »Weg in die Freiheit«, das die Partei 1951 verabschiedete, wurden die Schwerpunkte ihrer reformerischen Politik verlagert.[31] Sozialisierung war eher aus konjunkturpolitischen Gründen gefordert und wurde nicht als ein Weg in den Sozialismus betrachtet, wie das noch 1920 der Fall gewesen war. Die Kombination von individueller Entfaltung und sozialer Fürsorge wurde lauter denn je betont. Die Partei konzentrierte sich auf eine Politik des gerechten Einkommens und der Umverteilung und nannte »Chancengleichheit« als Gebot der Stunde. Die moderne Sozialdemokratie, so argumentierte J. M. den Uyl – in den 50er Jahren neben dem Volkswirtschaftler Jan Tinbergen der wichtigste Theoretiker der Partei –, sollte sich eher eine demokratische Verwaltung der Wirtschaft als eine Enteignung der Besitzer zum Ziel setzen.[32] Ein anderes Faktum ist bei der Betrachtung der Nachkriegs- und Neuordnungspolitik als ein Erbe aus Weltwirtschaftskrise und Zweitem Weltkrieg zu betrachten: In Westeuropa waren führende Politiker, Unternehmer und Gewerkschaftler sich der Notwendigkeit eines Abbaus von Schutzmaßnahmen und Zöllen und einer internationalen Regulierung des freien Welthandels bewußt oder wurden von den Amerikanern dazu angehalten. Die mit dem Marshallplan allmählich einsetzende wirtschaftliche Integration im westlichen Teil dieses Kontinents machte deshalb eine nur auf die Niederlande begrenzte weitgehende Neuordnung des Wirtschaftssystems in zunehmendem Maße weniger sinnvoll.[33] So befürwortete die Partei das Zustandekommen einer westeuropäischen Montanunion und betrachtete das Bestreben nach Ausdehnung ihrer überstaatlichen Kompetenzen hin zu einer allgemeinen Wirtschaftsgemeinschaft als eine Stufe zur wünschenswerten internationalen Planwirtschaft. Eine Delegation der niederländischen Sozialdemokratie versuchte deshalb 1950 die deutschen Genossen dazu zu bewegen, ihre ablehnende Haltung gegenüber dem europäischen Einigungsprozeß aufzugeben. Die SPD ließ sich damals freilich noch nicht überzeugen.[34]

7. »Qualität der Existenz«

1963 führte die Partei der Arbeit den Wahlkampf unter dem Motto einer Verbesserung der Lebensqualität. »Um die Qualität der Existenz«, so lautete der Titel eines Parteiberichtes, der am Anfang des Jahres veröffentlicht wurde und in dem der anonyme Autor eine systematische Erhöhung der Staatsausgaben befürwortete.[35] Der Staat sollte einen größeren Anteil am Sozialprodukt für sich beanspruchen, um das Verhältnis zwischen steigendem Privatvermögen und kollektiver Armut zugunsten der Allgemeinheit umzukehren. Der neu erworbene Reichtum und Wohlstand der 60er Jahre sollte mehr in die Richtung der Sozialfürsorge und der internationalen Entwicklungshilfe gelenkt werden. Dieses Programm war inspiriert von den Auffassungen des amerikanischen Volkswirtschaftlers John Galbraith und von Tinbergen; sie besorgten die wirtschaftswissenschaftliche Rechtfertigung einer Politik des Sozialstaates.[36] Die Partei gewann 1963 zwar nicht die Parlamentswahlen mit diesem Programm, aber ihre Bemühungen um einen größeren Anteil des Staates am Sozialprodukt erwiesen sich bald als erfolgreich und wurden auch von den nachfolgenden Koalitionsregierungen bürgerlicher Herkunft fortgesetzt.

Der Parteibericht »Um die Qualität der Existenz« war eine Modernisierung sozialistischen Gedankengutes über den Sozialstaat, aber auch schon Realität. Unter der Verantwortlichkeit eines sozialdemokratischen Finanzministers wuchs 1966 das staatliche Vermögen über staatliche Verschuldung und Steuerpolitik. Der Staat sollte durch weitere Ausgaben im kollektiven Sektor seinen Anteil an der Wirtschaft vermehren, besonders durch Ausbau der öffentlichen Verkehrsmittel und der Gesundheitsfürsorge, durch die Expansion des Schulwesens und des sozialen Wohnungsbaus. Diese Gemeinschaftsausgaben waren im Prinzip demokratisch zu verwalten und hatten der ganzen Gesellschaft zu nützen. Nicht mehr eine Verstaatlichung von Produktionsmitteln wurde erstrebt oder eine korporative Ordnung, sondern eine Stärkung der staatlichen Finanzkraft zum Nutzen der Gemeinschaft. Das implizierte auch eine gewisse Verlagerung von Entscheidungen über Investition und Produktion in die Öffentlichkeit.[37]

»Um die Qualität der Existenz« war ein Parteibericht aus einer Epoche des wirtschaftlichen Optimismus, materiellen Wachstums und unbezweifelbarer Vollbeschäftigung. Bis 1972 konnten solche Zielsetzungen auch verwirklicht werden. Seitdem aber hat sich diese Politik in einem bis dahin nicht erwarteten Höchstmaß auf die Ausgabensteigerung für den sozialen Sektor konzentrieren müssen – letztlich eine Konsequenz des hohen Verlustes an Arbeitsplätzen. Die Ausgaben konnten nicht mehr mit Hilfe des traditionellen Instruments der Steuererhöhung ausgeglichen werden. Durch die weltweite Wirtschaftskrise am Anfang dieser Dekade ist dieses Plädoyer für eine Poltik, die man als Kollektivierungspolitik bezeichnen könnte, obsolet geworden. Auch in seiner Interpretation der Planwirtschaft hat das Programm nicht nur Nutzen, sondern auch Nachteile gezeigt. Etatismus ist seit 1982 auch in der niederländischen Sozialdemokratie Thema einer revisionistischen Diskussion. Es gibt allerdings noch keine sozialistische Theorie des Schrumpfens; es gibt nur eine Theorie des Wachstums.[38]

Anmerkungen

1 P. J. Troelstra, Gedenkschriften, deel 2: Groei, Amsterdam 1928, S. 235.

2 W. H. Vliegen, Die onze kracht ontwaken deed. Geschiedenis der S.D.A.P. gedurende de eerste 25 jaren van haar bestaan, deel 1, Amsterdam 1926, S. 100–103.

3 K. Klotzbach, Der Weg zur Staatspartei. Programmatik, praktische Politik und Organisation der deutschen Sozialdemokratie 1945 bis 1965, Berlin/Bonn 1982, S. 26 – 30.

4 E. Hueting, F. de Jong u.a., Rob Neij, Troelstra en het model van de nieuwe Staat, Assen 1980, S. 33.

5 H. Lademacher, Geschichte der Niederlande. Politik – Verfassung – Wirtschaft, Darmstadt 1983, S. 334.

6 Artikel 33, 34, 35 und 40 desGrundsatzprogramms von 1937, zitiert in: K. Vorrink, Een halve eeuw beginselstrijd. Overdenkingen over verleden en toekomst bij een historische mijpaal, Amsterdam 1945,S. 133.

7 F. Rovers, Eenheid Door Democratie. Een analyse van een burgerlijk-democratische volksbeweging in de jaren dertig. Utrechtse Historische Cahiers 7 (1986), Nr. 4, S. 53.

8 B. Tromp, Beginselen ter sprake. Wiardi Beckman Stichting, Staatkundige Notities 3, Amsterdam 1985, S. 25 – 27.

9 J.Th.J. van den Berg, Democratische hervormingen, politieke machtsverhoudingen en coalitievorming in Nederland, in: Acta Politica. Tijdschrift voor Politicologie 21 (1986), S. 265 – 290.

10 H. Daudt, Coalitievorming in de naoorlogse Nederlandse politiek, in: Verslag van de verenigde vergadering van beide afdelingen der Koninklijke Nederlandse Akademie van Wetenschappen, 25 maart 1985, S. 6 – 19.

11 B. Tromp, in: Tekens in de tijd. 65 Jaar Joop den Uyl, Amsterdam 1984, S. 169; P. Kalma / M. Krop, Het program als fetisj. Twintig jaar oppositiecultur in de Partij van de Arbeid, in: Socialisme & Democratie. Maanblad van de Wiardi Beckman Stichting, 43 (1986), S. 266 – 276.

12 W. Vliegen, Die onze kracht, d. 1, S. 107.

13 L. de Jong, Het Koninkrijk der Nederlanden in de Tweede Wereldoorlog, d. 1: Voorspel, Den Haag 1969, S. 53.

14 P. J. Oud, Het jongste verleden. Parlementaire geschiedenis van Nederland, d. 1: 1918 – 1922, Assen 1968[2], S. 338.

15 De Jong, Koninkrijk, 1, S. 580.

16 C. H. Wiedijk, Koos Vorrink. Gezindheid, veralgemening, integratie. Een biografische studie, Groningen 1986, S. 409.

17 Wiedijk, Vorrink, S. 409.

18 H. Arlman, G. Mulder, Van de Prins geen kwaad. Prins Hendrik & andere dossiers van Oranje, Alphen aan den Rijn 1982, S. 154 – 155.

19 A. M. Donner, W. M. Holtrop, H. Peschar, Rapport van de Commissie van Drie. Onderzoek naar de juistheid van verklaringen over betalingen door een Amerikaanse vliegtuigfabriek, Den Haag 1976, passim.

20 J.Th.J. van den Berög, Model contra werkelijkheid. Politicologen contra historici? in: Acta Politica 22 (1987), S. 236.

21 Ir.J.W. Albarda, Een kwart eeuw parlementaire werkzaamheden in dienst van de bevrijding der Nederlands arbeidersklasse. Een beeld van de groei der Nederlandse volksgemeenschap, Amsterdam 1938, S. 13 und 347. Der Soziologe J.A.A. van Doorn, der ein Manuskript über das Verhältnis von Sozialdemokratie und Technologie verfaßt, hat mich auf diese Stellen aufmerksam gemacht.

22 Het socialisatievraagstuk. Rapport uitgebracht door de Commissie aangewezen uit de SDAP, Amsterdam 1920, Nieuwe Organen. Rapport tot nadere uitwerking der artikelen 78 en 194 der grondwet, uitgebracht door de Commissie ingesteld door de SDAP, Amsterdam 1931.

23 H. F. Cohen, Om de vernieuwing van het socialisme. De politieke orientatie van de Nederlands sociaal-democratie 1919 – 1930, Leiden 1974, S. 33 – 36.

24 Hueting, Troelstra, S. 105.

25 Ebenda, S. 109f.

26 Ebenda, S. 109 und 152.

27 E. H. Kossmann, De Lage Landen 1780 – 1940. Anderhalve eeuw Nederland en België, Amsterdam/Brussel 1976, S. 388.

28 Het Plan van de Arbeid. Rapport van de commissie uit N.V.V. en S.D.A.P., Amsterdam 1935.

29 J. Jansen van Galen, J. Nekkers, D. Pels, J. P. Pronk, Het moet, het kan! Op voor het Plan! Vijftig jaar Plan van de Arbeid, Amsterdam 1985, S. 45 – 47.

30 Lademacher, Geschichte, S. 480 und 483.

31 De Weg naar Vrijheid. Een socialistisch perspectief. Rapport van de Plancommissie van de Partij van de Arbeid, Amsterdam 1951.

32 F. J. ter Heide, Ordening en verdeling. Besluitvorming over sociaal-economisch beleid in Nederland 1949 – 1958, Kampen 1986, S. 200.

33 Lademacher, Geschichte, S. 483.

34 Klotzbach, Staatspartei, S. 201.

35 Om de kwaliteit van het bestaan. Wiardi Beckman Stichting, Amsterdam 1963 – 1966.

36 A. Peper, J. Tinbergen , Th.J.A.M. van Lier / C. de Galan / H.A. van Stiphout, Wetenschappelijk socialisme. Over de plannen van SDAP en PvdA, Amsterdam 1982, S. 61 – 66.

37 C. de Galan, in: Peper, Wetenschappelijk socialisme, S. 64.

38 Jan Pen in: J. Jansen van Galen / B. Vuijsje / J. den Uyl, Politiek als hartstocht. Een portret in twintig interviews, Weesp 1985, S. 46.

A. Sywottek

Deutsche Sozialdemokratie und »Staat« Determinanten und Traditionen politischen Verhaltens

1. Zum Verhältnis zwischen Sozialdemokratie und »Staat« vor 1918

Die deutsche Sozialdemokratie erwuchs um die Mitte des 19. Jh. als Emanzipationsbewegung aus Bedürfnissen lohnabhängiger und von sozialem Abstieg bedrohter Handwerkerschichten, sich über die besonderen eigenen Interessen zu verständigen, sich *eigenständig* zu artikulieren und zu *organisieren*.[1] Die Formen dafür bot die politische Kultur der Bürgergesellschaft in den damaligen deutschen Staaten: Assoziationen, Vereine, »Gemeinden« und Parteien. Die erfahrbare und bald auch argumentativ begründete Einsicht, daß die politischen und wirtschaftlichen Repräsentationsverbände des Bürgertums die Interessen der Masse der Lohnabhängigen nicht direkt vertraten, führte 1863 zur Gründung einer eigenen politischen Partei, dem Allgemeinen Deutschen Arbeiterverein (ADAV), noch bevor sich die später übliche Differenzierung in überregionale politische Repräsentations- und wirtschaftliche Interessenverbände (Parteien und Gewerkschaften) ausprägte. Begünstigt wurde dieses für die internationale Geschichte folgenreiche Entwicklungsmuster[2] der organisierten Arbeiterbewegung dadurch, daß es den deutschen Nationalstaat bis 1871 nur als politisches Ziel gab – als Ziel auch der in bürgerlich-demokratischen Programmtraditionen geformten Arbeiterbewegung, die sich erst allmählich dazu verstand, tragfähige wirtschaftliche Interessenvertretungen der Arbeiter zu dulden und auszubilden.[3] Das 1871 gegründete Deutsche Reich wurde dann jedoch ein »Bundesstaat« aus vorwiegend konstitutionellen Feudalstaaten und oligarchischen Stadtrepubliken, in dem der größte Flächenstaat, Preußen, verfassungsgemäß eine Hegemonialstellung hatte. Das Reich gewährte zwar das seit den Anfängen von der Sozialdemokratie angestrebte allgemeine und gleiche Wahlrecht (für Männer) in den Wahlen zu dem mit wenigen Kompetenzen ausgestatteten zentralen Parlament, dem Reichstag, in den meisten Reichsteilen galten für die Wahlen zu den kommunalen und Landesparlamenten jedoch weiterhin Zensuswahlrechte. Die Reichstagswahlkämpfe wurden deshalb zu den vorrangigen Anlässen für die Werbung für die Sozialdemokratie, und die Wahlergebnisse dienten ihr vor allem als Gradmesser ihres politischen Rückhalts in der Bevölkerung. Da das politische System des Deutschen Reiches die *unmittelbare* Verantwortlichkeit der Regierung gegenüber dem Parlament nicht vorsah und die sozialdemokratischen Reichstagsfraktionen nicht so stark waren, daß sie bei der Gesetzgebung und Reichspolitik berücksichtigt werden mußten, nutzte die Sozialdemokratie den Reichstag primär als vielbeachtete Agitationsbühne.[4]

Diese Konstellation begünstigte die Entwicklung der Sozialdemokratie zur »Weltanschauungspartei« für die von ihr vertretenen Arbeiterschichten. Besonders förderlich in diesem Sinne wirkte sich das reichsweite Verbot sozialdemokratischer Organisationsbestrebungen in den Jahren 1878 – 1890 aus. In dieser Zeit wurde der »Marxismus« als »Lehre vom wissenschaftlichen Sozialismus« zur gedanklichen Basis der sozialdemokratischen Programmatik.[5] Die Utopie einer klassenlosen Gesellschaft ohne privates Eigentum an Produktionsmitteln und ohne die Kirchen als Instanzen öffentlicher Legitimation bestehender Verhältnisse bestärkte die Sozialdemokratie dabei in ihrer Rolle und Funktion als organisatorischer Kern einer Gegenkultur in der bürgerlichen Gesellschaft, die freilich in vielem nur die Kultur der gesellschaftlich dominanten Schichten abbildete oder nachahmte.[6] Hoffnungen auf »Staatshilfe« bei der Einführung einer für die sozialdemokratischen Anhänger befriedigenden Wirtschaftsordnung, wie sie bis in die formulierten Programme hinein noch in den 1870er Jahren anzutreffen waren, traten in dieser Zeit zurück.[7]

Zur breiten sozialen (Massen-)Bewegung mit differenzierter Organisationsstruktur wurde die Sozialdemokratie in den zweieinhalb Jahrzehnten zwischen 1890 und 1914.[8] Dieser Aufschwung vollzog sich in einer lang anhaltenden Phase der Steigerung volkswirtschaftlichen Wachstums im Rahmen einer inzwischen voll ausgebildeten Industriegesellschaft in Deutschland mit ersten Ansätzen des Interventions- und Wohlfahrtsstaates und ersten Elementen des »organisierten Kapitalismus«.[9] Die dabei den lohnabhängigen Arbeitern geleistete Hilfe bei der Wahrnehmung ihrer individuellen Rechte in Renten-, Krankenversicherungs-, Arbeiterschutz- und Mieterangelegenheiten durch »Arbeitersekretariate« und bei der Durchsetzung von kollektiven Interessen in Lohnkonflikten durch die Unterstützung der Gewerkschaften sowie das zunehmend breiter entfaltete Angebot sozialdemokratischer Organisationen an Bildung und kultureller Betätigung, z. B. in Sportvereinen, und schließlich auch die vielfältige Erfahrung erfolgreicher kollektiver wirtschaftlicher Selbsthilfe in Konsumgenossenschaften haben zweifellos die Bereitschaft weiter Kreise gestärkt, der nach Tradition und Programm oppositionellen Sozialdemokratie auch bei Wahlen ihre Stimme zu geben.[10] Bewußt zielten diese Aktivitäten vor allem auf die politische und gesellschaftliche Stärkung unterbürgerlicher, besonders im kommunalen Horizont erfahrbar unterprivilegierter Schichten, sie fanden aber auch bei bürgerlichen Intellektuellen zunehmend Interesse und Sympathie, und die in diesen Kreisen nicht selten bevorzugte sozialliberale Fortschrittspartei fand sich gelegentlich zu Wahlbündnissen bereit.[11]

Diese wachsende Resonanz wiederum führte zur massiven Gegenbewegung seitens der »staatstragenden« politischen Verbände, z. B. im »Reichsverband zur Bekämpfung der Sozialdemokratie«, und auch den Behörden galt die sozialdemokratische Arbeiterbewegung als »staatsgefährdend«, und sie wurde deshalb polizeilich überwacht.[12] In die Sphäre der »Staatsarbeiter« – dazu gehörten auch die personalstarken Einrichtungen Post und Bahn – haben die SPD, die Freien Gewerkschaften und »sozialistischen« Konsumvereine nicht eindringen können, bei den Arbeitern der großbetrieblichen Industrie gelang ihnen dies nur schwer.[13] Auf Ablehnung stießen sie zudem besonders auch im während der Industrialsierung gewachsenen »neuen Mittelstand« der Angestellten.[14] Der »alte Mittelstand« in (Einzel-) Handel und Gewerbe blieb ihnen weithin verschlossen,[15] und auch in der Bevölkerung des »flachen Landes«, besonders bei den Katholiken, konnten sie nur schwer Fuß fassen.[16]

Trotz dieser Begrenzungen und trotz ihrer politisch oppositionellen Haltung fungierte die Sozialdemokratie in der Gesellschaft des Kaiserreiches eher als Ordnungsfaktor denn als Gegenmacht,[17] gleichwohl gab es keine Bemühungen, sie politisch zu integrieren. Die Anstrengungen, sie politisch und gesellschaftlich auszugrenzen, und die staatlich-behördlichen Repressionen führten nur zu dem Zustand, der seit etwa zwei Jahrzehnten als »negative Integration« umschrieben wird. Besonders die im internationalen Vergleich als wegweisend empfundene wohlfahrtsstaatliche Entwicklung in Deutschland war nicht primär vom Motiv klassenüberwindender gesellschaftspolitischer Integration bestimmt, sondern vom Motiv der Abwehr der Sozialdemokratie, die als ein zur Revolution stimulierender Sprengfaktor der bestehenden Klassengesellschaft wahrgenommen, mindestens aber den unteren Schichten der Gesellschaft dargestellt wurde. Dieser allgemeine Zustand der »negativen Integration« wurde lediglich auf höchster Ebene dadurch modifiziert, daß führende Sozialdemokraten gelegentlich in vorparlamentarische Beratungen über militär- und außenpolitische Fragen der Regierungspolitik des Reiches einbezogen wurden.[18]

Dem von ihr gezeichneten Schreckbild wurde die Sozialdemokratie in ihrem Selbstbild, vor allem aber in ihrem Verhalten allenfalls bedingt gerecht. Zwar gab es in der sozialdemokratischen Agitation besonders in den frühen 1890er Jahren nicht selten jene Voraussagen über den Zusammenbruch (»Kladderadatsch«) der bestehenden Verhältnisse binnen weniger Jahre, doch bald darauf auch die deutlich formulierte Skepsis gegenüber solcher Zukunftsgewißheit.[19] Aufforderungen, sich zur Reformorientierung innerhalb der gegebenen Bedingungen und damit zur eigenen politischen Praxis zu bekennen, fanden besonders in den vielbeachteten Reden Georg v. Vollmars Ausdruck, bis in der zweiten Hälfte der 1890er Jahre Eduard Bernstein begann, auch die herrschende »marxistische Lehre« einer »Revision« zu unterziehen und die Möglichkeit allmählicher evolutionärer Emanzipation der Arbeiter ins Blickfeld zu rücken.[20] Im Zuge des jetzt einsetzenden »Revisionismus-Streits« wurden dann zwar Forderungen nach einem mehr revolutionsfördernden Verhalten erhoben – Rosa Luxemburg profilierte sich in dieser Debatte –, gleichwohl nicht zur verbindlichen Maxime.[21] Die unentschiedene Vieldeutigkeit der Grundsatzprogrammatik, die im Ziel der Stärkung der sozialdemokratischen Organisation als Voraussetzung der »Eroberung der Macht« einen gemeinsamen praxisrelevanten Nenner fand,[22] beruhte nicht zuletzt auf der Einsicht, daß die Sozialdemokratie zur Realisierung revolutionspolitischer Ziele der Unterstützung der inzwischen über die SPD- Mitgliedschaft hinausgewachsenen Freien Gewerkschaften bedürfe, und diese waren, wie sich beim Ausgang der »Massenstreik«-Debatte zeigte, nicht bereit, sich auf die situationsunabhängige Unterstützung von Parteientscheidungen festzulegen.[23]

Fragen nach ihren Zukunftsvorstellungen, nach dem »Zukunftsstaat«, wichen prominente Sozialdemokraten in der Regel aus mit dem Argument, nur eine Entwicklung zu fördern, die das künftig Notwendige hervorbringen werde. Gleichwohl gab es Zukunftsvisionen. In der Agitationsschrift des Parteivorsitzenden August Bebel »Die Frau und der Sozialismus« (zuerst 1879) sind sie am breitesten skizziert. Von Bebel gibt es auch Hinweise darauf, daß es für die politische Praxis in der Situation nach der Eroberung der Macht durch die Arbeiterklasse zweckmäßig sei, genaue programmatische Vorstellungen zu entwickeln.[24] Der »Staat«

in dem in Deutschland herkömmlichen Sinn von zentralbehördlicher Obrigkeit – so lassen sich diese Visionen zusammenfassen – würde »absterben«, wenn seine als dominant angesehene Funktion, das Privateigentum an den Produktionsmitteln zu schützen, entfiele. Dezentrale Verwaltung erscheint, ähnlich wie bei den Anarchisten, als Kernelement der Organisation der künftigen sozialistischen Gesellschaft. Wenig beachtet ist bisher, daß solche Vorstellungen in praktischen Erfahrungen, die Sozialdemokraten in kommunalen »Selbstverwaltungen« deutscher Tradition zunehmend machten, genährt werden konnten. Hier, im überschaubaren, breiter Erfahrung »kleiner Leute« zugänglichen Rahmen, setzte sich die SPD oft für eine Erweiterung der kommunalen Kompetenzen ein, geriet freilich dabei gelegentlich in Konflikt mit anderen organisationspolitischen Zweckmäßigkeiten.[25]

An diese Erfahrungen knüpfte auch Bernstein an, als er das von ihm für möglich gehaltene »Hineinwachsen« der Gesellschaft in den »Sozialismus« beschrieb. Ein Element war dabei die Gemeinsamkeit der kommunalen Wirtschaftsbetriebe und der Selbsthilfe-Unternehmungen der Arbeiterbewegung: ihre gemeinwirtschaftliche, d. h. nicht auf Profitmaximierung gerichtete Orientierung. Die von ihm in diesem Zusammenhang angeführten Beobachtungen und Erwägungen über die Funktion öffentlicher Gremien und Ämter sind im Rückblick nicht ohne Berechtigung als erste Ansätze einer »pluralistischen« Staatstheorie in Deutschland charakterisiert worden.[26] Hinzuweisen ist freilich in diesem Zusammenhang auf den bisher nicht voll geklärten Einfluß, den die Bekanntschaft mit den englischen Fabiern auf Bernsteins Überlegungen ausübte.[27] Die englische Arbeiterbewegung, die, die Fabier reflektierend, agitierend und organisierend begleiteten, war seit ihrer Formierung stärker als die deutsche gewerkschaftlich determiniert.[28]

Die selbst in diesem Zusammenhang gewahrte sozialökonomische Sicht bei der Funktionsbestimmung des Staates war auch charakteristisch für den Blick auf die Außenpolitik, d. h. die zwischenstaatlichen Beziehungen, solange die Lebensinteressen der von der Sozialdemokratie vertretenen Schichten nicht bedroht schienen. Für die (transnationalen) Beziehungen der Arbeiterparteien untereinander gab es die (II.) Internationale mit ihrer auf die Errichtung der Bedingungen des Weltfriedens gerichteten Programmatik.[29] Sie erwies sich jedoch als unwirksam gegenüber der als »imperialistisch« begriffenen zwischenstaatlichen Politik, in die sich auch die deutsche Sozialdemokratie – ohne daß sie dies mehrheitlich offen eingestand – eingebunden fand. Hellsichtigen Beobachtern in den eigenen Reihen, z. B. den späteren Bremer »Linksradikalen«, war dieser Sachverhalt schon lange vor dem August 1914 bewußt, als die Reichstagsfraktion mit ihrer Zustimmung zu den von der Reichsregierung beantragten Kriegskrediten gewissermaßen den Offenbarungseid leistete.[30] Die organisatorische Parteispaltung in eine staatsräson-orientierte Mehrheit und eine im Protest verharrende, gegen Ende des Krieges allerdings beträchtlich an Umfang gewinnende Minderheit waren die für die Geschichte der Sozialdemokratie und darüber hinaus der (internationalen) Arbeiterbewegung wohl bedeutsamsten Folgen.[31]

Mit Recht hat Susanne Miller herausgestellt, daß weniger die Zustimmung zu den Kriegskrediten als der Verzicht darauf, in dieser Situation, in der offensichtlich auch der Reichsführung an einer breiten, *alle* politischen Richtungen übergreifenden Zustimmung lag, massiv auf die Durchführung seit langem erhobener Reformforderungen zu drängen, für die SPD 1914 charakteristisch war.[32] Vor allem die Abschaffung des Dreiklassenwahlrechts in Preußen stand seit langem für sie auf der Tagesordnung. Man wird dieses Verhalten weniger mit Befürchtungen verstärkter Unterdrückung erklären können als mit der Unerfahrenheit im Umgang mit der Situation eines drohenden Krieges. Der letzte vorausgegangene Krieg lag über vier Jahrzehnte zurück; er war ein von den Führern der damals noch an Umfang geringen Sozialdemokratie nicht gebilligter Angriffskrieg gewesen.[33] Der Krieg, für den 1914 gerüstet wurde, galt den in die Erwägungen der Reichsführung ansatzweise Eingeweihten als Defensiv-Krieg.[34] Überdies war die Rolle der Nation und ihrer staatlichen Organisation sowie des Nationalismus und seiner politisch-psychologischen Instrumentalisierung in der deutschen Sozialdemokratie (im Gegensatz zur österreichischen) kaum hinsichtlich ihrer Wirkungen auf die zwischenstaatlichen Beziehungen erörtert worden.[35]

Im Ersten Weltkrieg hat sich die Mehrheitssozialdemokratie durchgängig loyal gegenüber der Reichsführung gezeigt, will man nicht in Forderungen nach inneren Reformen (Parlamentarisierung) und in Friedensresolutionen, die sie zusammen mit der linksliberalen und der katholischen Zentrumspartei erhob, Spurenelemente von Opposition sehen.[36] Für Gegner dieser Haltung bot sich der Übertritt zur abgespaltenen Unabhängigen Sozialdemokratischen Partei (USPD) an, den auch manche Nichtradikalen vollzogen, z. B. der »Chefideologe« Karl Kautsky und Eduard Bernstein.[37] Der sozialdemokratischen Bewegung mit Freien Gewerkschaften und Konsumgenossenschaften insgesamt wurde in diesen Jahren mindestens durch die Behörden und durch wichtige gesellschaftliche Verbände die bis 1914 weithin versagte Anerkennung als Kooperationspartner zuteil. Im letzten Kriegsjahr erhielten wenige politisch nicht exponierte Sozialdemokraten sogar hohe Posten in obersten Reichsbehörden, am Ende, im Zuge der Oktober-Reformen (1918), auch Führungsmitglieder.[38] Schließlich empfahl die praktisch höchste Regierungsinstanz im Kriege, die Oberste Heeresleitung (OHL), die Übertragung der Regierungsverantwortung, d. h. des Reichskanzleramts, an einen Sozialdemokraten[39] – eine Zumutung, der sich der Parteivorstand unter Führung Friedrich Eberts nicht verschloß.[40]

2. SPD und Weimarer Republik

»Massenbewegungen« im November 1918 hatten zur Folge, daß für die sozialdemokratisch geführte Regierung des Deutschen Reiches vor ihrer faktischen Amtsübernahme ihre Legitimationsbasis wechselte.[41] An die Stelle des Reichstages trat für kurze Zeit das in seinen Kompetenzabgrenzungen und -forderungen schillernde Rätesystem, für das von dessen Zentralgremien bereits im Dezember 1918 mit dem Beschluß des Ersten Kongresses der Arbeiter- und Soldatenräte Deutschlands, Wahlen zur verfassunggebenden Nationalversammlung zu veranstalten, das Ende eingeleitet wurde.[42] Dieser Beschluß wurde maßgeblich von den in den Räten meistens bald die Mehrheit stellenden Mehrheitssozialdemokraten auf Initiative der SPD-Führung und der SPD-Mitglieder in der »Rat der Volksbeauftragten« genannten Reichsregierung, in die zur Hälfte USPD-Führer aufgenommen worden waren, gefaßt. Die Ausarbeitung der Verfassung der programmatisch von ihnen angestrebten »sozialen Republik« überließen sie dem mit Staats- und Verfassungsrecht vertrauten Liberalen Hugo Preuß.[43]

Dem Verhältnis zwischen Sozialdemokratie und »Staat« während der Weimarer Republik wird nicht gerecht, wer nur die SPD-Führung in Berlin und das Verhalten von Sozialdemokraten in zentralen Führungspositionen betrachtet. Zu berücksichtigen ist – nicht nur während der revolutionären Ereignisse bei der Entstehung der Republik – auch und in stärkerem Maße als vor dem Ersten Weltkrieg die örtliche und Landespolitik der Sozialdemokratie, denn infolge des 1918 auf allen Ebenen des politischen Systems eingeführten allgemeinen Wahlrechts (für Männer und Frauen) war die Partei hier oft an der Regierung beteiligt oder stellte sie sogar allein.[44] Im nach wie vor größten Land des Deutschen Reiches, Preußen, war bis 1932 nahezu ununterbrochen ein Sozialdemokrat Ministerpräsident.[45] Die Politik der Reichsregierung bestimmte die SPD dagegen nur relativ kurz direkt mit (1918–20, 1923/24, 1928–30); 1919 – 1925 gab es jedoch mit Friedrich Ebert einen Sozialdemokraten im Amt des Reichspräsidenten, das mit Exekutivkompetenzen im Notstandsfall ausgestattet war.[46] Die Sozialdemokratie insgesamt hätte nach dem Zusammenbruch des Kaiserreichs wohl gern einen dezentralisierten Einheitsstaat errichtet, indes gebot die Sicherung der parlamentarischen Republik die Beibehaltung der im Ansatz föderalen Struktur.[47] Besonders das von Sozialdemokraten mitregierte Preußen galt bald als »Bollwerk« der Republik.[48]

Die Beibehaltung der überkommenen staatlichen Gliederung und auch der Verwaltungsstrukturen zur Zeit der Verfassungsgebung erklärt sich aus dem Ablauf der Revolution in den Zentren der Länder und aus der Ablehnung der einzigen zeitgenössischen Alternative für ein neues Regierungssystem, der Räteverfassung, durch die SPD-Führung.[49] Diese Ablehnung ergab sich nicht zuletzt aus der Konkurrenzsituation in der inzwischen in mehrere Richtungen gespaltenen Arbeiterbewegung sozialistischer Tradition und entsprang der Furcht vor einer kommunistischen Machtergreifung mit der Parole »Alle Macht den Räten!«, wie sie 1917 in Rußland stattgefunden hatte. Daß die Arbeiter- und Soldaten-Räte sich allenfalls ansatzweise zu revolutionären Vollzugsorganen entwickelt hatten und sich in der Regel auf Kontrollfunktionen gegenüber der meistens im Amt belassenen Verwaltung beschränkten und die Eigentumsverhältnsse nur selten antasteten – eine Ausnahme waren die an zahlreichen Orten kurzfristig kommunalisierten Versorgungsbetriebe (z. B. Bäckereien) –, ist erst in nachträglichen Untersuchungen herausgestellt worden, die als Ergebnis die politische und zunächst auch historiographische Alternative »bürgerliche Republik oder bolschewistische Rätediktatur« mit Recht in Zweifel zogen.[50] Eine rückblickende Kritik des sozialdemokratischen Verhaltens wird allerdings den Mangel der SPD an ihr kompetent erscheinendem sozialdemokratisch orientiertem Verwaltungspersonal berücksichtigen müssen.[51] Dies sowie die offensichtliche Furcht vor der Rückkehr des vor der Demobilisierung stehenden Heeres, die zum Arrangement Friedrich Eberts mit dem noch kaiserlichen Generalquartiermeister Groener als höchstem Repräsentanten des Militärs führte, ließ die SPD dann zum Verteidiger des de facto seit Oktober 1918 bestehenden bürgerlich-parlamentarischen Systems – inzwischen ohne Monarchie – gegen die diffus auf Fortsetzung der

Revolution drängenden Protestbewegungen werden, denen vor allem in der seit Anfang 1919 beträchtlich wachsenden USPD mobilisierende Kräfte zuwuchsen.[52] Im Rückblick wurde zwar später von Teilen der SPD die Übernahme des überkommenen »Staatsapparates« Ende 1918 als Fehler beklagt; dies war jedoch ein situationsgebundenes politisch-strategisches Argument,[53] und es ist schwer, sich das Verhalten der für eine Politik ohne ansatzweise funktionierende Verwaltung nicht gerüsteten SPD im Winter 1918/19 vorzustellen. Zu berücksichtigen ist vor allem, daß die Gewerkschaftsführung im sog. »Stinnes-Legien-Abkommen« eine Vereinbarung mit den stark mit staatlichen Lenkungsmechanismen der noch nicht außer Kraft gesetzten Kriegswirtschaft verklammerten Unternehmern getroffen hatte, der für beide Seiten gewissermaßen eine Bestandsgarantie bot.[54] Dieses Verhalten der SPD- und Gewerkschaftsführungen sicherte beiden im Krieg massiv im Umfang geschwächten Organisationen die Kontinuität und verhalf ihnen zur Autorität gegenüber den neu zuströmenden Mitgliedern, die diese vor dem Krieg weithin diskriminierten Organisationen offensichtlich nun als Hoffnungsträger oder mindestens wichtige Einflußfaktoren bei der Gestaltung der Verhältnisse sahen.[55]

Die politische Programmatik der sozialistischen Arbeiterbewegung in den Anfangsjahren der Republik insgesamt spiegelt das Spektrum zeitgenössischer Sozialismus-Vorstellungen in ihrer ganzen Breite.[56] Es scheint müßig, hier politisch-programmatische Profile der einzelnen Organisationen zu vergleichen; denn Theorien dienten eher zur Rechtfertigung von Verhaltensdispositionen und -mustern, die sich im politisch-sozialen Prozeß durch Zuordnung zu Führungspersönlichkeiten und -gruppen herausbildeten.[57] Differenzen ergaben sich zunächst weniger aus unterschiedlichen Auffassungen von der zweckmäßigen Staatsorganisation als aus Vorstellungen für eine geänderte Eigentumsordnung (Sozialisierung) vor allem in der Industrie und aus dem Verhalten der sozialistischen Richtungen gegeneinander.[58] Fehlende Bereitschaft bei der USPD, Regierungsverantwortung zu übernehmen, und eine Militär- und Polizeigewalt nutzende Ausgrenzungspolitik der SPD gegenüber Protestbewegungen und der KPD kennzeichnen die Situation.[59] 1920 zeigte sich bei Wahlen, daß sich die politischen Optionen in der Bevölkerung ähnlich verteilten wie 1912; der für die Arbeiterbewegung mit sozialistischer Tradition entscheidende Unterschied zur Vorkriegszeit war ihre organisatorische Spaltung in eine »Verfassungspartei« und eine auf »Staatsvernichtung« (Thälmann 1927) bedachte, 1920 zur Massenorganisaton werdende Kommunistische Partei.[60]

Diese Konkurrenz-Situation in der sozialistischen Arbeiterbewegung hat auch innerhalb der SPD die schon traditionelle Doppelbödigkeit der politischen Agitation und Programmatik nicht beseitigt, sondern gelegentlich sogar forciert. Auf den Sozialismus gerichtete oder mit diesem Ziel begründete Forderungen ließen sich im Rahmen der bestehenden politischen Ordnung und der Machtverhältnisse am ehesten aus der Opposition heraus und von nicht in der Regierungsverantwortung stehenden Sozialdemokraten vorbringen. Wie kompliziert ihre Einlösung war, zeigte sich erstmals bei den Modelldiskussionen über »Sozialisierung« 1919/20; die Forderung wurde schließlich aus der Aktionsprogrammatik verdrängt, nicht jedoch, wie ab 1925 deutlich wurde, aus dem Vorstellungshorizont, in dem die Organisation von Wirtschaftsgesellschaft und Staat gedanklich wahrgenommen und umgeformt wurde.[61] Von den verfassungsgemäß realisierten Elementen des Rätesystems waren ab 1920 nur die Betriebsräte einem breiteren Kreis von Sozialdemokraten erfahrbar und beseitigten hier, wie es scheint, manche Illusionen über die Wirkung von Arbeiterkontrolle und (auf soziale Probleme begrenzt) Mitbestimmung, aber auch über Spielräume unternehmerischer Entscheidung.[62] Für die Partei insgesamt waren sie allenfalls als Terrain des Konkurrenzkampfes mit den Kommunisten um die gemeinsame Rekrutierungsbasis von Bedeutung, bei dem sie durch die Freien Gewerkschaften unterstützt wurden, soweit diese nicht selbst spezielle Integrationsprobleme zu bewältigen hatten.[63]

Generell ist für die ersten Jahre der Republik von einer Vielfalt der lokalen Milieus und Weltanschauungspositionen im sozialistischen »Lager« auszugehen,[64] auf deren Bandbreite die Analyse der zentralen Parteipolitik allenfalls grobe Hinweise geben kann.[65] Beispielsweise waren die lokal (und dadurch auch zentral) stark expandierenden sozialistischen Konsumgenossenschaften nicht erkennbar in die kontinuierliche Parteidiskussion einbezogen, obwohl das Wachstum der arbeitsbewegungsnahen Wirtschaftsbetriebe vor 1914 ein durchaus ernstgenommenes Argument in der reformistischen bzw. revisionistischen politischen Theorie, die jetzt den Rahmen innerparteilicher Diskussion unbestritten absteckte, gewesen war.[66] Längst nicht alle programmatischen und ideologischen Sonderakzente führten zu organisatorischen Absplitterungen oder Ausschlüssen aus der Partei; wie weit sie durch solche Vorgänge geschwächt wurde, ist allerdings kaum zu ermessen, entzogen sich dabei doch gerade – wie sich später zeigte – nicht selten besonders entschlossene und politisch engagierte, überwiegend noch junge Sozialisten der Partei.[67] Wie weit innerparteiliche Opposition demonstrativ gehen konnte, zeigte sich am Antrag aus Kreisen der sächsischen SPD an den Parteitag, den Reichspräsidenten aus der Partei auszuschließen. Zum hier gegebenen Anlaß, dem Einsatz von Militär und Polizei bei innenpolitischen Konflikten, hat sich die SPD nie uneingeschränkt und ungeteilt bekannt.[68]

An solchen Entscheidungen vor allem, aber auch an den Antworten auf Fragen nach einzelnen Änderungen der Staatsordnung müßte das Verhältnis zwischen der Sozialdemokratie und dem »Staat« noch genauer bestimmt werden. Dabei wird zu unterscheiden sein zwischen Ereignissen, bei denen es *auch* um Mobilisierung und Integration der eigenen Anhänger ging – die Beteiligung der SPD-*Organisationen* an der von der KPD begonnenen Kampagne zur Fürstenenteignung 1925 wäre hier auszuführen[69] –, und solchen Initiativen, die auf die *unmittelbare* Für- und Vorsorge für die gesellschaftlichen Schichten und Gruppen zielten, als deren Anwalt sich die SPD vor allem verstand. Das sozialdemokratische förmliche Bekenntnis zur bestehenden demokratischen Republik als Staatsform war angesichts der Grenzen, die sich der Partei, die bei Reichstagswahlen kontinuierlich etwa 30 % der Wähler auf sich zog, allenthalben zeigten, ambivalent: Erst im Vergleich zur Vergangenheit vor 1918 konnten Vorzüge der neuen Ordnung deutlich werden, und zwar materiell in weiten Kreisen der Bevölkerung spürbar erst zu einer Zeit, als die SPD in der Reichsregierung keine Verantwortung mehr trug.[70] In dieser Situation wuchs offensichtlich in der Partei die Einsicht, daß es zur gewollten Beeinflussung der nach wie vor bürokratisch gesteuerten Verhältnisse der Besetzung von Positionen im »Staatsapparat« – bis hin zu solchen in der den Sozialdemokraten praktisch verschlossenen Reichswehr[71] – bedürfe. »Ran an den Staat!«, lautete deshalb die Parole 1927 im Wahlkampf in Hamburg, wo die SPD seit 1919 mitregierte.[72]

Es war eine von eigener Erfahrung, nicht von ideologischen Maximen bestimmte Zielsetzung, wenn es zur Begründung dieser Parole hieß, das »eigentliche Leben des Staates« pulsiere in der Verwaltung, d. h. in den Selbstverwaltungen der Länder und Kommunen. Die SPD besaß nach wie vor weder eine verbindliche handlungsorientierende Staatstheorie, noch gab es in dieser Hinsicht ambitionierte Parteiführer. Hermann Heller, Gustav Radbruch und auch Hans Kelsen, die bei jüngsten Forschungen nach spezifisch sozialdemokratischen Impulsen und Traditionen des Staatsdenkens wiederentdeckt wurden, pflegten eher den akademischen Diskurs mit ihren mehrheitlich der autoritären Staatstradition verpflichteten gelehrten Kollegen; Franz Neumann, Arkadij Gurland und Otto Kirchheimer waren damals vor allem Kommentatoren laufender politischer Ereignisse – junge Marxisten ohne breiten publizistischen Einfluß. Dasselbe gilt für den Kreis um die »Neuen Blätter für den Sozialismus«, der ethisch und religiös motiviert für Sozialismus warb und dabei auch historisch-soziologische Erwägungen anstellte, die auf eine Synthese bürgerlicher und sozialer, in ihrem Verständnis auch die »Mittelschichten« einschließender, Demokratie hinausliefen. Auch die in Deutschland mitdiskutierenden österreichischen Sozialisten Otto Bauer, Karl Renner und Otto Leichter sowie der eifrig schreibende Alexander Schifrin wirkten eher als innerparteiliche Mittler sozialistischer Traditionen politischer Kultur, als daß ihnen Wegweiserfunktionen in der Staatsdiskussion zuwuchsen.[73] Nicht ihre feingefügten Analysen und Argumentationen, sondern die der Basis gewohnten klassenpolitischen Parolen herrschten in den Wahlkämpfen vor, die nach wie vor den Hauptteil der Organisationsaktivität einnahmen. Für das Engagement der Mitglieder auch aus diesem Anlaß boten eine Vielzahl von Arbeitsgemeinschaften und Verbänden Gelegenheit, die ihre Wirkung allerdings eher dezentral als an der Parteispitze entfalteten; die Arbeitersportbewegung, die Einrichtungen der »Gemeinwirtschaft« und die sozialdemokratisch dominierte paramilitärische Organisation »Reichsbanner Schwarz Rot Gold« seien hier als Beispiele erwähnt.[74]

Vor diesem Hintergrund einer erst in den zwanziger Jahren zur vollen Blüte entfalteten Kultur der sozialdemokratischen Arbeiterbewegung, in der auch Gestaltungsräume der Landes- und Kommunalpolitik genutzt wurden – gedacht sei hier auch an den Wohnungs- und Siedlungsbau –, ist es schwer, den sozialdemokratischen Einfluß auf die Staatsordnung auch nur in Umrissen zu bestimmen. Von der kommunalpolitischen Arbeitsstelle beim Parteivorstand gingen offenbar weder programmatische noch auch nur koordinierende Initiativen aus, die für den Rückblick Aufschluß geben könnten. Gewiß, Sozialdemokraten amtierten in nahezu allen Rängen der politischen und Behördenhierarchie, angesichts der nur wenig in Frage gestellten Beibehaltung des Berufsbeamtentums allerdings eher in den personell breiteren unteren Stufen und in den Klassen der politischen Beamten (Regierungspräsidenten, Landräte, Magistratsdezernenten, Polizeichefs u. ä.) – Richterämter und Staatsanwaltschaften blieben ihr dabei weitgehend verschlossen –, aber das Verhältnis der Partei zu diesen Fachleuten war eher eines des Vertrauens als eines der praktischen Zusammenarbeit in der Form von Willensbildung und Kontrolle.[75]

Als staatstheoretisch relevante Leistungen sozialdemokratischer Politik auf Reichsebene sind außerdem noch einige Bereiche anzusprechen, die in der allgemeinen Parteiprogrammatik keine große Resonanz gefunden haben; zum Teil wurden sie eher als Probleme gewerkschaftlicher Zuständigkeit angesehen. Dazu gehörten die Ausarbeitung eines kollektiven Arbeitsrechtes und eines Verfahrensrahmens für die Tarifpolitik, in dem den »staatlichen« Zwangsschlichtern eine Schlüsselrolle zukam, ferner an die Einführung einer staatlichen Garantie für die Leistungen der Arbeitslosenversicherung (1927).[76] Die in diesem Zusammenhang entstandenen Ansätze pluralistischer Staatstheorie sind erst seit den 1960er Jahren breiter als solche rezipiert worden.[77] Der »Ruhreisenstreit« (1928), bei dem die Unternehmerseite sich weigerte, einen Schlichtungsanspruch anzuerkennen, wies auf die begrenzte Reichweite dieser »staatlichen« Regulierungsfunktionen unter den gegegebenen ökonomischen und politischen Bedingungen hin. Konflikte waren zuvor oft zugunsten der Lohnabhängigen geschlichtet worden, und den Unternehmern erschienen die Tendenzen zum Wohlfahrtsstaat, wie er auch von der christlichen Arbeitnehmerseite angestrebt wurde, als zu stark.[78]

Mehr Resonanz, aber wenig Verständnis fanden Initiativen für »Wirtschaftsdemokratie« unter den Bedingungen des als organisiert bzw. organisierbar diagnostizierten Kapitalismus, die 1927/28 in offensichtlich nur vager Abstimmung zwischen dem SPD-Vorstand und den Freien Gewerkschaften begonnen wurden. Im Kern ging es bei diesen Initiativen um die stärkere Beteiligung der Gewerkschaften an der praktischen Gestaltung der Volkswirtschaft, die sich seit 1924/25 in einem Aufschwung befand, durch staatliche Behörden. Konzentrationsprozesse des Kapitals (Konzern- und Kartellbildung) und Rationalisierungstendenzen in der inner- und zwischenbetrieblichen Arbeitsteilung ließen besonders bei Nationalökonomen unterschiedlichster Provenienz den Eindruck des nahenden Endes der liberalkapitalistischen (»anarchistischen«) Wirtschaftsweise entstehen und provozierten die SPD-Führung dazu, überkommene, zur Zeit des Revisionismusstreits entstandene Visionen von bedarfsorientierter, korporativ organisierter geplanter Wirtschaft intensivieren zu lassen.[79] Daß es dabei weniger um eine Demokratisierung des Arbeitslebens als um eine Verankerung der gewerkschaftlichen Organisationen im Prozeß der Volkswirtschaftsentwicklung ging, wird daran deutlich, daß die Initiativen kaum Konzepte für die Ausweitung der betrieblichen Mitbestimmung enthielten, sondern eher Elemente der über ein Jahrzehnt später entdeckten »managerial revolution« antizipierten.[80] Von industriellen Unternehmensvertretern wurden diese Initiativen strikt abgelehnt, sie hielten am Prinzip der Unternehmensautonomie fest,[81] und die 1929/30 in Deutschland durchschlagende Weltwirtschaftskrise hat der breiteren Propaganda für diese Vorstellungen schnell ein Ende gesetzt, bevor sie noch zum breit rezipierten Programm geworden waren.[82] Folgeprogramme für eine aktive staatliche Wirtschaftspolitik zur Behebung der Absatzkrise der Unternehmen und der zunehmenden Arbeitslosigkeit unter der Parole »Umbau der Wirtschaft« sind dann ohne großes Engagement – die Partei befand sich seit 1930 im Reich in der Opposition – vertreten worden. Dem damals neuen theoretischen Konzept des »deficit spending« stand die Partei, wie es scheint, hilflos und eher ablehnend gegenüber.[83] Zu zeigen, daß man jedoch auch theoretisch blind – und bedenkenlos – entsprechend politisch handeln konnte, blieb den Nationalsozialisten überlassen.[84]

Der sich hier offenbarende, von Hans Mommsen mit Recht als »Immobilismus« charakterisierte Zustand der Partei entsprach einer Situation, in der die demokratische parlamentarische Republik nur noch leere Verfassungshülse war; diese Hülse aufrechtzuerhalten, um sie in besseren Zeiten wieder zu nutzen, kann als politische Strategie der SPD gelten.[85] Wichtig erscheint dabei, daß diese Hülse nicht allein von antirepublikanischen Parteien neben der SPD, die in den Sog mächtig anschwellender Protestbewegungen der Linken (KPD) und der Rechten (NSDAP) gerieten, zerstört wurde, sondern vor allem von den Inhabern staatlicher Machtpositionen, die die SPD als Träger staatlicher Verantwortung auszugrenzen bestrebt waren.[86] Das demonstrationslose Ende des sozialdemokratisch geführten Kabinettes Müller (1930) markiert deshalb den Wendepunkt der Republik aus dem Blickwinkel der Geschichte der Sozialdemokratie.[87] Die oft kritisierte »Tolerierungspolitik« in den Jahren danach war, nicht zuletzt wegen der Rolle als Regierungspartei in Preußen, wohl die einzig realistische Strategie.[88] Diese Politik des Abwartens bei gleichzeitiger Agitation gegen den andrängenden Faschismus[89] hat allerdings nicht einmal das Minimum sozialdemokratischer Politik, die Aufrechterhaltung des Organisationsgeflechts im »Vorfeld«, sichern können – trotz bis zur Anbiederung reichender Bereitschaft besonders in den Freien Gewerkschaften, sich der 1933 beginnenden nationalsozialistischen Herrschaft anzupassen.[90] Ob ein in den Attitüden insgesamt stärker betontes Bekenntnis zur Republik, wie es vor allem jüngere »militante« Sozialdemokraten wie Theodor Haubach forderten,[91] dies hätten verhindern können, ist ungewiß.

3. Die SPD in Illegalität und Exil

Die Vielfalt der Auffassungen innerhalb der Sozialdemokratie ist auch nach dem Verbot ihrer organisatorischen Existenz und nach der Entfernung von Sozialdemokraten aus staatlichen Ämtern nicht geschwunden. Weniger theoretische Einsichten als die gemeinsame Situation in Resistenz, Widerstand und Exil ließen Differenzen an Gewicht verlieren.[92] In der programmgeschichtlichen Rückbesinnung wurde direkt oder indirekt die Bescheidenheit bei der Übernahme politischer Verantwortung für die Republik 1918/19 als Fehler kritisiert, in den werbenden Prognosen fanden sich zunächst Formeln traditioneller sozialdemokratischer Zukunftsgewißheit; vom Zusammenbruch des »totalen Staates« und dem darauf folgenden revolutionär- sozialistischen Neuanfang in Form einer Erziehungsdiktatur zur Demokratie war die Rede.[93] Später wurde ein »militärischer Kaiserschnitt« als Voraussetzung für die Errichtung eines nachfaschistischen Deutschland für zweckmäßig und notwendig gehalten.[94] Die Erfahrungen im Exil, als Repräsentanten des »anderen« Deutschland in Planungen der späteren Siegermächte für ihre Deutschlandpolitik nicht einbezogen zu werden,[95] sowie in der Illegalität, sich bei einem Putsch mit den mutmaßlichen bürgerlichen Autoritäten arrangieren zu müssen,[96] und nicht zuletzt die Ungewißheit über den Umfang des verfügbaren Organisationspotentials ließen bei den führenden Sozialdemokraten keine Aktionsprogrammatik entstehen, sondern nur eine Grundsatzprogrammatik, die auch von führenden Anhängern der während der Weimarer Republik abgesplitterten Gruppen mitgetragen wurde. Wenn diese Programmatik in der Folgezeit auch keine unmittelbare Wirkung hatte, enthielt sie doch einige

Gedanken und Orientierungen, die sich auch in der späteren westdeutschen Sozialdemokratie wiederfanden, so die Forderung nach demokratischer Planung der »von den Fesseln des kapitalistischen Eigentums« befreiten Wirtschaft und die Einsicht, daß die Zeit der nationalstaatlichen Souveränität vorüber sei – Elemente eines Gedankengebäudes, das jene Spannung zwischen rationaler Utopie und praktischer Verwirklichungsmöglichkeit aufwies, die sozialdemokratische Ideologie seit jeher kennzeichneten. Wichtig war für die Nachkriegszeit auch, daß im Exil besonders von Sozialisten, die nicht zum engeren Treuhänder-Kreis der deutschen Sozialdemokratie gehörten, zahlreiche Kontakte zu sozialistischen und Arbeiterorganisationen anderer Staaten geknüpft wurden – zuweilen durchaus in Erinnerung an den bis dahin gescheiterten friedenspolitischen Internationalismus der sozialistischen Arbeiterbewegung. Deutlich war allerdings auch, daß diese Vorstellungen an den Horizont politischer Kultur gebunden blieben, der sich in den Demokratien Nord- und Westeuropas sowie Nordamerikas gebildet hatte.[97]

4. SPD und »Staat« nach 1945

Die Sozialdemokratie ist zwar als Milieu und in organisatorischen Rudimenten an der Basis, nicht aber wie die KPD als virtuelle formale überregionale Organisation über das »Dritte Reich« hinweg erhalten geblieben. Bei der Wiederaufnahme öffentlicher Aktivität, zunächst halblegal, wirkten zentrale und dezentrale Bemühungen zusammen. Lokalismus und Regionalismus, äußerlich durch die Besatzungsherrschaft unterschiedlich begrenzte Handlungshorizonte sowie restriktive Artikulationsbedingungen (Zensur) machen es noch im nachhinein schwer, die ersten überlieferten sozialdemokratischen Äußerungen nach dem Zweiten Weltkrieg auf gemeinsame Nenner zu bringen. Unverkennbar ist allenthalben die Tendenz, sich erneut sichtbar zu organisieren – die Antwort auf die Frage »einheitliche Arbeiterpartei oder Wiederaufbau von SPD und KPD?« war durch das Verhalten der Kommunisten im Westen schnell negativ determiniert – und Verantwortung zu übernehmen, wo diese durch die Besatzungsbehörden zugewiesen oder gestattet wurde.[98] Sich als Zentralen profilierende Funktionärszirkel – das Büro Schumacher in Hannover für die Westzonen und der Zentralausschuß unter dem Vorsitz Otto Grotewohl in Berlin und der Ostzone – wurden widerspruchslos akzeptiert; ihr Einfluß auf die zunächst von den lokalen und regionalen Situationen geprägte Politik war gering. Von größerer Bedeutung für die Folgezeit waren die Zufälle, die Sozialdemokraten in der Verwaltung im Auftrag der Alliierten zu Bürgermeistern und »Chefs der Länder und Provinzen« – so anfangs der Sammeltitel für die höchsten deutschen Repräsentanten in der britischen Zone – werden ließen. Hier bot sich manche Gelegenheit zur personalpolitischen Weichenstellung.[99] Nach den ersten Wahlen 1946/47 wurden fast überall Allparteien-Koalitionen gebildet, die angesichts der allgemeinen Notlage die Fähigkeit der Nichtnationalsozialisten zum sachlichen Konsens unterstrichen. Sorgfältige nachträgliche Analysen haben ergeben, daß die Verteilung der politischen Optionen in der Bevölkerung nach 1945 nicht sonderlich vom politischen Spektrum in den »normalen« mittleren Jahren der Weimarer Republik abwich[100] – ein Sachverhalt, der einige Parallelen zur Zeit nach dem Ersten Weltkrieg aufwies und wiederum, ohne daß dies so diskutiert wurde, die Zukunftsgewißheit vermittelnde, geschichtstheoretisch fundierte »marxistische« Weltanschauung als gedankliche Basis sozialdemokratischer Politik fragwürdig werden ließ.[101]

In der allmählichen Formung der staatlichen Organisation im nachnationalsozialistischen Deutschland hat die Sozialdemokratie sich wiederum, wie während der Weimarer Republik, eher reaktiv als initiativ verhalten. Dispositionen für einen verfassungsmäßigen und praktischen Föderalismus z. B. in Bayern standen neben solchen für einen dezentralen Einheitsstaat.[102] Übergreifend war allerdings der Wille, der Ausbreitung einer kommunistischen Herrschaft keinen Raum zu geben. In diesem speziellen Feld der politischen Auseinandersetzung antizipierte die westdeutsche SPD gewissermaßen weltpolitische Konfliktmuster; dem von Hannover her propagierten Ziel der politisch-kulturellen Westbindung Deutschlands wurde nirgends widersprochen; der Marshall-Plan wurde als Aktion caritativer Hilfe dargestellt und akzeptiert; das Bewußtsein davon, daß mit der Einbeziehung Westdeutschlands in den Marshall-Plan bis dahin in der Bevölkerung breit fundierte Forderungen nach Sozialisierung der Schlüsselindustrien würden mindestens zurückgestellt werden müssen, war vorhanden.[103] Auch die Sozialdemokraten der Sowjetischen Zone konnten ihre sehr früh detailliert entwickelten Konzepte für eine zentrale Planung und Lenkung der in den Grundindustrien entprivatisierten, gemeinwirtschaftlich orientierten Wirtschaft nicht durchsetzen.[104] Sie sahen sich gezwungen, im Frühjahr 1946 mit der KPD zu fusionieren, wollten sie weiterhin auf die Gestaltung der Verhältnisse Einfluß nehmen. 1948, als von ihnen das Bekenntnis zum Stalinismus verlangt wurde, verließen die meisten noch in öffentlichen Ämtern verbliebenen oder belassenen Sozialdemokraten die Sowjetische Zone, die SED wurde zur stalinistischen Partei »neuen Typs« in einem mehr und mehr zentralisierten Einheitsstaat, in dem allerdings vor allem die Produktionsarbeiter manche Traditionen bewahrten, die als sozialdemokratisch-freigewerkschaftlich gelten können.[105]

Bis 1947 lag das Hauptfeld sozialdemokratischer Aktivität eindeutig in den westdeutschen Landes- und Bezirksverbänden. Erst nach der Bizonen-Bildung gewann die inzwischen um Vertreter aus dem Exilvorstand ergänzte und im Mai 1946 gewählte zentrale Führung in Hannover an Gewicht. Gleichsam im Selbstverständnis einer Regierungspartei ohne Regierung versuchte Schumacher, die Dominanz der Parteien in länderübergreifenden Angelegenheiten über die Länderregierungen durchzusetzen. Ein Nebenmotiv war dabei von vornherein die Abwehr separatistischer Tendenzen in einer Situation, in der es keinen rechtlich gesicherten Rahmen für den Fortbestand des Deutschen Reiches gab und in der Schumacher eine konstruktive sozialdemokratische Einflußnahme auf das sowjetisch besetzte Gebiet für politisch nicht realistisch hielt.[106] Das Scheitern der einzigen Konferenz aller deutschen Ministerpräsidenten vor ihrem Beginn im Juni 1947 hat für die SPD dieses Verständnis der Parteiendominanz, unter das sich auch von ihren Ämtern her anders disponierte sozialdemokratische Landeschefs wie Wilhelm Kaisen beugten, erstmals zur Geltung gebracht.[107] Es basierte auf zwei Grundüberlegungen: Zum einen sollte die formale Verantwortlichkeit der Besatzungsmächte für die Einheit Deutschlands unterstrichen werden, zum anderen sollte demonstriert werden, daß es mit nicht demokratisch legitimierten bzw. die Ausbreitung westlich-demokratischer Tendenzen behindernden Vertretern deutscher Politik keine Verhandlungen gebe.[108] Die westlichen Besatzungsmächte für die Einheit Deutschlands unterstrichen werden, zum anderen sollte demonstriert werden, daß es mit nicht demokratisch legitimierten bzw. die Ausbreitung westlich-demokratischer Tendenzen behindernden Vertretern deutscher Politik keine Verhandlungen gebe.[108] Die westlichen Besatzungsmächte davon zu überzeugen, daß die Einheit Deutschlands, und zwar bis jenseits der Weichsel, auch in ihrem Interesse liege, war ein Grundkalkül Schumachers.[109] Wie sehr sich Schumacher dabei gerade im Blick auf die als verwandt begriffene, Großbritannien regierende Labour Party täuschte, wird seit einiger Zeit mit zunehmender Deutlichkeit erkennbar.[110] Auch sie unterwarf sich dem Muster regressiver Konfliktregelung der zwischenstaatlichen Politik, mit deren Hilfe die Fortsetzung des Zweiten Weltkrieges in neuer Konstellation der Fronten verhindert wurde.[111]

Diese prinzipiell gesamtdeutsche Orientierung ließ die SPD dann Vorbehalte gegen die formale Gründung eines westdeutschen Staates anmelden und formal bewahren, obgleich es für einen nur westdeutschen Staat auch in der Sozialdemokratie sehr früh Dispositionen gab.[112] Eine Zusammenfassung der westdeutschen Länder durch eine Organisationssatzung hätte die SPD-Führung lieber gesehen; die Gründungsgeschichte der Bundesrepublik spiegelt noch ganz schwach diesen Wunsch.[113] Im Grundgesetz schlug er sich u. a. in der Unbestimmtheit des sozialen Leitbildes der westdeutschen Demokratie nieder.[114] Die Hoffnung darauf, die Bundesrepublik durch eine erste sozialdemokratische Bundesregierung zu prägen, erfüllte sich, wie angedeutet, nicht. Schon in dem die westdeutsche Wirtschaftsordnung vorbereitenden Frankfurter Wirtschaftsrat vor der Gründung der Bundesrepublik war die SPD-Fraktion aus eher tagespolitischen Motiven demonstrativ in die Opposition gegangen,[115] und sie hatte dann diese Rolle noch fast zwei Jahrzehnte lang zu spielen. Ähnlich wie in der Weimarer Republik blieb ihr zunächst kaum mehr als die Möglichkeit, zur Integration der eigenen Mitglieder und Sympathisanten nach bewährten und reaktivierten Ideologie-Mustern die »kapitalistische Restauration« zu beklagen.[116] Darüber hinaus war die SPD seit 1949 bemüht, die Rolle der parlamentarischen Opposition als für den neu gebildeten demokratischen Staat funktionsnotwendig darzustellen.[117] Zudem gab es ein breites Feld besonders in der Sozialpolitik, in dem die Bundesregierungen den Konsens mit der Opposition suchten, z. B. in der Wohnungsbau- und Rentenreformgesetzgebung.[118] Der Nachweis, daß eine sozialdemokratische Regierungspolitik der Bundesrepublik ein anders gesellschaftspolitisches Profil verliehen hätte, steht noch aus. Bemerkenswerte Akzente setzte die SPD, ähnlich wie in der Weimarer Republik, wiederum in den Kommunen und Ländern; hervorzuheben ist hier besonders das von sozialdemokratisch geführten Landesregierungen initiierte Modernisierungsprogramm für Hessen.[119]

Mit solcher »wohlfahrtsstaatlichen« Politik bewies die SPD zunehmend auch für Bürger außerhalb der Arbeiterklasse ihre Wählbarkeit; eine kurzfristig beschleunigte soziale Aufstiegsmobilität in der westdeutschen Gesellschaft dürfte allerdings dazu beigetragen haben.[120] Als theoretisches und programmatisches Problem war der SPD die Gewinnung der »Mittelschichten« nach dem Zweiten ebenso wie schon nach dem Ersten Weltkrieg geläufig.[121] Im Unterschied zu den 20er Jahren zogen sich die Bemühungen um diese Wählergruppen jedoch über die ganzen 50er Jahre hin. Für die allmähliche Umgewöhnung der Partei von einer politischen Arbeiterinteressenorganisation zu einer klassenübergreifenden Volkspartei wurde entscheidend, daß in der SPD zunehmend Funktionsträger an Boden gewannen, die die Politik in der Bundesrepublik erklärtermaßen unter dem »Primat der Außenpolitik« sahen. Von der im Ausland zuweilen als »nationalistisch« geltenden Parteiführung Schumachers war die damit verbundene Haltung weniger prinzipiell als durch politische Attitüden bei der Wahrnehmung von Regierungsämtern auf der Länderebene oder von parlamentarischen Aufgaben unterschieden, z. B. durch eine Nachahmung des populistischen Landesvaterstils des amerikanischen Präsidenten Roosevelt beim Berliner Bürgermeister Ernst Reuter.[122] Bei der Debatte um den »Wehrbeitrag« gelang es diesen Funktionären, die weithin bestehende Ablehnung (aus unterschiedlichsten Motiven) in eine Zustimmung mit Vorbehalt zu verwandeln. Es waren besonders ehemalige Angehörige radikalsozialistischer Splittergruppen, z. B. Fritz Erler und Willy Brandt, die sich in dieser Frage engagierten.[123]

Die grundsatzprogrammatische Wende mit dem ersten, seit 1925 nicht als Aktionsprogramm gedachten, Godesberger Programm von 1959, in dem sich die SPD zur reformorientierten Arbeiternehmer- und Volkspartei erklärte, hat die inzwischen geformte politische Praxis der SPD nicht entscheidend verändert, sondern eher bestätigt.[124] Kompromißformeln wie »Soviel Planung wie nötig, soviel Markt wie möglich« (Karl Schiller) hatten schon zuvor sozialdemokratische Wirtschaftspolitik in den Ländern bestimmt.[125] Bewirkt wurde jedoch, daß den politischen Gegnern Angriffspunkte in Programmatik und Ideologie entzogen wurden und daß sich auch die Binnenkommunikation von traditionellen bekenntnishaften Argumentationszirkeln löste. Wie weit die stärker auf die Betonung politischer Einzelziele abgestellte Programmatik geholfen hat, das Wählerreservoir zu verbreitern, ist ungewiß.[126] Hier wird man vor allem die komplizierte Frage nach dem Wahlverhalten der neu herangewachsenen Generationen beantworten müssen.[127] Aufgegeben, allerdings nur nach außen, wurden mit dem Godesberger Programm jedenfalls Restelemente der Weltanschauungspartei. Bemerkenswert ist, daß dieser Wandel maßgeblich von Funktionären befördert wurde, für die solche Elemente in ihrer Jugend von großer Bedeutung gewesen waren.[128] In welchem Maße dadurch die SPD langfristig an Integrationskraft gewann oder verlor, wird sich wohl erst zeigen, wenn die Generationen derer, die diesen Wandel einleiteten, ganz von der politischen Bühne abgetreten sind.[129]

Die Chance, ihre »Regierungsfähigkeit« zu demonstrieren, erhielt die SPD jedenfalls primär durch den Eintritt in die »Große Koalition« 1966; die Ursache dafür war die Schwierigkeit des »Seniorpartners« CDU/CSU, das Ende der »Kanzlerdemokratie« Konrad Adenauers zu bewältigen.[130] Das inzwischen in der Praxis problemlose Verhältnis der Sozialdemokratie zum »Staat« läßt sich gut am Beispiel der Verabschiedung der »Notstandsgesetze« (1968) schildern,[131] die die von der SPD seit 1949 geforderte »Gleichberechtigung« der Bundesrepublik im militärpolitisch möglichen Ausmaß herstellten. Das frühe Verständnis dieser »Gleichberechtigung« als »Souveränität« deutet darauf hin, daß die Sozialdemokratie stärker als konservative Strömungen staatstheoretisch anachronistisch disponiert war, wie sich z. B. beim Streit um die westeuropäische Integration[132] zeigte. Allerdings gab es für diesen Anachronismus auch spezielle Gründe, die sich später als Elemente einer besonders konstruktiven Konzeption internationaler Politik erwiesen.

Das seit der Zeit der westdeutschen Staatsgründung betonte Prinzip, die Einheit Deutschlands zu bewahren respektive zu verwirklichen, hat die SPD alle Schritte zur westeuropäischen Integration der Bundesregierung nur mit Vorbehalt und ohne die Vision vom Ende der Nationalstaatlichkeit mitvollziehen lassen. Die Zurückhaltung in der Westintegrationspolitik erlaubte es ihr, in den ausgehenden 1960er Jahren die »neue« Ost- und Deutschlandpolitik auch als deutsche Nationalpolitik zu konzipieren, ohne daß die von ihr selbst dabei vollzogenen Wendungen in der Frage des Umgangs mit der DDR z. B. beim Abbau der auch sozialdemokratisch gestützten sog. »Hallstein-Doktrin« große innerparteiliche Schwierigkeiten bereiteten.[133] Die Einbettung der nationalpolitischen Motive in das Zielmodell einer die Militärblöcke in Europa übergreifenden »Friedensordnung« hat dieser Orientierung die Legitimation auch durch die Angehörigen der jüngeren Generationen verschafft.[134] Am Beispiel der Außenpolitik, wie sie Willy Brandt als Außenminister und Helmut Schmidt als Kanzler vertraten, wurde deutlich, daß das Verhältnis der SPD zum »Staat« mindestens im Feld der Außenpolitik eines der praktischen politischen Führung im Rahmen des Möglichen geworden ist.[135]

Im Bereich der inneren Politik unterschied sich die sozialdemokratische Regierungspolitik von der vorausgegangenen dadurch, daß die Beziehungen zwischen »Staat«, d. h. Bundesregierung und Ministerialbürokratie, und Wirtschaft stärker durch demonstrative Konsultationen, besonders die »Konzertierte Aktion«, in ihrem Kooperationscharakter betont wurden. Wie weit dies besser als die zuvor und später wieder praktizierten unspektakulären Methoden dazu dienten, »Globalsteuerung« zu ermöglichen, ist noch nicht untersucht, ebenso nicht, ob und wie diese Konzepte mit den Steuerungstheorien der 1920er Jahre verknüpft waren.[136] Ähnlich wie damals, doch offensichtlich kaum in Erinnerung daran, kamen während der Zeit sozialdemokratischer Regierungsverantwortung Forderungen nach Investitionskontrolle und -lenkung sowie nach Umverteilung des Volksvermögens besonders bei Nachwuchspolitikern auf, doch erlangten sie nie praktische Dominanz.[137] »Planung« im Sinne des Entwerfens rationaler Zukunftsmodelle fand in den 1960er Jahren generell und international viel öffentliche Aufmerksamkeit.[138] Im Bereich der Bildungspolitik ließen sich dabei sogar ökonomische Erfordernisse, wie sie von privater Unternehmerseite erkannt wurden, und gesellschaftspolitische Motive der SPD vordergründig zur Deckung bringen.[139] Auch die von den sozialdemokratischen Regierungen angewandte Methode des »deficit spending« in der Wirtschaftspolitik galt damals allgemein als probates Mittel der Konjunktursteuerung.[140] Als Hauptpartner der sozialliberalen Koalition (1969–1982) konnte die SPD deshalb nur einige durchaus bemerkenswerte sozialpolitische Initiativen durchsetzen, z. B. die Einbeziehung der Freiberufler in die staatlich garantierte Rentenversicherung.[141]

Besonders das Steigen des Lebensstandards und der mit dem Generationswandel in der politischen Führung einhergehende soziale Wandel hat das in Deutschland seit dem Kaiserreich traditionell problematische Verhältnis der Bürger zum Staat in den 1960er Jahren entkrampft. Manchen älteren Zeitgenossen mochte dies als »Kulturrevolution« erscheinen; manche fühlten sich an die Zeit vor 1933 erinnert. Nachdem gerade unter Beweis gestellt schien, daß die westdeutsche Gesellschaft gelernt hatte, die »Spielregeln« der parlamentarisch-repräsentativen Demokratie zu beherrschen, und Liberalität auf der Basis der bestehenden Wirtschaftsordnung signalisierte, kamen jetzt wie in den 20er Jahren Forderungen nach weiterer »Demokratisierung« und gar nach »Transformation der Demokratie« auf,[142] die in der Folgezeit durch die allmähliche Wiederentdeckung der marxistisch inspirierten Programmtradition gestützt wurden. Die SPD hat mit der positiven Besetzung von Diskussionsfeldern wie »Demokratisierung«, »Entwicklungshilfe«, »Frieden und Abrüstung«, »Menschenrechte« besonders zur politischen Integration der damals auch durch solche Forderungen politisierten Jugendlichen beigetragen,[143] freilich durch die Unterstützung von demonstrativen Beschlüssen gegen die Beschäftigung von »Radikalen« im Öffentlichen Dienst (1972) und zur Verstärkung der Polizeiapparate zum Zwecke der Bekämpfung des anschwellenden Terrorismus auch zur Formung eines dezidiert antistaatlichen Protestpotentials, das besonders Jugendliche anzieht.[144] In den 1970er Jahren teils in, teils außerhalb des Staates entstandene sub- und gegenkulturelle soziale Bewegungen haben sich inzwischen durch die Rüstungs-, Energie- und Ökologieproblematik zu politischen Organisationen mit unvorhergesehener Stabilität formiert.[145] Gleichzeitig stehen die nach 1945 als politisch nicht gespaltene Einheitsbewegung wieder formierten Gewerkschaften als traditionelles Milieu der Sozialdemokratie angesichts des offenbar strukturellen Arbeitsmangels und sich ändernden Arbeitsorganisation vor einer massiven Schrumpfung. Da für die sozialpolitische Entwicklung der Bundesrepublik ihr Verhalten vermutlich wichtiger war als das der SPD, der sie näher standen als den anderen Parteien, lassen sich aus der Vergangenheitsbetrachtung kaum Schlüsse für die weitere Entwicklung ziehen.[146]

5. Schlußbemerkungen

Im Rückblick wird als vorläufiges Ergebnis sozialdemokratischer Politik zwar nicht die zu Beginn ihrer Geschichte angestrebte Aufhebung der durch den »Staat« befestigten Klassengesellschaft sichtbar, wohl aber eine politische Kultur, die den Leitbildern bürgerlicher Demokratie näher ist als alle vorausgegangenen politischen Lebensformen in der deutschen Geschichte. Dabei wird man den funktionalen Anteil vermutlich höher bewerten müssen als den intentionalen.

Von einer theoriegeleiteten Steuerung sozialdemokratischen Verhaltens wird man kaum begründet reden können. Daß Chancen intensiverer Einflußnahme auf die Verhältnisse wegen *dogmatischer* Fixierung auf bestimmte Lehren nicht genutzt wurden, läßt sich jedenfalls nicht feststellen; situationsbedingte Irrtümer, die sich zu anhaltenden Fehleinschätzungen verfestigen konnten, sind damit nicht ausgeschlossen gewesen, desgleichen nicht Formulierungen, die an Denkweisen erinnern mochten, die als überholt und mindestens für die Kreise des Establishments als tabu galten und deswegen Anstoß erregten, das Reden vom »Staat« als »Reparaturbetrieb des Kapitalismus« zum Beispiel.[146] Doch solche Tabuverletzungen signalisierten allenfalls Distanz zu harmonisierenden Staatsideologien, die kaum noch als gängige Münze in der politischen Kultur der Bundesrepublik kursieren. Nicht Staatstheorie und Staatslehre, sondern Demokratietheorie und demokratische Verhaltenslehre können als Gegenstände der speziell auch von der Sozialdemokratie nach dem Zweiten Weltkrieg geförderten Politischen

Wissenschaft gelten;[147] Staatsdenken dagegen erscheint primär als Reflex politischer Zweckmäßigkeit.[148] Intensive Bemühungen, der Marxschen Lehre die fehlende Staatstheorie einzufügen, wie sie im Zuge der akademischen Anstrengungen, den Marxismus zu revitalisieren, unternommen wurden,[149] sind vielleicht nicht ohne Grund gescheitert. Marx ließ sich vom Interesse an der Emanzipation der mithilfe Staatsgewalt unterdrückten gesellschaftlichen Klassen leiten und benötigte keine ausgefeilte Theorie des Staates über die von ihm erkannten Staatsfunktionen hinaus. Eine marxistische Regierungslehre ist ebenfalls kaum denkbar. Daß sich die Wohlfahrtsstaatlichkeit als tragfähiger Rahmen für die Stagnation, Umkehrung oder Änderung der Verelendungstendenzen erweisen würde,[150] konnten weder Marx noch Lassalle, der hier gedanklich offener war, erfahren.[151]

Als Sozialdemokraten begannen, staatliche Ämter zu leiten, haben gerade die Funktionäre, die aus der politisch-praktischen und Organisationsarbeit kamen, den Respekt der »bürgerlichen« Politikerkollegen und der hohen Ministerialbeamten gewonnen.[152] Sachbezogene Verwaltung, nicht Machtorientierung, scheint überwiegend ihre Amtsführung während der Weimarer Republik zu kennzeichnen.[153] In der Zeit nach dem Zweiten Weltkrieg stieg auch die Zahl charismatischer Führungspersönlichkeiten unter den Sozialdemokraten in Regierungsämtern (auf Landesebene) und in kommunalen Spitzenpositionen gegenüber den Jahren nach dem Ersten Weltkrieg stark an.[154] Charisma, Organisationserfahrung einerseits und die bekanntermaßen effektiven Verwaltungsstrukturen in Deutschland, die sich nach 1945 der komplizierten materiellen und politischen Situation wegen schnell revitalisierten,[155] begünstigten so die lange Dauer der sozialdemokratisch mitbestimmten Herrschaftsform, die Hans Staudinger, geschult an Max Weber, aus eigener Anschauung für das Preußen der 20er Jahre als »demokratische Autokratie« treffend charakterisiert hat.[156] Wiederholte Kampagnen um »Bürgernähe« der Ämter waren damit nicht ausgeschlossen, entsprachen aber eher wohlfahrtsstaatlich-populistischen als demokratiefördernden Neigungen.[157] Die Parole des ersten sozialdemokratischen Bundeskanzlers Willy Brandt von 1969 »Mehr Demokratie wagen!« war unter solchen Voraussetzungen kaum mehr als eine symbolische Formel, die politisch-kulturelle Bedürfnisse und Einstellungen besonders eines Teils der akademischen Jugend und der zum Engagement bereiten klein- und mittelbürgerlichen Schichten reflektierte.[158] Einschneidende Strukturreformen des stark anwachsenden »Staatsapparates« sind in den Jahren sozialdemokratischer Regierungsverantwortung auf Bundesebene nicht durchgeführt worden, sieht man von vorübergehenden Änderungen in Schulen und Hochschulen ab.[159] Für eine »active society« nach amerikanischem Vorbild, die eine zeitlang politischen Soziologen als Analysekriterium und Handlungsnorm auch in der Bundesrepublik galt,[160] bot und bietet weder die deutsche Tradition staatlich garantierter Vor- und Fürsorge noch die ohne großen politischen Dissens über den Staatshaushalt gesicherte Grundfinanzierung des politischen Willensbildungsprozesses Voraussetzungen.[161] Die »Selbsthilfe« als Anlaß auch zum staatsbürgerlich-politischen Engagement findet sich, nachdem die sozialdemokratisch motivierten Gemeinwirtschaftsunternehmen nach ihrem schon weit zurückliegenden Ende als genossenschaftliche Einrichtungen auch wirtschaftlich aufgegeben worden sind,[162] im eher »bürgerlichen« Milieu, von dem her sich immer wieder auch politische Initiativen zur Reduzierung behördlich geregelter Für- und Vorsorge speisen,[163] und in neuen, ökonomisch schwer zu bestimmenden Randgruppen der Gesellschaft.[164] Die seit einiger Zeit diskutierte These vom »Ende der (traditionellen) Arbeiterbewegung«[165] scheint einige Berechtigung zu haben; die Folgen dieses politisch-sozialen Wandels für die Sozialdemokratie als (Volks-)Partei der Lohnabhängigen und ihre Politik in der zunehmend als »Dienstleistungsgesellschaft« im »Wohlfahrtsstaat« begreifbaren Bundesrepublik werden noch kaum intensiv erörtert.[166]

Anmerkungen

1 Die Forschung stand lange Zeit unter dem Primat des programmgeschichtlichen Zugriffs mit seiner hohen Gegenwartsrelevanz. Hier wird in eher sozialgeschichtlicher Absicht versucht, Entstehung und Verhalten einer politischen und sozialen Bewegung nachzuzeichnen, die einen Teil ihrer Energie zur Aufrechterhaltung und Ausbreitung ihrer selbst aufwenden muß. Für den Forschungsstand zur Entstehung siehe F. Balser, Social-Demokratie 1848/49-1863. Die erste deutsche Arbeiterorganisation »Allgemeine deutsche Arbeiterverbrüderung« nach der Revolution, 2 Bde., Stuttgart 1962; T. Offermann, Arbeiterbewegung und liberales Bürgertum in Deutschland 1850-1863, Bonn 1979; zur historisch-*politischen* Deutung grundlegend G. Mayer, Die Trennung der proletarischen von der bürgerlichen Demokratie in Deutschland, 1863-1870 (zuerst 1912), in: Radikalismus, Sozialismus und bürgerliche Demokratie, Frankfurt a.M. 1969, S. 108-178; zu den sozialen Vorgängen grundlegend L. Uhen, Gruppenbewußtsein und informelle Gruppenbildung bei deutschen Arbeitern im Jahrhundert der Industrialisierung, Berlin 1964; für eine politische Biographie, in der sich die Verselbständigungsprozesse der Arbeiterbewegung spiegeln, siehe exemplarisch J. Breuilly/ W. Sachse, J. F. Martens (1806-1877) und die Deutsche Arbeiterbewegung, Göttingen 1984.
2 Zu erörtern wäre hier besonders die leninistische Rezeption dieses organisationspolitischen Musters, das inzwischen auch das Marxsche bzw. marxistische geworden war; vgl. dazu u. a. D. Geyer, Lenin in der russischen Sozialdemokratie. Die Arbeiterbewegung im Zarenreich als Organisationsproblem der revolutionären Intelligenz 1890-1903, Köln/Graz 1962, S. 139ff., 183ff.
3 Zur Nationalstaatsorientierung der SPD siehe W. Conze/D. Groh, Die Arbeiterbewegung in der nationalen Bewegung. Die deutsche Sozialdemokratie vor, während und nach der Reichsgründung, Stuttgart 1966. Zur Bildung sozialdemokratisch orientierter Gewerkschaften siehe U. Engelhardt, »Nur vereinigt sind wir stark«. Die Anfänge der deutschen Gewerkschaftsbewegung 1862/63 bis 1869/70, Stuttgart 1977; W. Albrecht, Fachverein – Berufsgewerkschaft – Zentralverband. Organisationsprobleme der deutschen Gewerkschaften 1870-1890, Bonn 1982. Zur noch weitgehend unerforschten liberalen Gewerkschaftsbewegung siehe neuerdings H.-G. Fleck, Soziale Gerechtigkeit durch Organisationsmacht und Interessenausgleich. Ausgewählte Aspekte zur Geschichte der sozialliberalen Gewerkschaftsbewegung in Deutschland (1868/69 bis 1933), in: E. Matthias/K. Schönhoven (Hg.) Solidarität und Menschenwürde. Etappen der deutschen Gewerkschaftsgeschichte von den Anfängen bis zur Gegenwart, Bonn 1984, S. 83-106.
4 Diese Umstände müssen historisch als Bedingungsrahmen für die sozialdemokratische Ideologiegeschichte dieser Zeit in Betracht gezogen werden; sie fehlen in der sonst sehr anregenden Arbeit von C. Stephan, »Genossen, wir dürfen uns nicht von der Geduld

145

hinreißen lassen!« Zur Theoriebildung in der deutschen Sozialdemokratie 1862-1878, Marxismus und deutsche Arbeiterbewegung. Studien zur sozialistischen Bewegung im letzten Drittel des 19. Jahrhunderts, Berlin (DDR) 1970, S. 219-230; zuletzt die »Fallstudie« von H. Rüdel, Landarbeiter und Sozialdemokratie in Ostholstein 1872 bis 1878. Erfolg und Niederlage der sozialistischen Arbeiterbewegung in einem großagrarischen Wahlkreis zwischen Reichsgründung und Sozialistengesetz, Neumünster 1986.

5 Zur Funktion grundlegend H.-J. Steinberg, Sozialismus und deutsche Sozialdemokratie. Zur Ideologie der Partei vor dem I. Weltkrieg, Bonn-Bad Godesberg 1972[3]; auch S. Miller, Zur Rezeption des Marxismus in der deutschen Sozialdemokratie, in: H. Flohr/K. Lompe/L. F. Neumann (Hg.), Freiheitlicher Sozialismus. Beiträge zu seinem heutigen Selbstverständnis, Bonn-Bad Godesberg 1973, S. 21-33. Weitere Hinweise besonders auf die in diesem Punkt bemühte DDR-Historiographie bei K. Tenfelde/G. A. Ritter (Hg.), Bibliographie zur Geschichte der deutschen Arbeiterschaft und Arbeiterbewegung 1863-1914, Berichtszeitraum 1945-1975, Bonn 1981, S. 477ff.

6 Vgl. B. Emig, Die Veredelung des Arbeiters, Sozialdemokratie als Kulturbewegung, Frankfurt a. M./New York 1980; vgl. auch die zusammenfassenden Hinweise im einleitenden Abschnitt der Übersicht von D. Langewiesche, Politik – Gesellschaft – Kultur. Zur Problematik von Arbeiterkultur und kulturellen Arbeiterorganisationen in Deutschland nach dem 1. Weltkrieg, in: Archiv für Sozialgeschichte, Bd. 20, 1982, S. 359-402. Für den wichtigen Aspekt des Verhältnisses zu den Kirchen siehe J.-C. Kaiser, Sozialdemokratie und »praktische« Religionskritik. Das Beispiel der Kirchenaustrittsbewegung 1878-1914, in: ebenda, S. 263-298.

7 Vgl. die entsprechenden Passagen in den wichtigen Programmen der großen Verbände von 1863-1875, abgedr. in: Programmatische Dokumente der deutschen Sozialdemokratie, hg. und eingel. von D. Dowe und K. Klotzbach, Berlin/Bonn-Bad Godesberg 1973; zum Forschungsstand zu diesem Punkt siehe Chr. Eisenberg, Frühe Arbeiterbewegung und Genossenschaften. Theorie und Praxis der Produktionsgenossenschaften in der deutschen Sozialdemokratie und in den Gewerkschaften der 1860er/1870er Jahre, Bonn 1985.

8 Zum Forschungsstand vgl. die forschungsgeschichtliche Einleitung zu Tenfelde/Ritter (Hg.) Bibliographie, bes. S. 109ff.; wegweisend die Studie von dens., Der Durchbruch der Freien Gewerkschaften Deutschlands zur Massenbewegung im letzten Viertel des 19. Jahrhunderts, in: H. O. Vetter (Hg.), Vom Sozialistengesetz zur Mitbestimmung. Zum 100. Geburtstag von Hans Böckler, Köln 1975, S. 61-120.

9 Für wirtschafts- und sozialgeschichtliche Zugänge siehe H. Pohl (Hg.), Sozialgeschichtliche Probleme in der Zeit der Hochindustrialisierung (1870-1914), Paderborn, München u. a. 1979; W. Abelshauser/D. Petzina (Hg.), Deutsche Wirtschaftsgeschichte im Industriezeitalter. Konjunktur, Krise, Wachstum, Königstein 1981; für den eher politikgeschichtlichen Zugriff mithilfe des theoretischen Modells des »organisierten Kapitalismus« siehe W. Berg, Wirtschaft und Gesellschaft in Deutschland und Großbritannien im Übergang zum ›organisierten Kapitalismus‹. Unternehmen, Angestellte, Arbeiter und Staat im Steinkohlenbergbau des Ruhrgebietes und von Südwales, 1850-1914, Berlin 1984.

10 Zu den Arbeitersekretariaten siehe M. Martiny, Die politische Bedeutung der gewerkschaftlichen Arbeiter-Sekretariate vor dem Ersten Weltkrieg, in: Vetter (Hg.), Vom Sozialistengesetz, S. 153-174; zu den Arbeitskonflikten siehe K. Tenfelde/H. Volkmann (Hg.), Streik. Zur Geschichte des Arbeiterkampfes in Deutschland während der Industrialisierung, München 1981; zu den Bildungsbemühungen siehe Emig, Die Veredelung; zu den Konsumgenossenschaften siehe zusammen-

fassend mit weiteren Hinweisen A. Sywottek, Konsumgenossenschaften, in: W. Ruppert (Hg.), Die Arbeiter. Lebensformen, Alltag und Kultur von der Frühindustrialisierung bis zum »Wirtschaftswunder«, München 1986, S. 298-306.

11 Eine systematische Erforschung der Wahrnehmung der Sozialdemokratie durch die »bürgerliche« Intelligenz steht aus; als Beispiel für eine intensivere Untersuchung siehe A. Gysin, Franz Oppenheimer (1864-1943). Sein Beitrag zum freiheitlichen Sozialismus, in: Flohr/Lompel/Neumann (Hg.), Freiheitlicher Sozialismus, S. 35-48. Für eine Schilderung der Rezeption im akademischen Milieu siehe Hans Staudinger, Wirtschaftspolitik im Weimarer Staat. Lebenserinnerungen eines politischen Beamten im Reich und in Preußen 1889 bis 1934, hg. u. eingel. von H. Schulze, Bonn 1982, S. 7ff.

12 Vgl. dazu umfassend K. Saul, Staat, Industrie und Arbeiterbewegung im Kaiserreich. Zur Innen- und Sozialpolitik des Wilhelminischen Deutschland, Düsseldorf 1974, bes. S. 115ff.

13 Vgl. D. Groh, Einige Überlegungen zur Herausbildung des Reformismus in der deutschen Arbeiterbewegung vor 1914, in: Réformisme et révisionisme dans le socialismes allemand, autrichien et français, publié sous la direction de F.G. Dreyfus, Paris 1984, S. 61-80, S. 70f.

14 Vgl. dazu u. a. U. Kadritzke, Angestellte – Die geduldigen Arbeiter. Zur Soziologie und sozialen Bewegungen der Angestellten, Frankfurt a. M./Köln 1975, S. 204.

15 Vgl. Hinweise mit differenzierterer Gesamtbeurteilung dieser These bei H.-G. Haupt, Kleinhändler und Arbeiter in Bremen zwischen 1890 und 1914, in: Archiv für Sozialgeschichte, Bd. 20, 1982, S. 95-132.

16 Vgl. mit etwas anderer Akzentuierung G. A. Ritter/M. Niehuss, Wahlgeschichtliches Arbeitsbuch. Materialien zur Statistik des Kaiserreichs 1871-1918, München 1980, S. 24f., 64ff.

17 Die Kategorien »Ordnungsfaktor« und »Gegenmacht« sind zeitgeschichtlich-strategischen Analysen der 1970er Jahre entnommen; für die sozialgeschichtliche Beurteilung der Arbeiterbewegung im Kaiserreich siehe die vorsichtig differenzierende Erörterung von J. Mooser, Arbeiterleben in Deutschland 1900-1970, Frankfurt a.M. 1984, S. 179ff.

18 Vgl. D. Groh, Negative Integration und revolutionärer Attentismus. Die deutsche Sozialdemokratie am Vorabend des Ersten Weltkrieges, Frankfurt a. M./Berlin/Wien 1974, bes. S. 577ff., zur Defensiv-Motivation der Sozialpolitik siehe sehr klar K. Saul, Industrialisierung, Systemstabilisierung und Sozialversicherung. Zur Entstehung, politischen Funktion und sozialen Realität der Sozialversicherung des Kaiserlichen Deutschland, in: Zeitschrift für die gesamte Versicherungswissenschaft, 1980, S. 177-198.

19 Hinweise in der in den Anm. 20-22 genannten Literatur; vgl. auch exemplarisch A. Sywottek, »Der einzig richtige Gradmesser für die Macht der Arbeiterklasse sind ihre Organisationen« (Adolph von Elm), in: V. Plagemann (Hg.), Industriekultur in Hamburg. Des Deutschen Reiches Tor zur Welt, München 1984, S. 161-165.

20 Georg von Vollmar, Reden und Schriften zur Reformpolitik. Ausgewählt und eingel. von W. Albrecht, Bonn-Bad Godesberg 1977. E. Bernstein, Die Voraussetzungen des Sozialismus und die Aufgaben der Sozialdemokratie (zuerst 1899, neue Ausg. 1920, 2. Aufl. 1921), eingel. v. D. Schuster, Berlin/Bonn-Bad Godesberg 1973.

21 Siehe dazu P. Friedemann (Hg.), Materialien zum politischen Richtungsstreit in der deutschen Sozialdemokratie 1890-1917. Mit einer Einleitung von H. Mommsen, 2 Bde., Frankfurt a. M./Berlin/Wien 1977, bes. die Rede des Vorsitzenden August Bebel auf dem Parteitag der SPD 1903, S. 428ff. Zu Luxemburg siehe sehr klar P. Fröhlich, Rosa Luxemburg. Gedanke und Tat. Mit einem Nachwort von I. Fetscher, Frankfurt a. M. 1974⁴, S. 72ff., 85ff.

22 Vgl. dazu exemplarisch K. Kautsky, Der Weg zur Macht (1909/10). Anhang: Kautskys Kontroverse mit dem Parteivorstand, hg. und eingel. von G. Fülberth, Frankfurt a. M. 1972.

23 Vgl. K. Schönhoven, Expansion und Konzentration. Studien zur Entwicklung der Freien Gewerkschaften im Wilhelminischen Deutschland 1890 bis 1914, Stuttgart 1980, S. 234 f. für das organisatorisch strukturelle Nebeneinander.

24 Eine breit gefächerte Zusammenstellung von Zukunftsbildern findet sich bei S. Miller, Das Problem der Freiheit im Sozialismus. Freiheit, Staat und Revolution in der Programmatik der Sozialdemokratie von Lassalle bis zum Revisionismusstreit (zuerst 1963), Bonn-Bad Godesberg 1974, S. 227ff. Zum folgenden siehe auch Stephan, Genossen, S. 248ff.

25 Vgl. ex. J. Schadt, Die sozialdemokratische Partei in Baden. Von den Anfängen bis zur Jahrhundertwende (1868-1900), Hannover 1971, S. 169ff.

26 H. Kremendahl, Pluralismustheorie in Deutschland, Leverkusen 1977, S. 138; ausführlicher T. Meyer, Bernsteins konstruktiver Sozialismus. Eduard Bernsteins Beitrag zur Theorie des Sozialismus, Berlin/Bonn-Bad Godesberg 1977, S. 314ff.

27 Siehe dazu B. Gustavsson, Marxismus und Revisionismus. Bernsteins Kritik des Marxismus und ihre ideengeschichtlichen Voraussetzungen, I, Frankfurt a. M. 1972, S. 127ff.

28 Vgl. dazu neuerdings die vorzügliche politikwissenschaftliche Synthese von P. Wittig, Der englische Weg zum Sozialismus. Die Fabier und ihre Bedeutung für die Labour Party und die englische Politik, Berlin 1982.

29 Vgl. J. Braunthal, Geschichte der Internationale, Bd. 1, Berlin, Bonn-Bad Godesberg 1974[2], S. 331ff. Zum Folgenden siehe G. Haupt, Der Kongreß fand nicht statt. Die Sozialistische Internationale 1914, Wien/Frankfurt a. M./Zürich 1967.

30 Dazu Groh, Negative Integration, S. 216ff.

31 Siehe A. Bländsdorf, Die zweite Internationale und der Krieg. Die Diskussion über die internationale Zusammenarbeit der sozialistischen Parteien 1914-1917, Stuttgart 1979; zuvor R. E. Wheeler, USPD und Internationale. Sozialistischer Internationalismus in der Zeit der Revolution, Frankfurt a. M./ Berlin/Wien 1975; zuletzt G. A. Ritter, Die II. Internationale 1918/19. Protokolle, Memoranden, Berichte und Korrespondenzen, 2 Bde., Berlin/Bonn 1980.

32 S. Miller, Burgfrieden und Klassenkampf. Die deutsche Sozialdemokratie im Ersten Weltkrieg, Düsseldorf 1974, S. 72.

33 Diese einhellige Beurteilung stellte sich allerdings erst nach der Schlacht von Sedan und im Zuge der absehbaren Annexion Elsaß-Lothringens durch das Deutsche Reich ein; vgl. dazu zuletzt B. W. Bouvier, Französische Revolution und deutsche Arbeiterbewegung. Die Rezeption des revolutionären Frankreich in der deutschen sozialistischen Arbeiterbewegung von den 1830er Jahren bis 1905, Bonn 1982, S. 211ff.

34 S. Miller, Burgfrieden, S. 70. Für eine differenzierte Analyse der Motive für die sozialdemokratische Zustimmung zu den Kriegskrediten und der Verhaltenstendenzen siehe D. Lehnert, Zwischen Arbeiterinteressen und Staatsraison. Die deutschen Mehrheitssozialdemokraten im Spannungsfeld ihrer »doppelten Loyalität« 1914 bis 1923, in: Révisionisme, S. 3-33, S. 4ff.

35 Vgl. zur Instrumentalisierung Groh, Negative Integration, S. 49ff. – Die Erkenntnis dieser Problematik hat jedoch lediglich die öffentlich verloren gegangene Sensibilisierung dafür hervorgebracht, daß eine regierungswillige sozialdemokratische Partei sich des Nationalstaats als Handlungsrahmen auch bei der Integration ihrer Anhänger vergewissern müsse. Nicht mehr folgt aus der gelegentlich in diesem Zusammenhang angeführten, 1920 angenommenen Dissertation von Kurt Schumacher, Der Kampf um den Staatsgedanken in der deutschen Sozialdemokratie,

hg. v. F. Holtmeier, Stuttgart, Berlin u. a. 1973; im übrigen vgl. treffend W. Euchner, Zum sozialdemokratischen Staatsverständnis zwischen den Weltkriegen, in: H. Heimann/Th. Meyer (Hg.), Reformsozialismus und Sozialdemokratie zur Theoriediskussion des Demokratischen Sozialismus in der Weimarer Republik, Berlin/Bonn 1982, S. 99-116, S. 99-102. »Staat« im Denken der Sozialdemokratie in ihrer vormarxistischen Zeit belegt breit Stephan, Genossen. Zur nationalen Komponente als zentralem programmatisch-politischen Element der österreichischen Sozialdemokratie siehe H. Konrad (Hg.), Die Herausbildung des Austromarxismus und das Verhältnis zu Deutschland, in: ders. (Hg.), Die deutsche und die österreichische Arbeiterbewegung zur Zeit der Zweiten Internationale. Protokoll des bilateralen Symposiums DDR – Österreich vom 30.9. bis 3.10.1981 in Linz/Wien 1982, S. 25-46.

36 Miller, Burgfrieden, S. 299ff.

37 Zu ihren politischen Auffassungen siehe ebd., S. 187; zu Kautskys Ausschluß aus der (M)SPD ebd., S. 175.

38 Zu den Gewerkschaften siehe H.-J. Bieber, Gewerkschaften in Krieg und Revolution. Arbeiterbewegung, Industrie, Staat und Militär in Deutschland 1914-1920, Bd. 1, Hamburg 1981. Zu den Konsumgenossenschaften E. Hasselmann, Geschichte der deutschen Konsumgenossenschaften, Frankfurt a. M. 1971, S. 352ff. – Der erste Sozialdemokrat in einer ranghohen Position war der im Juli 1917 ernannte Unterstaatssekretär im Kriegsernährungsamt Dr. August Müller.

39 H. Hürten, Einleitung, in: Zwischen Revolution und Kapp-Putsch. Militär und Innenpolitik 1918-1920 (= Quellen zur Geschichte des Parlamentarismus, II/2) Düsseldorf 1977.

40 P.-C. Witt, Friedrich Ebert. Parteiführer, Reichskanzler, Volksbeauftragter, Reichspräsident, Bonn 1987, S. 95.

41 Nach einer noch recht wenig profilierten Erörterung des Phänomens »Massenbewegung« durch G. Feldmann/E. Kolb/R. Rürup, Die Massenbewegung der Arbeiterschaft in Deutschland am Ende des Ersten Weltkrieges (1917-1920), in: Politische Vierteljahresschrift, 13/1972, S. 84-105, siehe jetzt die wegweisende Arbeit von F. Boll, Massenbewegungen in Niedersachsen. Eine sozialgeschichtliche Untersuchung zu den unterschiedlichen Entwicklungstypen Braunschweig und Hannover, Bonn 1981; zur Revolution unter dem Gesichtspunkt der Regierungskontinuität siehe E. W. Böckenförde, Der Zusammenbruch der Monarchie und die Entstehung der Weimarer Republik, in: Deutsche Verwaltungsgeschichte, Bd. 4, Stuttgart 1985, S. 1-22.

42 Vgl. Allgemeiner Kongreß der Arbeiter- und Soldatenräte Deutschlands. Vom 16. bis 21. Dezember 1918 im Abgeordnetenhause zu Berlin. Stenographische Berichte (Berlin 1919) (Nachdruck, Berlin 1975²), S. 282.

43 Siehe dazu R. Rürup, Entstehung und Grundlagen der Weimarer Verfassung, in: E. Kolb (Hg.), Vom Kaiserreich zur Weimarer Republik, Köln 1972, S. 218-243.

44 Eine Parteigeschichte, die diesem Gesichtspunkt voll Rechnung trägt, steht bisher aus. Für die neuesten Gesamtdarstellungen siehe S. Miller, Die Bürde der Macht. Die deutsche Sozialdemokratie 1918-1920, Düsseldorf 1978; H. A. Winkler, Von der Revolution zur Stabilisierung. Arbeiter und Arbeiterbewegung in der Weimarer Republik 1918-1924, Berlin/Bonn 1984; ders., Der Schein der Normalität. Arbeiter und Arbeiterbewegung in der Weimarer Republik, Berlin/Bonn 1985.

45 H. Schulze, Otto Braun oder Preußens demokratische Sendung. Eine Biographie, Frankfurt a. M., Berlin/Wien 1977.

46 Witt, Friedrich Ebert, S. 168f.

47 H. Potthoff, Das Weimarer Verfassungswerk und die deutsche Linke, in: Archiv für Sozialgeschichte, Bd. 12, 1972, S. 433-483.

48 Vgl. die darauf kritisch bezogene Studie von H.-P. Ehni, Bollwerk Preußen? Preußen-

Regierung, Reich-Länder-Problem und Sozialdemokratie 1918-1932, Bonn-Bad Godesberg 1975.

49 Siehe dazu jetzt U. Kluge, Die deutsche Revolution 1918/19, Frankfurt a. M. 1984.

50 Vgl. dazu mit weiteren Hinweisen E. Kolb, Die Weimarer Republik, München/Wien 1984, S. 148ff.

51 Vgl. exemplarisch dafür die Haltung in Hamburg, wo der SPD 1919 eine Alleinregierung möglich gewesen wäre, die örtliche Partei sich aber in die Rolle eines mitregierenden Juniorpartners einer bürgerlich-sozialdemokratischen Koalition begab, nachgezeichnet bei F.-W. Witt, Die Hamburger Sozialdemokratie in der Weimarer Republik. Unter besonderer Berücksichtigung der Jahre 1929/30-1933, Hannover 1971, S. 19ff. Ähnlich in Nürnberg, wo die SPD als Mehrheitspartei die Stadt von Bürgerlichen regieren ließ; vgl. H. Henschel, Oberbürgermeister Hermann Luppe. Nürnberger Kommunalpolitik in der Weimarer Republik, Nürnberg 1977, S. 57ff.

52 Siehe dazu Miller, Die Bürde der Macht.

53 Dies galt besonders für selbstkritische Formulierungen im »Prager Manifest« 1934 nach dem Verbot im Dritten Reich; vgl. dazu Hinweise bei A. Sywottek, Einheit der Arbeiterklasse zur Rettung der Republik? Zur Kritik eines Mythos, in: U. Büttner/ W. Johe/ U. Voß (Hg.), Das Unrechtsregime, Internationale Forschung über den Nationalsozialismus. 1: Ideologie – Herrschaftssystem – Wirkung in Europa, Hamburg 1986, S. 132-155, S. 138ff.

54 Siehe dazu Bieber, Gewerkschaften, Bd. 2, S. 592ff.

55 Vgl. Hinweise bei Winkler, Von der Revolution, S. 359. H. Potthoff, Gewerkschaften zwischen Aufschwung und Krise, in: Korrespondenzblatt des Allgemeinen Deutschen Gewerkschaftsbundes, Jg. 35, 1923, Reprint Bonn 1985, Anhang S. 64ff.

56 Hinweise in K. Novy, Strategien der Sozialisierung. Die Diskussion der Wirtschaftsreform in der Weimarer Republik, Frankfurt a. M./ New York 1978, bes. I.6II.

57 Vgl. neben Boll, Klassenbewegungen, auch A. v. Saldern, Auf dem Wege zum Arbeiter-Reformismus. Parteialltag in sozialdemokratischer Provinz. Göttingen (1870-1920), Frankfurt a.M. 1984, bes. S. 247, und B. Rabe, Der sozialdemokratische Charakter, Frankfurt a. M. 1969. Das Thälmannsche Diktum ist entnommen aus: Der Schwindel mit der Einheitsfront. Die Hamburger Verhandlungen über die Regierungsbildung zwischen SPD und KPD. Stenographischer Bericht (Broschüre der SPD, Hamburg 1927/28), Wiederabdr. in: J. Berlin u. a. (Hg.), Arbeiterregierung in Hamburg? Die Verhandlungen zwischen ADGB, KPD und SPD nach den Bürgerschaftswahlen 1927, Hamburg 1983, S. 132.

61 Zu den Sozialisierungsschwierigkeiten siehe K. Trützschler, Die Sozialisierungspolitik in der Weimarer Republik (1918-1920), Phil. Diss. Marburg 1969; zur unterschwelligen Revitalisierung des Sozialisierungsgedankens siehe G. Könke, Organisierter Kapitalismus, Sozialdemokratie und Staat, Stuttgart 1987, bes. S. 77ff.

62 Eine geschichtswissenschaftliche Forschung über die Praxis der Betriebsräte ist bisher kaum zu verzeichnen. Für das übrige Rätesystem siehe zuletzt W. Euchner/M. Stockhausen, SPD, Gewerkschaften und Reichswirtschaftsrat, in: Saage (Hg.), Solidargemeinschaft, S. 61-80.

63 Siehe H. Potthoff, Freie Gewerkschaften und sozialistische Parteien in Deutschland, in: Archiv für Sozialgeschichte, Bd. 26, 1986, S. 49-85; jetzt auch ders., Freie Gewerkschaften 1918-1933, Der Allgemeine Deutsche Gewerkschaftsbund in der Weimarer Republik, Düsseldorf 1987, S. 193ff.

64 Der hier benutzte »Lager«-Begriff ist entlehnt von O. Negt/A. Kluge, Öffentlichkeit und Erfahrung. Zur Organisationsanalyse von bürgerlicher und proletarischer Öffentlichkeit, Frankfurt a. M. 1976, wo er einerseits auf die »proletarische Öffentlichkeit«, andererseits auf die KPD bezogen wird.

65 Darauf zielt die aus der Perspektive der Parteinahme für die KPD geschriebene

Darstellung von einem Autorenkollektiv unter Leitung von H. Niemann, Geschichte der deutschen Sozialdemokratie 1918 bis 1945, Frankfurt a. M. (zugleich Berlin/DDR) 1982, S. 164ff. Auch der »Arbeiterkultur«-Ansatz hat es bisher nicht vermocht, der angesprochenen Vielfalt Ausdruck zu geben; vgl. die Übersicht über die Forschung bei Langewiesche, Politik – Gesellschaft – Kultur; verschiedene Aufsätze in: A. Lehmann (Hg.), Studien zur Arbeiterkultur, Münster 1984.

66 Vgl. Könke, Organisierter Kapitalismus, S. 192f.; auch M. Schmitt, Die Beziehungen zwischen den Freien Gewerkschaften und dem Zentralverband deutscher Konsumvereine, wirtschafts- und sozialwiss. Diss., Köln 1949 (Ms.).

67 Die umfangreichste Abspaltung, die Sozialistische Arbeiterpartei Deutschlands, ging aus der Linksopposition, die ihren Schwerpunkt in Sachsen hatte, hervor; vgl. H. Drechsler, Die Sozialistische Arbeiterpartei Deutschlands (SAPD). Ein Beitrag zur Geschichte der deutschen Arbeiterbewegung am Ende der Weimarer Republik, Meisenheim am Glan 1965. Zur Linksopposition generell siehe jetzt D. Klenke, Die SPD-Linke in der Weimarer Republik, 2 Bde., Münster 1983; schon zuvor A. A. Jones, The left opposition in the German Social Democratic Party 1922-1933, phil. Diss. Emory University, Georgia (USA) 1968; auch E. V. Rengstorf, Linksopposition in der Weimarer SPD. Die »Klassenkampf-Gruppe« 1928-1931, Hannover 1976; materialreich auch die Lokalstudien von E. Ziegs, Die Haltung der Leipziger Parteiorganisation der SPD zur Politik des sozialdemokratischen Parteivorstandes in den Jahren 1924 bis 1929, Diss. (A) Leipzig 1979 und D. Ziegs, Die Haltung der Leipziger Parteiorganisation der SPD zur Politik des sozialdemokratischen Parteivorstandes in den Jahren 1929-1933, Diss. (A) Leipzig 1978. Weniger vom Umfang her als durch die Bindung vor allem intellektuellen Potentials waren andere sozialistische Zirkel bedeutsam; vgl. besonders W. Link, Geschichte des Internationalen Jugendbundes (IJB) und des Internationalen Sozialistischen Kampfbundes (ISK). Ein Beitrag zur Geschichte der Arbeiterbewegung in der Weimarer Republik und im Dritten Reich, Meisenheim am Glan 1964. Ein Sonderproblem bildete die Parteijugend; dazu breit mit weiteren Hinweisen G. Hartmann/H. Lienker, Sozialistische Arbeiterjugend der Weimarer Republik, Bielefeld 1982; eine einfühlsam-kritische Darstellung der Haltung der Führung bietet B. Seebacher-Brandt, Ollenhauer. Biedermann und Patriot, Berlin 1984, S. 39ff.; zusammenfassend Winkler, Der Schein, S. 629, 699.

68 Die Abstinenz gegenüber der Reichswehr, deren Tradition und Distanz zur Demokratie und Republik die SPD damit entsprach, ist bisher nicht in ihrer historischen Funktionalität untersucht worden; zum dürftigen Forschungsstand über diese Frage siehe W. Wette, Mit dem Stimmzettel gegen den Faschismus. Das Dilemma des sozialdemokratischen Antifaschismus in der Endphase der Weimarer Republik, in: W. Huber/ J. Schwerdtfeger (Hg.), Frieden, Gewalt, Sozialismus. Studien zur Geschichte der sozialistischen Arbeiterbewegung, Stuttgart 1976, S. 358-403, bes. S. 366.

69 Siehe Winkler, Der Schein, S. 270ff.

70 Siehe dazu A. Sywottek, Konsumverhalten der Arbeiter und »sozialistische« Konsumgenossenschaften. Zur Geschichte der Arbeiterbewegung in der Weimarer Republik, in: Lehmann (Hg.), Studien zur Arbeiterkultur, S. 59-102.

71 Vgl. dazu jetzt D. Beck, Julius Leber. Sozialdemokrat zwischen Reform und Widerstand, Berlin 1983, S. 79ff.

72 Hinweise in A. Schildt/A. Sywottek, Die Bürgerschaft in der Weimarer Republik (1919-1933), in: Geschichte der Hamburgischen Bürgerschaft. 125 Jahre gewähltes Parlament, Berlin 1984, S. 80-94, S. 90.

73 Dies als methodischer Fundamentaleinwand gegen J. Blau, Sozialdemokratische Staatslehre in der Weimarer Republik. Darstellung und Untersuchung der staatstheoretischen Konzeptionen von Hermann Heller, Ernst Fraenkel und Otto Kirchheimer, Marburg 1980; so im treffenden Rückblick auf Hermann Heller auch H. Ehmke,

Demokratischer Sozialismus und demokratischer Staat, in: G. Lührs (Hg.), Beiträge zur Theoriediskussion II, Berlin/Bonn-Bad Godesberg 1974, S. 87-109, S. 90. Vgl. dagegen die in ihrem Anspruch bescheidenere, gleichwohl historisch-politisch aussagekräftigere Studie von M. Martiny, Integration oder Konfrontation? Studien zur Geschichte der sozialdemokratischen Rechts- und Verfassungspolitik, Bonn-Bad Godesberg 1976; ferner die neueren politikwissenschaftlichen Bemühungen von W. Euchner, Zum sozialdemokratischen Staatsverständnis zwischen den Weltkriegen, in: H. Heimann (Hg.), Reformsozialismus und Sozialdemokratie. Zur Theoriediskussion des Demokratischen Sozialismus in der Weimarer Republik, Berlin/Bonn 1982, S. 99-116, und Sozialdemokratie und Demokratie. Zum Demokratieverständnis der SPD in der Weimarer Republik in: Vierteljahreshefte für Zeitgeschichte, Jg. 25, 1977, S. 373-419.

74 Eher in Anspruch und Titel, weniger in der Durchführung, die stärker dem Untertitel entspricht, genügt der hier angedeuteten Interpretation die Aufsatzsammlung von R. Saage (Hg.), Solidargemeinschaft; für die Arbeitersportbewegung siehe den in mancher Hinsicht auch andere Felder der Arbeiterkultur erhellenden, weil entmythologisierenden Aufsatz von P. Friedemann, Die Krise der Arbeitersportbewegung am Ende der Weimarer Republik, in: F. Boll (Hg.), Arbeiterkulturen zwischen Alltag und Politik. Beiträge zum europäischen Vergleich in der Zwischenkriegszeit, Wien/München/Zürich 1986, S. 229-240; generell siehe auch Mooser, Arbeiterleben, S. 179ff.

75 Die Schwierigkeiten einer Generalisierung der Darstellung der Kommunalpolitik verdeutlicht die Untersuchung von G. Fülberth, Die Beziehungen zwischen SPD und KPD in der Kommunalpolitik der Weimarer Periode 1918/19 bis 1933, Köln 1985; für einen ersten Versuch der zusammenfassenden Würdigung siehe D. Rebentisch, Programmatik und Praxis sozialdemokratischer Kommunalpolitik in der Weimarer Republik, in: Die alte Stadt, 12/1985, S. 35-56; für Hamburg siehe vor allem U. Büttner, Politische Gerechtigkeit und sozialer Geist. Hamburg zur Zeit der Weimarer Republik, Hamburg 1985, und ihre Beiträge in: A. Herzig/D. Langewiesche/A. Sywottek (Hg.), Arbeiter in Hamburg. Unterschichten, Arbeiter und Arbeiterbewegung seit dem ausgehenden 18. Jahrhundert, Hamburg 1983; für Baden siehe J. Stehling, Weimarer Koalition und SPD in Baden. Ein Beitrag zur Geschichte der Partei- und Kulturpolitik in der Weimarer Republik, Frankfurt a. M. 1976; ferner J. Schadt (Hg.), Im Dienst der Republik. Die Tätigkeitsberichte des Landesvorstands der Sozialdemokratischen Partei Badens 1914-1932, Stuttgart/Berlin u. a. 1977, bes. S. 51 Hinweise auf den Mangel an politisch verläßlichen Funktionären zur Besetzung von öffentlichen Wahlämtern. Sehr deutlich ist die eher bestimmte fachliche Richtungen stützende als initiierende Funktion in der Kommunalpolitik herausgearbeitet bei E. Gough, Die SPD in der Berliner Kommunalpolitik, phil. Diss. FU Berlin 1984. – Für die Beamtenproblematik grundlegend siehe W. Runge, Politik und Beamtentum im Parteienstaat. Die Demokratisierung der politischen Beamten in Preußen zwischen 1918 und 1933, Stuttgart 1965, und G. Hoffmann, Sozialdemokratie und Berufsbeamtentum in der Weimarer Zeit, Hamburg 1972.

76 Zum kollektiven Arbeits- und Tarifrecht siehe Martiny, Integration, S. 55ff; zur Arbeitslosenversicherung siehe neuerdings K. Führer, Die Entstehung der Arbeitslosenversicherung in Deutschland 1902-1927, phil. Diss. Hamburg 1986 (Ms.), Kap. 5.2.

77 Siehe H. Kremendahl, Von der dialektischen Demokratie zum Pluralismus. Kontinuität und Wandel im Werk Ernst Fraenkels, in: G. Doeker/W. Steffani (Hg.), Klassenjustiz und Pluralismus. Festschrift für Ernst Fraenkel zum 75. Geburtstag am 26. Dezember 1973, Hamburg 1973, S. 381-394; W. Müller, Der Pluralismus – die Staatstheorie des Reformismus, in: ebenda, S. 395-424.

78 Zum Ruhreisenstreit siehe M. Schneider, Auf dem Weg in die Krise. Thesen und Materialien zum Ruhreisenstreit 1928/29, Wentorf 1974. Zur christlich gebundenen Arbeit-

nehmerseite siehe ders., Die christlichen Gewerkschaften 1894-1933, Bonn 1982, Teil D.

79 Dazu jetzt Könke, Organisierter Kapitalismus, bes. Teil D.; vgl. W.-D. Krohn, Wirtschaftstheorien als politische Interessen. Die akademische Nationalökonomie in Deutschland 1918-1933, Frankfurt a. M. 1981.

80 Dies gegen die ansonsten plausible These, die »Wirtschaftsdemokratie« stelle »nichts anderes dar als die die ganze Gesellschaft umfassende, weit verzweigte und funktional gegliederte Organisation der Arbeitenden«; P. Lösche, Reformismus und sozialdemokratische Organisationspraxis in der Weimarer Republik, in: Réformisme et Révisionisme, S. 37-59, S. 52f. Zum »managerial Revolution« siehe die erste Popularisierung durch J. Burnham, Revolution der Manager, Stuttgart 1946 (zuerst 1943).

81 Siehe: Das Problem der Wirtschaftsdemokratie. Zur Düsseldorfer Tagung des Reichsverbandes der deutschen Industrie, Hg.: Deutsche Bergwerkszeitung, Düsseldorf 1930.

82 Vgl. auch C. Stephan, Wirtschaftsdemokratie und Umbau der Wirtschaft, in: W. Luthardt (Hg.), Sozialdemokratische Arbeiterbewegung und Weimarer Republik. Materialien zur gesellschaftlichen Entwicklung 1927-1933, Bd. 1, Frankfurt a. M. 1978, S. 281-353.

83 R. Leuschen-Seppel, Zwischen Staatsverantwortung und Klasseninteresse. Die Wirtschafts- und Finanzpolitik der SPD zur Zeit der Weimarer Republik unter besonderer Berücksichtigung der Mittelphase 1924-1928/29, Bonn 1981, S. 274, und U. Büttner, Hamburg in der Staats- und Wirtschaftskrise 1928-1931, Hamburg 1982, S. 447f.

84 Siehe dazu A. Barkai, Das Wirtschaftssystem des Nationalsozialismus. Der historische und ideologische Hintergrund. 1933-1936, Köln 1977.

85 H. Mommsen, Die Sozialdemokratie in der Defensive. Der Immobilismus der SPD und der Aufstieg des Nationalsozialismus, in: ders. (Hg.), Sozialdemokratie zwischen Klassenbewegung und Volkspartei, Frankfurt a. M. 1974, S. 106-133.

86 Dazu jetzt sehr klar zusammenfassend Kolb, Die Weimarer Republik, S. 124f.

87 Vgl. ebd., S. 91.

88 Zum Stand der Diskussion siehe sehr übersichtlich ebd., S. 199f.; ferner ders., Die sozialdemokratische Strategie in der Ära des Präsidialkabinetts Brüning – Strategie ohne Alternative? In: Büttner/Johe/Voss (Hg.), Das Unrechtsregime, Bd. 1, S. 157-176.

89 Vgl. gegen frühere Vorurteile H. Grebing, Flucht vor Hitler? Historiographische Forschungsergebnisse über die Aussichten des Widerstandes der Arbeiterbewegung gegen die nationalsozialistische Machtübernahme, in: Aus Politik und Zeitgeschichte. Beilage zur Wochenzeitung »Das Parlament«, B 4-5/83, 29.1.1983, S. 26-42.

90 Siehe dazu H. Schulze (Hg.), Anpassung oder Widerstand? Aus den Akten des Parteivorstands der deutschen Sozialdemokratie 1932/33, Bonn-Bad Godesberg 1975; M. Schneider, Tolerierung – Opposition – Auflösung. Die Stellung des Allgemeinen Deutschen Gewerkschaftsbundes zu den Regierungen Brüning bis Hitler, in: Luthardt, Sozialdemokratische Arbeiterbewegung, Bd. 1, S. 150-219.

91 Als Versuch, die Gruppe »militanter« Sozialisten, aus der exponierte sozialdemokratische Widerständler und der spätere Vorsitzende der westdeutschen SPD hervorgingen, zu profilieren, siehe Dorothea Beck, Theodor Haubach, Julius Leber, Carlo Mierendorff, Kurt Schumacher. Zum Selbstverständnis der militanten Sozialisten in der Weimarer Republik, in: Archiv für Sozialgeschichte, Bd. 26, 1986, S. 87-123. Auch Winkler, Vom Schein, S. 629ff., 699ff.

92 Vgl. dazu zusammenfassend Friedrich-Ebert-Stiftung (Hg.), Widerstand und Exil der deutschen Arbeiterbewegung 1933-1945, Bonn 1981.

93 Siehe dazu oben Anm. 53.

94 W. Röder, Die deutschen sozialistischen Exilgruppen in Großbritannien 1940-1945.

Ein Beitrag zur Geschichte des Widerstandes gegen den Nationalsozialismus, Bonn-Bad Godesberg 1973², S. 115.

95 Vgl. A. Glees, Exile Politics during the Second World War. The German Social Democrats in Britain, Oxford 1982, bes. S. 43ff.; auch Seebacher-Brandt, Ollenhauer, S. 175ff.

96 Siehe zuletzt H. Mommsen, Wilhelm Leuschner und die Widerstandsbewegung des 20. Juli 1944, in: Büttner/Johe/Voss (Hg.), Das Unrechtsregime, Bd. 1, S. 347-361.

97 Siehe dazu neben Röder, Die deutschen sozialistischen Exilgruppen, neuerdings J. Klotz, Das »kommende Deutschland«. Vorstellungen und Konzeptionen des sozialdemokratischen Parteivorstands im Exil 1933-1945 zu Staat und Wirtschaft, Köln 1983; auch K. Misgeld, Die »Internationale Gruppe demokratischer Sozialisten« in Stockholm 1942-1945. Zur sozialistischen Friedensdiskussion während des Zweiten Weltkrieges, Bonn-Bad Godesberg 1976. Ihrer Zeit weit voraus, nichtsdestoweniger realistisch war die nach Seebacher-Brandt unter maßgeblicher Mitwirkung Rudolf Hilferdings entstandene Programmschrift von Curt Geyer, Die Partei der Freiheit, Paris 1939, (Wiederabdr. in: K. Klotzbach (Hg.), Drei Schriften aus dem Exil, Berlin, Bonn-Bad Godesberg 1974, S. 299-356.) Für die Nachkriegszeit wurde der Wiederanschluß an die Sozialistische Internationale wichtig; dazu R. Steininger, Deutschland und die Sozialistische Internationale nach dem 2. Weltkrieg, Bonn 1979.

98 Erstmals grundlegend dazu A. Kaden, Einheit oder Freiheit. Die Wiedergründung der SPD 1945/46, Hannover 1964; zum Folgenden, wenn nicht anders angegeben, die materialreiche Untersuchung der SPD-Vorstandspolitik von K. Klotzbach, Der Weg zur Staatspartei. Programmatik, praktische Politik und Organisation der deutschen Sozialdemokratie 1945 bis 1965, Berlin/Bonn 1982; Beispiele und Hinweise auf lokale Gründungsvorgänge in: L. Niethammer u. a. (Hg.), Arbeiterinitiative 1945. Antifaschistische Ausschüsse und Reorganisation der Arbeiterbewegung in Deutschland, Wuppertal 1976; für individuelle Biographien siehe H. Grebing (Hg.), Entscheidung für die SPD. Briefe und Aufzeichnungen linker Sozialisten 1944-1948, München 1982.

99 Eine systematische Analyse dieser Problematik steht noch aus; erste Ansätze bei H. Grebing, Zur Problematik der personellen und programmatischen Kontinuität in den Organisationen der Arbeiterbewegung in Westdeutschland 1945/46, in: Herkunft und Mandat. Beiträge zur Führungsproblematik in der Arbeiterbewegung, Frankfurt a. M./Köln 1976, S. 171-199.

100 Siehe J. W. Falter, Kontinuität und Neubeginn. Die Bundestagswahl 1949 zwischen Weimar und Bonn, in: Politische Vierteljahresschrift, Jg. 22, 1981, S. 236-263. G. Braun, Determinanten der Wahlentscheidungen in der Sowjetischen Besatzungszone 1946. Problemskizze, in: deutsche studien, Jg. 24, 1986, S. 341-357.

101 Diese Zukunftsgewißheit gewann weniger in Geschichtsbetrachtungen als in einer politischen Rhetorik Ausdruck, die sich besonders am Beispiel des Vorsitzenden Kurt Schumacher illustrieren ließe; vgl. Turmwächter der Demokratie, Bd. 2: Reden und Schriften Kurt Schumachers, Berlin-Grunewald 1953, und Kurt Schumacher, Reden, Schriften, Korrespondenzen 1945-1952, hg. und eingel. von W. Albrecht, Berlin/Bonn 1985. Zur Geschichte der theoretisch-ideologischen Horizonterweiterung siehe T. Meyer, Grundwerte und Wissenschaft im Demokratischen Sozialismus, Berlin/Bonn 1978, bes. S. 79 ff.

102 Siehe dazu bes. P. Kritzer, Wilhelm Hoegner. Politische Biographie eines bayerischen Sozialdemokraten, München 1979.

103 Zur politisch-kulturellen Westorientierung siehe mit weiteren Hinweisen zuletzt D. Staritz / A. Sywottek, The International Political Situation as seen by the German Linksparteien between 1945 and 1949, in: J. Becker / F. Knipping (Hg.), Power in Europe? Great Britain, France, Italy and Germany in a Postwar World, 1945-1950, Berlin/ New York 1986, S. 213-234, S. 216ff. Zur sozialdemokratischen Beurteilung des

Marshall-Plans siehe H.-P. Ehni, Die Reaktion der SPD auf den Marshall-Plan, in: O. N. Haberl/L. Niethammer (Hg.), Der Marshall-Plan und die europäische Linke, Frankfurt a. M. 1986, S. 217–230.

104 Siehe A. Sywottek, »Kriegswirtschaft« und »demokratische Wirtschaft«. Zur Diskussion um »Übergangsgesellschaft« am Beispiel der sowjetischen Besatzungszone Deutschlands 1945–1948, in: D. Stegmann / B. J. Wendt / P. C. Witt (Hg.), Industrielle Gesellschaft und politisches System. Beiträge zur politischen Sozialgeschichte, Bonn 1978, S. 151–171, S. 161 ff.

105 Zu den Sozialdemokraten in der Sowjetischen Besatzungszone siehe zuletzt W. Müller, Sozialdemokratische Politik unter sowjetischer Militärverwaltung, in: Internationale Wissenschaftliche Korrespondenz zur Geschichte der Arbeiterbewegung, Jg. 23, 1986, S. 170–206; für eine exemplarische Autobiographie eines SBZ-Sozialdemokraten siehe A. Wolfram, Es hat sich gelohnt. Der Lebensweg eines Gewerkschaftlers, Koblenz 1977. Für Tendenzen des Arbeiterverhaltens siehe die soziologische Studie von A. Bust-Bartels, Herrschaft und Widerstand in den DDR- Betrieben. Leistungsentlohnung, Arbeitsbedingungen, innerbetriebliche Konflikte und technologische Entwicklung, Frankfurt a. M., New York 1980.

106 Eine Geschichte der SPD, die der Bedeutung der Bezirks- und Landesorganisationen Rechnung trägt, ist noch nicht geschrieben; für die analytische Beurteilung siehe Klotzbach, Der Weg, S. 82 ff. mit anderer Akzentuierung.

107 Vgl. M. E. Foelz-Schroeter, Föderalistische Politik und nationale Repräsentation 1945– 1947. Westdeutsche Länderregierungen, zonale Bürokratien und politische Parteien im Widerstreit, Stuttgart 1974, S. 114 ff.

108 Vgl. dazu weiter differenzierend H. P. Schwarz, Vom Reich zur Bundesrepublik. Deutschland im Widerstreit der außenpolitischen Konzeptionen in den Jahren der Besatzungsherrschaft 1945– 1949, Neuwied/Berlin 1966, S. 484 ff.

109 Vgl. dazu schon seine programmatischen Richtlinien vom August 1945, abgedr. in: Dowe/Klotzbach, Programmatische Dokumente, S. 245 ff.

110 Vgl. J. Foschepoth/R. Steininger (Hg.), Die britische Deutschlandpolitik 1945– 1952, Paderborn 1985.

111 Zum Deutungsmuster regressiver Konfliktregelung siehe W. Link, Der Ost-West-Konflikt. Die Organisation der internationalen Beziehungen im 20. Jahrhundert, Stuttgart, Berlin u. a. 1980.

112 Zu diesen Dispositionen siehe bes. sozialdemokratische Initiativen aus der amerikanischen Zone im Frühjahr 1947, dokumentiert bei W. Benz (Hg.), Bewegt von der Hoffnung aller Deutschen. Zur Geschichte des Grundgesetzes. Entwürfe und Diskussionen 1941–1949, München 1982, S. 239 ff.

113 Siehe die entsprechende Dokumentation ebenda, S. 359 ff.

114 Es bedurfte großer politikwissenschaftlich-juristischer Anstrengung, den Gedanken des Sozialstaats ins verfassungspolitische Bewußtsein zu heben; siehe dazu besonders H.-H. Hartwich, Sozialstaatspostulat und gesellschaftlicher status quo, Opladen 1970.

115 G. Müller, Die Grundlegung der westdeutschen Wirtschaftsordnung im Frankfurter Wirtschaftsrat 1947–1949, Frankfurt a. M. 1982, bes. 69 f.

116 Hier nimmt auch eine vielgelesene Darstellung der westdeutschen Nachkriegsentwicklung aus den 70er Jahren ihren Ausgang; vgl. E.-U. Huster/G. Kraiker/u. a., Determinanten der westdeutschen Restauration, Frankfurt a. M. 1972.

117 Siehe dazu Klotzbach, Der Weg, S. 188 ff., der hier, abgestellt vor allem auf Kurt Schumacher, ein wohl zu scharfes Profil der Oppositionspraxis im Gegensatz zur Norm des Selbstverständnisses zeichnet.

118 Zur Wohnungsbaupolitik vgl. J. Brecht/E. Klabunde, Wohnungswirtschaft in unserer Zeit, Hamburg 1950; zur Rentengesetzgebung siehe H. G. Hockerts, Sozialpolitische Entscheidungen im Nachkriegsdeutschland. Alliierte und deutsche Sozialversicherungspolitik, Stuttgart 1980, S. 216 ff.

119 Siehe dazu J. Schulz zur Wiesch, Entstehungsbedingungen und Motive der hessischen Planungspolitik, in: J. Schissler (Hg.), Politische Kultur und politisches System in Hessen, Frankfurt a. M. 1981, S. 269–308.

120 Eine Sozialgeschichte der bundesrepublikanischen Wahlen ist noch nicht geschrieben; zahlreiche Hinweise bietet neuerdings das Arbeitsbuch von G. A. Ritter/M. Niehuss, Wahlen in der Bundesrepublik Deutschland. Bundestags- und Landtagswahlen 1946–1987, München 1987. Für Aspekte sozialen Aufstiegs siehe K. M. Bolte, Sozialer Aufstieg und Abstieg, Stuttgart 1959; Trendübersichten über Wahlergebnisse bei S. Heimann, Die Sozialdemokratische Partei Deutschlands, in: R. Stöss (Hg.), Parteien-Handbuch. Die Parteien der Bundesrepublik Deutschland 1945–1980, Opladen 1983, S. 2025–2216, S. 2123 ff.

121 Für Hinweise siehe ebd., S. 2124 f. Für die Zeit vor 1933 siehe bes. die Programmschrift aus dem Kreis um die »Neuen Blätter für den Sozialismus« (siehe oben Anm. 73), R. Küstermeier, Die Mittelschichten und ihr politischer Weg, Potsdam 1933.

122 Vgl. dazu Ernst Reuter, Schriften, Reden, 4. Bd.: Reden, Artikel Briefe 1949 bis 1953, bearb. v. H. J. Reichardt, Berlin 1973, bes. Einl., S. 27 f. Für die Umgewöhnung der Partei siehe R. Meyer-Braun, Die Bremer SPD 1949–1959. Eine lokal- und parteigeschichtliche Studie, Frankfurt a. M./New York 1982.

123 Siehe insgesamt U. F. Löwke, Für den Fall, daß... Die Haltung der SPD zur Wehrfrage 1949–1955, Hannover 1969; H. Soell, Fritz Erler – Eine politische Biographie, Berlin/Bonn-Bad Godesberg 1976, Kap. IV und V; A. Sywottek, Die Opposition der SPD und der KPD gegen die westdeutsche Aufrüstung in der Tradition sozialdemokratischer und kommunistischer Friedenspolitik seit dem Ersten Weltkrieg, in: Huber/Schwerdtfeger (Hg.), Frieden, Gewalt, Sozialismus, S. 496–610, S. 526 ff. Für Brandts Anfänge siehe ders., »Pfahl im Gerippe«. Selbstbild und Perzeption der internationalen Politik in der Berliner SPD 1948/49, in: J. Becker/F. Knipping (Hg.), Im Schatten der Ohnmacht. Machtbewußtsein im Nachkriegsdeutschland 1945–1949, Paderborn (im Druck).

124 Zur Ausarbeitung des Programms siehe H. Köser, Die Grundsatzdebatte in der SPD von 1945/46 bis 1958/59. Entwicklung und Wandel der Organisationsstruktur und des ideologisch-typologischen Selbstverständnisses der SPD. Eine empirisch-systematische Untersuchung, Freiburg 1971. – Karl Schiller war Wirtschaftssenator (= Minister) zunächst in Hamburg, dann in Berlin.

125 Für Hamburg siehe A. Sywottek, Hamburg seit 1945, in: W. Jochmann (Hg.), Hamburg. Geschichte der Stadt und ihrer Bewohner, Bd. 2: Vom Kaiserreich bis zur Gegenwart, S. 377–466. Die programmatische Wende spiegelt auch eine Sammlung von Aufsätzen des SPD-Wirtschaftsexperten Heinrich Deist, Wirtschaft von morgen, hg. v. G. Stümpfig, Berlin/Bonn-Bad Godesberg ²1973.

126 Analysen späteren Wahlverhaltens haben ergeben, daß sich sozialstrukturell bedingte Präferenzen stärker als »issuespezifische« Präferenzen auswirken; siehe H. Jung, Wirtschaftliche Einstellungen und Wahlverhalten in der Bundesrepublik Deutschland. Eine Quer- und Längsschnittanalyse von 1971 bis 1976, Paderborn/München u. a. 1982, S. 225.

127 Die SPD hatte in der ersten Hälfte der 60er Jahre die Jung- und Neuwähler als besondere Zielgruppe noch nicht entdeckt, wohl aber die in ihrem sozialen Einzugsfeld besonders vielen traditionellen Nichtwähler; siehe dazu G. Struve, Kampf um die Mehrheit. Die Wahlkampagne der SPD 1965, Köln 1971, S. 134 ff.

128 Vgl. ex. K. Lompe / L. F. Neumann (Hg.), Willi Eichlers Beiträge zum demokratischen Sozialismus. Eine Auswahl aus dem Werk, Berlin/Bonn 1979.

129 Abgesehen vom Charisma der sozialdemokratischen Führungspersonen und vom schnellen Wechsel der Jugendkultur spielt dabei vor allem der Wandel der konkurrierenden Parteien, besonders der CDU, eine Rolle. Siehe dazu W. Schönbohm, Die

CDU wird moderne Volkspartei. Selbstverständnis, Mitglieder, Organisation und Apparat 1950– 1980, Stuttgart 1985. Der Verlust integrationskräftiger Funktionäre läßt sich am Beispiel der Berliner Parteiorganisation gut verfolgen; siehe dazu die beiden thematisch unterschiedlich orientierten Studien von J. Raschke, Innerparteiliche Opposition. Die Linke in der Berliner SPD, Hamburg 1974, und H.-J. Heß, Innerparteiliche Gruppenbildung. Macht- und Demokratieverlust einer politischen Partei am Beispiel der Berliner SPD in den Jahren von 1963 bis 1981, Bonn 1984. Wohl exemplarische Einblicke in innerparteiliche Willensbildungsprozesse der ausgehenden 60er Jahre vermittelt auch G. Pumm, Kandidatenauswahl und innerparteiliche Demokratie in der Hamburger SPD. Eine empirische Untersuchung der Kandidatennominierungen für die Bundestagswahl 1969, die Bürgerschaftswahl 1970, den Senat und die Deputationen, Frankfurt a. M./Bern/Las Vegas 1977.

130 K. Hildebrand, Von Erhard zur Großen Koalition 1963–1969, (= Geschichte der Bundesrepublik Deutschland, hg. von K. D. Bracher, Theodor Eschenburg u. a., Bd. 4) Stuttgart, Wiesbaden 1984, S. 231 ff.

131 Siehe dazu neuerdings M. Schneider, Demokratie in Gefahr. Der Konflikt um die Notstandsgesetze: Sozialdemokratie, Gewerkschaften und intellektueller Protest 1958– 1968, Bonn 1986.

132 Vgl. dazu R. Hrbek, Die SPD – Deutschland und Europa. Die Haltung der Sozialdemokratie zum Verhältnis von Deutschlandpolitik und Westintegration (1945– 1957, Bonn 1972; K. T. Schmitz, Deutsche Einheit und Europäische Integration. Der sozialdemokratische Beitrag zur Außenpolitik der Bundesrepublik Deutschland unter besonderer Berücksichtigung des programmatischen Wandels einer Oppositionspartei, Bonn 1978; J. Bellers, Reformpolitik und EWG-Strategie der SPD. Die innen- und außenpolitischen Faktoren der europäischen Integrationswilligkeit einer Oppositionspartei (1957–63), München 1979.

133 Vgl. dazu A. Baring/M. Görtemaker, Machtwechsel. Die Ära Brandt-Scheel (Stuttgart 1982) Tb-Ausg. München 1984, S. 197 ff.; A. Sywottek, Die bundesrepublikanische Ost- und Deutschlandpolitik der sechziger Jahre, in: P. Lock (Hg.), Frieden als Gegenstand von Wissenschaft, Frankfurt a. M. 1982, S. 70–96 (mit weiteren Hinweisen).

134 Vgl. dazu die Reflexionen eines der maßgeblichen »Baumeister« der Ostpolitik: E. Bahr, Was wird aus den Deutschen? Fragen und Antworten, Reinbek 1982, S. 15 ff.; zur Legitimation vgl. die Wahlergebnisse, nach dem Alter der Wähler geordnet, bei Ritter/Niehuss, Wahlen in der Bundesrepublik, S. 170 f.

135 Siehe dazu die vergleichende Untersuchung von E. Kuper, Frieden durch Konfrontation und Kooperation. Die Einstellung von Gerhard Schröder und Willy Brandt zur Entspannungspolitik, Stuttgart 1974, sowie generell H. Haftendorn, Sicherheit und Entspannung. Zur Außenpolitik der Bundesrepublik Deutschland 1955–1982, Baden-Baden 1983, S. 54 ff.

136 Für zeitgenössische nichtsozialdemokratische Assoziationen in dieser Hinsicht siehe B. Hagemeyer, Sozialer Dialog – Konzertierte Aktion, gesellschaftspolitische Instrumente für eine wirtschaftsdemokratische Ordnung? In: L. Erhard/K. Brüß/B. Hagemeyer (Hg.), Grenzen der Demokratie? Probleme und Konsequenzen der Demokratisierung von Politik, Wirtschaft und Gesellschaft, Düsseldorf, Wien 1973, S. 261–282; für sozialdemokratische Rückblicke von Karl Schiller u. a. siehe G. Kurlbaum/U. Jens (Hg.), Beiträge zur sozialdemokratischen Wirtschaftspolitik, Bonn 1983, S. 79 ff.

137 Vgl. exemplarisch die Beiträge von G. Beez und die Thesen zur Politischen Ökonomie und Strategie des außerordentlichen Bundeskongresses der Jungsozialisten in Hannover, 11./12. Dez. 1971, in: G. Lührs (Hg.), Beiträge zur Theoriediskussion, Berlin/ Bonn-Bad Godesberg 1973, S. 171 ff. und S. 191 ff., ferner die Festlegungen des Entwurfs eines ökonomisch-politischen Orientierungsrahmens für die Jahre 1973–1985, in: Langzeitprogramm. Texte 1, Bonn-Bad Godesberg 1972, S. 63 ff.; für die weitere

Programmdiskussion und die Folgenlosigkeit des »Orientierungsrahmens« siehe Heimann, Die Sozialdemokratische Partei, S. 2075 ff.

138 Vgl. A. Shonfield, Geplanter Kapitalismus. Wirtschaftspolitik in Westeuropa und USA, Köln/Berlin 1968.

139 Vgl. noch zeitgenössisch W. Strzelewitz/F. Wiebecke, Bildungspolitik, in: R. Löwenthal/H. P. Schwarz (Hg.), Die zweite Republik. 25 Jahre Bundesrepublik Deutschland – eine Bilanz, Stuttgart 1974, S. 865 – 904; rückschauend P. Massing, Die Bildungspolitik, in: G.-J. Glaeßner/J. Holz/T. Schlüter (Hg.), Die Bundesrepublik in den siebziger Jahren. Versuch einer Bilanz, Opladen 1984, S. 197 – 216.

140 T. Schlüter, Zu einigen Aspekten der Wirtschafts- und Beschäftigungspolitik, in: ebd., S. 95 – 112.

141 Hinweise in E. Reidegeld, Grundlagen und Ergebnisse staatlicher Sozialpolitik, in: ebd., S. 127 – 146.

142 Vgl. dazu die im akademischen Milieu seinerzeit resonanzreiche Schrift von J. Agnoli/ P. Brückner, Die Transformation der Demokratie, Frankfurt a. M. 1968. Zur Herkunft und zum Umfeld dieser Denkmuster siehe die kritisch-einfühlsame Betrachtung von P. Glotz, Systemüberwindende Reformen, in: Lührs, Beiträge zur Theoriediskussion, S. 205 ff.

143 Für die Entwicklungshilfe-Konzepte siehe U. Engel, SPD und Entwicklungshilfepolitik. Innerparteiliche Meinungsbildung und Perspektiven der Nord-Süd-Politik, 1968 – 1986, politikwiss. Diplomarbeit (Ms.), Hamburg 1987.

144 Zum »Radikalenerlaß« und seiner Anwendung siehe die kritische Dokumentation: Komitee für Grundrechte und Demokratie (Hg.), Ohne Zweifel für den Staat. Die Praxis zehn Jahre nach dem Radikalenerlaß, Reinbek 1982. Zur Terrorismusbekämpfung siehe I. Fetscher, Terrorismus und Reaktion in der Bundesrepublik Deutschland und in Italien, Reinbek 1981, S. 85 ff.

145 Siehe dazu die Hinweise bei G. Langguth, Protestbewegung. Entwicklung – Niedergang – Renaissance. Die neue Linke seit 1968, Köln 1984[2].

146 Siehe dazu bisher unübertroffen J. Bergmann/O. Jacobi/W. Müller-Jentsch, Gewerkschaften in der Bundesrepublik. Gewerkschaftliche Lohnpolitik zwischen Mitgliederinteressen und ökonomischen Systemzwängen, Frankfurt a. M. 1975.

147 Vgl. dazu besonders zahlreiche politikwissenschaftliche Studien von T. Ellwein. Im Blick auf die SPD selbst siehe die normativ-systematische Arbeit von K. Günther, Sozialdemokratie und Demokratie 1946 – 1966. Die SPD und das Problem der Verschränkung innerparteilicher und bundesrepublikanischer Demokratie, Bonn 1979.

148 Vgl. dazu grundlegend E. Wolfgang Böckenförde, Die Bedeutung von Staat und Gesellschaft im demokratischen Sozialstaat, in: ders., Staat, Gesellschaft, Freiheit. Studien zur Staatstheorie und zum Verfassungsrecht, Frankfurt a. M. 1976, S. 185 – 220. – Mit Recht hat Wilhelm Hennis für die SPD (und auch die anderen politischen Parteien!) konstatiert, daß sich ihr Staatsverständnis von einem freiheitlich-ordnungsbezogenen zu einem organisatorisch-strategisch-zielbezogenen gewandelt habe; siehe W. Hennis, Organisierter Sozialismus. Zum »strategischen« Staats- und Politikverständnis der SPD, in: F. Grube/G. Richter (Hg.), Der SPD-Staat, München 1977, S. 237–267, S. 243. Hennis argumentiert allerdings unhistorisch, wenn er der ordnungsbezogenen Programmatik von Godesberg (1959) die »strategische« Intention abspricht. Abgesehen von situationsbezogenen, wohl übertriebenen Warnungen vor Tendenzen des Totalitarismus in der Strategie der SPD, scheint Hennis eine treffendere Skizze des Staatsdenkens in der SPD dieser Jahre gelungen, als sie die orthodoxmarxistische Kritik von C. Butterwegge, SPD und Staat heute. Ein Beitrag zur Staatstheorie und zur Geschichte der westdeutschen Sozialdemokratie, Berlin 1979, bes. S. 511 ff., bietet. Problematisch erscheint hier, daß akademische Beiträge zur Staatsdiskussion unmittelbar der Parteidiskussion zugerechnet werden; dies gilt für die 70er

Jahre besonders für C. Offe, Strukturprobleme des kapitalistischen Staates, Frankfurt a. M. 1973.

149 Siehe dazu u. a. die Übersicht bei N. Kostede, Die neuere marxistische Diskussion über den bürgerlichen Staat. Einführung – Kritik – Resultate, in: Gesellschaft. Beiträge zur Marxschen Theorie 8/9, Frankfurt a. M. 1976, S. 150 – 196, und mit eher innovativer Funktion, C. v. Braunmühl, Die nationalstaatliche Organisiertheit der bürgerlichen Gesellschaft, in: ebd., S. 273 – 334.

150 Zur Marxschen Verelendungstheorie siehe knapp und treffend W. Hofmann, Verelendung, in: Folgen einer Theorie. Essays über ›Das Kapital‹ von Karl Marx, Frankfurt a. M. 1967, S. 28 – 60.

151 Vgl. jedoch Shlomo Na'aman, Lassalle, Hannover 1970, S. 622 ff.

152 Staudinger, Wirtschaftspolitik, S. 21, 49.

153 Von diesem Tenor weicht ab die Beurteilung Hilferdings als Finanzminister; Hinweise bei Leuschen-Seppel, Staatsverantwortung, S. 248 f.

154 Gedacht sei hier an Max Brauer, Wilhelm Kaisen, Hinrich Wilhelm Kopf, Ernst Reuter, Georg August Zinn.

155 Viele Hinweise dazu in bei U. Reusch, Deutsches Berufsbeamtentum und britische Besatzung. Planung und Politik 1943 – 1947, Stuttgart 1985.

156 Staudinger, Wirtschaftspolitik, S. 42.

157 Hinweise z. B. in Sywottek, Hamburg seit 1945, S. 442.

158 Hinweise bei M. und S. Greiffenhagen, Ein schwieriges Vaterland. Zur politischen Kultur Deutschlands, Frankfurt a. M. 1981, S. 139.

159 Genauere institutionenkundliche Analysen stehen noch aus.

160 A. Etzioni, The Active Society, New York 1968.

161 Vgl. das Gesetz über die politischen Parteien vom 24.7.1967, abgedr. u. a. in: P. Steinbach, Geschichte der Bundesrepublik Deutschland. Geschichte und Aspekte der Verfassungsordnung, Berlin 1982, S. 331 ff.

162 Siehe dazu A. Sywottek, Genossenschaften oder die konkrete Utopie der »kleinen Leute«, in: Jahrbuch Arbeiterbewegung. Geschichte und Theorie 1982, Frankfurt a. M. 1982, S. 11–32.

163 Greiffenhagen, Ein schwieriges Vaterland, S. 219 f.

164 Siehe dazu Hinweise in J. Huber, Wer soll das alles ändern. Die Alternativen der Alternativbewegung, Berlin 1980.

165 R. Ebbighausen/F. Tiemann (Hg.), Das Ende der Arbeiterbewegung in Deutschland. Ein Diskussionsband zum sechzigsten Geburtstag von Theo Pirker, Opladen 1984, bes. die Einleitung der Herausgeber.

166 Siehe als eines der ersten Beispiele F. Deppe/G. Fülberth/S. Knaab, Lokales Milieu und große Politik zur Zeit des Kalten Krieges 1945 – 1960 am Beispiel ausgewählter hessischer Arbeiterwohngemeinden in: P. Assion (Hg.), Transformation der Arbeiterkultur. Beiträge der 3. Arbeitstagung der Kommission »Arbeiterkultur« in der Deutschen Gesellschaft für Volkskunde in Marburg vom 3. bis 6. Juni 1985, Marburg 1986, S. 198–221.

S. Stuurman

Liberalismus, Gesellschaft und Staat in den Niederlanden 1870 – 1940

1. Die Eigenart des Liberalismus

Liberalismus und Moderne

Als theoretische und politische Bewegung war der Liberalismus des 19. Jahrhunderts mehr als jede andere Strömung oder Partei der organische Träger der Moderne. Die Ausbreitung der Kategorien des Marktes, des Rechtsstaates und der empirisch-rationellen Verfahrensweise über immer größere Bereiche des gesellschaftlichen Lebens sind nicht nur Wahrzeichen der Moderne, sondern auch Merkmale der liberalen Ideologie. Der Hinweis der Liberalen auf die Moderne als »unvollendetes Projekt« bot zum einen die Möglichkeit, die eigene Politik mit dem »objektiven Faktum« Modernisierung zu legitimieren, zum anderen ließ sich der Terminus »modern« programmatisch umsetzen, vor allem im polemischen Gegensatz zur herkömmlichen Tradition und damit zum Konservatismus.[1] Der Liberalismus war »daheim« in der Moderne und wußte sich als Erbe der Aufklärung und der großen bürgerlichen Revolutionen. Sein Verhältnis zu Markt, Recht und Wissenschaft war privilegiert im Vergleich zu den anderen maßgeblichen politischen Bewegungen des 19. Jahrhunderts: Waren nicht die konstituierenden Begriffe von Markt, Recht und Wissenschaft, so Kontrakt, Subjekt, Rationalität und Empirismus, zugleich die Grundkonzepte der klassischen liberalen politischen Theorie?

Etwas ähnliches läßt sich behaupten von dem Verhältnis zwischen Liberalismus und Kapitalismus. Die meisten liberalen Politiker des 19. und 20. Jahrhunderts waren keine Kapitalisten: Die Unternehmer, Kaufleute und Bankiers waren zwar vielfach vertreten in liberalen Parteivorständen oder Parlamentsfraktionen, aber zahlenmäßig immer ziemlich schwach im Vergleich zu Rechtsanwälten, Intellektuellen, Beamten, Zeitungsleuten und dergleichen. In der Wählerschaft dürfte es wohl nicht anders gewesen sein. Trotzdem könnte man mit Recht behaupten, der Liberalismus sei »bürgerlich« oder sogar »kapitalistisch«. Marktorientierte Erwerbstätigkeit galt für die Liberalen als Grundmuster wirtschaftlichen Benehmens schlechthin, die bürgerliche Familie als Eckpfeiler des sozialen Lebens und ein pragmatisches Hinnehmen der kapitalistischen Produktionsverhältnisse als »gesunder Menschenverstand«. Für den Liberalen des 19. Jahrhunderts war die Welt der Eisenbahnen, der Fabriken und des weltweiten Handels *ihre* Welt.

Im Fall des Liberalismus ist es daher schwerer als bei den anderen großen politischen Richtungen zu bestimmen, was nun das *spezifisch* Liberale ist. Gerade die zentralen Themen des Liberalismus waren ideologisch so erfolgreich, daß man sie im Ausgang des 19. Jahrhunderts in mehr oder weniger ausgeprägter Form in der Ideenwelt fast *aller* politischer Parteien wiederfindet. Spezifisch liberal war vielmehr die Kombination dieser Themen in einer Fortschrittsideologie, die sich auf gewisse Annahmen über die Natur des Menschen und des gesellschaftlichen Lebens stützte.

Die alten Staaten und der neue Liberalismus

Die Liberalen haben überall den Markt, das Prinzip der Rechtsstaatlichkeit und die Modernisierung bejaht. Ihr Verhältnis zu den etablierten Staaten des 19. Jahrhunderts bot sich naturgemäß zwiespältiger, waren doch die damaligen europäischen Systeme noch stark von monarchistischen und aristokratischen Kreisen geprägt, in denen der»Normalbürger« meistens nur geringen Spielraum hatte. Der Terminus »liberal« meinte ursprünglich »Gegner des Metternichschen Systems« und genoß 1820 in der Öffentlchkeit einen schlechten Ruf.[2] Nach der Jahrhundertmitte änderte sich dies, und der Liberalismus wurde in mehreren Nationen die»staatserhaltende Kraft« par excellence. Aber gerade in dieser Hinsicht zeigen sich deutsame Unterschiede zwischen den einzelnen nationalen Entwicklungslinien.

Der englische Fall wird oft als klassisch betrachtet: Frühe industrielle Revolution, beherrschende Stellung auf dem Weltmarkt, gelungene Symbiose von Bürgertum und Aristokratie in Gesellschaft und Staat und im zweiten Reform-Act 1867 sogar die Anfänge einer erfolgreichen Integration der Arbeiterklasse in den Staat. Demgegenüber wird die politische Entwicklung Deutschlands als »Sonderweg« apostrophiert: eine späte industrielle Revolution, die aber schlagartig erfolgte, die Erkämpfung der nationalen Einigung und eine verschärfte Weltmarktkonkurrenz im gleichen Zeitraum, ein dauerndes Mißverhältnis zwischen wirtschaftlicher Stärke und politischer Schwäche des Bürgertums, schließlich Ausgliederung statt Integration der Arbeiterklasse.[3]

Die britischen Liberalen waren im Zeitalter des klassischen Imperialismus eine der zwei führenden politischen Parteien im Lande, ihre Regierungsfähigkeit eine politische und kulturelle Selbstverständlichkeit. Im Vergleich stimmt das Fazit des deutschen Liberalismus eher bedenklich: Ausgeschlossen von den entscheidenden Zentren der Staatsmacht, eingekeilt zwischen Junkertum und Bismarckschem Absolutismus einerseits und radikaler Arbeiterbewegung und politischem Katholizismus andererseits war die Lage der deutschen Liberalen alles andere als bequem. Innere Unsicherheit und häufige Spaltungen kamen fast schon folgerichtig, und im großen und ganzen erwies sich auch innerhalb des liberalen Lagers der Nationalismus stärker als der Liberalismus.[4] Die Entwicklung des niederländischen Liberalismus steht gewiß dem englischen näher als dem deutschen, aber er zeigt auch einige Merkmale, die sich nicht so leicht in dem Gefüge eines Gegensatzes zwischen »klassischem Fall« und »Sonderweg« einordnen lassen: Die industrielle »Revolution« – das Wort »Revolution« ist kaum angebracht – erfolgte sehr langsam und zögernd, sowohl im Vergleich zur deutschen als auch zur englischen Entwicklung; noch 1949 (!) war fast 20 % der erwerbstätigen Bevölkerung in der Landwirtschaft und der Fischerei beschäftigt. Es gab kaum eine richtige Schwerindustrie; das Wachstum der Städte verlief weniger stürmisch als in Deutschland und England. Die industrielle Bourgeoisie war schwach, das kaufmännische Kapital und die Kolonialbourgeoisie dagegen kräftig. Ein weiterer Unterschied zu den *beiden* Großmächten war – in von der Dunks Worten – »der Primat der Innenpolitik«: Zwischen 1839 und 1940 waren die Niederlande an keinem der großen internationalen Konflikte beteiligt.[5] Kolonialkriege waren die einzige militärische »Errungenschaft« des Niederländischen Staates. Eine Folge der Neutralität war eine gewisse nationale Isolierung: Die »Modernisierungsschocks« der Kriege, vor allem des Ersten Weltkrieges, berührten die Niederlande kaum.

Schließlich zeigten die Niederlande nach 1880 eine langsamere oder sogar rückläufige demographische Tendenz im Vergleich zu den anderen modernen europäischen Nationen wie England, Deutschland, Belgien oder Frankreich.[6]

Die Niederlande: Von der Republik zum modernen Staat

Der Niederländische Staat des 17. und 18. Jahrhunderts war ein frühkapitalistisches »bürgerliches Gemeinwesen«, das von oligarchischen Repräsentativkörperschaften regiert wurde. Das Haus Oranien mußte sich vom Anbeginn mit der Beschränkung der Machtbefugnisse begnügen, die dem englischen Königstum erst 1688 endgültig aufgezwungen wurde. Die politischen Ereignisse zwischen 1780 und 1848 weichen aber beträchtlich ab vom »englischen Modell«: Die wirtschaftliche und politische Stagnation des späten 18. Jahrhunderts konnte nur teilweise von innen heraus überwunden werden; es bedurfte der französischen Intervention, um den reformfreudigen Kräften eine reelle Chance zu geben. Ein bestimmtes Maß an staatlicher Zentralisation und Rationalsierung, zum Beispiel des Schul- und Finanzwesens, konnte nun durchgeführt werden. Die Restauration legte 1815 noch einmal die politische Vorherrschaft in die Hände der alten Handels-, Geld- und Beamtenoligarchie, ohne jedoch die administrativen Reformen rückgängig zu machen. Die Zentralisation wurde sogar verfestigt durch die erweiterte Machtstellung des jetzt »königlichen« Hauses Oranien. Die breiteren Schichten des Bürgertums blieben aber weitgehend machtlos. Das indirekte Wahlsystem und die klientelistischen Praktiken in der Verwaltung bevorteilten die alten »Regenten«-Familien und die Cliquen im Umkreis des Hofes. Die Wirtschaftspolitik des Königs war, namentlich im infrastrukturellen Bereich, ziemlich fortschrittlich, aber zugleich monopolistisch in Niederländisch-Indien und finanziell völlig undurchsichtig.

Bezeichnenderweise bedurfte es zur Reform dieses Systems wieder des Anstoßes von außen. Die internationale Revolutionswelle brachte 1848 in den Niederlanden, was im Englischen Reform-Act 1832 von inneren politischen Kräften erreicht wurde. Das Ergebnis war ein Staat, der in mancher Hinsicht sehr liberal war, in dem aber der Liberalismus als politische Partei noch nicht sehr entwickelt war, obgleich vielleicht recht viele der poliisch tätigen Bürger sich in einem vagen und oberflächlichen Sinne als »liberal« betrachteten. Bezeichnend ist gerade die Schwierigkeit, genau zu bestimmen, wer ein Liberaler war und wer nicht, ein Problem, das schon mehreren Forschern zu schaffen gemacht hat.[7] Es war so, wie der linksliberale Abgeordnete Sam van Houten 1873 im Parlament erklärte: »Die übergroße Mehrheit in dieser Versammlung wird sich selbst sicherlich liberal nennen... Von acht Leuten im Lande sind sieben liberal, wenn man nur jedem aufs Wort glaubt. Aber diese mächtige Liberale Partei ist überaus differenziert, auch im Parlament...«.[8]

Diejenigen Liberalen, die 1848 die Reformen durchsetzten, wurden vielfach nach ihrem anerkannten Führer Thorbecke »Thorbeckianer« genannt, was schon darauf hindeutet, daß der bloße Terminus »liberal« als zu vage empfunden wurde.[9] Diese Unklarheit dauerte an bis zum Ausgang des Jahrhunderts: »Liberal« war einerseits die Bezeichnung einer Anzahl gesellschaftlicher und politischer »Selbstverständlichkeiten«, die von fast allen politischen Strömungen anerkannt wurden: Konstitutionalismus, parlamentarische Regierung (wenigstens nach

1868), Pressefreiheit, Marktwirtschaft und Toleranz. Zum andern war »liberal« der Parteiname für all diejenigen Politiker, die nicht ausgesprochen konservativ, orthodox-protestantisch oder klerikal-katholisch waren. Liberale, die spezifische Reformen erstrebten, wurden öfter mit speziellen »Parteinamen« bedacht: So »Jungliberale«, »Aktive Liberale« (Van Houten, 1873), »Fortschrittliche Liberale« (Kappeyne, 70er Jahre), »Radikale« (Treub, 90er Jahre).[10] Der erste Versuch zur Gründung einer formellen Partei, der »Liberale Unie« (1884-5), führte nur eine oberflächliche Einheit herbei, weil die inneren Gegensätze zu groß waren, namentlich in der heiklen Frage der Wahlreform.[11] Erst die formelle Spaltung des politischen Liberalismus um 1900 in drei Parteien erwies sich auf längere Zeit als stabil: Von 1900 bis 1918 waren es die »Vrij-Liberalen« auf der rechten Seite, die große »Liberale Unie« in der Mitte und der »Vrijzinnig-Democratische Bond« auf der Linken.

Zudem sollte man sich darüber im klaren sein, daß die wiederholten Versuche, eine liberale Partei zu bilden, keine freie Initiative der Liberalen waren, sondern vielmehr von der unbequemen Lage, in die der Liberalismus in den 80er Jahren geraten war, erzwungen wurde: Das Bündnis mit Teilen des katholischen Bürgertums war um 1870 von der ultramontanen Offensive zerstört worden, die orthodoxen Protestanten bildeten 1879 ihre »Antirevolutionäre Partei« und erwiesen sich als sehr erfolgreich in der Technik der modernen Massenwahlkämpfe. Und schließlich entstand in den 80er Jahren eine radikale sozialistische Bewegung, die zwar relativ schwach war, aber den etablierten Politikern trotzdem erhebliche Furcht einflößte. Die Bildung der »Liberale Unie« 1884-5 hatte also in erster Linie einen defensiven Charakter und wurde nicht durch ein eindeutiges Programm untermauert.

In dieser Lage ist es wohl nicht leicht, die Stellung des Liberalismus *im* Staate zu bestimmen und vielleicht noch schwerer, die liberalen Auffassungen *vom* Staate genau zu fassen.

2. Vom liberalen zum liberal-konfessionellen Staat 1848 – 1940

Trotz der immer noch beträchtlichen gesellschaftlichen Machtstellung der Konservativen könnte man die Niederlande in der zweiten Hälfte des 19. Jahrhunderts einen »liberalen Staat« nennen: Die Liberalen waren die ständig vorwärtstreibende Kraft, sie ergriffen immer wieder die Initiative, während die Konservativen niemals eine klare Strategie formulierten und mehr noch als die Liberalen in der alten Honoratiorenpolitik verhaftet blieben. Ihre »Partei« verschwand schließlch lautlos von der politischen Bühne in den 80er Jahren.

Die dominierende Stellung der Liberalen wurde erst geschwächt, als ganz andere sozialpolitische Bewegungen aufkamen: zunächst die orthodoxen Protestanten, dann die Sozialdemokratie und schließlich der politische Katholizismus. Gegen 1920 waren die konfessionellen Parteien, zumindest nach der Stimmenzahl bei den Parlamentswahlen, die vorherrschenden politischen Kräfte im Lande; die Sozialdemokraten standen an zweiter Stelle, die Liberalen an dritter und letzter Stelle. Dennoch war die gesamtgesellschaftliche Bedeutung des Liberalismus größer, als die Wahlergebnisse allein es vermuten lassen. Im folgenden sind die Stellung der Liberalen in der Wählerschaft, in der Regierung, im Staate und im gesellschaftlichen Lebens kurz zu betrachten.

Bis 1888 war es nicht immer klar, wer zur liberalen »Partei« gehörte, genaue Angaben sind nicht erhältlich. Im großen und ganzen schwankte die liberale Wählerschaft zwischen 20 und 50 % des gesamten Stimmpotentials, das damals ungefähr 12 % der erwachsenen Männer umfaßte. Das Stimmrecht wurde 1887 und 1897 erweitert: Zunächst auf ca. 25 %, dann auf ca. 50 % der Männer. Nachher stieg es, nach Einführung einiger Sonderbestimmungen, bis auf 65 % im Jahre 1917. Das allgemeine Wahlrecht für Männer wurde 1918 bei den Wahlen zum ersten Male praktiziert. Die Entwicklung der Stimmanteile ist aus der Tabelle 1 ersichtlich:[12]

Tabelle 1

Jahr	alle Liberalen	davon Linksliberale
1888	46%	(nicht selbst. organisiert)
1891	54%	1%
1894	60%	3%
1897	52%	4%
1901	35%	9%
1905	45%	11%
1909	33%	9%
1913	39%	7%
1917	39%	7%

Die Wahlreform von 1917 war eine doppelte: erstens wurde das allgemeine Männerstimmrecht eingeführt (1919 das Frauenstimmrecht); zweitens wurde das Mehrheitswahlsystem durch das Proportionalsystem ersetzt. Die Liberalen hatten bis 1890 öfter von der geschickten Einteilung der Wahlbezirke profitiert, aber seit die Katholiken und die orthodoxen Protestanten sich gegenseitig unterstützten, war das nicht mehr möglich. Das neue Proportionalsystem schützte sie jetzt gegen völlige Vernichtung, da sie nur noch in den wenigsten Bezirken eine Mehrheit errungen hätten. Trotzdem verloren die Liberalen 1918 gleich mehr als die Hälfte ihrer Mandate. Die elektorale Entwicklung der Wählerstimmen in der Zwischenkriegszeit zeigt Tabelle 2:[13]

Tabelle 2

Jahr	alle Liberalen	davon Linksliberale	Sozialdem.	alle Konfessionellen
1918	19 Mandate	5	22	52
1922	16	5	20	60
1925	16	7	24	58
1929	15	7	24	57
1933	13	6	22	58
1937	10	6	23	60

Folgendes ist sofort ersichtlich: die äußerst stabile konfessionelle Wählerschaft, die stabile, aber relativ schwache Stellung der Sozialdemokratie, der ständige Rückgang der Liberalen und die relativ stabile Lage der Linksliberalen, sogar im Vergleich zur Periode vor 1918.

Die Verluste der Liberalen sind 1933 zum Teil an das konfessionelle Lager und teilweise, zu einigen sehr kleinen Teilen, an Splitterparteien gegangen. Von den größeren Verlusten hat 1937 die nationalsozialistische NSB profitiert, die vier Mandate gewann. Der Rückgang der Liberalen war aber bei weitem nicht so katastrophal wie in Deutschland: Splitterparteien und Nationalsozialisten kamen insgesamt im Parlament nie über vier Mandate hinaus.[14]

Die soziale Zusammensetzung der liberalen Wählerschaft ist noch nicht eingehend erforscht worden. Die zur Verfügung stehenden Daten erlauben nur einige globale Schlußfolgerungen:

– Die Hochburgen des Liberalismus befanden sich im Westen und Norden des Landes und in bestimmten östlichen Regionen. Die Linksliberalen waren vor allem im Norden und Osten gut vertreten, die Rechtsliberalen auch in Süd-Holland und in Zeeland.[15]

– Es ist den Liberalen nie gelungen, eine größere und stabile Gefolgschaft in der Arbeiterklasse zu gewinnen. Auch die Versuche, eine liberale Gewerkschaftsbewegung zu bilden, waren auf lange Sicht erfolglos.[16]

– Die liberale Wählerschaft war überwiegend protestantisch, jüdisch oder außerkirchlich. Nur wenige Katholiken haben liberal gewählt.

– Die intellektuellen Schichten waren wahrscheinlich überdurchschnittlich vertreten.

Zusammenfassend könnte man die liberalen Wähler kennzeichnen als großbürgerlich oder mittelständisch, nicht katholisch, städtisch (im Norden gab es aber viele liberale Großbauern), relativ »gebildet« und mehrheitlich ansässig im Nordwesten, im Norden und Osten des Landes. Es ist vielleicht von Bedeutung, daß die N-W-Regionen auch in demographischer Hinsicht »moderner« waren als die S-O-Regionen.

Die sozialen Merkmale der Abgeordneten der Zweiten Kammer im Jahrhundert nach 1848 sind von Van den Berg ermittelt worden.[17] Bis 1917 war der Adel bei den Liberalen schwächer vertreten als in allen anderen Parlamentsfraktionen, nach 1917 merkwürdigerweise etwas stärker. Zwischen 1888 und 1940 gehörten ständig mehr als 60 % der liberalen Abgeordneten zum obersten Drittel der beruflichen Hierarchie, das mittlere Drittel war bei den Liberalen deutlich weniger vertreten als in den übrigen Parteien. Nach 1870 waren alle liberalen Abgeordneten entweder »Nederlands Hervormd«, außerkirchlich, jüdisch, oder sie gehörten den kleineren protestantischen Gruppen an.

Zwischen 1880 und 1917 waren 60 bis 80 % der Abgeordneten aller Parteien Akademiker, in der Zwischenkriegszeit 40 bis 46 %. Die große Mehrheit dieser Akademiker wiederum waren Juristen. Die liberale Vertretung war etwas mehr akademisch und juristisch gefärbt als die anderen und blieb es auch länger. Schaut man auf die berufliche Zusammensetzung, so dominierten bei den Liberalen die freien Berufe, die Beamten und die Unternehmer aller Art. Nach 1900 ist die Präsenz der Beamten eher rückläufig: Die freien Berufe, Unternehmer, sonstige Geschäftsleute und Rentiers beherrschen das Feld. Wahrscheinlich waren freie Berufe und sonstige Intellektuelle im Linksliberalismus am stärksten vertreten, während das unternehmerische Element eher im Rechtsliberalismus zu Hause war.

Die große liberale Presse war eher rechts- als linksliberal und kombinierte einen gehobenen intellektuellen Ton mit moralisierender Krisenbeschwörung, wenigstens in den 30er Jahren. Der Linksliberalismus verfügte nicht über eine eigene Tagespresse, war aber vertreten durch zwei »anspruchsvollere Wochenzeitungen«.[18]

Im 19. Jahrhundert konnten die Liberalen mehrmals ohne Unterstützung der anderen Parteien regieren: liberale, fortschrittlich-liberale und konservative Regierungen wechselten einander ab. 1888 bildeten die Konfessionellen zum ersten Mal allein eine Regierung. Von 1891 bis 1901 regierten dann ununterbrochen die Liberalen, von 1901 bis 1905 wiederum die Konfessionellen, 1905 bis 1908 abermals die Liberalen, 1908 – 1913 wieder einmal die Konfessionellen, schließlich 1913 bis 1917 die Liberalen. Nach 1901 hatten die Liberalen niemals allein eine parlamentarische Mehrheit.

Seit 1918 haben die Konfessionellen immer regiert. Die Sozialdemokraten wurden bis 1939 aus der Regierung ferngehalten, in erster Linie wegen der katholischen antisozialistischen Intransigenz. Die Liberalen waren an mehreren Regierungen der Zwischenkriegszeit beteiligt (Tabelle 3). Die Konfessionellen haben bis 1933 mit Ausnahme der Jahre 1926 bis 1929 praktisch allein regiert. Die Rechtsliberalen waren 1918 bis 1940 in fünf Kabinetten vertreten; die Linksliberalen nur in drei, und zwar immer zusammen mit den Rechtsliberalen. Der linksliberale Versuch, 1925 mit den Katholiken und den Sozialdemokraten eine Regierung zu bilden, scheiterte, weil die katholische Partei jede Zusammenarbeit mit den »Roten« ablehnte.[19] Die Konfessionellen verfügten innerhalb der Regierungen immer über die Mehrheit. Schaut man auf die Verteilung der einzelnen Ministerposten, dann hatten die Liberalen 1926 bis 29 das Innenministerium, das Kriegsministerium und das Kolonialministerium; zudem waren die liberalen Minister keine typischen Parteimänner.[20]

Tabelle 3

Jahre	Anzahl d. Minister	davon konfess.	parteilos	rechtslib.	linkslib.
1918-22	11	7	4	-	-
1922-25	11	8	3	-	-
1925-26	10	9	1	-	-
1926-29	10 (9)	6 (8)	1 (0)	3 (1)	-
1929-33	9	9	-	-	-
1933-35	10	6	-	2	2
1935-37	11	7	-	2	2
1937-39	12	10	1 (2)	1 (0)	-
1939 (15 Tage)	11	5	6	-	-
1939-40	10 (11)	5 (6)	SDAP:	2	1

(Die Zahlen in Klammern beziehen sich auf Reorganisationen. Für 1926-29 sind die zwei Zwischenorganisationen weggelassen.)

Ganz anders war die Lage 1933-37, also während der schlimmsten Jahre der großen Depression: Die entscheidenden Schaltstellen der Wirtschaftspolitik waren
über alle Parteien verteilt. Der linksliberale Oud hatte das Finanzministerium
inne; es ist wohl wissenswert, daß der antirevolutionäre Premier Colijn vom Auftritt eines linksliberalen Politikers eine zusätzliche Legitimation seiner Krisenpolitik erhoffte.[22] Alles in allem ist der *direkte* Einfluß der Liberalen auf die Gestaltung der staatlichen Politik in der Zwischenkriegszeit nicht sehr groß gewesen.
Betrachtet man den gesamten Zeitraum von 1848 bis 1940, dann wird klar, daß der
direkte Einfluß der Liberalen in zwei Perioden am stärksten war:
– erstens in den Jahren unmittelbar nach der Verfassungsreform von 1848. Es
  waren die Thorbeckianer, die zunächst die Verfassung und zudem die nähere
  Bestimmung des Wahlsystems, der regionalen und örtlichen politischen Strukturen und dazu eine Menge Maßnahmen zur Liberalisierung des inneren und
  äußeren Handelsverkehrs durchführten.[23]
– zweitens in dem Zeitraum zwischen 1870 und 1901. In diesen 30 Jahren regierten die Liberalen 15 Jahre, davon 10 Jahre ohne Unterbrechung. Gerade in dieser Periode fanden zwei wichtige Wahlreformen statt, wurde ein Anfang der
  Sozialgesetzgebung gemacht, entstand der Feminismus als soziale und politische Bewegung, wurde der Primär- und Sekundärunterricht neugestaltet, die
  Schulpflicht eingeführt, das Steuersystem modernisiert, die gesetzliche Grundlage des öffentlichen Wohnungsbaus gelegt, die Landwirtschaft modernisiert,
  das Zivil- und Strafrecht revidiert und schließlich die »Arbeiterfrage« auf die
  Tagesordnung gesetzt. Der Terminus »Soziale Frage« wurde von den Zeitgenossen nicht nur in bezug auf das Verhältnis von Kapital und Arbeit verwandt.
  Er enthielt den gesamten Komplex sozialpolitischer Probleme.
Die von den Liberalen produzierten Problemlösungen bestimmten weitgehend
die sozialpolitische Entwicklung in den ersten vierzig Jahren des 20. Jahrhunderts.[24] Die Lösung war nach 1900 nur allzu oft: mehr des Gleichartigen. Dazu
wurde auch die legislative und ideologische Entwicklung 1900 – 1920 noch erheblich durch die Liberalen beeinflußt. Danach verringerte sich der direkte Einfluß
der Liberalen in bedeutendem Maße. Ich werde jetzt versuchen zu zeigen, daß ihr
gesellschaftliche Stellung trotzdem beträchtlich blieb.
Geradezu schlagartig kam die sozialpolitische Verletzbarkeit der Liberalen im
November 1918 zutage. Die deutsche Revolution löste in den Niederlanden
zugleich hochgespannte Erwartungen in der sozialistischen Bewegung und eine
politische Panik in großen Teilen des Bürgertums aus. Vor allem die liberalen
Politiker reagierten unentschlossen und ängstlich in dieser politischen Krise, die
freilich nur eine Woche andauerte. Dagegen zeigten die Konfessionellen jetzt ihre
Schlagkraft. Sie organisierten Bürgerwehren, setzten die katholischen und protestantischen Arbeiterorganisationen in der Gegenkampagne ein und machten
unmißverständlich klar, daß sie in der Machtfrage nicht nachgeben würden. Die
Sozialdemokraten reagierten ziemlich kleinlaut auf die Härte der Konfessionellen; die Gewerkschaftsführung und die »Realpolitiker« im Parteivorstand waren
ohnehin schon gegen das ganze »Abenteuer« gewesen.[25] Das Ergebnis war ein
doppeltes:
– Einige Reformen, die immer als zu »weitgehend« galten, wurden nun plötzlich
  tragbar: 1919 wurde der Achtstundentag mit ungewöhnlicher Geschwindigkeit
  vom Parlament abgehandelt; kurz darauf das Frauenstimmrecht.[26] Die Angst
  der bürgerlichen Kräfte war doch irgendwie ertragreich gewesen.

- Politisch wurde die Sozialdemokratie isoliert. Auf nationaler Ebene waren die Sozialisten jetzt praktisch regierungsunfähig. Diese Lage wurde 1933 in der Folge des Aufstandes der Kolonialflotte bestätigt, der von den Sozialdemokraten weder unterstützt noch klar verurteilt wurde. Die Liberalen zeigten sich in derartigen Ruhe- und Ordnungsfragen immer als ziemlich zweitrangige Satelliten der Konfessionellen.[27] Solange die Sozialdemokraten als Regierungspartei nicht in Betracht kamen, blieben die Liberalen gewissermaßen die politische Geisel der christlichen Parteien. Sie konnten mit diesen regieren, oder sie konnten es lassen.

Wer nun schlußfolgern würde, die Niederlande seien ein konfessioneller Staat geworden, würde sich irren. Die Christlichen hatten zwar die absolute Mehrheit im Parlament, eine dominierende Stellung in allen Regierungen, überaus machtvolle und effektive soziale Organisationen und dazu ihr eigenes Schulwesen. Aber die Liberalen verfügten über andere Positionen, die vielleicht nicht unmittelbar als politische sichtbar waren:

- Das große Kapital im engeren wirtschaftlichen Sinne war liberal. Es ist den Konfessionellen nie gelungen, die Unternehmer, Großhändler und Bankiers in dem gleichen Maße wie die übrigen sozialen Klassen auf katholischer oder protestantischer Grundlage zu organisieren. Angriffe katholischer Kleinunternehmer aus den südlichen Provinzen auf die Freihandelspolitik blieben immer ohne Erfolg.
- Im Staatsapparat, besonders im Finanzwesen, war die liberale Gesinnung unverkennbar, auch bei vielen »Protestanten«. Gerade die Katholiken und die orthodoxen Protestanten eroberten nur mühsam Positionen in der höheren Verwaltung.
- Richter, Rechtsanwälte, Juristen in der Verwaltung, kurz die gesamte Juristenwelt war durchaus von liberalen Verhaltensweisen und Denkmustern geprägt.
- Die Intelligenz und die großen Universitäten waren faktisch liberale Hochburgen. Die zwei konfessionellen Universitäten waren wissenschaftlich zweitrangig.

Zusammenfassend könnte man etwas überspitzt sagen: Die Schwäche des Liberalismus war seine Kraft und umgekehrt. Die gesellschaftliche Hegemonie liberaler Verhaltensweisen wurde ermöglicht, weil diese eben nicht als spezifisch liberal im politischen Sinne erkannt wurden. Aber diese Lage der Dinge erschwerte es den Liberalen, eine starke Stellung als Massenpartei zu erobern. Der niederländische Staat konnte in diesen Verhältnissen weder liberal noch konfessionell sein. Das vorläufige Ergebnis war ein liberal-konfessioneller Staat.[28]

3. Von der »aufgeklärten Nation« zur politischen Demokratie

In der Literatur über den Liberalismus des 19. Jahrhunderts findet sich noch immer der Mythos des »état gendarme«. Die Liberalen der Jahrhundertmitte wurden angeblich vom Ideal einer fast völlig staatsfreien Gesellschaft geleitet, die spätere interventionistische Politik wird dann erklärt als eine den Liberalen durch äußere Umstände aufgezwungene Aufweichung von dem Ideal. Schon Polanyi hat auf die historische Verfehltheit dieser Vorstellung hingewiesen: Sogar der berühmte Manchester-Liberalismus entsprach dem Bilde des »état gendarme«

faktisch nicht.[29] Die Ideologie des »laissez faire« hat es unzweifelbar gegeben, aber sie war in erster Linie eine Waffe der Kritik: Erstens des alten monarchischen oder zünftigen Partikularismus, zweitens der politischen Theorien der frühen Sozialisten. Die tatsächlich von den englischen Liberalen durchgeführte Politik war jedoch in mehrerlei Hinsicht interventionistisch: Verwaltungsreform, eine gezielte Schulpolitik, ein neues Armengesetz, Erweiterung der bürokratischen Einmischung in vielen gesellschaftlichen Bereichen, energische Maßnahmen im Bereich der Infrastruktur, dazu die Einführung des Zehnstundentages. Sicherlich sind Maßnahmen wie das Zehnstundengesetz nicht denkbar ohne die Arbeiteragitation der 30er und 40er Jahre, aber trotzdem stellt die Sozialgesetzgebung keinen absoluten Bruch mit einer angeblichen anti-etatistischen Tradition dar. Die englischen Liberalen standen der modernen Bürokratie keineswegs unvermittelt feindlich gegenüber, hatte doch eben die Bentham-Schule die Überlegenheit moderner administrativer Techniken entschieden betont.[30]

Um 1870 begann in den Niederlanden die ernsthafte Diskussion der »sozialen Frage«, zum Teil veranlaßt durch das erste Auftreten von Arbeiterorganisationen, aber auch durch ausländische Ereignisse, namentlich in Frankreich und im Deutschen Reich.

Eine nicht sehr große, aber einflußreiche Gruppe junger liberaler Politiker und Intellektueller forderte eine »aktive« liberale Politik; sie behaupteten, der etablierte Liberalismus sei ein »zufriedener Liberalismus« geworden, der den neuen Aufgaben des Tages nicht mehr gewachsen sei.[31] Im Parlament waren Kappeyne van de Copello und vor allem Van Houten die Wortführer dieser Tendenz. In einer vielbeachteten Rede im Parlament hatte Kappeyne 1874 eine neue, interventionistische Politik gefordert: Angesichts der zahlreichen neuen Aufgaben des Zeitalters brauchte man eine »völlig aufgeklärte und zivilisierte Nation«. Da könne der Staat nicht einfach zuschauen, das Bild des Staates als »nur eine große Polizeigewalt« sei veraltet und völlig unbrauchbar.[32] Samuel van Houten war der Radikalere: Die geltende Staatsordnung, schrieb er 1871, sei mit drei Fehlern behaftet: vom Übergewicht des Kapitals, der Kirchen und der Männer. Die Vormachtstellung der Kirche würde, so Van Houten, von den Liberalen in ihrer Schulpolitik schon energisch angegriffen, aber die zwei anderen Vormachtstellungen würden nur von den wenigsten mit genügender Klarheit erkannt.[33] In der Einleitung eines damals aufsehenerregenden Buches schrieb er 1878: »Wir verteidigen folgende Grundsätze: der Glaube soll beruhen auf *Rationalität* und *Wahrheit*; das Eigentum soll auf Arbeit gegründet sein; die Familie muß auf Liebe beruhen. Unsere Widersacher sollen sein und sind auch wirklich diejenigen, die unter der falschen Fahne der *sittlichen Ordnung* eine klerikale Doktrin vertreten, die vor dem Gericht der Wissenschaft und des kritischen Denkens nicht standhalten kann; diejenigen, die profitieren von der gegenwärtigen ungerechten Verteilung des Reichtums; diejenigen, die die unhaltbaren Zustände verteidigen, die geschaffen und verewigt werden durch die bestehenden Ehegesetze.«[34] Van Houten war gewiß nicht repräsentativ für die Liberalen, selbst nicht für die fortschrittlichen Liberalen; er war damals der einzige Abgeordnete, der zu keiner Kirche gehörte, und in den meisten Fragen vertrat er radikalere Positionen als die anderen.[35] Aber dennoch könnte man die tatsächlich in der Periode 1870–1886 durchgeführten Reformen in sein Schema einordnen:

Erstens Reformen im Bereich der Arbeiterfrage: Auf Anlaß von Van Houten wurde 1871 das Koalitionsgesetz aufgehoben: Arbeiter konnten künftig legale

Gewerkschaften bilden.[36] Das 1874 beschlossene Gesetz gegen die Kinderarbeit wurde ebenfalls von Van Houten durchgesetzt. Schon 1870 hatte er für eine Ausdehnung des Wahlrechts auf die »obere Hälfte« der Arbeiterklasse plädiert, aber er wurde nur von den wenigsten Liberalen unterstützt.[37] Erst in den 80er Jahren, als die sozialistische Agitation aggressiver wurde, kam es zur großen offiziellen Untersuchung der Arbeitszustände im Lande; erst 1886-7 wurde das Wahlrecht revidiert und 1889 das Arbeitsgesetz erweitert.

Zweitens Reformen, die das rationale Denken der Bevölkerung fördern und den Klerikalismus schwächen sollten: Hier kommt zunächst das Schulgesetz in Betracht, das 1878 gegen äußerst scharfe konfessionelle Opposition von Kappeyne durchgesetzt wurde. Das Gesetz war zweigleisig: erstens sollte der Unterricht qualitativ verbessert werden, aber zweitens mußten die katholischen und orthodox-protestantischen Schulen die Kosten der Verbesserung selber tragen. Die Liberalen wollten eine »aufgeklärte Nation«, in der die Schule nicht kirchlich oder gar klerikalistisch sein sollte, aber bestimmt auch nicht antichristlich: Das Ideal war ein »allgemeine Christentum«, in der Praxis eine Mischung aus Aufklärungsdenken und christlicher Ethik.[38]

Nicht nur die Schule, sondern auch die Presse sollte das Volk aufklären. Schon 1867 hatten junge liberale Intellektuelle in Rotterdam einen Verband gegen die Steuer auf Tageszeitungen gegründet, und 1869 wurde diese Steuer abgeschafft. Die Zeitungen konnten danach um 30 % billiger werden.[39] Ein Jahr später wurde die Todesstrafe aus dem Gesetzbuch gestrichen. Auch das zeugt vom Glauben in der Verbesserbarkeit und Erziehbarkeit des Menschen. Ein optimistischer, humanistischer Ton war ebenfalls in den Parlamentsdebatten über die Revisionen des Strafrechts, die 1880 begannen, zu hören.

Drittens die Reformen im Bereich der Frauenfrage und Sexualität. Schon Thorbecke hatte 1870-71 die Zulassung von Mädchen im Sekundärunterricht durchgesetzt. 1871 wurde die erste Frau zum Universitätsstudium zugelassen. Um diese Zeit entstand der Feminismus als intellektuelle und soziale Bewegung.[40] Obwohl die meisten liberalen Politiker durchaus keine entschlossenen Frauenrechtler waren, bestand eine gewisse Verwandtschaft zwischen dem damaligen Feminismus und dem fortschrittlichen Liberalismus. Frühe Feministinnen wie Aletta Jacobs und Geesje Feddes kamen aus fortschrittlich-liberalen Kreisen im Norden des Landes. Van Houten forderte schon 1877 eine Verbesserung der rechtlichen Stellung der Frau in der Ehe, das Recht auf selbständige Erwerbstätigkeit und staatliche Förderung der Bildungsmöglichkeiten für Mädchen.[41] Sehr wenig wurde aber getan; nur im Bereich des Unterrichts wurde einiges erreicht. Van Houten propagierte auch den Neumalthusianismus. 1881 wurde der »Nieuw-Malthusiaanse Bond« gegründet, der energisch die Möglichkeiten der Empfängnisverhütung propagierte.[42]

Überblickt man dies alles, so ist ein gewisser Zusammenhang erkennbar: Staat und Gesellschaft wurden von den Liberalen nicht mehr als gegensätzlich verstanden, sondern als komplementäre Kräfte. Der Interventionismus wurde als Prinzip akzeptiert, ja sogar propagiert. Die Diskussion verlagerte sich auf die Frage des Umfangs, und da zeigten die Liberalen sich, von Ausnahmen abgesehen, noch sehr zaghaft. Das hat wohl damit zu tun, daß die moderne kapitalistische Dynamik nur noch äußerst langsam in die niederländischen gesellschaftlichen Verhältnisse eindrang; es gab mehr Pauperismus als moderne Industrie.

Eine zweite Überlegung kam hinzu. Die sozialen Probleme waren in den Niederlanden schon lange von privaten Vereinen und Stiftungen in Angriff genommen worden. Auch die reformfreudigen Liberalen erhofften vieles, gar zuviel von der Tätigkeit dieser »Zwischenglieder« zwischen Staat und Individuum: Erst wenn diese Art der Problemlösung eindeutig versagte, sollte der Staat eingreifen. Der liberale Interventionismus sollte jedoch nicht *nur* als Reaktion oder letzte Zufluchtstätte gewertet werden. Die damaligen Liberalen hatten bei allen »laissez-faire«-Doktrinen doch auch eine positive Ideologie. Der Staat sollte das fehlende gesellschaftliche Gleichgewicht wieder herstellen und vor allem das Volk zivilisieren. Das Privateigentum wurde eher utilitaristisch als naturrechtlich betrachtet: gegenüber dem »Allgemeininteresse« war das Eigentumsrecht nicht mehr absolut, sondern relativ.[43]

Es gab einen Zusammenhang zwischen der Schulpolitik, den zivilisatorischen Aufgaben des Staates und den liberalen Ansichten über die sozialen Klassen und ihr Verhältnis zum Staat. Zunächst wurden in den 70er Jahren die kleinbürgerlichen Schichten, danach die qualifizierten und relativ »gebildeten« Arbeiter politisch aktiv. Die fortschrittlichen Liberalen wollten das Stimmrecht soweit in die Gesellschaft »hinab« ausbreiten, wie ihrer Meinung nach auch Bildung und Entwicklung, die »Zivilisation«, reichten: erstens also zum Kleinbürgertum und zweitens zur Arbeiteraristokratie.[44] Der Staat, die privaten Vereine, der wirtschaftliche Fortschritt und schließlich der einzelne Bürger sollten zusammen darauf hinwirken, daß immer mehr »Ungebildete« in rational handelnde Bürger verwandelt wurden. In gleichem Maße könnten so immer mehr Bürger den Staat aktiv gestalten. Eine traumhafte Zukunftsidee: Die Probe aufs Exempel kam, sobald festgestellt werden mußte, *wer* zur »zivilisierten Bürgerschaft« gehören sollte und wer nicht.

Jede politische Bewegung wird einmal eingeholt von den von ihr ungelösten Fragen. So auch die Liberalen des 19. Jahrhunderts. Immer hatten sie in allgemeinen Formeln geredet von der »aufgeklärten« und »gebildeten« Nation, aber als die Sozialisten die Forderung des allgemeinen Männerstimmrechts auf die Tagesordnung setzten, konnten die Liberalen nicht mehr umhin, eine Antwort zu geben auf die Frage: »Wem wollt ihr nun das Stimmrecht zubilligen und warum?«. Die politische Debatte zu diesem Thema wurde ausgetragen in den Jahren von 1886 bis 1897, und zwar in erster Linie innerhalb der Gruppe der fortschrittlichen Liberalen der 70er und 80er Jahre. Bis dahin haten die fortschrittlichen Liberalen zusammengehalten. Ihre Zeitschrift »Vragen des Tijds«, gegründet 1874, befaßte sich mit fast allen gesellschaftlichen Fragen der damaligen Zeit. Sie verfolgten die Ereignisse im Ausland aufmerksam: so die Hetzjagd gegen das Neumalthusianertum in England, den Kulturkampf, die Sozialdemokratie und den Kathedersozialismus in Deutschland. Das deutsche Sozialistengesetz wurde von ihnen entschieden abgelehnt.[45]

Die erste Etappe der Wahlreform 1886/7 fiel zusammen mit einer lebhaften sozialistischen Agitation im Lande. Im Parlament waren es namentlich Van Houten und Heldt, der einzige Abgeordnete, der selber aus der Arbeiterschaft stammte, die weiterreichende Reformen forderten. Heldt stimmte am Ende gegen alle vorliegenden Anträge, weil sie seiner Ansicht nach nicht weit genug gingen.[46] Das Ergebnis war eine Revision der Verfassung, die eine sehr große Ausweitung des Wahlrechts ermöglichte, ohne daß von dieser Möglichkeit tatsächlich Gebrauch gemacht wurde. 1887 hatten dann ca. 25 % der erwachsenen Männer das

Stimmrecht, die Arbeiter waren also noch fast völlig ausgeschlossen. Das eigentliche Problem war nur aufgeschoben.

In den 90er Jahren kam die Entscheidung. 1891 trat eine neue liberale Regierung an. Tak van Poortvliet übergab dem Parlament einen Antrag, in dem das Stimmrecht für all diejenigen gefordert wurde, die lesen und schreiben konnten und nicht von den Armenkassen unterstützt wurden. Im liberalen Lager bildeten sich rasch zwei Gruppen: die Takkianer und die Anti-Takkianer, je nachdem, ob man für oder gegen Taks Anträge war. Der Gegensatz war so scharf, daß auch die Antirevolutionäre Partei praktisch gespalten wurde.[47]

Es lohnt sich, etwas genauer hinzuschauen auf die verschiedenen »Theorien«, die von den Liberalen in dieser Debatte vertreten wurden. Zudem ist ein Generationswechsel innerhalb der liberalen Partei zu beobachten: Van Houten spricht jetzt für den rechten Flügel, während an der Verteidigung Taks vor allem Kerdijk, Goeman Borgesius und Heldt beteiligt sind.

Die »Logik« der liberalen Gesellschaftstheorie kann nunmehr in Umrissen dargestellt werden:

1. Alle Sprecher in der Debatte fordern die völlige Ausschließung aller, die von den staatlichen oder kirchlichen Armenkassen unterstützt werden. Nur Kerdijk will ausnahmsweise die nur zeitweise Unterstützten zur Wahl zulassen, insistiert aber nicht darauf.[48]
2. Van Houten hebt das Merkmal der »wirtschaftlichen Selbständigkeit« hervor. Entscheidend soll sein, ob jemand irgendeinen kleinen Besitz zu sparen imstande ist oder eine bestimmte Summe an Miete oder direkten Steuern zahlt.
3. Tak sieht schon wirtschaftliche Selbständigkeit bei jedem, der nicht von den Armenkassen unterstützt wird. Das grundlegende Merkmal ist ihm zufolge der Alphabetismus: Man müsse imstande sein, den eigenen Namen in das Wahlregister einzutragen und daneben ene sehr einfache Prüfung bestehen.
4. Am kompliziertesten ist die Debatte über Seßhaftigkeit und Familienverhältnisse. Die vorherrschende Idee ist, daß der Wahlbürger irgendwie »seßhaft« sein soll. Der Familienvater mit festem Wohnsitz ist für *alle* Teilnehmer an der Debatte der musterhafte Bürger. Goeman Borgesius, einer der Wortführer der Linken, möchte auch Familienväter, deren Frauen oder Kinder wegen Bettelei oder Vagabundismus verurteilt worden sind, ausschließen, weil solche Tatsachen auf eine »Desorganisation der Familie« hinweisen.[49]
5. Die unverheirateten Männer sollten nach Goeman Borgesius mindestens sechs Monate in der gleichen Wohnung und der gleichen Familie geblieben sein. Heldt ist dagegen, da eine derartige Klausel eben die unverheirateten Arbeiter ausschließen würde, da diese nun einmal vielfach dorthin umsiedelten, wo ein Arbeitsplatz zu finden sei.[50]
6. Viele Abgeordnete beantragen, die Altersgrenze zu erhöhen, falls das Stimmrecht erweitert wird. Der Wähler soll »Lebenserfahrung« haben, damit er die Staatsgeschäfte »mit ruhiger Besonnenheit« beobachten kann. Einige wollen von der existierenden 23-Jahresgrenze bis auf 30 hinaufgehen. Am Ende einigt man sich auf 25 Jahre (man muß sich vergegenwärtigen, daß man damals mit 12 bis 16 Jahren in die Fabrik ging).[51]
7. Nur die wenigsten erwähnen das Frauenstimmrecht. Kerdijk, Heldt und Van Houten kritisieren »die vollständige Ausbürgerung der Frau«. Nach ihrer Ansicht soll die unverheiratete Frau oder Witwe, die tatsächlich Haupt einer

Familie ist, das Wahlrecht erlangen. Die Ehefrau aber nicht, da die Familie nach außen nur von einem Individuum vertreten werden kann.[52]

8. Die meisten Abgeordneten erhoffen sich vieles von der erzieherischen Wirkung des Stimmrechts. Das Volk soll in der Praxis lernen, das Allgemeininteresse im Auge zu halten.

In der Debatte stehen sich Van Houten auf der einen und Goeman Borgesius, Heldt, Kerdijk und Tak auf der anderen Seite schroff gegenüber. Van Houten skizziert eine Einteilung der bürgerlichen Gesellschaft in drei Stände:[53]
- Der dritte Stand lebt hauptsächlich vom Kapital.
- Der vierte Stand lebt hauptsächlich von der Arbeit.
- Der fünfte Stand lebt hauptsächlich von der Philanthropie.

Zum letzteren äußert Van Houten sich kategorisch: »Der fünfte Stand ist nichts und nichts soll er bleiben.« Die Sprecher der Linken sind weniger kategorisch, aber auch sie formulieren ständig einen Unterschied zwischen den »Werklieden« und dem »Proletariat«. Erstere sind seßhaft, Familienväter, fleißig und anständig. Das Proletariat dagegen hat keinen festen Wohnsitz und keinen ordentlichen Familiensinn, lebt unregelmäßig, ist unzuverlässig, roh und ungebildet. Der einzige, der eine derartige Zweiteilung der Arbeiterklasse energisch kritisiert, ist Heldt, der als einziger Abgeordneter aus eigener Erfahrung weiß, wie die Arbeiter leben und denken.

Nach einer langwierigen Debatte zieht Tak seinen Antrag zurück, als eine Mehrheit eine Änderung der Wohnklausel durchsetzt, die praktisch die Ausschließung der großen Mehrheit der Arbeiter herbeiführen würde.

Einige Jahre später setzte Van Houten, jetzt als Minister, ein kompliziertes neues Wahlgesetz durch (1897). Neben Steuerwählern kamen Mieten-, Lohn-, Sparkassen- und Bildungswähler, die jeweils in spezifischen Klauseln genau definiert wurden. Das Ergebnis war Stimmrecht für 52 % der Männer 1897, 1917 für 71 %, da der Wohlstand inzwischen angestiegen war.[54] Van Houten behauptete immer noch, daß das Ganze auf der »Theorie« der wirtschaftlichen Selbständigkeit basierte, aber in der Praxis wurden die Kriterien von den meisten als willkürlich und unlogisch empfunden. Und es war völlig unklar, was dieses Wahlgesetz noch mit dem Ideal der »aufgeklärten« Nation zu tun hatte. Eine konsistente Gesellschaftsauffassung der gesamten liberalen »Partei« konnte es nicht mehr geben. Bald gab es auch keine gesamte liberale Partei mehr.

In den liberalen Auffassungen bis ungefähr 1895 ist eine gewisse Konsistenz nachweisbar: eine positive Wertung des Staates zur Beseitigung gesellschaftlicher »Störungen«, ein genereller Antisozialismus, die Bejahung der Modernisierung und der Glaube an die Kraft der »aufgeklärten Bürgerschaft«. Von der großen Mehrheit der Liberalen wurde 1893-94 die These des Stimm*rechts* verworfen: Die Theorie, daß jeder erwachsene Einwohner Stimmrecht haben sollte, war eben die sozialistische und nicht die liberale Auffassung. Dazu kam häufig die schon von J. S. Mill vorgetragene Argumentation, das allgemeine Stimmrecht würde zur »Klassenherrschaft der Armen« und mithin zu Vernichtung des Privateigentums führen.[55] Von den Wortführern der liberalen Linken wurden in den 90er Jahren zunächst immer einzelne Teile der alten Theorie angegriffen. Da wurde zum Beispiel gesagt, die Ausbreitung des Stimmrechts sei notwendig geworden, weil der Staat immer mehr in den Gesellschaftskörper eingreife: das könne doch nur bedeuten, daß die Menschen das Stimmrecht bekommen sollten, weil sie Objekte des Staatseingriffs seien; die totale Ausschließung der Unterstützten sei dann wohl nicht mehr vertretbar. Oder man insistierte, wie Tak van Poortvliet in seiner Antwort an Van Houten, auf die Notwendigkeit, gerade den »fünften Stand« in den Staat zu integrieren.[56] Man könnte, wie Tak es tat, die Abgrenzung der Aufgeklärten und Gebildeten als Klassenvorurteil entlarven: »Im Parlament gibt es zu viele unbewußte und tiefe Vorurteile gegen die Volksklasse.«[57] Oder es ließe sich mit Goeman Borgesius die Theorie, daß eine Familie nach außen nur von einem Individuum vertreten werden könnte, eine »Fiktion« nennen.[58] Wer alle diese Auffassungen zugleich vertrat, war nicht mehr liberal im alten Sinne, sondern liberal-*demokratisch*.

Es ist wohl Zufall, welche Personen wann den Beschluß faßten, eine eigene linksliberale Partei zu gründen. Aber eine gewisse Logik ist unverkennbar. In den 90er Jahren hatte es in Amsterdam schon einen »radikalen« Bund gegeben. 1901 trat eine Gruppe aus der »Liberale Unie« aus und bildete den »Vrijzinnig-Demokratische Bond«; der Name zeigt die neue ideologische Orientierung. Taal behauptet in seiner Geschichte des Liberalismus 1872 – 1901, daß die Spaltung von 1901 »überflüssig und unfruchtbar« war. Er versucht zu zeigen, daß die Liberale Unie und der VDB sich in einzelnen Fragen oft einigen konnten oder sich nur graduell voneinander unterschieden.[59] Der Unterschied war aber bedeutender, als Taal es wahrhaben will. Der VDB kämpfte entschieden für Reformen, die von der Union eher zögernd oder nur aus taktischen Überlegungen unterstützt wurden. Die Gründung des VDB war vom ANWV, dem liberalen arbeiterverband, begrüßt worden.[60] Es ist bezeichnend, daß die Union 1908 immer noch die Ausschließung der Unterstützten – jetzt waren es die »permanent Unterstützten« – verteidigte. Hinzu kam die Frage des Frauenstimmrechts: 1909 wollte die Union die verheirateten Frauen noch ausschließen. Der VDB forderte schon seit 1902 das allgemeine Stimmrecht für Männer und Frauen.[61] In der Frage der sozialen Staatsintervention stand der VDB vielfach den Sozialdemokraten näher als die Union. Seine »Theorie« des Sozialinterventionismus war hauptsächlich dem deutschen Kathedersozialismus entlehnt.[62] In Amsterdam war es der VDB-Mann Treub, der die Verwaltung der Wasserversorgung, der Gasproduktion und der Stadtbahn in die öffentliche Hand überführte.[63]

Nur in der prinzipiellen Ablehnung des Klassenkampfes und in der allgemeinen Auffassung vom Staatseingriff als kompensatorisch zur Tätigkeit der selbständigen Bürger stand der VDB als grundsätzlich liberale Partei auf gleichem Boden mit der Union. Man kann natürlich immer post factum behaupten, die praktische Bedeutung der ideologischen Unterschiede sei kleiner, als es die Zeitgenossen gesehen haben.[64] Genauso kann man hervorheben, daß auch die Liberalen der Mitte am Ende mitgeholfen haben, das allgemeine Stimmrecht, den Achtstundentag und den »sozialen Staat« herbeizuführen. Aber der Unterschied zwischen den Vorantreibenden und den Mitläufern bleibt beträchtlich.

Wenn man von der Frage des Wahlrechts absieht, haben die fortschrittlichen Liberalen gerade in den zehn Jahren vor der Spaltung vieles durchsetzen können. Das Steuersystem wurde wenigstens teilweise revidiert durch Pierson's zähe Arbeit (1893).[65] Die liberale Regierung Pierson-Borgesius (1897 – 1901) hieß nicht umsonst »das Kabinett der sozialen Gerechtigkeit«: die erste Arbeiterversicherung gegen Unfälle, die Schulpflicht, ein Wohnungsgesetz, die Einführung der persönlichen Wehrpflicht, dazu eine Menge kleinerer Maßnahmen gehörten zur Ernte. Auch in den Jahren zwischen 1901 und 1917 wurde noch manches erreicht:

die gesetzliche Regulierung des Arbeitsvertrages (1907) und der Anfang einer staatlichen Arbeitslosenpolitik, veranlaßt durch den Ersten Weltkrieg.

Die ursprünglich liberale Theorie der durch den »korrigierenden Staatsinterven-tion« war jetzt bei fast allen Parteien auffindbar, namentlich bei dem fortschritt-lichen Teil der Konfessionellen. Die Sozialdemokraten vertraten in der Theorie eine andere Position, standen aber in der praktischen Politik vielfach auf einem ähnlichen Standpunkt, besonders seit sie (1897) im Parlament vertreten waren.

In der Frage der Demokratie war es eher umgekehrt. Die Sozialdemokraten sind die ersten echten Demokraten gewesen. Nach 1900 waren das auch die Vrijzinnige-Demokraten. Die anderen Parteien folgten mehr oder weniger widerwillig, bis dann 1917 alle Parteien die Verfassungsreform unterstützten.

4. Familie und Sittlichkeit: Konfessionelle gegen Liberale

Die orthodoxen Protestanten, die 1878 gegen das liberale Schulgesetz gekämpft hatten und 1879 ihre eigene Antirevolutionaire Partij gründeten, stellten eine sonderbare Mischung moderner und anti-moderner Elemente dar. Gegen den liberalen Mythos der »Aufgeklärten Nation« bildeten sie ihren Mythos der »pro-testantischen Nation«, entstanden im Freiheitskampf des 16. Jahrhunderts gegen das katholische Spanien. Die Modernisierung der Politik und des Wahlrechts sowie bestimmten Reformen im Bereich der Arbeit stand die Antirevolutionaire Partij aufgeschlossen gegenüber. Schon in den 70er Jahren forderten sie politische Rechte für die Kleinbürger und Bauern. Der Wahlrechtsstreit der 90er Jahre spal-tete ihre Partei genauso wie die liberale. Aber sie vertraten eine völlig andere Auffassung des gesellschaftlichen Lebens: nicht Aufklärung, sondern »christliche Sittlichkeit«, nicht die Moderne, sondern eine Verurteilung des »Geistes der Revolution«. Daher auch der Name der Partei: Das 19. Jahrhundert wurde angeblich beherrscht von der Ideologie der großen Französischen Revolution.

Gefährlich wurde die Lage für die Liberalen erst, als die Antirevolutionären mit dem politischen Katholizismus eine gemeinsame Front gegen den Liberalismus unter dem Banner der »Antithese« zwischen Christentum und Unglaube bildeten. 1888 regierten die Konfessionellen erstmals alleine. Ihre Koalition scheiterte damals bald am Gegensatz zwischen konservativen Katholiken und fortschrittli-chen Antirevolutionären. Aber nach 1900 wurde die Koalition verfestigt und in fast allen Wahlbezirken faktisch durchgeführt.[66] Es war in erster Linie die Schul-frage, die das antiliberale Bündnis herbeigeführt hatte. Aber 1889 wurde ein Teil-kompromiß erreicht, und danach wurde die Schulfrage einigermaßen entschärft; eine endgültige Lösung wurde freilich erst 1917 erreicht.

Aber als ideologische und kulturelle Frage war die Schule nur ein Teil des umfas-senden Komplexes der »Sittlichkeit«. Obwohl im einzelnen erhebliche Unter-schiede zwischen Antirevolutionären und Katholiken bestanden, waren sie sich einig in ihrer Furcht vor der »moralischen Haltlosigkeit der Moderne«. Ihre Besorgnis galt vor allem den Bereichen Erziehung, Familie und Sexualität. Da sollte notfalls auch der Staat eingreifen, wenn andere Mittel versagten. In diesen Fragen konnte ein Zusammenstoß zwischen Konfessionellen und Liberalen nicht vermieden werden: beide Strömungen wollten die Bürger »erziehen«, aber allzu oft in entgegengesetzter Richtung.

Ich werde diesen Gegensatz in zwei Bereichen verfolgen. Erstens in der Frage des Feminismus, oder wie man damals sagte: die »Frauenfrage«. Zweitens in der Frage der »öffentlichen Sittlichkeit«, namentlich in der Reaktion der Liberalen auf die 1911 von den Konfessionellen durchgesetzten Sittlichkeitsgesetze.
Der Liberalismus war nicht insgesamt feministisch und der Feminismus war nicht insgesamt liberal. Dennoch bestand eine gewisse Verwandtschaft. Es waren hauptsächlich liberale Politiker, besonders Van Houten, die dem frühen Feminismus positiv gegenüberstanden und ihn öffentlich unterstützten. Der englische und amerikanische Einfluß wirkten auch in dieser Richtung, wie auch die große Autorität John Stuart Mills Schrift »The Subjection of Women«, die 1869 erscheinen und schon 1870 ins Holländische übersetzt war. Die wenigen Politiker, die im Parlament 1886–7 und 1893–94 ihre Stimme gegen die totale Ausbürgerung der Frauen erhoben, waren ausnahmslos Liberale. Die Frauen, die 1898 die große Ausstellung über Frauenarbeit organisierten, waren hauptsächlich liberal orientiert. Die Bewegung zur Erkämpfung des Frauenstimmrechts wurde nach 1900 am stärksten von den Linksliberalen unterstützt.[61] Den beiden Argumentationslinien des Rechts- und Linksliberalismus begegnen wir auch in der frühen Frauenbewegung: Die Gräfin Van Limburg Stirum forderte 1870 das Stimmrecht für unverheiratete, steuerpflichtige Frauen, Betsy Perk dagegen kritisierte 1873 das Wohlstandskriterium und plädierte für »Moralität und Intelligenz« als Maßstab.[68] Die organisierte Agitation für Frauenstimmrecht begann aber erst 1894. Hier waren Aletta Jacobs, Anna Polak, Annette Versluys-Poelman, Marie Rutgers-Hoitsema und Mina Drucker beteiligt;[69] die drei Erstgenannten Liberale, Rutgers-Hoitsema bis 1905 Mitglied der SDAP und Mina Drucker Sozialistin. Annette Versluys-Poelman saß ab 1894 im Vorstand des Vereins für Frauenstimmrecht und ab 1901 ebenfalls im Vorstand des Vrijzinnig-Democratische Bond (sie war die erste Frau im Vorstand einer politischen Partei mit landesweiter Verbreitung).[70] Männer, die die Vereine für Frauenstimmrecht unterstützten, waren meist Linksliberale oder Sozialdemokraten. Man muß dabei aber bedenken, daß es viel Aufklärungsarbeit seitens der Frauen bedurft hatte, bis es soweit war. Die Gründung des Vereins für Frauenstimmrecht war 1894 wegen der totalen Vernachlässigung des Frauenstimmrechts durch die führenden linksliberalen Politiker veranlaßt worden.[71] Nach 1900 wuchs die Mitgliederzahl des Vereins sehr rasch: 1900: 800 Mitglieder, 1903: 1.400, 1908: 6.000, 1910: 9.400, 1914: 19.000, 1916: 30.000 (zum Vergleich die entsprechenden Zahlen für Deutschland: 1908: 2.500, 1913: 9.000, 1914: 14.000, nachher Stagnation).[72]
Im konfessionellen Lager waren Feminismus und Frauenstimmrecht auf erheblichen Widerstand gestoßen. Die Katholiken waren mehrheitlich dagegen, obwohl es eine kleine Gruppe von »Modernisten« gab, die einen sehr gemäßigten »Feminismus« befürworteten. Die Antirevolutionären lehnten das Frauenstimmrecht grundsätzlich ab, weil sie der Meinung waren, Frau und Mann seien »von Natur« verschieden: die Frau sollte in der privaten Sphäre der Familie bleiben und allenfalls im philanthropischen oder pädagogischen Bereich tätig sein. Als 1919 das Frauenstimmrecht vom Parlament beschlossen wurde, stimmten alle Liberalen dafür, die meisten Katholiken auch – vielfach aus opportunistischen Erwägungen –, aber die Antirevolutionären 7 zu 6 dagegen.[73]
Der Gegensatz zwischen liberalen und konfessionellen Anschauungen trat ebenfalls in der Frage der Frauenarbeit zutage. Die Liberalen hatten schon früh die feministischen Forderungen im Bereich der Erziehung und des Studiums unter-

stützt. Van Houten hatte 1877 behauptet, jede Frau sollte wirtschaftlich selbständig sein, verheiratete Frauen sollten dann halbe Tage arbeiten.[74] In der Praxis begründeten aber die meisten Liberalen ihre Ansichten auf dem Gedanken, daß in erster Linie der Familienvater berufstätig sein sollte. Im ersten politischen Programm der Liberalen Union 1887 wurde »Beschränkung der Arbeit der Frauen und jüngeren Leute« gefordert, und 1889 stimmten die Liberalen für den entsprechenden Antrag der konfessionellen Regierung Mackay.[75] Die Maßnahmen wurden gerechtfertigt mit einem Hinweis auf die schrecklichen Zustände in den Fabriken. Aber dennoch waren einige Feministen Gegner eines Gesetzes, das die Frauen in eine Ausnahmeposition bringen würde.

Die konfessionellen Regierungen wandten sich aber nach 1900 besonders gegen den Eintritt verheirateter Frauen in »bessere Berufe«, namentlich in den Beamten- und Lehrerstand. Hier war der Unterschied zu den Liberalen ganz klar: Zwischen 1900 und 1917 wurden die von konfessionellen Regierungen durchgeführten Maßnahmen jeweils von liberalen Regierungen wieder rückgängig gemacht.[76] Während der Krise der 30er Jahre war die Haltung der Liberalen, auch der Linksliberalen, dagegen weniger prinzipiell: sie partizipierten damals in der Regierung Colijn, die von den christlichen Parteien dominiert wurde.[77]

Zusammenfassend kann man feststellen, daß die Liberalen den Feminismus vielfach unterstützten, manchmal zögernd und in zahlreichen Fällen gar nicht. Nur eine Minderheit, vornehmlich aus den Reihen des Linksliberalismus, war grundsätzlich feministischer Ansicht. Der Unterschied zu den christlichen Parteien ist trotzdem bemerkenswert.

Schon in den 70er Jahren begannen die Antirevolutionären die »moderne Unmoral« zu bekämpfen. Aber nicht nur sie: Die Katholische Kirche verschärfte ebenfalls ihre Politik, zum Beispiel in der Abtreibungsfrage. Katholiken und orthodoxe Protestanten verschiedener politischer Observanz reagierten entschlossen auf den aufkommenden Neumalthusianismus. Eine sonderbare Koalition bildete sich in der Frage der Prostitution: Orthodox-protestantische Vereine, gemäßigte protestantisch-feministische Gruppen und liberale Feministen wandten sich gemeinsam gegen die staatliche Regulierung – und damit Duldung – der Prostitution: Sie forderten ein generelles Verbot der Bordelle. Die Liberalen dagegen befürworteten um 1880 noch mehrheitlich die Regulierung. Die vorherrschende liberale Meinung trennte die Rechtsordnung soweit als nur möglich von der »sittlichen Ordnung«: Soviel ist ersichtlich aus einer Debatte anläßlich der Revision des Strafgesetzbuches 1880.[76]

Die konfessionellen Politiker waren anderer Ansicht: Ihnen zufolge sollte der Staat nicht sittlich neutral, sondern positiv christlich sein. Nach 1900, als ihre Position innerhalb und außerhalb des Parlaments stärker war als zuvor, wurden die christlichen Parteien aggressiver. Neben der Prostitution waren es vor allem zwei Entwicklungen, die sie verärgerten: erstens die erfolgreiche Propaganda der Neumalthusianer; zweitens die Anfänge öffentlicher Äußerungen zur Sexualität, die nicht mehr »sittlich-christlich« waren, insbesondere die ersten, durchaus sehr vorsichtigen Äußerungen zur Frage der Homosexualität.[79] Als sie in den Wahlen 1909 eine eindeutige Mehrheit gewannen, schritten sie zur Offensive. 1911 beantragte der katholische Minister Regout eine umfassende Änderung des Strafgesetzbuches, die später bekannt wurde als die »Sittlichkeitsgesetze«.

Das Verbot der Bordelle wurde nun realisiert; aber in dieser Frage hatten die Liberalen schon nachgegeben, zum Teil wegen der Agitation der Feministen in ihren eigenen Reihen. Zwei andere Anträge Regouts waren dagegen äußerst umstritten: erstens das Verbot eines großen Teils der Propaganda und Praxis des Neumalthusianismus; zweitens der Homosexualitätsparagraph. Viele liberale Abgeordnete behaupteten, man solle nach wie vor zwischen Strafgesetz und sittlicher Ordnung unterscheiden: Der Staat solle zwar die *öffentliche* Sittlichkeit schützen, aber »sich nicht einmischen ins Privatleben«.[80] Sowohl die Liberalen als die Sozialdemokraten erklärten, daß das Strafgesetz keinen Unterschied zwischen Homo- und Heterosexualität machen solle. Regout erwiderte darauf, daß er gerade das tun wolle, weil die Homosexualität »ein weitaus größeres und intensiveres Übel sei«.[81] Die Mehrheit der Liberalen verurteilte zwar die Homosexualität, glaubte aber nicht, daß der Staat die Bürger mit Strafandrohung zur Sittlichkeit anhalten könnte; da sollten vielmehr die Erziehung und die moralischen Organe der »société civile« wirksam werden. Der Sozialdemokrat Troelstra behauptete sogar ganz vorsichtig, die Homosexualität sei vielleicht doch etwas Komplizierteres als eine kriminelle Veranlagung.[82] Der Neumalthusianismus wurde hauptsächlich von dem linksliberalen Abgeordneten Treub verteidigt. Er kritisierte die Gleichsetzung von »Sittlichkeit« und »spezifischen Ansichten der christlichen Parteien«; die Sittlichkeit entwickele sich nun einmal historisch, und wenn es in einer Gesellschaft verschiedene Auffassungen des Sittlichen gebe, sollte der Staat nicht zum Vorteil einer eingreifen. Besonders die Verleumdung des Neumalthusianismus wurde von Treub kritisiert, weil es eben die Neumalthusianer waren, die für eine humanere Gesellschaft kämpften, in der Kinder nicht zum frühen Tod verurteilt wurden.[83]

Die meisten Liberalen und alle Sozialdemokraten stimmten gegen den Homosexuellenparagraphen und gegen den Neumalthusianismus-Artikel. Aber nicht alle: Vier der neun linksliberalen Abgeordneten stimmten für den Homosexuellenparagraphen, dazu einige Rechtsliberale.[84] Ein Artikel, der die Jugend vor dem öffentlichen Verkauf von Pornographie schützen sollte, wurde nur von Treub und vier Sozialdemokraten bekämpft, da sie darin einen Ansporn zur Hypokrisie sahen.[86] Aufsehenerregend war das Auftreten des führenden rechtsprotestantischen Politikers De Savornin Lohman, der mit den meisten Liberalen gegen die Anträge Regouts stimmte, da auch er rechtliche und sittliche Ordnung zu trennen wünschte. Am Ende stimmten die meisten Liberalen, alle Sozialdemokraten und Lohman gegen den Gesetzesantrag als ganzes.[87] Das Endergebnis war eine Niederlage der liberalen Politik. Erstens, weil die Sittlichkeitsgesetze gegen sie durchgesetzt wurden, zweitens, weil ihre Bekämpfung der christlichen »moralischen Politik« gezeigt hatte, daß ihre Verteidigung der individuellen Freiheit durch ihre eigenen moralischen Vorurteile gebremst wurde, die vielfach den christlichen sehr ähnlich waren. Man hat den Eindruck, daß gerade in dieser Hinsicht die Liberalen zwischen 1900 und 1940 nicht liberaler geworden sind. Der gesellschaftliche Protest gegen die christliche, moralistische Überheblichkeit war nicht spezifisch »liberal« im parteipolitischen Sinne. Der Dominanz der christlichen »Sittlichkeit« wurde erst nach 1960 ein Ende gesetzt durch den Auftritt neuartiger gesellschaftlicher Bewegungen.

Man hat oft gesagt, die liberale Ideologie sei »individualistisch«, die christliche und konservative dagegen »organisch«. Die Konfessionellen haben immer behauptet, sie seien die »Partei der Familie«, Sozialisten und Liberale dagegen die »Parteien der Zersetzung und des Individualismus«. Die Realität war komplizierter. Der Liberalismus war gewissermaßen *beides*: »Partei des Individuums« und »Partei der Familie«.

In der Wahlrechtsfrage hielten sich die meisten Liberalen bis 1900 an den Grundsatz, daß die Familie nach außen nur von ihrem »Haupt« vertreten werden könne und daß die Ehefrau kein Stimmrecht erlangen solle. Nach 1900 wurde dann immer mehr der »demokratische Individualismus« vertreten.

In der Frage der Schulpflicht behaupteten die Liberalen entschieden das Recht des Staates gegenüber der Familie, das heißt praktisch gegen den »Absolutismus« des Familienvaters. Auch hier galt, wie in der Sozialgesetzgebung, der Gesichtspunkt der korrigierenden Intervention.

In der Frage der Sittlichkeit standen die Liberalen genauso wie die Konfessionellen auf dem Standpunkt der »normalen Sexualität«, das heißt die an die Ehe gebundene Heterosexualität: Sie wollten sozusagen »gesellschaftlich« bekämpfen, was sie rechtlich freilassen wollten. Rechtliche Toleranz und soziale Intoleranz standen dicht nebeneinander; es fehlte die Entsprechung von Theorie und Praxis, die der liberalen Ideologie in anderen Bereichen, zum Beispiel Wirtschafts- und Pressefreiheit, ihre Kraft verliehen hatte. Es ist vielleicht nicht ganz und gar zufällig, daß der politische Liberalismus in der für moralische Krisenstimmungen anfälligen Zwischenkriegszeit noch die Hälfte seiner Gefolgschaft verloren hat.

5. Das liberale Selbstverständnis und die historischen Folgen

Die Liberalen des ausgehenden 19. Jahrhunderts haben die neuen Massenparteien, seien es Sozialisten oder Konfessionelle, im Grunde nie richtig verstanden, da sie sich nur schwer vorstellen konnten, daß »gebildete« Menschen ein anderes Ziel haben könnten als die Fortsetzung des liberalen Zivilisationsmodells. Die weitgehend manipulative Massendemokratie des 20. Jahrhunderts haben sie sicherlich nicht antizipiert. Der »Sozialstaat« Keynsianischer Prägung geht weit hinaus über das, was von den damaligen Liberalen als erstrebenswert oder überhaupt als erreichbar angesehen wurde.

In die Demokratie sind die Liberalen hineingeraten, nachdem das Bildungsideal der »aufgeklärten Nation« sich als politisch untragbar erwiesen hatte. Zuerst widerwillig, später auch prinzipiell, haben sie das allgemeine Stimmrecht akzeptiert. Dadurch wandelte sich ihre Haltung gegenüber der Politik als solcher. Der Konstitutionalismus des 19. Jahrhunderts basierte auf dem Leitbild der gebildeten Bürger, die sich über das Gemeinwohl verständigten und sodann praktische Maßnahmen zur Durchsetzung desselben ergriffen. Das war wohl immer Ideologie, aber nicht nur Ideologie. Nach der Jahrhundertwende haben die Liberalen erfahren müssen, daß Klassenkämpfe und konfessionelle Herrschaftsansprüche eine weniger schöne Welt herbeiführten. Das Ergebnis war vielfach ein Zynismus, der in der Zwischenkriegszeit zu einer inneren Schwächung des liberalen Lagers führte. Im Linksliberalismus, der die Demokratie stärker bejahte, war dies etwas weniger spürbar als im Rechtsliberalismus. Hier war auch die Abneigung gegen die konfessionellen Bestrebungen, die Niederlande zu einer »christlichen Nation« zu machen, am größten. Es blieb aber eine tiefe Ambivalenz in der Frage der Sittlichkeit und der Familie bestehen. Der freiheitliche Individualismus fand in der Praxis seine Grenzen in einer liberalen »Soziologie« oder »Kulturlehre«. Die rechtsstaatliche Freiheit, die den Homosexuellen oder sonstigen »nicht Normalen« dennoch gewährt wurde, war eben nicht das Komplement einer gesellschaftlichen Liberalität. Die Sozialpolitik des 20. Jahrhunderts hat lange von der liberalen Formel der kompensierenden Intervention gezehrt. Die konfessionellen Reformpolitiker und die Praktiker in der Sozialdemokratie haben im Grunde zunächst das linksliberale Programm vollzogen und sind erst nachher weitergeschritten. Der sozialistische Gedanke, die Arbeitslosen und Unterstützten könnten ein Recht gelten lassen, stellte aber einen Bruch mit der liberalen Tradition dar. Die Theorie des »Wohlfahrtsstaates« nach 1945 war etwas völlig Neues im Vergleich zu den liberalen Auffassungen im Zeitraum 1870 – 1940. Die maßgebenden politischen Akteure waren nach 1945 auch nicht mehr die Liberalen, die 1946 einen Tiefpunkt von 6 % der Wählerstimmen erreichten, sondern die Sozialdemokratie und der politische Katholizismus.

Anmerkungen

1 H.-U. Wehler, Modernisierungstheorie und Geschichte, Göttingen 1975, S. 29 – 30, R. Williams, Keywords, London 1983, S. 208 – 209.

2 I. Collins, Liberialism in Nineteenth-Century Europe, London (1957) 1982[3].

3 Eine kritische Betrachtung dieser ›Sonderwegsthese‹ bei H. W. von der Dunk, Zum politischen Klima in Deutschland und den Niederlanden in der Zwischenkriegszeit, in: H. W. von der Dunk / H. Lademacher (Hg.), Auf dem Weg zum modernen Parteienstaat, Melsungen 1986, S. 285 – 302.

4 Vgl. J. J. Sheehan, Der Deutsche Liberalismus, München 1983.

5 Von der Dunk / Lademacher (Hg.), Auf dem Weg zum modernen Parteienstaat, S. 9.

6 E. W. Hofstee, Korte demografische geschiedenis van Nederland van 1800 tot Heden, Haarlem 1981, S. 52 – 54.

7 Dazu: H. Daalder, Niederländische Liberale im 19. Jahrhundert – Eine herrschende, aber unorganisierte Minderheit, in: Von der Dunk / Lademacher (Hg.), Auf dem Weg zum modernen Parteienstaat, S. 45 – 46.

8 Handelingen Tweede Kamer 1873 – 1874, S. 52 – 53.

9 Teilweise entgegengesetzte Deutungen bei: J.C. Boogman, Rondom 1848. De politieke ontwikkeling van Nederland 1840 – 1858, Bussum 1978; C.H.E. de Wit, Thorbecke, staatsman en historicus, in: Thorbecke en de Nederlandse Natie, Nijmegen 1980, S. 7 – 176; S. Stuurman, Verzuiling, kapitalisme en patriarchat, Nijmegen 1983, S. 119 – 120, 142 f.

10 Ein Journalist nannte 1877 Kappeyne und Van Houten »avancierte Liberale« oder »Radikale«; er fügte aber hinzu, daß sie »glücklicherweise« keine Radikalen französischer oder deutscher Prägung waren: W.J.N. Landré, »Twee Kamerleden«, het leeskabinet, Leiden 1877, Bd. II, S. 48 – 49.

11 Dazu G. Taal, Liberalen en radicalen in Nederland 1872 – 1901, Den Haag 1980, S. 103 – 137.

12 Nach: L. Sinner, De wortels van de Nederlandse politiek. De 42 Politieke Partijen sinds 1848, Amsterdam 1973, S. 73; H. Daalder, Politieke instellingen en politieke partijen, in: F. L. van Holthoon (Hg.), De Nederlandse samenleving sinds 1815, Assen/Maastricht 1985, S. 327. Die Linksliberalen waren von 1892 bis 1901 formell organisiert im Radikale Bond, nachher im Vrijzinnig Demokratische Bond.

13 Nach den Angaben bei P. J. Oud, Het jongste verleden. Parlementaire geschiedenis van Nederland, Assen 1968, 6 Bände; I. S. 394; II. S. 307; III. S. 345; IV. S. 389; V. S. 467; VI. S. 237.

14 Vgl. für Deutschland J. C. Hess, Die Desintegration des Liberalismus in der Weimarer

Republik, in: Von der Dunk / Lademacher (Hg.), Auf dem Weg zum modernen Parteienstaat, S. 249 – 272; eine Übersicht der Forschung zur Entwicklung der nationalsozialistischen Wählerschaft in den Niederlanden bei J. Th. Minderaa, Crisis en stembus. De NSB en de Gevestigde Orde, in: H. W. von der Dunk (Hg.), In de schaduw van de depressie. De NSB en de verkiezingen van de jaren dertig, Alphen a.d. Rijn 1982, S. 21 – 65. In nationalen Parlamentswahlen erhielten die Nationalsozialisten nie mehr als 4 % der Mandate (1937); die 8 %-Grenze wurde nur einmal bei den Provinzialwahlen 1935 erreicht.

15 Die Resultate der Parlamentswahlen 1922 in % der abgegebenen Stimmen nach Wahlbezirken:

	Rechts-liberale	Links-liberale		Rechts-liberale	Links-liberale
Niederlande tot.	9,3	4,6	Dordrecht	11,7	2,0
Limburg	0,9	0,9	Amsterdam	8,0	6,7
Den Bosch	1,6	0,8	Haarlem	9,9	4,6
Tilburg	2,3	1,0	Zeeland	14,9	5,6
Nijmegen	12,2	3,0	Den Helder	11,2	15,7
Arnhem	13,7	5,7	Overijssel	7,7	5,2
Utrecht	8,0	3,4	Drenthe	11,3	7,3
Rotterdam	10,5	2,7	Friesland	10,5	4,7
Den Haag	16,4	3,5	Groningen	9,0	9,4
Leiden	9,6	2,7			

Berechnet nach den Angaben in Parlement en Kiezer XII (1922 – 23), S. 300 – 301.

16 Das ist übrigens ein internationales Phänomen, vgl. New Cambridge Modern History XI (1870 – 1898), Cambridge 1970, S. 263.

17 J. TH. J. van den Berg, De toegang tot de Tweede Kamer. De maatschappelijke herkomst van de Tweede Kamerleden 1849 – 1970, Weesp 1983, S. 49, 57, 109, 121, 134, 149, 176 – 177. Das Jahr 1937 war in Beziehung auf die Verteilung der Abgeordneten über die Berufshierarchie eine Ausnahme: nur 40 % der Liberalen kamen aus dem oberen Drittel. Im Vergleich zu Deutschland ist es bemerkenswert, daß 1928 in den Niederlanden nur 14 % der Abgeordneten aller Parteien nicht kirchlich waren, in Deutschland dagegen 30 %.

18 Die zwei großen liberalen Zeitungen, Nieuwe Rotterdamsche Courant und Algemeen Handelsblad, waren rechtsliberal (im Handelsblad kamen in den 30er Jahren auch Nationalsozialisten zu Wort). Auch im AVRO, dem liberalen Rundfunk, war dies der Fall. Die Linksliberalen verfügten über zwei Wochenzeitungen, De Haagsche Post und De Groene Amsterdamer. Nach F. van Vree, ›De vooroorlogse pers als machtsinstrument‹, Massacommunicatie VIII, 5 (oct. 1980), S. 222 – 223.

19 O. Vries, De Vrijzinnig-Democratische Bond als factor in de Nederlandse politiek (1917 – 1933), BMGN 88, 3 (1973), S. 460 – 463.

20 Oud, Het jongste verleden III, S. 84.

21 Nach J. J. L. Bosmans, Samenstelling van de Ministeries 1918 – 1968 naar het Aantal Ministerposten, in: De Confessionelen. Ontstaan en ontwikkeling van hun politieke partijen, Utrecht 1968, S. 154 – 157.

22 Oud, Het jongste Verleden V, S. 37.

23 Eine Übersicht der Liberalisierungsmaßnahmen bei P. E. Kraemer, The Societal State, Meppel 1966, S. 38.

24 Die Formulierung der sozialpolitischen Leitbilder stand in engstem Zusammenhang mit der Annäherungspolitik zwischen der neuen reformistisch-parlamentarischen Sozialdemokratie (SDAP, gegründet 1894) und dem Linksliberalismus; siehe dazu: P. de Rooy, Darwin en de strijd langs vaste lijnen, Nijmegen 1987, S. 20 – 22.

25 Zu dieser Episode: H. J. Scheffer, November 1918. Journaal van een Revolutie die niet doorging, Amsterdam 1968. Eine gleichartige Situation hatte es schon 1903 beim großen Eisenbahnstreik gegeben.

26 Oud, Het jongste verleden I, S. 119 – 120.

27 Die Rechtsliberalen gebärdeten sich 1933 eher ordnungspolitisch; der VDB warnte aber auch vor »übertriebenem Eifer« in dieser Hinsicht. J.C.H. Blom, De muiterij op de Zeven Provinciën, Utrecht 1983[2], S. 226.

28 Ich habe diesem Problemkomplex anderswo ausführlicher besprochen. Stuurman, Verzuiling, kapitalisme en patriarchaat, S. 287 – 297.

29 K. Polanyi, The Great Transformation. The Political and Economic Origins of our Time, Boston (1944) Nd. 1957, S. 56 ff.

30 Dazu L. J. Hulme, Bentham and Bureaucracy, Cambridge 1981.

31 S. van Houten in Parlamentssitzung 25. 4. 1871: Handelingen Tweede Kamer 1870 – 1871, S. 524.

32 J. Kappeyne van de Coppello, 24. 11. 1874, Handelingen Tweede Kamer 1874 – 1875, S. 275 – 276.

33 S. van Houten, De staatsleer van Mr. J. R. Thorbecke, Groningen 1872, S. 56 – 59.

34 S. van Houten, Bijdragen tot den strijd over God, eigendom en familie, Amsterdam, 1883[2], S. 11 – 12.

35 Dazu G. M. Bos / Mr. S. van Houten. Analyse van zijn denkbeelden, voorafgegaan door en schets van zijn leven, Purmerend 1952; S. Stuurman, Het »Wetenschappelijk Liberalisme« van Samuel van Houten (erscheint 1988).

36 A. H. Huussen Jr., Coalitieverbod en stakingsvrijheid, Econ. en Soc. Hist. Jaarboek VL (1982 II), S. 96 – 113. Für van Houtens Argumentationslinie: S. van Houten, De regstoestand der werklieden, Den Haag 1870. Van Houten folgte teilweise der Auffassung von W. Th. Thornton, On Labour, London 1869.

37 In einem Artikel in der Tageszeitung Het Noorden, 9. 5. 1870.

38 A. Strang, Eene historische verhandeling over de liberale politiek en het lager onderwijs van 1848 tot 1920, Utrecht 1930.

39 Dazu J. Hemels, Het dagbladzegel in de rariteitenkamer 1869 – 1969, Rotterdam/Den Haag 1969.

40 Eine Übersicht der neueren Forschung im Bereich der damaligen Frauenbewegung bei: De Eerste Feministische Golf, 6e Jaarboek voor Vrouwengeschiedenis, Nijmegen 1985.

41 S. van Houten, Over de maatschappelijke en wettelijke stelling der vrouw, Vragen des Tijds, 1878 I (Veröffentlichung schon im Herbst 1877).

42 Dazu G. Nabrink, Seksuele hervorming in Nederland, Nijmegen 1978.

43 Auskunft über die Wandlung des Eigentumsrechts bei J. Valkhoff, Een eeuw rechtsontwikkeling, Amsterdam 1938, S. 17 – 80.

44 Vgl. zum Demokratieverständnis der Liberalen in dieser Periode: J. van de Giessen, De opkomst van de democratie als leuze in Nederland, Den Haag 1948, S. 97 – 173.

45 W. Heineken, Eene nieuwe klopjacht in Duitsland, Vragen des Tijds, 1879 I.

46 B. H. Heldt im Parlament, Juni 1887, Handelingen Tweede Kamer 1886 – 1887, S. 1939 – 1941, 1970 – 1971.

47 Siehe die Übersichtsdarstellung bei Taal, Liberalen und radikalen,, S. 230 – 318.

48 A. Kerdijk am 28. 7. 1892, Handelingen Tweede Kamer 1892 – 1893, S. 1659.

49 Goeman Borgesius am 4. 8. 1893, Handelingen Tweede Kamer 1892 – 1893, S. 1752.

50 Heldt im März 1894, Handelingen Tweede Kamer 1893 – 1894, S. 822.

51 Handelingen Tweede Kamer 1893 – 1894, Bijlagen 6, Nr. 1.

52 Die Verfassung von 1887 sprach explizit vom »männlichen« Bürger. Van Houten hatte damals schon vergeblich vorgeschlagen, das Wort »männliche« zu streichen, Handelingen Tweede Kamer 1886 – 1887, S. 1212. Für die Äußerungen von Kerdijk, van Houten und Heldt zu dieser Frage im Sommer 1893, Handelingen Tweede Kamer 1892 – 1893, S. 1659, 1742 f. 1698.

53 Van Houten am 4.8.1893, Handelingen Tweede Kamer 1892 – 1893, S. 1746.
54 Taal, Liberalen en radikalen, S. 432.
55 J. S. Mill, Considerations on Representative Government, (London 1861) Indiana 1962, S. 165 – 187.
56 Handelingen Tweede Kamer 1892 – 1893, S. 1790.
57 Ebenda, S. 1834.
58 Handelingen Tweede Kamer 1893 – 1894, S. 754.
59 Taal, Liberalen en radikalen, S. 532.
60 Ebenda, S. 509.
61 Ebenda, S. 525.
62 Vries, De Vrijzinnig-Democratische Bond, S. 446– 447.
63 Dazu N.E.H. van Esveld, Treub. Over de drempel der nieuwe samenleving, Assen 1958, S. 57 – 69.
64 Eine zeitgenössische Beurteilung aus linksliberaler Sicht bei: L. van Oeveren, Ontstaan, beginselen en program der Vrijzinnig Democratische Partij, Leiden 1902, S. 18: »Auf lange Sicht war es den Vorkämpfern tiefgreifender Reformen unmöglich, in einem Verband zu bleiben mit Männern, die völlig andere Ansichten über die gesellschaftliche Fragen hatten...«. Die links-rechts-Spaltung des Liberalismus war übrigens eine internationale Erscheinung, was von Taal nicht berücksichtigt wird.
65 A.C.J. de Vrankrijker, Belastingen in Nederland 1848 – 1893, Haarlem 1967.
66 J. Verhoef, Kiesstelsels en politieke samenwerking in Nederland 1888 – 1917, Acta Politica VI (1971), S. 267.
67 W. H. Posthumus van der Goot, Van moeder op dochter. De maatschappelijke positie van de vrouw en radikalen, S. 525; J. Blok e.a., Vrouwen, Kiesrecht en arbeid in Nederland 1889 – 1919, Groningen 1977.
68 Posthumus van der Goot, Van moeder op dochter, S. 97.
69 Ebenda, S. 139.
70 M. Everard, Het burgerlijk feminisme van de eerste golf: Annette Versluys-Poelman en haar kring, 6e Jaarboek voor Vrouwengeschiedenis, Nijmegen 1985, S. 106 – 137.
71 M.W.H. Rutgers-Hoitsema, De Vereeniging voor Vrouwenkiesrecht (1914), Socialisties-Feministiese Teksten 9, Baarn 1986, S. 129 – 130.
72 Zahlen für die Niederlande: Posthumus van der Goot, van moeder op dochter, S. 142 – 146, S. 156; Rutgers-Hoitsema, De Vereeniging voor Vrouwenkiesrecht, S. 133 – 143. Für Deutschland: R. Evans, The Feminists. Women's Emancipation Movements in Europe, America and Australasia 1840 – 1920, London 1977, S. 109.
73 Dazu ausführlich: Stuurman, Verzuiling, kapitalisme en patriarchaat, S. 225 – 236.
74 Van Houten, Bijdragen tot den Strijd over God, Eigendom en Familie, S. 241.
75 Taal, Liberalen en Radikalen, S. 124.
76 Posthumus van der Goot, Van moeder op dochter, S. 271.
77 Ebenda, S. 275.
78 Handelingen Tweede Kamer 1879 – 1880, Bijlagen I, Nr. 47; Handelingen Tweede Kamer 1880 – 1881, S. 209 ff.
79 M. Salden, Artikel 248 bis Wetboek van Strafrecht. De Geschiedenis van een strafbaarstelling, Groniek 6 (1980), S. 38 – 48.
80 So der Jurist G. A. van Hamel (Unie-Liberalen), Handelingen Tweede Kamer 1910 – 1911, S. 1529.
81 Minister E.R.H. Regout, Handelingen Tweede Kamer 1910 – 1911, S. 1566.
82 So P. J. Troelstra, ebd., S. 1543. Troelstra verwies auch auf die Debatte über Paragraph 175 in Deutschland.
83 Treub, Ebenda, S. 1445 – 1451.
84 Ebenda, S. 1567.
85 Ebenda, S. 1523.

86 Ebenda, S. 1490. Die Mehrheit der Liberalen stimmte für einen Zusatz, in dem für Veröffentlichungen »im Interesse des Allgemeinwohls, der Kunst und der Wissenschaft«
eine Ausnahmeregelung getroffen wurde; der Zusatz wurde aber verworfen, ebd.,
S. 1484.

87 J. de Bruijn, Geschiedenis van de abortus in Nederland, Amsterdam 1979, S. 92 – 93.

L. Albertin

Liberalismus und Liberale in Staat und Gesellschaft
Theoretische Positionen und praktische Politik
im Deutschland des 19. und 20. Jahrhunderts

1. Staat und Verwaltung in den preußischen »Reformen von oben«

Der deutsche Frühliberalismus kennt bekanntlich viele Wurzeln und Erscheinungen. Einer seiner Bestimmungsgründe ergab sich immer unter der Frage, welche Rolle der Staat wahrnahm, soweit er Bedingungen für die Freisetzung und Entfaltung individueller und gesellschaftlicher Freiheit schuf und zuließ sowie rechtlich regelte und kraft seiner Zwangsgewalt gewährleistete. Ungeachtet aller Wirkungen aus der amerikanischen und europäischen Politik- und Ideengeschichte, zeigt die Genesis des deutschen Liberalismus eine charakteristische Variante: die starke Rolle des absolutistischen Staates, der sich Elemente der Aufklärung zu eigen macht und sie bei der rechtlichen und praktischen Gestaltung seiner Sozial- und Wirtschaftsordnung sowie des staatlichen Lebens berücksichtigt. Soweit dieser Prozeß, Stufen oder Bausteine in der Geschichte des Liberalismus hervorbrachte, spiegeln diese einen zeitlichen Vorsprung des Staates gegenüber anderen Organen, Institutionen und gesellschaftlichen Kräften. Dieser Vorsprung prägt die weitere Entwicklung auch inhaltlich. Die preußischen Reformen nach dem Zusammenbruch 1806/07 bieten dafür ein hervorstechendes Beispiel.[1]

Schon das Preußen Friedrichs II. trifft einige Maßnahmen zur Modernisierung von Wirtschaft und Verkehrswesen und trägt zur Fortbildung des Rechtswesens bei, die dann in der Kodifikation des Allgemeinen Landrechts 1794 ihren vorläufigen Abschluß findet. Es ist die fürstliche Gewalt, die die als liberal geltenden Schritte initiiert und zu ihrer Begründung Ideen und Ratgeber nach eigenem Ermessen auswählt.

In den preußischen Reformen sind es dann der monarchische Staat und seine Verwaltung, die tätig werden. Es handelt sich um überlegte, gestaltende Interventionen; der Staat konzipiert und exekutiert sie. Der Liberalismus ist daran ideell und personell beteiligt, aber er hat keinen anderen institutionellen oder sozialen Ort als den Staat. Für das spätere klassische Liberalismusverständnis, das – wenigstens in der Theorie – einen Dualismus von Staat und Gesellschaft annahm, war diese einseitige staatliche Trägerschaft der Reformen ebenso erklärungsbedürftig wie für den Historiker.

Mit den preußischen Reformen ist die Pflege eines Tugendkatalogs eng verknüpft. Sie bildet gleichsam deren sozialethische Dimension, mit deren Hilfe das Individuum staatsbürgerlich eingebunden werden soll, und wird bereits von Friedrich II. vorbereitet. Aus heutiger Sicht ließe sich diese Rolle des Staates in der folgenden Weise deuten:

- Die Tugenden, die bald zu den preußischen oder deutschen Tugenden wurden – und die der Staat dann repräsentierte –, waren eigentlich »klassische« Bürgertugenden, besonders in ihrer radikalen, calvinistischen Ausprägung. Friedrich Wilhelm hatte als Kronprinz ihre Leistungsfähigkeit in den Niederlanden beobachtet, wo sich diese »Gesellschaft« in beispielhafter Form entwickelt hatte.[2]
- Es gab indessen in Preußen keine Gesellschaft, die aus sich heraus, als soziale Bewegung, die Entfaltung des Individuums und der staatsbürgerlichen Gesellschaft betrieben hätte. So bestand für die »Verwirklichung des preußischen Tugendmodells nur eine Chance: seine Verstaatlichung«.[3]

Das heißt, der Staat trat in ein soziales Vakuum ein und erfüllte – gleichsam substitutiv – eine Aufgabe, die für seine Entwicklung insgesamt nützlich erschien. Dies gilt auch für seine materiellen Reformen. Er nahm dazu ständische Kräfte in Pflicht und setzte weitere Kräfte einer künftigen bürgerlichen Gesellschaft frei. Für Preußen hat Reinhart Koselleck diese »geplante soziale Umwälzung« eingehend untersucht: die »große Rahmengesetzgebung« bis zur Bildung der Provinzialstände, exekutive Schritte zur Bauernbefreiung und Besitzumschichtung sowie die schließlichen Bemühungen, die sich bildende Gesellschaft politisch einzubinden.[4]

Gleichzeitig reformierte sich der Staat in seiner eigenen Verwaltung und verhalf seinen Beamten zu einer herausragenden Stellung. Die Hegelsche Rechtsphilosophie lieferte dafür bald die analytischen und legitimatorischen Kategorien.

- Die leitenden Kräfte der Staatsverwaltung stärken ihre Stellung gegenüber dem König.
- Die Qualität der Arbeit bringt den Beamten im allgemeinen Zuwachs an Kompetenz und Ansehen im öffentlichen Leben.
- Sie betreiben Regierungsgeschäfte, die (nach Hegel) »objektiver, für sich ihrer Substanz nach bereits entschiedener Natur« sind (Rechtsphilosophie § 291).[5]
- Die besonderen Staatsgeschäfte der Behörden »machen einen Teil der objektiven Seite der dem Monarchen innewohnenden Souveränität« aus (§ 293). Sie dienen der »Festhaltung des allgemeinen Staatsinteresses und des Gesetzlichen« (§ 289).
- Die Beamten bilden den »Hauptteil des Mittelstandes« (§ 297). In diesem treffen sich »gebildete Intelligenz« und das »rechtliche Bewußtsein der Masse eines Volkes«.
- Das strukturelle Gesamtgefüge übt aber auch Kontrollfunktionen aus. Ihre »Bildung und Geschicklichkeit« werden, wie es in der Rechtsphilosophie heißt, »durch die Institutionen der Souveränität von oben herab und der Korporationsrechte von unten« vor Mißbrauch bewahrt (§ 297, Vgl. § 295).
- Der Kern dieses Beamtenethos ist auf den Staat bezogen. »Pflichtmäßige Leistung« im amtlichen Beruf des Staatsdienstes verlangt vom Individuum die »Aufopferung selbständiger und beliebiger Befriedigung subjektiver Zwecke« (§ 294).[6]

Diese Betonung des Pflichtgedankens herrschte auch vor, wo Liberale ihre Vorstellungen von den Beziehungen zwischen Individuum und Staat entwickelten und Grundrechtsforderungen aufstellten. Im Unterschied zur angelsächsischen

Tradition (Locke) trat die individuelle Freiheit hinter die Staatsgewalt zurück. Die nach und nach formulierten naturrechtlichen Freiheiten wurden nicht als vorstaatliche, unveräußerliche Menschenrechte definiert, sondern als bürgerlicher Freiheitsraum, den der Staat durch seine Zwecke und Funktionen nicht besetzte und den er gewährleistete;[7] die Verknüpfung von Rechten mit Pflichten gegenüber dem Staat, war – verglichen mit ausländischen Entwicklungen – in Deutschland am stärksten ausgeprägt. Diese Auffassung vom Staat, der Rechte gewährte und schützte, und zugunsten seiner allgemeinen Zwecke (öffentliche Ordnung und Wohlfahrt) seinen Untertanen staatsbürgerliche Pflichten (Verteidigung, Steuerwesen u.a.m.) abverlangte, wirkte im gemäßigten Liberalismus lange nach.

2. Der Gesellschaftsbegriff bei Hegel
– Handlungsorientierung für die Liberalen?

Die Hegelsche Rechtsphilosophie bestimmte weitere Merkmale des Staates, indem sie die Gesellschaft sowohl von ihm abhob als auch mit ihm verknüpfte.

- Die bürgerliche Gesellschaft beruht auf einem »System der Bedürfnisse«, der Arbeit und der Bedürfnisbefriedigung. Sie ist »Kampfplatz des individuellen Privatinteresses aller gegen alle« (§ 289). Sie droht insofern zur Klassengesellschaft zu werden; der Staat muß ihr, als Rechts- und Verfassungsstaat, Grenzen setzen.
- In der Gesellschaft selber verwalten aber auch die »Korporationen« (der Gemeinden, Gewerbe und Stände)[8] »unter der Aufsicht der öffentlichen Macht« (§ 252) die gemeinschaftlichen besonderen Interessen (§ 288); und es ist ihr »Korporationsgeist«, der sie mit den allgemeinen Zwecken des Staates vermittelt. Dieser Vorgang wird von Hegel in einer aufschlußreichen Weise gekennzeichnet:

»Der Korporationsgeist, der sich in der Berechtigung der besonderen Sphären erzeugt, schlägt in sich selbst zugleich in den Geist des Staates um, indem er an dem Staate das Mittel der Erhaltung der besonderen Zwecke hat. Dies ist das Geheimnis des Patriotismus der Bürger nach dieser Seite, daß sie den Staat als ihre Substanz wissen, weil er ihre besonderen Sphären, deren Berechtigung und Autorität wie deren Wohlfahrt, erhält. In dem Korporationsgeist, da er die Einwurzelung des Besonderen in das Allgemeine unmittelbar enthält, ist insofern die Tiefe und die Stärke des Staates, die er in der Gesinnung hat« (§ 289).

Dies mutet wie eine utilitaristische Erklärung der gesinnungsmäßigen Zuwendung des Bürgers zum Staat an, der seinerseits die von den Korporationen »verwalteten« Privatinteressen schützt. Es ist nicht verwunderlich, daß Karl Marx in seiner Kritik der Hegelschen Rechtsphilosophie diese Aussage mit spitzer Ironie aufgenommen hat.[9]

Der Korporationsbegriff, wie ihn Hegel letztlich als Moment seiner Staatsidee sah, öffnete sich nicht der gesellschaftlichen Idee und Wirklichkeit des Vereinswesens im Frühliberalismus.[10] Dieses entfaltete sich zwar als eine bewegende

Kraft unter liberalen Vorzeichen, wurde aber von vielen beamteten Angehörigen des sogenannten »Staatsliberalismus«, die in Hegelschem Denken befangen waren, nicht wahrgenommen, jedenfalls nicht gefördert. Natürlich leisteten die vielfachen Verhärtungen der Politik in den Einzelstaaten des Deutschen Bundes unter Metternichs Einfluß dieser Tendenz Vorschub.

Die Ständeparlamente blieben zwar noch, folgt man Werner Conze, »verfassungsrechtlich erlaubte Rednertribünen für liberale Freiheitsforderungen«, insbesondere seitens der Akademiker und Beamten.[11] Die Befürworter und Nutznießer wirtschaftsliberaler Auffassungen im Großbürgertum traten aber im Laufe der Industrialisierung erst nach und nach in Erscheinung, artikulierten sich im politischen Leben sporadisch und spät und bevorzugten zudem andere Themen. Ihre innerliberalen Interessenkonflikte mit dem mittelständischen Handwerk und Gewerbe zeichneten sich schon langsam ab – nicht aber eventuelle Lösungen.

Soweit einzelne Gruppen die Identität einer liberalen Gesellschaft suchten, die in Programmatik und Aktion ihr Verhältnis zum Staat zu bestimmen hatte, erwies sich die bloße Beharrung in der idealistischen Staatsphilosophie als wenig hilfreich.

3. Die »Sozialsphäre« bei Robert von Mohl

In dem Maße wie sich die Interessen von Kapital und Arbeit herausbildeten, erwies sich die Begrifflichkeit für Liberale als untauglich, die Entwicklung zu beschreiben sowie die eigene Stellung und die eigenen Handlungschancen auszumachen. Die liberalen Theoretiker machten verschiedene Anstrengungen, um ihren Bezugsrahmen den Wandlungen anzupassen.

Robert von Mohl nimmt »sociale Lebenskreise« wahr, in denen Individuen jeweils partiell mediatisiert werden, und ergänzt sein dichotomisches Modell von Individual- und Staatssphäre um die »Sozialsphäre«.[12] Während er den liberalen Staatsbegriff definitorisch zunächst konstant hält, differenziert er den analytischen Zugang zu gesellschaftlichen Phänomenen, ermöglicht empirische Zugriffe und bewahrt darüber hinaus den Begriff vor seiner dogmatischen Verengung.

Er meint zwar, daß diese bürgerliche Gesellschaft ihre Spannungen selbst reguliert,[13] sieht aber auch in den revolutionären Ereignissen von 1848/49 eine »Gesellschaft« hervortreten,[14] die Sprengkraft hat und in ihre Forderungen den Wandel staatlicher Strukturen, Zwecke und Ziele einbezieht.

Mohl ist ein Staats- und Verwaltungsrechtslehrer, dessen juristisches Systematisierungsinteresse und dessen liberale Grundorientierung am Dualismus von Staat und Gesellschaft in einen fruchtbaren Widerspruch zu seinen sozialwissenschaftlichen Betrachtungsweisen und wohl auch einer damit verbundenen sozialen Sensibilisierung geraten. Wenn er die »zeitgenössische polemische Antithese« von »Polizeistaat« und »Rechtsstaat« aufheben will und den ersten nahezu auf die gesamte innere Verwaltung ausdehnt, so verbergen sich, wie Eckart Pankoke gezeigt hat, bei der Behandlung der »Massen-Armuth« hinter den »negativen Formeln« im Sinne einer generell gefaßten, auf Abwehr oder Beseitigung von Hindernissen für das Individuum gerichtete Staatstätigkeit, »positive Akte materialer Gerechtigkeit«.[15] Mohl hat später darauf insistiert, daß die »Arbeiterfrage« und somit die »sociale Frage« innergesellschaftlich, ohne den Staat lösbar sei: seitens der »unternehmenden und besitzenden Klassen« durch sozialethische Disziplinierungen ihres Profitinteresses, seitens der Arbeiter durch genossenschaftliche Zusammenschlüsse.[16] Diese Grundauffassung hat sich – mit zahlreichen Varianten – in verschiedenen Gruppierungen des Liberalismus des 19. Jahrhunderts lange gehalten. Traditionelle Ideen, formalistische Denkschulung und sozio-ökonomische Interessen gingen dabei vielfältige Mischungen ein.

Die alternative Auffassung war indessen ebenfalls angelegt und sollte auch von Liberalen fortgebildet werden: Der Staat verliert seine enge Bestimmung und wird auf vielfältige Weise Adressat, Initiator, Garant und Repräsentant liberaler Ideen, Ziele und Forderungen; er nimmt liberale Merkmale an, aus eigenem Antrieb oder unter Einfluß von außen.

4. Der Staat als »soziale Verwaltung« bei Lorenz von Stein

Lorenz von Stein veränderte die Konstellation Staat und Gesellschaft entscheidend. Letztere trägt Klassenkämpfe aus, in denen partikulare Bewegungen die Macht im Staate erstreben, jedenfalls in den Dienst ihrer Interessen zu nehmen suchen. Der Staat ist demgegenüber zuständig für die geschichtliche Totalbewegung im Sinne eines Fortschritts der Freiheit und somit des sozialen Fortschritts. Die »Selbstbehauptung der Staatsgewalt gegenüber dem Ansturm der Interessen entscheidet über das Maß an Freiheit, das in einer bestimmten Situation gesichert werden kann.«[17]

Der Staat soll durch »soziale Verwaltung« dieses Ziel verfolgen. Carlo Schmid nennt die Verwaltungslehre Lorenz von Steins das »großartigste Unternehmen, die Tätigkeit des Staates auf seinen einzelnen Gebieten darzustellen«.[18] Sie verbindet für Ernst Forsthoff den sozialen Auftrag mit dem Rechtsstaat.[19]

Stein hat sein einfaches Klassenkonfliktmodell seit den fünfziger Jahren mehr und mehr revidiert und namentlich in dem empirisch untersuchten wirtschaftlichen und sozialen Vereinswesen einer pluralistisch strukturierten Gesellschaft Bezugspunkte für deren freiwillige Beteiligung an den »öffentlichen« Funktionen sozialer Reform markiert.[20]

Während Lorenz von Stein gleichwohl an der maßgeblichen sozialpolitischen Rolle des Staates festhielt, hat Hermann Schulze-Delitzsch – in Fortbildung des frühliberalen Vereinsbegriffs – ganz auf das staatsfreie Genossenschaftswesen gesetzt. Es sollte – etwa im Einkaufs-, Verkaufs- und Kreditwesen – dem mittelständischen Handwerk die Behauptung und Anpassung im Rahmen industriekapitalistischer Strukturen ermöglichen.

Bekanntlich hat Ferdinand Lassalle heftig und ausführlich darauf reagiert. Er sah in diesem harmonisch orientierten gesellschaftlichen Selbsthilfekonzept nur eine »Verlängerung des Todeskampfes« für den Mittelstand und versprach sich dagegen mehr von der Staatshilfe für sein Modell der industriellen Produktiv-Assoziationen.[21]

Bei Lassalle finden sich, dank seiner polemischen Schärfe, auch die simplen, polemisch zugespitzten Aussagen über den »Nachtwächterstaat« des Liberalismus, den es in Wirklichkeit nie so gegeben hat, der aber zum agitatorischen Arsenal der zeitgenössischen Auseinandersetzung gehört. Für die Bourgeoisie besteht demnach der »sittliche Staatszweck« »ausschließlich und allein darin, die persönliche Freiheit des einzelnen und sein Eigentum zu schützen«:

»Dies ist eine Nachtwächteridee (...) deshalb, weil sie sich den Staat selbst nur unter dem Bild eines Nachtwächters denken kann, dessen ganze Funktion darin besteht, Raub und Einbruch zu verhüten. Leider ist diese Nachtwächteridee nicht nur bei den eigentlichen Liberalen zu Haus, sondern selbst bei vielen angeblichen Demokraten....«.[22]
»Diese Staatsidee«, fügte Lassalle hinzu, »welche den Staat eigentlich ganz aufhebt und ihn in die bloße bürgerliche Gesellschaft der egoistischen Interessen umwandelt, ist die Staatsidee des Liberalismus und von ihm historisch produziert.«[23]

Schrieb Lassalle demgegenüber (in seinem »Arbeiterprogramm«) dem Staate die Funktion zu, die »Entwicklung des Menschengeschlechts zur Freiheit zu vollbringen«,[24] so erntete er dafür bei Karl Marx nur Hohn und Spott: »Sozialistisches Eingreifen eines Staates Preußen« sei »Unsinn«.[25] Marx bezweifelte anläßlich der Diskussion über die Gewerbeordnung im preußischen Landtag, daß Preußen Koalitionen und, als ihre Folge, »trade unions« zulassen werde. Sosehr er jedes Arrangement mit dem preußischen Staat aus prinzipiellen Gründen ablehnte (»Die Arbeiterklasse ist revolutionär oder sie ist nichts«), sosehr betonte er damals doch andere, mit der liberalen Fortschrittspartei gemeinsam zu vertretende Gründe, diesem Staat die Koalitionsfreiheit abzuverlangen: sie breche mit Polizeiherrschaft und Bürokratismus, mit Gesindeordnung und »Adelsherrschaft« auf dem Lande, mache »Untertanen« mündig.[26]

Zu dieser Zeit war die publizistische Diskussion reich an Positionen und Kontroversen. Die Liberalen, die sich politisch organisierten, haben sie aber kaum verarbeitet. So blieben sie ziemlich hilflos angesichts der Verschärfung der wirtschaftlichen und sozialen Gegensätze. Ihre Nichtteilhabe an staatlicher Macht förderte ihre Unbeweglichkeit. Der verfassungspolitische Konflikt in Preußen einerseits und die sich abzeichnende Dynamik der Bismarckschen Einigungspolitik andererseits wurden nicht zu einer geistigen Herausforderung für sie, sondern trugen zu ihrer Spaltung (1866) bei.

Von der Reichseinigung waren die Liberalen in ihrer großen Mehrheit fasziniert. Theodor Schieder hat ihre Beteiligung an der Einführung und Gestaltung der Sedanfeier untersucht und auf das sozialpsychologische Forschungsdesiderat hinsichtlich der Stimmungen an der Basis hingewiesen.[27]

5. Der Testfall der Nationalitätenfrage

Neben der Frage, inwieweit der Liberalismus kollektive Bewußtseinslagen beeinflußte und zum Ausdruck brachte, bleibt die andere, welche programmatischen
Erwartungen er an den aus der Reichsgründung hervorgegangenen Staat hatte
und wie er sie politisch zur Geltung brachte. Diese Frage eröffnet ein weites, vielfach untersuchtes Feld. Stuurman geht in seinem Beitrag auf Kernprobleme ein.
Sie sind in der Regel schon von den damaligen Zeitgenossen mittels der Stichworte »Einheit« und »Freiheit« politisch thematisiert und differenziert worden.

Die Nationalliberale Partei eröffnete 1867 ihren liberalen Sonderweg, indem sie
in ihr Gründungsprogramm die Devise aufnahm, »daß die nationale Einheit nicht
ohne die volle Befriedigung der liberalen Ansprüche des Volkes erreicht und dau-
ernd erhalten, und daß ohne die tatkräftige und treibende Macht der nationalen
Einheit der Freiheitssinn des Volkes nicht befriedigt werden kann«.[28] Sie sah im
Norddeutschen Bund den »ersten unentbehrlichen Schritt auf der Bahn zu dem in
Freiheit und Macht gefestigten deutschen Staate«.[29] Wie tragfähig war der Schlüs-
selbegriff der »Freiheit« bei der innerstaatlichen Gestaltung für die Liberalen, wo
es um seine äußerste Belastbarkeit ging? Wie definierten und praktizierten sie den
anderen Begriff der auf »Einheit« bezogenen »Macht«, wo Stellung und Politik des
Staates im Rahmen der internationalen Beziehungen bestimmt werden mußten?

Zu den Bereichen, die in dem »unvollendeten Nationalstaat« der Gestaltung
bedurften, gehörte die Politik gegenüber fremden Nationalitäten im Reich. Der
Liberalismus war hier aufgrund seiner Ideentradition unausweichlich involviert.
Was hielt er für diesen Testfall bereit? Was war geblieben von der »kosmopoliti-
schen« Aufgeschlossenheit für die Entfaltungsrechte aller Völker im Vormärz,
etwa im Sinne Herders? Gab es eine Fortschreibung einschlägiger Gedanken und
die daraus resultierende Fähigkeit, den aktuellen Problemdruck als eine spezifische geistige Herausforderung an den Liberalismus zu beantworten?
Folgt man Theodor Schieder, so haben die »von Hegel ausgehenden Anhänger des
gemäßigten Liberalismus« schon in der Frankfurter Paulskirche »ihren Willen
gezeigt, den nationalen Staat nur als starken Staat zu begründen«:[30] »Es gab in
Frankfurt nur noch nationalkulturelle Toleranz im Rahmen eines nationaldeut-
schen Staates«.[31] Schieder sieht eine Erklärung schon bei der Hegelschen Philosophie, »unter deren Einfluß die Idee vom Königtum als dem neutralen Mittler über
den sozialen Klassen ausgebildet worden war«: sie habe »nicht dazu geführt, die
Überordnung des Staates und der Krone über die gesellschaftlichen Gruppen
auch auf die Nationalitäten auszudehnen«.[32]

Es bleibt zu fragen, ob dies bei Hegel überhaupt angelegt war, ob nicht vielmehr
schon die Idee vom neutralen Königtum über den Klassen Hegels Definition und
Konzept der »fürstlichen Gewalt« wesentlich widerspricht – es sei denn, die Dia-
lektik wird leer, nicht im substantiellen Zusammenhang gebraucht. Und auch das
notwendige Pendant zur neutralen Mittlerstellung von Staat und Krone, die Koalitionsfreiheit, die Freiheit, in Vereinigungen bestimmte Bedürfnisse und Forderungen in der Gesellschaft und gegenüber dem Staat zu vertreten, findet sich bei
ihm nicht, wie oben gezeigt wurde.

Es mag dahingestellt bleiben, wie ergiebig hier Hegel selber, als Quelle, bei authentischer Interpretation, tatsächlich war. Jedenfalls hat die verkürzte Rezeption seiner überhöhten Staatsidee bei seinen liberalen Epigonen, die Neigung, beim wirklichen Staat die Sittlichkeit vorauszusetzen, auf deren Verwirklichung seine Anstrengungen erst historisch gerichtet sein sollten, Bündnisse partikularer Interessen mit der Macht des Staates erleichtert.

Der preußische Staat bedurfte gewiß – woran anläßlich des 200. Todestages Friedrichs II. erinnert wurde – im Vergleich mit großen Nachbarn – der territorialen Auffüllung und Arrondierung. Mit diesem Merkmal seiner Entwicklung hing zusammen, daß er gegenüber seinen Nationalitäten wenig diskriminierte. Und auch der preußisch-deutsche Staat Bismarcks hat auf diesem Felde, etwa in der in den 70er Jahren beginnenden Sprachassimilationspolitik »Zurückhaltung«[33] geübt. Die weit darüber hinausgehenden Forderungen in der Sprachenpolitik gegenüber den Polen hatten ihre eigentlichen Triebkräfte in gesellschaftlichen Gruppierungen. Diese haben hauptsächlich – in partei- und vereinspolitischen Formationen – ein Nationalgefühl verbreitet, das immer aggressiver wurde und sich in vielfacher Weise mit imperialistischen und militaristischen Elementen vermengte.

Der Liberalismus hatte daran wachsenden Anteil. Er führte aber auch – namentlich in seinen linksliberalen Segmenten – Haltungen mit, die in der parlamentarischen und publizistischen Auseinandersetzung die ethischen und rechtlichen Prinzipien des »reinen« Liberalismus ins Spiel zu bringen suchten. Freilich blieben dies in der Regel punktuelle Aufwallungen, deren Motivation und Kraft nicht ausreichten, um sich in organisierten Bestrebungen wirkungsvoll fortzusetzen.

Zu den Gründen dieser Schwäche gehörte auch die Stagnation der Theorie. Der Liberalismus konnte mit einer aktualisierten, auf die großen innen- und außenpolitischen Probleme des »Nationalstaats« eingestellten Staatstheorie nicht aufwarten. Der positivistische Ausbau des Rechtsstaates bis zur kasuistischen Rechtspraxis befriedigte die meisten Liberalen, so daß ihnen die Möglichkeit, eine materiale Staatstheorie im Sinne der Ziele einer »inneren Reichsgründung« zu konzipieren, aus den Augen geriet. Dies traf für die verschiedenen Felder der sozialen Frage ebenso zu wie für die Nationalitätenfrage.

6. Die Macht des Staates in den internationalen Beziehungen

Auch die Rolle des Staates auf der Ebene internationaler Beziehungen, seine Ziele und Grenzen wurden nicht konzeptionell diskutiert oder gar öffentlich zur Diskussion gestellt. Anknüpfungspunkte dafür gab es sowohl in der philosophischen und völkerrechtlichen Tradition des Liberalismus als auch vor oder nach konkreten Weichenstellungen auswärtiger oder für die Außenwirtschaftsbeziehungen relevanter Politik, beispielsweise wenn es um Rüstung, um Freihandel oder Schutzzoll ging, um Kolonialerwerb oder um die Bismarcksche Linie einer europäischen Gleichgewichtspolitik.

Ersatz dafür schien ein Verständnis von Macht zu bieten, das mit den diffusen Gefühlskomplexen einer »Nation« beladen war, die sich verspätet in den Kreis der großen Mächte einzufädeln suchte und dabei die auswärtige Politik zu überhitzter Beschleunigung drängte. Törichte und verantwortungslose Äußerungen des letzten deutschen Monarchen, dessen verfassungsrechtliche Stellung nicht ausreichend eingebunden war, kamen solchen unausgegorenen Erwartungen entgegen.

Versuche liberaler Politiker und Publizisten, sich von außenpolitischen Staatszielen ein Bild zu machen, das Handlungsorientierung gab, liefen hinter den verschiedenen imperialistischen Strömungen eher hinterher,[34] gerieten in ihren Sog oder schufen sogar neue Varianten davon, als daß es ihnen gelang, eine internationale Ordnung vorzustellen, die noch mit Prinzipien aus der liberalen Tradition vermittelt war.

Versuche, diese Vermittlung zu besorgen, gab es auch. Sich daran zu erinnern, heißt freilich auch, nach den Gründen ihrer mangelnden Durchsetzungsfähigkeit zu fragen. Im Rückgriff auf das Gedankengut der europäischen Revolutionen von 1848 hat beispielsweise die Süddeutsche Volkspartei auf ihrem Münchener Delegiertentag 1895 den Leitsatz in ihr Programm aufgenommen: »Die Volkspartei ist eine Partei des Friedens. Sie erkennt im Krieg und im Militarismus die schwerste Schädigung des Volkswohlstandes, wie der Kultur- und Freiheitsinteressen. Sie erstrebt einen Friedens- und Freiheitsbund der Völker«.[35] Verschiedene Motive laufen hier offenbar zusammen, und manche Liberale glaubten, den Staat, der für die Wohlfahrt seiner Bürger zuständig war, am ehesten auf national-ökonomische Motive festlegen zu können. So vollzogen sie unter dem Eindruck der steigenden Kosten in den verschiedenen Rüstungsbereichen auch die argumentatorische Ausdifferenzierung des Begriffs Volkswohlstand, vor dessen »schwerster Schädigung« durch Krieg und Militarismus das oben zitierte Programm der Volkspartei gewarnt hatte. Daß die wachsende Interdependenz der Volkswirtschaften auf dem Weltmarkt, die Größenordnungen von erreichtem und erstrebtem Volkswohlstand, die komplexen Zusammenhänge von Produktion, Lohn- und Preispolitik im Hochkapitalismus, wie dessen Konjunkturbewegungen und Krisen jedenfalls die Absurdität von Kriegen – und auch von Aufrüstung – beweisbar machten, wurde zunehmend thematisiert.

Gegenüber Kosten-Nutzen-Erwägungen, die vor diesem Hintergrund angestellt wurden, verloren die geläufigen Vorwürfe, es handele sich um den naiven Optimismus und Illusionismus von »Friedensaposteln«, an Agitationskraft. Auch die herrschende Politik reagierte darauf, wie die erste Haager Konferenz zeigte, empfindlicher.[36]

Das Einigungsprogramm der linksliberalen Fortschrittlichen Volkspartei fügte die völkerrechtliche Dimension ausdrücklich hinzu. Es verlangte: »Förderung der Bestrebungen auf Annäherung der Völker zu gemeinsamer Kulturarbeit und zur gleichmäßigen Erleichterung der Rüstungslast, Ausbau des Völkerrechts und der internationalen Schiedsgerichtseinrichtungen zum friedlichen Ausgleich entstehender Streitigkeiten.«[37]

Als Subjekt des Völkerrechts war der Staat maßgebliche Bezugsinstanz aller rechtlichen Konzepte und Bestrebungen internationaler Friedenssicherung. Liberale Gelehrte und Politiker waren hier stark beteiligt. Es ist bemerkenswert, wie sehr aber erstere den Staat als eine Rechtsfigur betrachteten, die losgelöst von ihrer politischen und sozialen Bedingtheit handlungsfähig sei, und letztere darauf vertrauten, daß die für die auswärtige Politik zuständige Staatsgewalt dank ethischer Substanz und wohlverstandener Staatsräson friedensfähig sei. Solche liberale Anhänger eines »modernen organisatorischen Pazifismus« (Walther Schükking) neigten dazu, die Wirkung internationaler Verträge und Resolutionen, wie sie aus den Konferenzen in Haag (1899 und 1907) oder der gut besuchten Londoner Konferenz der Interparlamentarischen Union (1906) hervorgingen, zu überschätzen. Sie versprachen sich auch von ihren eigenen informellen Kontakten mit Gleichgesinnten im Ausland und ihren punktuellen Aktivitäten bei außen- und budgetpolitischen Gelegenheiten im Deutschen Reichstag mehr Erfolg, als angesichts des Einflusses mobilisierter Massen auf die auswärtige Politik noch erwartet werden durfte.

Die liberalen Pazifisten wollten dem Frieden dienen, ohne die Massen zu bewegen. Gegen eine Allianz mit der Sozialdemokratie sprachen schon die eigenen Interessen und Berührungsängste. Massenbewegungen als Mittel der auswärtigen Politik erschienen ihnen aber auch prinzipiell dysfunktional. Ihre alternativen Konzepte einer Demokratisierung dieses Politikbereiches nach dem Ersten Weltkrieg meinte dessen Parlamentarisierung, die 1917 eingeleitet worden war.[38]

7. Die »Parlamentarisierung« des Staates

Wollten die Liberalen Ziele in der Innen- und Außenpolitik verfolgen, so sahen sie sich hauptsächlich auf den Deutschen Reichstag verwiesen. Dieser war aber – wie die Parlamente in den Einzelstaaten – das Organ, das am meisten einer verfassungspolitischen Fortbildung bedurfte. Wie haben sich die Liberalen dafür engagiert? Was haben sie erreicht?

Die meisten Formationen und Anhänger des Liberalismus schleppten letztlich Spuren eines verflachten, sozialhistorisch wenig reflektierten Staatsbildes aus der idealistischen Philosophie mit, in dem die Souveränität obrigkeitlicher Gewalt und die Sphäre hoheitlicher Staatstätigkeiten ein höheres Ansehen genossen als die Kompetenzen und Funktionen des Parlaments. Diese Staatsgläubigkeit war gleicherweise Ursache und Folge des langsamen Tempos im Parlamentarisierungsprozeß des Kaiserreiches. Ihre Beständigkeit war um so erstaunlicher, als der Wilhelminische Staat seine leitenden Positionen in Regierung und Verwaltung, insbesondere der preußischen, hauptsächlich Adel und konservativen Kreisen vorbehielt.[39]

Das deutsche Reichsparlament behielt konstitutionelle und praktische Schwächen fast bis zum Ende der Monarchie. Der politische Liberalismus ist nicht nur mit dem Erreichten, sondern auch dem Geforderten zugunsten einer Stärkung des Reichstags weit hinter seine verfassungstheoretischen und -programmatischen Postulate vor der Reichsgründung zurückgefallen. Man nehme etwa Robert von Mohls Schrift über das Repräsentativsystem[40] oder die Vorschläge gemäßigter Liberaler in den Tagen des Vorparlaments und der Nationalversammlung 1847/48.

Das demokratische Prinzip der Opposition hat unter den Bedingungen des Bismarckschen und Wilhelminischen Staates nicht annähernd die praktische Ausformung und Wertschätzung wie beispielsweise in England erlangt, wo (ab 1826) sogar von »His Majesty's Opposition« als »His Majesty's alternative Government« gesprochen wurde.[41] Bismarck beschwor vielmehr gerade für riskante, die innerstaatliche Liberalität verletzende Teile seiner Politik, wie den »Kulturkampf« oder die Sozialistengesetze, gern das Staatsinteresse. »Die Vorstellung, daß Parteien, die den Kanzler unterstützten, den Staat unterstützten, während diejenigen, die seine Politik ablehnen, Rebellen sind, stammt aus dieser Zeit.«[42] Er unterhielt auf seine Art Beziehungen mit Parteiführern und Fraktionen und regierte mit wechselnden Mehrheiten.[43] Bülow war der erste Reichskanzler, der die Unterstützung einer bestimmten Parteiengruppierung fand und 1909 zurücktrat, als er sie verlor.[44]

Der Reichstag konnte zwar im Laufe der Jahrzehnte seinen materiellen Einfluß auf die sich stark ausweitende Gesetzgebung verstärken und sich in Einzelfällen (»Daily-Telegraph-Affäre« 1908, »Zabern-Affäre« 1913) auch zur scharfen Kritik gegen das Staatsoberhaupt und den militaristischen Ungeist im Staate durchringen; auf wesentliche Parlamentarisierungsschritte, wie die »Verantwortlichkeit des Reichsministeriums«, drang er bis Oktober 1918 vergeblich. Der Linksliberale (und spätere Schöpfer der Weimarer Reichsverfassung) Hugo Preuß nannte diese Verhältnisse noch 1915 eine »verbindungslose Gegensätzlichkeit von Regierung und Parlament«.[45]

Zur Schwäche des Parlaments trugen andere Faktoren bei. So agierten nicht zuletzt die liberalen Fraktionen abgekoppelt von ihren Parteien, und diese wiederum opferten die nötige Stärke und Durchsetzungsfähigkeit ihrer Neigung zu Spaltungen und Sezessionen, was durch Neugründungen oder Fusionen, die der organisatorischen und programmatischen Regeneration entbehrten, nicht wettgemacht werden konnte.

Der Politisierung von Massen durch Verbände und Parteien seit dem letzten Jahrzehnt vor der Jahrhundertwende waren die liberalen Parteien nicht mehr gewachsen. Nun rächte sich auch, daß ihre Vorstellungen von den staatstragenden Schichten und Gruppierungen die Sozialdemokratie allenfalls unter großen Vorbehalten einschlossen. Andere, objektiv zutreffendere Einschätzungen, wie die Friedrich Naumanns, kamen bekanntlich zu spät. So trugen auch die meisten Liberalen dazu bei, daß dieser bornierte Staat, der bestimmte Teile der Gesellschaft privilegierte, die Loyalität der Arbeiterschaft erst wahrnahm, als diese sie seit Beginn des Krieges mit Opfern an Leib und Gut nachwies.

8. Stadt und Staat als Ebenen ungleichzeitiger Machtbeteiligung der Liberalen: ein Deutungsmuster

Betrachtungen des Verhältnisses der Liberalen zum Staat des Deutschen Reiches sollten durch die Berücksichtigung ihrer Stellung und Wirksamkeit in den Städten ergänzt werden. Ihrer Schwäche in der Reichspolitik, die in den letzten Jahrzehnten des Wilhelminischen Staates fortschritt, stand ihre relative Stärke in der städtischen Selbstverwaltung gegenüber, die währenddessen zunahm.

Der mit der Industrialisierung verbundene Urbanisierungsprozeß, die organisatorische und professionelle Ausdifferenzierung kommunaler Verwaltungen und das offene Meinungsklima in vielen Städten boten qualifizierten Liberalen, denen wegen ihrer Kritikfähigkeit und aus anderen Gründen der Staatsdienst verschlossen blieb, berufliche und politische Karrieren. Sie waren hier an bedeutenden Leistungen der Städte beteiligt, an vorbildlichen Programmen in der Sozialpolitik, im Gesundheitswesen, im Bau- und Verkehrswesen, in der Kulturförderung und schließlich in der umfassenden Stadtentwicklungspolitik. Sie sahen sich bei dieser Arbeit in der Tradition liberaler Persönlichkeiten, die den Geist der preussischen und süddeutschen Reformen fortgeführt und auch in der Zeit der Restauration in einigen Provinzen und Städten bewahrt hatten.

Ihr Selbstbewußtsein war beträchtlich, und sie standen mitunter vor der Frage, ob sie kommunale Selbstverwaltung als »mittelbare Staatsverwaltung« (E. Forsthoff) oder im Sinne einer den staatlichen Intentionen kritisch gegensteuernden Kraft verstehen und praktizieren sollten.

Zu dieser Konstellation innerstaatlicher Schwäche und Stärke des Liberalismus ließe sich das folgende langfristige Deutungsmuster skizzieren und bis in die Gegenwart verlängern.

In der regionalen und lokalen Selbstverwaltung findet das Bürgertum – seit der mittelalterlichen Stadtgeschichte – eine wesentliche Dimension seiner Entwicklung. Selbstverwaltung ist institutionelles Gefüge von Rechten und Pflichten in historisch gewachsenen Grenzen, regelt die Durchsetzung von sozialökonomischen und politischen Interessen und unterscheidet auch innerhalb dieser Gesamtheit nach Schichten und Gruppen.

Seit die Genesis des modernen Staates durch Ideen der Rechtsstaatlichkeit und politischen Repräsentation markiert wird, gewinnt das Bürgertum – auf weiten Strecken nach Selbst- und Fremdverständnis als liberales Bürgertum – eine weitere öffentliche Handlungsebene. Es nimmt damit an einem strukturellen Spannungsverhältnis zwischen dem zentralistischen Herrschafts- und Normierungsbedürfnis des Staates und der Neigung zur partiellen Selbststeuerung seiner Subsysteme teil, das sich auch in den deutschen und europäischen Demokratien des 20. Jahrhunderts nicht voll aufgelöst hat.

In ihrer Grundrichtung sind die Prozesse beider Ebenen auf »Fortschritte« im Sinne eines okzidentalen Rationalismus und moderner Freiheitsgeschichte angelegt, deren historische Merkmale und Bedeutung Max Weber im Idealtyp des mittelalterlichen Stadtverbandes beginnen läßt. Es kann aber davon ausgegangen werden, daß die politischen und ökonomischen Interessen des städtischen Bürgertums im Laufe der Industrialisierung und verfassungspolitischen Liberalisierung nicht auf beiden öffentlichen Ebenen – der Stadt und des Staates – in gleicher Art und mit gleicher Geschwindigkeit durchschlagen. Die Stadt wird früher als der Staat zum Inbegriff liberaler Errungenschaften und Ziele und behält in der Regel diesen Vorsprung. Sie ist primär politischer und sozialer Bezugsrahmen für den Wandel des Untertans zum Bürger. Nicht nur die Geschichte der formalen politischen Demokratisierung, sondern auch diejenige einer auf Daseinsvorsorge, Ausstattung mit infrastrukturellen Gütern und Leistungen etc. angelegten Entwicklung, findet in der Stadt sukzessiv ihren paradigmatischen Ausdruck.

Diese historische Konstellation und die darauf aufbauenden Hoffnungen städtischer Gruppen und Individuen schlagen sich am Anfang des 20. Jahrhunderts beispielhaft in einem idealtypischen Bild (Frederic C. Howe, 1905) von der Stadt der Industriegesellschaft und ihrem Verhältnis zum Staat nieder, das folgende Merkmale hat:

– Die moderne City wird Maßstab der Zivilisation sein (»Man has entered an urban age. He has become a communal being«).
– Sie ist »City for the people« und bewirkt die Anhebung des Lebensstandards aller Klassen.
– Sie wird besser regiert als der Staat. Der Bürger partizipiert an ihren Prozessen mehr als an den staatlichen. Der Staat soll lokale Angelegenheiten nicht mehr dominieren.

Realhistorisch ist dieses Bild bekanntlich nur in Teilen zutreffend. Die Ausdehnung der Bereitstellung öffentlicher Güter und Leistungen auf alle Klassen oder Schichten ist ein langwieriger Prozeß, in den sich erst nach und nach Kleinbürgertum und Arbeiterschichten einzufädeln vermögen oder aufgenommen werden. Dies gilt auch für ihre Beteiligung an der politischen Demokratisierung, wie nicht zuletzt die – auch von liberalen Gruppen gestützten – Verzögerungen kommunaler Wahlrechtsreformen zeigen.

In der Weimarer Republik und in der Bundesrepublik hat der politische Liberalismus, sieht man von der jeweiligen Anfangsphase ab, eine deutliche Erosion seiner lokalen Verankerung erfahren. Seine zahlreichen Regierungsbeteiligungen haben ihn dazu verführt, das Reich, den Bund und die Länder zu maßgebenden Agenturen von Modernisierungsprozessen zu machen.

So haben Liberale beispielsweise an den großen kommunalen Territorial- und Funktionalreformen in den 20er Jahren und seit Mitte der 60er Jahre mitgewirkt.[46] Diese Reformen, die im wesentlichen der Staat steuerte und die in der Bundesrepublik von der euphorischen Überschätzung planungstechnologischer Rationalität beflügelt wurden, haben die politische Selbständigkeit vieler kleiner Gemeinden aufgehoben und damit auch bei vielen Bürgern sozialethische Verhaltensweisen und die Bereitschaft zum politischen Engagement im lokalen, vertrauten Umfeld verschüttet.[47] In den kleinen Einheiten hatten die Liberalen aber früher einen starken Anhang.

Inzwischen sind die politischen und sozialen Kosten solcher Reformen evident. Sie haben dazu beigetragen, daß kritische Gegenbewegungen und -orientierungen entstanden sind, wie die pointierte Pflege von Stadtteilidentitäten und neuer kultureller Lebensformen, die Reaktivierung älterer sozialer Beziehungsmuster, die Infragestellung städtischer Rollenverteilung zwischen Zentrum und Peripherie, die Auflehnung gegen Hierarchisierung und die Forderung nach innerstädtischer administrativer und politischer Dezentralisierung, die Bevorzugung unkonventioneller Organisations- und Konfliktmuster und anderes mehr. Die Initiative bei solchen Aktivitäten, für die der Liberalismus eine besondere, traditionelle Zuständigkeit haben müßte, ist an andere gesellschaftliche und politische Kräfte übergegangen.

9. Die Außenpolitik des Weimarer Staates unter liberaler Führung (bis 1929)

Die beiden letzten Kapitel behandeln die erfolgreiche Rückkehr des Weimarer Staates in die internationale Politik unter einem liberalen Außenminister bis 1929 und das Scheitern eines bestimmten Staatsbildes bei den Linksliberalen in der Innenpolitik 1930–1933. Gelang es Stresemann, den deutschen Staat nach außen seiner imperialistischen und militaristischen Attribute zu entkleiden, so blieb dieser Wandel bekanntlich befristet, weil die innerstaatlichen Voraussetzungen dafür fehlten. Es war ein Staat, der ohne Verankerung in einer staatsbürgerlichen Gesellschaft handelte. Die früh suspendierte Diskussion über eine materielle Staatsidee und das pragmatische Arrangement zwischen sogenannten »Vernunft«- und »Bekenntnis«-Republikanern erwiesen sich nicht als tragfähig genug.[48] Die Linksliberalen setzten schließlich ihre letzten Hoffnungen auf einen Staat – dessen Begriff sogar in den Namen ihrer neugegründeten »Deutschen Staatspartei« einging –, den es so in Wirklichkeit nicht gab.

Weil Stresemann Machtinteressen bei den Siegermächten in Rechnung zu stellen wußte, ging er als Reichskanzler und als Außenminister auf sie ein. Er konnte an die Vorarbeit anderer Politiker anknüpfen: namentlich an die ökonomische Deutung und Behandlung reparationspolitischer Probleme durch Joseph Wirth als Reichskanzler und Walther Rathenau als Wiederaufbauminister und Außenminister. Mit dem Dawesabkommen wurde Deutschland wieder zur funktionsfähigen Einheit und kreditfähig. Die Republik betrieb auch weiterhin ihre Reparationspolitik, Handels- und Anleihepolitik in enger Anlehnung an die USA, die als »letzter Gesamtgläubiger aus dem großen Konkurs der Kriegsfinanzen« übriggeblieben waren.[49] Gemeinsame wirtschaftliche Interessen an Meistbegünstigung und Exportsteigerung wurden zu »politischen Aktivposten«. Deutsch-amerikanischer Konsens bestand auch früh über das Konzept einer Revision der Versailler Bedingungen im Sinne eines »peaceful change«. In diesem Rahmen suchte die deutsche Außenpolitik die Verständigung mit den Siegermächten. Sie nutzte dabei gelegentliche Spannungen zwischen ihnen, vermied aber eine einseitige Option. Die erste bedeutsame Station auf diesem Wege war der Vertrag von Locarno (1925). Er befriedigte vor allem das Sicherheitsbedürfnis Frankreichs. Schiedsverträge mit Frankreich, Belgien, Polen und der CSR ergänzten den Sicherheitspakt. Die friedliche Revision der deutschen Ostgrenzen behielt sich Deutschland vor. Im folgenden Jahr beseitigte der Berliner Vertrag Mißtrauen auf Seiten der UdSSR.

Der nächste konsequente Schritt seit Locarno war im Herbst 1926 – trotz aller bis zuletzt aufgetretenen Erschwernisse – der Eintritt in den Völkerbund. Sosehr dieser im ersten Jahrfünft seines Bestehens für deutsche Augen »eine von den beiden Westmächten gelenkte Gesellschaft der Sieger«[50] war, sosehr setzte sich in der politischen Diskussion und Praxis nach und nach die Auffassung durch, daß gleichwohl Deutschlands mitwirkende Präsenz günstiger sein mußte als seine Abwesenheit. Zu den herausragenden Schritten internationaler Friedenssicherung, die von einer komplexen Fülle von Verhandlungen und Verträgen über reale Interessen begleitet wurden, gehörte 1928 der Briand-Kellog-Pakt, in dem fünfzehn Staaten auf den Krieg als Mittel der nationalen Politik verzichteten und dem sich in der Folge viele Staaten anschlossen. Bekanntlich brachte dann der Young-Plan in der Reparationsfrage wesentliche Erleichterungen, und Stresemann konnte noch kurz vor seinem Tode die Zusage der Rheinlandräumung erreichen, die bis Juni 1930 – fünf Jahre vor der in Versailles festgelegten Frist – vollzogen wurde.

In der Regel hat sich Stresemanns Außenpolitik auf eine stille Große Koalition stützen können. Freilich rechneten dazu in wachsendem Maße nicht seine Widersacher in der eigenen Fraktion und Partei. Sie duldeten die öffentliche Anfeindung seiner Erfolge. Diese mußten die nationalistische und faschistische Demagogie um so mehr herausfordern, als sie in einem Geiste erstritten wurden, in den auch gedankliche Elemente zur internationalen Verständigung aus dem Linksliberalismus und Sozialismus eingingen. Es mag in dieser Außenpolitik schillernde oder nicht eindeutige Absichten und Äußerungen gegeben haben; unstrittig dürfte gleichwohl sein, daß sie immer mehr auf eine Erweiterung und Vertiefung der Grundlagen einer Verständigung zwischen den Staaten und Völkern gerichtet war.[51] Mit ihr gewann Stresemann zugleich im argumentativen Ausdruck seiner politischen Vernunft und Gesinnung an Überzeugungskraft. Es war dieser persönliche Lernprozeß, der ihn befähigte, für die Notwendigkeit des Friedens durch visionäre Beschreibung von Aufgaben europäischer und weltweiter Zusammenarbeit für Zeitgenossen und künftige Generationen sowie durch rückhaltlose Absage an den Krieg zu werben.

Betrachtete er das deutsch-französische Verhältnis als »europäische Angelegenheit«, so wünschte er alle »europäisch« orientierten Denkmodelle und Aktivitäten durch das Prinzip globaler Universalität offenzuhalten: Keine Form erreichter oder erstrebter Zusammenarbeit im Zeichen der europäischen Idee sollte gegen einen anderen Kontinent gerichtet sein.[52] Dieser Verständigungspolitik, die durch völkerrechtlich-organisatorische und ökonomische Regelungen realen Interessenausgleich zu betreiben suchte, schien im Laufe der Jahre einen wesentlichen Beweggrund in einem unverhüllten Bild von den Schrecken des Krieges gefunden zu haben. Es ging mit eindrücklichen Definitionen in die offiziellen Verhandlungen und Erklärungen ein. Die jeweiligen Kontrahenten vergegenwärtigten sich damit ausdrücklich die absolute Grenze ihrer Handlungsmöglichkeiten, unter denen die Kriegsdrohung als kalkuliertes Mittel der Politik entfiel. Das Schlußprotokoll von Locarno hatte den ersten Weltkrieg vor Augen, als es die Befreiung von der »Geißel des Krieges«[53] verlangte. Der zerstörerische Charakter des Krieges wurde nicht nur in den sichtbaren Verlusten an Leben und Gut in Erinnerung gehalten, sondern darüber hinaus in der Besinnung auf das Kräftepotential einer Generation, das vor seiner eigentlichen, friedlichen Entfaltung dem Kriege preisgegeben worden war. Daß der Krieg die »Kultur der Menschheit«[54] schlechthin bedrohe – so Stresemann bei der Aufnahme Deutschlands in den Völkerbund –, war eine absolute Absage an alle geschichtsphilosophischen Deutungen und Doktrinen, die den Krieg zu einem Mittel kollektiven Fortschritts und individueller Bewährung machen wollten. Auch der Krieg als »ultimato ratio« der Politik fiel unter dieses Verdikt: Der Weltkrieg hatte die Einsicht vermittelt, daß der Krieg »weder der Wegbereiter zu einer besseren Zukunft noch überhaupt der Regulator der Entwicklung sein kann.«

Auch am Ende seiner letzten Rede vor dem Völkerbund stand die Absage an den Krieg. Stresemann erinnerte an eine frühere Bemerkung Aristide Briands (der mit ihm 1926 den Friedensnobelpreis erhalten hatte), »wie außerordentlich schwierig es sei, für diese Gedanken der Verständigung der Völker und des Friedens die Jugend zu gewinnen, weil der Heroismus des Krieges die Poesie bis in die Gegenwart beherrsche«.[55] Er warnte die Jugend vor den »technischen Kriegen der Zukunft«, die »für persönlichen Heroismus wenig Betätigungsmöglichkeiten geben werden«, und verwies sie statt dessen auf Bewährungschancen für große Ideen im Dienste der Menschheit, möglichenfalls bis zu einer Erforschung des »ewige(n) (Rätsel(s) des Verhältnisses des Menschen zum All«.[56] Derartige Apelle erreichten jedoch große Teile der jungen Generation, die Ende der zwanziger Jahre bereits den verhängnisvollen Parolen gewissenloser Verführer folgten, noch weniger als zuvor.

10. Das Scheitern des linksliberalen Staatsbildes und der Nationalsozialismus (1930–1933)

Der Nachruf, den der Ehrenvorsitzende Carl Petersen der Deutschen Demokratischen Partei auf ihrem letzten Parteitag in Hannover am 8. November 1930 hielt, würdigte ihre zwölfjährige Arbeit nicht ohne wehmütige Erinnerung an ihre Stärke in den Tagen der Nationalversammlung. Inzwischen war nach seinem Eindruck das Parteiensystem denaturiert: Die meisten Parteien waren engere ökonomische Interessenbindungen eingegangen und hatten übergreifende Ziele einer »politischen Weltanschauungspartei« verworfen. Allein das Zentrum und die – in jüngsten Jahren klassenüberschreitende – Sozialdemokratie wertete er nunmehr als echte Parteien. Seine Frage, ob der Liberalismus noch parteibildende Kraft besaß, entschied sich für ihn positiv, wenn es einer dritten Partei, nämlich der Deutschen Staatspartei, gelingen würde, als Sammelbecken aller liberalen Kräfte an ihre Seite zu treten. Die programmatische Aufgabenzuweisung orientierte der ehemalige Parteiführer am »Staate von Weimar«,[57] die politische Rollenverteilung an der Weimarer Koalition.

Der Handlungsspielraum der neuen Partei in den Kabinetten Brüning war gering. Die Partei hat – unter altem und neuem Namen – die einfache Grundidee des Kanzlers, den Haushalt in jeder konjunkturellen Situation nach Einnahmen und Ausgaben auszugleichen, voll akzeptiert. Soweit ihre Führungsgremien auf das anfängliche Konzept Einfluß zu nehmen suchten, verlangten sie, die Austerity-Politik konsequent auf der Ausgabenseite, nicht aber steuerpolitisch auf der Einnahmenseite zu betreiben. Wenigstens sollte es keine Steuererhöhung ohne Steuerreform geben, wozu die Abschaffung der Gewerbesteuer gerechnet wurde. Eine Reform der Arbeitslosenversicherung sollte die für die Wohlfahrtserwerbslosen zuständigen Gemeinden entlasten.

All dies ließ sich freilich nur theoretisch so leicht postulieren. Folgt man der Auffassung, daß Deutschland durch die Reparationsbelastungen unter dem Dawes- und Young-Plan mit jährlich 2,5% des durchschnittlichen Volkseinkommens ökonomisch nicht überfordert wurde, daß aber die Weigerung, die Belastungen politisch anzuerkennen, zu deren Überschätzung geführt hat,[58] so gewinnt die politisch-psychologische Dimension des Deflationskonzeptes eine gesteigerte Bedeutung. Beide liberale Parteien hatten die Kreigsschuldproblematik allenfalls verdrängt, aber nicht aufgearbeitet. Ihre Wähler nahmen die Sparmaßnahmen wegen ihres reparationspolitischen Zusammenhangs in emotionalisierter Protesthaltung auf. Als die konkreten Belastungen spürbar wurden, hatte die Deutsche Staatspartei Mühe – die sich die Deutsche Volkspartei erst gar nicht gab – die Proteste mit dem regierungspolitischen Kurs vereinbar zu halten; sie verlangte Umverteilung der Lasten, nannte aber nur die zu Entlastenden. Initiativen Dietrichs, der vom Landwirtschafts- in das Wirtschaftsressort gewechselt und Vizekanzler geworden war, alternative Wege kurz- und langfristiger Konjunktursteuerung in die Diskussion zu bringen, um »die Arbeitslosen, statt sie zu unterstützen, zu beschäftigen«, schlugen fehl.[59]

Scheitern sollte auch die publizistische Initiative des preußischen Finanzministers Höpker-Aschoff im August 1931, in der er für eine Stärkung der Regierungsgewalt des Reiches und Preußens durch organisatorische und personelle Konzentration beider Ebenen plädierte.[60] Die Entwicklung sollte bald darauf die Chance verschütten, mittels Reichsreformideen – für die die Deutsche Staatspartei eine traditionelle Kompetenz besaß – eine »autoritative Regierung auf parlamentarischer Grundlage«[61] zu bilden. Die Erinnerung des preußischen Ministerpräsidenten, der Plan sei durch die »von wirtschaftlicher Not und politischer Spannung gepeitschte politische Entwicklung vereitelt« worden,[62] dürfte – sofern es damals eine Situation am »Scheideweg der Ära Brüning«[63] gegeben hat – für eine Erklärung des Scheiterns richtungsweisend sein: Wirtschaftliche und politische Probleme, die eine konzentrierte Regierungsgewalt lösen sollte, verhinderten deren Zustandekommen.

Pressionen aus der Wirtschaft begleiteten und forcierten diesen Prozeß. Im Reichsverband der Deutschen Industrie wurden Forderungen an Brünings Politik geradezu in ultimative Bedingungen für befristete Amtsausübung umgemünzt: Die Ordnung der öffentlichen Finanzen sollte über die Notverordnungen hinaus durch »Abstriche auf der Ausgabenseite« auch in Ländern und Gemeinden,[64] sozialpolitische Einschränkungen zugunsten niedrigerer Produktionskosten und andere rigorose Maßnahmen bewerkstelligt werden. Der Gebrauchswert parlamentarischer Spielregeln und präsidialer Regierungsweise sollte an der Durchsetzbarkeit eines finanz- und sozialpolitischen Forderungskatalogs derartiger Provenienz gemessen werden. Interne Kontroversen über Ausmaß und Richtung politischer Interventionen unter den Wirtschaftsführern selber, wie sie in der seit 1928 um die Finanzierung bürgerlicher Parteien bemühten »Ruhrlade« ausgetragen wurden,[65] schlossen nicht aus, daß die Nationalsozialisten, seit sie bei den Reichstagswahlen 1930 zweitstärkste Partei geworden waren, in Überlegungen zu Bündniskonstellationen und Verfahrensweisen des politischen Entscheidungsprozesses einbezogen wurden und schließlich auch in den Genuß finanzieller Hilfen kamen.

Im Wahlkampf des Frühjahrs 1932 breitete sich im zusammengeschmolzenen Anhang der Deutschen Staatspartei tiefer Pessimismus aus. In manchen Gebieten mied die Partei bereits wegen des Naziterrors größere öffentliche Auftritte und beschränkte ihre Werbung auf kleine Zusammenkünfte und Mund-zu-Mund-Propaganda. Die Presse wagte mancherorts aus »Angst« nicht mehr, über die Partei zu berichten. Mit festem Besitzstand im Wählerreservoir rechneten die Funktionäre nicht mehr. Sie suchten mühsam nach Zielgruppen, die von anderen Parteien vernachlässigt zu werden schienen, und gelangten zu einer diffusen Aufzählung: Hausangestellte, Handwerkerinnen, Angehörige neutraler Frauenverbände, Kleinsiedler, Korpsstudenten, Mitglieder von Kriegervereinen, jüdische Bürger.

Der Zerfall der parlamentarischen Stärke von 22 auf zwei Mandate (von 423) am 24. April in Preußen übertraf alle Befürchtungen. In der Geschichte der preußischen Wahlergebnisse kam dies der Auslöschung der Partei nahe, hatte sie doch – nach den schweren Verlusten von 1921 (26 statt 66 von 402 Mandaten) – in den folgenden Wahlperioden 1925/28 und 1928/32 immerhin 27 und 22 Mandate (von 450 Mandaten) innegehabt. Nun gewannen die Nationalsozialisten 162 Mandate, ein Mandat mehr als die SPD (94) und das Zentrum (67) gemeinsam. Der Führungskern schwankte zwischen Kapitulation und Durchhaltewillen. Bei seinen vielfältigen zwischenparteilichen Fühlungnahmen mit anderen Splittergruppen der Mitte war er zur Anpassung traditioneller Ideen und Programmpunkte bereit, bestand aber auf Verfassung und Parlamentarismus, auf eindeutiger Ablehung des Nationalsozialismus, Grenzziehung gegen Hugenbergs DNVP und scharfer Abhebung gegen das Papen-Kabinett, die sich lediglich vor den Novemberwahlen etwas milderte. Die Reichstagswahlen im Juli und November wiederholten das preußische Fiasko im Reichsmaßstab. Bei den ersteren erreichte die Partei noch vier Mandate (Dietrich, Heuss, Lemmer, Stolper), bei den letzteren nur noch zwei; deren Inhaber Dietrich und Reinhold Maier nannten sich im Reichstag »Süddeutsche Demokraten«. Im Reichstagswahlkampf 1933 »bezog die Deutsche Staatspartei eindeutig Frontstellung gegen das »Regiment der drei Unheiligen«[66] und erhielt, dank der technischen Listenverbindung mit der Sozialdemokratie, fünf Mandate. Die Zustimmung ihrer Abgeordneten zum Ermächtigungsgesetz – »gegen die ursprüngliche Absicht Dietrichs und Heuss'«[67] – hat noch die Memoiren und öffentlichen Diskussionen nach dem Kriege beschäftigt. Im Gesamtvorstand setzte sich trotz Gegenstimmen noch Mitte Mai die Überzeugung durch, die politische Arbeit irgendwie fortsetzen zu sollen. Die Aberkennung der drei preußischen Landtagsmandate, unter Berufung auf die Listenverbindung mit der inzwischen verbotenen SPD, der diejenige für die Reichstagsmandate folgen sollte, gab den letzten Anstoß zur Selbstauflösung am 28. Juni.

So endete ein verzweifelter Versuch, das Wählerpotential der DDP – in Teilen auch der DVP – aus dem Sog nationalsozialistischer Agitation zu befreien. Der Zerfall und die förmliche Auflösung der Partei waren letzte Zeichen dafür, daß sie sich auf unrichtige Annahmen gestützt und untauglicher Mittel bedient hatte. Ihr Bild vom Nationalsozialismus war bis zuletzt uneinheitlich und unvollständig geblieben. Soweit man sieht, haben die Liberalen zu den bedeutenden Faschismusanalysen in der Weimarer Republik wenig beigetragen. Gewiß, es hatte Ansätze einer fundierten Erfassung des Phänomens gegeben. Beispielsweise rechnete dazu eine Artikelserie der Frankfurter Zeitung im Frühjahr 1931, deren Verfasser (Franz von Unruh) aus seiner systematisch angelegten Untersuchung der nationalsozialistischen Organisation und Agitation die »Entschlossenheit« folgerte, »eine einmal gewonnene Machtposition auch mit Perfektion zu nutzen«, aus seinen Analysen der Jugendarbeit auf die Erziehung zum »Haß« und aus seiner Betrachtung der außenpolitischen Programmatik auf die Konsequenz des Krieges schloß.

Für den engeren geistigen Umkreis der Partei war das in vielen Auflagen und Sprachen erschienene Buch von Theodor Heuss »Hitlers Weg« (1932) [69] symptomatisch. Ein Großteil der kritischen Behandlung war intellektuelle Auseinandersetzung mit nationalsozialistischer Programmatik. Bereits zeitgenössische Rezensionen bemängelten die ungenügende Erschließung der primitiven und brutalen Elemente des Nationalsozialismus. [70] Zwar enthielt das Buch auch Einsichten und Warnungen grundsätzlicher Art: wo Heuss beispielsweise auf organisatorische und taktische Merkmale der NSDAP und die »Praxis des parteipolitischen Kleinkrieges« [71] einging und vom Boxheimer Dokument sagte: »Man würde sich täuschen, wollte man annehmen, daß es sich um eine isolierte Blutrünstigkeit handelt.« [72] Aber solche Erkenntnisse blieben Fragmente, unverbundene Ergebnisse sozialpsychologischer, historischer, ideengeschichtlicher und kasuistischer Betrachtungsweisen. Es fehlte ein konsistenter Bezugsrahmen.

Daß viele liberale Politiker Schwierigkeiten hatten, die nationalsozialistische Bedrohung voll auszumessen, dürfte nicht zuletzt ihrer ethisch gebundenen Grundauffassung zuzuschreiben sein, die bestimmte, minimale Normen und Spielregeln politischen Kampfes für allgemein verbindlich hielt. Sie zeigten sich deswegen zwar durch fremdartige Züge der NSDAP verunsichert und konsterniert, erfaßten aber nicht ihre latente oder manifeste Kriminalität und Inhumanität. Als Terror vielerorts bereits zum erfahrbaren Ereignis geworden war, hielt sich noch die Neigung, ihn als punktuelle Abweichung von selbstverständlichen Normen zu deuten.

Derartige Verharmlosung ließ auch zu, daß die Frage einer Regierungsbeteiligung der NSDAP nach einem Muster kontroverser Rollenerwartungen beantwortet wurde. War die große Mehrheit überzeugt, daß der Nationalsozialismus eine einmal gewonnene Macht nicht mehr preisgeben, sondern mit allen Mitteln ihres Mißbrauchs bewahren würde, so hielten es einige Stimmen auch für denkbar, daß Regierungsbeteiligung seine Unfähigkeit deconvrieren und zu seiner eigenen Kapitulation oder zu seiner Abwahl führen könnte. Diese Annahme beruhte wohl vor allem auf zwei Voraussetzungen, die für den politischen Liberalismus konstitutiv waren und mehr oder weniger auch von den anderen demokratischen Parteien geteilt wurden: auf dem Vertrauen sowohl in die Belastungsfähigkeit des Rechtsstaates als auch in die Urteilsfähigkeit des Wählers auf Dauer.

So sehr die Staatspartei in der Endphase der Republik den Staat auch als Objekt zerstörerischer Bedrohung sah, so sehr behielt er doch für sie eine genuine Bestandsqualität, die durch seinen Zweck, die rechtlichen Grundlagen sowie die Organisation und die Methoden seiner Aufgabenerfüllung bestimmt war. Er schien stark genug, einen zeitweiligen Zugriff der Nationalsozialisten zu überstehen und durch seine funktionellen Erfordernisse an Regierungskunst sie als Unfähige zu denunzieren. Mit der Überzeugung, daß der Rechtsstaat auf Dauer nicht usurpierbar und pervertierbar sei, war die andere eng verbunden, daß der Bürger und Wähler grundsätzlich zu rationalem Urteil fähig war und aus seiner Irritation wieder herausfinden werde. Mit diesem geistigen Anspruch offerierten ihm DDP und Staatspartei auch bis zuletzt ihre Reformpläne. Die Geschichte beider Parteien war immer auch eine Geschichte der Kritik an der realen Demokratie von Weimar, der Absicht, sie zu reformieren, und der öffentlichen Reflexion versäumter Reformen. Im Sommer 1930, als die DDP ihren Standort neu zu bestimmen suchte, ließ sie kaum einen Politikbereich aus, der nicht reformiert werden sollte. Statt den Staat, der zunächst in seiner faktischen Gestalt zu verteidigen war, voll zu würdigen, redete sie über ihn in der Sprache eines deklaratorisch antizipierten Modells projektierter Reformen.

Ein derart rationaler und reformerischer Grundtenor war freilich, verglichen mit dem Extremismus der nationalsozialistischen Opposition, vor der Wählerschaft schwerlich konkurrenzfähig. So ergab sich, daß die Staatspartei ihre Agitation auch auf andere Weise zu führen suchte. Ihr Bestreben, verlorene Wähler im Mittelfeld zurückzuholen, geriet mitunter zu dem Versuch, sie durch Änderung der Inhalte, der Sprache, der Organisationsformen und Aktionsweisen in einer Zone einzuholen, in der die Partei sich nach ihrer historischen und ethischen Substanz nicht auskannte. Dieser Weg führte offensichtlich auf eine abschüssige Bahn. Der verschämte Rückzug aus pazifistischen Positionen oder solchen europäischer Einigung, die Popularisierung und Trivialisierung von Aussagen, die Emotionalisierung der inner- und außerparteilichen Kommunikation waren untaugliche Mittel der Anpassung an eine Fremdstruktur, zu deren Zielen die ungehemmte Aufputschung des Wählers gehörte. Vorherrschend waren solche agitatorischen Anpassungsversuche nie. Sowenig sie in der Partei ohne Skrupel initiiert wurden, sosehr hielt sich der Glaube, daß die beste Chance, den Wähler gegen den Nationalsozialismus zu immunisieren, der Apell an die Vernunft war.

Angst und ein vorsorgliches Interesse an eigener Schonung haben die führenden Kräfte der Deutschen Staatspartei nicht gekannt; zu ihren klarsten und mutigsten Verurteilungen des Nationalsozialismus gehörten diejenigen nach seiner Machtergreifung. Ihre Erklärung vom 3. Februar zum Aufruf der Reichsregierung vom 1. Februar 1933 hielt Hitler ein »ungeheuerliches Fehlurteil über Leistungen und Leiden des deutschen Volkes seit dem großen Krieg« vor.[73] In den von Hitler der

Republik zugeschriebenen Erscheinungen der inneren Zerrissenheit und des Zerfalls der auswärtigen Stellung sah sie das »fürchterliche Brandmal jener falschen Front des nationalen Aufruhrs, vom Kapp-Putsch bis zum Sturz der Präsidialregierung Schleicher«. Das Wort von der »Versöhnung« war für sie »blutiger Hohn« auf einen Zustand, der die Mehrheit der Nation von der Herrschaft ausschloß und zu »Bürgern zweiter Klasse« stempelte. Die Auseinandersetzung mit den demagogisch gehaltenen Sätzen eines Regierungsprogramms gipfelte in dem Satz: »Die Kanzlerschaft Hitlers ist das halsbrecherischste Experiment, das in Deutschland gemacht werden konnte.« Hitlers Versuch, sich in die religiös und ethisch gebundene Sprache einzuschleichen und sich dort die mangelnde Würde seines Tuns auszuleihen, quittierte der Aufruf der Deutschen Staatspartei damals mit einem eindeutigen Satz: »Der Name Gottes ist von vielen Mächten der Geschichte mißbraucht worden, nie aber war er weniger am Platze als in dieser Stunde, wo einem großen und stolzen Volk das Zutrauen in seine Führung mit Gewalt zerschlagen wird.«[74]

Anmerkungen

1 Dazu die Gesamtdarstellung von Reinhart Koselleck, Preußen zwischen Reform und Revolution. Allgemeines Landrecht, Verwaltung und soziale Bewegung von 1791 bis 1848, Stuttgart 1975. Vgl. auch Thomas Nipperdey, Deutsche Geschichte 1800–1866. Bürgerwelt und starker Staat, München 1984, S. 33 ff.

2 Chr. Graf von Krockow, Das preußische Modell, in: Frankfurter Allgemeine Zeitung, 16. 8. 1986.

3 Ebenda.

4 R. Koselleck, Staat und Gesellschaft in Preußen 1815–1848, in: Werner Conze (Hg.), Staat und Gesellschaft im deutschen Vormärz 1815–1848, Stuttgart 1962, S. 79 ff. (87)

5 G. W. F. Hegel, Grundlinien der Philosophie des Rechts, hg. von Johannes Hoffmeister, Hamburg 1955.

6 Vgl. u.a. O. Hintze, Der Beamtenstand, Leipzig, Dresden 1911, S. 17 et passim.

7 Vgl. G. Birtsch, Gemäßigter Liberalismus und Grundrechte. Zur Traditionsbestimmtheit des deutschen Liberalismus von 1848/49, in: W. Schieder, Liberalismus in der Gesellschaft des deutschen Vormärz, Göttingen 1983, S. 22 ff.

8 Vgl. zur Terminologie F. Müller, Korporation und Assoziation. Eine Problemgeschichte der Vereinigungsfreiheit im deutschen Vormärz, Berlin 1965, S. 162: »So ist ›Korporation‹ für Hegel hin und wieder ein Sammelbegriff für alle gesellschaftlichen Zwischengruppen, die den natürlichen Bereich der Familie übersteigen und noch ›unterhalb‹ der Stufe des Staates liegen.« Meistens seien aber damit »Berufsvereinigungen innerhalb des Gewerbestandes« gemeint.

9 Karl Marx, Frühe Schriften, 1. Bd. hg. von H.-J. Lieber und Peter Furth, Stuttgart 1962, S. 258 ff. (309); vgl. auch S. 312 ff.

10 F. Müller, Korporation, S. 337.

11 W. Conze, Das Spannungsfeld von Staat und Gesellschaft im Vormärz, in: Ders., Staat und Gesellschaft, S. 207 ff. (241).

12 E. Pankoke, Sociale Bewegung – Sociale Frage – Sociale Politik. Grundfragen der deutschen »Sozialwissenschaft« im 19. Jahrhundert, Stuttgart 1970, S. 159.

13 Ebenda, S. 160.

14 M. Riedel, Gesellschaft, bürgerliche, in: Geschichtliche Grundbegriffe, hg. von O. Brunner, W. Conze, R. Koselleck, Bd. 2, S. 719 ff. (789).

15 E. Pankoke, Sociale Bewegung, S. 184–186.

16 Ebenda, S. 187 ff.
17 C. Schmid, Lorenz von Stein, in: Die großen Deutschen, hg. von H. Heimpel u.a., 5. Bd., Gütersloh 1978, S. 318 ff. (323).
18 Ebenda, S. 327.
19 Ernst Forsthoff, Lehrbuch des Verwaltungsrechts, 1. Bd., Allg. Teil, München, Berlin 1961, S. 44.
20 E. Pankoke, Sociale Bewegung, S. 196–199.
21 Ebenda, S. 181.
22 F. Lassalle, Über den besonderen Zusammenhang der gegenwärtigen Geschichtsperiode mit der Idee des Arbeiterstandes (Arbeiterprogramm), in: F. Lassalle, Ausgewählte Texte, hg. von Thilo Ramm, Stuttgart 1962, S. 133 ff. (167)
23 Ebenda, S. 168.
24 Ebenda.
25 An Ludwig Kugelmann, 23. 2. 1865, in: K. Marx / F. Engels, Über Deutschland und die deutsche Arbeiterbewegung, Bd. 3, Berlin (Ost) 1980, S. 316.
26 An Engels, 18. 2. 1865, K. Marx/Fr. Engels, Über Deutschland, S. 314.
27 Th. Schieder, Das deutsche Kaiserreich von 1871 als Nationalstaat, Köln / Opladen 1961, S. 40 und S. 125 ff.
28 Deutsche Parteiprogramme. Eine Auswahl vom Vormärz bis zur Gegenwart, München 1951, S. 47 f.
29 Ebenda, S. 48.
30 Th. Schieder, Das deutsche Kaiserreich, S. 10.
31 Ebenda, S. 27.
32 S. 23.
33 S. 24.
34 Dazu W. J. Mommsen, Wandlungen der liberalen Idee im Zeitalter des Liberalismus, in: Karl Holl, Günther List, Liberalismus und imperialistischer Staat, Göttingen 1975, S. 109 ff.
35 Vgl. L. Albertin, Das Friedensthema bei den Linksliberalen vor 1914: Die Schwäche ihrer Argumente und Aktivitäten, in: K. Holl, G./List, Liberalismus..., S. 89 ff. (96).
36 Ebenda., S. 97.
37 Deutsche Parteiprogramme, S. 57.
38 Vgl. L. Albertin, Liberalismus und Demokratie am Anfang der Weimarer Republik. Eine vergleichende Analyse der Deutschen Demokratischen Partei und der Deutschen Volkspartei, Düsseldorf 1972, S. 205 ff. und Anm. 27.
39 Dies beklagte noch 1927 das Handbuch der Deutschen Volkspartei: Deutscher Aufbau, hg. von A. Kempkes, Berlin 1927, S. 280.
40 Zit. bei G. Loewenberg, Parlamentarismus im politischen System der Bundesrepublik Deutschland, Tübingen 1969, S. 37.
41 K. Kluxen, Das Problem der politischen Opposition. Entwicklung und Wesen der englischen Zweiparteienpolitik im 18. Jahrhundert, Freiburg/ München 1956, S. 4 und 266.
42 G. Loewenberg, Parlamentarismus, S. 34.
43 Dazu die entsprechenden Kapitel bei L. Gall, Bismarck. Der weiße Revolutionär, Frankfurt/Berlin/Wien 1980.
44 G. Loewenberg, Parlamentarismus, S. 36.
45 Vgl. L. Albertin, Liberalismus und Demokratie, S. 39.
46 Vgl. L. Albertin, Politischer Liberalismus zwischen Tradition und Reform. Eine Problemskizze, in: L. Albertin (Hg.), Politischer Liberalismus in der Bundesrepublik, Göttingen 1980, S. 7 ff. (18 ff.).
47 Vgl. L. Albertin / E. Keim / R. Werle, Die Zukunft der Gemeinden in der Hand ihrer Reformer. Geplante Erfolge und politische Kosten der kommunalen Neugliederung, Opladen 1982.

48 Vgl. L. Albertin, Die Verantwortung der liberalen Parteien für das Scheitern der Grossen Koalition im Herbst 1921. Ökonomische und ideologische Einflüsse auf die Funktionsfähigkeit der parteienstaatlichen Demokratie, in: HZ 205/3, 1967, S. 566 ff.; ferner: Ders., Der unzeitige Liberalismus der Liberalen – Versäumnisse seiner parteiendemokratischen Fundierung, in: L. Albertin/W. Link (Hg.), Politische Parteien auf dem Weg zur parlamentarischen Demokratie in Deutschland. Entwicklungslinien bis zur Gegenwart, Düsseldorf 1981, S. 31. ff.

49 Zit. bei W. Link, Die amerikanische Stabilisierungspolitik in Deutschland 1921–1932, Düsseldorf 1970, S. 404.

50 Ludwig Zimmermann, Deutsche Außenpolitik in der Ära der Weimarer Republik, Frankfurt/Berlin 1958, S. 298.

51 Dies schließt eine Reihe anderer Akzente, die u.a. J. Bariéty, Les relations franco-allemandes après la Première Guerre Mondiale, Paris 1977, S. 195–220, seiner Stresemann-Würdigung gibt, nicht aus.

52 G. Stresemann, Vermächtnis. Der Nachlaß in drei Bänden, hg. von H. Bernhard, Berlin 1932–1933, 2. Bd., S. 591 ff. (594).

53 Ebenda, S. 592.

54 Ebenda, 3. Bd., S. 183.

55 Ebenda, 2. Bd., S. 597.

56 Ebenda, S. 580.

57 »Demokrat«, 20. 11. 1930, Nr. 22, S. 514 ff. (518–520).

58 W. Link, Die amerikanische Stabilisierungspolitik..., S. 386. Vgl. W. Fischer, Die Weimarer Republik unter den weltwirtschaftlichen Bedingungen der Zwischenkriegszeit, in: Industrielles System und politische Entwicklung in der Weimarer Republik, hg. von H. Mommsen / D. Petzina / B. Weisbrod, Düsseldorf 1974, S. 26 ff. (46 f.).

59 Deutscher Geschichtskalender, begr. von K. Wippermann 1931 A, S. 148 ff. (149).

60 Der deutsche Volkswirt, 5. Jg., Nr. 47 (21. 8. 1931), S. 1579 ff.

61 Linksliberalismus in der Weimarer Republik. Die Führungsgremien der Deutschen Demokratischen Partei und der Deutschen Staatspartei 1918–1933. Eingeleitet von Lothar Albertin, bearb. von K. Wegner in Verbindung mit L. Albertin, Düsseldorf 1980, Dok. 180, S. 659.

62 Zit. bei A. Brecht, Föderalismus und Regionalismus und die Teilung Preußens, Bonn 1949, S. 259.

63 E. Matthias / R. Morsey, Die Deutsche Staatspartei, in: dies. (Hg.), Das Ende der Parteien, Düsseldorf 1960, S. 41 f.

64 Vgl. Politik und Wirtschaft in der Krise 1930–1932. Quellen zur Ära Brüning. Eingel. von G. Schulz, bearb. von Ilse Maurer und U. Wengst, Düsseldorf 1980, Dok. 140, S. 396.

65 Henry Ashby Turner jr., Faschismus und Kapitalismus in Deutschland, Göttingen 1972, S. 128.

66 E. Matthias / R. Morsey, Die Deutsche Staatspartei, S. 66.

67 Ebenda, S. 68.

68 Linksliberalismus, Dok. 205.

69 Th. Heuss, Hitlers Weg. Eine Schrift aus dem Jahre 1932, neu hg. und mit einer Einleitung versehen von Eberhard Jäckel, Tübingen 1968.

70 Vgl. Jäckels Einleitung S. XXIV.

71 Ebenda, S. 125.

72 Ebenda.

73 Deutscher Geschichtskalender (Anm. 59), 1933 A, S. 92 ff. Hierin auch die folgenden zit. Stellen.

74 Zu den letzten Abschnitten vgl. L. Albertin, Die liberalen Parteien in der Weimarer Republik. Etappen ihres Niederganges, in: H. Vorländer (Hg.), Verfall oder Renaissance des Liberalismus? Beiträge zum deutschen und internationalen Liberalismus, München 1987, S. 57 ff.

Ph. P. Everts

Zwischen zwei Feuern: Auswärtige Politik zwischen inländischem Druck und internationaler Beschränkung

1. Einleitung

Die auswärtige Politik ist traditionell eine elitäre Angelegenheit.[1] Dieses Gebiet der Politik wurde, zu Recht oder Unrecht, als eine ›domaine reservé‹ betrachtet, zu der nur diejenigen, die unmittelbare Verantwortung für die Vertretung nationaler Belange tragen, Zugang haben dürfen. Die Geschichte, auch die der jüngsten Vergangenheit, bietet uns reichlich Beispiele für außenpolitische Entscheidungen, die nur von einer Handvoll Regierender und Politiker getroffen wurden, auch aus Staaten, die ansonsten zu den demokratischen gerechnet werden können. Es ist auch in diesen Ländern nicht ungewöhnlich, wenn man vernimmt, daß die Außenpolitik den Fachleuten überlassen werden muß, und daß das Parlament, wenn es sich mit der Außenpolitik befaßt, nur sich nachträglich mit der Kontrolle dieser Politik und deren Hauptlinien begnügen soll. Was die Gesellschaft insgesamt betrifft, wird oft behauptet, das breite Publikum sei an Außenpolitik weder interessiert noch urteilsfähig. Angesichts der Interessen, die auf dem Spiele stehen, dürfe die Außenpolitik kein Gegenstand internen politischen Parteienstreites sein. Obwohl diese Tradition von vielen kritisiert wird, hat sie ein zähes Leben und wird mit Verve vertreten, namentlich von denen, die ihre Machtposition darauf zurückführen. Die Worte von Henry Kissinger, Außenpolitik müsse geführt werden »by stealth, out of sight of the public, of Congress, or the bureaucracy« finden bei ihnen ein offenes Ohr.

Wie wir sehen werden, entsprach das Zustandekommen der auswärtigen Politik und die öffentliche Partizipation an ihr auch in den Niederlanden bis noch vor kurzem diesem klassischen Modell. Wenigstens bis zum Ende der sechziger Jahre herrschte ein Konsens zwischen den meisten politischen Parteien hinsichtlich der Hauptlinien dieser Politik. Diskussionen darüber erstreckten sich kaum über den Kreis der traditionellen außenpolitischen Elite hinaus. Kritik beschränkte sich auf Randerscheinungen und auf periphere Fragen. Es ist im Lichte jüngster Erfahrungen beispielsweise schwierig, sich vorzustellen, daß die Einführung von Kernwaffen in den Niederlanden Ende der fünfziger Jahre als eine selbstverständliche Angelegenheit stattfand, nahezu ohne Debatte im Parlament oder in der Gesellschaft. In dieser Hinsicht hat sich vieles geändert, namentlich seit dem Ende der sechziger Jahre. Zugenommene Schulung und Information, ein größeres Engagement bei internationalen Problemen und Demokratisierungsprozessen im allgemeinen einerseits, und das Abbröckeln des Nachkriegskonsenses über die Führung der auswärtigen Politik unter den Eliten andererseits, haben zu einem stark angewachsenen Drang nach Partizipation an der Außenpolitik beigetragen.

Obwohl die auswärtige Politik sicherlich im Vergleich zu innenpolitischen Fragen weitgehend ihren elitären Charakter behalten hat, kann sie, jedenfalls was die

Niederlande angeht, ohne Berücksichtigung der Rolle der inländischen Faktoren und Gruppen nicht mehr recht verstanden werden. Wir müssen dabei außer an politische Parteien auch an Kirchen, Gewerkschaften, Friedensbewegung, Gruppen, die spezifische, materielle oder immaterielle Belange verfolgen usw., denken. Die Rolle dieser Gruppen und Faktoren war Gegenstand einer neueren Untersuchung, deren Ergebnisse wir in diesem Artikel zusammenfassen wollen. Welche Gruppen haben welchen Einfluß auszuüben versucht bei einer Reihe neuerer und kontroverser Fragen, und mit welchem Ergebnis?[2] Das waren einige der Fragen, die in dieser Untersuchung gestellt wurden.

Ausgangspunkt bei dieser Untersuchung war nicht nur der Bedarf nach mehr Kenntnis an sich, sondern auch die Annahme, daß diese Kenntnis einen Beitrag liefern könnte für eine bessere empirische Fundierung der traditionellen normativen Debatte über die Möglichkeit oder Unmöglichkeit, Wünschbarkeit oder Unerwünschtheit von (mehr) demokratischer Kontrolle über die Politik.[3]

Neuere Entwicklungen in den Niederlanden bieten interessante Beispiele für die Wirkung geänderter Auffassungen über die Anwendbarkeit des demokratischen Modells auf die auswärtige Politik. Zwei dieser Fälle: die Einführung der sogenannten Neutronenbombe und die Stationierung von Marschflugkörpern in den Niederlanden (die »cruise missiles« werden dort »Kruisraketten« genannt), werden wir in diesem Artikel näher betrachten.

Aber zunächst wollen wir aus einer etwas weiteren Perspektive und mit etwas mehr historischer Distanz ein wenig ausführlicher auf die oben sehr knapp angedeuteten Veränderungsprozesse eingehen.

2. Traditionelle außenpolitische Orientierungen

Es ist natürlich ein Gemeinplatz, wenn man sagt, Außenpolitik sei, wie jede Politik, das Produkt aus Kontinuität und Veränderung. In Verbindung mit anderen permanenten Faktoren, wie die geographische Lage, hat die Geschichte eines Staates naturgemäß Einfluß auf Richtung und Inhalt seiner Außenpolitik. Wenn sich das internationale System stark verändert oder in eine Krise gerät, oder wenn namentlich kleinere Länder unter starkem Druck stehen, wird die Bedeutung der Traditionen wohl geringer sein, doch können sie nie ganz vernachlässigt werden. Welches Bild zeigen nun in dieser Hinsicht die Niederlande? Die meisten Autoren scheinen sich darüber einig zu sein, daß die Geschichte auch in diesem Fall wichtige Hinweise gibt für ein besseres Verständnis der Außenpolitik. So haben Bodenheimer und andere dargelegt, daß die wesentlichen Komponenten der traditionellen niederländischen Neutralitätspolitik zwischen 1815 und 1940 in dem Rahmen der neuen Politik, die nach 1945 zustande kam, erhalten blieben.[4] Diese Komponenten umfassen: Präokkupation (Vorwegnahme) innerer Probleme, die Abwesenheit einer ambitiösen außenpolitischen Führung, Abkehr von Machtpolitik. Bodenheimer schreibt: »(...) membership in a Western bloc dominated by one Superpower has permitted a continuation of traditional Dutch neutrality within a new framework and has relieved them of the need to develop an ambitious foreign policy of their own«.[5]

Charakteristisch für diese Autoren ist die Auffassung, daß die niederländische Außenpolitik seit Jahrhunderten von einigen Konstanten gekennzeichnet wird:
- einer maritim-orientierten, antikontinentalen Sicht,
- einer Abkehr von Machtpolitik, dem Wunsch nach Neutralität und einem Sich-abseits-halten, sogar Isolationismus,
- einem starken Maß an Moralismus und Gefühlen moralischer Überlegenheit,
- Respekt vor dem internationalen Recht und Legalismus,
- einem Streben nach Gleichgewicht zwischen den umliegenden Staaten.

Die ausführlichste und detaillierteste Studie, die diese Traditionen unterstreicht, ist das Werk von Joris Voorhoeve, *Peace, Profits and Principles*.[6] Dieser Autor unterscheidet drei Haupttraditionen: (1.) maritimen Kommerzialismus, (2.) neutralistischen Abstentionismus und (3.) internationalistischen Idealismus.[7] Rundweg kann man sagen, daß die erste Tradition die ökonomischen und kommerziellen Belange der Niederlande widerspiegelt, die zweite erhielt Übergewicht, als die Niederlande selbst keine Großmacht mehr waren, und die dritte kann man als typisch ansehen für ein Land, das selbst keine bedeutenden materiellen Machtquellen hat.

Voorhoeve und andere aus derselben Schule tun sich auf den ersten Blick etwas schwer mit dem Kontrast zwischen der Vorkriegspolitik des Abstentionismus (der Abseitshaltung) sowie der Neutralität und dem Kurs, der nach 1945 eingeschlagen wurde. Der Zweite Weltkrieg bedeutete für die Niederlande ein böses Erwachen und eine harte Anpassung. Außerdem mußte man sich mit dem Verlust der Kolonien abfinden und sich anpassen. Das erforderte eine Neubesinnung über die traditionellen Ausgangspunkte der auswärtigen Politik. Und in den ersten Jahren nach 1945 wurden die Hauptlinien für eine neue Politik gezogen, wie sie viele Jahre getrieben werden sollte: Anschluß an den westlichen Block, aktive Teilnahme an der europäischen Integration und so der Arbeit der Vereinten Nationen. In späteren Jahren kamen hinzu: eine aktive Politik auf dem Gebiet der Entwicklungszusammenarbeit und die Menschenrechtsproblematik.

Der Kontrast zwischen der Abseitshaltung in der Vorkriegszeit einerseits und der Folgsamkeit, mit der sich die Niederlande gegenüber der amerikanischen Führung in der NATO verhielt, und der Stolz, mit dem sie ihre Rolle als treuer Bundesgenosse andererseits erfüllten, scheint groß. Voorhoeve vertritt seine These von der Kontinuität durch die Darlegung, daß die Nachkriegssorgen die neutralistische Tradition nur in den Hintergrund gedrängt hätten, »but is still alive, however weak, and supports the idealistic elements of Dutch policy, in the regional and mundial policy spheres«.[8] Ferner behauptet er, die Veränderungen seien weniger groß, als es den Anschein habe. Die Vereinigten Staaten hätten die traditionelle Rolle als Garant für die niederländische Sicherheit übernommen, die im neunzehnten Jahrhundert Großbritannien gespielt habe.

Andere dahingegen haben einen anderen Akzent gesetzt und legen ihn auf den Bruch, der ihrer Meinung nach gegen Ende der sechziger Jahre erfolgte

213

beziehungsweise begann. Diese Periode fungiert, so behaupten sie, wie eine historische Wasserscheide zwischen einer Periode selbstverständlicher Orientierung auf das Atlantische Bündnis, vor allem auf dem Gebiet der Sicherheitspolitik, und einer Periode von viel größerer Distanz und Kritik in den siebziger und achtziger Jahren, die manche sogar als eine Rückkehr zur Vorkriegsorientierung ansehen. Walter Laqueur, der Autor, der den Ausdruck »Hollanditis« einführte für die ansteckende Krankheit des ›Pazifismus‹ und ›Neutralismus‹, die sich in seinen Augen von den Niederlanden aus über Europa verbreitete, sieht einen Zusammenhang zwischen diesem Bruch und einer »kulturellen (oder pseudo-kulturellen) Revolution« im Inland, der Revolte gegen Autoritäten, der neuen Frauenbewegung etc.[9] Aus dieser Perspektive ist die Periode 1945-1970 nicht viel mehr als ein historisches Intermezzo.

Übrigens haben Kritiker auch Fragezeichen hinter dem erklärenden Vermögen der genannten Traditionen gesetzt. Man kann sich die Frage stellen, wie »Konstanten« und Traditionen, welche als immer vorhanden angenommen werden, die doch oft ziemlich dramatischen Kurswendungen in der niederländischen Außenpolitik erklären können.[10] Auch, und methodologisch ernsthafter, gibt es das Problem, ob überhaupt ein Sich-berufen auf die genannten Traditionen zu sinnvollen Erklärungen oder aber gar zu verfälschbaren Aussagen führen könnten. Sie umfassen reichlich breite und oft konträre Zielsetzungen. So ist es schwierig, eine Politik zu finden, die nicht in eine der Traditionen paßt. Trotz seiner offensichtlichen Eleganz, scheint es, daß diese Betrachtungsweise uns per saldo nicht viel mehr erbringt als die triviale Weisheit: »Wenn es nicht der Kaufmann ist, der die niederländische Außenpolitik bestimmt, dann ist es der Pfarrer«.[11]

Viel befriedigender wäre es, feststellen zu können, wann beispielsweise Überlegungen des eigenen Interesses über mehr altruistische Ideen prävalieren, oder anders ausgedrückt, wann Prinzipien vor harten Interessen weichen. Politiker müssen gegenwärtig ständig versuchen, ein Gleichgewicht zu finden zwischen dem »harten« (Sicherheit und wirtschaftliche Interessen) und dem »weichen« (Entwicklung und humanitäre Interessen) Kern der niederländischen Außenpolitik. Der innenpolitische Streit spitzt sich auf diesen Gegensatz zu. Sollte je die Situation bestanden haben, daß man diesbezüglich einer Entscheidung aus dem Wege gehen konnte, dann besteht diese Situation heute nicht mehr.

3. Veränderungen im Charakter der niederländischen Außenpolitik

Beim Studium der Rolle inländischer Faktoren in der Außenpolitik haben wir es mit bestimmten *Faktoren* zu tun, die unter spezifischen *Umständen* an einem spezifischen *Prozeß* auf einem bestimmten *Gebiet* der Politik beteiligt sind. Diese Elemente unterliegen alle der Veränderung. Es ist gerade die historische Dynamik, die die Analyse interessant macht. Außerdem versetzt eine historische Behandlungsweise uns besser in die Lage, zufällige von mehr permanenten Faktoren zu unterscheiden.[12]

Darum wollen wir, bevor wir uns jüngeren Entwicklungen zuwenden, zunächst auf die Veränderungen blicken, die sich seit 1945 im außenpolitischen Prozeß in den Niederlanden vollzogen haben. Es handelt sich dabei um zwei Arten von Veränderungen, die eng miteinander zusammenhängen. Die erste bezieht sich auf den außenpolitischen Prozeß, die zweite auf den Inhalt der Außenpolitik selbst.

Bezüglich der ersten vollzog sich allmählich eine Verschiebung vom klassischen Modell der elitären Entscheidungen zu mehr demokratischen und populistischen Formen der Debatte und der politischen Willensbildung, bei der nicht nur das Parlament, sondern auch zahlreiche gesellschaftliche Gruppen betroffen sind. Ich komme darauf noch zurück. Die erwähnte Verschiebung hatte wichtige Folgen für die Politik selbst: die zweite Veränderung. In dem Maße, wie dieser Prozeß fortschreitet, verliert der Begriff »nationales Interesse« als leitendes Motiv stark an Bedeutung. Er scheint weniger unzweideutig als gemeinhin angenommen wird und scheint von verschiedenen Gruppen völlig verschieden interpretiert zu werden. Auswärtige Politik bedeutet außerdem das Anstreben verschiedener, oft untereinander schlecht zu vereinbarender Zielsetzungen.

In den ersten Jahren nach 1945 traten die Gegensätze aber kaum in Erscheinung. Was die Hauptlinien der Politik angeht, so bestand weitgehend ein Konsens. Die Niederlande nahmen ohne viele Debatten Abstand von der Neutralitätspolitik und unterstellten ihre Sicherheit dem Atlantischen Bündnis. Sie gehörten zu den Gründern der WEU (1948) und der NATO (1949). Als ›treuer Bundesgenosse‹ in der NATO war bei Meinungsunterschieden ein Appell an die ›NATO-Verpflichtungen‹ meist ausreichend, um Kritikern den Mund zu stopfen.[13] Am Ende der fünfziger Jahre waren die Niederlande das erste NATO-Land, das taktische Kernwaffen auf seinem Territorium zuließ.

Der Schutz der wirtschaftlichen Interessen wurde in der aktiven Teilnahme am Prozeß der europäischen Integration gesucht, wobei die Niederlande sich für den Aufbau von supranationalen Institutionen stark machten, solange das direkte Eigeninteresse sich dagegen nicht auflehnte. Eine aktive Mitgliedschaft bei den Vereinten Nationen schloß sich dem traditionellen Interesse für das internationale Recht gut an. In den VN, wie anderswo, traten die Niederlande im allgemeinen in die Fußstapfen des westlichen Blocks, insbesondere der Vereinigten Staaten. Der Verlust der Kolonien (übrigens eines der wenigen Beispiele für eine echte Meinungsverschiedenheit mit den Vereinigten Staaten) reduzierte die internationale Rolle der Niederlande, aber machte auch neue Energien frei. Die traditionelle Kombination: kommerzielle Belange und missionarischer Eifer, äußerte sich jetzt in einem frühen, und von vielen geteilten Interesse für die Entwicklungsproblematik.

Daß diese verschiedenen Zielsetzungen aufeinander stoßen könnten, wurde von den aufeinander folgenden Regierungen stets abgestritten. Namentlich wies man den Gedanken zurück, daß es einen Unterschied und einen möglichen Konflikt geben könnte zwischen einer »europäischen« und einer »atlantischen« Orientierung, oder zwischen Entwicklungszusammenarbeit und der Wahrnehmung direkter wirtschaftlicher Belange. Während der ersten zwanzig Jahre nach 1945 dominierte, trotz gelegentlicher Meinungsverschiedenheiten, der Konsens, der die wichtigsten politischen Parteien einschloß. Obwohl dieser Konsens in großen Zügen jetzt noch intakt ist, begannen doch allmählich sich Risse einzustellen, die am deutlichsten auf dem Gebiet der Verteidigungspolitik sichtbar wurden, aber die sich auch auf anderen Gebieten manifestierten.

Manche dieser Veränderungen hängen eng mit dem veränderten Charakter der internationalen Beziehungen im allgemeinen zusammen. An erster Stelle ist die Welt von 1985 nicht mehr die von 1945, und das forderte auch von den Niederlanden die nötigen Anpassungen. Die Veränderung, auf die wir hier näher eingehen wollen, ist aber eine andere.

Traditionell bildet die Sorge für die äußere Sicherheit die wichtigste Substanz der Außenpolitik. Eine solche Betrachtungsweise ist jetzt aber eine Verzeichnung der Wirklichkeit. Die Substanz der Außenpolitik hat sich wesentlich vermehrt durch das stärker gewordene Gewicht ökonomischer und technologischer Interdependenz einerseits, und durch das stark angewachsene öffentliche Bewußtsein von universalen Werten, wie Menschenrechte, Umweltschutz und ökonomische Entwicklung andererseits.

Darum wurde die Agenda der auswärtigen Politik stark erweitert. Es handelt sich nicht mehr allein um die »high politics« von Status und diplomatischem Prestige, sondern viel eher um die »low politics« der monetären Regelungen, Verfolgung politischer Opponenten und auch humanitäre Hilfe, usw.

An zweiter Stelle hat die militärische Macht viel von ihrer früheren Bedeutung als Schiedsrichter in Konflikten eingebüßt, wenngleich die Frequenz militärischer Gewalt unannehmbar groß bleibt. Andere Machtmittel haben aber an relativer Bedeutung gewonnen.

Daß die Tagesordnung der internationalen Beziehungen geändert und insbesondere erweitert ist, wird von vielen Autoren unterschrieben.[14] Edward Morse nennt als wichtigste Charakteristik der Beziehungen zwischen modernen Staaten, daß »the politics of wealth and welfare have overshadowed the politics of power and position, which in the relations among modernized societies are played out in economic terms«.[15]

Stanley Hoffmann weist auf dasselbe Phänomen, wenn er auswärtige Politik »the external dimension of the universally dominant concern for economic development and social welfare« nennt.[16] Hanrieder spricht auch über die Verschiebung »away from the primacy of military strategic elements of power toward the primacy of economic elements«.[17]

Es wird immer schwieriger, von einer Hierarchie der Zielsetzungen mit militärischer Sicherheit an der Spitze auszugehen. Die Definition der auswärtigen Politik muß ausgedehnt werden bis: »*all* decisions and actions which to some appreciable extent involve relations between one state and others«.[16]

Infolge des Anwachsens von Interdependenzen einerseits und gewachsener Empfindlichkeiten andererseits entstehen aneinander gekoppelte Prozesse von

Externalisierung (oder Internationalisierung) der innenpolitischen Prozesse und *Internalisierung* (Domestizierung) von internationalen Beziehungen. Es wird darum auch immer weniger leicht, einen Unterschied zwischen Innen- und Außenpolitik aufrechtzuerhalten. So haben allmählich nahezu alle Ministerien ihre eigene Abteilung für ›Internationale Beziehungen‹ erhalten, deren Tätigkeiten immer schwieriger vom Ministerium des Äußeren zu koordinieren sind. Demzufolge droht die Effektivität der Außenpolitik, welchen Zielen sie auch nachstrebt, abzunehmen.[19] Es ist paradox, daß, während die Bedeutung der Außenpolitik zunimmt, der Zugriff des dafür zuständigen Ministeriums abnimmt.

Unter den spezifischen internationalen Faktoren, die daneben zu Veränderungen im Kurs der Außenpolitik oder zum Drang in diese Richtung beitrugen, müssen gerechnet werden:
- die abnehmende amerikanische Führerschaft und die in Europa wachsende Kritik an den Vereinigten Staaten,
- die Periode der *Detente* in Europa und die dadurch geweckten Erwartungen bezüglich einer weiteren Abnahme des Kalten Krieges,
- die anhaltende und wachsende Kluft zwischen Arm und Reich in der Welt und das Scheitern von Versuchen, diese Kluft zu überwinden,
- das Fortschreiten des Rüstungswettlaufs und der damit gepaart gehenden Veränderungen in der militärischen Strategie, die u. a. der alten Debatte über die Zuverlässigkeit der amerikanischen Sicherheitsgarantien neue Nahrung verschafften und Zweifel verstärkten in bezug auf die Rüstungskontrolle.

Die erwähnten Veränderungen haben zweifellos, sowohl bei der Elite wie bei der Masse, Einfluß gehabt auf die Perzeption, was die niederländischen Interessen und ihre Stellung in der Welt angeht.

Während die NATO-Mitgliedschaft an sich selten oder nie der Kritik unterlag (sie hatte immer die Unterstützung von rund 75% der Bevölkerung,[20] geriet die Politik der NATO unter wachsende Kritik, vor allem, wo es sich um die Kernwaffen handelte. Das führte dazu, daß aufeinanderfolgende Regierungen sagten, sie strebten nach Zurückdrängung der Rolle der Kernwaffen in der Sicherheitspolitik (wiewohl nie genau deutlich wurde, was man dabei vor Augen hatte und wie dieses Ziel realisiert werden könnte, solange man die nukleare Abschreckung als Eckpfeiler der Sicherheitspolitik betrachtete). Das Einhaltgebieten der nuklearen Proliferation und die Förderung der Rüstungskontrolle erhielten allmählich auch mehr Priorität in der Politik, was die in der Öffentlichkeit herrschenden Wünsche widerspiegelte.

Mit als Folge einer wachsenden und effektiven Friedensbewegung manifestierte sich seit der Mitte der sechziger Jahre eine an Kraft und Umfang zunehmende öffentliche Abneigung insbesondere gegen die nukleare Bewaffnung, die in verschiedenen Sektoren der Gesellschaft zum Ausdruck kam. Diese Veränderung wurde von ausländischen Beobachtern oft als eine Verschiebung in neutralistischer Richtung und sogar als Wiederherstellung der traditionellen Orientierung gedeutet. Wir wiesen schon darauf hin. Namentlich letzteres beruht aber auf einer unrichtigen Einschätzung der Entwicklungen. So ist der ›aktivistische‹ Charakter des neuen politischen Klimas, der Wunsch, daß die Niederlande eine aktive Rolle spielen und Kontakte suchen sollten mit ›gleichgesinnten‹ Nationen, gänzlich im Streit mit dem Vorkriegsideal der Abseitigkeit.[21] Auch impliziert die Neigung, beide Supermächte allmählich verantwortlich zu machen für die Gefahren, die die Welt bedrohen, noch keine moralische Gleichgültigkeit hinsichtlich der ideologischen Trennungslinien. Der Begriff »pazifistisch« ist ebensowenig angebracht wie der Begriff »neutralistisch«, schon weil in der niederländischen Gesellschaft die Notwendigkeit von irgendeinem System der militärischen Verteidigung noch allgemein akzeptiert wird.[22] Anders als angenommen wird, ist das neue Klima viel weniger eine Kopie von früheren Sentiments, denn ein Versuch ›autonom‹ auf eine Situation zu reagieren, in der die konventionellen Antworten der Jahre nach 1945 nicht länger ausreichen.

Die Veränderungen im Denken über die auswärtige Politik können auf drei Ebenen wahrgenommen werden:
1. Auf der Ebene der faktisch geführten Politik
2. auf der Ebene der öffentlichen Meinung in ihren verschiedenen Varianten und Manifestationsformen und
3. auf der Ebene der Aktivitäten, die von verschiedenen Gruppen unternommen werden, um die Politik zu beeinflussen.

Auf allen drei Ebenen ist eine Verminderung des nationalen Konsenses und eine gewachsene Politisierung außenpolitischer Probleme auf breitem Terrain wahrzunehmen. Das kommt vor allem dort zum Ausdruck, wo unterschiedliche, nicht zu vereinbarende politische Ziele gegeneinander aufgewogen und wo Entscheidungen getroffen werden müssen.

4. Veränderungen im außenpolitischen Prozeß

Oben betonte ich bereits, daß das klassische Modell des außenpolitischen Prozesses dabei ist, seine frühere Relevanz zu verlieren. Das gilt bestimmt für die Situation in den Niederlanden seit Ende der sechziger Jahre. In dieser Periode manifestierte sich in den Niederlanden, wie in vielen anderen Ländern, auf zahlreichen Gebieten ziemlich plötzlich ein stark wachsender Wunsch nach Partizipation am politischen Prozeß. Dieses Drängen erreichte, wenngleich später und weniger heftig, auch das Gebiet der auswärtigen Politik. Gemeinhin geht man in der Literatur davon aus, daß das öffentliche Interesse und die Beteiligung auf diesem Felde sehr gering sei verglichen mit Fragen lokaler und nationaler Politik.[23] Das hängt gewiß mit einem vorhandenen Gefühl der Machtlosigkeit zusammen, selbst wenn man im Prinzip interessiert sei. Das Gefühl, daß Engagement bei der auswärtigen Politik Energieverschwendung sei, einer Energie, die man besser bei Angelegenheiten, die hautnäher sind, einsetzen könnte, wird noch verstärkt durch die Empfindung – im Falle der Niederlande – daß, sogar wenn man selbst Einfluß haben könnte, dies doch keinen Sinn hätte, weil der niederländische Einfluß als solcher sehr gering ist.[24] Aus diesem Grund war zu erwarten, daß das Demokratisierungsstreben auf dem Gebiet der auswärtigen Politik weniger stark sein würde. Darum ist das Ausmaß, in dem es dann doch erfolgte und erfolgt, um so auffallender. Hierbei ist eine relativierende Bemerkung aber notwendig. Obwohl sicherlich ein markanter Unterschied der Anteilnahme im Vergleich zu früheren Perioden besteht, beschränkt sich das Interesse und das Beteiligtsein de facto auf ein dünnes Segment aus der Bevölkerung (kaum mehr als maximal 5-10%). Die Anzahl derer, die tatsächlich versuchen, Einfluß auf die Politik auszuüben, ist naturgemäß noch geringer und dürfte weniger als 1% betragen.

Die interessante Frage aber bleibt, inwieweit diese Engagierten eine isolierte Erscheinung sind, oder nur die Spitze eines Eisbergs darstellen. Die konkreten Aktivitäten, um die Politik in Sachen Kernwaffen zu ändern, wurden faktisch von einer kleinen Gruppe unternommen. Aber diese konnte auf sehr ansehnliche Unterstützung durch die öffentliche Meinung rechnen, wie man sie auch mißt.[25]

Der elitäre Charakter des außenpolitischen Prozesses mag denn auch in den Niederlanden in großen Zügen erhalten geblieben sein, Umfang und Zusammensetzung der Gruppen, die bei der politischen Diskussion am politischen Prozeß beteiligt sind, haben sich gewiß stark verändert. Daß dieses Interesse stark zugenommen hat, ist eine Meinung, die allgemein geteilt wird.[26] Gruppen verschiedener Art befassen sich gegenwärtig mit Themen der auswärtigen und internationalen Politik und fügen ihre Stimme denen der traditionellen Eliten hinzu. Die Erscheinung ›Aktionsgruppe‹ hat sich auf diesem Gebiet in zunehmendem Maße manifestiert. Eine Quelle nennt 24 dergleichen Gruppen für 1950, 32 für 1960, 64 für 1970 und nicht weniger als 174 für das Jahr 1982.[27] Die Anzahl der Friedensorganisationen auf nationaler Ebene wuchs von 10 im Jahre 1950 auf ungefähr 25 im Jahre 1987.[28] Obwohl das gewachsene öffentliche Interesse am markantesten auf den Gebieten Frieden und Sicherheit ist, blieb es darauf nicht beschränkt.[29]

Die Effektivität der genannten Gruppen wird in starkem Maße durch die Bewegungsfreiheit, welche die Niederlande international besitzen, begrenzt. Wo dieser Spielraum nicht besteht, kann inländischer Druck keine Wirkung haben. Doch ist dessen Einfluß oft beträchtlich. Noch abgesehen von den unten zu behandelnden Fällen, ist es beispielsweise plausibel zu argumentieren, daß inländische Gruppen einen entscheidenden Einfluß auf die Aufrechterhaltung eines politischen Konsenses hatten, bei dem Entwicklungszusammenarbeit und Eintreten für die Menschenrechte großes Gewicht beigemessen wird.

Die wichtigste Veränderung, die von den neuen Partizipanten im außenpolitischen Prozeß erreicht wurde, ist aber die Veränderung im politischen Klima hinsichtlich der »conventional wisdoms« im Bereich von Frieden und Sicherheit. Hierbei spielten und spielen die Kirchen eine bedeutende Rolle, insbesondere die kirchlichen Friedensorganisationen *Interkerkelijk Vredesberaad* (IKV) und ihr katholischer Partner *Pax Christi*.[30]

Das wachsende politische Interesse spiegelt sich auch in einem vermehrten Engagement des Parlaments bei der Außenpolitik und in der Zeit, die dabei für die Debatten eingesetzt wird, in parlamentarischen Anfragen und Anträgen zum Ausdruck kommt. Nach amerikanischem Beispiel hat auch die parlamentarische Anhörung ihren Eintritt gefunden.[31] Das Engagement der Zweiten Kammer der Generalstaaten für die Außenpolitik erreichte einen Höhepunkt an Intensität in der Zeit nach 1977. Während des ersten Kabinetts van Agt (1977–1981) drohte nicht weniger als viermal eine Kabinettskrise über einen Gegenstand der auswärtigen Politik: die Einführung der Neutronenbombe (1978), die Modernisierung der Kernwaffen (1979), die Lieferung von angereichertem Uran an Brasilien (1978) und das Ölembargo gegen Südafrika (1981). Das war in der niederländischen Politik eine ganz neue Erscheinung. Es war ausschließlich der Wunsch, aus innenpolitischen Gründen die regierende Koalition zu erhalten, die das Kabinett bei jeder dieser Gelegenheiten überleben ließ.

Dies galt natürlich insbesondere für die Frage der Marschflugkörper, die die außenpolitische Debatte sechs Jahre lang beherrschte und in der das Parlament schließlich eine entscheidende Rolle spielte. Infolge dieser Entwicklungen begannen außenpolitische Fragen, namentlich das Problem der Kernwaffen, ebenfalls erstmalig, eine wichtige Rolle in nationalen Wahlkämpfen zu spielen, was sich bei den Parlamentswahlen von 1981, 1982 und 1986 zeigte.[32]

5. Zwei Fallstudien

Nachdem wir in großen Zügen die Veränderungen im außenpolitischen Prozeß in den Niederlanden beschrieben haben, wollen wir jetzt zwei Fälle von Versuchen der Politikbeeinflussung, welche diese Darlegung illustrieren können, mehr im Detail betrachten.

Wer sich mit Einflußprozessen befaßt, stößt auf ernste methodologische Probleme, deren wichtigste sind, ob und wie man das Ergebnis bestimmter politischer Prozesse einem spezifischen Faktor, wie beispielsweise der Rolle der öffentlichen Meinung, zuschreiben kann. Es besteht darum auch in der Politologie die Neigung, von jedem Versuch zur Theoriebildung ganz abzusehen und ›nur zu beschreiben, was man sieht‹ in der bewährten historiographischen Tradition. Aber obwohl strenge Theoriebildung zu unübersichtlichen Problemen der Operationalisierung führen und als Zwangsjacke wirken kann, führen Datensammlungen ohne Theorie leicht zu einer willkürlichen Faktenmenge, die keine Erkenntnisse verschafft. In dem hier besprochenen Forschungsprojekt wurde versucht, ein Gleichgewicht zwischen beiden Extremen zu suchen, indem man sich auf das konzentrierte, was als die wichtigsten Dimensionen und Charakteristika des politischen Prozesses angesehen wurde.[33]

Die Möglichkeiten, auf den politischen Prozeß Einfluß auszuüben, werden in dem entwickelten Modell durch drei »Dimensionen« des Prozesses bestimmt, das sind: 1. das Element der internationalen *Autonomie*, 2. das Bestehen oder Nicht-bestehen eines inländischen *Konsenses* und 3. das Element der *Zeit*. »Autonomie« bezieht sich auf den internationalen Spielraum oder auf politische Handlungsfreiheit; diese bestimmt, ob es überhaupt eine Wahl zwischen Alternativen gibt. »Konsens« verweist auf die Verteilung der Auffassungen auf den relevanten inländischen Ebenen, und »Zeit« auf den Verlauf des Entscheidungsbildungsprozesses und auf die Zeit, die für das Fassen oder Aufschieben von Entscheidungen verfügbar ist.

Außerdem werden die Chancen von Gruppeneinfluß bestimmt durch eine Anzahl von Qualitäten, deren wichtigste sind: *Hilfequellen* (Ressourcen), *Legitimität* und

Zugang zu denen, die man beeinflussen will. Mit Hilfe dieser Konzepte werden wir jetzt zwei Fälle von Politikbeeinflussung näher betrachten:

Die zwei Fälle sind: die Entscheidung über die Einführung oder Nicht-Einführung der sog. Neutronenbombe und die Entscheidung über die Stationierung der 48 Marschflugkörper in den Niederlanden.

Die Prozesse, die sich darum herum abgespielt haben, kann man ohne Kenntnis des niederländischen politischen Systems nicht verstehen. Wegen des Multi-Parteiensystems sind Regierungen in den Niederlanden immer Koalitionskabinette. Dabei besetzen die Christ-Demokraten permanent das Zentrum. Ohne sie kann kaum regiert werden und es hat denn auch seit 1945 kein Kabinett gegeben, in dem sie nicht vertreten waren. Am Ende der siebziger Jahre erfolgte eine Fusion zwischen drei ursprünglich selbständigen christlichen Parteien, zwei protestantischen und einer röm. katholischen. Erwartungsgemäß war das kein leichter Prozeß. Namentlich der linke Flügel in der neuen Christdemokratischen Partei, der CDA, war mit dem Verlauf der Dinge nicht glücklich, und als 1977 eine Mitte-Rechts-Koalition gebildet wurde, versagten elf Parlamentsmitglieder, die meisten aus der früheren ARP stammend, der Regierung ihre formelle Unterstützung. Die geringe Mehrheit, über die die Regierungsmehrheit verfügen konnte (77 der 150 Sitze), verschaffte den »Dissidenten« eine potentiell nicht unerhebliche Machtposition, die sie bei einigen Fragen, die ihnen die Möglichkeit dazu boten, dazu benützten, ihre »linke« Gesinnung zu profilieren. Die erwähnten außenpolitischen Fragen gehörten dazu. Zusammen mit den linken Oppositionsparteien, die sowohl die Einführung der Neutronenbombe, als auch die Stationierung der Marschflugkörper ablehnten, waren sie in der Lage, für eine parlamentarische Mehrheit zu sorgen, die die Regierung daran hinderte, sich völlig dem Druck seitens der NATO zu beugen. Mit den Dissidenten verfügte auch die kirchliche Friedensbewegung über einen Brückenkopf innerhalb der CDA. Das war bedeutungsvoll, weil Organisationen wie IKV und Pax Christi auf dem Weg über die Kirchen Zugang zu CDA-Wählern und der politischen Mitte zu erlangen versuchten. Diese Strategie hatte aber per saldo geringen Erfolg, weil nur eine Minderheit innerhalb der Kirchen bereit war, der Friedensbewegung gänzlich zu folgen.

IKV und Pax Christi wurden die Achse der ad hoc-Koalition gegen die Kernwaffen, welche die gemäßigten Gruppen aus dem Zentrum (inclusive eines Teils der CDA) mit den radikaleren Elementen innerhalb der Friedensbewegung auf der Linken verband. Wenn sie schließlich auch nicht mächtig genug war, einen Durchbruch zu forcieren, so war diese Koalition doch sechs Jahre lang imstande, als Veto-Gruppe die endgültige Entscheidung aufzuhalten.

In welchem Maße die Aktivitäten der hier genannten Koalition auch die Unterstützung der öffentlichen Meinung auf Massenebene erhielt, bleibt umstritten, Meinungsumfragen zum Trotz, die regelmäßig ergaben, daß Mehrheiten sich für die IKV-Vorschläge zur Denuklearisierung der Niederlande aussprachen, während noch größere Mehrheiten sich gegen die Unterbringung von Marschflugkörpern wendeten. So gesehen, scheint wenig Raum für Zweifel. Aber in der öffentlichen Meinung sind auch Mehrheiten zugunsten der gängigen Verteidigungsauffassungen zu finden, wie die Notwendigkeit einer (starken) Streitmacht und eines militärischen Gleichgewichts zwischen Ost und West.

Die Idee einer gemeinschaftlichen Verteidigung im NATO-Verbund wird allgemein akzeptiert, aber die (nuklearen) Implikationen nicht. Auffallend an der öffentlichen Meinung ist ferner, daß sich in den letzten zehn Jahren keine auffallenden Verschiebungen ergeben haben. Eher kann von einer auffallenden Kontinuität[34] gesprochen werden. Was geschehen ist, scheint zu sein, daß eine Kombination von politischen Ereignissen und die Anwesenheit von Gruppen die existierenden Gefühle und Auffassungen zu mobilisieren verstanden, dazu führte, daß diese Auffassungen, die zunächst latent waren, manifest wurden, und daß viel mehr Menschen als zuvor nunmehr bereit waren, diesen Auffassungen gemäß zu handeln, wie dies u. a. im massenhaften Auftreten bei den Demonstrationen von 1981 und 1983 sichtbar wurde.

6. Das Problem der Neutronenbombe

Als eines der Länder, die unmittelbar bei der integrierten Verteidigung von Westeuropa beteiligt sind, hatten sich die Niederlande auch mit den Plänen zur Einführung der Enhanced Radiation Reduced Blast (ERRB)-Waffen zu befassen, die populär als Neutronenbomben bekannt wurden. Über Veröffentlichungen in der amerikanischen Presse bekam diese Frage plötzlich und unerwartet große Aktualität.

In den Niederlanden ging es in diesem Moment um den Wechsel einer Mitte-Links- zu einer Mitte-Rechts-Regierung unter Führung von A. van Agt. Während die vorige Regierung noch einer Stellungnahme über die Neutronenbombe ausgewichen war, wurde von der neu antretenden Regierung schnell klar, daß sie mit den NATO-Plänen übereinstimmen würde. Problematisch war für sie aber das moralische Widerstreben gegen diese Waffe, das in der Gesellschaft weitgehend zu bestehen schien. Gekoppelt an das mehr technische Argument, daß die Einführung dieser Waffe die sogenannte Atomschwelle herabsetzen würde, verschaffte dies der Opposition starke Argumente gegen die Einführung. Wie schon gesagt, war es von ausschlaggebendem Interesse, daß auch ein Teil der neuen CDA sich gegen die Waffe wendete und sich auf die Seite der Opposition schlug. Das Kabinett wurde dadurch zu einem sehr vorsichtigen Kurs gezwungen. Es argumentierte, daß eine (negative) Standpunktbestimmung die Konsultationen in der NATO behindern, Verstimmung bereiten und die Chancen für ein erfolgreiches Gespräch über die Rüstungskontrolle beeinträchtigen würde. Seitens der Gesellschaft wurde von vielen Seiten gedrängt, ›nein‹ zu sagen. Das führte u. a. dazu, daß der Verteidigungsminister, Roelof Kruisinga, von Hause aus ein Arzt, unter Berufung auf den inhumanen Charakter der betreffenden Waffen und den kritischen Aussagen der Kirchen, zurücktrat. Obwohl die Zweite Kammer des Parlaments sich nicht einig werden konnte über den Kurs, den man von der Regierung hinsichtlich der Nicht-Einführung erwartete, wurde doch (gegen die Meinung der Regierung) ein Antrag angenommen, der die Einführung der Waffe als »unerwünscht« bezeichnete. Auch alle Christdemokraten (bis auf 10) stimmten mit der Opposition mit. So waren der Regierung die Hände gebunden. Zusammen mit den westdeutschen Zögerungen kann dies zu Präsident Carters Entscheidung vom April 1978, den Produktionsbeschluß aufzuschieben, beigetragen haben. (Die Neutronenwaffe wurde letztlich doch hergestellt, aber von einer Einführung in Europa wurde Abstand genommen.)

Diese Entscheidung wurde von einem Teil der Friedensbewegung als ein großer Erfolg betrachtet. Innerhalb dieser Bewegung spielte die Gruppe *Stop de Neutronenbom* eine große Rolle. Aufgestellt von der kommunistischen Partei als Organisation von Personen, nicht von Gruppen, erhielt die Bewegung als nicht-politische Organisation starke Unterstützung aus allerlei Segmenten der Gesellschaft, wobei sie sich schließlich vom Odium, eine »kommunistische« Organisation zu sein, befreite. *Stop de Neutronenbom* war als Organisation sehr effektiv. An ihrem Höhepunkt gab es mehr als 200 lokale Gruppen im Lande. Es gelang 1,2 Millionen Unterschriften unter eine Petition zu sammeln – ein Nachkriegsrekord.

Was *Stop de Neutronenbom* zu einer so wirkungsvollen Organisation machte, war die Tatsache, daß sie weit außerhalb des traditionellen Bereichs, aus welchem Menschen für die Friedensbewegung mobilisiert werden können, sich Anhang verschaffte. Der Erfolg des Drucks auf die Regierung hängt mit der verhältnismäßig großen Autonomie der Niederlande in dieser Frage zusammen (die Vereinigten Staaten wollten im Gegensatz zur Modernisierungsfrage die Neutronenbombe den Bundesgenossen nicht aufdrängen), während das Zögern in der Bundesrepublik Deutschland die Opposition in den Niederlanden begünstigte. Im Inland beschränkte der Konsens in der öffentlichen Meinung den Spielraum der Regierung beträchtlich. Der Zeitfaktor arbeitete zugunsten der Opposition, die das Zaudern der Regierung benutzte, um Unterstützung zu mobilisieren. Die Legitimität des Widerstandes wurde allmählich immer mehr anerkannt, nicht zuletzt wegen der Unterstützung durch die Kirchen.

7. Die Angelegenheit der Marschflugkörper

Die erfolgreiche Opposition gegen die Neutronenbombe im Jahre 1978 bildete die Ausgangsposition für die zweite Runde, die einsetzte, als die Regierungen von der NATO 1979 den bekannten »Doppelbeschluß« in Sachen Modernisierung der Kernwaffen in Europa faßten. Als Teil davon waren den Niederlanden 48 Marschflugkörper zugedacht. Obwohl die Autonomie der Niederlande formal ebenso groß war wie bei der Neutronenbombe (die NATO ist keine supranationale Organisation), war der Spielraum, politisch gesprochen, jetzt viel kleiner. In den westlichen Hauptstädten herrschte die Idee vor, daß Einheit und Entschlossenheit in der NATO nach dem Debakel mit der Neutronenbombe sichtbar wiederhergestellt werden müßten.

Es gab auch andere Faktoren, die die niederländische Autonomie beschränkten.[36] Vor 1979 hatten die Niederlande in der High Level Group der NATO die Bereitschaft zur Stationierung bereits ausgesprochen, und auch die Bundesrepublik Deutschland drängte darauf, daß die Niederlande stationieren sollten, um im eigenen Land der Opposition den Wind aus den Segeln zu nehmen. Die Niederlande fürchteten, bei einem zweiten »nein« ihren Einfluß auf die Rüstungskontrolle zu verlieren. Doch befand sich die Regierung in einer schwierigen Lage, weil die interne Opposition seit 1978 nur weiter ermuntert war. Die IKV hatte mit einer gut laufenden Kampagne für die Denuklearisierung der Niederlande begonnen, und die Friedensbewegung hoffte erneut Punkte einzuheimsen. Öffentliche Meinungsbefragungen ließen wenig Zweifel übrig, daß eine große Mehrheit eine Stationierung der Marschflugkörper ablehnte. Die noch immer kleine Regierungsmehrheit in der Zweiten Kammer und die Opposition innerhalb der CDA bedrohten die Koalition erneut. Inzwischen war die Koalition gegen die Neutronenbombe im *Overlegorgaan tegen de kernbewapening* institutionalisiert, einer Einrichtung, der neben Friedensorganisationen auch politische Parteien – darunter die CDA – und die Föderation der niederländischen Gewerkschaften angehörten.

Es wäre nicht schwer, hier zahllose Aktionen zu beschreiben, die in Zusammenhang mit dieser Frage auf lokaler oder Landesebene unternommen wurden. Wir begnügen uns mit dem Hinweis auf zwei große Demonstrationen, die, was die Teilnahme betrifft, niederländische und internationale Rekorde brachen. In Amsterdam beteiligten sich im November 1981 400000 Menschen, in Den Haag zwei Jahre später 550000. Im Jahre 1983 richteten u. a. Prinzessin Irene, die Schwester der Königin, der Vorsitzende der Gewerkschaftsföderation FNV und der Vorsitzende des Rates der Kirchen Ansprachen an die Demonstranten. Die Demonstration von 1983 war vom *Komitee Kruisraketten Nee* (Marschflugkörper Nein) organisiert, was wieder ein Zusammenwirken der Friedensbewegung, linker politischer Parteien und Gewerkschaften darstellte. 1985 organisierte das KKN als letzten Versuch, eine Mehrheit gegen die Stationierung sichtbar zu machen, vor der endgültigen Regierungsentscheidung vom November 1985 das sogenannte *Volkspetitionnement*. Es war ein einzigartiges Beispiel intensiver Massenaktion. Das »petitionnement« (die Niederlande kennen keine Formen eines Referendums) wurde schließlich von 3,75 Millionen Menschen unterzeichnet (ungefähr 30% der Wahlberechtigten). Eindrucksvoll, aber nicht genug, um als Ausdruck einer Mehrheit der öffentlichen Meinung anerkannt zu werden.

Die niederländische Regierung stand zwischen zwei Feuern. International wurde starker Druck ausgeübt, jetzt endlich der Stationierung zuzustimmen. Im Inland war die Opposition stark und umfaßte noch stets einen Teil der CDA. Unter diesen Umständen war Vertagung der einzig mögliche Kurs. Dreimal während der ganzen Angelegenheit (1979, 1981, 1984) wurde ein Aufschub und ein Vorwärtsschieben beschlossen. 1979 pflichteten die Niederlande den Argumenten für den Doppelbeschluß bei, aber stimmten der Stationierung selbst nicht zu. Das sollte erst 1981 geschehen und vom Ergebnis der Rüstungskontrolle abhängen. In jenem Augenblick konnte die Regierung aber angesichts der inneren Kräfteverhältnisse (zu diesem Zeitpunkt war die sozialdemokratische Partei der Arbeit (PvdA) wieder Regierungspartei) nicht mehr erreichen als einen abermaligen Aufschub. Sie berief sich auf die Tatsache, daß von Unterhandlungen noch keine Rede gewesen sei. Die dritte Entscheidung zum Aufschub wurde im Juni 1984 vom Kabinett Lubbers getroffen. Es war ein ingeniöser Kompromiß, der letztlich aus zahlreichen Varianten für eine Lösung, die in den vorhergehenden Monaten zirkuliert hatten, gefunden wurde. Die Entscheidung stellte einen konditionellen Beschluß zum Stationieren dar, falls die Sowjetunion bis November 1985 zusätzliche SS-20 Raketen stationiert haben sollte. Wäre das nicht der Fall, dann würden die Niederlande nicht stationieren, es sei denn, daß vorher eine Übereinkunft über die Rüstungsbeschränkung erreicht wäre. Dadurch wurde das Stationierungsschema auch verändert. Die Raketen würden erst 1988 und nicht 1986 in die Niederlande kommen. Die Regierung hatte sich damit wieder etwas Luft verschafft und konnte mit der Tatsache rechnen, daß der Zeitfaktor, der erst zu ihrem Nachteil gearbeitet hatte, jetzt zu ihrem Vorteil ausschlagen würde, weil die Opponenten müde werden würden. Diese Strategie wirkte. Die Erwartung, daß der Widerstand letztlich kein Ergebnis bringen würde, wuchs der Meinungsforschung zufolge stetig.

Im November 1985 stimmte schließlich das Parlament dem Stationierungsprozeß zu. Die Zahl der »Dissidenten« hatte sich allmählich stark verringert, und mit Hilfe der kleinen Rechtsparteien erhielt die Regierung eine Mehrheit. Die Übereinkunft zur Stationierung bekam die Form eines Vertrages mit den Vereinigten Staaten. Trotz der starken Argumente gegen die Konstitutionalität dieses Vertrages war man sich allgemein darüber einig, daß er auch zukünftige Regierungen binden würde. Dies verminderte das Interesse an den allgemeinen Wahlen von 1986. Die Meinungsforscher prophezeiten, die Regierungsparteien würden ihre Mehrheit verlieren. Das würde bedeuten, daß die PvdA wieder an die Regierung käme, wenn sie mit der CDA eine Koalition bilden würde. Die Frage der Marschflugkörper war dabei aber der große Stolperstein. Die CDA war nicht bereit, wie die PvdA wollte, mit den Vereinigten Staaten über den Vertrag neu zu verhandeln. Die PvdA bestand auf ihrem bedingungslosen »nein« gegen die Stationierung und behauptete, daß die V S die Marschflugkörper nie gegen den deutlichen Willen eines neuen Parlaments aufdrängen würden. Aber so weit kam es nicht. Die PvdA gewann zwar ansehnlich, aber die Regierungsparteien behielten ihre Mehrheit und damit schien die Sache mit den Marschflugkörpern entschieden. Es wäre aber falsch, die Wahlen als ein Quasi-Referendum über die Marschflugkörper zu betrachten. Die Frage spielte im Wahlkampf zwar eine große Rolle, aber im Wählerverhalten war das nicht der Fall. Speziell bei den Stationierungsgegnern unter den CDA- und VVD-Wählern war das Interesse an dieser Frage zu gering, um ihr Wahlverhalten zu beeinflussen, und die Mehrheit der Gegner gab ihre Stimme ohnehin einer der Linksparteien.[37]

8. Einige Schlußfolgerungen

Trotz der eingeschränkten externen Autonomie ist der inländische Druck effektiv gewesen in der Frage der Neutronenbombe und, insofern als sechs Jahre lang Aufschub von aufeinanderfolgenden Regierungen widerwillig akzeptiert wurden, auch im Falle der Marschflugkörper. Sowohl die Art des inländischen Konsenses, als auch der Faktor Zeit begünstigten die Opposition im Inland. Die verfügbare Zeit erlaubte eine Mobilisierung in ziemlich großem Rahmen, wobei sich selbst verstärkende Prozesse ergaben und die verschiedenen gesellschaftlichen Gruppierungen, angefangen bei der Friedensbewegung, einander stimulierten. Dadurch wurde im Fall der Neutronenbombe einer positiven Regierungsentscheidung die Basis entzogen und im Falle der Marschflugkörper stark unterminiert.

In der Frage der Marschflugkörper, die von allen betroffenen Parteien als eine zweite Runde betrachtet wurde, kehrte sich der Zeitfaktor schließlich gegen die Opposition. Außerdem waren allmählich ihre Mittel erschöpft. Die Friedensbewegung als Ganze sah bewußt von radikaleren Aktionen ab, weil diese die Unterstützung für ihre Ziele im Zentrum der Gesellschaft beeinträchtigt hätten. Die wichtigsten Aktivposten der Friedensbewegung waren nicht nur ein gewachsenes organisatorisches Vermögen, wodurch sehr viele Leute erreicht wurden, sondern auch, daß die Unterstützung von »etablierten« Einrichtungen, wie Kirchen und Gewerkschaften ihre Legitimität sehr günstig beeinflußte. Sowohl quantitativ wie qualitativ wurde es stets schwieriger, den Widerstand als Aktivität einer nicht-repräsentativen Minderheit abzutun. Der Widerstand konnte sich dabei auf das offizielle Regierungsziel: Reduzierung der Rolle der Kernwaffen berufen. Die Regierung litt deshalb unter ernstem Mangel an Glaubwürdigkeit.

Entscheidend aber waren wohl die parteipolitischen Kräfteverhältnisse und die Veränderungen in der politischen Kultur. Das Aufkommen von »populistischen« demokratischen Werten, die wachsende Zahl von Wechselwählern (»schwebender Wähler«) und unstabile Regierungsmehrheiten haben die Politiker viel empfindlicher gemacht für Massen- und spontane Äußerungen der öffentlichen Meinung. Das gilt in zunehmendem Maße auch für die auswärtige Politik.

Spezifisch für die Situation der beiden beschriebenen Fälle war es schließlich, daß innerhalb der CDA diesbezüglich große Uneinigkeit bestand.

In der nahen Zukunft wird die Verteidigungspolitik in den Niederlanden von jeder Regierung ungeachtet ihrer Zusammensetzung viel Gleichgewichtsvermögen erfordern, jetzt, da Veto-Gruppen links und rechts, insbesondere wo es sich um die Problematik der Kernwaffen handelt, die Regierungsspielräume beträchtlich eingeschränkt haben. Auf der einen Seite stehen die traditionellen Eliten, konzentriert innerhalb und rund um die Regierung, und der Bürokratie, auf der anderen Seite die Contra-Eliten der Friedensbewegung und verwandte gesellschaftliche Gruppen. Ihre Stärke widerspiegelt sich im allmählich gewachsenen Mangel an Konsens der Eliten bei den Hauptlinien der Sicherheitspolitik. Das ist von besonderem Interesse, weil die öffentliche Meinung auf Massenebene weniger ein politischer Aktor an sich ist als vielmehr eine Kraft, die von denen mobilisiert werden kann, die zu ihr Zugang haben. Die Mobilisierung hat erst dann eine Chance, wenn die Eliten die Probleme nicht mehr meistern können und sich untereinander nicht einig sind. Wenn es so sein sollte, daß ein fehlender Konsens auf der Elitenebene eine Voraussetzung für Massenmobilisierung ist, dann wird die Zukunft von Gruppen wie der Friedensbewegung davon abhängen. Angenommen, die niederländische Regierung bleibt dem externen Druck unterworfen, und es treten andererseits die verschiedenen Wünsche von der Gesellschaft her in den Vordergrund, bedeutet dies, daß der Spielraum auf dem Gebiet der Außenpolitik auch in den kommenden Jahren begrenzt sein wird und daß schwierige und häufig kompromittierende Kompromisse unvermeidlich bleiben werden.

(Aus dem Niederländischen von Carl Peter Baudisch)

Anmerkungen

1 Dieser Artikel basiert auf früheren Publikationen im Rahmen der interuniversitären Arbeitsgruppe Buitenlands beleid van Nederland (auswärtige Politik der Niederlande). Die Beiträge vieler an diesem Projekt, von denen ich besonders Peter Baehr, Henk Leurdijk und Alfred van Staden nennen will, werden hier dankbar vermerkt. Für diesen Artikel habe ich zurückgegriffen auf Teile von Ph. P. Everts (Hg.), Controversies at home: Domestics Factors in the Foreign Policy of the Netherlands, Dordrecht 1985 und Ph. P. Everts, A. van Staden, Domestic Factors in the Making of Defence Policy: The Case of the Netherlands, Defence Analysis 2 (1986), S. 123-135.

2 Siehe Anmerkung 1 für nähere Angaben.

3 Siehe über diese Debatte Philip P. Everts, Public Opinion, the Churches and Foreign Policy, Studies of Domestic Factors in Dutch Foreign Policy, Leiden, Institute for International Studies, 1983, pp 15-22 und die dort angeführte Literatur. Siehe ferner P. R. Baehr, Democracy and Foreign Policy in the Netherlands, Acta Politica, 18 (1981), 1, S. 37-62.

4 Siehe S. Bodenheimer, The Denial of Grandeur: The Dutch Context, in J. H. Leurdijk (Hg.), The Foreign Policy of the Netherlands, Alphen aan den Rijn 1978, E. H. van der Beugel, Nederland in de westelijke samenwerking: enkele aspecten van de Nederlandse beleidsvorming, Leiden 1966, J. L. Heldring, De Nederlandse politiek na 1945 in: E. H. van der Beugel u. a., Nederlandse buitenlandse politiek – Heden en verleden, Baarn 1978, S. 29.
Eine informative Bibliographie der niederländischen Außenpolitik ist J. H. Leurdijk u. a., Bibliografie van de buitenlandse politiek van Nederland, 1945-1980, Leiden, Instituut voor Internationale Studien, 1985, 128 S.

5 Bodenheimer, The Denial of Grandeur, S. 251.

6 J. J. Voorhoeve, Peace, Profits and Principles: A Study of Dutch Foreign Policy, The Hague 1979.

7 Ebenda, S. 42-554.

8 Ebenda, S. 299-300.

9 W. Laqueur, »Hollanditis«: A new Stage in European Neutralism, Commentary, August 1981, S. 19-26.

10 J. G. Siccama, External Security Policies in the Netherlands, The Hague, Netherlands Institute for International Relations »Clingendael«, 1986.

11 Ebenda

12 Siehe Everts, Public Opinion, Kap. 2 für eine ausführliche Analyse dieser Prozesse.

13 Siehe A. van Staden, Een trouwe bondgenoot. Nederland en het Atlantisch bondgenootschap, 1960-1971, Baarn 1974.

14 R. O. Keohane, J. S. Nye, Power and Interdependence: World Politics in Transition, Boston/Toronto 1977, S. 26.

15 E. L. Morse, The Transformation of Foreign Policies: Modernization, interdependence and externalization, World Politics 22 (1970), 3, S. 378.

16 S. Hoffmann, Primacy or World Order: American Foreign Policy since the Cold War, New York 1978, S. 113.

17 W. F. Hanrieder, Dissolving International Politics: Reflections on the Nation-State, in: M. Smith, R. Little and M. Shackleton (Hg.), Perspectives on World Politics, London 1981, S. 137-138.

18 W. Wallace, The Foreign Policy Process in Britain, London 1975, S. 2.

19 Morse, The Transformation of Foreign Policy, S. 37.

20 Siehe Everts, Public Opinion, S. 225-302, für eine vollständigere Übersicht bezüglich der Evolution der öffentlichen Meinung über internationale Fragen. Ein komplettes

Inventar aller Untersuchungen der öffentlichen Meinung über internationale und niederländische Politik gibt Ch. H. Vaneker und Ph. P. Everts (Hg.), Buitenlandse politiek in de Nederlandse publieke opinie, 1975-1984, Den Haag, Instituut ›Clingendael‹, 1985, 211 S.

21 Siehe in diesem Zusammenhang auch C. B. Wels, Aloofness and Neutrality: Studies on Dutch Foreign Policy-making-Institutions, Utrecht 1982, S. 15-28.

22 Vgl. auch R. C. Eichenberg, The myth of ›Hollanditis‹, International Security 8 (1983), 2, S. 143-149.

23 Siehe Everts, Public Opinion, pp 61-65 für eine Übersicht dieser Literatur.

24 Dieser Punkt wird erwähnt von A. van Staden, Participatie in buitenlandse politiek, Civis mundi (1978), 3, S. 62-68.

25 Ph. P. Everts, The Impact of the Peace Movement on Public Opinion and Foreign Policy-making: The Case of the Netherlands, paper Workshop on Social Movements and the Political System, European Consortium for Political Research, Amsterdam, April 1987, 34 S.

26 P. R. Baehr u. a., Elite en buitenlandse politiek in Nederland, Den Haag 1978, S. 159.

27 Pyttersen's Nederlandse Almanak, Zaltbommel 1950, 1960, 1970, 1982.

28 Ph. P. Everts, G. Walraven, Vredesbeweging, Utrecht 1984, S. 79.

29 Die in Anmerkung 1 genannte Studie umfaßt eine Reihe von Fallstudien kontroverser Fälle der Entscheidungsbildung in der Außenpolitik, die das Gesamtgebiet umfassen: Friede und Sicherheit, Entwicklungszusammenarbeit, Menschenrechte, Waffenhandel, Landwirtschaftspolitik, Beziehungen zu spezifischen Ländern und Gebieten – usw.

30 Eine detaillierte Analyse der Rolle der Kirchen in der Sicherheitsdebatte wird gegeben in Everts, Public Opinion und Ph. P. Everts, L. J. Hogebrink, The Churches in the Netherlands and Nuclear Disarmament, in: J. Will (Hg.), The Moral Rejection of Nuclear Deterrence, Cincinatti 1985, 23-88.

31 Näher über die Rolle der Zweiten Kammer in der Außenpolitik Everts (Hg.), Controversies at Home, S. 98-107.

32 Die Wahlen von 1981 und 1982 werden ausführlich behandelt in Everts, Public Opinion, S. 303-341.

33 Siehe Everts (Hg.), Controversies at Home, S. 12-21 für eine Ausarbeitung des analytischen Rahmenwerks.

34 Siehe für die Quellen für diese Schlußfolgerungen die Anmerkungen 20 und 25.

35 Dieser Teil greift zurück auf das Kapitel von P. J. J. Maessen über die Frage der Neutronenbombe in Everts (Hg.), Controversies at Home, S. 110-126 und auf die größere Studie P. J. J. Maessen, De kwestie van de neutronenbom, Leiden, Instituut voor Internationale Studien, 1984, die auf alle Quellen verweist.

36 Dieser Abschnitt ist eine Zusammenfassung von A. van Staden, To Deploy or not to Deploy: The Case of the Cruise Missiles, in: Everts (Hg.), Controversies at Home, S. 127-149.

37 Eine Meinungsumfrage im Mai 1986, kurz vor den Wahlen, zeigte, daß 40% der Wähler sagte, für sie sei die Angelegenheit der cruise missiles die wichtigste Frage, die ihr Wahlverhalten bestimme, aber das war weniger als »Arbeitslosigkeit« (62%) und »soziale Sicherheit« (47%). Für die Anhänger der verschiedenen Parteien war das Interesse an der Raketenfrage als »ausschlaggebend« wie folgt: VVD: 23%, CDA: 24%, Pv.d.A: 59%, kleinere Linksparteien: 85%. Quelle: NIPO für Atlantische Commissie, Mai 1986.

E. Forndran

Das Verhältnis von Innen- und Außenpolitik in der deutschen Politik des 20. Jahrhunderts – Die Zeit bis 1945

1. Das Spannungsverhältnis von Innen- und Außenpolitik: Politische Maxime oder theoretische Erklärung

Das Verhältnis von Innen- und Außenpolitik hat die Forschung in den letzten zwei Jahrhunderten immer wieder beschäftigt und zu sehr unterschiedlichen Erklärungsmustern geführt. Die deutsche Traditionslinie ist dabei von besonderer Bedeutung, da in ihr immer auch die konfliktträchtigen Beziehungen zwischen nationaler Einheit und bürgerlich-liberaler, später demokratischer Gesellschaft einer »verspäteten Nation«[1] – oder anders gewendet: zwischen individueller Freiheit und staatlicher Unabhängigkeit sowie Handlungsfreiheit – eingeschlossen waren.

Am Anfang der Linie wissenschaftlicher Aussagen stand die These Rankes vom Primat der Außenpolitik gegenüber der Innenpolitik.[2] Sie war ihm nicht nur ein theoretisches Erklärungsprinzip, das er aus einer wahrlich kleinen Zahl einseitig ausgewählter historischer Beispiele destillierte, sondern eine normativ angereicherte politische Handlungsmaxime, deren Befolgung die Einheit und Stärke des Deutschen Reiches sichern sollte. Bei Ranke bereits angelegt, wendeten seine Schüler diese Forderung in den letzten Jahrzehnten des 19. Jahrhunderts hin zur Legitimation imperialistischer Politik.[3]

Aber nicht nur die Wissenschaft, sondern auch die praktische Politik sah lange im Primat der Außenpolitik den Imperativ von Politik überhaupt. So verstand Bismarck nach Ansicht vieler Bewunderer, aber auch Kritiker Außenpolitik als eine »Kunst des Möglichen« – wenn auch freilich weniger im Sinne aktiven, bestimmenden Handelns, denn als die Fähigkeit, sich von der Welle, die man nicht zu lenken vermag, tragen zu lassen und vor dem Wind zu segeln –, während die Innenpolitik zur bloßen behördlichen Verwaltung und Rechtsausübung degradiert wurde. Manchem Beobachter mochte das gesamte Lebenswerk Bismarcks – und dann auch seine Erinnerungen[4] – als eine immer wieder erneute Begründung der These vom Primat der Außenpolitik erscheinen. Unstrittig ist sicherlich die Feststellung von Theodor Heuss: »Er hat die Politik vom Staate aus gedacht und nicht von der Nation«.[5] Die Staatsraison stand im Mittelpunkt seines Denkens und Handelns, das wachsende, langsam demokratische Wurzeln findende Nationalgefühl – eine Folge der Französischen Revolution – war ihm demgegenüber höchstens ein politisches Werkzeug. Und doch hat gerade die jüngere Bismarck-Forschung gezeigt, wie einseitig solche monokausalen Erklärungsversuche sein können. Für Lothar Gall ist Bismarck ein weißer Revolutionär[6], der »lieber Revolution machen als erleiden« wollte und durch »die Revolution von oben« die als notwendig erkannte tiefgreifende Veränderung Preußens durchzuführen gedachte, um wesentliche Elemente des alten Preußen in die Moderne zu retten.

Sicherlich ist Bismarcks Konzept letztlich gescheitert, aber dies ist hier nicht das Thema. Wichtiger ist an dieser Stelle, daß seine Außenpolitik in dieser Sicht der Dinge eher als Instrument einem höheren, eben auch innenpolitischen Ziel diente. Auch Bismarcks Einstellung gegenüber dem Imperialismus belegt, daß er diese politische Strömung eher innenpolitisch zur Legitimierung von Herrschaft nutzte, als daß dieser Teil seine Politik der These vom Primat der Außenpolitik folgte.[7]

Auch in der wissenschaftlichen Diskussion hat schließlich die These vom Primat der Außenpolitik eine Gegenposition im Sinne des Primats der Innenpolitik – wenn auch stärker als analytische Kategorie denn als politisches Programm erfahren. Zu verweisen ist nur auf Eckart Kehr[8] und die Imperialismusstudien.[9]

Diese knappen Hinweise auf die Primatdiskussion[10] zeigen bereits dreierlei:
1. Das hier gestellte Thema ist nie nur Gegenstand wissenschaftlicher Analyse, sondern fast immer auch ein Feld politischer Auseinandersetzung gewesen, und die wechselseitige Beeinflussung von Forschung und politischer Absicht reichte sehr viel weiter, als allgemein üblich. Neben der Geschichte des Verhältnisses von Innen- und Außenpolitik und aufs engste mit ihr verknüpft steht die Geschichte der wissenschaftlichen Bemühungen um dieses Thema mit einer eigenen, teilweise politisch gewichtigen Wirkungsgeschichte, die vor allem immer dann virulent wurde, wenn die Wissenschaft stark normative Positionen mit Aufforderungscharakter an die Politik bezog.
2. Die Geschichte der Interpretation praktischer Politik – und die Politik Bismarcks ist hier nur als Beispiel genannt – verdeutlicht, daß der wissenschaftliche Versuch einer Analyse und Begründung von historischen Beispielen im Themenfeld Innen- und Außenpolitik offensichtlich zwei Formen der Auseinandersetzung mit diesem Gegenstandsbereich gefördert hat. Neben dem lange vorherrschenden normativen Denkansatz, der Seinsaussagen mit programmatischen Forderungen an die praktische Politik verquickte, entwickelten sich allmählich Versuche, das Verhältnis von Innen- und Außenpolitik weniger unmittelbar politisch zu betrachten, sondern – im Sinne einer möglichst weitgehenden Wahrung eines Abstandes des Wissenschaftlers zu seinem Objekt – dieses mit dem Ziel des Verständnisses eines komplexen Politikbereiches lediglich zu beschreiben und zu analysieren. Dabei konnte die These vom Primat der Innen- oder Außenpolitik dann – zwar nicht als politisches Programm – aber als Begründung einzelner historischer Beispiele eventuell wieder wissenschaftliche Bedeutung gewinnen.
3. Die Geschichte der Interpretation der Politik Bismarcks beinhaltet aber auch die Warnung vor allzu rasch formulierten theoretischen Schlußfolgerungen mit dem Anspruch grundsätzlicher Gültigkeit für das Verhältnis von Innen- und Außenpolitik. Sie zeigt zum einen, in welch starkem Umfang der subjektive Blickwinkel des wissenschaftlichen Beobachters die Ergebnisse seiner Untersuchungen beeinflußt. Seine Annäherung an sein Thema wird immer etwas Idealtypisches aufweisen und damit nie zu einer genauen Wiedergabe von Wirklichkeit führen.[11] Sie zeigt zum anderen, wie bedeutsam der Grad der wissenschaftlichen Differenzierung ist, wenn nicht vorschnelle Verallgemeinerung, sondern dem einzelnen historischen Gegenstand gerecht werdende Genauigkeit angestrebt wird. Um so gründlicher aber der Einzelfall analysiert

wird, um so schwieriger wird es – wie Untersuchungen zu Fallbeispielen verdeutlicht haben[12] –, allgemein geltende Aussagen über das Verhältnis von Innen- und
Außenpolitik zu formulieren.

Diese Tatsachen beeinflussen die Fragestellungen der folgenden Ausführungen
und ihre Abgrenzung. Letztere soll vor allem in zwei Richtungen gehen. Die
Geschichte der wissenschaftlichen Interpretationsversuche soll – soweit dies
angesichts des dialektischen Verhältnisses von Politik und Wissenschaft bei diesem Thema überhaupt möglich ist – in den Hintergrund treten. Die aus der wissenschaftlichen Forschung abgeleitete, ins Normative gewendete Forderung nach
einem Primat von Innen- und Außenpolitik oder eines wie auch immer im einzelnen gearteten Mischverhältnisses von Prioritäten soll nicht als theoretisches Konstrukt zum Gegenstand der Überlegungen werden.[13] Es wird sich vielmehr um
eine beschreibende und interpretierende Darstellung des Verhältnisses von
Innen- und Außenpolitik in der deutschen Geschichte des zwanzigsten Jahrhunderts handeln. Dabei werden auch Versuche von Entwicklung allgemeiner gelten-
der Gesetzmäßigkeiten im Verhältnis von Innen- und Außenpolitik eher zurück-
stehen. Erst am Schluß werden die Fragen knapp angesprochen werden. Kurz:
Die historische Einzelanalyse wird vor sozialwissenschaftlicher Theoriebildung
kommen. Allerdings werden die folgenden Ausführungen weniger narrativ vorgehen, sondern dem Ziel verpflichtet sein, Prozesse und Strukturen herauszuar-
beiten.[14] Dabei wird der Umfang des Themas dazu zwingen, sich mit einer insgesamt eher knappen Skizze zu begnügen, die sich aus der subjektiven Sicht des
Betrachters auf Wesentliches konzentriert.

Bevor die Geschichte zu Wort kommen kann, ist die Frage nach dem Verhältnis
von Innen- und Außenpolitik allerdings noch unter einem anderen Aspekt in
theoretischer Absicht anzusprechen. Die Themenstellung legt – eventuell unzu-
reichend geprüft – die Annahme nahe, daß es sich bei der Innen- und der Außenpolitik um zwei von ihren Eigenschaften und Merkmalen her trennbare Gegen-
standsbereiche handelt, die in einer wie auch immer gearteten Beziehung zueinander stehen. Diese Trennung politischer Gegebenheiten in zwei Felder politischer Programmatik und Handlung kann die notwendige Folge von aufweisbaren
und in ihrer praktischen Bedeutung unübersehbaren Unterschieden politischer
Wirklichkeit sein, sie kann aber auch das bloße Konstrukt einer gedanklichen
Durchdringung eines Abschnittes der Politik sein, das zwar eventuell gewisse her-
meneutische Vorteile haben mag, zugleich aber die Gefahr enthält, ein Kontinuum von Wirklichkeit künstlich zu separieren und damit Wesentliches eher zu
verschleiern als zu erklären. Es ist daher – ohne daß hier die gesamte Breite der
wissenschaftlichen Debatte über dieses Thema nachvollzogen werden kann[15] –
notwendig, die mit den Begriffen Innen- und Außenpolitik gemeinten Tatbe-
stände wenigstens andeutungsweise zu klären und Unterschiede zwischen beiden,
wenn sie denn empirisch belegbar sind, zu benennen.

Die Frage nach den – vor allem qualitativen – Unterschieden zwischen Innen- und
Außenpolitik geht von der Annahme aus, daß es politisch sinnvoll bestimmbare
und abgrenzbare Einheiten gibt, die sich dadurch auszeichnen, daß Politik in
ihnen von anderer Art als zwischen ihnen ist. Für die Neuzeit wird seit dem Wirken von Francisco de Vitoria, Jean Bodin und Thomas Hobbes und seit dem nach

außen gewendeten Verständnis der Staatsraison bei Richelieu – selbst bei Anerkennung aller Unterschiede zwischen diesen Denkern – der Staat – anfänglich der absolutistische Staat – als diese Einheit begriffen. In der Zeit vom Ende des 15. bis weit ins 17. Jahrhundert entstand aus den bitteren Erfahrungen der zunächst religiös begründeten Bürgerkriege in Europa die Vorstellung, der durch Furcht gestiftete Staat mit einheitlich und eindeutiger Staatsgewalt sei der Garant des Friedens nach innen und des Schutzes nach außen. Auch die in den folgenden Jahrhunderten in den verschiedenen Staaten unterschiedlich starke Verlagerung der Macht von der absolutistisch begründeten Krone zum besitzenden liberalen Bürgertum und später zu demokratischen Institutionen hat zunächst im Prinzip an dieser Auffassung kaum etwas geändert. Erst die politische Theorie der letzten fünfzig Jahre hat diese Sicht der Dinge mit einem kräftigen Fragezeichen versehen. Sollen die Unterschiede zwischen Innen- und Außenpolitik und die Beziehungen zwischen beiden thematisiert werden, ist es daher heute notwendig, sich zunächst der Art und der Rolle der Akteure, der Inhalte und Wirkungen politischer Zielsetzungen und Entscheidungen sowie der Instrumente zur Realisierung politischer Absichten in beiden Politikbereichen wenigstens schlagwortartig zu vergewissern.

Die traditionalistische Perspektive der Wissenschaft geht davon aus, daß in der Innenpolitik von Staaten einzelne Individuen, Gruppen und Verbände sowie Parteien neben den staatlichen Institutionen als Akteure tätig werden. Zwischen diesen Akteuren werden mehr oder weniger ausgeprägte Gemeinsamkeiten in Sprache, Kultur und Tradition, im Willen zur Zusammenarbeit auch bei konkurrierenden Interessen, in Kommunikations- und Kooperationsgewohnheiten, in der Organisation von politischen Entscheidungen und in Rechtsvorstellungen bis hin zum Minderheitenschutz sowie in der Bereitschaft zum Rollentausch von Regierung und Opposition angenommen. Durch diese Gemeinsamkeiten entstehen mehr Innen- als Außenkommunikationen und die Zustimmung zur Unterwerfung unter einen gesellschaftlich organisierten und mit einem Monopol legitimer physischer Gewaltsamkeit ausgestatteten Zwangsverband. Zugestanden wird von dieser Forschungsrichtung, daß Unterschiede in der Innenpolitik von Staaten durch die Struktur der gesellschaftlichen Akteure und durch die Staatsform entstehen können. Demgegenüber sieht diese traditionalistische Sichtweise in der Außenpolitik vor allem die Staaten und ihre Regierungen als die wesentlichen Akteure. Außenpolitik ist für sie das Aufgabenfeld einer kleinen Gruppe nationaler Führungsfiguren, die in einsamen Entschlüssen über die Außenbeziehungen des Staates entscheiden. Die Existenz nicht-gouvernementaler Akteure in der Außenpolitik – von den Verbänden über die Parteien bis zu multinationalen Firmen – wird zwar nicht bestritten, ihnen wird aber eine eigene Autonomie und signifikante Bedeutung abgesprochen. Genau diese These ist von der neueren, revisionistischen Forschung bestritten worden. Zum einen ist darauf verwiesen worden, daß die wachsende sozioökonomische Interdependenz und die moderne Waffentechnik den Staat als Handlungs- und territoriale Einheit haben diffus werden lassen. Zum anderen ist betont worden, daß Staaten und Regierungen zwar Akteure in der Außenpolitik sind, daß sie aber eventuell nicht mehr als die wichtigsten zu interpretieren sind. Es ist daher vorgeschlagen worden, nicht mehr von Staaten und ihrer Innen- und Außenpolitik zu sprechen, sondern übergreifend die verschiedenen Beziehungen von Interaktionseinheiten zu untersuchen. Der

Perspektivenwandel besteht darin, daß Politik als ein Kontinuum sozialer Wirklichkeit mit staatlichen und gesellschaftlichen Entscheidungsträgern verstanden wird und daß nichtstaatliche Akteure auch in der Außenpolitik autonom Interessen vertreten und entsprechend handeln können – höchstens begrenzt kanalisiert durch staatliche Aktivitäten wie die Gesetzgebung. Diese Sicht der Dinge berücksichtigt dann zugleich stärker die wachsende Bedeutung des Souveränitätsverlustes von Nationalstaaten durch die Rolle von Bündnissen, Integrationsprozessen und supranationalen Einrichtungen sowie durch das Gewicht von Bewegungen, die die nationalstaatlichen Grenzen sprengen – wie der Panslavismus in der Frühphase dieses Jahrhunderts und der Panislamismus in der neuesten Zeit.

Die veränderte Einschätzung der Funktion der verschiedenen Akteure in Innen- und Außenpolitik hängt eng mit einer neuen Beurteilung der Inhalte und Folgen von politischen Entscheidungen zusammen. Die ältere Interpretation hatte die Entwicklung und Realisierung politischer Absichten und Ordnungsstrukturen in den Staaten als zumindest dem Anspruch nach weitgehend unabhängig gesehen. Außenpolitik bezog sich demgegenüber vor allem auf den Fortbestand des politischen Systems. Sie war primär darauf gerichtet, existenznotwendige Maßnahmen zu verwirklichen, die die Behauptung des Staates gegenüber der Umwelt durch Abwehr systembedrohender Entwicklungen oder durch Systemanpassung möglich machten. Hinzu konnten politische Programme der Regierungen kommen, die die Beeinflussung der Umwelt um eigener Vorteile willen anstrebten. Machtgewinn, Machterweiterung und Machterhaltung waren die Themen einer so verstandenen Außenpolitik. Schon diese ältere Sicht der Außenbeziehungen von Staaten konnte diese in ihrer Außenpolitik nicht als unabhängige Variable verstehen, auch wenn die Abhängigkeiten der Staaten nicht in innenpolitischen Prozessen, sondern in den Aktionen anderer Staaten begründet gesehen wurden. Die revisionistische Schule betont demgegenüber die Existenz nichtstaatlicher zwischengesellschaftlicher Beziehungen und spricht von der transnationalen Gesellschaft. Sie leugnet weitgehend die Existenz »nationaler Interessen« und spricht eher von den konkurrierenden Interessen der verschiedenen nicht-gouvernementalen Akteure. Auch wenn sie zugesteht, daß es immer noch politische Felder – wie die Sicherheitspolitik – gibt, bei denen der Staat als Akteur der primär Handelnde ist, wird doch als Folge des wirtschaftlichen Wachstums und der industriellen Revolution die multinationale Interdependenz und außengesteuerte Durchdringung der Gesellschaften betont. Die Fragen der Wirtschaftsmärkte und der internationalen Arbeitsteilung, des Technologie- und Kapitaltransfers, des Ausbaus des Transport- und Nachrichtenwesens, aber auch der grenzüberschreitenden Wirksamkeit von Ideologien und der katalytischen Einflußnahme auf fremde Staaten und Gesellschaften[16] als Folge eines weltweiten Modernisierungsprozesses mit dem Endergebnis des Aufbaus einer internationalen Kommunikation rükken hier in den Mittelpunkt des wissenschaftlichen Interesses. Diese Überlegungen gerinnen schließlich in der These, daß die Formen der Kompromißfindung in der Innen- und Außenpolitik sich angenähert haben.[17]

Damit ist ein dritter Punkt unterschiedlicher Interpretation dieses Politikbereiches angesprochen. Für die klassische Sichtweise von Innen- und Außenpolitik unterscheiden sich die Instrumente der Durchsetzung politischer Ziele bei Innen- und Außenpolitik. In der Innenpolitik galt das freie Spiel der Kräfte eingeschränkt durch staatliche Rechtsvorschriften und durch die Aktivitäten des Staates als ökonomischer und sozialpolitischer Akteur. In der Außenpolitik wurden vor allem Diplomatie, Propaganda, Außenwirtschaft und militärische Gewaltandrohung oder -anwendung sowie das unsichtbare Instrument des Untergrunds als Mittel zur Zielverwirklichung gesehen. Die neueren Thesen betonen demgegenüber – ohne die alten völlig zu vernachlässigen – informelle, inoffizielle intergesellschaftliche Kommunikation und Austauschprozesse.

Bei der Beurteilung dieser unterschiedlichen Sichtweisen von Innen- und Außenpolitik wird zu berücksichtigen sein, daß die Forschung erst in den letzten Jahrzehnten die neueren Aspekte herausgearbeitet hat. Es ist daher denkbar, daß diesen Wandlungen in der wissenschaftlichen Erklärung Wandlungen in der tatsächlichen Politik dieses Jahrhunderts zugrunde liegen. Eine Längsschnittuntersuchung, die von dem hier gestellten Thema gefordert wird, wird daher fragen müssen, inwieweit die verschiedenen Begründungsmuster von Innen- und Außenpolitik für die unterschiedlichen Zeitabschnitte geeignet sind. Nicht die Theorie darf die Erklärung vorwegbestimmen, sondern der konkrete Gegenstand wird ausweisen müssen, welche Theorieansätze ihn am besten erklären. Dabei wird dann zusätzlich zu berücksichtigen sein, daß die verschiedenen spezifischen historischen Konstellationen eventuell auch zu Paradigmenwechsel zwingen werden.

2. Außenpolitik als Instrument der Herrschaftssicherung im Wilhelminischen Deutschland

Kristallisationspunkt zur Beurteilung des Verhältnisses von Innen- und Außenpolitik im Wilhelminischen Kaiserreich sind vor allem Weltpolitik und Flottenbau in den zwei Jahrzehnten vor Ausbruch des Ersten Weltkrieges, die in die deutschen Absichten und Handlungen in der Juli-Krise 1914 mündeten und schließlich Niederlage und Revolution im Jahr 1918 mit bedingten.[18]

Hatte Bismarck noch – nur zögernd den Forderungen nach Kolonien nachgebend – Deutschland nach der Reichsgründung als saturiert betrachtet, begann in den neunziger Jahren des letzten Jahrhunderts ein stürmischer Übergang der deutschen Politik zur Weltpolitik. Freilich bedarf diese Feststellung zugleich einer Ergänzung. Der sich in dieser Zeit allgemein durchsetzende formelle Imperialismus war ein Merkmal der Außenpolitik fast aller hochentwickelten Staaten.[19] Der Übergang von der nationalstaatlich fundierten, vor allem europaorientierten Großmachtpolitik zu Weltpolitik betreibenden Staaten stellte nicht nur ein singuläres Phänomen deutscher Politik dar, sondern war vielmehr ein allgemeines Kennzeichen dieser Epoche. Die enorme Zunahme der Bevölkerung, die schnelle Weiterentwicklung der modernen Technik sowie des Transport- und Nachrichtenwesens führten zu sprunghaft wachsenden Kommunikations- und Austauschprozessen, die bald den gesamten Erdball umspannten. Die Rationalisierung in der Landwirtschaft und die Entfaltung der Industrie haben starke Produktionssteigerungen gebracht. Die Folge all dieser Faktoren war eine wachsende, die nationalen Grenzen übersteigende Verflechtung bei der Erzeugung und dem Verbrauch von Waren. Damit gewannen die Fragen der Rohstoffsicherung, des Absatzes der Produkte und der gewinnbringenden Anlage überschüssigen Finanzkapitals eine zentrale Bedeutung für den weiteren Ausbau der Volkswirtschaften. Es hätte nahe gelegen, diesen ökonomischen Herausforderungen mit dem Modell internationaler Konkurrenz auf der Basis freier Marktwirtschaft zu begegnen. Dies war aber nur in begrenztem Umfang praktische Politik. Der moderne Imperialismus verband sich vielmehr mit Elementen alter Politik, vor allem mit der Sprengkraft des überkommenen Nationalismus. Das Ringen der Staaten um relative Unabhängigkeit der nationalen Wirtschaften wurde zu einem wesentlichen Antrieb der Weltpolitik. Nicht wirtschaftliche Konkurrenz, die auf Arbeitsteilung zielte, sondern antagonistische Konkurrenz im Sinne eines Nullsummenspiels beherrschte vielfach das Denken zumindest der politischen, teilweise aber auch der wirtschaftlichen Führungseliten in den Industriestaaten. Kolonien wurden als geeignetes Instrument zur Ausweitung des eigenen Wirtschaftsgebietes gegen die ökonomischen Interessen anderer Staaten begriffen. Auch wenn die Kolonien tatsächlich nur einen sehr geringen Anteil am Außenhandel der Industriestaaten hatten und die wichtigsten Handelsströme weiter zwischen den entwickelten Staaten abliefen, bildete sich bei den Entscheidungsträgern der Großmächte doch die – sich freilich nachträglich als unzutreffend herausstellende – Ansicht heraus, daß nur Staaten, die über einen großen Raum, eine hohe Bevölkerungszahl und eine starke Wirtschaft verfügten, sich in der Zukunft behaupten könnten.[20]

Allerdings ist die Erklärung zu einfach, die allein in der wirtschaftlichen Konkurrenz den Grund für die Verschärfung der Spannungen in den internationalen Beziehungen und schließlich den Ausbruch des Ersten Weltkrieges sieht. Es besteht eine merkwürdige Ambivalenz zwischen wirtschaftlichen Expansionsbestrebungen und Kriegsgefahr in diesem Zeitraum. Nachweisbar haben gerade wichtige Teile der Wirtschaftselite die Vorstellung gehabt, daß die Vorteile der sich ausdehnenden Weltwirtschaft nur im Frieden zu ernten seien. Eine Ausnahme bildeten wohl Teile der Schwer- und Rüstungsindustrie. Das Streben nach Weltmacht führte allerdings auch zu anderen Formen von Konkurrenz zwischen den Staaten, die zweifellos mit zu den Wurzeln des Ersten Weltkrieges gehören. Dazu zählen vor allem die Bemühungen um militärische Stärke und der Navalismus. Der Imperialismus, der auf formelle Formen von Herrschaft ausgerichtet war, förderte vor allem unmittelbar den Rüstungswettlauf bei den Flottenpotentialen, an dem sich nicht allein Großbritannien und Deutschland beteiligten. Die Herrschaft über die Weltmeere schien Weltgeltung erst möglich zu machen, da sie die Chance eröffnete, überall präsent zu sein.[21] Deutschland schloß sich diesen Ansichten an und handelte entsprechend. Weltmacht wurde zum Teil deutsche Außenpolitik, Weltpolitik war damit die Aufgabe der politisch Verantwortlichen, und der Flottenbau war das Instrument in der Hand der Reichsregierung.

Deutsche Weltmachtpolitik und Flottenbau mußten fast zwangsläufig die Beziehungen des Deutschen Reiches zu Großbritannien berühren. Die meisten deutschen Politiker erwarteten eine scharfe Konkurrenzsituation zwischen beiden Staaten. Großbritanniens Rolle als fast weltweit auftretender Kreditgeber blieb zwar in der Vorkriegszeit unbestritten, die Entwicklung der deutschen Industrie und des deutschen Handels und die damit verknüpfte, jetzt deutlich werdende deutsche Sehnsucht nach einer Gleichberechtigung als überseeische Weltmacht führten aber zweifellos zu massiven Gegensätzen mit unbestreitbaren psychologischen Auswirkungen auf die öffentliche Meinung. Diese Feststellung gilt auch dann, wenn andererseits zu akzeptieren ist, daß letztlich der Zweck der deutschen Flotte von Seiten der Politik nie völlig geklärt worden ist. Es blieb in gewissem Sinne offen, wen die Flotte im Frieden beeindrucken und gegen welchen Gegner sie sich im Ernstfall durchsetzen sollte, auch wenn Tirpitz und seine Anhänger sicherlich Vorstellungen von den Aufgaben der Flotte besaßen. Für sie war die Flotte nicht primär gegen Frankreich und Rußland zu bauen. Für sie war eine große Auslandsflotte, die Handelskrieg hätte führen können, wegen des Fehlens deutscher Stützpunkte im Ausland nicht erstrebenswert. Die Schlachtflotte – konzentriert in der Nordsee – war in ihrem Kalkül vor allem gegen Großbritannien gerichtet, denn nur dieser Staat stand nach herrschender Ansicht der deutschen Weltmachtstellung im Wege. Großbritannien sollte zu einem Rüstungswettlauf – einer ruinösen Materialschlacht schon in Friedenszeiten – gezwungen werden. Man erwartete, daß Großbritannien wegen der enormen Kosten veranlaßt würde, Deutschlands Seegeltung zu akzeptieren und damit ohne Krieg die für Deutschlands Weltgeltung notwendigen Konzessionen einzuräumen. Der Tirpitz-Plan[22] wollte Großbritannien zur See zunächst neutralisieren, in dem ihm ein untragbares Risiko in Gestalt der Flotte gegenübergestellt wurde, und anschließend aus seiner Vorherrschaft zur See verdrängen. Besonders optimistisch klingt dann in diesem Zusammenhang die politische Absicht der deutschen Entscheidungsträger, die Flotte habe neben der Betonung des antagonistischen Konflikts zugleich den Bündniswert Deutschlands gegenüber Großbritannien zu erhöhen. Diese in sich nicht schlüssig zu vereinbarenden Elemente deutscher Englandpolitik verdeutlichen, daß die deutsche Außenpolitik gegenüber Großbritannien in diesem Zeitraum nie konsequent gewesen ist. Neben den Versuchen einer Annäherung an England stand die schroffe Ablehnung der Klärung der Flottenfrage. Das Verhältnis des Reiches zu Großbritannien war durch allgemeine Werbung und konkrete Zusammenstöße bei besonderen Gelegenheiten, wenn tatsächliche oder vermeindliche Einzelinteressen aufeinandertrafen, gekennzeichnet. Deutsche Politik schwankte zwischen einem Bündnis mit Großbritannien und der Alternative eines – freilich nie wirklich intensiv verfolgten Konzeptes eines Kontinentalblocks mit Frankreich und Rußland. Sie glaubte sich den Spielraum der Entscheidung offenhalten zu können, bis das Reich in die Isolierung geriet. Eine Klärung der Beziehungen zwischen dem Deutschen Reich und Großbritannien wurde nie erreicht. Diese Tatsache war umsomehr von Bedeutung, als Großbritannien die Politik der splendid isolation – der indirekten Wahrung des Gleichgewichtsprinzips auf dem europäischen Festland – im ersten Jahrzehnt des zwanzigsten Jahrhunderts mit dem Abschluß der Entente mit Frankreich 1904 aufgab. Damit entstanden in Europa zwei sich gegenüberstehende Machtlager, die im letzten Vorkriegsjahrzehnt in einer langen Reihe von an Ausdehnung und Schärfe stets wachsenden Krisen ihre Kräfte maßen und bei jeder noch friedlichen Konfliktlösung Konfliktlösungspotentiale verbrauchten, die in der nächsten Krise fehlten. Bei der Zuspitzung der internationalen Politik spielten die deutschbritischen Beziehungen und die Flottenkonkurrenz, die sich nach dem Übergang zum Dreadnought-Typ im Jahre 1905 und den reagierenden deutschen Flottennovellen von 1906 und 1908 noch verstärkte, eine wichtige, aber sicherlich nicht die einzige Rolle. Trotzdem bleibt festzuhalten, daß gerade diese Entwicklung für die

Machtkonstellation zu Beginn des Krieges und während des Krieges wesentlich war und daß nach dem Scheitern der maritimen Strategie des Deutschen Reiches in der Schlacht am Skagerrak der U-Boot Krieg als einziges Mittel gegen die britische Fernblockade zu bleiben schien, der die Vereinigten Staaten von Nordamerika an die Seite der Alliierten brachte und damit schließlich die Niederlage Deutschlands besiegelte.

Diese Überlegungen legen das Urteil nahe, Flotten- und Weltmachtpolitik wären ein unter den internationalen Bedingungen wenn nicht notwendiges, so doch zeitgemäßes, von der Innenpolitik weitgehend unabhängiges Handlungskonzept gewesen, das sich auch aus den internationalen Beziehungen und den außenpolitischen Absichten heraus isoliert wissenschaftlich erklären lasse. Diese Interpretation der deutschen Außenpolitik, die freilich noch nichts über Prioritäten aussagt, hat in der Wissenschaft lange vorgeherrscht.[23] Aber diese Sicht ist wohl höchstens die halbe Wahrheit. Zum Verständnis der deutschen Außenpolitik dieser Zeit ist die Berücksichtigung der innenpolitischen Probleme des Wilhelminischen Deutschland notwendig.

Die Entfaltung der kapitalistischen Wirtschaft in den letzten drei Jahrzehnten vor der Jahrhundertwende hat zu einer ungeheuren Beschleunigung der sozialen Umgestaltung gerade in den am weitesten entwickelten Industriestaaten geführt. Dies gilt in besonderem Maße auch für das Deutsche Reich, in dem die soziale Frage deshalb von so großer Brisanz war, weil der politische Modernisierungsprozeß nicht dem technischen und ökonomischen gefolgt war. Nachdem das nur halbherzig verfolgte Experiment des Neuen Kurses zwischen 1890 und 1894, durch Reformen bei der Sozialversicherung und der Arbeitsschutzgesetzgebung die Arbeiterschaft von ihrer Führung zu trennen und an das Reich zu binden, nicht entscheidend zum Abbau der Konfrontation zwischen Sozialdemokratie und Staat geführt hatte und nachdem die Geschichte der sogenannten Umsturzvorlage – Verschärfung der Strafandrohung gegen politische Delikte 1894/95 – die Spaltung des bürgerlichen Lagers offengelegt hatte, stand die konservative Politik im Reich vor einem doppelten Dilemma. Sie mußte aus ihrer Sicht der – wenn auch mit Unterbrechungen wie bei den sogenannten Hottentotten-Wahlen von 1906 – insgesamt doch stetig wachsenden Sozialdemokratie begegnen und dabei berücksichtigen, daß die Interessen der vorindustriellen Elite – vor allem Landadel, Bürokratie und Militär – nicht unbedingt identisch waren mit denen des eher liberal eingestellten, wirtschaftlich orientierten Großbürgertums. Die gesamte Regierungspolitik war, seit Hohenlohe im Jahre 1895 zum Reichskanzler ernannt worden war, letztlich der Versuch einer Sammlung der bürgerlichen Kräfte als Stütze des Systems zur Abwehr der Sozialdemokratie. Auch wenn die Beteiligung der verschiedenen bürgerlichen Gruppen an der Macht schwankte – bis 1906 trugen vor allem Konservative, Nationalliberale und das Zentrum die Regierung, zwischen 1906 und 1909 stützten nach dem Bruch der Konservativen mit dem Zentrum im sogenannten Bülow-Block die Konservativen, Nationalliberalen und Liberalen die Regierung – bleibt doch insgesamt festzuhalten, daß diese bürgerliche Machtkonstellation keine der anstehenden politischen Probleme lösen konnte und teilweise neue schuf. So schadete der im Dezember 1902 eingeführte Zolltarif zum Schutz der Landwirtschaft zwar kaum – wie zunächst angenommen – Industrie und Handel. Aber dieses Bündnis der Besitzinteressen hatte den

Protest der Verbraucher gegen die mit dem Getreidezoll verbundene Verteuerung der Lebenshaltung zur Folge. Der Vorwurf des »Brotwuchers« stärkte die Sozialdemokratie und verstärkte die Tendenzen zur Polarisierung der gesellschaftlichen Kräfte. Auch die opportunistische Schwenkung Bülows zur Blockpolitik mit den Liberalen – also dem Versuch, das moderner eingestellte Bürgertum an den vormodernen Staat zu binden – scheiterte, da die Reform des preußischen Wahlrechts und der Reichsfinanzen nicht gelang. Das starre Festhalten der Konservativen an allen Teilen ihrer Machtstellung mußte notwendig die Liberalen enttäuschen. Im Jahre 1912 wurde die Sozialdemokratie schließlich die stärkste Partei des Reichstages und als der Krieg ausbrach, waren fast alle Probleme der inneren Situation des Reiches ungelöst.

Die Flottenbaupolitik gehört, sowohl was die Ziele als auch was die Wirkungen angeht, unmittelbar in dieses Geflecht innen- und außenpolitischer Programmatik der konservativen Führungseliten des Reiches. Kehr hat in seiner klassischen Studie über Schlachtflottenbau und Parteipolitik nachzuweisen versucht, daß die Flotte vor allem als Instrument zur innenpolitischen Herrschaftserhaltung gedacht war.[24] Selbst wenn der Vorwurf der Einseitigkeit, den Kritiker gegen Kehr erhoben haben, berücksichtigt wird, ist doch nicht zu bezweifeln, daß der Flottenbau erhebliche innenpolitische Gründe und Folgen besaß. Berghahn hat zu Recht darauf verwiesen, daß die Mehrzahl der großen Werften nach der Jahrhundertwende in erster Linie für die Reichsmarine tätig waren und daß nicht nur die Schiffbau- und Stahlindustrie, sondern auch die Elektro- und Maschinenindustrie, die optische Industrie und die vielen Zulieferfirmen langfristig mit lukrativen Aufträgen rechnen konnten.[25] Dies war nicht nur objektiv so, sondern entsprach auch den subjektiven Einschätzungen des Flottenbaus. Von Tirpitz wird berichtet, daß er die Wirtschaftskräfte und Sozialkonflikte der modernen Industriegesellschaft durchaus verstand.[26] Der Flottenbau kurbelte die Konjunktur an. Dies bedeutete nicht nur, daß mit ihm der Arbeitslosigkeit begegnet wurde, sondern vor allem, daß das Interesse des besitzenden Bürgertums an der Sicherung und Stabilisierung des Reiches wachsen mußte, weil es ökonomische Vorteile durch die Seerüstung eingeräumt erhielt. Der Flottenbau hatte für die Innenpolitik allerdings nicht nur wirtschaftliche Bedeutung. Da im Kaiserreich das Militär immer auch als innenpolitisch einsetzbare Stütze des Systems gesehen wurde, das Heer daher nicht beliebig vergrößert werden konnte, wenn man systemkritisch eingestellte Gruppen nicht ins Heer aufnehmen wollte, bildete die Flotte die Möglichkeit, militärische Macht nach außen zu demonstrieren, ohne innenpolitische Risiken einzugehen. Gleichzeitig wurde mit der Einführung der Laufbahn des Decksoffiziers bei der Marine ein Weg eröffnet, auch die Söhne aus dem niederen Bürgertum durch begrenzte Aufstiegschancen und ein von der Arbeiterschaft abgehobenes Sozialprestige an das Reich zu binden.[27]
Neben machtpolitischen, ökonomischen und systemintegrierenden Funktionen der Flotte ist schließlich die massenpsychologische Wirkung des Navalismus, die teilweise durch Meinungsmanipulation erzeugt wurde, zu nennen. Die Propaganda zugunsten der Weltpolitik und des Flottenbaus fand in Deutschland vor allem bei der intellektuellen und wirtschaftlichen Oberschicht eine breite und lebhafte Unterstützung. Max Webers Forderung, die Reichsgründung zum Ausgangspunkt deutscher Weltpolitik zu machen, Hans Delbrücks offenes Eingeständnis, die Flotte solle nicht nur den überseeischen Handel stützen, sondern

dem Reich den gebührenden Anteil an der Weltherrschaft, die den Kulturvölkern zustehe, verschaffen[28] oder Friedrich Naumanns Forderung, »um die deutsche Existenz auf der Erdkugel« zu kämpfen,[29] belegen diese Tatsache. Der Flottenverein besaß schließlich über 1 Million Mitglieder. Und das Gift der Propaganda wirkte.

So wurde das fragwürdige Argument, daß Handelswettbewerb und feindselige Rivalität nicht voneinander zu trennen seien, weitgehend anerkannt. Damit wurde Großbritannien zum Feind, dem man mißtraute und dem man Mißgunst unterstellte. Der außenpolitische Gegner integrierte die deutsche Gesellschaft. Und wer sich dem Flottenbau nicht anschloß – wie große Teile der Sozialdemokratie –, konnte ausgegrenzt und verdammt werden. Ja, die Weltpolitik, die auf deutsche Kolonien zielte, wurde sogar als eine Strategie zur Beseitigung systemkritischer Gruppen verstanden. Schon 1879 erklärte Friedrich Fabri in seiner äußerst wirksamen Streitschrift »Bedarf Deutschland der Kolonien?«, daß eine organisierte Massenauswanderung den innenpolitischen Problemen begegnen könne und daß Verbrecherkolonien die Möglichkeit eröffnen würden, die besonders grimmigen unter den Sozialdemokraten dort unterzubringen.[30]

Aber wie für den praktischen Imperialismus überhaupt, so gilt auch für den Flottenbau, daß er nicht nur die außenpolitischen Probleme des Reiches verschärfte, sondern auch neue innenpolitische schuf. Als Großbritannien 1906 das erste Linienschiff des neuen Typs vom Stapel ließ und damit in einem einzigen technischen Sprung die bestehenden Potentiale veralten ließ, blieb der Reichsregierung aus ihrer Sicht nichts anderes übrig, als den gleichen Schritt zu tun, wollte sie nicht nach innen und außen eine prestigevernichtende Niederlage einstecken. Die Herausforderung Großbritanniens zum Rüstungswettlauf hatte psychologisch längst zu einem kriegsähnlichen Zustand in den Beziehungen zu diesem Staat geführt und nun auch noch das Deutsche Reich zum Gefangenen seiner Politik gemacht. Die Kosten für den Bau der Flotte explodierten. Da eine Steuererhöhung, die die sozial schwachen Bevölkerungsgruppen noch mehr belastet hätte, nicht opportun zu sein schien, wenn man der Sozialdemokratie nicht neuen Zulauf sichern wollte, und andererseits eine stärkere steuerliche Belastung der Besitzenden nur sehr begrenzt durchsetzbar war,[31] blieb schließlich dem Reichstag nur noch die Alternative, den Marine-Etat wegen fehlender Finanzmittel abzulehnen, oder aber ein Chaos in den Reichsfinanzen hinzunehmen. Der Reichstag beschritt den letzteren Weg. In den letzten Jahren vor dem Kriegsausbruch entstand damit die Frage, ob das Finanzsystem des Reiches überhaupt den Anforderungen einer ambitionierten Weltpolitik gerecht werden konnte und ob die Machterhaltungsstrategien des Bündnisses der Eliten den Konsens zwischen ihnen nicht zerstören mußte.[32] Die konservativen Strategien zur Bekämpfung der Sozialdemokratie fanden im Bürgertum durchaus nicht ungeteilte Zustimmung, da die liberal eingestellten gesellschaftlichen Kräfte die immer wieder erkennbaren Staatsstreichpläne fürchteten. Die rivalisierenden Konzepte konservativer Politik machten deutlich, daß es keine einheitliche bürgerliche Antwort auf die Herausforderungen der sich rasch verändernden gesellschaftlichen Verhältnisse gab.[33] Die angestrebte Einheit des Bürgertums als Träger des Reiches war 1914 durchaus nicht gegeben, auch wenn die Zeitgenossen das Reich als jung und kräftig sahen. Die Zweckgemeinschaft zwischen den vorindustriellen preußischen Eliten und den von der modernen Wirtschaft geprägten Eliten funktionierte nie wirklich in ausreichendem Umfang, um das Reich zu stabilisieren und es vor den Belastungen durch die einschneidenden Modernisierungsprozesse zu schützen.

Das Ergebnis ist eindeutig. Weltpolitik und Flottenbau als wesentliche Faktoren deutscher Außenpolitik waren eng mit innenpolitischen Gegebenheiten verflochten und sind ohne Berücksichtigung der gesellschaftlichen und wirtschaftlichen Herausforderungen, vor die sich das Reich gestellt sah, kaum erklärbar. Der Wirtschaftsexpansionismus sollte die Zukunft sichern und zugleich damit die sozialen Fragen im Reich zumindest dämpfen. Außenpolitische Erfolge, die sicherlich im Rahmen der angenommenen antagonistischen Konkurrenz zwischen den führenden Staaten auch ihren Eigenwert besaßen, sollten doch zugleich den Stolz, Bürger des jungen, dynamischen, aufsteigenden Deutschen Reiches zu sein, erhöhen und damit dann auch den Zustrom der Sozialdemokratie bremsen. Zudem wirkte diese Politik neben ihrer Integrationsfunktion innenpolitisch andererseits polarisierend. Sie erlaubte, Gegner dieses Konzeptes auszugrenzen – so vor allem die wichtigsten Sprecher der Sozialdemokratie Hugo Haase und August Bebel, die sich immer wieder gegen den Flottenbau aussprachen. Weltpolitik und Flottenbau führten so zu einer nationalen Einheitsfront mit gleichzeitiger Bestimmung des innenpolitischen Gegners des Reiches. Sie waren das Symbol der Eintracht und der weltweiten Bedeutung des Reiches. Insoweit ist diese Integrationsideologie, die eine Krisenvermeidungsstrategie nach innen und – zumindest bei vorteilhaften Bedigungen – eine Krisennutzungsstrategie nach außen bedeutete, zu Recht als Sozialimperialismus bezeichnet worden. Diese beiden Elemente deutscher Politik waren lange Zeit bei der breiten Masse des Bürgertums nicht umstritten. Die scharfen innenpolitischen Auseinandersetzungen dieser Zeit betrafen andere Themen: die Wahlrechtsproblematik, die Finanz- und Verfassungskrisen und manche öffentlichen Affären und Skandale. Aber gerade der Flottenbau als Instrument der Weltpolitik beeinflußte schließlich den Weg zum Krieg und zur Niederlage 1918 ganz entscheidend. An dieser Stelle kann die Kriegsschuldfrage nicht diskutiert werden.[34] Es gab sicherlich mehrere Faktoren, die zur Kriegsbereitschaft der europäischen Mächte und ihrer bedrohten Machteliten führten: Prestigesucht, angenommene oder tatsächliche Antagonismen, die Rolle der Militärstrategien. Nicht zu übersehen ist für das Deutsche Reich allerdings die zusätzliche Tatsache, daß die Konsolidierung der Reichsfinanzen bei Forsetzung dieser Politik kaum denkbar war. Der Krieg wurde 1914 zumindest fahrlässig in Kauf genommen, weil er den Weg zu eröffnen schien, den besiegten Gegner die Kosten für die massive Aufrüstung vor 1914 bezahlen zu lassen.

Bleibt die Frage nach dem Verhältnis von Innen- und Außenpolitik. Eine Trennung beider Felder wird eine Erklärung der Vorgänge kaum möglich machen. Insoweit ist Rohe zuzustimmen, wenn er mit Blick auf das Phänomen des Sozialimperialismus davon spricht, daß es sich um »Gesellschaftspolitik im Gewande der Außenpolitik« gehandelt hat.[35] Die Frage nach der Priorität von Innen- und Außenpolitik, die so lange die Gemüter erhitzte, ist andererseits weniger gewichtig für die wissenschaftliche Debatte, als häufig angenommen. Zentrales Ziel der innen- wie außenpolitischen Maßnahmen der konservativen Eliten des Kaiserreiches war weder die Innen- noch die Außenpolitik, sondern – darüber angesiedelt – die Herrschaftssicherung und damit die Systemstabilisierung und -erhaltung, wenn diese Politik freilich auch scheiterte und gerade Niederlage und Revolution zur Folge hatte.

3. Der Scheingegensatz von Innen- und Außenpolitik in der Zeit der Weimarer Republik

Die Weimarer Republik scheiterte nach nur vierzehn Jahren.[36]
Es liegt daher nahe – und war zunächst auch die zentrale Fragestellung der Wissenschaft[37] –, die Geschichte der Republik unter dem Gesichtspunkt ihres Endes zu analysieren,[38] auch wenn freilich festzuhalten bleibt, daß die erste deutsche Demokratie nicht zwangsläufig scheitern mußte und daß ihr Zusammenbruch sicherlich nicht monokausal zu erklären ist. Aber ein wesentlicher Aspekt für die gesamte Geschichte der Republik und eine Ursache in der Reihe der Gründe für ihr Ende waren doch die gegenseitigen Beeinflussungen von Innen- und Außenpolitik – genauer: die Bedeutung der Außenpolitik für innenpolitische Entscheidungsprozesse und politische Einstellungen und umgekehrt der innenpolitischen Problemkomplexe für die Bestimmung außenpolitischer Prioritäten und Konzepte. Dabei muß allerdings betont werden, daß unter außenpolitischen Bedingungen innenpolitischer Prozesse nicht allein die eigenständigen, nach außen gerichteten Entscheidungen der politisch Verantwortlichen der Republik zu nennen sind, sondern daß nach dem verlorenen Krieg vor allem auch die von außen kommenden Versuche der Einwirkung auf die deutsche Politik und die Stellung des Deutschen Reiches in der internationalen Staatengemeinschaft nicht zu vernachlässigen sind.

Die große Bedeutung des Verhältnisses von Innen- und Außenpolitik gilt bereits für die Entstehungsprozesse der Republik. Sie ging aus einer militärischen Niederlage hervor. Sie war nicht von einer republikanisch-demokratischen Volksbewegung erkämpft worden. Insoweit war diese Republik eine improvisierte Demokratie, auch wenn nicht zu übersehen ist, daß die Reichstagsmehrheit – Mehrheitssozialdemokraten, Zentrum und Fortschrittspartei – schon vor dem Bekanntwerden der militärischen Niederlage die Parlamentarisierung der Reichsregierung durchzusetzen versucht hatte. Es waren die außenpolitischen Bedingungen – die militärischen Niederlagen an allen Fronten –, die in zwei Etappen zur Demokratisierung und schließlich zur Republik führten. Am Anfang dieses Prozesses stand nicht die Revolution, sondern die Parlamentarisierung der Reichsregierung von oben durch Erlaß vom 30. September 1918. Der militärische Offenbarungseid der Obersten Heeresleitung während der Beratungen im großen Hauptquartier am 28./29. September führten die Reichsleitung – gedrängt von den Militärs – zu der Auffassung, ein Waffenstillstands- und Friedensangebot an den amerikanischen Präsidenten richten zu müssen. Die Parlamentarisierung war keine freiwillige Leistung der konservativen Führung, sondern ein Abfallprodukt dieser Zwangslage, da nur sie die Möglichkeit zu Verhandlungen auf der Basis der Vierzehn-Wilson-Punkte zu eröffnen schien. Die Folge war die Oktoberreform, die durch die beiden Gesetze »zur Abänderung der Reichsverfassung« am 28. Oktober in Kraft trat und aus dem Kaiserreich eine parlamentarische Monarchie machte. Diese Änderungen wurden dem Volk allerdings in diesen stürmischen Tagen kaum bewußt, und Krone und Militär waren im Oktober 1918 auch kaum bereit, sich entsprechend dem Verfassungswandel der zivilen Reichsleitung unterzuordnen. Das Militär zeigte eher die Neigung, aus Prestigegründen gewagte militärische Aktionen mit dem vorgesehenen Auslaufen der Hochseeflotte zu planen. Dies führte schließlich mit zur Revolution, die eigentlich eher eine Kriegsbeendigungskampagne war und schließlich in einer akuten Systemkrise, im Staatsumsturz und in der Republikgründung mündete. Es handelte sich im Oktober und November 1918 nicht um einen geplanten und von einer mit einer konkreten Konzeption ausgestatteten Elite geführten Umsturz, es war in der ersten Phase der Revolution vielmehr eine spontane Bewegung der kriegsmüden Massen. Sicherlich etwas überspitzt und einseitig formuliert läßt sich von einer außenpolitisch bedingten – weil militärisch verursachten – Revolution sprechen.

Diese außenpolitische Konstellation und die Reaktion der alten Eliten auf die Niederlage, die im Angesicht des militärischen Zusammenbruches den Parteien das Tor zur Macht öffneten, hatte eine weitere Folge für die Geschichte der Republik. Die neuen Eliten erhielten die Verantwortung für die Liquidierung des verlorenen Krieges zugeschoben. Die Niederlage wurde damit zu einer wesentlichen Hypothek für die neue Republik. Die Dolchstoßlegende sollte später ein Kampfinstrument der konservativen Gegner der Republik gegen das ungeliebte neue politische System darstellen.

Die Vorgänge um Kriegsbeendigung, Revolution und Verfassungsgebung betreffen aber auch in viel weitergehender Form das Verhältnis von Innen- und Außenpolitik und können den Eindruck eines Gegensatzes von innen- und außenpolitischer Orientierung erzeugen. Die Revolution war mit der vom Reichskanzler Prinz von Baden erzwungenen Abdankung des Kaisers am 9. November 1918 ja nicht abgeschlossen, sondern trat erst in ihre entscheidende Phase, die sich mit verschiedenen Schwerpunkten bis zum Inkrafttreten der Weimarer Reichsverfassung am 11. August 1919 hinzog. Zentrales Thema all dieser innenpolitischen Auseinandersetzungen war die Frage nach dem zukünftigen Verfassungssystem. Der Forderung nach einer westlich orientierten parlamentarisch-demokratischen Staatsform stand die Forderung der linken Minderheit nach Einführung eines bolschewistischen Rätesystems gegenüber. Die überwältigende Mehrheit des Volkes und die Führung der Mehrheitssozialdemokraten traten für ein parlamentarisch-demokratisches System ein. Die Drohungen und im Frühjahr 1919 schließlich die Straßenkämpfe vor allem in Berlin erzeugten bei den Führern der MSPD allerdings den sicherlich übertriebenen Eindruck,[39] daß die neue Ordnung nur im Bündnis mit den alten Kräften – vor allem im Miltär und in der Bürokratie – durchzusetzen sei. Der Kampf um die Wahlen zur verfassungsgebenden Nationalversammlung beschränkte damit zugleich die Spielräume der Revolution.[40] Die Auseinandersetzung zwischen den verschiedenen linken politischen Gruppierungen verhinderte, daß die Revolution über die Parlamentarisierung und Abschaffung der Monarchie hinaus zur Änderung der sozialen und ökonomischen Strukturen des Deutschen Reiches weitergeführt wurde. Der Kaiser ging, aber die konservativen Eliten des Kaiserreiches behielten wichtige Einflußmöglichkeiten in der Republik, die für die Geschichte des neuen Staates katastrophale Folgen haben sollten. Das Ergebnis dieser Kompromisse war schließlich eine Verfassung, die – bei allen später erkennbaren und wirksam werdenden Strukturproblemen – letztlich eine eindeutige verfassungsmäßige Orientierung des neuen Staates an westlichen Vorbildern bedeutete. Das Deutsche Reich hatte zumindest formal den Eigenweg Deutschlands des 19. Jahrhunderts aufgegeben und sich westlichen Verfassungsvorstellungen angeschlossen. Der Grundrechtsteil der Weimarer

Verfassung spiegelte kein konsistentes Gesellschaftsbild wider, sondern war Ausdruck der sozialen und ideologischen Zerrissenheit einer modernen und pluralistischen Industriegesellschaft mit konkurrierenden Interessen. Für die hier vorzutragenden Überlegungen ist dabei wichtig, daß diese Entscheidungen – abgesehen von der stark außenpolitisch bedingten Parlamentarisierung im Oktober 1918 – weitgehend aus innenpolitischen Überzeugungen und Kämpfen hervorgingen und kaum außenpolitisch begründet waren.

Das Interessante an der Entwicklung im Zeitraum vom November 1918 bis zum Inkrafttreten des Versailler Vertrages am 10. 1. 1920 ist die Tatsache, daß diese innenpolitische Westorientierung mit der Einstellung der westlichen Siegermächte gegenüber dem Deutschen Reich, wie sie sich im Friedensvertrag ausdrückte, kontrastierte. Dieser Vertrag schrieb die Totalität der deutschen Niederlage fest, traf das neue Reich daher hart. Neben dem Verlust wichtiger Territorien und den Entwaffnungsbestimmungen, die erst die für die Republik so gefährliche Sonderrolle der Reichswehr möglich machten,[41] waren vor allem die wirtschaftlichen Folgen – besonders die Reparationsforderungen – und der Kriegsschuldartikel schwere Belastungen für die Legitimierung der Republik. Alle wesentlichen Parteien des Reiches lehnten den Vertrag – auch wenn die spätere Forschung ihn durchaus als einen Kompromiß interpretierte und ihn nicht als karthagischen Frieden verstand[42] – entschieden ab. Das Reich mußte aber den Vertrag angesichts des Ultimatums der Siegermächte annehmen. Dies mußte die außenpolitische Westbindung trotz innerpolitischer Westorientierung des Verfassungssystems zunächst erheblich erschweren. Den konservativen Teileliten fiel es leicht, auch den demokratischen Staat mit der Ablehnung des Friedensvertrages zu bekämpfen. Dolchstoß, Novemberverbrecher und Schmachfrieden wurden Schlagworte im Kampf gegen die junge Republik.

Es lag nahe, daß die deutsche Außenpolitik als Antwort auf den Versailler Friedensvertrag und die französischen Versuche einer dauerhaften Schwächung des Reiches eine Sicherung der deutschen Position in der internationalen Politik durch Aufbau guter Beziehungen zu anderen Staaten, vor allem zum anderen großen Verlierer des Ersten Weltkrieges – der Sowjetunion – anstrebte. Trotz verfassungsmäßiger Westorientierung bemühte sich die deutsche Politik um eine zumindest begrenzte Eigenständigkeit, die in der Unterzeichnung des Vertrages von Rapallo zwischen dem Deutschen Reich und der Sowjetunion am 16. April 1922 zum Ausdruck kam. Verknüpft mit engen wirtschaftlichen Kontakten, wie sie im Handelsvertrag zwischen beiden Staaten angebahnt und ausgebaut wurden, und mit einer begrenzten Zusammenarbeit zwischen Reichswehr und Roter Armee schien diese Politik eine Chance zu bieten, die Isolierung Deutschlands zu durchbrechen. Tatsächlich hat die deutsche Politik den Vertrag von Rapallo aber nicht als Instrument gegen die Westmächte genutzt,[43] und auch der Berliner Vertrag vom 24. 4. 1926 darf nur im Zusammenhang mit den Verträgen von Locarno gesehen werden. Er war lediglich ein Versuch, möglichen negativen Auswirkungen von Stresemanns Westpolitik auf die deutsch-sowjetischen Beziehungen entgegenzuwirken. Die These vom Auseinanderfallen von deutscher Verfassungsentwicklung und außenpolitischer Ostorientierung kann einer gründlichen Analyse nicht standhalten. Die deutsche Rußlandpolitik in den zwanziger Jahren war höchstens der Versuch, ein gewisses Gleichgewicht gegen das französische Hegemonialstreben zu erreichen.[44] Entscheidend für die deutsche Politik der gesamten Zeit der Weimarer Republik blieb die Gestaltung der Beziehungen zu den Westmächten.

Das wichtigste Thema der nach Westen gerichteten deutschen Außenpolitik betraf die Reparationsfrage, die ihre Bedeutung bis zum Ende der Republik behielt und durchaus ihren Stellenwert in der Reihe der Gründe für das Scheitern der ersten deutschen Demokratie behauptet. In ihr verbanden sich ökonomische Fragen mit der zukünftigen Stellung des Deutschen Reiches im internationalen Konzert der Mächte und damit dann zugleich mit der innenpolitischen Legitimierungsmöglichkeit der Republik gegen die konservative und später nationalsozialistische Herausforderung. Daß gerade die Reparationsfrage die Außenpolitik so weitgehend bestimmte, macht eine zumindest graduelle Veränderung innenpolitischer und internationaler Problemkataloge für die praktische Politik deutlich. Sehr viel stärker als in der Vorkriegszeit wurden wirtschaftliche Fragen determinierend für die politischen Entscheidungsprozesse. Innen- und Außenpolitik und ihr Verhältnis zueinander sind überhaupt nur noch bei Berücksichtigung der ökonomischen Strukturen, Entwicklungen und Krisen verständlich. Dabei dürfen dann bei der Analyse der deutschen Geschichte dieses Zeitraumes nicht allein die wirtschaftlichen Faktoren in Deutschland gesehen werden. Diese sind überhaupt nur erklärbar, wenn zugleich die Prozesse und Folgen der Weltwirtschaft als begründende Folie genutzt werden. In den weltwirtschaftlichen Verteilungskämpfen fließen Innen- und Außenpolitik ineinander, in ihnen findet sich zumindest ein wesentlicher Teil der Gründe für die gegenseitige Verflechtung und Prioritätensetzung von Innen- und Außenpolitik.[45]

Die Reparationsfrage wurde zum Feld der deutschen Bestrebungen, den Friedensvertrag zu revidieren.[46] Mit dem Versuch der Revision verfolgte die deutsche Politik das Ziel, dem Reich – wenn es denn auf absehbare Zeit militärisch keine Großmacht sein konnte – als ökonomisch bedeutsame Macht wenigstens potentiell eine gleichrangige Stellung im Kreis der Großmächte zu erhalten. Gleichzeitig bedeutete der Angriff auf die Reparationsforderungen der Westmächte eine gewisse innenpolitische Entlastung der die Republik tragenden Kräfte, da sich in ihm die breite, auch von den das neue politische System bejahenden Eliten getragene Ablehnung des Versailler Friedensvertrages artikulierte. Andererseits sah vor allem Frankreich in den Reparationen ein Mittel, die französischen Sicherheitsinteressen umfassender durchzusetzen, als dies auf längere Sicht durch die militärisch relevanten Bestimmungen des Vertrages möglich schien.

Die Reparationen hatten neben den innenpolitischen Folgen für Deutschland aber auch wirtschaftliche Implikationen, die die Stabilität des gesamten Weltwirtschaftssystems in Frage stellen konnten. Die Aufbringung und Transferierung von Geld- und Sachleistungen mußte die internationale Finanz-, Währungs- und Wirtschaftspolitik vor völlig neuartige Herausforderungen stellen, die noch zusätzlich dadurch vergrößert wurden, daß die Staaten vor allem einseitig ihre nationalen Interessen verfolgten. Deutschland mußte den Versuch machen, durch Sachleistungen und hohe Exporte, die die notwendigen Einnahmen zur Leistung der geforderten geldlichen Reparationen erbringen mußten, reparationsfähig zu bleiben. Eine solche Politik mußte aber die wirtschaftlichen Interessen der Siegermächte negativ tangieren, die sich daher bemühten, durch Schutzzollpolitik und ähnliche Schritte deutsche Importe abzuwehren. Gleichzeitig wirkte der Zustrom von deutschen Geldleistungen und Sachwerten kaum auf die Kaufkraft der europäischen Staaten, da diese in hohem Umfang verpflichtet waren, Schulden gegenüber den Vereinigten Staaten abzutragen. Die Reparationsfrage spielte damit – wie noch zu zeigen sein wird – eine entscheidende Rolle für die Entwicklung der Weltwirtschaft in den zwanziger Jahren.

Die Reparationsleistungen hatten aber auch unmittelbare Folgen für die deutsche Währungs- und Wirtschaftspolitik. Sicherlich ist es richtig, daß die rapide Inflation zu Beginn der zwanziger Jahre nicht allein auf die Reparationen zurückzuführen ist. Schon während des Ersten Weltkrieges war die Staatsverschuldung von 5 auf 144 Milliarden Mark angestiegen.[47] Diese Politik der Verschuldung wurde angesichts der innenpolitischen Situation nach 1918 fortgesetzt und ersparte Deutschland, in die Weltwirtschaftskrise von 1920/21 hineingezogen zu werden.[48] Die Lücke zwischen Einnahmen und Ausgaben im Staatsbudget wurde aber schlagartig so gravierend, daß nur noch eine radikale Währungsreform dem Problem hätte begegnen können. Diesen Schritt ging die Reichsregierung zunächst aber nicht. Und dafür waren in starkem Maße außenpolitische Gründe ausschlaggebend. Die Reichsregierung setzte bewußt darauf, durch die Zerrüttung der Staatsfinanzen zu demonstrieren, daß Deutschland nicht in der Lage war, Reparationszahlungen in gefordertem Umfang zu leisten. Die rapide wachsende Inflation wurde nicht nur geduldet, sondern außenpolitisch sogar instrumentalisiert. Die Siegermächte ließen sich auf diese Argumentation allerdings nicht ein, so daß sich das Reich gezwungen sah, das Londoner Ultimatum im Mai 1921 zu akzeptieren. Aber auch die folgende, von den innenpolitischen Gegnern der Republik bekämpfte »Erfüllungspolitik« in den Jahren 1921/22 hatte letztlich das Ziel, die Unerfüllbarkeit der Reparationsforderungen zu beweisen. Deutschland versuchte jetzt, seine Zahlungsverpflichtungen bis an die Grenzen seiner Möglichkeit zu erfüllen. Es verzichtete allerdings weiterhin auf die Währungssanierung, was sehr schnell dazu führte, daß es ein Moratoriumsgesuch stellen mußte. Frankreich ließ sich auf dieses deutsche Verhalten freilich nicht ein und besetzte Anfang 1923 mit belgischer und italienischer Unterstützung das Ruhrgebiet. Deutschland mußte vor diesem Druck nach vorübergehendem passivem Widerstand kapitulieren und im November 1923 seine Währung sanieren. Damit trat das Reparationsproblem in eine neue Phase.

Die zumindest auch außenpolitisch motivierte Bereitschaft, den inzwischen zur Hyperinflation gesteigerten ungebremsten Währungsverfall hinzunehmen, um die Zahlungsunfähigkeit des Reiches zu demonstrieren, hatte außenpolitisch keinen Erfolg, aber innenpolitisch erhebliche Folgen. Zwar ist das Argument gewichtig, das besagt, daß eine frühzeitige Sanierung der deutschen Währung eventuell zu höheren Ansprüchen der Alliierten geführt hätte[49] und wegen der damit notwendigen Beschneidung der Realeinkommen und wachsender Arbeitslosigkeit die Republik vor nur schwer lösbare innenpolitische Konflikte gestellt hätte. Andererseits bleibt doch zu betonen, daß die Hyperinflation zur Verarmung großer Teile des Mittelstandes führte, die politisch haltlos und damit für rechtsradikale Tendenzen anfällig wurden.[50] Auch wenn die Forschung die Folgen der Inflation heute differenzierter sieht und nicht mehr von der Zerstörung des gesamten Mittelstandes spricht,[51] kann doch nicht übersehen werden, daß Sparer, Hypothekengläubiger, Inhaber öffentlicher Anleihen und Kapitalrentner ihre wirtschaftliche Basis verloren. Die zumindest auch außenpolitisch begründete Inflation mußte die Republik damit innenpolitisch anfälliger machen.

Zunächst aber trat die Republik in die Jahre der sogenannten inneren Stabilisierung ein. Auch wenn die deutsche Politik in der Zeit nach 1923 von realistischeren Einstellungen über die Möglichkeiten und Grenzen ihres internationalen Gewichts ausging und die westlichen Mächte – Frankreich vor allem durch die eigene Wirtschaftskrise und den Einstellungswandel der anderen Siegermächte gezwungen – andererseits Deutschland offener entgegentraten, ist die These von den guten Jahren der Republik doch sicherlich zu wenig differenziert. Innenpolitisch ist schon diese Phase der ersten deutschen Demokratie durch Entwicklungstendenzen gekennzeichnet,[52] die das spätere Scheitern anlegten. Die fast unbeschränkte industrielle Autonomie der Marktwirtschaft kontrastierte mit den weitgehenden sozialpolitischen Interventionen des Staates.[53] Die wirtschaftliche Entwicklung des Reiches war durchaus nicht durch einen außergewöhnlichen Aufschwung gekennzeichnet, wie häufig behauptet worden ist. Deutschland lebte über seinen wirtschaftlichen Verhältnissen. Dies schlug sich vor allem in der Tatsache nieder, daß der Staat zu einem Subventions- und Umverteilungsstaat geworden war, der mehr ausgab als er einnahm, und daß die Lohnentwicklung unabhängig von der Produktivitätssteigerung ablief, so daß die Investitionsneigung und das wirtschaftliche Wachstum gering blieben.[54] Die Ergebnisse der Wahlen seit 1920 ergaben keine parlamentarische Mehrheit mehr, die eine gemeinsame Willensbildung sowohl in der Innen- wie in der Außenpolitik möglich gemacht hätte. Zugleich wuchs die parlamentarische Zersplitterung des bürgerlichen Lagers, die nur Ausdruck der Tatsache war, daß sich viele Wähler von den Parteien der Mitte abwandten und auf der Suche nach einer neuen politischen Heimat waren. Beide Faktoren mußten langfristig zu einem Machtverlust des Parlaments beitragen. Dazu kamen innenpolitische Konfliktpotentiale wie der Streit um den Bau des Panzerschiffes A und um die Sozialpolitik. Insgesamt hat die Republik diese Zeit relativer Ruhe nicht genutzt, um eine wirksame Stabilisierung auch für Krisenzeiten zu schaffen.

Genauso bedeutsam ist, daß auch Aspekte der deutschen Außen- und Außenwirtschaftspolitik den Keim neuer Probleme enthielten. Und schließlich darf nicht übersehen werden, daß sich auch die Weltwirtschaft nicht in ruhigen Fahrwassern befand, sondern die Ursachen der künftigen schweren Krise schuf.[55] Die Außenpolitik des Deutschen Reiches wurde in diesem Zeitabschnitt von 1923 bis 1929 vor allem von Gustav Stresemann, einem Vernunftrepublikaner und nationalen Machtpolitiker gestaltet. Er führte Deutschland durch die Annahme des Dawes-Gesetzes, durch die Verträge von Locarno und durch den Eintritt des Reiches in den Völkerbund in den Kreis der europäischen Staaten zurück. Grundlage dieser Politik war die deutsche Bereitschaft, die französischen Entschädigungs- und Sicherheitsforderungen zum Ausgangspunkt der Politik zu machen, und die Einsicht der Alliierten, daß Deutschland berechtigterweise nach Souveränität und Gleichberechtigung strebte. Auch die Stresemannsche Außenpolitik verfolgte im Zeichen nationaler Interessen das Ziel der Revision des Friedensvertrages, nur die Mittel und Wege hatten sich gegenüber der Außenpolitik der

Frühphase der Republik geändert.[56] Bedingung für die Möglichkeit der Außenpolitik Stresemanns war das amerikanische Engagement in Europa. Im Gegensatz zu der lange behaupteten amerikanischen Isolationspolitik entstand gerade in den zwanziger Jahren eine intensive, sowohl staatliche wie private transatlantische, ökonomisch und finanzpolitisch begründete Interessenverbindung. Die Prinzipien der »offenen Tür« bestimmten die amerikanische Politik. Sie hatte ein Interesse an einer ihren Interessen entsprechenden Regelung der Reparationsfrage.[57] Realistische Annahmen über die deutsche Leistungsfähigkeit und eine Vertrauensbasis zur Gewährung internationaler Anleihen an das Deutsche Reich waren nun Grundlagen der Reparationspolitik. Unter dem Gesichtspunkt des Verhältnisses von Innen- und Außenpolitik ist diese Entwicklung insoweit interessant, als zwar einerseits der innenpolitische Propagandawert der Reparationen für den Kampf der politischen Rechten gegen den Friedensvertrag an Gewicht verlor und die Wirtschaftspolitik mit festen Daten für die Zukunft planen konnte, andererseits aber die wirtschaftliche Stabilität des Reiches jetzt langfristig im vermehrten Umfang von den internationalen Wirtschaftsbedingungen abhängig wurde. Die Art der Finanzierung des begrenzten Wirtschaftsaufschwunges und der Reparationen auf der Basis meist kurzfristiger, vor allem ausländischer Kredite, verknüpft mit der Tatsache, daß der Kreislauf der internationalen Schuldentransferierung das Verhältnis von Warenproduktion und Dienstleistungen zum Geldumfang auf Dauer stören mußte, legte bereits die Grundlage für die spätere Weltwirtschaftskrise und ihre besonders dramatische Ausformung in Deutschland mit all den sozialen und politischen Folgen für die deutsche Innenpolitik.

Diese Krise der Republik brach trotz aller zuvor erkennbaren Entwicklungstendenzen 1930 plötzlich über Deutschland herein. Sie hatte sicherlich nicht nur außenwirtschaftliche und außenpolitische Gründe, sondern eine Fülle innenpolitischer, hier nicht weiter zu untersuchender Ursachen, zu denen vor allem auch die fast gleichzeitige Entmachtung des Parlaments durch den vom Reichspräsidenten und seiner Umgebung gewünschten Übergang zum ersten Präsidialkabinett im März 1930 zählt. In der Außen- und Außenwirtschaftspolitik wurden vor allem drei Faktoren mit erheblichen innenpolitischen Wirkungen in diesen Jahren relevant: Der Streit um den Young-Plan, die Folgen der Weltwirtschaftskrise und Brünings Politik zur Beendigung der Reparationszahlungen. Gekennzeichnet war diese Politik durch eine Abkehr von Stresemanns Leitlinie, die Revisionspolitik in eine umfassende Verständigung mit den anderen Großmächten einzubetten, und durch eine stärkere Betonung der nationalen Interessen in Abgrenzung gegenüber dem Ausland. Gefördert wurde diese politische Wendung durch die Tatsache, daß auch die anderen Staaten vermehrt eine allein an ihren nationalen Interessen orientierte Politik betrieben. Die Ablehnung des Friedensvertrages und seine Revision wurden so wieder zu einem zentralen, die Republik belastenden Thema deutscher Innenpolitik.[58]

Der Kampf um den Young-Plan zur Neuregelung der Reparationsfrage beherrschte die innen- und außenpolitische Auseinandersetzung im Jahr 1929 in Deutschland, obwohl die neuen Bestimmungen wichtige Vorteile für das Reich enthielten. Der wesentliche Aspekt dieses Entscheidungsprozesses unter dem Gesichtspunkt von Innen- und Außenpolitik war der Versuch der rechten politischen Kräfte, auf der Basis nationaler Ressentiments mit einem vor allem außenpolitischen Thema zum Schlag gegen die ungeliebte Republik anzutreten. Auch wenn der Volksentscheid schließlich im Dezember 1929 kläglich scheiterte, darf doch nicht übersehen werden, daß die NSDAP gestärkt aus dieser Kampagne hervorging, Hitler im Spektrum der politischen Rechten erhebliche Reputation erwarb und die Agitation zu einer hochgradigen politischen Emotionalisierung der Wählerschaft beitrug. Dramatisch war die Entwicklung vor allem deshalb, weil gleichzeitig im Winter 1929/30 die Weltwirtschaftskrise den ersten tiefen Einbruch in die deutsche Wirtschaftsentwicklung brachte. Das Volkseinkommen sank rapide ab, die privaten Einkommen wurden massiv reduziert und die Massenarbeitslosigkeit nahm sprunghaft zu. Die politische Radikalisierung war die Folge.

Interessant ist in diesem Zusammenhang die Wirtschaftspolitik der Regierung Brüning als Antwort auf diese Herausforderung. Es ist umstritten, ob Brüning keine Alternative zur harten Deflationspolitik besaß.[59] Fest steht aber, daß er die innere Wirtschaftspolitik dem Ziel der Beendigung der Reparationszahlungen an das Ausland unterordnete.[60] Die pünktlichen Reparationsleistungen sollten zwar einerseits die deutsche Vertragstreue beweisen, zugleich aber zeigen, daß das Reich zahlungsunfähig wurde, so daß die deutsche Reparationsschuld gestrichen werden mußte. Die sich 1931 eröffnende Möglichkeit, die wichtigsten Finanzprobleme des Reiches durch Auslandskredite zu lösen, lehnte er konsequent ab. Die Massenarbeitslosigkeit und Verelendung des deutschen Volkes wurden von Brüning zwar nicht absichtlich verschärft, aber doch als ein außenpolitisches, letztlich auch in der Reparationsfrage erfolgreiches Instrument gebraucht – allerdings mit katastrophalen innenpolitischen Folgen.

Es wäre sicherlich falsch, den Untergang der Weimarer Republik allein einer Ursache zuzuschreiben. Zu vielfältig, komplex und miteinander verwoben waren die strukturellen und institutionellen, die ökonomischen und sozialen, die ideologischen und massenpsychologischen Gründe für ihr Scheitern. Zu wichtig waren auch einzelne Persönlichkeiten, ihre Einflußmöglichkeiten und Entscheidungen. Neben dieser Kette von Ursachen spielen dann auch das Verhältnis von Innen- und Außenpolitik sowie die außenwirtschaftlichen Bedingungen eine Rolle. Dies zunächst einmal, weil die Entwicklung Deutschlands nach der Niederlage und der schon im Kriege eingetretenen Zerrüttung der Staatsfinanzen in starkem Umfang von den Absichten der Siegermächte abhing. Die gesamte Weimarer Außenpolitik stand letztlich unter der Prämisse, die Revision des Friedensvertrages durchsetzen zu müssen. Unter diesem Ziel erhielt sie – wenn auch freilich nicht in expansiver Absicht – an entscheidenden Punkten Priorität vor der Innenpolitik. Die Inflation in der Frühphase der Republik und der Zusammenbruch der deutschen Wirtschaft nach 1929/30 wurden bewußt als ein Mittel zur Beseitigung der Reparationen gesehen und genutzt – wenn auch mit unterschiedlichem und nur spätem Erfolg. Der Gegensatz von Innen- und Außenpolitik hat tatsächlich nicht bestanden. Weder gab es zu Beginn der Republik ein Auseinanderfallen von westorientierter Verfassungsentwicklung und außenpolitischer Ostorientierung, noch gab es später innenpolitische und ökonomische Destabilisierung bei außenpolitischem Erfolg, denn am Ende der Brüningschen Politik war das Reich trotz der Aufhebung der Reparationsverpflichtungen insgesamt in einer schlechteren

Situation als zur Zeit Stresemanns, weil alle Staaten die nationalen Interessen und die Konfrontation mit den Interessen anderer Staaten stärker betonten. Das Verhältnis von Innen- und Außenpolitik war in den zwanziger und frühen dreißiger Jahren aber auch deshalb von zentraler Bedeutung, weil die Außenpolitik in den Köpfen der Menschen einen hohen Stellenwert besaß. Außenpolitische Fragen spielten in den innenpolitischen Auseinandersetzungen und in den Angriffen der systemsprengenden Kräfte eine gewichtige Rolle. Schließlich wird man gerade für die Zeit ab 1924 nicht übersehen dürfen, daß außenwirtschaftliche und weltwirtschaftliche Entwicklungen die Weichen in einer Art stellten, die ein gesundes Wachstum der deutschen Wirtschaft auf Dauer zumindest erschwerten und schließlich ganz entscheidend zum Zusammenbruch beitrugen. Insgesamt besaß bei wichtigen konkreten Entscheidungen die Außenpolitik ein erheblich stärkeres Gewicht als innenpolitische Faktoren. Dies darf allerdings nicht dazu führen zu übersehen, daß letztlich auch diese Außenpolitik dem Ziel der Wiederherstellung des Gewichtes des Deutschen Reiches in der internationalen Politik und damit der Systemstabilisierung aus der Defensive heraus dienen sollte, so erfolglos diese Politik dann auch war.

4. Die Parallelität von Innen- und Außenpolitik – Der nationalsozialistische Griff nach der Weltmacht

In der Anfangsphase nationalsozialistischer Politik nach dem 30. Januar 1933 dominierte die Innenpolitik. Diese Prioritätensetzung war für die Nationalsozialisten zwingend notwendig, weil Hitlers Ernennung zum Reichskanzler eben nicht die später so häufig gepriesene Machtergreifung war.[61] Hitler war viel mehr von anderen an die Macht geschoben worden. Es galt daher für die NSDAP nach dem 30. Januar, die erhaltene Macht erst auszubauen und zu festigen.[62] Dies geschah in einer merkwürdigen Mischung legalistischer und offen terroristischer Maßnahmen. Ziel war die Ausschaltung der innenpolitischen Gegner. Ihre Organisationen wurden verfolgt und verboten. In die lange Reihe der entsprechenden Schritte gehörten das Gesetz zur Wiederherstellung des Berufsbeamtentums, die »Verordnung zum Schutz von Volk und Staat« nach dem Reichstagsbrand, die »Verordnung zur Abwehr heimtückischer Angriffe gegen die Regierung der nationalen Erhebung« und schließlich das »Ermächtigungsgesetz«. In diese Reihe gehörte der Aufbau verschiedenster nationalsozialistischer Organisationen beziehungsweise die Übernahme von Machtpositionen durch diese Organisation in Konkurrenz zu den staatlichen Institutionen oder die Unterwanderung dieser Institutionen durch Nationalsozialisten, die zur Etablierung des »Doppelstaates« führte.[63] In diese Reihe gehörten die Gleichschaltung der Länder und Gewerkschaften und – soweit nicht schon verboten – die Selbstgleichschaltung der Parteien. In diese Reihe gehörten schließlich der Röhm-Putsch und die Schaffung der Personalunion der Ämter des Reichskanzlers und des Reichspräsidenten nach dem Tode Hindenburgs am 2. August 1934. Damit war die erste Phase der Machtergreifung abgeschlossen. Die konservativen Eliten, auf deren Unterstützung die NSDAP zunächst angewiesen war, wurden nicht gleich ausgeschaltet, sondern umarmt. Der Tag von Potsdam am 21. März 1933 war Ausdruck dieser Politik. Aber auch diese politischen Kräfte verloren – teilweise durch Selbstentmachtung, wie sie sich in der Selbstauflösung ihrer Organisationen ausdrückte – schnell ihre Einflußmöglichkeiten, auch wenn drei zentrale Bereiche, die Großindustrie und die Wirtschaftspolitik, das Auswärtige Amt und das Militär, Bastionen der konservativen Eliten blieben, auf deren Mitarbeit das Dritte Reich zunächst angewiesen war und die ihnen daher eine gewisse Autonomie sicherte.[64] Insgesamt machte nur das Bündnis der konservativen Führung mit der NSDAP die nationalsozialistische Herrschaft möglich, wobei offensichtlich beide Seiten beabsichtigten, die jeweils andere politische Kraft für die eigenen Interessen zu instrumentalisieren und langfristig politisch zu beherrschen. Auf jeden Fall sahen die konservativen Teileliten nicht, daß es nur eine sehr vordergründige und nur wenige Bereiche betreffende Interessenidentität zwischen ihren Vorstellungen und denen der Nationalsozialisten gab. Sie erkannten nicht, daß ihre Stützung des Systems die Machtfestigung Hitlers und seiner Partei und ihre eigene Entmachtung erst möglich machte. So bemerkte der Reichsbankpräsident und baldige Reichswirtschaftsminister Schacht nicht, daß er mit seiner Ankurbelung der Wirtschaft – mit Exportoffensive und Aufrüstung – zur sozialen Sicherung des neuen politischen Systems und zur Schaffung der Grundlagen einer aggressiven Außenpolitik beitrug und damit zugleich Hitler in die Lage versetzte, seine Ziele zu verfolgen und die Stellung der Konservativen zu untergraben. Dies war so, obwohl schon früh nach dem Regierungsantritt Hitlers mit dem Judenboykott vom 1. April 1933 und dann mit den Nürnberger Rassegesetzen vom September 1935 selbst in dieser Phase, in der Hitler seine langfristigen Ziele noch nicht völlig offen aussprach, wie ein Wetterleuchten das Programm zukünftiger nationalsozialistischer Politik deutlich wurde. Als Hitler sich schließlich innenpolitisch stark genug fühlte, griff er 1937/38 auch die letzten Bastionen der Konservativen an, nahm ihnen ihre bis dahin existierende vergleichsweise hohe Selbständigkeit und drängte sie in eine Position, in der sie noch die Alternative der politischen Passivität und eventuell des Widerstandes, den einige wenige bereits jetzt zu gehen versuchten, oder der Unterwerfung unter die nationalsozialstischen Ziele hatten, was nicht ausschloß, daß dabei noch wirtschaftliche Vorteile oder prestigeträchtige Karrieren möglich waren.

Die Außenpolitik dieser ersten Phase nationalsozialistischer Machtausübung diente der innen- und außenpolitischen Abschirmung des Prozesses der Machtergreifung und -sicherung.[65] Die Priorität der Innenpolitik war eindeutig – dies war allerdings auch in den Augen Hitlers notwendig, da er nur aus einer innenpolitisch gesicherten Stellung seine langfristigen außenpolitischen Absichten, denen er dann freilich Priorität einräumte, angehen konnte. Zunächst kam es darauf an, die Welt und das deutsche Volk glauben zu lassen, daß sich in der Außenpolitik kaum etwas geändert hatte. Daß Hitler tatsächlich eine völlig andere, rassisch begründete sowie expansionistische und den Krieg als Instrument bewußt einsetzende Außenpolitik beabsichtigte, mußte vorläufig verborgen bleiben. Die deutsche Außenpolitik, die weiterhin von dem konservativen Reichsaußenminister von Neurath geleitet wurde, forderte als Ausdruck der Kontinuität auch jetzt die Revision des Versailler Vertrages und Hitler betonte zunächst bei allen öffentlichen Auftritten seine Friedensliebe. Allerdings war das höchstens gute Tarnung. Sein tatsächliches Ziel, »neuen Lebensraum im Osten« zu gewinnen, legte er den ranghöchsten Offizieren bereits am 3. Februar 1933 dar – auch wenn er gleichzeitig zur Verschleierung seiner Absichten die Möglichkeit der wirtschaftlichen Expansion betonte und seine wahren Wünsche zunächst auch hinter einer wirtschaftlichen Exportoffensive versteckte. Die ersten Schritte deutscher Außenpolitik nach dem 30. Januar 1933 schienen nahtlos an die Weimarer Zeit anzuschließen. Das Verlassen der Abrüstungskonferenz und der Austritt aus dem Völkerbund sowie die Überwindung der militärischen Bestimmungen des Friedensvertrages durch die Einführung der allgemeinen Wehrpflicht am 16. März 1935 lagen auf der Linie konservativer Vorstellungen deutscher Politik. Aber sie paßten natürlich auch zu Hitlers Absichten einer raschen Aufrüstung. Auch die Suche nach neuen Bündnispartnern konnte noch in Übereinstimmung mit konservativen Gedankengängen interpretiert werden. Daß Hitler tatsächlich aber doch schon von Beginn an die Außenpolitik fest in Händen hielt und durchaus zum Bruch mit eingefahrenen Vorstellungen der Konservativen bereit war, zeigte der Abschluß des Nichtangriffspaktes mit Polen im Januar 1934. Die außenpolitischen Aktionen dieser Frühphase dienten allerdings nicht nur der Sicherung der Macht Hitlers nach außen. Sie waren zugleich geeignet, innenpolitische Zustimmung zum nationalsozialistischen Staat zu erzeugen. Dies gilt vor allem für die Volksabstimmung im Saargebiet und das deutsch-englische Flottenabkommen von 1935.[66]

Es ist sicherlich zutreffend, daß bis zum raschen Scheitern der Stresafront im Jahre 1935 deutsche Außenpolitik in vielen Punkten dem Kontinuitätsprinzip der Revisionspolitik folgte. Nur darf bei dieser Aussage nicht übersehen werden, daß der Inhalt dieser Politik und ihr Zurücktreten gegenüber dem Prozeß innenpolitischer Machtergreifung in starkem Maße taktisch motiviert war und der Schaffung der Bedingungen einer später aggressiven Außenpolitik durch die rasch beginnende Wiederaufrüstung nicht im Wege stand. Man muß folglich zwischen den verschiedenen Gewichten von Innen- und Außenpolitik im zeitlichen Ablauf und der tatsächlichen Bedeutung von innen- und außenpolitischen Gesichtspunkten in der gesamten politischen Programmatik Hitlers unterscheiden. Und man darf von den sicherlich zutreffend gesehenen Schwächen der Position Hitlers in der Innenpolitik[67] nicht zu Schlüssen kommen, die den großen Entscheidungsspielraum Hitlers in der Außenpolitik vergessen. Insoweit greift die revisionistische Interpretation der nationalsozialistischen Politik zu kurz,[68] die Hitler auch in der Außenpolitik als einen relativ schwachen Diktator sieht und im übrigen die Außenpolitik als Funktion gesellschaftlicher Abläufe versteht – also der Innenpolitik einen höheren Stellenwert gegenüber der Außenpolitik einräumt. Zwar ist sicherlich der These zuzustimmen, daß Hitler die Außenpolitik nicht allein betrieb,[69] aber es ist doch nicht zu übersehen, in welch starkem Umfang Hitler konsequent sein außenpolitisches Programm durchsetzte.[70] Und dies unterschied sich dann doch radikal von den revisionistischen Vorstellungen der konservativen Eliten.

Hitlers Programm – und in diesem Punkt war er als Person dann doch von zentraler Bedeutung – zielte auf eine außen- und rassenpolitische territoriale Expansion,[71] auch wenn diese Triebkräfte der Politik Hitlers zunächst durch die Normalität der täglichen Außenpolitik verdeckt sein mochten. Dieses Programm verfolgte er nicht erst seit 1937, es war vielmehr Grundlage seiner Aktionen seit 1933.[72] Hitler hat später selber offengelegt, daß seine Außenpolitik seit dem Beginn seiner Macht einem zielgerichteten Kalkül folgte, das zwar die Möglichkeit des Austausches der verschiedenen Schritte und der Verschiebung von Terminen nicht ausschloß, im übrigen aber eine feste Handlungsanleitung für ihn darstellte.[73] Diese Feststellung unterstreicht, daß auch das besondere Gewicht, das die Innenpolitik mit dem Ziel der Herrschaftsstabilisierung im Zeitraum von 1933 bis 1935/36 erhielt, nur als Instrument der Außenpolitik gesehen werden darf. Mit Hilfe des Krieges wollte Hitler die globale »Pax Germanica« errichten. Eine Mischung aus Antisemitismus, Antibolschewismus und Sozialdarwinismus im Programm richtete sich zunächst vor allem gegen die Sowjetunion. Im Osten sollte »Lebensraum« für die überlegene germanische Rasse erorbert werden. War dies erreicht, so war in den Augen Hitlers der Griff nach der Weltmacht möglich. Ihm ging es nicht um die Wiederherstellung der deutschen Großmachtstellung in Europa, dies war höchstens als Zwischenschritt gedacht. Sein Programm war daher zeitweise vielleicht schwer von konservativen Zielen der Revision von Versailles zu unterscheiden. Für den Historiker sind die Unterschiede allerdings deutlich erkennbar. Letztes Ziel war die Spitzenposition Deutschlands in einem rassisch höher gezüchteten Europa, das die Welt beherrschte. Eng damit verknüpft war zugleich die von Anfang an für Hitler bestehende, selbstgestellte Aufgabe, die sogenannte Judenfrage zu lösen,[74] auch wenn in diesem Punkte zunächst mehrere Konzepte miteinander konkurrieren mochten.[75]

Hitler hat wegen innenpolitischer und internationaler Gründe dieses Programm anfangs nicht offen verfolgen können. Aber bereits im Jahre 1933 begann er, die Bedingungen für eine spätere aggressive Außenpolitik zu schaffen. Neben der innenpolitischen Herrschaftssicherung als Grundlage einer anschließenden expansiven Gestaltung der Außenpolitik war vor allem die rasch anlaufende Wiederaufrüstung von zentraler Bedeutung. Diese wachsende militärische Stärke war für Hitler im Gegensatz zu den konservativen Führungsschichten nie ein Selbstzweck, sondern Basis einer tendentiell schrankenlosen Verwirklichung seines Programms. Wenn Außenpolitik gegenüber der Innenpolitik zwischen 1933 und dem Kriegsausbruch insgesamt eine deutliche und mit der Zeit auch klarer werdende Priorität besaß, darf doch andererseits nicht übersehen werden, daß auch sie einem höheren Ziel – nämlich der Vorbereitung des Krieges zur Durchsetzung des Rassegedankens – diente. Die Aufgabe der Außenpolitik war die diplomatische Absicherung des Aufrüstungsprozesses und die Realisierung erster, noch nicht-kriegerischer, aber auf den Krieg zielender außenpolitischer Gewinne, die dann zugleich innenpolitische Zustimmung versprachen. Diesem Ziel galten die vielen Erklärungen des Friedenswillens, die Strategie der Selbstverharmlosung und manche Aktionen der Verschleierung deutscher Absichten. Vor allem in der Frühphase des NS-Reiches, in der noch besonders hohe Risiken der Intervention der Siegermächte des Ersten Weltkrieges bestanden, war der Zwang zur Heimlichkeit in der Aufrüstung groß. Ab 1935 wagte es Hitler dann langsam bei fortgesetzter Verschleierung einzelner Faktoren der Aufrüstung insgesamt doch, immer offener auch den Weg zur äußeren Machtentfaltung Deutschlands zu gehen und dabei an die Stelle der Geheimhaltung häufig das Mittel des Bluffs zu setzen.

Ab 1936 trat in der deutschen Politik die Vorbereitung des Krieges nun auch offen zutage. Dabei konnte Hitler insoweit eine günstige Situation nutzen, als die weltpolitischen und weltwirtschaftlichen Gegebenheiten in diesem Zeitraum die

Großmächte zwangen, ihre Aufmerksamkeit nichtdeutschen Themen zuzuwenden.[76] Hitler verstand es, im Schatten und unter Ausnutzung dieser anderen internationalen Krisen und Kriege seine Ziele zu verfolgen,[77] wobei seine unblutigen außenpolitischen Erfolge vom Einmarsch in die entmilitarisierte Zone des Rheinlandes bis zum Anschluß Österreichs und der Münchner Konferenz im Herbst 1938 seine innenpolitische Macht und Reputation zugleich – vor allem auch bei und gegenüber den konservativen Eliten in Militär und Auswärtigem Amt, gegen deren ausdrücklichen Rat er die meisten dieser Aktionen plante und durchführte – stärkte. Allerdings war diese Außenpolitik in einem für Hitler wichtigen Punkt nicht erfolgreich. Im Jahre 1937 mußte er sich eingestehen, daß seine Bemühungen um dauerhafte Absprachen mit Großbritannien gescheitert waren, und schon bald war er sich wohl auch klar darüber, daß Großbritannien in dem kommenden Krieg auf der Seite der Gegner stehen würde.[78] Vorläufig versuchte er, Großbritannien durch eine Politik des Drucks von einem Engagement zugunsten seiner nächsten Gegner abzuhalten, was ihm vorübergehend auch gelang. Hitler entschied sich andererseits notgedrungen für das Bündnis mit Italien und Japan. Daß Hitler nicht allein Herr der internationalen Beziehungen war, zeigten zusätzlich auch die sogenannte »Quarantäne-Rede« des amerikanischen Präsidenten vom 5. Oktober 1937 – auch wenn sie noch nicht das Ende der Isolationspolitik signalisierte – und schließlich der deutsch-sowjetische Nichtangriffspakt vom August 1939, zu dessen Abschluß Hitler sich genötigt sah, weil Großbritannien ihn mit der Garantieerklärung an Polen dazu zwang. In den Augen Hitlers war dies sicherlich nur ein taktischer Schritt, der sein grundsätzliches Programm des Lebensraumes im Osten nicht in Frage stellte, der ideologisch zwar schwer zu begründen war und ihn im Verhältnis zu seinen langfristigen Absichten in einen Krieg mit falschen Fronten führte, ihn aber nicht zur Aufgabe seines rassepolitisch begründeten Konzeptes bewegte. Immerhin wurde der Zeitdruck, unter dem Hitlers Politik stand, und der nicht immer auszuschließende Konflikt zwischen Machtpolitik und ideologischem Programm deutlich.

Festzuhalten gilt aber gleichzeitig die Tatsache, daß Hitler bei seinen außenpolitischen Aktionen – wenn auch freilich in unterschiedlichem Umfang – innenpolitische Gegenkräfte zu berücksichtigen hatte. Ohne Erfolg blieben zwar konservative Bemühungen, Mussolini im Jahre 1934 zu benutzen, um die Entwicklung der deutschen Innenpolitik zu beeinflussen,[79] und 1938 der Versuch des sich formierenden konservativen Widerstandes, die britische Regierung in der Krise um die Tschechoslowakei zu einem entschiedeneren Auftreten gegenüber Hitler zu bewegen, um ihm eine außenpolitische Niederlage zu bereiten, die dann innenpolitisch für einen Staatsstreich genutzt werden sollte.[80] Bedeutsamer war das Faktum, daß die Ergebnisse der Konferenz von München, die Hitler durchaus nicht positiv einschätzte, auf Vorschläge des deutschen Auswärtigen Amtes und der Stäbe des »Vierjahresplanes« um Göring zurückgingen, da beide den Krieg zu vermeiden trachteten.[81] Diese Gegentendenzen konnten Hitler allerdings nicht wirklich bremsen. Hitler als Maximalist, die Konkurrenz zwischen den übrigen für die Außenpolitik relevanten Entscheidungsträgern – den sogenannten Nebenregierungen[82] Auswärtiges Amt, Militär, Außenwirtschaft, Parteiorganisationen und Privatpolitik einiger Großer der Partei – und die häufig schwache und uneinheitliche Reaktion der herausgeforderten Großmächte gaben ihm eine relativ große Entscheidungsfreiheit. Und schon bei seinem Griff nach Prag wurde sein grundsätzlich anderes Ziel als das der Konservativen deutlich. Mit diesem Schritt ging er über die revisionistischen und ethnischen Forderungen hinaus.

Mit der einsetzenden offenen Betonung der Außenpolitik durch das nationalsozialistische Deutschland 1935/36 begann auch endgültig die eindeutige Unterordnung der Innen- und Wirtschaftspolitik unter das Ziel der Kriegsvorbereitung. Der Diktator selbst unterstrich dies in seiner Denkschrift zum Vierjahresplan Ende August 1936. Trotz der negativen ökonomischen Folgen, die bei dem bestehenden Arbeitskräfte-, Rohstoff- und Devisenmangel des Reiches durch die forcierte Aufrüstung entstehen mußten, diente die Wirtschaft jetzt unter Vernachlässigung der volkswirtschaftlichen Möglichkeiten und Grenzen ausschließlich der Schaffung der Kriegsbereitschaft im Frieden innerhalb von vier Jahren.[83] Zusätzliche Verschuldung und wirtschaftlicher Raubbau wurden akzeptiert und sollten durch die mit dem Krieg erwartete Beute ausgeglichen werden. Insoweit war der Krieg dann auch durch die wirtschaftlichen Konsequenzen des Rüstungsprogramms unvermeidlich. Da die konservative Elite diesem Konzept höchstens noch zögernd folgte, gestaltete Hitler nun auch die Führung des Wirtschaftsministeriums, von Militär und Auswärtigem Amt neu. Im November 1937 verlor Schacht das Amt des Reichswirtschaftsministers und im Januar/Februar 1938 wurde im Zuge der sogenannten »Blomberg-Fritsch-Krise« die Spitze der Wehrmacht und des Auswärtigen Amtes ausgetauscht. Gleichzeitig verstärkte das Regime seine Bestrebungen gegen die beiden christlichen Kirchen und ging zu verschärften Angriffen gegen die jüdische Bevölkerung des Reiches über.

Freilich wirkte die innenpolitische Situation dann auch wieder einschränkend auf den Spielraum der dynamischen Außenpolitik Hitlers, ohne daß sich allerdings in der Priorität etwas geändert hätte. Die wirtschaftlichen Probleme wirkten auf das Tempo und die Methoden der Außenpolitik. Aufgrund der Erfahrungen des November 1918 wünschte Hitler ausdrücklich, daß der zivile Konsum nicht soweit eingeschränkt wurde, daß die innenpolitische Machtbasis der Diktatur hätte instabil werden können. Aus dem gleichen Grund versuchte er, der Gefahr eines langdauernden Abnutzungskrieges zu entgehen, und legte seine aggressiven Aktionen möglichst so an, daß sie in Blitzkriegen zum Erfolg führten. In Einzelfällen konnte ein außenpolitisches Ereignis sogar innenpolitisch instrumentalisiert werden. Dies gilt zum Beispiel für die Rolle des Anschlusses von Österreich in der Blomberg-Fritsch-Krise.[84]

Trotz dieser Feststellung ist allerdings nicht zu übersehen, daß letztlich die außenpolitischen Ziele bestimmend auf die Innenpolitik wirkten. Sicherlich war dies nur möglich, weil Hitler von der Basis einer inzwischen konsolidierten Herrschaft aus agieren konnte. Entscheidend aber war für die Phase der Vorkriegszeit, daß Deutschland inzwischen in die Lage gekommen war, die internationale Entwicklung in Europa in großem Umfang zu steuern. Und diese Politik leitete im wesentlichen der deutsche Diktator selbst. Auch wenn Hitler in der Innenpolitik zweifellos nicht alle Entscheidungen an sich ziehen konnte und insoweit Grenzen seiner Macht bestanden, ist unter dem Aspekt der dienenden Funktion der Innenpolitik für die Kriegsvorbereitung die These vom schwachen Diktator Hitler doch entscheidend zu relativieren. Außerdem besagt das enorme Gewicht der Außenpolitik zwischen 1936 und dem Kriegsausbruch, daß der Versuch einer ausschließlich ökonomischen und gesellschaftspolitischen Erklärung des deutschen Faschismus zu kurz greift.[85] Es ging bei der nationalsozialistischen Politik letztlich um einen rassetheoretisch begründeten Krieg. Hitler wollte ihn, bereitete ihn vor und begann ihn, als er den Zeitpunkt und die internationale Konstellation für erfolgversprechend hielt, auch wenn der Angriff auf Polen zunächst der Sowjetunion Zeit- und Raumgewinn einräumte und damit seinen Hauptgegner vorübergehend schonte.

Mit dem 1. September 1939 gewann die Frage nach dem Verhältnis von Innen- und Außenpolitik eine neue Dimension.[86] Nun waren beide deutlich erkennbar – wenn auch in unterschiedlichem Umfang – in dienender Funktion. Beide besaßen die Aufgabe, Deutschland kriegsfähig zu erhalten und unerwünschte Entwicklungen, die einen erfolgreichen Ausgang der militärischen Auseinandersetzungen verhindern konnten, möglichst auszuschalten. Der Krieg war nicht die Fortsetzung der Politik mit anderen Mitteln, sondern die Politik wurde zum Instrument der Kriegsführung.

Besonders eindrucksvoll ist diese Funktion auch bei der Außenpolitik nachweisbar. Selbst der ideologisch so schwer begründbare Hitler-Stalin-Pakt galt einer außenpolitischen Absicherung des Krieges gegen Polen und des von Hitler zu dieser Zeit zwar nicht gewünschten, aber in Kauf genommenen Konfliktes mit den beiden Westmächten. Hitler fürchtete bereits bei Kriegsbeginn, die Flügelmächte USA und Sowjetunion könnten zur eigentlichen Bedrohung seiner Absicht werden, Deutschland zunächst zur führenden europäischen Kontinentalmacht zu machen. Der Vertrag sollte einen gefährlichen Zweifrontenkrieg verhindern und während des Krieges die Zufuhr von kriegswichtigen Gütern sichern.[87] Eine Änderung seiner grundsätzlichen Einstellungen und Absichten gegenüber der Sowjetunion bedeutete der Vertragsabschluß sicherlich nicht.[88] Im Augenblick seiner großen Siege in Skandinavien, im Westen und dann auf dem Balkan verfolgte Hitler die außenpolitische Flankensicherung des Kriegsverlaufes allerdings nur halbherzig beziehungsweise ohne entscheidenden Erfolg. Die durchaus nicht völlig ausgeschlossene Möglichkeit, Frankreich ganz auf seine Seite zu ziehen, erhielt keine große Priorität,[89] und der Versuch, Spaniens Eintritt in den Krieg an der Seite Deutschlands zu erreichen, um dann Großbritannien aus dem Mittelmeer zu verjagen,[90] scheiterte.[91] Es gelang Deutschland auch nicht, die arabische Welt für seine Interessen nutzbar zu machen.[92] Schließlich ist nicht zu übersehen, daß die Beziehungen im Bündnis zwischen Deutschland und Italien nicht optimal waren. So war der italienische Angriff auf Griechenland nicht mit Deutschland abgesprochen. Er paßte zeitlich nicht in Hitlers Konzeption. Hitler wurde gezwungen, den Krieg gegen die Sowjetunion um entscheidende Wochen zu verschieben. Auch seine Bemühungen, die Vereinigten Staaten möglichst aus dem Krieg herauszuhalten – diesen Krieg auf später zu verschieben –, waren nicht erfolgreich.[93] Die aus bündnispolitischen Gründen[94] im Dezember 1941 von Deutschland ausgesprochene Kriegserklärung an die USA legte schließlich die Grenzen des Spielraums deutscher Außenpolitik offen. Damit war endgültig der Zusammenbruch des nationalsozialistischen Deutschlands eingeläutet. Ab 1942 stand Deutschland außenpolitisch in der totalen Defensive und konnte politisch kaum noch auf die Aktionen der Gegner reagieren.

Auch die Innenpolitik war dem Kriegsziel unterworfen. Einerseits führten die Siege zu Beginn des Krieges, nachdem der Kriegsausbruch 1939 im deutschen Volk durchaus nicht mit Begeisterung aufgenommen worden war, Hitler auch innenpolitisch auf den Höhepunkt seiner Macht. Seine Popularität und Autorität waren nach der Niederwerfung Frankreichs unbestritten. Es gelang, durch Rationierung der Lebensmittel und die Ausbeutung der besetzten Gebiete sowie den Einsatz von Fremdarbeitern die Versorgung der Bevölkerung bis 1944 weitgehend zu garantieren. Andererseits wurde der politische Druck auf die Bevölkerung im Zeichen der kriegerischen Belastung größer. Er reichte bis zur terroristischen Kontrolle durch das Regime, die vor allem in der zweiten Hälfte des Jahres 1944 eine ungeahnte Steigerung des Schreckens erreichte. Beide Faktoren zusammengenommen trugen dazu bei, daß auch nach der Zeit der Blitzsiege in der Phase des Ermattungskrieges die nationalsozialistische Herrschaft insgesamt relativ stabil blieb und das deutsche Volk trotz der sprunghaft wachsenden Leiden und Verluste den Krieg selbst dann fortführte, als das System – wenn auch zögernd – im Jahre 1942 die Beschränkung der Verbrauchsgüterproduktion zugunsten der vermehrten Herstellung von Rüstungsgütern einführte.

Um so mehr sich der Krieg erkennbar in eine Niederlage verwandelte, um so deutlicher wurde dann auch, daß Hitler nicht nur und nicht primär die Weltherrschaft anstrebte, sondern die Durchsetzung seiner Rassepolitik wollte. Ab 1942 wurde die systematische Ausrottung der europäischen Juden zum zentralen Inhalt deutscher Politik. Dies konnte dann so weit gehen, daß für die Wehrmacht dringend benötigte Transportkapazität für die Judenvernichtung eingesetzt wurde.[95] Diese Tatsache macht deutlich, daß letztlich die Rassenideologie noch über das Programm der territorialen Expansion triumphierte.

Dieser letzte Hinweis unterstreicht erneut, daß die Frage nach dem Verhältnis von Innen- und Außenpolitik für das nationalsozialistische Deutschland zu kurz greift. Beide fielen insoweit zusammen, als sie einerseits dem übergeordneten Ziel der Herrschaftsgewinnung und -sicherung dienten und andererseits – darauf aufbauend – die Aufgabe hatten, die Ideologie der Rassenpolitik und speziell des Antisemitismus sowie des sozialdarwinistischen Kampfes erfolgreich in praktische Politik umzusetzen. Sicherlich überwog, auch wenn eine starke Verflechtung und gegenseitige Durchdringung beider Sektoren festzuhalten bleibt, die Bedeutung der Außenpolitik nach Abschluß des Prozesses der Machtergreifung die der Innenpolitik. Dies scheint ein Merkmal der Diktaturen dieser Zeit zu sein. Eine ähnliche Aussage der fast totalen Unterwerfung der Innenpolitik unter ein großes außenpolitisches Ziel ließe sich jedenfalls auch für Japan formulieren. Und doch kann der Primat der Außenpolitik nur instrumentell verstanden werden, auch wenn nicht zu vernachlässigen ist, daß in dieser Außenpolitik bei allen revolutionären Zielen auch Elemente und Mittel klassischer Außenpolitik – werben, drohen, erpressen, Einsatz militärischer Potentiale – vorkamen. Allerdings gab es dann auch einzelne Situationen, in denen Hitler sich gezwungen sah oder gezwungen wurde, seine Ideologie zugunsten außenpolitischer Vorteile oder in Anerkennung außenpolitischer Bedingungen zurückzustellen. Dies galt unfreiwillig, als Großbritannien zum entscheidenden Gegner wurde, dies galt freiwillig, als Hitler das Bündnis mit Japan einging. Insgesamt wird man überhaupt konstatieren müssen, daß Hitler nur vorübergehend Meister und Steuerer europäischer Politik war. Selbst in der Vorkriegszeit, in der er relativ selbständig agieren konnte, blieb er doch auch abhängig von den Handlungen anderer Staaten – vor allem Großbritanniens. Nach dem Eintritt der Flügelmächte Sowjetunion und USA in den Krieg im Jahre 1941 geriet die Frage der Verwirklichung seines Zieles der rassisch geprägten Weltherrschaft schließlich in eine totale Abhängigkeit der Kriegsgegner, die nach einem verlustreichen Krieg dieses ungeheuerliche Konzept erfolgreich zerstörten.

5. Das Verhältnis von Innen- und Außenpolitik in der deutschen Politik der ersten Hälfte des 20. Jahrhunderts – Brüche und Kontinuitäten

Eine Gesamtstudie über Kontinuität und Diskontinuität in der neueren deutschen Geschichte liegt bisher nicht vor.[96] Nur für einzelne Felder von Politik und Gesellschaft oder für zeitlich sehr begrenzte Ausschnitte ist die Frage nach der Kontinuität beziehungsweise nach radikalen Einbrüchen in den Strom der Ereignisse, die eine Neuorientierung politischer Einstellungen, Konzeptionen und Handlungen möglich machten oder erzwangen, gestellt worden. Für den Bereich der Innenpolitik waren zum Beispiel die Entwicklungen der Wirtschaft[97] oder die Wandlungen der Eliten[98] Gegenstand der Forschung. Besonders häufig ist diese Frage an die deutsche Außenpolitik seit der Gründung des Bismarck-Reiches gestellt worden.[99] Das Verhältnis von Innen- und Außenpolitik ist demgegenüber – zumindest was den Gesamtzeitraum angeht – unter dem Aspekt von Kontinuität und Diskontinuität nur am Rande behandelt worden und gewann nur bei den besonders radikalen Einbrüchen – wie in den Jahren 1918/19 oder 1945/49 – oder für einzelne Epochen eine größere Aufmerksamkeit der Forschung.

Die vor allem auf die Außenpoltik gerichtete Forschung ist hier insoweit interessant, als sie die besonderen Probleme für das gestellte Thema deutlich macht. In den sechziger Jahren hat sich in der Wissenschaft – wenn auch nur langsam – die Ansicht durchgesetzt, in der Analyse der Geschichte Deutschlands zumindest von 1871 bis 1945 müßten trotz aller Epocheneinschnitte, Brüche und Neuansätze doch die verbindenden und die Gesamtepoche bestimmenden Elemente des freilich mit der Niederlage im Zweiten Weltkrieg als abgeschlossen betrachteten Zeitabschnittes betont werden. Elemente von Kontinuität wurden zumindest für diesen Zeitraum nicht mehr geleugnet. Allerdings wurden diese Analysen meist unter dem Aspekt des Primats der Außenpolitik oder einer von den innenpolitischen Bedingungen und Folgen losgelösten Außenpolitik, die sich verkürzt in diplomatisch-politischen Konzeptionen, Aktionen und Reaktionen der jeweiligen Reichsleitung widerspiegelten, betrieben. Erst die Auseinandersetzung um Fischers These[100] von der Kontinuität einer im Kern gleichbleibenden expansiven Zielsetzung des Deutschen Reiches von Wilhelm II bis Hitler hat auch die Öffnung der Forschung für innenpolitische, soziale und ökonomische Implikationen von Außenpolitik gebracht. Die Bedeutung der Außenpolitik als Fähigkeit eines politischen Systems zur Bewältigung derjenigen Probleme, die sich ihm im Kontext mit anderen Systemen stellen und durchaus in die innenpolitische Wirklichkeit des Systems hineinwirken können, wurde zwar weiterhin anerkannt, andererseits wurde Außenpolitik jetzt stärker als Ergebnis innenpolitischer Interessen und Entscheidungen begriffen. Daraus folgte, daß Außenpolitik ohne innenpolitische Bedingungen offensichtlich nicht möglich ist, während innenpolitische Prozesse teilweise durchaus ohne Bezug zu den Außenbeziehungen eines Systems denkbar sind. Die Frage nach dem Verhältnis von Innen- und Außenpolitik muß daher – wenn der Gegenstand vollständig erfaßt werden soll, was hier nicht der Fall sein kann – das gesamte Feld der Außenpolitik, aber nur diejenigen Ausschnitte von Innenpolitik, die auf Außenpolitik wirken oder von dieser beeinflußt werden, beschreiben. Bei Berücksichtigung dieser Tatsache wird die Frage nach dem Verhältnis von Innen- und Außenpolitik sich auf die Akteure, ihre Interessen und Instrumente, sowie auf die von außen gesetzten Rahmenbedingungen der Politik konzentrieren müssen.

Betrachtet man unter diesen Aspekten in einer kurzen, zusammenfassenden Skizze die deutsche Geschichte in der ersten Hälfte des 20. Jahrhunderts, so fällt für die Politik des Wilhelminischen Kaiserreiches nach der Entlassung Bismarcks die rasche Neuorientierung in der Außenpolitik hin zur Weltpolitik und bald darauf zum Flottenbau auf. Beide waren sicherlich Ausdruck eines Verständnisses der internationalen Beziehungen als antagonistischer Konkurrenz. Ziel dieser Politik war zweifellos die Sicherung und der Ausbau der Großmachtstellung des Deutschen Reiches. Aber ist aus dieser kaum bestreitbaren Tatsache auf ein Primat der Außenpolitk zu schließen? Ein genauer Blick zeigt, daß die Bedeutung dieses Konzeptes viel weiter ging und daß deshalb die Außenpolitik des Kaiserreiches nur als abhängige Variable zu interpretieren ist. Diese Politik diente auch der Herrschaftssicherung der konservativen Eliten im Reich. Sie sollte durch die mit ihr verbundenen wirtschaftlichen Vorteile und durch den erhofften Gewinn an Prestige die Zustimmung zumindest des bürgerlichen Lagers zu den verfassungsmäßigen Strukturen, zu den Inhalten der Politik und zur Machtstellung der Konservativen sichern. Insoweit war sie eine bestimmte Form von Gesellschaftspolitik. Dieser Befund eines stark instrumentellen Charakters der Außenpolitik ist allerdings nicht mit einer Vorherrschaft der Innenpolitik gleichzusetzen. Zutreffender ist wohl die These, daß beide – Innen- und Außenpolitik – einem gemeinsamen Ziel, der Erhaltung des Systems und seiner Stabilität durch Expansion dienten. Akteure dieser Politik waren bei wechselndem Einfluß der wirtschaftlich-liberal orientierten Kreise des Bürgertums vor allem die vorindustriellen Eliten, denen es um die Aufrechterhaltung ihrer Machtstellung ging.

Die starke außenpolitische Absicherung der konservativen Innenpolitik schließt allerdings die Konkurrenz eines Modellpluralismus in diesem Zeitraum nicht aus.[101] Im ersten Jahrzehnt unseres Jahrhunderts herrschte das Konzept vor, die Vormachtstellung Deutschlands als reale Großmacht und dann als Weltmacht durch eine Kombination militärischer Fähigkeiten und wirtschaftlicher Überlegenheit zu erreichen. Strittig war dabei nur das Gewicht beider Faktoren. Die Vorstellungen liberaler Imperialisten gingen dahin, durch innenpolitische Veränderungen die freie Entfaltung aller gesellschaftlichen Kräfte möglich zu machen, und darauf aufbauend durch größere ökonomische Effzienz nach außen Deutschlands Position im Konzert der Mächte weltweit auszubauen. Nachdem aber die Grenzen der Konzeption des Flottenbaus deutlich geworden waren, gewannen die Ansichten extrem konservativer Politiker an Gewicht, die mit der Idee eines Staatsstreiches liebäugelten und einen Eroberungskrieg in Europa ins Auge faßten. In den letzten Jahren vor dem Ersten Weltkrieg schwenkte die Reichsleitung jedenfalls zum Modell der deutsch-österreichisch-ungarischen Großmachtstellung auf dem Kontinent zurück. Diese Tatsache bestimmte die Politik des kalkulierten Risikos im Juli 1914.[102] Während des Krieges konkurrierten dann verschiedene Konzepte, die alle dem Ziel der deutschen Großmachtstellung dienten, miteinander. Neben der Vorstellung einer vor allem auch ökonomischen Vorherrschaft des Reiches in Mitteleuropa gewannen Ideen eines von Deutschland abhängigen Großraumes im Osten Europas an Gewicht. Schließlich gingen manche Konzepte von einem weltpolitischen Stufenplan aus, der als Ziel des laufenden Krieges den Ausbau einer beherrschenden Stellung Deutschlands auf dem Kontinent vorsah und in einem späteren Krieg den Schritt zur Weltmacht dachte. Bei der Beschreibung dieser Konzepte darf allerdings nicht übersehen werden, daß sie nie völlig klar voneinander zu trennen waren und daß sie alle nie losgelöst von ihren innenpolitischen Funktionen zu sehen sind.

Mit der Niederlage im Jahre 1918 brachen alle diese weitreichenden Pläne – zumindest vorläufig – zusammen, auch wenn dies nicht zu einem radikalen Bruch in der Kontinuität der Konzepte führte. Das Ziel deutscher Großmachtpolitik wurde nämlich nicht aufgegeben. Allerdings mußten sich jetzt die Instrumente dieser Politik zwangsläufig ändern. Die militärisch gestützte Großmachtpolitik war vorläufig nicht mehr möglich, wohl aber – dies schloß der Versailler Vertrag nicht völlig aus – nach einer Reihe von Teilkapitulationen zwischen 1919 und 1923 die ökonomisch begründete Machtpolitik, die die mögliche Gewinnung territorialer Teilziele im Osten mit einschloß. Die Folge war, daß zwischen 1923 und 1930 vor allem die liberalen Eliten die Außenpolitik bestimmten und daß, selbst als nach 1930 die nationalen Interessen wieder stärker gegen die Westmächte verfochten wurden und die Außenpolitik in der Zeit Brünings wieder stärkere Priorität erhielt, im Gegensatz zu Seeckt und seinen Anhängern auch in konservativen Kreisen die Vorstellung vorherrschend blieb, daß erst ein ökonomisch wiedererstarktes und damit innenpolitisch konsolidiertes Deutschland eine auch unter Verwendung militärischer Mittel offensive Außenpolitik betreiben konnte.[103] Im Hintergrund schimmerte erneut ein Zwei-Phasen-Modell durch.

Die im wesentlichen fortgeltende Konzeption in der Außenpolitik war nicht mit einer gleichen Kontinuität in der Innenpolitik verknüpft. Abgesehen von der Parlamentarisierung in den letzten Wochen des Krieges war der Weg zur Republik nicht durch unmittelbaren äußeren Einfluß bedingt, auch wenn er ein Ergebnis der kriegerischen Niederlage war. Da die Revolution aber steckenblieb, wurde trotz verfassungsmäßiger Änderungen die Sozialstruktur und die Zusammensetzung der Eliten kaum geändert. Auch in diesem Punkt läßt sich – wenn auch unzulässig verkürzt – von einer weitgehenden Kontinuität sprechen. Auffallend aber ist, daß eine deutliche Akzentverschiebung im Verhältnis von Innen- und Außenpolitik für die Weimarer Republik festzuhalten ist. Dies läßt sich sehr gut am Umgang mit der Frage der Reparationen zeigen. Sowohl zu Beginn der Republik als auch an ihrem Ende wurden sie trotz aller negativen Folgen für die Innenpolitik genutzt, um Deutschland von den finanziellen Verpflichtungen aus dem Friedensvertrag zu befreien. Zwar hatten auch die Regierungen des Kaiserreiches häufig ihre außenpolitischen Konzeptionen selbst dann weiter verfolgt, wenn innenpolitische Nachteile und Probleme erkennbar wurden. Diese nahm man in Kauf. Für die Weimarer Republik gilt demgegenüber, daß die innenpolitischen Folgen einer bestimmten Außenpolitik geradezu außenpolitisch instrumentalisiert wurden, um in den Auseinandersetzungen mit anderen Staaten vorteilhaftere Lösungen durchzusetzen. Das bedeutet zumindest in Nuancen eine Verstärkung der Vorrangstellung der Außenpolitik gegenüber der Innenpolitik. Allerdings zeigt ein gründlicherer Blick, daß die These vom Primat der Außenpolitik sofort eingeschränkt werden muß. Im Grunde ging es den politisch Verantwortlichen letztlich um das übergeordnete Ziel einer Systemstabilisierung im Sinne der Erhaltung oder Wiedergewinnung der Großmachtstellung Deutschlands – diesmal aus der Defensive heraus – wobei sich die mittleren Jahre der Republik im Unterschied zur Anfangszeit und zur Spätphase nur dadurch auszeichneten, daß die Politik das Prinzip der Anpassung an die internationalen Rahmenbedingungen verfolgte. Beide – Innen- wie Außenpolitik – dienten, wenn auch mit unterschiedlichem Stellenwert, diesem Ziel, so daß zwar von einem Bruch auf der Ebene der Instrumente, aber von einer Kontinuität der Ziele gesprochen werden muß.

Auch das Jahr 1933 bedeutete zunächst keinen offenen Bruch mit diesen Traditionen. Hitlers innen- wie außenpolitisch neues Konzept versteckte sich zunächst hinter der Fortsetzung der Politik einer Revision des Versailler Vertrages. Vorstellungen wie die Großraum-Politik im Osten oder der Stufenplan zur Erlangung der Weltherrschaft waren im übrigen nicht neu. Auch die Akzentverschiebung von der wirtschaftlich begründeten Großmachtpolitik zur stärkeren Betonung der militärischen Komponente in der Außenpolitik war – zumindest als Forderung konservativer Kräfte – schon in der Regierungszeit Brünings erkennbar. Hitler war in der Anfangsphase seiner Herrschaft, da er sein System zunächst innenpolitisch und im internationalen Kontext stabilisieren mußte, sogar zurückhaltender in der Außenpolititk, als es manchem Konservativen lieb war. Die Innenpolitik hatte zunächst eindeutig Vorrang vor der Außenpolitik. Und trotz dieser Tatsache darf nicht übersehen werden, daß Hitlers politische Konzeption des rasseideologisch begründeten Weltreiches einen totalen Bruch mit der Vergangenheit darstellte. Sobald er sich innenpolitisch ausreichend stark fühlte, schaffte er sich durch die Verdrängung der konservativen Teileliten ausreichend Raum, um sein Ziel der Kriegsvorbereitung durchzusetzen. Dieser Absicht dienten auch Vierjahresplan und die ersten offensiven außenpolitischen Schritte, auch wenn sie sich bis zum Griff nach Prag noch als die alte Revisionspolitik verkaufen ließen. Hitlers Vorstellung von der Weltmacht des germanischen Reiches deutscher Nationen war sowohl innen- wie außenpolitisch etwas völlig Neues, auch wenn sein System nie so stark war, innenpolitisch die völlige soziale Umwälzung mit der Zerstörung der alten Eliten durchsetzen und außenpolitisch auf Kompromisse wie den Hitler-Stalin-Pakt verzichten zu können. Anspruch und Wirklichkeit fielen auseinander, was manchem Konservativen die Mitarbeit im System möglich zu machen schien. So lagen Kontinuität und Bruch in der tatsächlichen Politik des Dritten Reiches doch näher beieinander, als häufig nach 1945 behauptet worden ist. Die Kontinuität bestand vor allem auch in der Fehleinschätzung der Macht der beiden Flügelmächte USA und Sowjetunion und in der Überschätzung der deutschen Möglichkeiten. Die Kontinuität bestand auch darin, daß Innen- und Außenpolitik einem übergeordneten Ziel unterworfen wurden, freilich war dieses ein völlig anderes, als sich selbst die konservativen Politiker des Kaiserreiches und der Weimarer Republik vorstellen konnten. Es ging jetzt um die bewußt gewollte Zerstörung eines politischen Systems – des deutschen – durch zielorientierte Schaffung eines ideologisch begründeten, innen- wie außenpolitisch anders geformten Systems. Im unmittelbaren Verhältnis von Innen- und Außenpolitik gab es eine Verlagerung der Gewichte von der anfänglichen Priorität der Innenpolitik zurück zur Vorherrschaft der Außenpolitik, auch wenn das Ziel der innenpolitischen Systemstabilität selbst später teilweise begrenzende Rahmenbedingungen für die Außenpolitik stellen konnte. Beide aber waren letztlich nur Instrumente in einem für Hitler viel grundsätzlicheren Kampf um ein nationalsozialistisches Weltreich.

Insgesamt lehrt dieser kurze Blick auf die deutsche Geschichte, daß bei aller Kontinuität und den feststellbaren Brüchen und bei allen neuen Elementen der Politik, wie der vermehrten Bedeutung nichtstaatlicher Außenbeziehungen gesellschaftlicher Akteure, letztlich das Verhältnis von Innen- und Außenpolitik nur auf der instrumentellen Ebene von Politik Bedeutung hat. Zum Verständnis der verschiedenen Formen betriebener Politik war in allen Fällen die Frage nach der dahinterliegenden politischen Zielsetzung, die beide Felder übergriff, wichtig. In diesem Punkt zeigt sich dann ebenfalls ein Nebeneinander von Kontinuität und Diskontinuität. Im Wilhelminischen Deutschland und in der Weimarer Republik war – sicherlich verkürzt formuliert – das Ziel der Politik – wenn auch teilweise mit unterschiedlichen Konzepten und Instrumenten – die Systemerhaltung durch Expansion beziehungsweise die Wiedergewinnung der Großmachtstellung. Für das Dritte Reich ist im Anspruch – nicht unbedingt in der Wirklichkeit – ein radikaler Bruch mit dem Ziel der Schaffung eines neuen Systems zu konstatieren.

Was bedeuten diese Ergebnisse für die theoretischen Bemühungen um das Verhältnis von Innen- und Außenpolitik? Ohne Zweifel sind Innen- und Außenpolitik – was Akteure, Konzepte und Handlungsmöglichkeiten angeht – nicht identisch. Außenpolitik hat sowohl der Bewältigung der von außen kommenden Herausforderungen an ein politisches System als auch der nach außen gerichteten Programmatik eines Systems zu dienen. Da internationale Forderungen an das System allerdings nicht an den Grenzen haltmachen, sondern als Problemkatalog mit Verarbeitungszwang in die Innenpolitik wirken und andererseits eigene außenpolitische Zielkataloge in der Innenpolitik entstehen und innenpolitischer Träger bedürfen, deren Interesse die nach außen gerichteten Absichten entsprechen, sind Innen- und Außenpolitik meist nicht voneinander trennbar, sondern in der politischen Wirklichkeit – freilich in jeweils unterschiedlicher Intensität und mit verschiedenen Prioritäten – eng miteinander verflochten. Von der Innenpolitik her können dabei einzelne Interessen auf die Außenpolitik wirken, möglich ist aber auch die totale Identität von Zielen, Mitteln und Trägern der Politik. Außenpolitik ist somit eine Funktion der Innen- und der internationalen Politik.[104] Über diese hoch abstrakte Aussage hinaus ist es allerdings kaum möglich, die innenpolitische und internationale Bedingtheit außenpolitischer Entscheidungen wegen der Fülle der notwendig zu berücksichtigenden Faktoren tatsächlicher Politik in einem Satz von Hypothesen theoretisch allgemein zu erklären. Zweifellos gibt es im Verhältnis von Innen- und Außenpolitik immer wieder Fälle, in denen einer von beiden eine hohe Priorität eingeräumt wird. So zum Beispiel, wenn politische

Systeme nach militärischen Niederlagen oder in Augenblicken politischer Schwäche unter einen massiven Druck von außen geraten. Aber diese Dominanz der Außenpolitik scheint nur dann und nur so lange für ein System akzeptabel, wenn und soweit die von anderen Staaten kommende Beeinflussung das System positiv verändert oder nicht abgewehrt werden kann. Im Sinne offensiver Programmdurchsetzung eines Systems wird Außenpolitik sich in einer Vorrangstellung gegenüber der Innenpolitik nur behaupten, solange die Bevölkerung dies akzeptiert oder durch staatliche Maßnahmen akzeptieren muß. Für eine Begründung eines theoretischen Konstrukts vom Primat der Innen- und Außenpolitik reichen diese Aussagen allerdings nicht.[105] Die Frage nach dem Verhältnis beider behält allerdings als wissenschaftlicher Approach ihre Bedeutung bei der Analyse des Verhältnisses von tagespolitischen Entscheidungen und der politischen Grundvorstellung der Eliten eines Systems. Wichtig ist dabei die Feststellung, daß – in letzter Zeit vermehrt – die Staaten als außenpolitische Akteure durch Abgabe von Souveränitätsrechten und durch Zunahme gesellschaftlicher Außenbeziehungen und ihrer Verflechtung mit Innen- und Außenpolitik an Bedeutung für die Untersuchung des Verhältnisses von Innen- und Außenpolitik verloren haben. Die internationalen Beziehungen und die verschiedenen Innenpolitiken sind immer mehr durch transnationale Interdependenz gekennzeichnet,[106] auch wenn die Staaten auf einigen Feldern der Politik, wie der Frage der Sicherheit nach außen, ihre Vorrangstellung behaupten konnten. Dies hat sicherlich auch Folgen für die Auswahl des Gegenstandes der Forschung und für die dort zu entwickelnden Fragestellungen. Die Wissenschaft wird nicht mehr von den Nationalstaaten als eigenständig handelnden Akteuren in den internationalen Beziehungen und der reinen Diplomatiegeschichte ausgehen können, auch wenn die Berücksichtigung sozialwissenschaftlicher und -historischer Dimensionen andererseits die besondere Bedeutung einzelner Personen in konkreten Situationen nicht vernachlässigen darf. Dies zeigte der außergewöhnliche Einfluß Hitlers auf die Gestaltung der deutschen Außenpolitik in der Vorkriegszeit. Die Frage nach dem Verhältnis von Innen- und Außenpolitik wird sicherlich in Einzelfällen zur Klärung politischer Prozesse beitragen können. Unter dieser Überschrift läßt sich auch die Fülle der Phänomene nach Prioritäten, nach der Intensität der Beziehungen, nach Konzepten und Inhalten oder nach den handelnden Akteuren ordnen. Aber eine theoretische Begründung des Verhältnisses dieser beiden Politikfelder entsteht daraus nicht. Letztlich lag das Ergebnis der Untersuchung eher in dem Hinweis, daß das hinter Innen- und Auenpolitik liegende grundsätzliche Ziel der handelnden Eliten von Systemstabilität oder Systemveränderung im Innern und/oder in der internationalen Stellung als Primat der Politik zu verstehen ist.

Es ist zwar nicht völlig zu leugnen, daß diese Aussage zu einer »politisch und analytisch kaum zu bestreitenden, allerding zu allgemein formulierten Wahrheit«[107] führt, die ebenfalls nur begrenzt wissenschaftliche Interpretation konkreter Realität zuläßt. Selbst wenn dies zugestanden wird, besagt diese Betonung der Systemstabilität als Approach der Analyse andererseits doch, daß das komplexe und in der Geschichte immer wieder anders gestaltete Verhältnis von Innen- und Außenpolitik letztlich seine Bestimmung von diesem Grundanliegen von Politik her erhält.

Anmerkungen

1 So der Titel von H. Plessner, Die verspätete Nation, Stuttgart u.a., 1969[5].
2 L. von Ranke, Politisches Gespräch, Sämtliche Werke Bd. 49/50, 1887, S. 327 ff und ders., Die großen Mächte, Leipzig 1872.
3 Vgl. zusammenfassend L. Dehio, Deutschland und die Weltpolitik im 20. Jahrhundert, Frankfurt a.M./Hamburg 1961, S. 33 ff.
4 O. von Bismarck, Gedanken und Erinnerungen, Berlin o.J.
5 Th. Heuss, Das Bismarck-Bild im Wandel, Einführung zu Otto von Bismarck, Gedanken, S. 11
6 Vgl. L. Gall, Bismarck, Der weiße Revolutionär, o.O. und o.J., vor allem S. 127 ff. und S. 373 ff. Vgl. auch E. Engelberg, Bisamrck, Urpreuße und Reichsgründer, o.O. und o.J.
7 Vgl. H. U. Wehler, Bismarcks Imperialismus 1862–1890, in: G. Ziebura (Hg.), Grundfragen der Deutschen Außenpolitik seit 1871, Darmstadt 1975, S. 88 ff. und ders., Bismarck und der Imperialismus, Köln 1972[3].
8 E. Kehr, Schlachtflottenbau und Parteipolitik 1894–1901, Berlin 1930 und ders., Der Primat der Innenpolitik, Gesammelte Aufsätze, hg. von H. U. Wehler.
9 Siehe u.a. H. U. Wehler (Hg.), Imperialismus, Köln, Berlin 1970 und W. J. Mommsen (Hg.), Der moderne Imperialismus, Stuttgart 1971.
10 Vgl. ausführlicher H. Hefter, Vom Primat der Außenpolitik, in: HZ 171 1951., S. 1 ff. und K. D. Bracher, Kritische Betrachtungen über den Primat der Außenpolitik, in: G. A. Ritter und. G. Ziebura (Hg.), Faktoren der politischen Entscheidung, Festgabe für Ernst Fraenkel, Berlin 1963, S. 115 ff.
11 Vgl. M. Weber, Die »Objektivität« sozialwissenschaftlicher und sozialpolitischer Erkenntnis, und ders., Der Sinn der »Wertfreiheit« der soziologischen und ökonomischen Wissenschaften, in: M. Weber, Gesammelte Aufsätze der Wissenschaftslehre, Tübingen 1973, S. 146 ff und S. 489 ff.
12 Vgl. E. Forndran/F. Golczewski/D. Riesenberger (Hg.), Innen- und Außenpolitik unter nationalsozialistischer Bedrohung. Determinanten internationaler Beziehungen in historischen Fallstudien, Opladen 1977
13 So z.B. bei E. O. Czempiel, Der Primat der Auswärtigen Politik, Kritische Würdigung einer Staatsmaxime, in: PVS 4/1963, S. 266 ff.
14 Vgl. zu den theoretischen Auseinandersetzungen um die verschiedenen Geschichtsverständnisse zuletzt J. Kocka, Sozialgeschichte, Göttingen 1986[2].
15 Vgl. einführend die Überblicksartikel von J. B. Duroselle, Außenpolitik, in: Sowjetsystem und Demokratische Gesellschaft, Bd. 1, Sp. 521 ff und K. von Beyme, Internationale Beziehungen, ebenda, Bd. 3, Sp. 207 ff.
16 Vgl. zu diesem Phänomen E. Forndran, Zur Theorie der internationalen Beziehungen – Das Verhältnis von Innen-, Außen- und internationaler Politik und die historischen Beispiele der 30er Jahre, in: Forndran/Golczewski/Riesenberger (Hg.), Innen- und Außenpolitik, S. 315 ff, vor allem S. 332 ff.
17 Dies hat zur Frage geführt, ob Neokorporatismus auch ein Merkmal von Außenpolitik und internationalen Beziehungen sei, vgl. E. Forndran, Interessenvermittlung und internationale Beziehungen. Zur Relevanz von Neokorporatismus in der internationalen Politik, in: U. von Alemann/E. Forndran (Hg.), Interessenvermittlung und Politik, Opladen 1983, S. 143 ff.
18 Einen guten Überblick über diese Zeit und ihre wissenschaftliche Interpretation gibt zuletzt G. Schmidt, Der europäische Imperialismus, München 1985.
19 Vgl. W. J. Mommsen (Hg.), Der Moderne Imperialismus.
20 Vgl. K. Hildebrand, Imperialismus, Wettrüsten und Kriegsausbruch 1914, in: NPL 20/1975, S. 106 ff. und S. 339 ff. und A. Hillgruber, Deutsche Großmacht- und Weltpolitik

im 19. und 20. Jahrhundert, Düsseldorf 1977. Beide betonen die notwendige Abhängigkeit der europäischen Gesellschaften von der Eroberung immer neuer Gebiete in Übersee.

21 Nicht zu übersehen ist die enorme Wirkung von A. T. Mahan, Der Einfluß der Seemacht auf die Geschichte, 2 Bände, Berlin 1898/99.

22 V. R. Berghahn, Der Tirpitz-Plan. Genesis und Verfall einer innenpolitischen Krisenstrategie unter Wilhelm II, Düsseldorf 1971.

23 Vgl. z. B. K. D. Erdmann, Die Zeit der Weltkriege, Bd. 4 von Gebhardt, Handbuch der Deutschen Geschichte, Stuttgart 1960 und H. Herzfeld, Weltmächte und Weltkriege, Die Geschichte unserer Epoche 1890 - 1945, Braunschweig 1952.

24 Vgl. Kehr, Schlachtflottenbau und H. U. Wehler, (Hg.), Imperialismus.

25 Vgl. V. R. Berghahn, Zu den Zielen des deutschen Flottenbaus unter Wilhelm II, in: HZ 210/1970, S. 34 ff.

26 So M. Salewski, Tirpitz, Aufstieg – Macht – Scheitern, Göttingen 1979.

27 Vgl. H. Schottelius/W. Deist (Hg.), Marine und Marinepolitik im kaiserlichen Deutschland 1871 - 1914, Düsseldorf 1972, vor allem S. 73 ff.

28 Zu Max Weber und Hans Delbrück vgl. Erdmann, Zeit der Weltkriege, S. 9.

29 F. Naumann, Demokratie und Kaisertum, 1904[3], S. 207.

30 F. Fabri, Bedarf Deutschland der Kolonien?, 1879.

31 Vgl. W. J. Mommsen, Die latente Krise des Deutschen Reiches 1909 - 1914, in: Brandt/ Meyer/Just (Hg.), Handbuch der deutschen Geschichte., Bd. 4, Ia, Frankfurt a. M. 1975, S. 36 ff.

32 Vgl. V. R. Berghahn/W. Deist, Kaiserliche Marine und Kriegsausbruch 1914. Neue Dokumente zur Juli-Krise, in: MGM 1970, S. 37 ff.

33 Vgl. V. R. Berghahn, Germany and the Approach of War in 1914, London 1973, S. 23.

34 Zur Kriegsschuldfrage vgl. den Überblick bei Schmidt, Europäischer Imperialismus, S. 147 ff.

35 K. Rohe, Ursachen und Bedingungen des modernen britischen Imperialismus vor 1914, in: Mommsen (Hg.), Der moderne Imperialismus, S. 60 ff, hier S. 69.

36 Als Überblick über die Geschichte der Weimarer Republik und der Literatur über diese Zeit, E. Kolb, Die Weimarer Republik, München/Wien 1984. Zur Außenpolitik der Weimarer Republik zuletzt P. Krüger, Die Außenpolitik der Republik von Weimar, Darmstadt 1985.

37 Vgl. die geradezu klassische Auseinandersetzung über das Scheitern der Republik zwischen Bracher und Conze. Dazu K. D. Bracher, Die Auflösung der Weimarer Republik. Eine Studie zum Problem des Machtverfalls in der Demokratie, Königstein / Düsseldorf[6] 1978 und W. Conze, Die Krise des Parteienstaates in Deutschland 1929/30, in: HZ 178 (1954), S. 47 ff.

38 So vor allem die These von K. D. Erdmann, Die Geschichte der Weimarer Republik als Problem der Wissenschaft, in: VfZG 3 1955, S. 1 ff, vor allem S. 5.

39 Zur Revolutionsinterpretation und den Spielräumen immer noch A. Rosenberg, Geschichte der Weimarer Republik, Frankfurt 1980[20]. Im Gegensatz dazu die These von der Entscheidungsalternative zwischen Rätestaat oder parlamentarischer Demokratie bei K. D. Erdmann, Die Weimarer Republik.

40 Zur Geschichte der Revolution vor allem F. L. Carsten, Revolution in Mitteleuropa 1918–1919, Köln 1973; U. Kluge, Soldatenräte und Revolution. Studien zur Militärpolitik in Deutschland 1819/19, Göttingen 1975; E. Kolb, Die Arbeiterräte in der deutschen Innenpolitik 1918 bis 1919, Frankfurt/Berlin/Wien 1978[2]; ders. (Hg.), Vom Kaiserreich zur Weimarer Republik, Köln 1972, E. Matthias, Zwischen Räten und Geheimräten. Die deutsche Revolutionsregierung 1918–1919, Düsseldorf 1970; S. Miller, Die Bürde der Macht. Die deutsche Sozialdemokratie 1918–1920, Düsseldorf 1978; P. v. Oertzen, Betriebsräte in der Novemberrevolution, Bonn[2] 1976, R. Rürup,

Probleme der Revolution in Deutschland 1918/19, Wiesbaden 1968; ders. (Hg.), Arbeiter- und Soldatenräte im rheinisch-westfälischen Industriegebiet, Wuppertal 1975 und H. A. Winkler, Die Sozialdemokratie und die Revolution 1918/19, Bonn 1979. Eher kritisch gegenüber der These von Spielräumen: W. J. Mommsen, Die deutsche Revolution 1918–1920, in GG 4/1978, S. 362 ff.

41 Vgl. K.-J. Müller, Armee, Politik und Gesellschaft in Deutschland 1933–1945. Paderborn 1981³, vor allem S. 11 ff.

42 Zum Versailler Vertrag und seiner Interpretation vor allem W. Baumgart, Vom Europäischen Konzert zum Völkerbund, Darmstadt 1974; F. Dickmann, Die Kriegsschuldfrage auf der Friedenskonferenz von Paris 1919, München 1964; P. Krüger, Deutschland und die Reparationen 1918/19, Stuttgart 1973; K. Schwabe, Deutsche Revolution und Wilson Frieden, Düsseldorf 1971.

43 Zur Interpretation des Rapallo-Vertrages im hier vorgenannten Sinne K. D. Erdmann, Deutschland, Rapallo und der Westen, in: VfZG 11/1963, S. 105 ff; H. Helbig, Die Träger der Rapallo-Politik, Göttingen 1958; K. Hildebrand, Das Deutsche Reich und die Sowjetunion im internationalen System 1918–1932, Wiesbaden 1977; H. G. Linke, Deutsch-sowjetische Beziehungen bis Rapallo, Köln 1970 und Th. Schieder, Die Entwicklungsgeschichte des Rapallo-Vertrages, in: HZ 204/1967, S. 45 ff. Abweichend davon und die antiwestliche Spitze betonend H. Graml, Europa zwischen den Kriegen, München⁵ 1982.

44 So vor allem K. Hildebrand, Das Deutsche Reich und die Sowjetunion, S. 25 ff.

45 Das hat für die zwanziger Jahre nachdrücklich G. Ziebura, Weltwirtschaft und Weltpolitik 1922/24–1931, Frankfurt a. M. 1984, gezeigt.

46 Vgl. dazu P. Krüger, Das Reparationsproblem der Weimarer Republik in fragwürdiger Sicht, in: VfZG 29/1981, S. 21 ff.

47 Vgl. O. Busch und G. D. Feldmann (Hg.), Historische Prozesse der deutschen Inflation 1914–1924, Berlin 1978.

48 Vgl. dazu C. L. Holtfrerich, Die Deutsche Inflation 1914–1923, Berlin 1980.

49 So K. Borchardt in: H. Aubin, W. Zorn (Hg.), Handbuch der deutschen Wirtschafts- und Sozialgeschichte, Bd. 2, Stuttgart 1976, S. 700.

50 K. Borchardt, Wachstum, Krisen, Handlungsspielräume der Wirtschaftspolitik, Göttingen 1982, S. 51 f.

51 Vgl. O. Busch und G. D. Feldmann (Hg.), Historische Prozesse der deutschen Inflation, an mehreren Stellen.

52 Vgl. M. Stürmer (Hg.), Die Weimarer Republik, Königstein 1980.

53 So vor allem H. Mommsen/D. Petzina/B. Weisbrod (Hg.), Industrielles System und politische Entwicklung in der Weimarer Republik, Düsseldorf 1974, vor allem S. 614.

54 Vgl. dazu K. Borchardt, Wachstum, krisen, Handlungsspielräume..., vor allem S. 165 ff.

55 Darauf verweist vor allem G. Ziebura, Weltwirtschaft und Weltpolitik. Siehe auch G. Schmidt (Hg.), Konstellationen internationaler Politik 1924–1932, Bochum 1983.

56 Vgl. vor allem W. Michalka, M. M. Lee (Hg.), Gustav Stresemann, Darmstadt 1982 und H. A. Turner, Stresemann und die Kontinuität in der deutschen Außenpolitik, in: G. Ziebura (Hg.), Grundfragen der deutschen Außenpolitik, S. 284 ff.

57 Siehe hierzu das Standardwerk von W. Link, Die amerikanische Stabilisierungspolitik in Deutschland 1921–1932, Düsseldorf 1970.

58 Vgl. P. Krüger, Friedenssicherung und deutsche Revisionspolitik, in: VfZG 22/1974, S. 227 ff und J. Becker/K. Hildebrand (Hg.), Internationale Beziehungen in der Weltwirtschaftskrise 1929–1933, München 1980, vor allem S. 434 ff.

59 Borchardt behauptet, daß es keine Alternative zu Brünings Wirtschaftspolitik gab, vgl. Wachstum, Krisen, Handlungsspielräume, vor allem S. 165 ff. Dagegen C.-L. Holtfrerich, Alternativen zu Brünings Wirtschaftspolitik in der Weltwirtschaftskrise?, in: HZ 235/1982, S. 605 ff.

60 Vgl. zuletzt W. Glashagen, Die Reparationspolitik Heinrich Brünings 1930 – 1931, Bonn 1980.

61 Deutlich erkennbar in Goebbels Memoiren, vgl. J. Goebbels, Vom Kaiserhof zur Reichskanzlei. Eine historische Darstellung in Tagebuchblättern, Vom 1. Januar 1932 bis 1. Mai 1933, München 1943[41].

62 Zur Geschichte des Dritten Reiches und zur wissenschaftlichen Interpretation dieses Zeitraumes deutscher Politik K. Hildebrand, Das Dritte Reich, München/Wien 1980[2].

63 Vgl. E. Fraenkel, Der Doppelstaat, Frankfurt a.M., Köln 1974.

64 Zur Machtergreifung vor allem K. D. Bracher/W. Sauer/G. Schulz, Die nationalsozialistische Machtergreifung. Studien zur Errichtung des totalitären Herrschaftssystems in Deutschland 1933/34, Köln 1962[2] und zuletzt W. Michalka (Hg.), Die nationalsozialistische Machtergreifung, Paderborn u. a. 1984.

65 Zur Außenpolitik des Dritten Reiches vor allem K. Hildebrand, Deutsche Außenpolitik 1933 – 1945. Kalkül oder Dogma? Stuttgart u. a. 1971 u. W. Michalka (Hg.), Nationalsozialistische Außenpolitik, Darmstadt 1978.

66 Zur besonderen Rolle Großbritanniens in Hitlers Überlegungen vgl. J. Henke, England in Hitlers politischem Kalkül. Vom Scheitern der Bündniskonzeption bis zum Kriegsbeginn (1935 – 1938), Boppard 1973 und D. Aigner, Das Ringen um England. Das deutsch-britische Verhältnis. Die öffentliche Meinung 1933 – 1939. Tragödie zweier Völker, München und Esslingen 1969 sowie W. Michalka, Joachim von Ribbentrop und die deutsche Englandpolitik 1933 – 1940, Mannheim 1976. Siehe auch A. Hillgruber, England in Hitlers außenpolitischer Konzeption, in: ders., Deutsche Großmacht, S. 180 ff.

67 Die Alternative vom starken versus schwachen Hitler reicht nicht aus zur Erklärung des nationalsozialistischen Systems. Vgl. dazu E. Forndran, Die Stadt- und Industriegründungen Wolfsburg und Salzgitter. Entscheidungsprozesse im nationalsozialistischen Herrschaftssystem, Frankfurt a.M./New York 1984.

68 So H. Mommsen, Ausnahmezustand als Herrschaftstechnik des NS Regimes, in: M. Funke (Hg.), Hitler, Deutschland und die Mächte, Düsseldorf 1976, S. 30 ff und W. Schieder, Spanischer Bürgerkrieg und Vierjahresplan. Zur Struktur nationalsozialistischer Außenpolitik, in: W. Schieder/Chr. Dipper (Hg.), Der spanische Bürgerkrieg in der internationalen Politik (1936 – 1939), München 1976, S. 162 ff.

69 Dazu H. A. Jacobsen, Nationalsozialistische Außenpolitik 1933 – 1938, Frankfurt a.M./ Berlin 1968.

70 Vgl. vor allem K. Hildebrand, Innenpolitische Antriebskräfte der nationalsozialistischen Außenpolitik, in: W. Michalka (Hg.), Nationalsozialistische Außenpolitik, S. 175 ff.

71 Vgl. dazu E. Jäckel, Hitlers Weltanschauung. Entwurf einer Herrschaft, Tübingen 1969; N. Rich, Hitler's War Aims, 2 Bde., New York 1973 f; J. Thies, Architekt der Weltherrschaft. Die Endziele Hitlers, Düsseldorf[2] 1976 sowie H. R. Trevor-Roper, Hitlers Kriegsziele, in: VfZG 8/1960, S. 121 ff.

72 Anders – Hitler entlastend – A.J.P. Taylor, Die Ursprünge des Zweiten Weltkrieges, Gütersloh 1962.

73 J. Dülffer, Der Einfluß des Auslandes auf die nationalsozialistische Politik, in: E. Forndran/F. Golczewski/D. Riesenberger (Hg.), Innen- und Außenpolitik, S. 295 ff., hier vor allem S. 304.

74 So L. Dawidowicz, The War Against the Jews 1933 – 1945, London 1975. Vgl. auch S. Haffner, Anmerkungen zu Hitler, München 1978, vor allem S. 178 f.

75 Dazu K. D. Adam, Judenpolitik im Dritten Reich, Düsseldorf 1972. Vgl. dazu auch A. Hillgruber, Die »Endlösung« und das deutsche Ostimperium als Kernstück des rassen-ideologischen Programmes des Nationalsozialismus, in: VfZG 20/1972, S. 133 ff.

76 So deutlich erkennbar bei Großbritannien, vgl. B. J. Wendt, Großbritannien – Demokratie auf dem Prüfstand. Appeasement als Strategie des Status quo, in: E. Forndran/ F. Golczewski/D. Riesenberger (Hg.), Innen- und Außenpolitik, S. 11 ff.

77 Besonders deutlich im Abessinienkonflikt, vgl. M. Funke, Sanktionen und Kanonen, Hitler, Mussolini und der internationale Abessinienkonflikt 1934 – 36, Düsseldorf[2] 1971.

78 Dazu J. Henke, England in Hitlers politischem Kalkül.

79 So J. Dülffer, Der Einfluß des Auslandes, S. 308.

80 Dazu H. C. Deutsch, Verschwörung gegen den Krieg. Der Widerstand in den Jahren 1939 – 1940, München 1969; K. J. Müller, Das Heer und Hitler, Stuttgart 1969, vor allem S. 345 ff und L. E. Hill (Hg.), Die Weizsäcker Papiere 1933 – 1950, Berlin 1974, S. 141 f und S. 168.

81 Vgl. K. Hildebrand, Das Dritte Reich, S. 36.

82 L. E. Hill, Die Weizsäcker Papiere, z. B. S. 96.

83 Vgl. dazu A. E. Bagel-Bohlan, Hitlers industrielle Kriegsvorbereitung 1936 – 1939, Koblenz, Bonn 1975; F. Forstmeier und H.-E. Volkmann (Hg.), Wirtschaft und Rüstung am Vorabend des Zweiten Weltkrieges, Düsseldorf 1975; D. Petzina, Autarkiepolitik im Dritten Reich. Der nationalsozialistische Vierjahresplan, Stuttgart 1968; M. Riedel, Eisen und Kohle für das Dritte Reich. Paul Pleigers Stellung in der NS-Wirtschaft, Göttingen u. a. 1973 und H. A. Turner, Jr. Faschismus und Kapitalismus in Deutschland. Studien zum Verhältnis zwischen Nationalsozialismus und Wirtschaft, Göttingen 1972.

84 Vor allem H. C. Deutsch, Das Komplott oder die Entmachtung der Generale, Zürich 1974.

85 Dazu besonders T. Mason, Arbeiterklasse und Volksgemeinschaft. Dokumente und Materialien zur deutschen Arbeiterpolitik 1936 – 1939, Opladen 1975; ders., Der Primat der Politik – Politik und Wirtschaft im Nationalsozialismus, in: Das Argument 8/ 1966, S. 473 ff und ders., Primat der Industrie? – Eine Erwiderung, in: Das Argument 10/1968, S. 193 ff. Sicherlich überspitzt und fragwürdig ist die These, Hitler habe den Krieg aus innenpolitischen Gründen – wegen einer ökonomischen und sozial bedingten Krise seiner Herrschaft – begonnen. Vgl. dazu T. W. Mason, Zur Funktion des Angriffskrieges 1939, in: G. Ziebura (Hg.), Grundfragen der deutschen Außenpolitik, S. 376 ff.

86 Zur Geschichte des 2. Weltkrieges. A. Hillgruber, Der zweite Weltkrieg 1939 – 1945. Kriegsziele und Strategie der großen Mächte, Stuttgart u. a. 1982, für die wichtige Anfangsphase ders., Hitlers Strategie. Politik und Kriegsführung 1940 – 1941, Frankfurt a. M. 1965.

87 Zu dieser Frage W. Birkenfeld, Stalin als Wirtschaftspartner Hitlers (1939 – 1941), in: VSWG 53/1966, S. 477 ff; F. Friedensburg, Die sowjetischen Kriegslieferungen an das Hitlerreich, in: Vierteljahreshefte für Wirtschaftsforschung 4/1962, S. 331 ff und G. L. Weinberg, Germany and the Soviet Union 1939 – 1941, Leiden 1972[2].

88 Vgl. B. A. Leach, German Strategy Against Russia 1939 – 1941, Oxford 1973.

89 Vgl. E. Jäckel, Frankreich in Hitlers Europa. Die deutsche Frankreichpolitik im Zweiten Weltkrieg, Stuttgart 1966.

90 Zur Mittelmeerkonzeption, die vor allem auf Raeder zurückging, vgl. F. H. Hinsley, Hitlers Strategie, Stuttgart 1952. Siehe auch A. Hillgruber, Politik und Strategie Hitlers im Mittelmeerraum, in: ders. Deutsche Großmacht- und Weltpolitik, S. 276 ff.

91 Vgl. D. S. Detwiler, Hitler, Franco und Gibraltar. Die Frage des spanischen Eintritts in den Zweiten Weltkrieg, Wiesbaden 1962 und K. J. Ruhl, Spanien im Zweiten Weltkrieg. Franco, die Falange und das »Dritte Reich«, Hamburg 1975.

92 Dazu J. Schröder, Die Beziehungen der Achsenmächte zur Arabischen Welt, in: M. Funke (Hg.), Hitler, Deutschland und die Mächte ..., S. 365 ff.

93 Vgl. S. Friedländer, Auftakt zum Untergang. Hitler und die Vereinigten Staaten von Amerika 1939 – 1941, Stuttgart u. a. 1965.

94 Zu den deutsch-japanischen Beziehungen während des zweiten Weltkrieges vor allem B. Martin, Deutschland und Japan im Zweiten Weltkrieg. Vom Angriff auf Pearl Harbor bis zur deutschen Kapitulation, Göttingen 1969 und J. M. Meskill, Hitler and Japan. The Hollow Alliance, New York 1966.

95 Vgl. A. Hillgruber, Die »Endlösung« und das deutsche Ostimperium als Kernstück des rassenideologischen Programms des Nationalsozialismus, in: VfZG 20/1972, S. 133 ff.

96 Sieht man einmal von dem großen Wurf Brachers ab, die europäische Geschichte dieses Zeitraumes zusammenfassend darzustellen, K. D. Bracher, Die Krise Europas 1917 – 1975, Propyläen Geschichte Europas, Bd. 6, o. O. und o. J.

97 Dazu vgl. u. a. G. W. F. Hallgarten, J. Radkau, Deutsche Industrie und Politik von Bismarck bis heute, Frankfurt und Köln 1974, K. Hardach, Deutschland 1914 – 1970, in: C. M. Cipolla, K. Borchardt (Hg.), Europäische Wirtschaftsgeschichte, Bd. 5, Stuttgart und New York 1980, S. 47 ff und H. Kellenbenz, Deutsche Wirtschaftsgeschichte, Bd. 2, München 1981, vor allem Teil II und III.

98 So z. B. W. Zapf, Wandlungen der deutschen Elite. Ein Zirkulationsmodell deutscher Führungsgruppen 1919 – 1961, München 1966².

99 So z. B. W. Besson, Tradition und Maßstäbe in: G. Ziebura, Grundfragen der Deutschen Außenpolitik, S. 48 ff, ders., Der Streit der Traditionen: Über die historischen Grundlagen der westdeutschen Außenpolitik, in: K. Kaiser/R. Morgan, Strukturwandlungen der Außenpolitik in Großbritannien und der Bundesrepublik, München und Wien 1970, S. 94 ff, A. Hillgruber, Kontinuität und Diskontinuität in der deutschen Außenpolitik von Bismarck bis Hitler, Düsseldorf² 1970 und ders., Deutschlands Rolle in der Vorgeschichte der beiden Weltkriege, Göttingen 1967.

100 Vgl. F. Fischer, Griff nach der Weltmacht. Die Kriegszielpolitik des Kaiserlichen Deutschland 1914/18, Düsseldorf 1964³ und ders., Weltpolitik, Weltmachtstreben und deutsche Kriegsziele, in: HZ 1964, S. 265 ff.

101 Vgl. zum gesamten Komplex A. Hillgruber, Kontinuität und Diskontinuität.

102 So A. Hillgruber, Deutschlands Rolle, vor allem S. 56 ff. Dagegen F. Fischer, Griff nach der Weltmacht, der für den gesamten Zeitraum die Rolle der Weltpolitik mehr betont.

103 Vgl. A. Hillgruber, Kontinuität und Diskontinuität, S. 17.

104 Vgl. zu diesem Komplex W. D. Narr, Soziale Faktoren und außenpolitische Entscheidung: Die Bundesrepublik Deutschland, in: K. Kaiser/R. Morgan, Strukturwandlungen der Außenpolitik, S. 136 ff. Narr betont allerdings nur die innenpolitische Abhängigkeit von Außenpolitik.

105 Vgl. auch R. Meyers, Weltpolitik in Grundbegriffen, Düsseldorf 1979, S. 278 ff und L. Toncic-Sorinj, Das unbefriedigende Primat der Innenpolitik über die Außenpolitik, in: U. Altermatt/J. Garamvölgyi (Hg.), Innen- und Außenpolitik, S. 37 ff.

106 Dazu als Überblick U. Altermatt, Entwicklungslinien der internationalen Politik: Vom souveränen Nationalstaat zur transnationalen Weltgesellschaft?, in: U. Altermatt/J. Garamvölgyi (Hg.), Innen- und Außenpolitik, S. 45 ff.

107 K. Hildebrand, Innenpolitische Antriebskräfte, S. 175 ff.

E. Richter

Die Bundesrepublik Deutschland in der europäischen Integration
Zur Ambivalenz von nationaler Identität und internationaler Einbindung

Die Einbindung der Bundesrepublik Deutschland in die Institutionen und Wirkungsbereiche der (west)europäischen Integration stellt sich als tragender Bestandteil für das politische Selbstverständnis der Westdeutschen dar. Die politischen Strukturformen der westlichen Wertegemeinschaft, die Verfahren eines friedlichen Interessenausgleichs unter ehemals rivalisierenden Nationalstaaten und die materielle Sicherheit kooperativ erzeugter Wirtschaftsprosperität haben der politischen Kultur und dem staatlichen Selbstverständnis der zweiten deutschen Republik ein deutliches Gepräge verliehen. Nachdem sich die politischen Turbulenzen der Nachkriegszeit gelegt haben und die impulsive Einigungseuphorie der ersten Europageneration verklungen ist, scheint dieser kollektive Grundkonsens in den Bahnen einer behäbigen Normalität voranzuschreiten, die den westeuropäischen Bindungen der Bundesrepublik Deutschland zwar keine emphatische Unterstützung, aber doch eine bereitwillige Akzeptanz verschafft. Inzwischen ist jedoch die ruhige Oberfläche dieses Grundkonsenses in Bewegung geraten. Im Strudel unaufhaltsamer Krisen mindert sich das wirtschaftliche und politische Leistungsvermögen der Europäischen Gemeinschaft, die Wogen einer von wachsenden Waffenarsenalen geschürten Angst vor einer atomaren Auseinandersetzung in Europa schlagen hoch und nähren rasch Zweifel an bisher fraglos akzeptierten Sicherheitsgarantien des westlichen Bündnissystems, die historische Aufarbeitung des geschichtlichen Selbstverständnisses der Deutschen gerät unweigerlich in den Sog heikler Kontroversen um das nationale Erbe und die angemessenen Formen kollektiver Identität, und zu alledem entfernen sich beträchtliche Anteile einer verunsicherten Jugend mehr und mehr vom breiten Strom gängiger Lebensformen und politischer Konformität, um sich an die Ufer einer systementlasteten Intimität und in die Identität einer postmaterialistischen Wertegemeinschaft zu retten. Unter den Leitbegriffen von Neutralismus und Nationalismus, unter Besinnung auf Mitteleuropa, regionale Heimatbedürfnisse und alternative Subkulturen vollziehen sich erhebliche Störungen in dem trägen Fluß, in dem die Bundesrepublik Deutschland im Rahmen der europäischen Integration bisher ihren Fortgang nahm. Die neuen Herausforderungen wirbeln nämlich den Bodensatz deutscher Geschichte wieder auf, der bisher von einem identitätsbildenden westlichen Gemeinschaftsbewußtsein und erfolgreichen Kooperationsstrukturen der kapitalistischen Industriestaaten in Europa überdeckt worden war. Alte Probleme des politischen Selbstverständnisses der Deutschen werden plötzlich wieder virulent und lassen die historischen Ambivalenzen von Identitätsbedürfnissen in einer deutschen Kulturnation und dem westorientierten Gemeinschaftsbewußtsein innerhalb der bundesrepublikanischen Staatsnation in scharfen Konturen hervortreten. Die strukturelle Widersprüchlichkeit zwischen konkurrierenden Bestandteilen des kollektiven Selbstverständnisses der Deutschen, die sich für die Bundesrepublik im Zuge ihrer Einbindung in das westeuropäische Beziehungsgeflecht aufzulösen schien, ist von neuem in das öffentliche Bewußtsein getreten und läßt es unter den aktuellen Herausforderungen erforderlich erscheinen, die Ambivalenz von nationaler Identität und internationaler Einbindung, mit der sich die Bundesrepublik Deutschland im Rahmen der europäischen Integration erneut konfrontiert sieht, in systematischem Interesse nachzuzeichnen.

1. Historische Kontinuitäten in der »deutschen Frage«

Die Ausprägung von kollektiver Identität repräsentiert ein genuines Bedürfnis vom gesellschaftlichen Selbstverständnis des Menschen überhaupt. Sie speist sich aus gemeinsamen Orientierungen, Werthaltungen oder Symbolen und weist sich in der gruppenspezifischen Konstanz von Interaktionsmustern und Rollenverhalten aus. Kollektive Identität verschafft also dem Individuum die Möglichkeit, sich selbst im kohärenten Bezugssystem einer Gruppe zu akzeptieren und erweist sich gleichzeitig als deutliches Abgrenzungskriterium gegenüber der kollektiven Identität fremder Gruppen und somit als Erfahrungsmodus der Verschiedenheit. Normativ läßt sie sich als kollektives Gemeinschaftsbewußtsein begreifen, das möglichst weitreichende Entfaltungs-, Emanzipations- und Freiheitsangebote bereitstellt. Als analytische Kategorie erscheint kollektive Identität jedoch kaum operationalisierbar. Die verlegene Rede vom »Volkscharakter« oder das unübersichtliche Klassifikationsmuster der »politischen Kultur« offenbaren deutlich die systematischen Schwierigkeiten, so daß die mittelbare Typologisierung kollektiver Identität über prägnantere Kategorien wie »Legitimation« gesellschaftlicher Normen oder politischer Herrschaftsstrukturen sowie »Akzeptanz« kollektiver Verhaltensmuster und Regelungssysteme analytisch aussichtsreicher erscheint. Für die Untersuchung der Ambivalenzen im politischen Selbstverständnis der Deutschen erweist sich die Aufnahme des Identitäts-Begriffes jedoch gerade deshalb als hilfreich, weil er einprägsam die konturenlose Überschneidung divergierender kollektiver Bezugssysteme wie Sprache, räumliche Kohärenz, politisches Wertebewußtsein oder Abwehr gegen äußere Bedrohungen veranschaulicht. Die Geschichte der Deutschen ist nämlich von beständigen Orientierungskrisen des kollektiven Gemeinschaftsbewußtseins gekennzeichnet, die sich in Spannungsverhältnissen und Widersprüchlichkeiten zwischen nationalkulturellen, nationalstaatlichen und europäischen Identitätsbedürfnissen niedergeschlagen haben. Die Sammelbezeichnung *deutsche Frage* umfaßt den Katalog dieser historischen Wechselhaftigkeit in der kollektiven Identität der Deutschen und bedarf einer knappen Systematisierung, um für die Analyse aktueller Ambivalenzen von nationaler Identität und internationaler Einbindung aufschlußreiche Grundkategorien offenzulegen und frappierende Formen der Kontinuität aufzuzeigen.

Das anschaulichste und zugleich komplexeste Element der deutschen Frage äußert sich in den wechselhaften geographischen Formen, die die Einheit der Deutschen im Verlauf ihrer Geschichte angenommen hat. Während sich in anderen Teilen Europas zentralistische Nationalstaaten formierten, rangen die Deutschen um divergierende Konzeptionen des Partikularstaats. So mündete der Zerfall des weiträumigen Heiligen Römischen Reiches deutscher Nation in Auseinandersetzungen um ein Groß- oder Kleindeutschland sowie die Zuordnung Österreichs; das von Bismarck geprägte Deutsche Reich wurde nach dem Ende des Ersten Weltkriegs empfindlichen geographischen Beschränkungen unterworfen, was wiederum Hitlers verheerender deutscher Großraumideologie fatale Anknüpfungspunkte lieferte. Als Folge der politischen Katastrophe des Dritten Reichs präsentierte sich schließlich die politische Teilung Deutschlands und die Eingliederung der ideologisch scharf kontrastierenden Teilstaaten in die jeweiligen Blöcke des weltpolitischen Systemantagonismus. Die geographische Wechselhaftigkeit des deutschen Staatsverbandes verantwortet schwankende Äußerungsformen eines deutschen Nationalbewußtseins und hat die Orientierungskrisen der kollektiven Identität von Deutschen entscheidend forciert. Während bei den europäischen Nachbarn der Nationalstaat als Rahmen eines sich politisch, aber auch wirtschaftlich und sogar kulturell artikulierenden Gemeinschaftsbewußtseins kontinuierlich an Bedeutung gewann, vollzog sich die Ausprägung einer identitätsstiftenden nationalstaatlichen Einheit in Deutschland nur unter historischen Brüchen und zeitlichen Verzögerungen, woraus ratlose Irritationen, hypostasierende Proklamationen oder resignative Verkümmerungen deutscher Identität resultierten. Während für die meisten politischen Verbände in Europa schon galt: »Eine Nation ist ein Volk im Besitz eines Staates«,[1] präsentierte sich Deutschland bereits in aller Deutlichkeit als »verspätete Nation«[2] – verspätet auch in Hinblick auf die demokratische Legitimation seiner wechselhaften politischen Form und staatlichen Herrschaftsstruktur. Dementsprechend führte das Scheitern der bürgerlichen Revolution in Deutschland, die Zielkonflikte zwischen demokratischen und nationalen Bewegungen, zu einer von der preußischen Führungsmacht »verordneten« Staatsnation, die letztendlich durch politische Oligarchie und wirtschaftlichen Imperialismus auch noch die nachträgliche Ausfüllung mit einer gemeinschaftsorientierten Identität aller deutschen Staatsbürger erschwerte.[3] Die Gründung der Weimarer Republik und ihre Hypothek der Versailler Friedensordnung ließen schließlich die Brechungen im deutschen Nationalbewußtsein deutlich hervorscheinen und ihre brisanten europapolitischen Dimensionen erkennen. Während von konservativen bis hin zu republikanischen Gruppierungen die nationalstaatliche Identitätsbildung bereits soweit fortgeschritten war, daß diese lautstark nach Genugtuung für die »Schmach von Versailles« riefen und die zahlreichen Initiativen sowie ersten Institutionen europäischer Einigungspolitik bloß für die Erfüllung der eigenen »nationalstaatlichen Vision« zu instrumentalisieren versuchten,[4] hielt die gegenüber der nationalstaatlichen Gemeinschaftsorientierung reservierte Linke gleichzeitig an der konträren Vorstellung fest, eine demokratisch ausgewiesene Identität erst durch die entschlossene Abkehr vom Kapitalismus begründen und im Rahmen eines europäischen »Völkerbundes« entfalten zu können. Das gestörte Verhältnis zwischen nationaler Identität und internationaler Einbindung erlangte in diesen divergierenden Argumentationsmustern bereits eine eindrucksvolle Ausprägung und lieferte in seiner Widersprüchlichkeit den abstrusen rassischen und räumlichen Gemeinschaftsorientierungen unter Hitler fatale Schützenhilfe.

Schon ein erster Einblick in die deutsche Geschichte unter Gesichtspunkten der nationalen Identitätsbildung veranschaulicht also die historischen Kontinuitäten in der deutschen Frage und deren bisweilen zwar sublime, letztendlich aber ungebrochene Aktualität. Zu diesem Sediment fortdauernder Identitätskonflikte der

Deutschen gehören die immer wieder ausbrechenden Kontroversen um Träger und Merkmale deutscher Nationalkultur und Nationalstaatlichkeit, die strategisch brisante Mittellage Deutschlands in Europa mit ihren bedrohlichen bündnispolitischen Folgen, die auch als Kompensation fehlender Nationalidentität zu verstehenden wirtschafts- oder militärpolitischen Großmachtsansprüche und die Instrumentalisierung europäischer Einigungsprozesse für die unbefriedigten Identitätsbedürfnisse der deutschen Nation. Diese Brüche in der Ausbildung kollektiver Identität und europapolitischen Auswirkungen der deutschen Frage befördern immer wieder Formen eines deutschen »Sonderwegsbewußtseins«, das mit einer selbstbedrohlichen Blindheit gegenüber den Folgewirkungen für internationale Bündnisstrukturen, außenpolitische Orientierungen und politische Interessen europäischer Nachbarstaaten einhergeht.[5] Während die übrigen Mächte in Europa Deutschlands internationale Einbindung immer schon vorrangig unter Stabilitäts- und Sicherheitsgesichtspunkten behandelt haben, orientierten sich die Deutschen selbst im Blick auf ihre ungesättigte Nationalidentität beharrlich am »Selbstbestimmungsrecht der Völker«.[6] Die behäbige Selbstgenügsamkeit der Deutschen findet also ihre historische Entsprechung in einer geschärften Sensibilität der europäischen Nachbarstaaten gegenüber der deutschen Suche nach nationaler Identität. »Whenever unified into one state, Germans become a menace at home and abroad.«[7]

2. Nationale Einheit und europäische Integration

Es entsprach dem Ausmaß der Katastrophe nach dem Ende des zweiten Weltkriegs, daß Deutschland hinsichtlich seiner nationalen Identitätsproblematik gleichsam wieder auf dem Nullpunkt angelangt war. Das Dritte Reich hatte die Ansprüche eines deutschen Nationalbewußtseins vollständig diskreditiert. Noch bevor jedoch eine kritische Selbstreflexion darüber einsetzen konnte, lieferten der sich rasch abzeichnende Ost-West-Gegensatz und seine Manifestation in der deutschen Teilung die entscheidenden Vorgaben für eine substituierende Form kollektiver Identität. Die Besatzungsherrschaft, das amerikanische Engagement in Gestalt des Marshall-Plans und die ersten Formen wirtschaftspolitischer Zusammenarbeit in Westeuropa im Rahmen der OEEC zementierten rasch die *westliche* Orientierung eines neuen Gemeinschaftsbewußtseins, das nationale Identitätsbedürfnisse obsolet erscheinen ließ. Die nach bitteren Erfahrungen notwendig gewordene Sicherheit *vor* Deutschland schien sich gleichzeitig als Sicherheit *mit* Deutschland verwirklichen zu lassen – jedoch nur um den Preis eines auf den Westen eingeschränkten Grundkonsenses in Gestalt einer politischen Wertegemeinschaft, wirtschaftlichen Kooperationsbereitschaft und sicherheitspolitischen Bündnistreue. Die zahlreichen Konzeptionen in den ersten Nachkriegsjahren, die alternative Rahmenbedingungen für ein friedenssicherndes Gemeinschaftsbewußtsein in ganz Europa zu formulieren versuchten, besaßen angesichts des sich rasch ausbreitenden Systemantagonismus und der polarisierten Identitätsbildung schon keine Aussicht mehr auf Erfolg. Die Pläne eines Europas als »dritte Kraft« zwischen den Blöcken, eines neutralen Deutschlands als »Brücke«, eines »christlichen Sozialismus« als vermittelndes Gesellschaftssystem oder die »Magnet-Theorie« der Sozialdemokraten, die auf die Anziehungskraft demokratischer Strukturen setzte und die rasche Wiedervereinigung Deutschlands anzielte, vermochten in der raschen Folge weitreichender politischer Entscheidungen nur noch die Bereitschaft zur identitätsbezogenen Nachdenklichkeit zu dokumentieren.[8] Westdeutschland wuchs unaufhaltsam in das wirtschaftspolitische System des westlichen Industriekapitalismus, in die politische Wertegemeinschaft der parlamentarischen Repräsentationssysteme und die Interessengemeinschaft des atlantischen Sicherheitsbündnisses hinein: während es als deutscher Teilstaat in scharfen Konturen zum symbolträchtigen Repräsentanten der bipolaren Systemstrukturen und des schroffen Antagonismus mitten in Europa avancierte, sollte sich seine Kohärenz als nationalstaatlicher Identitätsstifter gleichzeitig in einer weitläufigen westeuropäischen Gemeinschaftsorientierung auflösen. Grundelemente der deutschen Frage präsentierten sich nun in neuem Gewand und führten zu einer »Europäisierung der deutschen Frage und Germanisierung der europäischen Frage« gleichermaßen.[9]

Die aus der deutschen Teilung resultierende Ambivalenz und Widersprüchlichkeit zwischen nationalen Identitätsbedürfnissen in einer gesamtdeutschen Staatsnation und der westlichen Gemeinschaftsorientierung im Rahmen der europäischen Integration hat sich deutlich im Grundgesetz der Bundesrepublik Deutschland niedergeschlagen. In der Präambel wird die Entschlossenheit des »Deutschen Volkes« hervorgehoben, »seine nationale und staatliche Einheit zu wahren und als gleichberechtigtes Glied in einem vereinten Europa dem Frieden der Welt zu dienen«, zugleich aber heißt es: »Das gesamte Deutsche Volk bleibt aufgefordert, in freier Selbstbestimmung die Einheit und Freiheit Deutschlands zu vollenden.«[10] In Artikel 24 wird zudem ausdrücklich die Bereitschaft festgeschrieben, »Hoheitsrechte auf zwischenstaatliche Einrichtungen« – wie etwa eine europäische Organisation – zu übertragen.[11] Der Deutschlandvertrag vom Mai 1952, der der Bundesrepublik Deutschland die volle Souveränität übertrug, drückt dieses Spannungsverhältnis in ähnlichen Formulierungen aus. »Bis zum Abschluß der friedensvertraglichen Regelung werden die Unterzeichnerstaaten zusammenwirken, um mit friedlichen Mitteln ihr gemeinsames Ziel zu verwirklichen: Ein wiedervereinigtes Deutschland, das eine freiheitlich-demokratische Verfassung, ähnlich wie die Bundesrepublik, besitzt und das in die europäische Gemeinschaft integriert ist.«[12] Im bewußten Offenhalten für systemübergreifende Lösungsansätze sollte »Gemeinschaft« nicht die bereits bestehende westeuropäische Vertragsgemeinschaft der EGKS bezeichnen, sondern als neutrales Orientierungsziel wirken: »Es gibt kein Verfassungsziel ›westeuropäische Integration‹.«[13]
Dem ersten Bundeskanzler der Bundesrepublik Deutschland, Konrad Adenauer, kam die heikle Aufgabe zu, diese Ambivalenz von nationaler Einheit, Westbindung und europäischer Integration unter der sensiblen Beobachtung durch die europäischen Nachbarn und einer noch wenig erprobten innenpolitischen Konsensbildung in glaubwürdige Regierungspolitik umzusetzen. Die Einschätzung von Adenauers Politik in dieser Hinsicht hat zu höchst unterschiedlichen Wertungen und noch gegenwärtig fortgesetzten Debatten in der wissenschaftlichen Literatur geführt. Mehrdeutige Äußerungen Adenauers und die stets vermiedene Entgegensetzung von »Nation« und (europäischer) »Integration« erschweren die Beurteilung und führen zu der Schlußfolgerung, daß Adenauer offensichtlich bestrebt war, »immer mehrere Bezüge kollektiver Identifikation herzustellen«.[14] Unzweifelhaft jedoch betrieb er die strikte Einbindung der Bundesrepublik

Deutschland in das westliche Bündnissystem, seine wirtschaftspolitischen Kooperationsformen sowie die politischen Werte und Verfassungsprinzipien der industriekapitalistischen Staaten im Westen. Der Eintritt in die Europäische Gemeinschaft für Kohle und Stahl, das Projekt einer europäischen Verteidigungsgemeinschaft und der Beitritt zur NATO markieren die politischen Wegmarken im Rahmen von Adenauers politischer Strategie. Deutschlandpolitisch korrespondierte dem die Theorie des »roll back«: jemehr das westliche Gemeinschaftsbewußtsein gestärkt und in machtpolitische Weltgeltung überführt werde, je deutlicher schließlich die Freiheitsgarantien der westlichen Gesellschaftsstrukturen hervorträten, desto nachhaltiger werde die UdSSR machtpolitisch und ideologisch geschwächt und somit schließlich zur Preisgabe Ostdeutschlands an die erfolgreichen Integrationsstrukturen des Westens gezwungen. Im analytischen Bild der ambivalenten Identitätsproblematik entspricht diese Strategie einer Aufkündigung der labilen Ambivalenz von nationaler Identität und internationaler Einbindung zugunsten einer klaren *Rangfolge*, bei der die ideologische Identifikation mit dem westlichen Gesellschafts- und Wirtschaftssystem, mit seinen Bündnisstrukturen und Kooperationsformen nationalem Einheitsstreben und Identifikationsbedürfnissen vorangestellt wird. Vor diesem Hintergrund wird verständlich, warum der bundesrepublikanischen Öffentlichkeit nie eine westdeutsche Protokollerklärung anläßlich der Vertragsunterzeichnung zur Gründung der Europäischen Wirtschaftsgemeinschaft am 28. Februar 1957 zu Bewußtsein gekommen ist, in der sich die Bundesrepublik ausdrücklich im Falle einer Wiedervereinigung Deutschlands die »Überprüfung« der europäischen Verträge vorbehält und damit gewissermaßen die Aufkündbarkeit des europäischen Vertragswerks in nationalem Interesse suggeriert: die Hierarchie der Identifikationsangebote hatte die kollektiven Gemeinschaftsorientierungen schon erfolgreich zugunsten der westlichen Bindungen geprägt und die Sensibilität für protokollarische Zwänge zur Offenhaltung in der nationalen Frage gesenkt.[15] Sozialpsychologisch lassen sich in dieser rasch vollzogenen Westorientierung deutscher Identitätsbedürfnisse Elemente eines kollektiven Verdrängungsmechanismus der deutschen Vergangenheit im Dritten Reich ausfindig machen: die diskreditierten Ansprüche deutscher Identität und die katastrophalen Folgen eines pervertierten Nationalbewußtseins werden nicht selbstkritisch aufgearbeitet, sondern unverzüglich in eine »von den Amerikanern bezogene deutsche Ersatz-Identität« überführt, die in wirtschaftlichen Prosperitätsaussichten durch materiellen Wohlstand und Konsum die willkommene Ablenkung von einer schmerzhaften politischen Selbstvergewisserung liefert – und insofern immer wieder Debatten unter Historikern über den angemessenen Umgang mit der deutschen Vergangenheit provoziert.[16]

Eine letzte greifbare Möglichkeit der Abkehr vom eingeschlagenen Pfad kollektiver Identitätsbildung in der Bundesrepublik Deutschland schien die »Stalin-Note« vom 10. März 1952 zu bieten, die durch eine Neuauswertung von Aktenmaterial wieder ins publizistische Kreuzfeuer geraten ist.[17] Stalin machte den drei Westmächten das Angebot, Deutschland als »einheitlichen Staat« unter der Bedingung wiederherzustellen, daß es »keinerlei Koalitionen oder Militärbündnisse« eingehe und sämtliche Besatzungstruppen abgezogen würden. Dieses Angebot einer deutschen Wiedervereinigung um den Preis außenpolitischer Neutralität hätte die Ambivalenz von nationaler Identität und internationaler Einbindung in einen einseitigen Prozeß nationaler Identitätsbildung zurückgeführt, der sich nicht mehr auf die Ersatzfunktionen eines westlichen Gemeinschaftsbewußtseins hätte stützen können, sondern zur innergesellschaftlichen Auseinandersetzung mit den heiklen Nationalproblemen und Folgewirkungen jüngster Entwicklungen im Bereich der deutschen Frage genötigt hätte. Die Frage, ob Stalins Angebot politisch ernstzunehmen war, kann hier ebensowenig erörtert werden wie die schon als provokante Antwort formulierte These der »Legende der verpaßten Gelegenheit«.[18] Aufschlußreich in diesem Zusammenhang sind dagegen die deutschen und westlichen Argumentationslinien angesichts der sowjetischen Note. Adenauer beschwor öffentlich die Gefahr vor einem erneuten »deutschen Sonderweg« und äußerte zugleich die Befürchtung, die Sowjetunion wolle Deutschland isolieren, um es insgesamt seinem Einflußbereich zu vereinnahmen. Abseits der publizistischen Tagesdiskussion vertrat er allerdings die Überzeugung, das deutsche Volk sei »weder politisch, militärisch und biologisch noch psychisch und charakterlich« in der Lage, die politische Verantwortung einer neutralen Position in Europa zu tragen; es drohe vielmehr in erneuten Nationalismus abzugleiten.[19] Unter Ausschluß der zeitgenössischen Öffentlichkeit beklagte sich Adenauer über die mangelnde Fähigkeit der Deutschen zur Ausbildung einer unabhängigen, bloß auf Gemeinsamkeiten der deutschen Kulturnation beruhenden Identität, obwohl er doch selbst durch die strikte Westorientierung Prozesse einer kulturpolitischen Selbstfindung der deutschen Nation abgeblockt und damit der beklagten Unfähigkeit selbst Vorschub geleistet hatte. Aufschlußreich sind zugleich die Reaktionen der übrigen Staaten Westeuropas. Vor allem Frankreich machte sich zum Wortführer derjenigen, die mit einem wiedervereinigten Deutschland die Befürchtung hegemonialer Ansprüche und Störungen der machtpolitischen Balance in Europa verbanden. Die pointierten Formulierungen des Schriftstellers François Mauriac brachten diese deutschlandpolitische Linie in französischer Eleganz zum Ausdruck: »Ich liebe Deutschland so sehr, daß ich glücklich bin, daß es zwei davon gibt.«[20] Die schon bekannten kulturpolitischen und europapolitischen Bestandteile der deutschen Frage offenbarten sich so auch wieder in den Argumentationsmustern, die durch ihre ablehnende Position gegenüber Stalins Angebot eine offensichtlich greifbare Chance zur Auflösung der ambivalenten Identitätsproblematik in Deutschland vereitelten.

In dieser Konstellation konnte sich seit Mitte der fünfziger Jahre die Konsolidierung der westdeutschen Staatsnation, eingebettet in westeuropäische Kooperationsformen und das atlantische Bündnissystem, ungehindert vollziehen. Die rasch erstarkende Wirtschaftskraft des jungen Staates, die später erstaunt als »Wirtschaftswunder« wahrgenommen wurde, schien über die politische Wertegemeinschaft und materielle Prosperität ausreichende Identifikationsmöglichkeiten anbieten zu können und verdrängte die Empfindung eines Entscheidungsbedarfs in der ungelösten nationalen Frage. Strikter Antikommunismus, verkörpert in der Hallstein-Doktrin oder dem KPD-Verbot, versinnbildlichte vielmehr klar die selbstgerechte Hochschätzung des westlichen Gemeinschaftsbewußtseins. Infolgedessen schränkte sich das Verständnis einer deutschen Nationalidentität in der *westlichen* Perspektive zunehmend auf die Forderungen ein, für eine materielle Angleichung des Lebensstandards in der DDR an bundesrepublikanische Normen und die Herstellung politischer Freiheitsrechte in Ostdeutschland nach westlichem Muster zu sorgen. Die Aufforderung zu einseitiger *Anpassung* avancierte zumindest vorübergehend zum Orientierungsziel gesamtdeutscher Identitätsbedürfnisse in Westdeutschland. Dementsprechend nahm die Maxime des »Selbstbestimmungsrechts« eine eigentümliche Wendung an, indem sie die Forderung nach entsprechenden Freiheitsrechten für die *ostdeutschen* Landsleute beinhaltete, während erst in der jüngsten Renaissance neonationalistischer Argumentationsmuster auch der Anspruch eines Selbstbestimmungsrechts für die *Westdeutschen* zur Geltung gebracht wird.[21] Der Bau der Berliner Mauer im Jahre 1961 markierte im Zuge der gefestigten Westorientierung lediglich das äußere Symbol eines schroffen Systemantagonismus, den die Westmächte aus der Distanz gegenüber dem verletzten Nationalgefühl der Deutschen selbst bezeichnenderweise kaum mehr als bedrohliche Eskalation einzuschätzen vermochten.[22]

Mit Gründung der Europäischen Wirtschaftsgemeinschaft und Europäischen Atomgemeinschaft 1958 hatten sich die industriekapitalistischen Kooperationsformen in Westeuropa weiter verfestigt. Die Mitgliedschaft der Bundesrepublik Deutschland in der Europäischen Gemeinschaft bekräftigte zunächst ihre politische Geltung und verschaffte ihr, im Zuge des rasch expandierenden Industriepotentials in Westdeutschland, auch zunehmend wirtschaftliche Anerkennung. Politiker und Interessengruppen in der Bundesrepublik verliehen der vorbehaltlosen westlichen Gemeinschaftsorientierung in der zweiten deutschen Republik deutlich Ausdruck, indem sie nachdrücklich die Bereitschaft Westdeutschlands zu politischen Fortschritten und einem institutionellen Ausbau des europäischen Einigungswerks bekundeten. Es war dabei absehbar, daß eine Stärkung der supranationalen Elemente im Vertragssystem der Europäischen Gemeinschaft, das als Fundament eines engeren Beziehungsgeflechts in Westeuropa fungieren sollte, verminderte Aussichten auf die Wiederherstellung einer nationalkulturellen Einheit der Deutschen bot. Eine als europäisches Leitziel wirkende »Europäische Union« in Gestalt eines politisch engen Zusammenschlusses der EG-Staaten hätte die westlichen Identifikationsangebote in Gestalt eines politischen Wertekonsenses und kooperativ gesicherter Prosperitätsaussichten im Wirtschaftsbereich noch erheblich verstärkt und damit den Systemantagonismus zwischen West- und Ostdeutschland an neuralgischen Punkten forciert. In Hinblick auf die Identitätsangebote im Rahmen der europäischen Integration verdient unter den Institutionen der Europäischen Gemeinschaft das Europäische Parlament besondere Erwähnung. Als vergleichsweise äußerst schwache parlamentarische Komponente im europäischen Institutionen- und Kompetenzgefüge repräsentiert es doch dasjenige Organ, das am ehesten identitätsstiftende Funktionen zu übernehmen vermag. Vor allem seit Durchführung von Direktwahlen der Abgeordneten des Europäischen Parlaments (1979) beansprucht es selbst mit großem Nachdruck, als parlamentarische Legitimationsinstanz der Europäischen Gemeinschaft zu wirken und damit der europäischen Öffentlichkeit die konkretesten Identifikations- und Partizipationsmöglichkeiten anzubieten. Gleichzeitig erhellt sich das Selbstverständnis des Europäischen Parlaments in der eifrigen Initiativfunktion für engere Formen des westeuropäischen Zusammenschlusses, wie zahlreiche Resolutionen, Entschließungen und schließlich sogar der 1984 vorgelegte »Entwurf eines Vertrags zur Gründung der Europäischen Union« eindrucksvoll dokumentieren.[23] Allerdings bleibt darauf hinzuweisen, daß der Erfolg des Europäischen Parlaments als Agent gemeinschaftsorientierter Identifikationsanreize im Rahmen der westeuropäischen Integration nicht nur an der mangelnden Kompetenzausstattung dieser parlamentarischen Institution rasch seine Grenzen findet, sondern auch generell am verbreiteten Desinteresse der europäischen – und damit auch bundesrepublikanischen – Öffentlichkeit gegenüber der Europapolitik insgesamt sowie an der identitätshemmenden Komplexität des EG-Systems

überhaupt, das als Kompensationsinstrument nationalstaatlicher Gemeinschafts-orientierungen immer weniger geeignet erscheint.[24]
Während der europäische Einigungskonsens der Nachkriegszeit nach wenigen Jahrzehnten bereits Tendenzen der Renationalisierung zu weichen schien, setzten Ende der sechziger Jahre jugendliche Protestbewegungen und Ausbruchsversuche der zweiten Nachkriegsgeneration aus fragwürdigen Lebensformen bürgerlicher Kultur und westlichen Strukturprinzipien von Wirtschaft, Staat und Gesellschaft ein. Diese facettenreiche Bewegung erkundete zwar neue Formen emanzipatorischer und freiheitssichernder Identität im Kollektiv, berührte politisch jedoch in ihrer abstrakt internationalistischen oder vehement antikapitalistischen Stoßrichtung kaum die spezifischen Probleme des gebrochenen deutschen Nationalbewußtseins.[25] Eine leidenschaftliche Diskussion um die nationale Identität der Deutschen wurde erst wieder im Rahmen des etablierten Parteienspektrums entfacht, als nämlich mit dem Regierungswechsel zur sozialliberalen Koalition 1969 schon früher formulierte Konzepte einer Neuorientierung in der deutschen Ostpolitik zur Geltung gelangen konnten – wobei bezeichnenderweise Folgeprobleme für die Einbindung der Bundesrepublik Deutschland in die europäische Integration notorisch unterbelichtet blieben. Schon 1963 hatte der SPD-Sicherheitsexperte Egon Bahr den Leitbegriff »Wandel durch Annäherung« geprägt. Er zielte auf die Intensivierung pragmatischer Formen der Zusammenarbeit zwischen DDR und Bundesrepublik Deutschland, auf die Lockerung starrer ideologischer Positionen und die schrittweise Etablierung eines »kollektiven Sicherheitssystems« in Europa, das sich allmählich aus dem bipolaren Blockantagonismus ausgliedern sollte. Trotz der Rückschläge, die etwa der Abschluß des Freundschaftsvertrages zwischen der UdSSR und DDR 1964 mit deren Aufwertung als staatlichem Gebilde lieferte, setzte die neue Regierung diese Konzeption konsequent in eine entschlossene Ostpolitik um. Die Folge waren zunächst der Abschluß des Warschauer Vertrags mit Polen und des Moskauer Vertrags mit der UdSSR im August 1970, der auf eine friedliche Koexistenz zielte und den Verzicht Deutschlands auf die Wiederherstellung der Grenzen von 1937 beinhaltete. Im angefügten »Brief zur deutschen Einheit« unterstrich die Bundesregierung, daß »dieser Vertrag nicht im Widerspruch zu dem politischen Ziel der Bundesrepublik Deutschland steht, auf einen Zustand des Friedens in Europa hinzuwirken, in dem das deutsche Volk in freier Selbstbestimmung seine Einheit wiedererlangt«.[26] Im Dezember 1972 wurde schließlich der Grundvertrag zwischen der Bundesrepublik Deutschland und der DDR unterzeichnet. In ihm verpflichteten sich die Partner, »gutnachbarliche Beziehungen zueinander auf der Grundlage der Gleichberechtigung« zu führen, gegenseitig die »territoriale Integrität« zu achten, von Alleinvertretungsansprüchen abzurücken, »Ständige Vertretungen« einzurichten und eine Reihe von Maßnahmen zur »Normalisierung ihrer Beziehungen« einzuleiten.[27] Auch diesem Vertrag wurde ein ähnlich lautender »Brief zur deutschen Einheit« beigegeben.
Die neue Ostpolitik der sozialliberalen Koalition symbolisierte den Versuch, die Ambivalenz von nationaler Identität und internationaler Einbindung den politischen Entwicklungen der Nachkriegszeit anzupassen und die Realität der deutschen Teilung als Ausgangspunkt aller weiteren, noch vagen Konzeptionen einer gesamtdeutschen und gesamteuropäischen Friedensordnung anzuerkennen. Die kollektive Verdrängung der deutschen Vergangenheit und ihrer politischen Folgen sollte einer kritischen und nüchternen Selbstvergewisserung weichen. Es ist

bezeichnend, daß der größte Widerstand gegen diese Umorientierung von konservativen Kräften in Westdeutschland vorgebracht wurde. Die bayerische Landesregierung klagte 1973 vor dem Bundesverfassungsgericht auf die Unvereinbarkeit des Grundvertrags mit dem Grundgesetz der Bundesrepublik Deutschland. Die Haupteinwände bezogen sich auf die Kodifizierung vom Untergang des Deutschen Reiches und dem Abrücken vom Wiedervereinigungsgebot.[28] Das Bundesverfassungsgericht lehnte die Klage ab, hob aber erneut das Wiedervereinigungsgebot hervor und stellte die politischen Mittel dazu in die Verantwortung der jeweiligen Bundesregierung. Das Urteil des Bundesverfassungsgerichts bestätigte den sozialliberalen Versuch, die Ambivalenz von nationaler Identität und internationaler Einbindung nicht durch die restaurative Berufung auf deutsche Territorialansprüche zu verschärfen, sondern als Problem eines zeitgemäßen politischen Entscheidungsprozesses zu behandeln, der die Wandlungen in den deutschland-, europa- und weltpolitischen Strukturen seit der Nachkriegszeit nüchtern in Rechnung stellt. Das Spannungsverhältnis zwischen der Westbindung der Bundesrepublik Deutschland und ihrer Wiedervereinigung mit der DDR kann unter diesen Bedingungen offenbar als »kodifizierter Dissens«[29] fortgeschrieben werden, um als Leitziel einer versöhnlichen Eingliederung nationalkultureller Identitätsbedürfnisse in stabile internationale Systemstrukturen zu dienen. Eine Politik der »friedlichen Koexistenz« zwischen West- und Ostdeutschland, wie sie jüngst im deutsch-deutschen Kulturabkommen vom Mai 1986 angestrebt wird,[30] stellt sich als angemessene ostpolitische Umsetzung einer solchen Langzeitperspektive für die Bundesrepublik Deutschland dar. Die Konferenz für Sicherheit und Zusammenarbeit in Europa (KSZE) mit ihrer Abschlußkonferenz im August 1975 in Helsinki und den Folgekonferenzen, die zum ersten Mal die Bundesrepublik Deutschland und die DDR als gleichberechtigte Partner auf einer zwischenstaatlichen Konferenzen zusammenführten, repräsentieren schließlich den entsprechenden internationalen und sicherheitspolitischen Kompensationsversuch für vorerst offenbar unerfüllbare nationalkulturelle Identitätsbedürfnisse. Die an einen gesamteuropäischen Entspannungsprozeß geknüpften Hoffnungen auf einen allgemeinen Systemwandel und den Abbau des folgenreichen ideologischen Konfrontationskurses drücken sich in der These von der »Europäisierung Europas« aus, die eine Entschärfung der Blockantagonismen zwischen West und Ost unterstellt und daraus Chancen auf unprätentiöse Kooperations- und Annäherungsprozesse ableitet. »Europa ist nicht mehr ideologisch geteilt, sondern nur noch politisch. Das gleiche gilt für die beiden Großmächte.«[31] Als gewisse Bestätigung dieser Einschätzung mögen die jüngsten Initiativen einzelner Ostblockstaaten für engere Formen der Zusammenarbeit mit der Europäischen Gemeinschaft gelten, die durch rasante politische Wandlungen und ideologische Öffnungen der UdSSR offenkundig noch befördert werden.

Der stabilisierende Beitrag des westeuropäischen Integrationsprozesses für diesen allgemeinen Rahmen einer entschärften Ambivalenz von nationaler Identität und internationaler Einbindung in Bezug auf die Bundesrepublik Deutschland wurde seit Mitte der siebziger Jahre durch krisenhafte Entwicklungen der europäischen Einigung ins Wanken gebracht. Die politischen Gemeinschaftsorientierungen und materiellen Prosperitätsaussichten durch die Mitgliedschaft in der Europäischen Gemeinschaft erschienen zunehmend fragwürdig. Diese Entwicklung barg vor allem deshalb Brisanz, weil doch bisher die westeuropäische Integration entscheidend dazu beigetragen hatte, das Aufkommen eines militanten gesamtdeutschen Kulturnationalismus in Westdeutschland zu verhindern und damit die Ambivalenz konkurrierender Identitätsbezüge in einem politisch tragfähigen Gleichgewicht hielt. Noch 1973 hatten die Staats- und Regierungschefs der EG-Staaten in dieser Zielrichtung ein Dokument über die »Europäische Identität« verabschiedet, das das westeuropäische Gemeinschaftsbewußtsein in dem Bekenntnis zur repräsentativen Demokratie, Rechtsstaatlichkeit, sozialen Gerechtigkeit, wirtschaftlichem Fortschritt und der Achtung der Menschenrechte auswies. Westeuropa müsse lernen, gerade unter den weltpolitischen Herausforderungen mit einer »einzigen Stimme« zu sprechen, und der engere Zusammenschluß zu einer »europäischen Union« biete die beste Gewähr für erweiterte Identitätsanreize: »Die Entwicklung der europäischen Identität wird sich nach der Dynamik des europäischen Einigungswerks richten.«[32] Angesichts der offenbar unaufhaltsamen Integrationskrisen erlangten diese Formulierungen jedoch auf eine Weise Gültigkeit, die ihren Grundintentionen ironischerweise widersprachen: die erlahmende Dynamik des europäischen Einigungswerks förderte vor allem in der Bundesrepublik Deutschland Tendenzen, anstelle einer scheinbar unerreichbaren europäischen Identität nationale Gemeinschaftsorientierungen wieder stärker zur Geltung zu bringen.

Verschärfte Konkurrenz auf den Weltmärkten, Energie-Versorgungsprobleme und ein planlos vorangetriebenes Wirtschaftswachstum waren dafür verantwortlich, daß die Europäische Gemeinschaft und die westlichen Industriestaaten insgesamt seit Mitte der siebziger Jahre in zunehmende Wirtschaftskrisen gerieten und damit zugleich die Einigungsziele der europäischen Integration in Mitleidenschaft zogen, weil sie deren prinzipielle Strukturdefizite offenbarten. Die Maxime der Wirtschaftsprosperität scheitert nämlich in Krisenzeiten an ihren eigenen Systemimperativen: wenn sich das Produktionsniveau und Wirtschaftswachstum kaum mehr kooperativ, sondern eher in protektionistischen nationalen Alleingängen sichern läßt, erscheinen zwangsläufig die in den europäischen Vertragszielen festgelegten Verfahren der Gemeinschaftlichkeit als nachgeordnet. Die Bindung des Industriekapitalismus an Absatzmärkte und Konkurrenz setzt der Kooperationsfähigkeit enge Grenzen – wie sich etwa an den notorischen Krisen des europäischen Agrarmarkts deutlich zeigt. Die Tendenzen zu einer allgemeinen Renationalisierung in Westeuropa schienen daher in der wirtschaftlichen Strukturkrise unvermeidlich. Fatalerweise war jedoch die Bundesrepublik Deutschland nicht im gleichen Maß wie die übrigen europäischen Mitgliedstaaten der EG von den ökonomischen Problemen betroffen. Eine scheinbar übermäßig gründliche Anpassung an die westlichen Formen und Zielsetzungen anhaltender Wirtschaftsprosperität ließ ihr Industriepotential in der Rezensionsphase deutlich über das anderer europäischer Staaten hinausragen. Das hohe volkswirtschaftliche Produktivitätsniveau in der Bundesrepublik Deutschland, die Währungsstabilität, erfolgreiche staatliche Maßnahmen zur Investitionssteigerung und eine positive Außenhandelsbilanz beschworen bei den europäischen Partnerstaaten nicht nur Bewunderung, sondern auch Argwohn und Neid herauf. In den Vorwurf einer entstehenden deutschen Wirtschaftshegemonie mischten sich zugleich alte, die Kontinuität der deutschen Frage symbolisierende Vorbehalte. Die volkswirtschaftliche Kategorie der »économie dominante« schien plötzlich als Analyseinstrument der bundesrepublikanischen Wirtschaft in Europa Relevanz zu erlangen.[33] Die Bundesrepublik konterte ihrerseits mit dem Beklagen ihrer »Zahlmeister-Funktion« bei der Finanzierung des EG-Haushalts. Seit 1976 wurde so die Diskussion um »Kosten oder Nutzen der EG-Mitgliedschaft« entfacht, in der die deutschen Finanzbeiträge an die EG streng gegen die Rückflüsse aufgerechnet wurden und sich für die Bundesrepublik Deutschland, ebenso wie für Großbritannien, ein Netto-Finanztransfer an die Europäische Gemeinschaft ergab. Unter Berücksichtigung des jeweiligen nationalen Bruttosozialprodukts erscheinen jedoch pikanterweise die Finanzbeiträge der Bundesrepublik Deutschland, Frankreichs und Italiens eher als zu gering.[34] Gleichwohl trugen diese Auseinandersetzungen der Bundesrepublik Deutschland den Vorwurf ein, als »Bremser der Integration« zu wirken, vermehrten die Klagen über das europapolitische »Disengagement« Westdeutschlands und schürten sogar Spekulationen über die Überlebensfähigkeit der Europäischen Gemeinschaft ohne die Mitarbeit des deutschen Partners.[35] Die mehr integrationsbezogene Verunsicherung verband sich rasch mit innenpolitisch akzentuierten Befürchtungen gegenüber neofaschistischen Tendenzen in der Bundesrepublik Deutschland. Der Radikalen-Erlaß, die staatlichen Reaktionen auf den Terrorismus, Begrenzungen der rechtstaatlichen Freiheiten und ein wachsender Rechtsextremismus erschienen als warnende Signale. Hinzu kam die alte Furcht vor einem wiedererwachenden Nationalismus, die sich etwa in der eher beiläufig geäußerten Warnung des italienischen Außenministers Andreotti im Jahr 1984 vor einem »Pangermanismus« und einer rücksichtslos betriebenen Wiedervereinigung Deutschlands offenbarte. In dieser angespannten Lage des westeuropäischen Gemeinschaftsbewußtseins nahm sich der von europäischen Föderalisten in Deutschland lancierte Verweis auf das »vitale Interesse« der Bundesrepublik Deutschland an der europäischen Integration eher wie eine hilflose Beschwörungsformel aus.[36] Die »Feierliche Deklaration« der EG-Staats- und Regierungschefs von Stuttgart 1983 sprach bezeichnenderweise von der europäischen »Schicksalsgemeinschaft« als treibendem Zwang zur Herausbildung einer europäischen Identität.[37] Die Ansätze zu einer gemeinschaftlich erzeugten Wirtschaftsprosperität und der politische Wertekonsens allein schienen jedenfalls nicht mehr in ausreichendem Maß kollektive Orientierungshilfen geben zu können. Die Europäische Gemeinschaft kann sich nurmehr der Hochschätzung aus der Außenperspektive sicher sein, während im Innern die Europamüdigkeit wächst, der westliche »civisme européen« in immer weitere Ferne rückt und folglich in der nationalpolitisch sensibilisierten Bundesrepublik Deutschland wieder die *Nation* zur »mentalen Reserve« gegenüber Europa avanciert.[38] Die zunächst erfolgreiche Strategie, durch politische und materielle Identifikationsanreize im Rahmen des westlichen Kooperationsverbandes Ablenkung und vorläufigen Ersatz für unbefriedigte nationalkulturelle Identitätsbedürfnisse in Deutschland bereitzustellen, kehrt sich aufgrund der Strukturdefizite des westeuropäischen Integrationsprozesses in eine brisante Rückbesinnung auf nationale Gemeinschaftsorientierungen in Deutschland um. Die labile Ambivalenz von nationaler Identität und internationaler Einbindung steht erneut zur Disposition.

3. Neue Antworten auf alte Fragen?

Die Ambivalenz von nationaler Identität und internationaler Einbindung der Bundesrepublik Deutschland scheint nicht ohne problematische Folgewirkungen nach der einen oder anderen Seite hin auflösbar zu sein. Die Wiedervereinigung zu einer gesamtdeutschen Staatsnation scheitert vorerst am Antagonismus der Blöcke sowie an der Befürchtung deutscher Hegemonialtendenzen und Störungen des europäischen Mächtegleichgewichts auf westlicher wie auf östlicher Seite. Die vollständige Kompensation nationaler Identitätsbedürfnisse durch ein westliches Gemeinschaftsbewußtsein, das sich vornehmlich aus den verschiedenen Formen der europäischen Integration speist, scheitert an den strukturellen Schwächen der industriekapitalistischen Kooperation selbst. Die Wahrung einer labilen Ambivalenz scheint damit die einzige politisch praktikable Reaktion auf die Probleme der deutschen Nachkriegsgeschichte darzustellen und gleichsam die unruhige Lebensgrundlage der westdeutschen Staatsnation zu bilden. Sie symbolisiert offenbar eine Art »Normalität« deutscher Geschichte, nämlich die Spaltung einer diffusen deutschen Kulturnation in Europa in mehrere deutsche Staatsnationen.[39]
Die Überzeugung von der Notwendigkeit der gegenwärtigen Ambivalenz in der deutschland- und europapolitischen Problematik führt zu anschaulichen Formeln für die Rechtfertigung dieses Status quo: dazu zählt die versöhnliche Argumentation, »bundesrepublikanisches Staatsbewußtsein, gesamtdeutsches Nationalbewußtsein und europäisches Bewußtsein« repräsentierten »drei Formen eines jeweils relativierten Gemeinschaftsbewußtseins« ebenso wie die dynamische Kategorisierung der Bundesrepublik Deutschland als »postnationale Demokratie unter Nationalstaaten«.[40]
Gleichwohl hat es in der Nachkriegsgeschichte vor allem seitens der bundesrepublikanischen Linken verschiedene Ansätze zur Auflösung der problematischen Ambivalenz gegeben. Vor allem die Explosivität der bipolaren Militarisierung und die Bedrohung durch den ideologischen Blockantagonismus, dessen Grenze in Gestalt der deutschen Teilung mitten durch Europa verläuft, lieferten entscheidende Anstöße. Die Konzenptionen der SPD-Sicherheitsexperten, prominenter Autoren der Zeitschrift »Kursbuch« oder die gesamtdeutsche Initiative um Robert Havemann und Heinrich Albertz trafen sich in dem Plädoyer für eine Distanzierung von den Führungsmächten und für eigenständige Entspannungsschritte unter den paktgebundenen west- und osteuropäischen Staaten.[41] In der Ausgliederung einiger europäischer Bündnisstaaten aus dem im Nuklearzeitalter bedrohlichen Blockantagonismus sahen sie die Voraussetzung für die Aufhebung der weltpolitischen Polarisierung und Lösung der deutschen Frage gleichermaßen. Eine breitere und intensivere Diskussion entsprechender Konzeptionen setzte jedoch erst zu Beginn der achtziger Jahre mit dem Entstehen einer zahlenmäßig beeindruckenden *Friedensbewegung* in mehreren west- und sogar einigen osteuropäischen Staaten ein. Ausgangspunkt der westlichen, sich vor allem durch öffentlichen Protest artikulierenden Friedensbewegung war jedoch weder enttäuschtes Nationalgefühl noch erschütterte europäische Einigungseuphorie, sondern die globale militärpolitische Bedrohung und die gefährliche Bündnis- und Außenpolitik der Vereinigten Staaten von Amerika. Die Frage nach der nationalen Identität der Deutschen bildete nur einen untergeordneten Gesichtspunkt in einem grundlegenden weltpolitischen Problemspektrum.[42] An dieser Stelle

erscheint es jedoch lohnenswert, die deutschlandpolitischen Argumentationsmuster aus diesen weitläufigen Strukturüberlegungen herauszupräparieren. Ein
aufschlußreiches Stichwort liefert der immer wieder in die Diskussion gebrachte
Begriff »Neutralismus«, dem offenkundig nicht nur innerhalb der Friedensbewegung, sondern auch in breiten Kreisen der bundesrepublikanischen Öffentlichkeit
wohlwollende Diskussionsbereitschaft entgegengebracht wird.[47] In Abgrenzung
zur völkerrechtlichen Kategorie der »Neutralität« bezeichnet er vage eine »Neutralität auf niedriger Stufenleiter der Rüstung«, eine Art »bewaffnete, defensive
Neutralität«.[44] Die konkretesten Vorstellungen innerhalb der Friedensbewegung
zielen auf einen lockeren Verbund einiger mitteleuropäischer Staaten aus beiden
Bündnissystemen, die sich vertraglich zunächst zu militärischem, in wachsendem
Maß aber auch zu wirtschaftspolitischem Neutralismus gegenüber den Großmächten und Bündnissen verpflichten. Mitglieder sollen vor allem die Bundesrepublik Deutschland, die DDR, die Tschechoslowakei, Polen, Ungarn, Rumä-
nien, Jugoslawien, die Benelux-Staaten und Österreich sein, während Atom-
mächte wie Großbritannien und Frankreich ausgeschlossen bleiben. Die begriffli-
che Umschreibung für diese Zielvorstellung schwanken zwischen einer »Konfö-
deration Mitteleuropa«, »blocktranszendentem Mitteleuropa« und »europäi-
schem Commonwealth«.[45] Zweifelsohne weckt die Wiederbelebung des Mittel-
europa-Begriffs heikle Assoziationen an rechtsnationale Verwendungszusammen-
hänge in der Weimarer Republik und ideologische Rechtfertigungsmuster im Rahmen des deutschen Faschismus.[46]

Deutschlandpolitisch zielen die Vorstellungen einer mitteleuropäischen Konföde-
ration auf eine Auflösung der Ambivalenz von nationaler Identität und internationaler Einbindung. Beide Teile Deutschlands sollen sich so weit wie möglich aus
ihren politischen, militärischen und wirtschaftlichen Blockbindungen lösen, woraus für Westdeutschland zumindest eine fortschreitende Distanzierung von den
institutionalisierten Formen der westeuropäischen Integration resultiert. Die aufschlußreiche Frage freilich, in welcher Gestalt die beiden Teile Deutschlands als
Nation zusammengeführt werden sollen, bleibt vorerst ausgeklammert oder
höchst umstritten. Teilen der Friedensbewegung und vor allem einer wachsenden
alternativen, postmaterialistischen Subkultur erscheint der Nationalstaat als Rahmen kollektiver Identität allemal anrüchig und insgesamt obsolet. Sie unterschreiten in Hinblick auf Bezugspunkte für ein politisches Gemeinschaftsbewußtsein
die nationalstaatliche Ebene und bringen einen *regionalistischen Heimatbegriff*
zur Geltung. Er erscheint »im Unterschied zum sich staatlich vermittelnden Nationalismus partikular und zentrifugal«.[47] Darüber hinaus kann die Suche nach Kontinuität in den nationalen Aspekten der deutschen Frage offenbar generell der
Orientierung auf eine »postkonventionelle Identität« der Deutschen weichen, die
Kulturnationalismus und die wertbeladene Bindung an den westeuropäischen
Industriekapitalismus gleichermaßen einem »Verfassungspatriotismus« opfert,
der sein Gemeinschaftsbewußtsein jenseits nationaler Schranken und System-
grenzen aus verfassungsmäßig verankerten und rechtsstaatlich gesicherten Eman-
zipations- und Freiheitsgarantien bezieht.[48]

Die mittelbare Thematisierung der deutschen Identitätsproblematik durch die
Friedensbewegung liefert natürlich für nationalkonservative und vor allem -
restaurative Kräfte einen willkommenen Anlaß, ihre lange Zeit überhörten Vorstellungen endlich wieder ohne Scham artikulieren zu können und die offene Diskussionsbereitschaft für die Ausfüllung mit eigenen nationalpolitischen Zielvor-

stellungen auszunutzen. Tatsächlich wird die Aktualisierung deutscher Identitäts-
probleme zunächst von den Trägern der neokonservativen Tendenzwende dazu
benutzt, mit dem Verweis auf historische Hypotheken die Argumente der Friedensbewegung pauschal zu diffamieren und die Plausibilität der schon von Adenauer vertretenen Positionen in der Ambivalenz von nationaler Identität und
internationaler Einbindung der Bundesrepublik Deutschland in der Öffentlichkeit wieder deutlich zum Ausdruck zu bringen.[49] Demgegenüber rücken sich neo-
nationalistische und nationalkonservative Kräfte in eine auf den ersten Blick
unüberschaubare Nähe zu den Argumentationsmustern der Friedensbewegung,
um ihren Vorstellungen von der Restauration einer nationalkulturellen deutschen Staatsnation den Anschein modernisierungsfreudiger Neuartigkeit zu verleihen. Das scheinbar harmlose »Interesse an Deutschland, an der deutschen Einheit« entpuppt sich dabei plötzlich als Plädoyer für die Wiederherstellung des
Deutschen Reiches in den Grenzen vor 1937; die »Nationvergessenheit« der
Deutschen wird auf der Grundlage einer »revidierten Geschichtsschreibung« in
einen »nationalen Imperativ« umgewandelt, der noch gegen die westliche Wertegemeinschaft, sicherheitspolitische Bindungen und die wirtschaftspolitische
Kooperation im Rahmen der Europäischen Gemeinschaft Stellung bezieht, um
Fichtes Idee von der nationalkulturellen Einheit der Deutschen endlich zur
Durchsetzung zu bringen.[50] Die Ambivalenz von nationaler Identität und internationaler Einbindung der Bundesrepublik Deutschland erfährt dabei eine deutliche Gewichtung zugunsten der nationalkulturellen Restauration. Westdeutschlands Einbindung in die europäische Integration wird der gemeinschaftsorientie-
renden Implikationen entledigt, um allenfalls noch als ökonomischer Reproduk-
tionszusammenhang für ein Volk zu dienen, das seine nationale Einheit politisch
und kulturell um jeden Preis zu erlangen versucht.
Anhand der neonationalistischen Argumentationsmuster erweist sich deutlich die
brisante Nähe deutscher Identitätsbedürfnisse zu höchst umstrittenen und historisch diskreditierten Elementen einer scheinbar ungebrochen fortbestehenden
deutschen Frage. Die Bereitschaft ist offenbar gering, die Ambivalenz von nationaler Identität und internationaler Einbindung der Bundesrepublik Deutschland
in einem labilen Gleichgewicht zu belassen. Westdeutschlands Mitgliedschaft in
der Europäischen Gemeinschaft vermag offenkundig kaum als Stabilisator zu wirken, und die westeuropäische Integration stellt sich insgesamt als wenig aussichts-
reiches Vehikel einer Gemeinschaftsorientierung dar, die nationale Identitätsbedürfnisse dauerhaft kompensiert. Nationalkulturelle Erweckungsbewegungen
erlangen gerade unter den gewandelten europa- und weltpolitischen Strukturen
der jüngsten Gegenwart wieder wirksame Artikulationsmöglichkeiten. Es
erscheint zweifelsohne fraglich, ob sich generell *neue* Antworten auf offenbar *alte*
Fragen der deutschen Identitätsproblematik geben lassen; gewiß ist aber mit *alten*
Antworten auf *neue* Fragen von planetar bedrohten Emanzipations- und Freiheits-
angeboten am wenigsten gedient.

Anmerkungen

1 K. W. Deutsch, Nationenbildung – Nationalstaat – Integration. Herausgegeben von Abraham Ashkenasi und Peter W. Schulze, Düsseldorf 1972, S. 204. Vgl. auch Th. Veiter, Deutschland, deutsche Nation und deutsches Volk, in: Aus Politik und Zeitgeschichte, B 11/1973, S. 3 ff; W. Weidenfeld (Hg.), Die Identität der Deutschen, Bonn 1983.

2 H. Plessner, Die verspätete Nation. Über die Verführbarkeit bürgerlichen Geistes, in: ders., Gesammelte Schriften, Bd. VI, Frankfurt a. M. 1982.

3 Vgl. D. Löcherbach, Nation und kollektive Identität. Kritik und Reformulierung des Nationverständnisses in beiden deutschen Staaten, in: PVS, 24. Jg. (1983), S. 199; K. D. Bracher, Das deutsche Dilemma. Leidenswege der politischen Emanzipation, München 1971, S. 381.

4 J. C. Heß, »Das ganze Deutschland soll es sein« – Die republikanischen Parteien und die Deutsche Frage in der Weimarer Republik, in: J. Becker/A. Hillgruber (Hg.), Die Deutsche Frage im 19. und 20. Jahrhundert. Referate und Diskussionsbeiträge eines Augsburger Symposions 23. bis 25. September 1981, München 1983, S. 293.

5 Vgl. A. Hillgruber, Die Deutsche Frage im 19. und 20. Jahrhundert – zur Einführung in die nationale und internationale Problematik, in: ebd., S. 4 ff; B. Faulenbach, »Deutscher Sonderweg«. Zur Geschichte und Problematik einer zentralen Kategorie des deutschen geschichtlichen Bewußtseins, in: Aus Politik und Zeitgeschichte, B 33/1981, S. 7. Vgl. allgemein K. D. Bracher, Europa in der Krise. Innengeschichte und Weltpolitik seit 1917, Frankfurt a. M./Wien u. a. 1979.

6 W. D. Gruner, Die deutsche Frage. Ein Problem der europäischen Geschichte seit 1800, München 1985, S. 14.

7 D. Calleo, The German Problem Reconsidered. Germany and the World Order, 1870 to the Present, Cambridge 1978, S. 2.

8 Zu allen Konzeptionen vgl. H.-P. Schwarz, Vom Reich zur Bundesrepublik. Deutschland im Widerstreit der außenpolitischen Konzeptionen in den Jahren der Besatzungsherrschaft 1945 – 1949, Berlin/Neuwied 1966; P. Brandt, H. H. Ammon (Hg.), Die Linke und die nationale Frage. Dokumente zur deutschen Einheit seit 1945, Reinbek 1981; R. Hrbek, Die SPD, Deutschland und Europa, Bonn 1972; R. Löwenthal, Europa und die deutsche Teilung, in: W. Hofer (Hg.), Europa und die Einheit Deutschlands. Eine Bilanz nach 100 Jahren, Köln 1970, S. 305 ff.

9 P. Hassner, Zwei deutsche Staaten in Europa. Gibt es gemeinsame Interessen in der internationalen Politik? in: Weidenfeld (Hg.), Die Identität, S. 299.

10 Grundgesetz für die Bundesrepublik Deutschland, Textausgabe herausgegeben von der Bundeszentrale für politische Bildung, Bonn 1976, S. 19.

11 Ebenda., S. 30. Vgl. auch Wolfgang Abendroths Interpretation des Grundgesetzes als verfassungsrechtliches »Provisorium« bis zur Wiederherstellung eines demokratischen Gesamtdeutschlands: W. Abendroth, Deutsche Einheit und europäische Integration in der Präambel des Grundgesetzes der Bundesrepublik Deutschland, in: Europa-Archiv, 6. Jg. (1951), S. 4388.

12 Art. 7 des Deutschlandvertrags, in: Grundgesetz, S. 30. Zur heiklen Berlin-Problematik vgl. H. H. Schumacher, Die Eingliederung von Berlin (West) in den Hoheitsbereich der Europäischen Gemeinschaft, in: Europarecht, 15. Jg. (1980), S. 189.

13 E. Klein, Die deutsche Frage in der Europäischen Gemeinschaft, in: D. Blumenwitz/B. Meissner (Hg.), Die Überwindung der europäischen Teilung und die deutsche Frage, Köln 1986, S. 65.

14 W. Weidenfeld, Konrad Adenauer und Europa. Die geistigen Grundlagen der westeuropäischen Integrationspolitik des ersten Bonner Bundeskanzlers, Bonn 1976, S. 116.

15 Vgl. zur Darlegung dessen Klein, Die deutsche Frage, S. 69.

16 Vgl., H.-E. Richter, Amerikanismus, Antiamerikanismus – oder was sonst? in: Psyche, 40. Jg. (1986), S. 585; Hannah Arendts Essay »Arbeit macht frei oder Wie Deutschland vergaß und genaß. Ein Bericht aus dem Jahr 1950«, Teilabdruck in: FR, 16. Oktober 1986, S. ZB 3; K.-E. Jeismann, »Identität« statt »Emanzipation«? Zum Geschichtsbewußtsein in der Bundesrepublik, in: Aus Politik und Zeitgeschichte, B 20 – 21/1986, S. 3 ff.

17 Vgl. dazu vor allem R. Steininger, Eine vertane Chance. Die Stalin-Note vom 10. März 1952 und die Wiedervereinigung. Eine Studie auf der Grundlage unveröffentlichter britischer und amerikanischer Akten, Bonn 1986².

18 Vgl. die Beiträge in H.-P. Schwarz (Hg.), Die Legende von der verpaßten Gelegenheit. Die Stalin-Note vom 10. März 1952, Stuttgart, Zürich 1982.

19 Steininger, Eine vertane Chance., S. 31.

20 François Mauriac, zitiert nach E. Weisenfeld, Welches Deutschland soll es sein? Frankreich und die deutsche Einheit seit 1945, München 1986, S. 173.

21 Vgl. W. Seiffert, Voraussetzungen für die Lösung der deutschen Frage, in: Blumenwitz/Meissner (Hg.), Die Überwindung., S. 126.

22 Vgl. W. Müller, Die DDR und der Bau der Berliner Mauer im August 1961, in: Aus Politik und Zeitgeschichte, B 33-34/1986, S. 3 ff; H. G. Lehmann, Mit der Mauer leben? in: ebd., S. 19 ff. Als aufschlußreiche Außenseiter-Position zur zeitgenössischen Deutschlandpolitik vgl. K. Jaspers, Freiheit und Wiedervereinigung. Über Aufgaben deutscher Politik, München 1960.

23 Vgl. die umfangreiche Dokumentensammlung: 45 Jahre Ringen um die Europäische Verfassung. Dokumente 1939 – 1984. Von den Schriften der Widerstandsbewegung bis zum Vertragsentwurf des Europäischen Parlaments. Herausgegeben und kommentiert von W. Lipgens, Bonn 1986.

24 Vgl. E. Richter, Volksvertretung durch das Europäische Parlament? Anmerkungen zu den Erfordernissen demokratischer Repräsentation, in: Universitas, 40. Jg. (1985), S. 749 ff.

25 Vgl. I. Fetscher, Die Suche nach der nationalen Identität, in: J. Habermas (Hg.), Stichworte zur »Geistigen Situation der Zeit«, Bd. 1, Frankfurt a. M. 1979², S. 118.

26 Wortlaut in: E. Cieslar/J. Hampel/F.-Chr. Zeitler, Der Streit um den Grundvertrag. Eine Dokumentation, München 1973, S. 321.

27 Wortlaut ebenda., S. 328 ff.

28 Ebenda., S. 112.

29 W. Weidenfeld, Die Frage nach der Einheit der deutschen Nation, München, Wien 1981, S. 17. Vgl. auch K. Doehring, Die Wiedervereinigung Deutschlands und die europäische Integration, in: NJW, 35. Jg. (1982), S. 2213.

30 Vgl. den Wortlaut und Kommentare dazu in: Bulletin der Bundesregierung, Nr. 48/ 1986, S. 405 ff. Als skeptische Stellungnahme in Hinblick auf den politischen Spielraum der DDR vgl. Peter Christian Ludz, Die nationale Frage im Spannungsfeld von Integration und Koexistenz, in: Deutschland-Archiv, 6. Jg. (1973), S. 77 ff. Vgl. auch Weidenfelds Vorschlag eines »zweiten Grundlagenvertrags« zur Präzisierung und Festschreibung bisheriger Kooperationsformen: W. Weidenfeld, Zweiter Grundlagenvertrag könnte neue Impulse geben, in: Deutschland-Archiv, 20. Jg. (1987), S. 148 ff.

31 P. Bender, Das Ende des ideologischen Zeitalters. Die Europäisierung Europas, Berlin 1981, S. 18.

32 Dokument über die europäische Identität, in: Europa Archiv, Folge 2/1974, S. D 53. Aufschlußreich ist auch der Bericht von Leo Tindemans über die Möglichkeiten zur Verwirklichung einer europäischen Union vom Dezember 1975, dokumentiert in: H. Schneider/W. Wessels (Hg.), Auf dem Weg zur Europäischen Union? Diskussionsbeiträge zum Tindemans-Bericht, Bonn 1977, S. 239 ff.

33 Vgl. J. Hütter, Die Stellung der Bundesrepublik Deutschland in Westeuropa. Hege-

monie durch wirtschaftliche Dominanz? in: Integration 3/1978, S. 103 ff. Hütter weist diesen Vorwurf – in einer freilich apologetischen Verteidigung marktwirtschaftlicher Prinzipien – zurück.

34 Vgl. B. May, Kosten und Nutzen der deutschen EG-Mitgliedschaft, Bonn 1982, S. 50.
35 F. Franzmeyer, Wirtschaftliche Dominanz als Integrationsproblem. Zur Position der Bundesrepublik Deutschland in der EG, in: Europa-Archiv, Folge 24/1981, S. 737. Vgl. auch H. Ménudier, Die deutsche Nation ist verspielt, in: G. Knopp/S. Quandt/ H. Scheffler (Hg.), Nation Deutschland? Paderborn u.a. 1984, S. 27; G. Kade, Die deutsche Herausforderung. »Modell Deutschland« für Europa? Köln 1979, S. 11; R. Hrbek/W. Wessels (Hg.), EG-Mitgliedschaft: ein vitales Interesse der Bundesrepublik Deutschland, Bonn 1984.
36 R. Hrbek/W. Wessels, Das vitale Interesse der Bundesrepublik Deutschland an EG und EPZ. Ein Plädoyer für eine (Rück-)Besinnung auf die grundlegende Bedeutung des EG-Systems für die Bundesrepublik, Bonn 1982. Vgl. auch die Äußerungen des Ständigen Vertreters der Bundesrepublik bei den Europäischen Gemeinschaften W. Ungerer, Deutsche Interessen in und an der Europäischen Gemeinschaft, in: Außenpolitik, 37. Jg. (1986), S. 363 ff. Im Kontrast dazu stehen die Einschätzungen von Günter Gaus zur Europäischen Gemeinschaft, die er als »Monster« tituliert: »Über Brüssel, soviel ist gewiß, führt nicht einmal ein Umweg zu Antworten auf deutsche Fragen.«; G. Gaus, Wo Deutschland liegt. Eine Ortsbestimmung, Hamburg 1983, S. 112.
37 Feierliche Deklaration zur Europäischen Union, in: Europa-Archiv, Folge 15/1983, S. D 421 f.
38 N. Kohlhaase, Strategien der Europapolitik, in: Hrbek/Wessels (Hg.), EG-Mitgliedschaft., S. 269; Weidenfeld, Die Identität, S. 30; R. Dahrendorf, Europa als Ersatz für die Nation ist gescheitert, in: EG-Magazin, Januar 1982, S. 16. Vgl. auch W. Fiedler, Der Zielkonflikt zwischen westeuropäischer Integration und deutschlandpolitischer Option, in: Nation und Selbstbestimmung in Politik und Recht, Berlin 1984, S. 77: »Ein Abschied vom sog. Nationalstaat hat also weder in Europa noch auf weltweiter Ebene stattgefunden.«
39 W. J. Mommsen, Wandlungen der nationalen Identität, in: Weidenfeld (Hg.), Die Identität., S. 18.
40 Weidenfeld, Die Frage nach der Einheit., S. 82; K. D. Bracher, Das Modewort Identität und die deutsche Frage. Exkurs über jüngere und jüngste Kontroversen, in: FAZ 9. August 1986.
41 Vgl. P. Brandt/H. Ammon, Patriotismus von links. Rückblick und Zustandsbeschreibung, in: W. Venohr (Hg.), Die deutsche Einheit kommt bestimmt, Bergisch-Gladbach 1982, S. 158; Katechismus zur deutschen Frage, in: Kursbuch 4, Februar 1966, S. 3 ff.
42 D. Diner, Die »nationale Frage« in der Friedensbewegung. Ursprünge und Tendenzen, in: Die neue Friedensbewegung. Analysen aus der Friedensforschung. Redaktion Reiner Steinweg, Frankfurt a.M. 1982, S. 86; vgl. auch W. von Bredow, Friedensbewegung und Deutschlandpolitik, in: Aus Politik und Zeitgeschichte, B 46/1983, S. 34 ff.
43 M. von Donat, Neutralism in Germany, in: Government and Opposition, Vol. 21 (1986), S. 408.
44 Vgl. B. Meyer, Neutralistische Träumereien? Öffentliche Meinung, Frieden und Friedensbewegung, in: Die neue Friedensbewegung., S. 116; J. Löser/U. Schilling, Neutralität für Mitteleuropa. Das Ende der Blöcke, München 1984; D. S. Lutz, Neutralität – (K)eine sicherheitspolitische Alternative für die Bundesrepublik Deutschland? in: ders./ A. Große-Jütte (Hg.), Neutralität – Eine Alternative? Zur Militär- und Sicherheitspolitik neutraler Staaten in Europa, Baden-Baden 1982, S. 7 ff.
45 Löser/Schilling, Neutralität für Mitteleuropa., S. 10; vgl. auch K. Schlögel, Die Mitte liegt ostwärts. Die Deutschen, der verlorene Osten und Mitteleuropa, Berlin 1986;

C.-Ch. Schweitzer, Ist die Deutsche Frage noch offen? Eine Untersuchung aus politikwissenschaftlicher Sicht, in: Beiträge zur Konfliktforschung, 2/1986, S. 53; W. von Bredow/R. H. Brocke, Dreimal Deutschlandpolitik. Deutschlandpolitische Ansätze der Partei der GRÜNEN, in: Deutschland-Archiv, 19. Jg. (1986), S. 52 ff.

46 Vgl. K. Sontheimer, Antidemokratisches Denken in der Weimarer Republik. Die politischen Ideen des deutschen Nationalismus zwischen 1918 und 1933, München 1968.

47 Diner, Die nationale Frage., S. 101. Vgl. auch H. Plessners 1948 geschriebenen Essay »Deutschlands Zukunft«, in: ders., Gesammelte Schriften, Bd. VI, S. 239.

48 Vgl. zu dem zuerst von D. Sternberger in die Diskussion gebrachten Begriff J. Habermas, Eine Art Schadensabwicklung. Die apologetischen Tendenzen in der deutschen Zeitgeschichtsschreibung, in: Die Zeit, Nr. 29/1986, S. 40.

49 W. Schäuble, Die deutsche Frage im europäischen und weltpolitischen Rahmen. Deutschland-Politik im Kontext der Ost-West-Beziehungen, in: Europa-Archiv, Folge 12/1986, S. 341 5; M. Stürmer, Deutschlandpolitik: Nicht Traum, nicht Alptraum, in: Dokumente. Zeitschrift für den deutsch-französischen Dialog, 42. Jg. (1986), S. 117 ff. Als kritische Stellungnahmen vgl. A. Klönne, Zurück zur Nation? Kontroversen zu deutschen Fragen, Köln 1984; K. Weißmann, Rechtes Flügelschlagen am Rande der Union, in: Civis 4/1985, S. 16 ff; J. C. Heß, Westdeutsche Suche nach nationaler Identität, in: NPL, Beiheft 3/1986, S. 9 ff.

50 H. Diwald, Deutschland – was ist es? in: Venohr (Hg.), Die deutsche Einheit., S. 17 ff; T. Schweinsfurth, Das Ziel: Blockfreiheit. Ein Beitrag zur Friedensstrategie, ebenda., S. 87; Seiffert, Voraussetzungen für die Lösung.; B. Willms, Die deutsche Nation, Köln-Lövenich 1982; ders., Idealismus und Nation. Zur Rekonstruktion des politischen Selbstbewußtseins der Deutschen, Paderborn u. a. 1986. Aufschlußreich ist auch das von Willms herausgegebene, auf 3 Bände konzipierte Handbuch zur deutschen Nation, Tübingen/Zürich/Paris 1986 f, vgl. dazu die Sammelbesprechung von E. Richter, Die deutsche Frage im europäischen Kontext, in: Zeitschrift für Parlamentsfragen.

Verzeichnis der Autoren

Jan Bank (geb. 1940) ist Professor für Mediengeschichte an der Erasmus Universiteit Rotterdam und Dozent für Zeitgeschichte an der staatlichen Universität Utrecht. Er veröffentlichte Studien zur Geschichte der politischen Erneuerung in den Niederlanden nach dem Zweiten Weltkrieg, zur Dekolonisation in Indonesien und eine Biographie des niederländischen Staatsmannes Hendrikus Colijn.

Joachim Bläsing (geb. 1940) ist Associate Professor (UHD) für Wirtschaftsgeschichte an der Katholieke Universiteit Brabant in Tilburg. Er hat eine Reihe von Artikeln und einige Bücher veröffentlicht und daneben auch eine Reihe von wissenschaftlich-edukativen Filmen gemacht. Sein besonderes Interesse gilt den modernen deutsch-niederländischen Wirtschaftsbeziehungen und der Unternehmensgeschichte.

Kurt Düwell (geb. 1937), Dr. phil., ist seit 1977 ord. Professor für Neuere und Neueste Geschichte an der Universität Trier und Vorstandsmitglied des Instituts für Geschichtliche Landeskunde an der Universität Mainz. Veröffentlichungen u. a.: Deuschlands auswärtige Kulturpolitik (1918-1931), Grundlinien und Dokumente, Köln 1976; Entstehung und Entwicklung der Bundesrepublik Deutschland (1945-1961), Köln 1981; Die regionale Geschichte des NS-Staates zwischen mikro- und Makroanalyse, in: Jahrbuch für westdeutsche Landesgeschichte 9, 1983.

Ph. P. Everts (geb. 1938) ist seit 1970 Direktor des Instituts für Internationale Studien an der Universität Leiden. Veröffentlichungen u. a.: Public opinion, the churches and foreign policy, 1983; (mit G. Walraven) Vredesbeweging, 1984; (Hg.) Controversies at Home, 1985; (Hg.) De droom der onkwetsbaarheid, 1986.

Erhard Forndran (geb. 1938), Promotion 1967, ist Universitätsprofessor am Seminar für politische Wissenschaft und Politische Bildung der Technischen Universität Braunschweig. Veröffentlichungen u.a.: Rüstungskontrolle. Friedenssicherung zwischen Abschreckung und Rüstung, Düsseldorf 1970; Probleme der internationalen Abrüstung 1962 - 1968, Frankfurt a. M./Berlin 1970; Die Stadt- und Industriegründungen Wolfsburg und Salzgitter. Entscheidungsprozesse im nationalsozialistischen Herrschaftssystem, Frankfurt a. M./New York 1984. Augenblicklicher Arbeitsschwerpunkt: Seemacht und Politik im zwanzigsten Jahrhundert.

Volker Hentschel (geb. 1944), Dr. rer. pol., ist seit 1980 ord. Professor für Wirtschafts- und Sozialgeschichte an der Johannes Gutenberg-Universität in Mainz. Veröffentlichungen u.a.: Weimars letzte Monate, 1978; Geschichte der Deutschen Sozialpolitik 1880 - 1980, 1983; Wirtschaftsgeschichte des modernen Japans, 1986.

Paul Luykx (geb. 1940), Dr., ist Associate Professor (UHD) an der Katholieke Universiteit in Nijmegen. Veröffentlichungen u. a.: De Actie „voor God" 1936 - 1941. Een katholieke elite in het offensief, Nijmegen 1978; (Hg.) De ware geschiedschrijver. Apparaat voor de nieuweste geschiedenis, Groningen 1982; De laatste tijd. Geschiedsschrijving over Nederland in de 20e eeuw, Utrecht 1987.

Jürgen P. Nautz (geb. 1954), Dr. phil., ist Hochschulassistent für Neuere Geschichte an der Gesamthochschule Kassel, Universität des Landes Hessen. Seine Arbeitsschwerpunkte liegen auf den Gebieten der internationalen Beziehungen der Zwischenkriegszeit, der deutschen und österreichischen Zeitgeschichte sowie der Rechtsgeschichte. Veröffentlichungen u.a.: Die Durchsetzung der Tarifautonomie in Westdeutschland. Das Tarifvertragsgesetz vom 9. April 1949, Frankfurt a. M./ New York 1986.

Emanuel Richter (geb. 1953), Dr. rer. pol., Hochschulassistent im Bereich Europawissenschaften des Fachbereiches Anglistik/Romanistik der Gesamthochschule Kassel, Veröffentlichungen u. a.: Leitbilder des europäischen Föderalismus. Die Entwicklungsgeschichte der Idee eines europäischen Bundesstaats bis zum Beginn des 20. Jahrhunderts, Diss., Bonn 1983;

Sip Stuurmann (geb. 1946), Professor für Geschichte der Politischen Philosophie an der Universität von Amsterdam. Veröffentlichungen u. a.: Kapitalisme en burgerlijke staat, 1978; Verzuiling, kapitalisme en patriarchaat. Aspecten van de ontwikkeling van de moderne staat in Nederland, 1983; De Labyrintische Staat. Over politiek, ideologie en moderniteit, 1985.

Arnold Sywottek (geb. 1942), Professor an der Universität Hamburg. Veröffentlichungen u. a.: Deutsche Volksdemokratie, Studie zur politischen Konzeption der KPD 1936 - 1946, 1971; Geschichtswissenschaft in der Legitimationskrise, 1974; sowie eine Reihe von politikwissenschaftlichen und zeitgeschichtlichen Aufsätzen in zahlreichen Zeitschriften und Sammelwerken.

Volkmar Wittmütz (geb. 1940), Dr. phil.habil., Privatdozent an der Bergischen Universität Wuppertal. Veröffentlichungen u. a.: Schule der Bürger. Die höhere Schule im Wuppertal 1800 - 1850, Wuppertal 1981; Wir verwerfen die falsche Lehre. Arbeits- und Lesebuch zur Barmer Theologischen Erklärung und zum Kirchenkampf (zus. mit G. van Norden u. P. G. Schoenborn), Wuppertal 1984.

G. R. Zondergeld (geb. 1937), Dr., ist seit 1979 Dozent für Zeitgeschichte an der Vrije Universiteit in Amsterdam. Publizierte u. a.: Een Kleine Troep Vervuld van Haat. Arnold Meijer en het Nationaal Front, Houten 1986.